A BIOGRAPHY OF HU ZONGNAN

经盛鸿◎著

胡宗南全传 上

团结出版社

在版编目（ＣＩＰ）数据

　　胡宗南全传 / 经盛鸿著. -- 北京 ： 团结出版社，
2017.10
　　ISBN 978-7-5126-4982-8

　　Ⅰ．①胡… Ⅱ．①经… Ⅲ．①胡宗南（1902-1962）
—传记 Ⅳ．①K825.2

　　中国版本图书馆CIP数据核字(2017)第088068号

出　　版：团结出版社
　　　　　（北京市东城区东皇城根南街84号　邮编：100006）
电　　话：（010）65228880　65244790　（出版社）
　　　　　（010）65238766　85113874　65133603（发行部）
　　　　　（010）65133603（邮购）
网　　址：http://www.tjpress.com
E-mail：zb65244790@vip.163.com
　　　　　fx65133603@163.com（发行部邮购）
经　　销：全国新华书店
印　　装：三河市东方印刷有限公司

开　　本：170mm×240mm　　　16开
印　　张：49.75
字　　数：713千字
印　　数：4045
版　　次：2017年10月　第1版
印　　次：2017年10月　第1次印刷

书　　号：978-7-5126-4982-8
定　　价：118.00元（上下册）

如实描写并无讳饰（代序）

茅家琦

经盛鸿教授的学术专著《胡宗南全传》，是关于胡宗南的第一本学术传记，全书约50万字，除前言外，有十二章，以民国历史纷繁、紧张、激烈的军政斗争为背景，系统详尽地论述了民国史上重要的军事将领、黄埔系的首领人物胡宗南复杂多彩的一生，从其少年求学，到投军黄埔、东征、北伐、内战、"剿共"、抗日，身经百战，赢得蒋介石的宠信，成为坐镇西安、统帅数十万大军的"西北王"。然而曾几何时，当他在1947年3月率军攻占中共首府延安、走上他人生的"顶峰"时，也是他走向败落的开始：从陕北败退关中，又从汉中败退西南，"西北王"成了"西南王"，最后在川西全军覆没，只身逃至台湾，遭弹劾，受冷落，又挣扎着爬起来，改名换姓赴大陈，看海听涛守澎湖，直至1962年2月病故于台北。胡宗南的一生可以说是民国史的缩影！

胡宗南是民国史上与国民党内一位重要而又复杂的政治军事人物。如何撰写一本客观、公正、经得起时间考验与历史检验的胡宗南传记，殊非易事。1965年7月16日，周恩来在一次谈话中，谈到如何撰写国民党将领传记时，举了胡宗南的例子。他说：

胡宗南，我和他打过交道，他一生"反共"或者主要方面是"反共"的，但听说他进黄埔前当小学教员，蛮有点正义感；进黄埔后，他和蒋介石搭上了"老乡"，跟着蒋介石跑，这当然不好。但在上海、在黄河流域，他也抗击过日本侵略军，兵败大西南，也对抗过蒋介石……要写好他们，还是鲁迅先生总结《红楼梦》的经验，"敢于如实描写，并无讳饰，和从前的小说叙好人完全是好，坏人完全是坏的大不相同。"

……

（见《浙江作家报》总第47期）

今天，我们读到了经盛鸿教授撰写的《胡宗南全传》，读后感到全书最大的特点，也是最大的优点，就是做到了如周恩来所要求的，"敢于如实描写，并无讳饰"。

长期以来，由于种种原因，在国民党人物传记中，往往只强调传主消极反动的一面，忽略其积极的值得肯定的一面。对胡宗南，过去我们总是强调他"反共"的一面，但对他的抗日活动则总是避而不谈。本书根据可靠的史料，叙述了这段历史：在抗战爆发前夕，胡宗南看到日本向中国步步紧逼，十分愤慨，"常以不得参与淞沪、长城作战为憾，……对宋哲元冀察中立化尤为憎恶，敌忾心特强。"（本文中引文部分，凡不注明出处的，均为经著原文）。为了准备对日抗战，胡宗南在其所部第一军举办了"全军军官短期训练班"，培养抗战人才与抗战意识。抗战爆发后，胡宗南率所部第一军参加了淞沪抗战，"第一军官兵面对装备先进、进攻凶猛的日军毫无畏惧，同仇敌忾，以与阵地共存亡的决心，打退了敌人一次次的攻击，几乎每一块阵地都经过反复的争夺，使日军付出巨大的代价"。"在数十天的淞沪血战中，胡宗南始终在前线指挥，日夜在战场指挥抚巡，从未离去，官兵见之，无不感奋。"淞沪会战之后，胡宗南又率部在豫东大战土肥原师团，参加过武汉保卫战；在抗战后期，在对日作战中，曾先后取得过灵宝大捷、豫西反攻战等胜利。作者用两章的篇幅如实详细地描写了胡宗南在抗战中的活动与对中华民族的贡献。

又如，胡宗南被蒋介石称为"模范军人"的楷模，是公认的蒋介石的嫡系心腹，一生愚忠于蒋介石。但在本书中，我们可以了解到胡宗南同蒋介石关系的另一面：胡宗南对蒋介石的信心也曾产生过动摇，有过怀疑，甚至也曾有过对抗。特别是在1949年秋胡宗南兵退汉中时，周恩来让胡宗南的友人胡公冕出面，遣密使张新（黄埔军校三期毕业生，原胡部整编二十四旅旅长，在陕北被解放军俘虏）去见胡宗南，动员胡宗南率部起义。胡宗南在驻地三次秘密召见张新，反复询问，感情激动不能自已。——反映了胡宗南这一阶段思想的苦闷与彷徨。

再如，胡宗南过去被我们习惯性地认为是"志大才疏"。确实，本书如实地写了他在一生军事生涯中的许多败笔，如他自己所承认，"他当团长时指挥最得手，部队再大了指挥就不如意了"。尤其是他在指挥所部进攻延安与陕北时，在历次战役中犯了许多错误，损兵折将，失地扰民。他远不是毛泽东、周恩来的对手。但本书也如实地写了他不仅在北伐、抗战中打了许多恶仗、许多胜仗，而且在与解放军的交锋中，也曾在1948年3月指挥西府战役——国民政府方面称之为"泾渭河谷之役"时，吸取教训，改变作风，果断决策，指挥凌厉，以大兵团迅速推进，与友军密切配合，一举包围了西北解放军的主力与彭德怀等高级指挥人员，给解放军重大杀伤，成为国民政府军在一片兵败声中难得的重大军事胜利，显示了他作为一位职业军人与高级指挥官的才干。

本书除了对胡宗南在历次重大的政治、军事事件中的表现以浓墨重彩加以描述外，还对胡宗南一生刻苦自励、为人宽厚、关心部属、较正直清廉等多方面都有所论述，许多皆是我们以前很少了解，或者是知之不详，或者是虽知道而忌讳不敢写的内容。本书作者以对历史与广大读者负责的态度，将这些对传主来说十分重要的内容，经过认真的调查考订，秉笔直书将它们写出来了，从而使得传主人物形象显得真实而又丰满。

其次，本书对传主胡宗南一生历史活动的动机与原因，进行了客观的令人信服的分析与评论。

我们在研究国民党将领，特别是那些以反共著称者，往往是对其反共活动大加挞伐，而对他们的反共动机和原因很少论及，或只作简单化的甚至是谩骂式的结论。但在这本关于胡宗南的传记中，作者能避开感情因素，超脱党派之争，站在历史的高度，对胡宗南在重大历史关头的思想变化与人生抉择，作出冷静、客观、实事求是、令人信服的分析与评论。

例如作者在分析胡宗南在北伐战争与大革命失败时，为何倒向蒋介石、而未能像有些黄埔生，如徐向前、陈赓、林彪那样，跟共产党走的原因时，就从当时中国的大环境与传主所处的小环境，进行详细的实事求是的分析，论述了胡宗南长期接受的思想文化教育，胡宗南已走过的人生道路与复杂的社会关系，"胡宗南从小接受与形成的浓重的封建思想，以及他从蒋介石那里接受的新军阀思想，压倒了他脆弱的民主革命思想。他对蒋介石对他的赏识与提拔的感激与忠诚，他的雄心与野心，他对三民主义的迷恋、对社会主义与共产党的毫无认识与深刻偏见……使他走上了他以后将要走的人生道路"。尤其是本书将胡宗南在当时与蒋介石、张静江、陈果夫、陈立夫兄弟等国民党党政要人的关系，同胡宗南与周恩来、胡公冕等中国共产党要人的关系，进行了分析与比较。作者在书中论述道：

胡宗南进入黄埔军校后，接触到国共两党的许多重要人士。但无疑，给胡宗南影响最大的，是军校校长蒋介石。蒋介石不仅是胡的浙江同乡，是胡的直接领导，而且在胡看来，蒋有着追随孙中山革命多年的光荣历史，有创建黄埔军校与国民党党军的巨大功劳，有坚毅果敢的领袖性格与军政指挥才能。胡为他得到蒋介石的赏识、器重与迅速提拔而兴奋与感激。胡早年从中国传统文化中接受的封建忠君思想，这时在他脑子里活跃起来了。他感到自己找到了一位"明主"与领袖，越来越紧地将自己的命运与蒋介石联系在一起。在这同时，胡宗南与其他国民党右派领导人也联系颇多。如张静江系湖州南浔人，是胡宗南的同乡，……对陈果夫、陈立夫等，胡也建立了日益密切的关系。

相比之下，胡宗南与黄埔军校中的一些共产党人虽也有接触，如对周恩来，胡常去看望他，表示十分敬佩；再如对担任军校警备司令的胡公冕，胡宗南还与之建立了十分密切的私交。但胡宗南受他们的影响则是很微弱的。胡宗南的思想始终停留在旧民主主义革命阶段，对时代的迅速前进，对新民主主义革命阶段的到来与中国共产党的领导等重大原则问题，几乎毫无认识，甚至还有抵触与抗拒。这就决定了胡宗南在这时期的政治倾向日益右转。在1924年年底到1925年，黄埔军人中先后成立了"左"倾的"青年军人联合会"与右倾的"孙文主义学会"，斗争越来越激烈。胡宗南最终选择了右派，在1925年12月底第二次东征胜利后，他在驻军潮梅时，正式加入了孙文主义学会。

胡宗南从这时开始，将他一生的命运与以蒋介石为首的国民党主流中央系捆在了一起。

从作者的这些精彩的论述中，我们可以认为，胡宗南在北伐战争与大革命失败时倒向蒋介石，可能更多的是由于他对蒋介石高度赏识与破格提拔他的感恩思想，是由于他对自己的前程与抱负着想，认为跟着蒋介石、张静江这些浙江同乡前辈与执掌国柄的党国要人，可能更容易实现自己成为历史大人物的雄心与野心。对胡宗南而言，考虑个人前途胜过考虑党派政见之分。这在当时的黄埔学生中是较为普遍的。从这一角度分析胡宗南走上"反共"道路与他的反共动机，就可能较为客观与容易令人理解了。因此，胡宗南在"四一二"事变、国共分裂后，曾私下对亲信同乡说过如下一段话："清党在军队容易。问题在青年与农民。今后农民问题如不解决，中国的命运前途，是堪忧的。"他看出了国共两党在这些重大社会问题上的分歧，他也看出了共产党在解决这些社会问题上的能力显然超过国民党，看出了共产党的优势与国民党的隐忧。在抗战爆发前后，他多次请缨上抗日战场而不愿在西北"剿共"。尽管他因"剿共"有功而被蒋介石重用，但他更想成为民族英雄。因此，胡宗南虽将他"一生的命运捆到了以蒋介石为首的国民党右派集团身上"，但他与国民党中的一些极端"反共"顽固派还是有区别的。他有与这些人相同的共性，也有自己特殊的个性。

周恩来说：

　　作为实践中主体的"人"，也不能不受环境和社会条件的制约和影响。所以要写好国共双方的将领，还要深刻揭示这些将领与环境、与历史的真实关系。要不然，为什么同是黄埔学校的学生，有的成了我们的将军和元帅，有的却跑到台湾海峡那边去了。这一点写好了，作品就有厚度！一个将领，可以写出一个朝代的兴衰。

（见《浙江作家报》第47期）

《胡宗南全传》中类似这样的"敢于如实描写，并无讳饰"的事例与冷静、客观、实事求是、令人信服的分析与评论，是很多的，读者阅后当有同感。

当然，《胡宗南全传》还有其他许多特点与优点。

如该书资料翔实丰富，谋篇布局精当。作者历经多年，搜集了上百万字的原始材料，既有档案资料，也有当时的各种报刊资料，还有许多当事人的回忆录资料。台湾、香港以及海外出版的各种有关传主的资料作者也苦心搜集很多。作者对这些各种各样的资料进行整理、校勘、核实，然后在此基础上进行研究、比较、分析，得出科学的结论。由于作者对传主进行了长时期的研究，资料运用较为熟悉，因而全书谋篇布局显得十分精当合理，有详有略，精细相间。

另外，语言流畅，文字生动活泼，有文学色彩，也是此书的一大特色，使读者在阅读本书时，不仅得到思想的启迪与知识的开拓，而且获得阅读的愉悦与享受。例如本书作者在描述胡宗南于1949年12月在成都犹豫彷徨二十余日、其经营几十年的庞大的军事集团终被解放军包围歼灭时，这样写道：

胡宗南指挥所部进驻成都地区前后约二十余日，将国民政府在大陆最后剩下的二十多万大军集结于川西平原这块无险可守的狭小地区，既未及时西撤康滇，又未认真部署成都防守，北未能扼守剑门天险，南未能控制乐山通道，东不能阻止解放军攻势，西又不能迅速击破叛军刘文辉残部，犹豫彷徨，丧失战机，在12月中旬短短数天内，就让解放军南北夹击，东西合围，胡宗南军事集团陷入了被围歼的绝境，既不能守，又不能战，突围无望，坐以待毙。究其原因，蒋介石的主观错误的战略指挥固然要承担第一位的责任；而作为这个军事集团最高指挥官的胡宗南，他在军事指挥上的软弱无力，缺乏远见与决断，缺乏胆略、气魄与才智，也是重要原因之一。而整个国民政府军从上到下的腐败，缺乏强有力的政治工作与组织工作，丧失理想、斗志与纪律，战斗力急剧下降，既不能阻挡解放军的军事进攻，又不能挫败中共的政治瓦解，则是国民政府军在大陆彻底失败的普遍原因。

这段文字不长，却概括、准确、生动地展现了胡宗南兵败大西南的景况及其原因，语句对称，字字传神，颇有文学色彩，读来铿锵有力，感染力极强。

再如对胡宗南之所以将中共的情报人员挑选为自己的机要秘书与随从副官，时间长达十年之久，而毫无觉察，从而造成极其严重的后果，其原因的分析细致而深刻，令人首肯：

除了中共情报人员部署周密、精明机警外，还有以下两点：

第一，国民党与国民政府党政军各机关一直没有建立起严格的组织人事制度与政治审查制度。各级人员的任免多凭长官的好恶与亲友的介绍请托，事前既无严格的审查，事后又无认真的考核。长官决定一切。长官决定的人事任免往往要受个人认识与情感的局限，却又不允许别人提出任何不同意见。这就为中共情报人员千方百计地打入创造了条件。熊汇荃能打入到胡宗南身边，就像中共情报人员谢和赓打入到白崇禧身边，赵荣声打入到卫立煌身边，余湛邦打入到张治中身边，阎又文打入到傅作义身边一样，其共同原因即在此。这些中共情报人员都担任了各军政长官的机要秘书或随从副官这样的重要职务，国民政府的各项最机密、最重要的军政文件和上层内幕，都经过他们之手，源源不断地、迅速地送往中共方面。而国民政府的"中统""军统"等情报机构，对这些潜伏在各军政长官身边、倍受信任与保护的特殊的中共情报人员，既不能及时觉察与防范，更无法进行审查与侦缉。

第二，胡宗南个人性格与作风的严重缺点。胡宗南性格与为人粗豪而不精细，轻率而不谨慎，志大才疏，过分自信，特别是在他事业顺利、官运亨通、手中的军政权力急剧膨胀以后，更是自傲轻狂，自以为天纵英明，形成好大喜功、粗率浮躁、独断专行、言莫予违的作风，对部下无知人之明，更无警惕之心与审察之道，也不容别人提出异议。这就为中共情报人员的长期潜伏提供了可能。

……保守机密为军队的第一生命。国民党与国民政府党政军机关在组织人事制度与情报、"反间"工作上的严重缺陷，以及胡宗南个人性格与作风上粗疏自傲等致命弱点，给中共"用间"的情报间谍工作以可乘之机，导致熊汇荃等中共情报人员长期潜伏在胡宗南身边卓有成效地进行情报活动。这正是胡宗南部在未来与中共斗争中屡遭挫折并最终失败的重要原因之一。

台北"中央研究院"近代史研究所资深研究员李恩涵对该书的上述分析，评价说："应该算是相当全面、客观而公正的。"（台北《传记文学》2006年第六期第102页）

特别是全书结尾对胡宗南的总体评论，更是十分精当：

胡宗南作为一位职业军人与高级将领，有许多优点与长处，如生活俭朴，注意律己，廉洁奉公，能与士兵共甘苦，待人忠诚谦和宽厚有情等，但这些对于担当一个方面军的统帅来说，却并不是最重要的。最重要的，是他在政治上，愚忠于一个领袖，缺乏现代民主思想与国家理念；在军事上，缺乏一位军事统帅所应具有的如炬目光、雄才大略、过人胆识、刚强性格与始终从容不迫的风度，缺乏杰出的军政才干与识人、用人的精细缜密和聪明智慧。以其性格、才干与水平，如其自己曾明言，最好做一名团长，最多做一名师长。而历史的误会竟将他推上方面军统帅的崇高地位，如果在风平浪静之时，尚不显山露水，但一旦置于历史的大风浪中，置于高度紧张、激烈、尖锐、瞬息万变、你死我活的军事、政治斗争中，就不能不在处处、时时感到与表现出力不从心、捉襟见肘、志大才疏、计穷力竭、虚浮粗疏、破绽百出，甚至仓皇失态，面色苍白，掩面哭泣，最终走向失败，误"党"，误"国"，误人，误己。宋人苏洵说："为将之道，当先治心。泰山崩于前而色不变，麋鹿兴于左而目不瞬，然后可以制利害，可以待敌。"胡宗南这位上将军尚不具有这样的"为将之道"。

若不计及胡宗南一生的政治立场与思想观点，仅从胡宗南的为人处世、才识干略以及胡一生的浮沉得失及其教训，这段评论是十分深刻的。

就是本书所设的十二章的标题与约七十个小目的标题，也多独出心裁，独具匠心，精当诱人，撩人口味，令人不得不读。如："复兴社'十三太保'中的第一号'太保'""他精心选择的机要秘书竟是中共秘密情报人员""五十二岁的新郎""退守秦岭——'中国的马奇诺防线'""'西北王'永别西北""'西北王'变成了'西南王'""改名换姓赴大陈""看海听涛守澎湖"等等，就是如此，使读者看了标题，就升腾起强烈的阅读兴趣，不由自主地要跟着作者去探寻书中的究竟。

总之，我们认为，《胡宗南全传》这本人物传记突破了以往大陆和台湾学者撰写民国人物时一些旧的思维定势和写作模式，在学术上与写作上都达到了很高的水平。这是一部很好的有生命力的传记。

读完《胡宗南全传》，抑制不住激动喜悦的心情，写下以上几点看法，以求教于史学界同行与广大读者。

经盛鸿教授早年毕业于南京大学哲学系本科与历史系中国近现代史专业研究生，后分配到南京师范大学历史系任教，长期致力于中国近现代史、中华民国史、中共党史的教学与研究，曾在中国内陆与中国台湾、中国香港地区以及美国、日本等出版与发表了多种有分量的论著，产生了很好的影响。我们与经盛鸿教授有多年的学术交往与学术切磋，对他的学术研究道路与学术成就有较多的了解。我们深信，本书的出版，必将进一步推动中国近现代史、中华民国史、中共党史的学术研究，同时也必将进一步推动经盛鸿教授本人的学术研究。我们期待着经盛鸿教授有更多、更好的论著问世。

是为序。

（茅家琦先生系南京大学历史系原主任、教授、江苏省历史学会原会长）

前　言

　　黄埔系是中国国民党与国民政府内部一个最重要的军政派系，是蒋介石及其政权的重要支柱，在中国大陆横行二十余年，1949年退居台湾后，仍在各方面发挥着不可忽视的作用。黄埔系的首领胡宗南，则是蒋介石最宠爱、最重要的军事将领，其一生历经黄埔建军、东征、北伐、内战、"剿共"、抗日战争，直到1947年指挥进攻占领中国共产党的首府延安，转战西北，官至第一战区司令长官、西安绥靖公署主任，成为手握几十万重兵、指挥几个兵团的二级上将与名震一时的"西北王"；但曾几何时，他随着国民政府的冰山崩塌，也迅速从其"事业"的顶峰上跌落下来，从陕北败退到关中、从关中败退到陕南，从陕南败退到四川，从四川又败退到西昌，最后，其部几十万军队土崩瓦解，烟消云散，胡宗南只身逃回台湾，遭弹劾，受冷落。但他又挣扎着站起来，先后出任大陈岛与澎湖岛的国民党军"司令官"，直至1962年2月油枯灯尽病死台湾。无疑，胡宗南是民国史，特别是民国军事史上的一位重要历史人物。要深入研究民国军事史、北伐战争史、抗日战争史、解放战争史、国共关系史乃至台湾近现代史，都不能不研究黄埔系，也不能不研究黄埔系的首领人物胡宗南。

　　然而，由于种种原因，黄埔系以至胡宗南，都一直是民国史研究中的薄弱环节。时至今日，无论是大陆地区，还是港台地区，都还没有出版详尽科学的学术专著，甚至有关的研究论文也很少，有的只是一些片断的回忆文章，以及台湾地区出版的年谱、纪念集之类，既缺乏史料的翔实性，又失之于判断评价的感情偏颇。因而使得广大读者对胡宗南等黄埔系人物缺乏系统、真实而深刻的了解。

笔者作为一位中国近现代史与民国史的研究者，有鉴于此，多年来一直想写出一部胡宗南传记，并要求此传记达到：史料务求详尽而准确，立论务求客观而公允，文字力求流畅而生动，全书力求既有学术性又有可读性。

但是，要达到这样的目的，何其难！除作者主观的因素外，客观困难也不少。首先是胡宗南一生经历史事太多，史料浩繁而复杂，有许多散失在海峡彼岸，搜集阅读之困难可以想见。而对胡宗南这样一位极其复杂的历史人物作出科学评价，则更是难上加难。有人慨叹研究现代史比研究宇宙史还难，不为无因。基于此，曾使浅陋如笔者一度想搁笔。

但历史工作者的责任感，师友的鼓励与帮助，使我终于在20世纪90年代初投入对胡宗南的研究。而此后现代史研究与写作条件的日益改善，大量史料（包括港台地区的史料）的公开发布与得以阅读，给我提供了很大方便。尤其是我读到周恩来写给胡宗南的书信与关于胡宗南的讲话，更使我在研究与探索的路上，信心大增。在1965年7月16日，即胡宗南病逝三年多以后，周恩来在一次谈话中，谈到了胡宗南。他说：

> 胡宗南，我和他打过交道，他一生"反共"或者主要方面是"反共"的，但听说他进黄埔前当小学教员，蛮有点正义感；进黄埔后，他和蒋介石搭上了"老乡"，跟着蒋介石跑，这当然不好。但在上海、在黄河流域，他也抗击过日本侵略军，兵败大西南，也对抗过蒋介石……要写好他们，还是鲁迅先生总结《红楼梦》的经验，"敢于如实描写，并无讳饰，和从前的小说叙好人完全是好，坏人完全是坏的大不相同"……

周恩来还说：

> 作为实践中主体的"人"，也不能不受环境和社会条件的制约和影响。所以要写好国共双方的将领，还要深刻揭示这些将领与环境、与历史的真实

关系。要不然，为什么同是黄埔学校的学生，有的成了我们的将军和元帅，有的却跑到台湾海峡那边去了。这一点写好了，作品就有厚度！一个将领，可以写出一个朝代的兴衰（刊《浙江作家报》第47期）。

周恩来的上述讲话，无疑是对胡宗南比较深刻而完整的历史评价。在中国共产党的领导人中，周恩来是水平最高、威信最高的一位领导人，又是对胡宗南接触最多、相知最深的一位领导人。用周恩来的这些讲话精神去分析有关胡宗南的史料，我感到心里越来越有了底。于是，我拿起了笔，开始了探索与写作的历程……

在本书写作过程中，我得到了南京大学历史系原主任、江苏省历史学会原会长茅家琦教授等诸多师友的指导与鼓励。在2004年2月、2013年11月、2015年9月，我有机会三次到台北访学，在"中央研究院"近代史研究所与"国史馆"，看到了《胡上将宗南年谱》《胡宗南先生日记》《胡宗南先生四书》等珍贵史料，得到了陈永发院士、张朋园教授、吕芳上教授、黄自进教授、张力教授、刘维开教授等的指点与帮助。我亲爱的女儿经姗姗在读研究生期间，不顾疲累，帮我搜集史料和电脑打字。团结出版社的张阳女士更是对本书的写作与出版，给予了无数的关心与帮助。在本书出版之际，我特向他们表示深深的感谢。

经盛鸿

2017年4月

于南京师范大学

CONTENTS・**目 录**

第一章

从小学教员到黄埔学生

（一）少年时代 ················· 2
（二）从孝丰县城小学教员到投笔从戎 ········· 7
（三）二十九岁的黄埔军校一期生 ········ 15
（四）东征中崭露头角的机枪连排长 ········ 23
（五）在左右派的斗争中向右转 ········· 33
（六）北伐军中的上校团长 ············ 44
（七）在四一二事变前后的上海与南京 ··········· 51

第二章

征战南北军阀混战

（一）龙潭战役的生力军 ············ 60
（二）黄埔系军事集团的支柱 ·········· 64
（三）"二期北伐"，结识戴笠 ········· 70
（四）征桂、战冯、讨唐 ············ 77
（五）中原大战中的"天下第一师"师长 ·········· 83
（六）力行社"十三太保"中的第一号"太保" ······· 91

第三章

"追剿"红军进军西北

（一）入皖"围剿"红四方面军 ·················· 102
（二）第一支进驻西北的中央军 ·················· 109
（三）遣部入川激战广昭 ······················· 115
（四）与长征红军血战草地 ······················ 119
（五）当选国民党中央监察委员 ·················· 128

第四章

在西安事变前后

（一）北上南下，升任第一军军长 ················ 136
（二）重回西北，收到周恩来密信 ················ 141
（三）山城堡之败 ····························· 147
（四）在西安事变中的"主和派" ················· 157
（五）移驻徐海，对日备战 ······················ 166

第五章

在八年全面抗战中（上）

（一）血战淞沪 ······························· 180
（二）豫东迎战土肥原师团 ······················ 189
（三）防守信阳的功与过 ························· 197
（四）坐镇关中的第三十四集团军总司令 ··········· 205
（五）中央军校第七分校与战干四团 ··············· 212
（六）他精心选择的机要秘书竟是中共秘密情报人员 ·· 223

（七）胡宗南身边的中共秘密情报网 · · · · · · · · · · · · · 236

（八）筑起"防共长城" · 246

第六章

在八年全面抗战中（下）

（一）再次跃升为第八战区副司令长官 · · · · · · · · · · · 256

（二）未及实施的"闪击延安" · · · · · · · · · · · · · · 270

（三）接待周恩来——在酒会内外的失败 · · · · · · · · · · 277

（四）赶走熊斌　控制陕政 · · · · · · · · · · · · · · · · · 286

（五）灵宝抗击日军　稳定关中 · · · · · · · · · · · · · · 292

（六）就任第一战区司令长官的闹剧与喜剧 · · · · · · · · 312

（七）豫西、陕北两面作战 · · · · · · · · · · · · · · · · · · 321

第七章

又一次走向国共内战战场

（一）郑州受降，晋加上将军衔 · · · · · · · · · · · · · · · 332

（二）"马前一卒"与"黄陆浙一" · · · · · · · · · · · · · 342

（三）"直捣延安"的计划被蒋介石"暂缓" · · · · · · · · 357

（四）晋南痛失"天下第一旅" · · · · · · · · · · · · · · · 369

（五）进攻"囊形地带"与西华池之战 · · · · · · · · · · · 378

第八章

从进攻延安到撤离延安

（一）蒋介石急令胡宗南攻取延安 · · · · · · · · · · · · · · 388

（二）胡宗南的"攻延方案"被秘密送往延安 ········· 394

（三）攻占延安——"华而不实的胜利" ········· 402

（四）踏上延安土地遭到的当头一击 ········· 412

（五）导演接待中外记者的闹剧 ········· 421

（六）陷入毛泽东的"蘑菇战"中 ········· 428

（七）五十二岁的新郎 ········· 441

（八）接待蒋介石到延安"视察" ········· 447

（九）沙家店之败——陕北战场形势的逆转 ········· 451

（十）清涧被克——延安以北全部丢失 ········· 456

（十一）保密局行动处处长来西安破案 ········· 466

（十二）整二十九军宜瓦丧师 ········· 480

（十三）胡宗南受到"撤职留任"的处分 ········· 495

（十四）逃离延安——"重点进攻"的彻底失败 ········· 503

第九章

兵败关中

（一）西府之战围歼彭德怀功败垂成 ········· 510

（二）渭北三败 ········· 521

（三）被中共宣布为第三十名"头等战争罪犯" ········· 532

（四）不战而弃西安 ········· 545

（五）胡马"联合"反扑的失败 ········· 553

（六）被赶出关中的扶郿之役 ········· 559

第十章

汉中徘徊

（一）退守秦岭——"中国的马奇诺防线" ········· 560

（二）与宋希濂密谋移军滇缅边界 ········· 567

（三）反扑宝鸡再遭失败 ········· 571

（四）蒋介石拒绝了胡宗南的撤军方案 ················ 576
（五）经营大巴山防线 ······················· 581
（六）拒绝周恩来的说降 ······················ 586
（七）"西北王"永别西北 ····················· 597

第十一章

川康覆灭

（一）退守秦岭 ——"中国的马其诺防线" ·········· 568
（二）与宋希濂密谋移军滇缅边界 ················ 575
（三）反扑宝鸡再遭失败 ······················ 579
（四）蒋介石拒绝了胡宗南的撤军方案 ·············· 584
（五）经营大巴山防线 ······················· 589
（六）拒绝周恩来的说降 ······················ 594
（七）"西北王"永别西北 ····················· 605

第十二章

海岛暮年

（一）不同意蒋介石的"川西决战"计划 ············ 616
（二）"西北王"变成了"西南王" ··············· 623
（三）镇压刘文辉与邓锡侯的"反叛" ·············· 631
（四）成都陷入重围 ························· 636
（五）胡宗南军事集团的覆灭 ··················· 646
（六）徒劳的西昌挣扎 ······················· 655

附录一

胡宗南生平简谱

附录二

主要参考资料

（一）中国大陆地区出版物 ························· 750
（二）中国台湾地区出版物 ························· 758
（三）中国香港地区出版物 ························· 765

胡宗南 全传

Biography of Hu Zongnan

第一章

从小学教员到黄埔学生

（一）少年时代

浙江省地处中国的东南沿海地区。境内山水秀丽，物产丰饶。一条清澈明净的钱塘江自省区西南流入，穿省而过，向东北经杭州湾入海。钱塘江将全省划分为两个地区：浙东与浙西。在钱塘江东岸，浙东宁绍平原的尽头，有一个镇海县，在清代属宁波府。在镇海县的陈华埔朱家塘楼，自明弘治以来，就世代定居着一胡姓人家。在清光绪二十二年丙申农历四月初四日，即公历1896年5月12日，从这胡姓老宅里传出了新生儿的呱呱哭声。胡家又新添了一个男孩，他就是本书的传主胡宗南。

胡宗南原名胡琴斋，字寿山（亦说无字）。后来他踏上社会后，才改名为胡公明、胡宗南。①

胡宗南祖上几代，都是社会下层的中小知识分子。胡宗南的父亲胡敷政，字际清，是国学生；母亲王氏是镇海县小巷人。胡宗南是他们的长子，也是第一个孩子。

胡宗南出生后的第二年，胡敷政为谋生计，受族兄胡汉政之邀，到浙西湖州府属的孝丰县（今此县境并入浙江安吉县）鹤落溪村经营药业，并学习从事清丈田亩的技术与知识。

---

① 参见：（1）胡上将宗南年谱编纂委员会编：《胡上将宗南年谱》，沈云龙主编：《近代中国史料丛刊续编》第49辑488册，台北：文海出版社有限公司，1978年，第1页；（2）卢沛江：《对〈"西北王"胡宗南〉的订正》，全国政协文史资料研究委员会编：《文史资料选辑》第48辑，北京：文史资料出版社，1981年，第245页；（3）叶霞翟：《大将军的小故事》，胡故上将宗南先生纪念集编辑委员会编纂、胡为真增修：《令人怀念的胡宗南将军》，台北：商务印书馆，2014年12月，第425页。

胡宗南4岁那年①，即1899年，清光绪二十五年，旧历六月二十九日，胡宗南的生母王氏夫人病逝。幼年失母，父亲又远在异乡，胡宗南孤苦伶仃，其处境与心境是颇为凄凉的，但也磨炼了他较为坚韧果敢与吃苦耐劳的个性。

清光绪二十八年，公历1902年，胡宗南虚龄7岁，他的父亲胡敷政续娶了一位吴氏夫人，并在孝丰县鹤落溪村定居下来。这年年底，胡宗南被其父带到孝丰一道生活。从此，胡宗南就从浙东来到了浙西。

胡宗南孝丰故居

孝丰县位于浙江省西北部，为湖州府辖，西与皖南相接，北与苏南相近，境内多低山丘陵，属莫干山与天目山，盛产林木，尤以竹多，满山苍翠，如竹海然。

胡宗南到孝丰的第二年，已虚龄8岁，被其父送进本村的私塾，读《四书》《五经》等。中国封建社会中"君贤臣忠，文治武功"等传统政治思想，给胡宗南留下了深刻影响。

在这一年，胡宗南继母吴太夫人生其弟胡仲。

胡宗南在私塾中读了6年书以后，到了1909年，清宣统元年，新的时代潮流也冲击到偏远落后的浙西农村。这年胡宗南14虚岁。他的父亲于2月间将他送入孝丰县高等小学堂学习。这是一所新式学堂，课程内容、教学方法与作息制度多受西方影响，有许多新时代的特点与内容。

胡宗南进入孝丰县高等小学堂之前一年，他的继母吴太夫人去世。隔年，其父再娶章太夫人。1910年章太夫人生其二弟胡琴宾。章太夫人将胡宗南弟兄

---

① 本书关于胡宗南的纪年，采中国传统的以虚岁纪年法，实足岁数当减去1年。下同。

三人抚养长大。①

胡宗南进入孝丰县高等小学堂后，学习勤奋刻苦，努力吸取各种新知识。即使在寒暑假他回到鹤落溪家中时，也不放松学习。当时他全家赁居村人储亿千家，房屋狭窄，两家人口与小孩又多。胡宗南为避喧闹，就到侧屋一间无人居住的房间里，打扫干净，携书读其中。夏天蚊多，胡读书为避蚊咬，乃仿古人，将双足放入两只空酒瓮中。胡宗南少年时代养成的读书习惯，不仅使他后来戎马一生中始终爱读史论文，而且也是他后来在国民党军人中能见识超群、独树一帜的原因之一。

胡宗南由于学习勤奋，成绩优异，在他进入孝丰县高等小学堂读书的第二年，在学校以才能与成绩甄别学生时，被列入甲班。

正当胡宗南在孝丰县高等小学堂读书近3年、即将毕业之时，1911年10月10日武昌起义爆发，偏僻的浙西小县城孝丰也激荡起来了。1911年11月12日，在同盟会会员王立三等人的策动下，孝丰宣告光复。年方16岁的胡宗南与同学们一片欢腾。他们采取的第一个响应革命的行动就是剪辫子，剪去这满清专制王朝强加给中国人民的耻辱。在全校学生中，胡宗南的同班同学章云第一个剪掉辫子，胡宗南则是第二个。

辛亥革命是一场不彻底的民主革命。孝丰县光复后，像全国许多地方一样，未能建立起强有力的革命政权与革命秩序。四乡土匪蜂起，驻军横行无忌。胡宗南所在的高等小学堂校舍也被驻军占驻。胡被迫回到鹤落溪家中。当时有号称"爬平王"的土匪林金魁啸聚孝丰北乡郭孝山，四处抢掠。鹤落溪村人谋以护村自卫，乃先发制人，集合丁壮追剿。年方十六岁的胡宗南不以自己年幼文弱而退缩，奋然参加前列行动，随村人携枪深入郭孝山，与土匪激战数小时，终将土匪赶走。②这可算是胡宗南第一次参加军事作战行动。

---

① 张朋园、林泉、张俊宏访问，张俊宏记录，郭廷以、张朋园校阅：《王微先生访问记录》，"中央研究院"近代史研究所口述历史丛书（60），台北："中央研究院"近代史研究所，1996年，第15页。
② 费云文：《模范军人胡宗南》，《中外杂志》（台北）第31卷第2期，第36页。

在这兵荒马乱中，胡宗南所在小学堂提前为他们举行毕业考试。

胡宗南在孝丰县立小学堂毕业后的第二年，即民国元年，公历1912年的春天，他又考入了设在湖州的公立吴兴中学校。他在经济上得到了在孝丰高等小学堂的同学章云的资助才得入学，入学后所用名仍是胡琴斋。

湖州，又称吴兴，位于太湖南岸，是一座历史悠久的江南水乡名城，境内河道纵横，商业兴盛，丝绸业尤称发达。湖州的文风更是千年相传不衰，城内有许多著名的学校与藏书楼。

胡宗南所就读的公立吴兴中学校位于湖州城中心爱山书院原址。关于这所中学校的建立还有一段可记载的历史。

清末，西方基督教会势力在上海及其毗邻的江浙地区迅猛发展。教会学校在各地纷纷建立。湖州为三吴名城，外国教会自不会放过。他们通过湖州一些人，将湖州文庙前的一大块废地购去，然后就在这里建造教会学校——东吴第三中学。这所教会学校不仅规模宏大，而且校址直逼湖州文庙，简直是在向孔夫子与中国传统文化教育示威。这使得湖州地方士绅大哗，认为有辱邦国，有辱斯文。他们推举湖州地方著名人士沈毓麟等人为代表，与教会方面交涉，要求收回这片土地，未成。双方乃对簿公堂。腐败胆怯的清政府地方官以事关外国教会，乃将此案件推给上海租界的会审公堂去审理。

沈毓麟是湖州城内一位著名的进步士绅，曾中过清政府的举人，后来又加入了同盟会，思想开明，富有爱国爱乡热情。他代表湖州地方，到上海租界会审公堂与外国教会打官司。几经周折，最后，在社会舆论的支持下，会审公堂判决湖州地方可将所售于外国教会的土地赎回半数。外国教会的"东吴第三中学"仍然在湖州文庙前创办起来了，只不过规模略小了些。

湖州地方士绅不甘心外国教会学校在湖州城内向国人示威，乃由沈毓麟出面，与湖州府所辖的7个县士绅会商，决定提取全府丝、绸捐中的两成，创办"公立吴兴中学校"，招收七个县籍的学生读书，以与教会学校"东吴第三中学"相抗衡。

吴兴中学校就这样创办起来了。校长就由沈毓麟担任。教员则延聘了当地

陈其采，胡宗南就读于吴兴中学校期间，陈其采任该校兵式体操教员，毕业于日本士官学校一期。

一些硕德饱学之士与国内外各大学的一些毕业生。如国文历史教员朱毂荪，为德清县士绅，是清末名儒戴望的入室弟子，曾中过举，工诗，长于考证辞章之学，且富于民主思想，是柳亚子、陈去病等人创办的著名革命文学团体"南社"的成员；兵式体操教员陈其采，湖州人，毕业于日本士官学校一期，其兄陈其美是辛亥革命时期著名的革命党领导人之一，民国初年曾任上海军政府都督与北京中央政府农商总长。其他教员也多是当地一时之望。

吴兴中学校是湖州地区的最高学府，师资素质较高，学校设备齐全，中西学问兼设，学习风气浓厚，为胡宗南的深造准备了良好的条件。胡宗南从1912年春入学，到1915年夏毕业，在这所学校里学习了3年多时间，受到这所学校反帝爱国思想的熏陶与近代文化知识的系统教育。他的"功课以国文、史地较优，其中尤其以地理最好"[①]。他除勤奋学习外，还特别喜爱体育。胡宗南长得身材不高，但身体结实壮健，尤擅长器械体操。他入校不久，就被推举为这所学校的学生组织——"爱山同学会"的体育股长。

"爱山同学会"是由校长沈毓麟一手组织的学生组织。沈毓麟在辛亥革命期间曾组织各校学生成立了一支学生军，准备参加对清廷的北伐。后来革命风潮平息，沈乃将这支学生军改组为经武学校。不久，经武学校也被解散。于是，沈乃在其所长之吴兴中学校成立了一个学生组织——爱山同学会，在课余习武

---

① 张朋园、林泉、张俊宏访问，张俊宏记录，郭廷以、张朋园校阅：《王微先生访问记录》，"中央研究院"近代史研究所口述历史丛书（60），台北："中央研究院"近代史研究所，1996年，第143页。

练艺，以使学生强健身体，陶冶性情，增强技艺。爱山同学会内设文艺、游艺、体育三股。其中体育股负责每天课余操练学生兵式体操一小时，由一名日本籍教练与一名中国教师唐贯经担任教练。参加体育股的学生以孝丰、安吉、长兴三县籍的学生为多。胡宗南则以擅长器械体操为全校500多学生之冠，担任体育股股长达两年半之久，直到他毕业离校才结束。这项社会工作不仅加强了胡宗南对体育运动的浓厚兴趣，而且加强了他的组织指挥才能及对军旅生活的向往。

陈其美为陈其采之兄，是辛亥革命时期著名的革命党领导人之一，民初年曾任上海军政府都督与北京中央政府农商总长。

胡宗南在湖州吴兴中学校求学期间，系统接受了近代新式中学的课程教育，奠定了自己的近代文化科学基础，为未来的进一步发展准备了条件。

1915年7月，胡宗南从吴兴中学校毕业，成绩名列全校毕业生前茅。这一年，他虚龄刚好20岁。

（二）从孝丰县城小学教员到投笔从戎

胡宗南于1915年7月从吴兴中学校毕业后不久，就被孝丰县立高等小学校（原孝丰县高等小学堂）聘为国文与史地教员，回到母校，开始了他为期约10年的小学教师生涯。

胡宗南在孝丰县立高等小学校任教半年以后，在1916年2月，农历春节以后，他又受聘到新建立的孝丰私立王氏小学校兼任教师。[①]

---

① 胡上将宗南年谱编纂委员会编：《胡上将宗南年谱》，沈云龙主编：《近代中国史料丛刊续编》第49辑488册，台北：文海出版社有限公司，1978年，第9页。

在孝丰县，王氏为大族，人丁兴旺，财大气粗，家族发达，宗祠祀产尤多。清末，王氏族中有王立三者，是孝丰著名士绅。此人原名燧莹，字绘青，曾做过廪生，后到日本学警政，改名王立三，并秘密加入了同盟会。1911年10月武昌起义爆发后，他在孝丰、安吉策动驻军反正，为辛亥革命做出贡献。民元后，他先后担任安吉县民事长、江山县知事等。不久他弃官回到孝丰家乡，看到王氏族中子女多，为兴学育才，光大本族，遂倡议族人集资创办了私立王氏小学校。全校分幼稚园、初小四班、高小四班、补习生一班，共有学生300多人，为孝丰县最完善的一所学校。该校所聘教师的待遇也较之他校为优。

胡宗南在王氏小学校担任高小与补习班的主任教员；同时他仍受孝丰县立高等小学校聘，兼任该校高年级史地教员。

胡宗南的"个性内向，并不善于交际"①。他在孝丰城的两所小学校共任教八年半，与方秉性、王微、陈嘉谟并称该校教师中的"四大金刚"②。在这几年中间，胡宗南有几件事可以记载：

1919年，民国八年，5月。在中国的首都北京爆发了五四爱国民主运动，并迅速影响到全国。民主与科学的时代潮流在东南地区激荡，孝丰也受到影响。5月间，孝丰县教育界组织了一个"小学教育参观团"，由王氏小学校校长王立三率领，有胡宗南、王微等教员参加，一行6个人，赴外地考察教育。这是胡宗南第一次走出湖州家乡地区，走向外省。这年他虚龄24岁。

胡宗南随参观团先到上海，先后参观了著名的万国小学与宝山小学，以及商务印书馆印刷厂等。十里洋场的花花世界与种种新奇使胡宗南大开眼界。正处在五四运动高潮中的这个中国最大工商业都市呈现出种种欣欣向荣的新气象，使胡宗南这个生长在浙西偏僻农村的知识青年振奋与思索。

离开上海后，胡宗南随参观团乘船渡过浩瀚的长江，来到了苏北名城南

① 张朋园、林泉、张俊宏访问，张俊宏记录，郭廷以、张朋园校阅：《王微先生访问记录》，"中央研究院"近代史研究所口述历史丛书（60），台北："中央研究院"近代史研究所，1996年，第145页。
② 张朋园、林泉、张俊宏访问，张俊宏记录，郭廷以、张朋园校阅：《王微先生访问记录》，"中央研究院"近代史研究所口述历史丛书（60），台北："中央研究院"近代史研究所，1996年，第18～19页。

通。这里有清末曾中过状元、后来成为大实业家的张謇所创办的闻名海内外的近代工商企业与一系列文教事业。胡宗南随参观团到达这里后，受到张謇的热情接待，参观了南通师范附属小学、南通博物馆等，出席了新落成的更俗剧场的开幕典礼，还游览了南通著名的风景地——矗立在长江边的狼山。

从南通出发，胡宗南一行又回到了江南，先后游览了南京、镇江、无锡等地，参观了江苏省立师范附属小学、无

张謇是清末状元，后来创办了闻名海内外的近代工商企业与一系列文教事业。胡宗南在游历南通时，受到张謇的热情接待。

锡小学，游览了南京的雨花台、明孝陵、莫愁湖、鸡鸣寺与镇江的焦山、金山以及无锡的太湖等风景名胜与历史文化遗迹。胡宗南增长了不少地理与历史知识，还亲眼看到与亲身感受到正在各地火热地开展着的五四爱国民主运动的强大声势与感人力量。

1920年，民国九年，胡宗南虚龄25岁。暑假期间，他再次来到南京。这次他是来参加南京高等师范学校开办的暑期学校，来读书学习提高自己的。与胡宗南一道来的，有他在王氏小学校的同事王微与方秉性。南京高等师范学校位于南京城中玄武湖畔的成贤街。这里原是明、清时代的国子监，清末改为三江师范学堂，后又称两江师范学堂，民元后改为南京高等师范学校，名师荟萃，校园美丽，公认为南方第一学府，也是当时全国最为著名、条件最好的大学之一，与北京大学齐名，有"北大南高"之称。胡宗南在这里学习了两个月，学业大有长进。

在这期间，胡宗南还结识了正在南京读书的两位年轻浙江同学：一位是张其昀，字晓峰，浙东鄞县人，1900年9月29日生，比胡宗南小5岁，1919年毕业于浙江省宁波省立第四中学，五四运动期间，曾代表宁波学生会，赴上海出席

全国学生联合会的会议，并被选为浙江省代表之一。1919年秋，考入南京高等师范学校史地部，师从哲学大师刘伯明、史学大师柳诒徵、地学大师竺可桢等人。他后来成为卓有建树的历史地理学家[①]；另一位为缪凤林，字赞虞，工古文诗词。胡宗南与他们交往一生，感情深厚。张其昀后来回忆这期间胡宗南与他们在南京的交游时，写道：

> 胡先生爱大自然。我们几个朋友，喜欢于课余上钦天山，登北极阁，遥望扬子江头的落照，有雄毅的意境。时或于月夜上鸡鸣寺，便在台城散步，钟山是恬静的，玄武湖泛起银色的波光，偶闻桨声，悠然而动古国之思；遇星期休沐，从鼓楼岗骑驴，过随园故址，游清凉山、乌龙潭，出水西门，游石头城故址。又往莫愁湖，至上胜河（明代称上关），看扬子江，诵李白之诗："三山半落青天外，二水中分白鹭州。"兴尽而归。少年时的同窗，永远是愉快而甜蜜的回忆。[②]

在这期间，胡宗南还与另一位河南舞阳籍的学生郭廷以相识、订交，也交往一生。郭廷以后来成为著名的中国近代史专家，1949年以后在台北担任"中央研究院"近代史研究所所长。郭廷以在1964年至1969年接受台湾"中央研究院"近代史研究所学者访谈时，回忆说："我之认识胡先生是很偶然的，胡先生在南京附近某一学校（按：指浙江省孝丰县王氏小学校）教书，暑假参加南高办的暑期学校。有一次我和他不约而同地在一间书店买书，彼此发现买了一部相同的书。他看我很年轻，便问我：'小弟弟在哪里念书？'我回答：'在南高附中。'他说：'唔！那很好，你们很容易升南高。'很表羡慕的样子，彼此就交了朋友，离开后也通了几次信。十三年春，他南下投考黄埔军校，开

---

① 散木：《国民党迁台首倡者张其昀》，《历史学家茶座》（济南）2010年第一辑。
② 张其昀：《追念胡宗南先生》（1962年撰），杜元载主编：《革命人物志》第11集，台北："中央"文物供应社，1973年，第50页。

始了他的军旅生活，而我在十二年秋中学毕业，升入东南大学念书"。①

1921年，民国十年，胡宗南虚龄26岁。暑假期间，他再次出外游览考察。这次他是一个人独自北上幽燕之地，到达天津、塘沽、山海关一带，游览考察山川形势与国事民情。津、沽、榆一带是我国北方边关所在，东临渤海，北接塞外，形势险峻，自古就是兵家必争的战场，中国历史上多次重大的战争都在这里展开，近代外国列强也多次从这里打进北京。胡宗南亲临其地，考察地理，印证史实，尤其关心与思考这些历史事件在军事上的成败得失。

胡宗南在津、榆一带见到许多日本浪人成批地来往于长城内外，络绎不绝，为所欲为，十分忧虑。他本想进一步出山海关到东北与内蒙古一带考察，因路费被窃而作罢。胡宗南回到孝丰小学校后，对同事们谈他这次去北方的旅游观感，说："十年以后，日本将是中国之大患。我国的东三省将首先遭到日本的侵略与祸害。"同事们问他何出此言，他谈了在津、沽、榆的所见所闻，说："往来津榆路者多日本浪人。这些日本浪人其实都是日本的军人与间谍。这些人是侵略中国的急先锋。"②言罢叹息不已。年轻的胡宗南表现出深深的忧国情怀与敏锐的军事眼光。

胡宗南连续数年利用学校假期到各地游览，考察山川地理与国事民情，思索着中国的历史与现状。他有着越来越大的志向，小小的孝丰已拴不住他了。

胡宗南在孝丰任教期间，还迫于父命娶妻。但胡宗南不喜此人，夫妻关系不洽。胡宗南的这位原配妻子不久就病故了。自此，胡宗南长期独身达20年之久。

1923年12月底，胡宗南在孝丰听到一位从上海回来的同乡带来的消息：中国国民党与孙中山在广州的政府将创办一所陆军军官学校，已派人到上海秘密招生。胡宗南听了大喜，立即前往投考。

胡宗南离乡投军、投笔从戎这一事，有几种说法：

① 张朋园、陈三井、陈存恭、林泉访问，陈三井、陈存恭记录：《郭廷以先生访问记录》，"中央研究院"近代史研究所口述历史丛书（15），台北："中央研究院"近代史研究所，1987年6月，第108～109页。
② 胡上将宗南年谱编纂委员会编：《胡上将宗南年谱》，沈云龙主编：《近代中国史料丛刊续编》第49辑488册，台北：文海出版社有限公司，1978年，第12页。

一是胡宗南的友人裴珍所说：胡宗南"当时任小学教师，生活并不宽裕，因而兼营毛竹生意，……生意蚀了本，债主催索，使宗南无法在乡安居，乃投笔从戎，考入黄埔第一期习军事"①。

二是胡宗南的部将张新所说：胡宗南"年轻时，当过小学教员，因为赌博，负债累累。后得在上海开毛竹行的孝丰同乡章云的资助，到广东投考黄埔军校"②。

三是胡宗南的浙江同乡和晚辈部属、胡宗南少年好友章云（章旭初）的女婿孟丙南所说：胡宗南"和王微争夺小学校长位置，结果因王是孝丰本地人，他系过江人（即钱塘江以东的客籍人），竞争失败，王微当了小学校长。胡不甘心屈居王下，负气出走……这时正值黄埔军校第一期招生。胡在失意中忽萌投笔从戎之念，乃由章云赠他路费，到广东投考"③。

四是张其昀所说：胡宗南"壮岁游学金陵，仰高山而怀先烈，过城垣而思故国，先忧后乐之志遏能自已？乃间关入粤献身革命洪炉……"④

不管怎么说，在1923年年底，28虚岁的胡宗南决心走出故乡的土地，告别为期约10年的小学教师生涯，投身到中国军事舞台上。他来到上海，找到设在法租界环龙路国民党办事处的黄埔军校招生点。负责招考浙江省区学员的是陈果夫与阚怀珍。陈果夫是湖州人，是胡宗南在吴兴中学校读书时兵式体操教师陈其采的侄儿；阚怀珍则是胡宗南的孝丰小同乡。胡宗南认真地阅读了黄埔军校的《招生简章》，只见上面写着：

　　一、本校为养成革命军干部军官，完成国民革命起见，特招第一期入伍生，施以军事预备教育。

　　二、入伍生期限六个月。

---

① 裴珍：《忆说胡宗南》，《中外杂志》（台北）第18卷6期，第78页。

② 张新：《胡宗南其人》，浙江省政协文史资料研究委员会编：《浙江文史资料选辑》第23辑，杭州：浙江人民出版社，1982年，第171页。

③ 孟丙南：《"西北王"胡宗南》，全国政协文史资料研究委员会编：《文史资料选辑》第18辑，北京：文史资料出版社，1981年，第115～116页。

④ 张其昀：《〈宗南文存〉序》，台北：中国文化研究所，1963年，第6页。

......

四、投考者之资格如下：

A. 年龄十八岁以上，二十五岁以内。

B. 学历旧制中学毕业及与中学相当之学校毕业。

C. 身体……

D. 思想……

以下是入学考试科目、录取后之手续与待遇等项。[1]

胡宗南感到自己年龄虽比规定大了3岁，但想来是可以通融的；至于考试各科目与其他要求，当不致有困难。他满怀信心地报了名。几天后就在环龙路1号参加入学初试。初试分为笔试与口试。笔试考作文、政治、数学等，要求不高；口试则询问各种常识，多属空文，也比较容易。胡宗南在众多考生中算是文化水准较高者，考试从容，轻易获得通过。

1924年1月底，胡宗南接到了军校复试通知书及按规定发给的去广州的路费。2月5日是农历春节。春节一过，胡宗南就离别家乡，来到上海。2月底的一天，他与一同报考军校的友人凌光亚一道，登上日本客轮"嵩山丸"号，从上海前往广州。轮船刚刚离开码头不久，一艘小舢板追上来，两位青年从舢板上爬上"嵩山丸"舷梯，胡宗南在甲板上伸手将他们拉上海轮。

此两人，一位名叫贺衷寒，湖南岳阳人，1900年生，原名忠汉，字君山，1916年考入武昌湖南旅鄂中学；1919年五四运动时，被选为武昌学生代表，1920年成为中国最早的青年团员。适逢苏联准备召开东方民族会议，贺衷寒被选为东方劳工代表参加。1921年春，他赴上海外国语学校学习俄文；9月赴苏联出席"远东各国共产党及民族解放团体代表大会"。但在会议期间，他与中共总代表张国焘发生激烈冲突。1922年春，贺衷寒回国，因张国焘向中共总书记陈独秀告状，以"目无组织"的名义，被开除团籍；再加上他在苏联约7个月的

---

[1] 广东革命博物馆编：《黄埔军校史料（1924—1927）》，广州：广东人民出版社，1982年，第24～25页。

考察，使其深信中国革命不应采用苏俄模式，从此与共产党分道扬镳。此后，他先在武昌创办"湖北人民通讯社"，因揭露社会黑暗，抨击军阀横行，被查封；继往长沙创办"平民通讯社"，兼任宏图中学教员。长沙发生"湖南劳工惨案"，他发表评论，被捕入狱，后被保释。1923年，他主持长沙"青年社会服务社"，并受聘担任《上海时报》特约记者。

另一位名叫蒋伏生，湖南祁阳县人，1899年生，祖辈务农，从祁阳县立高等小学堂毕业后，得友人资助，考入武昌湖南旅鄂中学，结识贺衷寒。1921年春，他与贺衷寒一道，赴上海外国语学校学习俄文；9月，赴苏联出席"远东各国共产党及民族解放团体代表大会"。1922年回国后，他一直追随贺衷寒，从事报刊编辑和发行工作，历任"湖北人民通讯社"记者、湖南长沙"平民通讯社"编辑、长沙"青年社会服务社"教员、北京《东方时报》特约通讯员等。

1924年年初，贺衷寒与蒋伏生得到黄埔军校招生的信息，没有来得及参加初试，就由担任广州孙中山"大本营"秘书、国民党一大代表詹大悲保荐，一同奔赴上海，准备转赴广州，报考黄埔军校。

胡宗南就此结识了贺衷寒与蒋伏生。胡宗南见此二人的装束与急迫追赶该轮之状，"断其必为前赴广州投考军校之学生"。贺衷寒也"颇佩其观察之敏锐，与判断之正确，遂举此行经过以告，并谢援手之情"，当得知胡宗南亦是赴广州投考黄埔军校后，"以志趣相投，于是无话不谈。十余日后，船抵广州，余于胡将军已十分投契矣"①。

贺衷寒与蒋伏生成为胡宗南最早结识的黄埔军校同学与维持一生的最重要的友人。尤其是贺衷寒，给胡宗南后来的思想发展以很大的影响。

"嵩山丸"号海轮从黄浦江驶向大海，汽笛长鸣，劈波斩浪。当时正是早

---

①（1）贺衷寒：《忠勤廉慎——追怀胡故上将宗南》（1962 年撰），胡故上将宗南先生纪念集编辑委员会编纂，胡为真增修：《令人怀念的胡宗南将军》，台北：商务印书馆，2014 年 12 月，第 363 页；（2）蒋伏生：《宗南与我》（1962 年撰），胡故上将宗南先生纪念集编辑委员会编纂，胡为真增修：《令人怀念的胡宗南将军》，台北：商务印书馆，2014 年 12 月，第 376 页；（3）戈士德：《胡宗南与戴笠》（中），《中外杂志》（台北）1982 年第 3 期，第 31 卷 3 期，第 19 页。

春时节，春风还没有染绿长江南岸。可胡宗南内心里却是春风得意马蹄疾，对未来充满了希望。

（三）二十九岁的黄埔军校一期生

1924年3月初，胡宗南踏上了广州的土地。这座南国都市是中国国民党中央与孙中山大元帅府的所在地，是正在蓬勃兴起的大革命运动的中心，到处是一片热气腾腾的革命景象。当时从山西来报考黄埔一期的学生、后来成为著名的共产党军事领导人的徐向前回忆说："这里，革命气氛甚浓，同太原、上海迥若两个世界。大街小巷里的革命标语，琳琅满目。《广州国民报》天天刊登革命活动的消息，积极宣传三民主义。孙中山大元帅的名声很大，人们都对他十分尊敬，仰慕不止。"[1]

1924年3月27日，胡宗南到广州文明路广东高等师范学校参加军校入学考试的复试。参加复试的考生很多，有1 200多人，以湖南人最多，次为广东人、陕西人，浙江人较少。先是体格检查。胡宗南身高1.59米，因"身材矮小，体格检查时即被淘汰；幸遇当时黄埔军校党代表廖仲恺先生，听他说话激昂，有一定文化程度，就手谕准其参加考试"[2]。接着进行了连续3天的笔试，考国文，数习等。

黄埔陆军军官学校，胡宗南成为该校的第一期学员。

---

① 徐向前：《历史的回顾》，北京：解放军出版社，1984，第25页。

② 孟丙南：《"西北王"胡宗南》，全国政协文史资料研究委员会编：《文史资料选辑》第18辑，北京：文史资料出版社，1981年，第116页

胡宗南在"嵩山丸"上结识的贺衷寒与蒋伏生，顺利地直接参加了军校入学考试的复试。

4月28日军校发榜，录取正取生350名，备取生120名。胡宗南与贺衷寒、蒋伏生都被录取为正取生，其他还有杜聿明、黄杰、关麟征、宋希濂、孙元良、陈明仁、范汉杰、俞济时、桂永清、邓文仪、曾扩情、李延年、王叔铭、冷欣等，成为胡宗南的一期同学与好友，并与胡宗南一样，后来成为国民政府军中蒋介石嫡系黄埔系的著名将领，其中许多人与胡宗南的一生发生过密切的关系。

在录取的一期学生中，有徐向前、陈赓、周士第及宣侠父等人，后来成为中共方面的高级将领或重要人物。其中徐向前、陈赓、周士第等，还几次成为胡宗南军事上的对手。

1924年5月2日，孙中山大元帅正式任命蒋介石为黄埔军校校长。5月5日，军校正取生先行入学。上午9时左右，胡宗南与同学们来到广州南堤码头集合，由几位领队的官长清点人数后，即分登数艘民船，由小火轮拖着，驶向珠江下游入海处的黄埔岛。陆军军官学校就建在那座岛上，因而被称为黄埔军校。

黄埔军校大门

黄埔军校的校舍是利用原广东陆军小学的旧址。房屋大部分是一楼一底。胡宗南见到学校大门口写着一副对联：

"升官发财，请走别路；贪生怕死，莫入此门。"

横批："革命者来"。

校内到处都张贴着革命的标语。

黄埔军校是在国、共合作与苏联援助的大革命形势下建立的。军校的组织编制都是学习与模仿苏联红军的建军建校榜样：孙中山亲任军校的总理，蒋介石为校长，廖仲恺为校党代表。廖仲恺是当时公认的国民党"左"派，主张联俄、容共最力；蒋介石则被人们视为中派。在军校校本部之下，分设六个部与学生总队，其主官都由国、共两党派员参加担任。其中，教授部以王柏龄为主任，叶剑英为副主任；训练部以李济深为主任，邓演达为副主任；政治部先后以戴季陶、邵元冲、周恩来、邵力子等人为主任，张菘年、邹冲辉、鲁易等人为副主任；管理部以林震雄为主任；军需部以周俊彦为主任；军医部以宋荣昌为主任。以后，军校又增设教育长，先后由胡谦、王伯龄担任；参谋处，处长由钱大钧担任；军法处，处长由周恩来兼。军校的军事总教官为何应钦，军事教官有顾祝同、钱大钧、陈继承、沈应时、严重、王俊、刘峙、陈诚等人；政治教官有胡汉民、恽代英、萧楚女、张秋人、安体诚等人。

胡宗南与同学们被军校分编为3个队，即第一、二、三队。5月10日备取生120名入校，被编为第四队。每一队下又分为几个区队。总计学生约460多名，总称为学生总队，总队长为邓演达，副总队长为严重。胡宗南被分在第二队第四区队，第二队长为茅延桢，第四区队长为曹石泉。① 第四区队的学生中，除胡宗南，还有后来成为国民政府军空军总司令的王叔铭、陆军总司令部副参谋长的冷欣等人。胡宗南的夫人叶霞翟说：第四区队的学生，"虽然个个都比较矮，但个个身体强壮，操练时特别有精神。……据说他们当年在学校时，只要是身材矮一点的，人家就知道是第四区队的"②。胡宗南的次子胡为善则说："在黄埔一期里，父亲的个子是倒数第二矮，最矮的是冷欣，他后来也升为陆军中将，每次见到我都说：'你爸爸就是在我前面一个。'"③

胡宗南与同学们穿上新发的军装，开始了军校的紧张生活。学生集体住宿，寝室大的住二三十人，小的住七八人，睡的都是木制双层床。在第一个月，是接受入伍生教育，基本上都是操练，学会作为一名军人的基本动作。5月

---

① 广东革命博物馆编：《黄埔军校史料（1924—1927）》，广州：广东人民出版社，1982年，第93～95页。

② 叶霞翟：《大将军的小故事》（1972年撰），胡故上将宗南先生纪念集编辑委员会编纂，胡为真增修：《令人怀念的胡宗南将军》，台北：商务印书馆，2014年12月，第428页。

③ 胡为善口述，李菁主笔：《我的父亲胡宗南》，《三联生活周刊》（北京），2010年10月9日。

25日，他们领到了学校发给的步枪。在这期间，胡宗南与同学们由党代表廖仲恺等人介绍，集体加入了中国国民党。

黄埔陆军军官学校，胡宗南成为该校的第一期学员。

经过一个多月的入伍生训练后，1924年6月16日，黄埔军校第一期举行隆重的开学典礼。这是为了纪念两年前，即1922年6月16日孙中山蒙难两周年而选定的日子。孙中山、胡汉民、汪精卫、廖仲恺、许崇智、蒋介石等党政军领导人参加典礼。廖仲恺主持会议，胡汉民代为宣读了孙中山向全校师生发表的重要讲话。孙中山讲了革命的历史，讲了全国的形势，尤其重点强调了建立黄埔军校与革命军的重要意义。他说："……要用这五百人做基础，造成我理想上的革命军。有了这种理想上的革命军，我们的革命便可以大告成功，中国便可以挽救，四万万人便不至灭亡。所以革命事业，就是救国救民。我一生革命，便是担负这种责任。诸君都到这个学校内来求学，我要求诸君，便从今天起，共同担负这种责任。……"①孙中山的讲话给胡宗南留下深刻的印象。

① 孙中山：《在陆军军官学校开学典礼的演说》，中国社会科学院近代史研究所中华民国史研究室等合编：《孙中山全集》第10卷，北京：中华书局，1986年，第298页。

孙中山在这天还为黄埔军校题写了训词:

> 三民主义,吾党所宗,以建民国,以进大同。
>
> 咨尔多士。为民前锋。夙夜匪懈,主义是从。
>
> 矢勤矢勇,必信必忠。一心一德,贯彻始终。

后来,这训词被谱为中国国民党党歌。

直到这天的晚8时,开学典礼才结束。

开学典礼以后,胡宗南与一期同学一道,开始了正式的军官学生教育。应苏联方面的建议,本应是3年为一期的教学培训计划,缩短在6个月以内完成,因而军校的教与学都是分外的紧张而又严格。

军校的军事教育,采用了当时苏联最新的军事理论和军事技术,受苏联军事顾问指导,课程分为学科与术科两大类:学科教以步兵操典、射击教范、战术学、兵器学、交通学、筑城学、军制学等;术科教以制式教练、战斗教练、实弹射击以及行军、宿营和战斗联络等。胡宗南的黄埔一期同学徐向前回忆说:"黄埔的军事课主要是讲典范论和四大教程。如《步兵操典》《射击教范》《野外勤务》以及《战术学》《兵器学》《筑城学》《地形学》,另外,还设有《军制学》《交通学》《实地测图》。总之,从单兵动作到排、连、营在行军、宿营、战斗中的联络和协同,都依次循序实施。教官主要是两部分,一是日本陆军士官学校出来的,这是少数;二是保定军官学校出来的,这是多数。有时,苏联顾问也给学生讲课和示范。"[1]

军校的政治教育,则以上政治课为主,课程包括三民主义、社会进化史、各国革命史、社会主义、工农运动、苏联研究等,多达26门,并辅之以政治训练与讨论、刊物宣传与文艺宣传等。徐向前回忆说:"这类书籍,在书亭上摆

---

[1] 徐向前:《历史的回顾》,北京:解放军出版社,1984年,第29页。

黄埔军校校长蒋介石

着，可以随便买。校刊《黄埔潮》《黄埔月刊》上的文章，也反映各种不同的政治见解。"①

为了贯彻孙中山"知行合一"的教学原则，军校在教育中还举行频繁的实战演习，并带领学生投入实际的革命活动中。

在黄埔军校中影响最大的无疑是校长蒋介石。他在军校提出了一个"严"字的教育方针。他说："军事学校的训练一定要严格，而本校是党团与军队二重的训练加在一起，是更不能不严肃果决了。我们一定要明白军事学校，不是那旁的学校优柔的、放纵的、文弱的、自由的教育，可以训练的出钢筋铁骨、恶战苦斗、严守纪律的军人的。"蒋介石认为"严"的具体表现就是军纪。他将军纪解释为，一是纪律，二是纪纲，"就是前人所说的三纲五常，一定要长幼有别，上下有序，阶级次第分得明明白白，这就叫纪纲。至于纪律呢？就是用法律来维持他的秩序，保持他的系统"②。蒋介石的这些思想十分符合胡宗南的想法，给他的影响极深。胡宗南后来一生对蒋介石始终保持封建纲常所要求的忠顺与服从，当与他所受蒋介石的这些思想影响有关。

蒋介石还给黄埔军校具体规定了维持与整肃军纪的方法：

一要清洁；二要有秩序；三要有条理；四要精密（不论事之巨细，均

---

① 徐向前：《历史的回顾》，北京：解放军出版社，1984年，第28～29页。
② 邓文仪编：《黄埔训练集》，1927年出版；台北："国防部新闻局"印行，第127、101页。

需精密审慎）；五要慎言（戒谎言欺人）；六要诚实（戒虚浮）；七要亲爱（和衷共济）；八要肃静。[①]

这八条方法对胡宗南以后的一生军旅生涯有很大的影响。

在严格的军政训练的同时，黄埔军校要求全体学员平日的生活也实行军事化，要求动作迅速、紧张而严格，连吃饭与上厕所都要受时间的限制。据黄埔一期同学徐向前回忆说：

> 训练和一日生活很严格、紧张。天不亮就起床，穿衣服，打绑腿，紧急集合三分钟；出操回来赶紧跑厕所；吃饭限定十分钟，得狼吞虎咽；接着是上课，课后又出操；晚上是自习。操场紧靠珠江口，涨潮时操场里的水都漫过了脚，照样要出操。学生不准抽烟，我们吸烟的人只得偷着吸。一名学生发十个毫子，因为不准出黄埔岛，这点钱都花不完。[②]

黄埔军校的军事教官刘峙后来回忆第一期学员的学习与生活时，这样写道：

> 学生入校后生活，非常严肃、活泼、紧张，从早上五点钟起床，到晚间九点半熄灯，没有片刻时间是虚度的。在当时军阀横行的中国环境中，别处哪里可找到这样有力量的军事学校。校中的一切都充满了革命的朝气，什么人也不敢偷懒，更不敢自私。[③]

胡宗南的一期同学、好友贺衷寒，由于文化水平较高，并曾出国赴苏联考

---

① 邓文仪编：《黄埔训练集》，1927年出版；台北："国防部新闻局"印行，第111页。
② 徐向前：《历史的回顾》，北京：解放军出版社，1984年，第29页。
③ 刘峙：《我的回忆》，沈云龙主编：《近代中国史料丛刊续编》第870辑，台北：文海出版社有限公司，1982年，第26页。

黄埔军校一期生胡宗南

察，从事过新闻工作，多有历练，见多识广，有思想，有见解，能说会道，进入黄埔军校后，迅速脱颖而出，以"贺衷寒的嘴"，声名鹊起，而与"蒋先云的笔""陈赓的腿"，并称"黄埔三杰"。这是指黄埔军校一期学员中最为突出的三个人物。这三人都是湖南人，但后两人都是共产党人，而贺衷寒则以"反共"著称。贺衷寒的政治取向与才能深得校长蒋介石器重。在军校期间，贺衷寒是与胡宗南关系最密的同学之一，对胡宗南的思想影响也最深。贺衷寒晚年回忆他与胡宗南在黄埔军校期间的来往与思想时，说：

　　既入校，因为功课忙，勤务多，且不同队，彼此见面机会转少，惟每于假日见面时，辄长谈竟日，谈则无非三民主义之信仰与奉行，革命方略之研究与实现，先烈革命奋斗之事迹，以及军阀之扫荡与肃清，帝国主义之打倒与消灭，而对曾经以中国东北国境作战场之日俄两帝国主义鲸吞中国之阴谋，则谈论尤多。余与胡将军因革命之见解完全相同，遂由同学成为莫逆之挚交。①

　　经过约6个月这样严格而紧张的军政训练，29岁的胡宗南由一名普通小学教师转变为一名现代军人。

　　1924年10月14日，胡宗南与军校一期同学一道，由蒋介石指挥，进入广州城，参加了镇压商团叛乱的战斗。这是他第一次走上战场。经过几个日夜的战

---

① 贺衷寒：《忠勤廉慎——追怀胡故上将宗南》（1962年撰），胡故上将宗南先生纪念集编辑委员会编纂，
　　胡为真增修：《令人怀念的胡宗南将军》，台北：商务印书馆，2014年12月，第364页。

斗，黄埔学生军首战告捷，平息叛乱，树立起声威。胡宗南也得到了第一次实战锻炼。

平定商团叛乱后，胡宗南与第一期同学学习临近结束，于10月19日被分发到部队中任见习官。11月8日，见习期满，胡宗南与同学们回到军校参加战术演习试验。这是军校对一期学员的军事知识与军事指挥技能进行毕业考试。由校长蒋介石与党代表廖仲恺发布命令，由军事总教官何应钦任指挥，所有军事教官一律参加。考试进行20多天，到11月29日完毕，宣布考试成绩，及格者456人，胡宗南名列其中。

1924年11月19日，胡宗南与军校一期同学迎来了一批新学友——在广州的大本营陆军讲武学校的学生合并到黄埔军校来，计有学生146人。因这些学生所受教育与训练大体与黄埔一期学生相等，故黄埔军校将他们编为一期第六队。这批学生90%为湖南人，有许多人后来成为民国史上的著名将领，如陈明仁、李默庵、刘嘉树、萧赞育及左权等，其中有些人后来成为胡宗南的部将与胡宗南军事集团的重要成员，如李铁军、丁德隆、刘戡、李文、袁朴等。

（四）东征中崭露头角的机枪连排长

1924年11月30日，胡宗南与第一期第一、二、三、四队学员正式从黄埔军校毕业。只有第六队直到1925年1月底东征前才毕业。胡宗南被分发到刚建立的军校教导团第三营第八连，任少尉见习。

这时，中国政局发生重大变化。从1924年9月开始，中国北方爆发第二次直奉战争。10月24日，直系部将冯玉祥发动北京政变，推翻曹锟政府，电邀孙中山北上共商国是。孙中山决定以胡汉民留守广州，代行大元帅职权，他和夫人宋庆龄于11月13日乘永丰舰离广州北上。孙中山在当日途经黄埔时，再次视察军校，检阅军校学生的演习，发表讲话，赞许学生的"忍苦耐劳，努力奋斗"[1]。

---

① 广东省社科院历史所等编：《孙中山年谱》，北京：中华书局，1980年7月，第363页。

胡宗南被分发任职的黄埔军校教导团，是国民党遵照孙中山指示建立的第一支"党军"。

过去，孙中山搞了几十年革命，却没有一支自己党的武装力量，依靠的是各种军阀的军队，常常被各种军阀背信弃义与抛弃。因此，孙中山决定建立国民党自己的武装力量，在创办黄埔军校的同时，就指示要以军校学生为骨干，组建由中国国民党直接掌握与指挥的革命军——"党军"。根据孙中山的指示，黄埔军校于1924年9、10月间，在广东、上海、江苏、浙江、湖南等地，召考军校教导团的学兵，选拔18岁至24岁的身体强壮、通晓文理的有志青年，组成教导团，授以军士及准尉所必需的军事知识，培养军队基层干部。

就在黄埔军校一期生毕业之时，1924年11月20日，军校教导团正式成立，以军校总教官何应钦为团长，王登云、缪斌先后为团党代表，下辖3个营，第一营营长沈应时，后为蒋鼎文，党代表先是胡公冕，后是章琰，第二营营长刘峙，党代表茅延桢，第三营营长先是顾祝同，后是王俊，党代表蔡光举。

1924年12月3日，军校教导第二团又成立，原教导团改称教导第一团。教导第二团以王伯龄为团长，张静愚为团党代表，下辖3个营，第一营营长顾祝同，党代表胡公冕，第二营营长林鼎祺，党代表季方，第三营营长金佛庄，党代表郑洞国。

军校教导团编制为三三制，每团辖3个营，每营辖3个连，每连辖3个排。每排有26名至30名战斗兵。另团部直辖有特务队、侦察队、机关枪连、辎重队、通信队、卫生队等。

军校教导团的团、营级主官，由黄埔军校的教官担任；连、排级军官，则都由军校第一期毕业生担任。

胡宗南所在的军校教导第一团，团长是何应钦，第三营营长先后是顾祝同、王俊。不久，胡宗南被调到团部直辖的机关枪连，任中尉排长兼代班职，即以排长职务，直接指挥机枪作战。机关枪连共有机关枪6挺，每排两挺。当时，机关枪在广东各部队中是新式武器，威力强大。据曾任黄埔军校政治部主任与团党代表的包惠僧说："当时在广东作战主要的是步兵，兵器主要的是步枪。当时敌人没有炮，我们的炮也很少。……作战中威力最大的武器是机关枪，其次是驳壳枪。敌人方面连机关枪、驳壳枪都很少，每逢一次战斗，只要我们的机关枪一开火，敌兵就望风奔逃"[①]。

胡宗南到教导第一团任职不久，就奉命随军东征，讨伐陈炯明叛军，收复粤东。

自1923年春陈炯明叛军被赶出广州后，就一直盘踞粤东的东江流域的惠州、潮汕与梅县一带，多次向广州反扑，成为广东革命政府最大的威胁。1924年11月13日孙中山离粤北上，给陈炯明造成广州革命政府本部防务空虚的错觉，他认为反攻广州的时机已经到来，"解决粤局问题，

何应钦是胡宗南所在军校教导一团团长

时机已至"。1924年11月23日，陈炯明发布"促各将领进军电"，称："现在粤民已如倒悬，我军义难坐视，应合力救粤，希各袍泽克日回防准备，俟作战计划与各总指挥商定，即提师而进。"1924年12月27日，陈炯明在汕头就职"粤军总司令"，宣称"救粤问题，余当决心担承"。他在"复任粤军总司令职通电"中宣称，两年以来，在孙文的治理下，广东更加糜烂，"每闻浮掠之酷"，因此，他整饬部队，"率循父老兄弟之公意"，定使广东确立自治之基，"廓清凶秽，还我净土"。其对外宣传的"救粤计划"是："旧历年内攻入广州，期在广州度年。"1925年1月7日，他与方本仁、赵恒惕订立粤湘攻守同盟条约，发表宣言，坚持"联省自治"，准备兵分三路，大举进攻广州。

---

① 包惠僧：《包惠僧回忆录》，北京：人民出版社，1983年6月，第166页。

陈炯明完全轻估了此时广州国民革命政府的实力。

此时，广州国民革命政府已经接受了苏联的大量军事援助和经济援助，实力远比陈炯明所想象的强大。苏制武器源源不断地运到广州，分发和武装了各部队。特别是黄埔军校师生所组建的两个教导团与学生军（由黄埔军校第二期学生组成），不仅武器先进、充足，而且革命精神焕发，士气高涨。在1925年元旦上午，军校召开大会，纪念1912年1月1日以孙中山为临时大总统的中华民国南京临时政府成立，举行阅操、施训等活动，并集体前往黄花岗七十二烈士墓前宣誓。校长蒋介石率领学生高呼："中华民国万岁！孙大元帅万岁！万万岁！黄埔陆军军官学校革命军万岁！万万岁！"蒋多次对军校师生说："从今天1月1日起，我们革命军的口号是'杀陈炯明'，无论是起居、饮食、上操、授课，都要念念不忘！"

1925年1月15日，广州留守政府根据孙中山的指示，决定东征讨伐陈炯明，颁布《东征宣言》，将所辖的许崇智的建国粤军、杨希闵的建国滇军、刘震寰的建国桂军、谭延闿的建国湘军以及黄埔军校的两个教导团与学生军，合组成"东征联军"，任命杨希闵为"东征联军"的总司令。

1925年1月30日，"东征联军"总司令部召开会议，决定先发制敌，分3路，进攻东江地区：以杨希闵率领建国滇军约3万人为左路，从北面东进，进攻增城、博罗、河源、老隆（今龙川）、兴宁与梅县一线；刘震寰率领建国桂军约6000人为中路，进攻惠州城，并策应左右两翼；而以许崇智的建国粤军，约1万人，与黄埔军校的两个教导团及学生军，约3千人，为右路，从南面沿着海边东进，经广九路，向东莞、石龙、平湖、深圳、淡水（今惠阳）、平山（今惠东）、海丰、陆丰与潮汕攻击前进。

胡宗南所在之教导第一团隶属东征右路军。

1925年2月1日，广州留守政府正式下达东征陈炯明的动员令。在这一天，东征右路军的许崇智建国粤军从广州燕塘出发，沿广九铁路向石龙前进；黄埔军校的两个教导团及学生军从黄埔岛出发，水陆并进，向虎门、东莞集结。

胡宗南所在之教导第一团，在团长何应钦率领下，从黄埔岛乘船到达沙角。

2月4日，东征右路军首战告捷，攻占东莞、石龙。接着，以凌厉攻势，迅速占领常平、平湖、深圳，完全控制了广九铁路。

年轻的胡宗南与同学战友们第一次投入较大规模的实战，在革命思想的鼓舞下，士气旺盛，斗志昂扬，使用苏式武器——步枪上有刺刀与苏制机枪、野炮等，战斗力强，而且军纪严明，对百姓秋毫无犯，得到群众的拥护与支持。刚进入三十而立之龄的胡宗南在东征途中，曾写信给同学好友贺衷寒，发抒他决心献身革命杀敌立功的壮志豪情。其中有这样的话：

> 国危民困，至今而极，既不能救，深以为耻，献身革命，所为何事？此次出发，但愿战死。[1]

1925年2月15日，胡宗南随军校教导第一团担任进攻淡水（今惠阳）的主力。淡水城虽小，但城墙高厚，城壕深宽，叛军熊略部约4千人据城固守。教导第一团官兵不顾生死，最先攻入城东南门，配合友军占领该城。接着又打退叛军洪兆麟部的猛烈反扑。东征右路军乘胜前进，于2月21日占领平山（今惠东），2月27日占领陈炯明的家乡海丰城，3月上旬占领普宁、揭阳、潮安与汕头，平定潮汕地区。

但在这时，由于担任东征军北面左路与中路的滇、桂军观望不前，使得进入潮、汕的南面右路军成了孤军深入。盘踞兴宁、梅县一带的叛军林虎部乘机大举南下，以优势兵力赶来增援，从紫金、五华包抄过来，抄袭右路军的后路，企图与洪兆麟、叶举残部配合，前后夹击，一举歼灭右路军于揭阳、潮汕地区。林虎于清末毕业于日本士官学校，久经战阵，是陈炯明手下第一大将，所部军队实力雄厚，是叛军中最精锐的部队。他听说黄埔学生军英勇善战，不

---

[1] 贺衷寒：《忠勤廉慎——追怀胡故上将宗南》（1962年撰），胡故上将宗南先生纪念集编辑委员会编纂，胡为真增修：《令人怀念的胡宗南将军》，台北：商务印书馆，2014年12月，第364～365页。

以为然地笑说："何物学生军，不过小孩子胡闹把戏而已。你们看我把他们杀得片甲不留"①。

1925年3月上旬，蒋介石指挥东征军右路军，以一部防守潮汕，而以黄埔军校的两个教导团与学生军，以及粤军许济旅，从揭阳、普宁回师，迎击林虎军。

1925年3月10日，林虎军进至河婆（今揭西）。3月11日，蒋介石令军校教导第一团担任正面防守，以军校教导第二团担任左翼，粤军许济旅担任右翼，从两侧迂回到敌后袭击，前后夹攻敌军。蒋介石期以正面突破与迂回袭击的战术，打败强悍的林虎军。

在3月13日晨，胡宗南所在之教导第一团在普宁以西的棉湖，首先与林虎军接触。著名的棉湖之战打响。

教导第一团担任正面防守。由于左、右两翼的教导第二团与粤军许济旅，未能如期赶到投入战斗，使教导第一团孤军奋战，以12个连，约1000多人，抗击林虎部约1万多人的猛烈进攻。众寡悬殊，形势危急，战斗极其激烈。战场从南到北，变换十几处，连贯七八里。林虎部一度利用战线裂隙，冲到教导第一团团部附近。团长何应钦亲自率领卫队反击。蒋介石与军校政治部主任周恩来指挥炮兵发炮支援。教导第一团官兵奋不顾身，端着上有刺刀的步枪冲锋肉搏，终将敌军打退。在激战中，教导一团官兵伤亡达二分之一以上，全团9个步兵连连长，6人阵亡，3人负伤，副连长、排长伤亡更多。

担任机枪连排长的胡宗南冒着枪林弹雨，指挥两挺机枪，向敌军猛烈扫射，有力地掩护了第一团官兵作战。何应钦后来说："棉湖之役，余率第一团与敌苦战，宗南弟以机枪连排长，掩护本团作战有功，自是即崭露头角，深为领袖（指蒋介石）所器重。"②

棉湖大战激战竟日。至该日下午，东征军左、右两翼的援军赶到，与教导

---

①《商报》1925年3月28日。

② 何应钦：《胡宗南上将年谱序》，胡上将宗南年谱编纂委员会编：《胡上将宗南年谱》，沈云龙主编：《近代中国史料丛刊续编》第49辑488册，台北：文海出版社有限公司，1978年，第1页。

第一团配合，将林虎军全线击溃，击毙敌旅长张化如，俘敌团长黄济中，歼敌2 000余人，缴枪1 600多支。敌军残部仓皇向五华、兴宁败退。

棉湖之战是第一次东征中具有决定意义的战役，也是胡宗南一生军事生涯的一个重要起点。战后，他因战功被提升为机枪连上尉副连长，而且开始受到蒋介石的注意与赏识。

就在此时，从北京传来噩耗：孙中山在1925年3月12日因肝癌去世。这给东征军官兵更大的激励，决心为实现孙中山的三民主义理想而奋斗，而献身。

胡宗南随教导第一团，不顾连续作战的极度疲劳，于3月17日下午取捷径，强行军120余里，于3月18日晨赶到五华城下，用计赚开城门，突袭占领了五华。然后配合教导第二团等部，攻取了林虎巢穴兴宁城。到4月初，潮、梅地区遂全部为东征军占领。第一次东征胜利结束。

1925年4月13日，胡宗南所在之教导第一团与教导第二团，由国民党中央决定，合组为党军第一旅，由何应钦任旅长，廖仲恺为党代表，下辖3个团，分别以何应钦、沈应时、钱大钧任团长。全旅归蒋介石节制调遣。5月底，党军第一旅从潮汕回师广州，在6月初，参与镇压杨希闵滇军、刘震寰桂军的叛乱。

1925年7月1日，广州国民政府成立，汪精卫任主席，对所辖军队整编，将各军统一整编为"国民革命军"。8月底，国民政府军事委员会议决，先成立"国民革命军"的第一、第二、第三、第四、第五共5个军。其中，以党军第一旅与粤军一部合编为第一军，以蒋介石兼任军长，何应钦任副军长。9月8日，蒋介石宣誓就任第一军军长职。第一军下辖3个师9个团，分别由何应钦、王懋功、谭曙卿担任第一、二、三师的师长。

在这次军队整编中，胡宗南调升为第一军第一师第二团第二营少校副营长。当时第二团团长为沈应时，党代表金佛庄。

当第一次东征的革命军各部从潮汕、梅县地区与东江流域回师广州平叛与重新编组时，陈炯明叛军卷土重来，在1925年9月间重新占领了潮、梅各地与东江流域，逼使革命军退至平山（今惠东）、淡水（惠阳）一线。9月16日，陈炯明由上海到达香港，筹划进犯广州。他指定刘志陆为总指挥，李易标为前敌总指挥，谢文柄、王定华、林烈分别为左、中、右路指挥，约同广州南路的邓本殷部一致行动，分头并进，企图一举攻占广州。

广州国民政府再度遭到严重威胁，决定举行第二次东征，任命蒋介石为东征军总司令，汪精卫为党代表，周恩来为政治部主任，下辖3个纵队：第一纵队以第一军为主力，何应钦为纵队长，兵力约1万5千人，任中路；第二纵队以第四军为主力，李济深为纵队长，兵力约1万2千人，任右路；第三纵队以援鄂军为主力，程潜为纵队长，兵力约6千人，任左路。1925年10月1日，东征军各路相继出发。第二次东征开始。

1925年10月11日，胡宗南所在的第一纵队，在何应钦纵队长的指挥下，向素称"南方第一坚城"的军事要地惠州发起进攻。经过两天的激烈战斗，于1925年10月13日攻克，为第二次东征打开了胜利的大门。

1925年10月17日，胡宗南所在的第一师由纵队长兼第一师师长何应钦亲自率领，从惠州出发，经永明、白云市，20日到达赤石。这时叛军洪兆麟部约2千人，在梅陇西的东部岭、宋公岭、羊蹄岭一带布防。10月22日，胡宗南率第二营攻占羊蹄岭。友军攻占其他山岭高地。各部乘胜前进，占领梅陇、海丰。

东征军奖励作战有功人员。胡宗南以战功升任第一师第一团第二营营长。此时的第一团团长是刘峙。

第一师占领海丰后，何应钦令第三团留守海丰，亲率第一、第二两个团，向公平攻击前进，于10月23日占领公平；在10月26日打退叛军的偷袭后，占领陆丰、河田、河婆（今揭西）。就在这时，得知蒋介石总指挥亲率的第三师在华阳与叛军林

何应钦

虎部作战中受挫，形势危急，第一师急欲策应，未及行动，叛军林虎部在华阳得手后，已乘胜南下，协同退守棉湖一带的叛军洪兆麟部，分3路围攻第一师。10月29日，第一师经激战，击退林虎叛军。10月30日，何应钦令胡宗南所在的第一团留守河婆（今揭西），他与东征军政治部主任周恩来一道，率领第二、第三两团，向罗径坝追击，配合友军，在罗径坝、双头一带，全歼逃敌。

就在何应钦与周恩来率领第一师主力追击敌军后，1925年11月1日，留守河婆（今揭西）的第一团刘峙部，遭到叛军洪兆麟部约四五千人的突然袭击。叛军企图截断东征军的后路，来势凶猛。胡宗南奉命率所部第二营固守主阵地，阻挡洪军进攻，战况十分激烈。

胡宗南在指挥作战中，观察战场形势，认识到要压倒敌军，必须要控制住河婆最高山峰——横峰。但这制高点在洪兆麟部对河婆偷袭一开始即被其占领，并在山上配备了强有力的火力点，对东征军威胁极大。胡宗南当机立断，令所部第六连连长李铁军率该连冲上山顶，夺取阵地。当李铁军率第六连向横峰山顶冲锋时，胡宗南以身作则，身先士卒，冒着枪林弹雨，带头冲锋。士兵们受到鼓舞，争先恐后，前赴后继，在呐喊声中迅速冲上山顶，一举将敌军击溃。胡宗南的第二营占领制高点后，控制了战场，再发起反冲锋，将再度进攻的叛军击退。战场的形势迅速扭转。[1]

在这同时，第一团其他部队在团长刘峙指挥下，用机枪猛烈扫射，并用炮轰击敌预备队。洪兆麟被打伤大腿，部属死伤惨重，分途溃退。至此，叛军主力洪兆麟部一蹶不振，丧失了战斗能力。[2]史称"河婆大捷"。

担任胡宗南第二营第六连连长的李铁军，是胡宗南的黄埔一期同学。他是广东省梅县人，1904年生，比胡宗南小8岁。自此战后，他一直追随胡宗南，前后约20年，一直是胡宗南最重要的部将，而且基本上是只要胡宗南升一级，就

---

[1] 胡上将宗南年谱编纂委员会编：《胡上将宗南年谱》，沈云龙主编：《近代中国史料丛刊续编》第49辑488册，台北：文海出版社有限公司，1978年，第16页。

[2]《何应钦、周恩来电告战情》，《广州共和报》1925年11月12日。

会把原来的职务交由他来接任。李铁军成为胡宗南军事系统中的第二号人物，甚至被传为胡宗南的继承人。直到1944年，已经当上第二十九集团军总司令的李铁军在率部进驻新疆时，处理失当，才脱离胡宗南军事集团。他在晚年回忆1925年的这次"河婆大捷"时，称胡宗南在多年以后，仍对这次战斗感到振奋，说："讨陈之役，林虎、洪兆麟由兴宁出河婆，拟截断我潮汕大军后路，情势危急，胡公时任教导第二团（本书著者按：应为第一军第一师第一团）第二营代营长，奉命粉碎逆军阴谋，必须攻占河婆之最高山'横峰'之敌阵，胡公命余率第六连冲上占领之，公并亲身参加，一举将敌击溃，缴获无算，陈逆以阴谋未逞，从此一蹶不振，追至江西寻乌附近全部缴械，东征亦告结束。事后十余年，有一天在西安东仓门闲谈，胡公曾很兴奋提起此事说：'从前干劲真够，我们两人在横峰打冲锋，但我自己系营指挥官，亦走在最前面，未能运用全力，你看对不对？'我说：'指挥官有带头作用，革命军人就是向前不向后，如果将士都向后，不向前，又如何能统一中国，造出如此辉煌革命大业？'胡公笑以为然。"①

在第一团取得河婆大捷的同时，何应钦与周恩来率第一师的第二、第三两个团，在华阳也取得大胜。经此两战，"逆敌势潜，潮梅一带，肃清可期"②。这次战役的胜利，对第二次东征的最后胜利具有决定性的意义。

1925年11月1日，东征军各部开始向叛军发动猛烈进攻，进展顺利。11月1日晚，胡宗南所在的第一师在取得关键性的"河婆大捷"后，即向鲤湖进发，2日进占普宁，3日进占揭阳，4日即占领潮、汕。与此同时，东征军其他各部分别占领五华、兴宁、梅县、紫金、饶平等地。到11月中旬，东路军三路入闽，追歼残敌。第二次东征取得了完全的胜利。

当时与胡宗南一道参加东征的黄埔一期生徐向前回忆这段东征史事时，说：

---

① 李铁军：《往事如新》（1962年撰），胡故上将宗南先生纪念集编辑委员会编纂，胡为真增修：《令人怀念的胡宗南将军》，台北：商务印书馆，2014年12月，第108页。

② 《国民政府令》（广州），1925年11月4日。

黄埔的学生可以说是人人奋战，个个争先，又大显军威。当时，同学中有一个口号："不要钱，不要命，爱国家，爱百姓。"每天高唱着校歌："以血洒花，以校为家，卧薪尝胆，努力建设中华。"战场上，不少学生英勇献身。……所以说，黄埔军校学生是在学习中斗争，在斗争中学习，"知行合一"，而不是关起门来死读书，读死书。正如当时一些人说的，第一期黄埔生五百人，多是热血青年，是从艰难和困苦中奋斗出来的。这些学生和学校中的教导团，是东征作战和国民革命军的建军基干。没有黄埔的力量，就没有东征的胜利，没有国民革命军。[1]

接着，广州国民政府向广东南路邓本殷的叛军发起南征，也迅速取得胜利，于1926年2月中旬肃清海南岛。广州国民政府控制了全广东。在这同时，在广州国民政府的领导下，广东与广西实现了统一。两广根据地的确立，为即将到来的北伐与大革命的高潮奠定了基础。

胡宗南在东征中的卓越表现，使他在黄埔生中崭露头角，赢得很大声誉。当时在黄埔军校，对一期毕业生的评价，流传这样一句话："文有贺衷寒，武有胡宗南，能文能武李默庵。"可见对胡宗南军事指挥才干的评价与期许之高。

（五）在左右派的斗争中向右转

在1924年底到1925年，在黄埔军校不断发展与东征胜利过程中，在广州革命阵营内部，国、共两党、左派与右派的矛盾与斗争，愈来愈激烈与公开。这种情况在孙中山于1925年3月12日逝世后更为明显。就在胡宗南两次随军东征时，黄埔军校的学生与毕业从军的黄埔军人中，先后成立了"左"倾的"青年军人联合会"与右倾的"孙文主义学会"。

先是在1925年1月，共产国际派到广东任革命政府顾问的鲍罗廷，在黄埔

---

[1] 徐向前：《历史的回顾》，北京：解放军出版社，1984年，第31～32页。

军校中发起组织"青年军人社"，未久，改为"青年军人联合会"，于1925年
2月1日，即第一次东征出发的前一天，正式成立。"青年军人联合会"是在中
共黄埔特别支部领导下的一个以共产党员和共青团员为核心的团体，这个组织
的负责人与骨干分子，在黄埔军校的学生中，有李之龙、蒋先云、周逸群、傅
维钰、徐向前、陈赓、王一飞、许继慎、左权、陈启科、黄鳌、李汉藩、杨其
纲、袁策夷、刘云、张际春、余洒度等；在黄埔军校的教职员中，有金佛庄、
郭俊、唐同德、茅延桢、鲁易、胡公冕等。该会规定，凡是黄埔军校的同学，
都是中国青年军人联合会的会员。会址先后设在广州的小市街、大沙头、南堤
的二马路、肇庆会馆等地。担任军校政治部主任和第一军政治部主任兼第一师
党代表的周恩来等人，在背后支持他们，但不出面。"青年军人联合会"创办
发行会刊《中国军人》，始为旬刊，后改为月刊，宣称"鼓吹革命精神，团结
革命军人，及宣传本会工作，唤醒全国军人"，宣传马克思列宁主义与中共的
思想理论和主张。此外，该会还出版了《青年军人》《三月刊》《中国青年军
人联合会周刊》，以及专门向士兵宣传的小册子《兵友必读》。《中国军人》
从最初的每期五千份增加到一万份，《中国青年军人联合会周刊》由于读者
"索阅日多，每期印行三万份，尚觉不敷"，影响越来越大。该会在其存在的
18个月中，在广东与全国各地，共发展会员达2万多人。

　　"青年军人联合会"的思想与活动，引起了黄埔军校中思想右倾的学生贺
衷寒、冷欣、缪斌、曾扩情等人的日益强烈的不满。他们为了与"青年军人联
合会"相对抗，在第一次东征出师前数日的学生聚餐宴会上，由贺衷寒起草了
一份发起组织"孙中山主义研究会"的油印倡议书。当时，贺衷寒在1924年11
月从军校第一期毕业后，留任军校政治部上尉秘书，后任军校入伍生总队政治
部主任。到1925年4月，第一次东征期间，冷欣等右翼学生，集合30多人，在
广东梅县召开筹备会议，酝酿正式成立组织。1925年4月24日，由贺衷寒、缪
斌等人发起，"孙中山主义研究会"在潮州宣布成立，后该组织改名为"孙文
主义学会"，右翼分子纷纷加入该会，贺衷寒、潘佑强、肖赞育、邓文仪、杨

引之、冷欣、缪斌、曾扩情、蒋伏生等人
成为该组织的骨干分子。"孙文主义学
会"出版了《革命导报》等刊物，组织了
"青白剧社"，高举信仰、研究、宣传、
实行孙文主义的旗号，标榜自己是孙文主
义的忠实信徒，宣扬"一个主义""一个
党"，宣称"共产主义不适合中国的国
情，行不通，只有三民主义能救中国"，
公开与"青年军人联合会"相对抗。贺衷
寒在所写《孙文主义学会的使命》一文
中，说："中国国民党的党员，如果不

戴季陶

是孙文主义的信徒，和孙文主义的同志，就是中国国民党的叛逆，中国国民党
的寇雠。"①军校校长蒋介石，军事总教官何应钦，先后任军校教授部主任、
教育长的王柏龄，军校第一任政治部主任戴季陶，教职员顾祝同、刘峙、林振
雄、徐桴、王文翰、童锡坤、张叔同等，还有"虎门要塞司令陈肇英、海军将
领陈策、欧阳格，公安局长吴铁成"②，都支持他们，但大多不公开出面。

这样，在黄埔军校师生与已经毕业的黄埔军人中，成立了两个对立的组
织，左、右两派的分化日益明显，矛盾斗争不断加剧。"青年军人联合会"与
"孙文主义学会"两派组织的成员，经常在军校的剧社组织、报纸杂志宣传
上，展开针锋相对的激烈辩论，甚至发生冲突、殴打。

"孙文主义学会"成立以后，积极发展会员，扩大影响，"武的呢，以黄
埔军校为目标，文的呢，以中山大学为目标，尤其对广州、香港的工人，远而
至于上海、北平的青年，均征求他们入会"③。第二次东征期间，"孙文主义

---

① 贺衷寒：《孙文主义学会的使命》，《国民革命》（广州）第 1 卷汇刊，1926 年 1 月 1 日出版。
② 覃异之：《黄埔建军》，全国政协文史资料研究委员会编：《文史资料选辑》第 2 辑，北京：中华书局，
　1960 年 2 月，第 15 页。
③ 王柏龄：《创校回忆》，李开编：《黄埔建军史话》，南京：青年出版社，1946 年 3 月出版。

学会"迅速在东江各县均设立了分会，如惠州分会、潮州分会、梅县分会等。在1925年11月12日，黄埔军校潮州分校建立的同时，就成立了"孙文主义学会潮州分会"，受何应钦、顾祝同、刘峙等人的控制。

第二次东征结束后，1925年12月29日，"孙文主义学会"在广东大学操场召开正式成立大会。他们组织民众与军队官兵参加示威游行，向"青年军人联合会"与中共挑衅。

胡宗南在"青年军人联合会"与"孙文主义学会"两派组织的斗争中，由于他的个人因素及其所接触环境的影响，开始保持沉默与中立，没有明显的倾向，但逐步向右转，最终选择了右派。在1925年12月底第二次东征胜利后，在驻军潮、梅时，他正式加入了"孙文主义学会"，并推动成立了"孙文主义学会梅县分会"。

胡宗南进入黄埔军校后，接触到军校中国、共两党的许多重要人士。他对他们都很尊重。但无疑，给胡宗南影响最大的，是担任军校校长与党军最高指挥官的蒋介石。

胡宗南了解到，蒋介石是浙江奉化人，是胡宗南的小同乡。蒋介石生于1887年，只比胡宗南年长9岁，却有着胡宗南无法比拟、令胡宗南十分仰慕的革命经历：蒋介石青年时考入著名的保定军校，后又入日本士官学校受预备教育3年，还曾到日本北海道日军的联队中进行军事见习近1年，发表过多篇军事著作。更为难得的是，蒋介石在日本求学期间，秘密加入同盟会，成为革命党人，追随孙中山，是浙江著名的革命党首领陈其美的忠实助手。当辛亥革命爆发时，他毅然放弃即将到手的日本士官学校学位，回国参加革命，先后在上海、杭州担任敢死队队长，为革命出生入死。以后他又历经二次革命、护国、护法诸大战役，成为国民党内少有的军事人才。1922年6月26日陈炯明在广州发动叛乱，蒋介石冒险赶到广州永丰舰上，陪伴孙中山抗击叛军。1923年他奉孙中山之命，率团赴苏联考察，回国后就领导筹建了黄埔军校。

胡宗南进入黄埔军校前，就听人说过蒋介石这位浙江同乡中的革命军前辈。他入黄埔军校后，就与蒋介石有了经常的接触。胡宗南看到，蒋介石身材偏高，表情严肃，颇有军人风度，平时生活俭朴简单，不喝酒，不抽烟，甚至也不喝茶，只喝白开水，没有当时高级将领军官的许多普遍的恶习，给人焕然一新的感觉。蒋介石在黄埔军校中工作积极认真，大有励精图治之慨。每天天不亮，军校起床号吹响之前，他就到军校大操场上巡视，对不按时起身的师生大加训斥，毫不留情。每天午餐、晚餐，他都亲临食堂，与师生共同就餐。他时常阅览一本日文版的《拿破仑传》与曾国藩等人的著作。他对苏联顾问们制订的军事训练与政治教育计划都积极推行。胡宗南看到，在蒋介石校长办公室门口，挂着国民党元老于右任写的一副对联："登高望远海，立马定中原"，既是国民党众多要人对蒋介石的期望，也是蒋介石本人的远大眼光与政治抱负。在指挥东征作战与平定商团叛乱、平定刘、杨叛乱中，蒋介石计划周密，指挥果断，作战勇敢，取得了前所未有的革命成果。所有这一切，都给胡宗南等年轻学生们很大的激励，使他们对蒋介石产生了高度的钦佩与敬仰之情感。在胡宗南的心目中，蒋介石不仅是他的浙江同乡，是他的直接领导，而且有着追随孙中山革命多年的光荣历史，有创建黄埔军校与国民党党军的巨大功劳，有坚毅果敢的领袖性格与军政指挥才能。胡为他得到蒋介石的赏识、器重与迅速提拔而兴奋与感激。胡早年从中国传统文化中接受的封建忠君思想，这时在他脑子里活跃起来了。他感到自己找到了一位"明主"，找到了一位值得他尽忠的领袖，越来越紧地将自己的命运与蒋介石联系在一起。

蒋介石在这时，为了建立革命武装与发展个人势力，着力笼络与努力培养忠于他的军事人才，对黄埔军校的学生尤加重视。胡宗南与黄埔一期生在1924年5月入学后，"在预备教育期间，校长对学员训话达十次之多，其内容关于教育方针及一般精神训话"[1]。蒋介石还定期抽出时间，单独召见学生谈话，询问学生的籍贯、家庭、年龄与经历，考察学生的身体、思想与才干，给以鼓

---

[1] 刘峙：《黄埔军校与国民革命军》，沈云龙主编：《近代中国史料丛刊正编》第817辑，台北：文海出版社有限公司，第11页。

励与抚慰。蒋介石几乎召见过所有的学生，与他们谈过话。胡宗南自然也在其中。蒋介石以校长之尊进行的召见与谈话，给每个学生以很大的影响。这些被召见与谈话过的学生都十分激动，都对蒋介石更加感激与崇敬。当时在第一期第一队学习的黄埔生徐向前回忆说：

> 蒋介石这个人，有他的鬼名堂。黄埔军校开课以后，他每个星期到学校来，除训话外，要找十几个学生见面，谈上几句话。几乎所有的学生，都和蒋介石单独见过面，谈过话，当然见面谈话的时间有多有少。他坐在办公室，要学生站在他的门外，一个个叫进去问话。……他边问边观察你，时而很注意听回答，时而又漫不经心，总是摆出有学问的派头。……因为学生多是刚刚走向社会的青年人，当然不可能懂蒋介石那一套笼络人心的手段。许多人对蒋介石亲自找去谈话，虽是一般地问几句，都觉得高兴和新奇。一些有见识的同学，说蒋介石有点装腔作势，但多数人对他还是满意的。蒋介石通过个别见面和谈话，认识了不少学生，拉拢了不少人。后来，蒋介石嫡系部队里的许多将领，都是黄埔生。[①]

胡宗南，以其浙江籍同乡身份，以其在同期学员中比较高的文化知识水准与比较成熟沉稳的性格，以及他在东征战役中的表现，给蒋介石留下了较深的印象。

除了蒋介石，胡宗南对黄埔军校中其他一些军政教官，如何应钦、王伯龄、王俊、刘峙、蒋鼎文等人，也十分尊重。他与贺衷寒、曾扩情等右派学生的关系，更是十分亲近。在军校同学中，胡宗南接触较多，并在思想上产生强烈共鸣的，是贺衷寒。这些右倾教官与同学，给胡宗南的思想以很大的影响，并成为胡宗南以后一生军旅生涯中的长官与同僚。

在这期间，胡宗南与其他许多国民党军政领导人，尤其是浙江籍的党国要人，也联系颇多。

---

① 徐向前：《历史的回顾》，北京：解放军出版社，1984年，第32～33页。

如张静江，系湖州南浔人，是胡宗南的小同乡。"胡宗南以乡谊不时晋谒致敬。张与胡交谈中，以其吐属不似赳赳武夫之流，询悉身世，知为曾受师范教育的青年军人，甚加青睐"。张静江认为胡宗南这位同乡为"浙省后起之秀，常于蒋总司令面前对胡游扬备至。胡个性沉潜持重，不激不随，而智识较高，生活谨严，亦为蒋校长所赏识，渐受特达之知，洎是不次拔擢"①。

对陈果夫、陈立夫等，胡宗南也与他们建立了日益密切的关系。二陈兄弟也是浙江湖州人，不仅与胡宗南是小同乡，而且他们的叔叔陈其美是辛亥革命时期著名的革命党领导人与革命先烈，他们的另一位叔叔陈其采是胡宗南在湖州吴兴中学求学时的体操老师，关系十分密切。因此，胡宗南与陈果夫、陈立夫兄弟关系更深一层。

当然，胡宗南与黄埔军校中的一些共产党人也有接触，有的还与他们建立了十分密切的私交。

如著名的共产党人周恩来，在1924年秋到黄埔军校任政治教官，在1924年11月又继戴季陶、邵元冲后，担任军校第三任政治部主任，1925年10月第二次东征时，任第一军少将政治部主任兼第一师党代表，后又升任第一军副党代表。周恩来生于1898年，比胡宗南还小两岁，曾留学日本与欧洲，学识丰富，胆识过人，态度平和，辩才无二。胡宗南对这位比自己年轻的教官与领导十分敬佩，二人的关系很好。胡宗南常去看望他。在周恩来的影响下，胡宗南参加了军校学生组织的文艺团体——"血花剧社"。周恩来早年在天津南开学校求

黄埔军校政治部主任周恩来

① 雷啸岑：《"马五先生"笔下的胡宗南》，《大成》杂志（香港）创刊号，1973年12月1日出版。

学时，曾在学校的剧社里做过演员，男扮女装，有较多的演剧经验和知识。他给胡宗南分析剧情，讲解剧中人物，教其怎样演戏。胡宗南还写过一个剧本，送给周恩来看，周恩来认真看后，向胡宗南指出剧本不成熟，台词生硬，观众会看不下去。胡宗南听了，对周恩来更是钦佩。直到1926年3月20日中山舰事件发生后，周恩来被迫离开第一军时，胡宗南还特地与宣铁吾、蒋超雄一道赶去码头，为周恩来送行，深感可惜。

与胡宗南关系更为密切的另一位黄埔军校中的共产党人，是胡公冕。此人是浙江永嘉人，1888年生，比胡宗南年长8岁，清末在孝丰当过哨官，与正在中学求学的少年胡宗南有过接触；后参加辛亥革命，在革命军里当排长、连长，结识了蒋介石等浙江革命党人；民国成立后，先后到杭州的体育专门学校、第一师范里当教员，接触到陈望道、刘大白、沈仲九等人，思想转向激进，在1921年10月，在上海，由沈定一、陈望道介绍，加入了刚刚成立的中国共产党；1922年春，奉中共党组织派遣，与汪寿华、梁柏台、华林、谢文锦、傅大庆等10余人一道，去苏联莫斯科东方大学学习；1923年回国后，正逢国共合作，被中共组织上派去参加黄埔军校的筹建工作。黄埔军校建立后，他担任军校的卫兵司令，同时他又以跨党分子身份，活跃于军校的各项工作中。1925年东征中，他先后担任东征军的营、团党代表与团长等职。胡宗南与他既是浙江同乡，又是胡姓本家，在军校自是一见如故，建立了很好的私交，"传说他们是结拜兄弟，胡宗南叫他大哥。……他们关系特殊，彼此往来十分频繁"①。胡公冕对胡宗南在军队中的升迁出了很大的力。但在1927年四一二事变、国共分裂后，胡公冕因是中共党员，遭到国民政府通缉。他先隐居于上海，后奉中共命，于1929年10月，回到浙东家乡，策动、组织当地农民暴动，成立"浙南红军游击队"，后发展成红十三军，胡公勉任军长，走上了与胡宗南截然不同的道路。1931年，红十三军失败，1932年4月，胡公冕在上海被捕判刑，坐了5年牢，1936年出狱。

---

① 张朋园、林泉、张俊宏访问，张俊宏记录，郭廷以、张朋园校阅：《王微先生访问记录》，"中央研究院"近代史研究所口述历史丛书（60），台北："中央研究"院近代史研究所，1996年，第144页。

在黄埔一期生中，有陈赓等56人是中共党员，约占一期学员总人数的十分之一。胡宗南与他们虽有接触，但无深交，思想距离越来越远。

因此，总的说来，除了周恩来、胡公冕等少数人，胡宗南与共产党人及左派人士的接触是比较少的，受他们的影响则更是很微弱，根本不能与前述一些国民党要人以及贺衷寒等右翼同学对胡宗南的影响相比。

胡宗南的孝丰同乡与孝丰小学同事、后来一生成为胡的部属的王微，在1967年接受台湾"中央研究院"近代史研究所学者访谈时，评价了胡宗南一生的思想变化及其缺陷，说："胡先生在中学时期还不可能吸收到革命思想，他的革命思想可能要到进黄埔以后才形成。尤其此后他颇能牢记并且恪遵三民主义及领袖训词，主义及领袖支配了他此后一生的思想。他在这个过程中有一个缺点，是连年军旅的生活使他不仅读书少而朋友少，思想和见识没有得到更多的增益。"①

胡宗南的思想始终停留在黄埔军校时期接受与形成的三民主义革命阶段，停留在蒋介石的"领袖训词"上，对时代的迅速变动，对接受中国共产党的领导等重大原则问题，几乎毫无认识，而且是抵触与抗拒。这就决定了胡宗南在这时期的政治倾向日益右转。

据贺衷寒晚年回忆说：在"青年军人联合会"与"孙文主义学会"两派组织激烈斗争期间，"孙文主义学会"中一些人，因为胡宗南"与当时军官学校卫兵司令胡公冕过往颇密，胡公冕系一共产党徒，因之有疑胡（宗南）将军已加入共产党"。贺衷寒却对胡宗南深信不疑，因为他与胡宗南接触较多，对胡宗南的思想了解很透，因而挺身而出，为胡宗南辩护，说："不应以笃信三民主义之同志为跨党分子。"1925年年底，"因东征部队进展神速，前方连营级党代表人员需人颇殷"，贺衷寒"奉调前方工作，经汕头抵梅县军次，会晤胡（宗南）将军"。贺衷寒将在后方军校内发生的左、右翼斗争与"孙文主义学

---

① 张朋园、林泉、张俊宏访问，张俊宏记录，郭廷以、张朋园校阅：《王微先生访问记录》，"中央研究院"近代史研究所口述历史丛书（60），台北"中央研究院"近代史研究所，1996年，第143页。

贺衷寒

会"遭到"奇袭"的情况，告诉胡宗南，胡宗南立即表示："可立即在前方发起组织孙文主义学会，以加速阻止共党破坏阴谋之进展。因之乃有梅县孙文主义学会筹备会议之集会，乃有共党分子李芝龙捣乱会场、侮辱长官的违纪事件发生，东征指挥部政治部主任周恩来以事态严重，乃调李芝龙赴后方担任兵工厂党代表及中山舰舰长。此事与十五年（1926年）三月中山舰事件有密切之关联性。"[①]

胡宗南与贺衷寒等人发起成立的"孙文主义学会梅州分会"，以及他们推动开展的清理、查证会籍，"国民革命阵营中与共党分子划清界限，不许跨党，实施以组织对组织之革命斗争"[②]，对后来国民党的分共、清党，都发生重要的作用与影响。贺衷寒说："中山舰事件后，本党中央划清党籍、不许跨党之决议，得以顺利执行，实得力于孙文主义学会会籍之查证。即后来清党之收功与北伐之完成，固由于领袖蒋（介石）先生英明之领导与卓越之指挥有以致之，但孙文主义学会之及时发起，使革命阵容日趋坚实与巩固，共'匪'阴谋终不得呈，亦有其不可磨灭之贡献也。"[③]

1926年2月2日，蒋介石以黄埔军校校长的身份出面，召集"青年军人联合会"与"孙文主义学会"两会负责人的联席会议，进行调解与约束，协议了四

---

① 贺衷寒：《忠勤廉慎——追怀胡故上将宗南》（1962年），胡故上将宗南先生纪念集编辑委员会编纂，胡为真增修：《令人怀念的胡宗南将军》，台北：商务印书馆，2014年12月，第365页。

② 戈士德：《胡宗南与戴笠》（中），《中外杂志》（台北）1982年第3期，第31卷第3期，第19页。

③ 贺衷寒：《忠勤廉慎——追怀胡故上将宗南》（1962年），胡故上将宗南先生纪念集编辑委员会编纂，胡为真增修：《令人怀念的胡宗南将军》，台北：商务印书馆，2014年12月，第365～366页。

项办法："（一）两会干部准互相加入；（二）两会在党校及党军须承本军校长及党代表之指导；（三）团长以上高级长官，除党代表外，不得加入两会；（四）两会会员彼此有不谅解时，得请校长及校党代表解决之"[①]。1926年3月20日，中山舰事件爆发，国、共矛盾加剧，周恩来等全部共产党人，被蒋介石迫令退出第一军与黄埔军校。中山舰事件后，1926年4月7日，蒋介石以"青年军人联合会和孙文主义学会两个组织有违亲爱精诚的校训，破坏整个同学的团结"[②]为借口，下达"取消党内小组织令"，宣布"取消党内小组织，以统一意志，巩固党基"，"自本令公布日起，除该校特别党部各级组织应由党部加意工作外，其余各种组织着即一律自行取消，此后并不得再有各种组织发生"[③]。4月15日，"青年军人联合会"被迫发表通电，宣布"自行解散"。4月17日，蒋介石专门为"孙文主义学会"解散一事，同该会干部谈话。4月21日，"孙文主义学会"也宣布"解散"。[④]

1926年6月27日，按照蒋介石旨意，在黄埔军校与黄埔军人中，正式成立了"统一"的"黄埔同学会"，蒋介石自任会长，会章规定"一切会务均听命于会长"。但黄埔军校与黄埔军人中，左、右两派，国、共两党的斗争，没有也不可能停歇，反而更趋激烈，只是转入暗中进行。

1926年6月28日，蒋介石在黄埔军校的纪念周上发表讲话，正式宣布黄埔军校学生不得跨党，凡跨党者，必须在3天内，向所在连队的连长声明，或者退出黄埔军校和国民党，或者退出共产党。黄埔学生中的共产党员，由李默庵带头，宋希濂、郑洞国等36人宣布退出中共。

从未加入中共的胡宗南更是远离了中共。

[①] 刘绍唐主编：《民国大事日志》第1册，台北：传记文学出版社，1973年7月出版。

[②] 曾扩情：《黄埔同学会始末》，全国政协文史资料研究委员会编：《文史资料选辑》第19辑，北京：中华书局，1961年7月，第172页。

[③] 刘绍唐主编：《民国大事日志》第1册，台北：传记文学出版社，1973年7月出版。

[④] 秀莼：《广东革命努力的团结》，《政治周报》（广州）第10期，广州政治周报社1926年5月出版。

胡宗南从这时开始，将他一生的命运捆到了以蒋介石为首的国民党新右派集团身上。

（六）北伐军中的上校团长

1926年7月，广州国民政府下令，国民革命军正式从广东出师北伐。轰轰烈烈的大革命走向了高潮。北伐军总司令由蒋介石担任。

孙传芳

当时，全国的政治形势十分复杂。奉系张作霖控制了北京中央政府与东北与华北广大地区；直系吴佩孚盘踞在湖北、湖南与河南地区；另一个直系军阀孙传芳则控制着江苏、上海、浙江、福建、安徽、江西东南5省，自称"五省联军总司令"。除这3个实力最强的军阀集团外，还有一些小军阀盘踞各地，割据称王。

北伐军最初的战略是对北方各军阀采取各个击破的方针，首先集中力量打击两湖的吴佩孚，而对孙传芳采守势。故当时北伐军中有"打倒吴佩孚，联络孙传芳，不理张作霖"的口号。因此，北伐开始后，先行派出第四军（由副军长陈可钰等指挥）与第七军（由军长李宗仁指挥），在1926年五六月间进入湖南，协助第八军唐生智部，打败了依附吴佩孚的叶开鑫，于7月中旬占领长沙、与宁乡、湘阴、益阳、常德、浏阳等地，直逼湖北；与此同时，以第二军、第三军监视江西的孙传芳部；以第一军军长何应钦率该军第三师、第十四师等驻防潮、梅地区，监视福建的孙传芳部周荫人军。以第四军军长李济深率部留守广州。

胡宗南所在的第一师与刘峙的第二师，由第一军副军长兼第一师师长王柏龄率领，与程潜的第六军及总部直辖炮兵团等，担任总预备队。

胡宗南在第一师第二团任二营营长。

1926年8月中旬，第一、二师进抵湖南株洲，由于军纪日堕，"一路经过的地方，随便占住民房……还有在路上赌钱的，及买东西不给钱的"，[①]蒋介石闻知大怒，连电严斥第一、二师王柏龄、王俊、刘峙等主官，并于8月10日"免除第一军团长三人职"[②]。第一师第二团团长倪弼被调离，团长职由该团二营营长胡宗南升充。第一师的第一团团长是孙元良，四川人，是胡宗南的黄埔一期同学；第三团团长是薛岳，是保定军校毕业的、广东籍的著名战将。

胡宗南在北伐开始不久，就成为主力第一军中的上校团长。

从1926年8月18日开始，北伐军发动第二期作战，以第四、七、八三个军担任正面主攻，经连日血战，攻入湖北，直逼武昌城下。

1926年8月底，胡宗南随第一师，担任预备队，开赴岳州待命。由于这时孙传芳军大举进入江西，威逼北伐军侧后，援助吴佩孚，第一师奉蒋介石电令，在9月初由岳州经长沙，星夜驰赴浏阳，于9月12日进入江西西北部，迎击孙传芳军，向铜鼓守敌进攻。这是北伐军兵分三路攻入江西的北路军。另有南路军进攻赣南的赣州、吉安；中路军进攻由醴陵、萍乡、安源向宜春、高安进攻。

铜鼓守敌是孙传芳军的精锐第七混成旅杨震东部，兵力3 000多人。9月13日，两军在甘田坳一带接触，展开激战。胡宗南率第二团担任正面主攻，因不熟悉地形，在丰田被敌主力包围，损失甚重，十分危急。胡宗南指挥所部顽强坚持。幸薛岳第三团迂回到敌后，攻入铜鼓城，同时分兵来援胡宗南团。胡宗南也重新部署部队，发动反攻，与薛岳团配合，击破敌军主力，占领铜鼓城。但是，"铜鼓一战，战虽胜，而一师精华失三之二"[③]。

---

①《蒋介石1926年8月15日在株洲检阅一、二师的训话》，毛思诚编：《民国十五年以前之蒋介石先生》，台北："中央"图书馆复印"中央"文物供应社，1987年，第17册。

②《蒋介石1926年8月15日在株洲检阅一、二师的训话》，毛思诚编：《民国十五年以前之蒋介石先生》，台北："中央"图书馆复印"中央"文物供应社，1987年，第17册。

③《十月二十五日军事报告》，《中央政治通讯》（广州）第10期，1926年11月3日出版。

1926年9月19日，第一师协同第六军，在北路军总指挥程潜指挥下，趁敌主力南下樟树、丰城，南昌空虚，兼程暗袭南昌成功。但孙传芳军迅速向南昌反扑。第一师奉命去攻击南昌西面的牛行车站。代师长王俊指挥无能，率孙元良的第一团与胡宗南的第二团糊里糊涂走错了方向，去攻击南昌北面的乐化车站，贻误战机。敌援军迅速从南、北两面向南昌包围上来。程潜孤军深入，大败而逃。程潜令孙元良团开赴乐化堵截敌军。孙元良不听命令，在乐化与敌稍一接触，就擅自率部后撤。胡宗南率第二团也随着孙元良的第一团退到南昌以西的奉新地区。北伐军第一次进攻南昌失败。

事后，蒋介石赶来奉新召集第一师官兵训话，痛斥王俊指挥无方，下令枪毙孙元良，同时表彰第三团薛岳部。胡宗南深为震惊与惶骇。但后来胡听说蒋介石不仅没有枪毙孙元良，却将他秘密资送到日本深造，深感蒋介石恩威并施，手段莫测，其驭将带兵的权术值得自己效法；同时，他也感到，作为蒋介石的黄埔嫡系，享有种种特权，只要忠于蒋介石，今后定可逢凶化吉，飞黄腾达。

1926年10月上旬，胡宗南随部参加了对南昌城的第二次进攻，又遭失败。

北伐军总司令部总结教训，调整部署，重新制订作战计划，于11月初向南昌发起第三次进攻。胡宗南所在之第一师为总预备队之一部，于11月4日攻占南浔线南端的芦坑；5日夺取乐化车站；6日占领涂家埠，完全切断了南浔铁路线，在吴城全歼逃敌；接着南下增援进攻南昌城的友军，攻占牛行车站，与友军衔尾追击溃逃的敌军，在11月8日追至滁槎附近之麻口，因内河水涨，15000多敌军被全部包围缴械，孙传芳军的第一、三、四军的军长李彦青、王良田、杨赓和以下军官100余人被俘。南昌在这同时被北伐军攻克。江西全境迅速肃清。孙传芳率残部逃回南京。

在江西激战的同时，何应钦指挥的北伐军东路军——第一军的第三师、第十四师等部，于10月上旬从广东潮梅地区进入福建，击败孙传芳部的周荫人军，于12月上旬底定福建。

而在湖北战场，北伐军于1927年10月10日，攻占武汉，向河南进军。

江西克复后，胡宗南所在之第一师与第二师等部进行了约1个月的休整，于1926年12月中旬开入浙江西南部的衢州地区，会合从福建北上的何应钦指挥的东路军，向杭州地区进攻。

这时，全国形势发生很大的变化：战败的孙传芳于1927年11月19日赶赴天津，与张作霖、张宗昌举行会议，结成同盟，组织"安国军"。12月1日，张作霖就任"安国军"总司令，张宗昌就任"安国军"副总司令兼直鲁联军总司令，孙传芳就任"安国军"副总司令兼五省联军总司令。会后，张宗昌指派一部分直鲁联军南下，援助孙传芳。

这时，浙江地区形势也发生变化。浙江地方部队周凤岐的浙军第三师，在1926年12月11日通电投向北伐军，周凤岐宣布就任国民革命军第二十六军军长职，率部向铜庐、

张宗昌

富阳、杭州推进，于1927年12月底进抵杭州西部的重镇富阳一线。

孙传芳指派所部精锐的第八师孟昭月部迅速入浙，于1926年12月22日进占杭州，扣押了浙军第一师师长陈仪，并在1926年12月底，向进抵富阳一线的周凤岐部发动猛烈反攻。北伐史上著名的富阳之战发生。由于孟昭月部兵力占优势，周凤岐的第二十六军战斗力不强，又缺乏战斗准备，很快由富阳败退至汤家埠、新登一线，被孟昭月军包围，死伤惨重，形势危急。

胡宗南所在的第一师，奉命援救周凤岐的第二十六军。胡宗南率第二团由严州（今建德）轻装前进，日夜兼行，赶至新登，抗击孟昭月部，经多时激战，于1927年1月6日，将第二十六军救出，然后掩护该军沿富春江两岸向严州撤退。这时，第一师师长王俊未及时通知胡宗南团同时后撤，致陷胡团于单独苦战之地。胡宗南指挥第二团顽强阻击，掩护其他部队脱离险境后，最后安然

撤走。胡宗南指挥第二团在富阳战斗中的沉着、顽强的表现，得到好评。"胡宗南以后谈起自己的经历时，经常以上述战绩作为话题，并自认为他当团长时指挥最得手，部队再大了指挥就不如意了"[①]。在这次战斗中，胡宗南团伤亡很大，营长李铁军"身负重伤，伤右腿及左手，并打断一食指"，后来李铁军伤愈返部，胡宗南常戏呼李铁军为"九指将军"[②]。

薛岳

富阳之役后，进入浙江的北伐军后撤集结于龙游、衢州一线。

1927年1月初，北伐军总司令部召开会议，决定将北伐军划分为3路：西路军以唐生智为总指挥，率第四军、第八军，向河南进军；中路军以蒋介石兼总指挥，以第七军为江左军，第二军、六军为江右军，沿长江两岸，攻取安庆与南京；东路军以何应钦为总指挥，白崇禧为前敌总指挥，以第一军各师为主力，配合新收编的第十九军、第二十六军等部，以衢州、兰溪为根据地，沿钱塘江向杭州进攻。另以第三军朱培德部留江西，作总预备队。

胡宗南所在之第一师划归东路军序列，由东路军前敌总指挥白崇禧指挥。第一师师长王俊去职，由薛岳升任。胡宗南仍任第二团团长。第一团团长为方日英，第三团长为甘丽初。

---

① 裴昌会、姚国俊、王应尊：《胡宗南集团的形成、发展到覆灭》，重庆市政协文史资料研究委员会编：《重庆文史资料》第33辑，第3页。

② 李铁军：《往事如新》（1962年撰），胡故上将宗南先生纪念集编辑委员会编纂，胡为真增修：《令人怀念的胡宗南将军》，台北：商务印书馆，2014年12月，第109页。

薛岳，字伯陵，广东韶关乐昌人，1896年生，与胡宗南同龄，资历却比胡宗南深得多。他1906年入黄埔陆军小学，1909年加入同盟会，之后入读保定陆军军官学校第六期，回粤后曾任孙中山警卫团第一营营长，能征善战。1922年陈炯明叛乱期间，薛岳曾保护宋庆龄脱险。现在他升任第一师师长，成为胡宗南的顶头上司。

1927年1月底，白崇禧指挥所部各军由衢州东进，分三路向龙游、汤溪、游埠、洋埠守敌进攻。胡宗南奉命率第二团进攻洋埠。邻近进攻游埠的第一军第二十二师六十六团多为江西战俘改编，作战不力，并有部分临阵哗变，致使北伐军战线一度动摇。当此之时，胡宗南沉着镇定，率第二团力战6小时，终将洋埠攻克。其他各部也先后攻占汤溪、游埠。敌军损失惨重，当夜全线溃退。北伐军乘胜占领兰溪、金华。

汤、兰之战改变了浙江战场敌我双方实力的对比。此后，北伐军在浙江转入全面进攻，于2月上旬占领严州（今建德）、浦江、淳安。1927年2月16日，第一师进抵富阳，胡宗南率第二团力战，首先攻入富阳城中。富阳既下，进攻铜庐的敌军后路被切断，在北伐军前后夹击下，全部被缴械俘虏。杭州、宁波守敌仓皇撤逃。1927年2月18日，北伐军占领杭州，全浙底定。北伐军前锋进抵太湖东岸浙苏边界之嘉兴一线。

1927年2月底到3月初，北伐军的东路军按照"先南京，后上海"的计划与部署，兵分两路向沪宁线进击。

先由何应钦率东路军一部分军队，计有第一军之第三师、第十四师，第二军，第十四军，第十七军，从浙西经太湖西岸之宜兴、溧阳，横出常州、丹阳，截断沪宁线，然后分兵两路，以主力左旋，进攻南京，另一路右旋，回向无锡、苏州。其中，左旋的第一军第三师、第十四师、第二军等部西向，与程潜指挥的中路军之江右军第六军协同，于3月24日攻占南京。

白崇禧指挥东路军另一部分军队于3月上旬迫近松江、吴江后，停止前进；在等到3月15日何应钦部主力进抵太湖西部地区，围攻溧阳，准备横出常州之时，才于3月16日下令各部沿太湖东岸向淞沪推进，与何应钦的右旋部队配合，向上海、苏州一线进攻。

白崇禧的攻击部署是：以第二十一师严重部由平望向吴江、苏州之敌佯攻；以第二师刘峙部与先遣队李明扬部扼守松江铁路正面；以第二十六军周凤歧部绕攻松江侧后；而以第一师薛岳部乘主力会攻松江时，由张堰向闸港下流渡过黄浦江，袭击上海龙华敌军后方。

胡宗南的第二团是薛岳师的先头部队。当北伐军主力与敌军在松江一线展开激战时，胡宗南率第二团隐蔽急速地沿黄埔江东岸向下游进军，在当地民众引导下，于3月20日迂回到达闵行一带，潜渡黄浦江，向据守殷行的鲁军毕庶澄部发动突然袭击，很快占领军事要地莘庄。第二天，即3月21日，胡部攻占上海南郊重镇龙华，直逼上海市区。

在这同时，白崇禧指挥主力也于3月21日分别占领松江与苏州。白崇禧率东路军前敌总指挥部进驻龙华。

就在同一日，中国共产党组织上海工人发动了第三次武装起义。到3月22日，起义工人占领了上海租界外的广大地区。北洋军残部在鲁军驻上海司令毕庶澄率领下，退守北火车站顽抗。起义工人因没有重武器，多次攻击未能奏效。上海总工会委员长、共产党人汪寿华派总工会交际处处长赵子敬率代表团前往龙华慰问北伐军，请求白崇禧发兵援助。但白崇禧早已接到蒋介石密令：
"我军如攻上海，至龙华、南翔、吴淞之线为止；军队不越此线为要。闻某党有上海革命政府之组织，凡此类机关，应即勒令取消可也"[1]。白崇禧就以国民党驻上海特派员钮永建正与鲁军驻上海的司令毕庶澄谈判，北伐军没有接到钮永建的指示，不能贸然进军上海市区为由，拒绝出兵援助起义工人进攻北站。总工会代表声泪俱下，再三陈述与请求。第一师师长薛岳被感动，说：
"我们是革命军，现在革命任务这样急，这是非去不可的。现在我去好了，将

---

① 秦孝仪主编：《中华民国重要史料初编——对日抗战时期·绪编（二）》，台北：中国国民党中央委员会党史委员会，1981年，第37页。

来有处分，我愿来承受。"①在这样的情况下，白崇禧只得同意薛岳的第一师进军上海市区，消灭北洋军残余。

胡宗南率第二团，在薛岳的指挥下，与第一、第三两团配合，从龙华出发，于3月22日下午6时赶到麦根路（现上海淮安路），遇到一部溃逃的鲁军，当即缴了他们的械。约在当日晚7时，他们"赶到北站，一个冲锋，毕军便崩溃投降，毕庶澄一人逃往租界"②。北伐军第一师配合上海起义工人，终于占领了中国的最大城市上海。

胡宗南作为第一师第二团团长，北伐以来，在江西、浙江战场上连建战功；在进攻上海战役中，率部潜渡黄浦江，奇袭莘庄，首占龙华，增援起义工人攻克北站，更为人称道。这是他一生军事生涯中值得肯定的一章。

（七）在四一二事变前后的上海与南京

在1927年3月22日北伐军东路军占领上海后，胡宗南所在之第一师进驻上海闸北地区。

当时上海形势非常复杂。北洋军阀的势力虽被赶走，但外国列强控制着上海市中心英、法租界与虹口地区的许多地方。北伐军一部虽进驻上海市区，但上海的总工会与工人纠察队等组织都由中国共产党控制着。中共方面正积极筹组"上海市民代表大会"与"上海市临时市政府"。第一师进驻的闸北区更是中共力量比较强大的地区，中共领导的"上海总工会"与"上海工人纠察队"总指挥部就设在这里，中共力量最为集中的商务印书馆也坐落在该区。

第一师部队进驻闸北区后，由于该师最早进军上海地区，支援工人纠察队肃清北洋军，占领北站，因而受到上海工人与市民的欢迎。中共方面与上海总工会更积极地对第一师官兵进行工作，不断派团以各种名目对部队进行慰问，

①《朱英如谈上海工人第三次武装起义》（访问稿），转引自周尚文：《上海工人三次武装起义史》，上海：上海人民出版社，1987年，第189页。

② 武汉市政协编：《武汉文史资料选辑》总第27辑，第4页。

组织工人与第一师官兵开联欢会，进行各种形式的宣传。一时，第一师官兵中有许多人受到中共与上海总工会的影响很深，思想"左"倾，对总工会同情与友好。第一师师长薛岳公开派兵保护上海总工会与各级工会，于3月27日发布布告，声称"沪上为工商集中之区，工厂林立，尤赖工会提纲挈领，诚挚指导，以期群策群力，共济时艰，……倘有不法之徒，任意骚扰，本师长唯有执法以绳……"①

但是这时，以蒋介石为代表的国民党右派集团与中国共产党以及武汉政府之间的矛盾，日趋激烈。在北伐军于3月22日占领上海、3月24日占领南京后，这些矛盾终于发展到白热化与公开决裂的阶段：武汉国民政府在苏联顾问鲍罗廷的提议下，一方面积极设法削弱与限制蒋介石的权力，一方面秘密指示江右军总指挥、第六军军长程潜率第二、六军牢牢控制南京，防止蒋介石在南京建都，如蒋介石违抗则将其扣押送往武汉发落；而蒋介石则决心发动"反共"清党的事变，赶走苏联顾问，与中国共产党决裂，清理武汉政府，在南京建都，重建国民党中央党部与国民政府。

南京与上海成为双方斗争与争夺的焦点，形势特别复杂、敏感而危险。

无疑，在这复杂的形势下，驻防两地的军队起着举足轻重的作用。

当时，驻防南京的第二军鲁涤平部与第六军程潜部因与武汉国民政府关系密切，以及军中的中共力量较强，在政治上倾向武汉政府；而蒋介石所依靠的，主要是驻防上海与沪宁线的嫡系第一军与驻防安徽的李宗仁第七军以及一些杂牌军队。但是，作为第一军主力的第一师薛岳部这时驻防上海闸北，军心不稳。胡宗南正在该师。

在这如此紧急而微妙的形势下，蒋介石决定迅速下手，先控制上海、南京、杭州与东南地区。

1927年3月23日，蒋介石乘楚谦舰，由安徽经南京顺长江而下，于3月26日下午到达上海，就立即进行反共清党的各项准备：在政治上，他策动蔡元培、

---

①《申报》（上海）1927年3月27日。

吴稚晖、张静江、古应芬、李石曾、陈果夫、李宗仁、黄绍竑等八名国民党中央监察委员于3月底4月初在上海召开秘密会议，提出《检举共产党呈文》，咨送国民党中央执行委员会，为其"反共"清党事变制造合法根据，制造舆论准备；在军事上他则委托白崇禧以东路军前敌总指挥与上海戒严司令的身份，全权部署上海的清党工作，派遣张静江等人主持浙江的清党工作，他自己则准备亲自到南京指挥那里的清党工作，并进而建立新的国民政府。

白崇禧后来回忆这次清党的计划与部署时，这样写道："将驻沪之亲共部队分别调动或解决，密令第七军在3日内赶回芜湖、江宁镇，以阻止武汉容共军队之东下，将有亲共色彩之第二军渡浦口抵御直鲁军，将第六军附共之十九师全部缴械，同时令共党较多之薛岳、严重两师移往苏州及南京附近整理，将各共党分子撤差或看管，又调刘峙、周凤歧两部接防上海。"①

薛岳师，即第一军第一师，就是胡宗南所在师。因该师由黄埔军校演变而来，受大革命影响较深，进驻上海闸北区后又与中共领导之上海总工会关系融洽，思想"左"倾，因而对蒋介石、白崇禧发动的清党运动进行抵制。据白崇禧回忆说："蒋总司令自九江乘舰抵达上海召见我，面示清党之决心，并召集薛岳之第一师，及刘峙之第二师各级干部训话，第一师中之中下级干部有参加青年军人联合会者为数不小，当场就有人责问蒋总司令太右倾。蒋总司令见黄埔学生中竟有少数军官表现如此'左'倾，更坚定清党之决心。"② 第一师被蒋、白视之为"共党较多"之部队，靠该师在上海发动清党是不可靠的。因而蒋介石于3月26日下午一到上海，白崇禧向他提出清党运动的第一件事就是调出第一师。白崇禧说："蒋总司令因了解上海之

薛岳

① 白崇禧：《1933年4月12日在广西各界举行清党纪念大会上的讲话》，藏〔南京〕中国第二历史档案馆。
② 白崇禧：《白崇禧回忆录》北京：解放军出版社，1987年，第44页。

情形，问我实行清党需要多少军队，我说："只要调出薛岳之第一师，留下刘峙之第二师及周凤岐之二十六军便够了。"①

蒋介石接受了白崇禧的意见，在他到达上海的第二天，即3月27日，下令将第一师从闸北区调往南市区，而以刘峙的第二师进驻闸北区，以便就近监视设在闸北的上海总工会与上海工人纠察队总指挥部。胡宗南随第一师开驻南市。

在第一师被调离闸北区时，中共上海组织与上海总工会"发动各界代表至龙华淞沪警备司令部挽留第一师，拒绝第二师"，被白崇禧拒绝。②

第二师进驻闸北区后，刘峙遵令强行解散了闸北区党部，严密监视上海总工会与工人纠察队总部。但是第二师部队也受到上海中共组织宣传工作的影响，军心呈不稳迹象。加之这时蒋介石在部署好上海的清党工作后，要赶往南京控制那里的局势，于是下令将第一、二两师一齐调往南京，将严重的第二十一师调往苏州。沪上防务全部由周凤岐的第二十六军承担。

1927年4月6日上午9时30分，第一军副军长王柏龄奉蒋介石令，先行乘专车赴南京。20分钟后，第一师从上海开拔赴宁。③胡宗南率第二团部队，在这风紧云急的时刻，从上海来到了古都南京。

这时第一师师长薛岳"因第一师中共党分子太多，被总司令免职回到广东"④。第一师师长由邓振铨接任。胡宗南则升任第一师副师长，仍兼第二团团长，军衔为少将。胡宗南从此步入国民革命军高级将领的行列。

随后，刘峙的第二师也由上海调往南京。

在这期间，第二十一师被调驻苏州、常熟一线，师长严重被解职，由陈诚接任师长。

胡宗南随第一师从上海开拔的前一天，即4月5日，蒋介石宣布上海戒严，

---

① 白崇禧：《白崇禧回忆录》，北京：解放军出版社，1987年，第44页。
② 白崇禧：《白崇禧回忆录》，北京：解放军出版社，1987年，第44页。
③《申报》（上海）1927年4月7日。
④ 白崇禧：《白崇禧回忆录》，北京：解放军出版社，1987年，第44页。

并下令查封了倾向武汉政府的北伐军总政治部，逮捕办事人员19人。上海已是"山雨欲来风满楼"。

第一师于4月6日晚抵达南京后，驻南京城内小营鱼雷学校内。这时，南京的形势也十分复杂而紧张：倾向武汉国民政府的程潜担任南京戒严司令；程潜指挥的江右军第二军、第六军与何应钦指挥的第一军第三师、第十四师等同在南京布防；南京地方党政内左、右派斗争极其激烈。4月7日，武汉国民政府决定中央党部与国民政府迁至南京，并下令武汉军事委员会准备"以南京为中心之作战计划"①，企图抢先控制南京。蒋介石为争夺南京这块军政要地，乃一面令第一、二两师于4月6日进驻南京，与原住南京之第三师、第十四师会合；一面通过第六军代军长杨杰，令第二、六军于4月7日、8日两天撤离南京，开赴长江以北，与直鲁军作战。——从而造成第一军各师控制南京的局面。

胡宗南随第一师进驻南京后，4月8日，由中共人士与国民党左派控制的江苏省党部与南京市党部邀请驻宁部队召开军民联欢大会。这时第二、六军已从南京开拔，只有第六军政治部少数留守人员赴会。胡宗南与第一军人员奉令无一人参加。4月9日上午蒋介石到南京后，南京形势急转直下：当日下午，中共人士控制的江苏省党部与南京市党部被捣毁与封闭；第二天，蒋介石任命第十四师师长冯轶斐为南京戒严司令，宣布自本日下午6时起，南京一带实行戒严；当日晚，抓捕了正在南京大纱帽巷召开秘密会议的中共在南京的领导人士侯绍裘、谢文锦、刘重民等人，并迅速杀害。这就是南京四一〇事件。

由于第一军各师的军事力量具有绝对优势，因而南京局势很快平静下来。

南京地区完全被蒋介石控制。胡宗南所在第一师与第一军其他各师部队，成为蒋介石控制南京，监视与镇压异己军队，建立新政权的最重要的军事力量。

蒋介石借助第一军绝对控制了南京以后，于4月11日发出"已克服的各省

---

① 《武汉中政会临时紧急会议记录》（1927年4月7日），藏 [南京] 中国第二历史档案馆。

一致实行清党"的指令。随之,在上海、广州、浙江、福建、广西及四川等地相继进行了大规模的"反共"清党,腥风血雨笼罩各地。接着,蒋介石与胡汉民等人在南京建立新的中央政权,与国共合作的武汉国民政府公开分裂与对抗。

1927年4月18日上午,以蒋介石为核心的南京国民政府在南京丁家桥前省议会举行成立大典。当日下午,南京驻军与各团体在公共体育场举行"庆祝国民政府建都南京并国民党恢复党权大会",通过了一系列"反共"清党的决议。会毕,举行阅兵式,蒋介石以国民革命军总司令的身份向受阅官兵发表长篇训话。他指责共产党是钻进铁扇公主肚子里的孙悟空,压迫国民党,破坏国民革命。向官兵们宣称:"非我们去消灭他,他就要消灭我们;非我们去杀他,他就来杀我们。"如不将中共消灭,国民党就必将自取灭亡,受治于苏联。蒋最后要求"纯粹的国民党员团结起来"!"纯粹的国民革命军团结起来"!要求各部队成为南京新建政府的"后盾"。①

胡宗南随第一师部队参加了阅兵大典,聆听了蒋介石富于煽动性的训话。后来,他又读到了蒋介石的《告民众书》与一系列"反共"清党讲话、文件、布告等。胡宗南与第一军的许多年轻军官一样,一直奉蒋介石为校长与领袖,视蒋介石为神明,他们逐渐相信了蒋介石的讲话,相信了蒋介石列举的"反共"清党的种种理由,他们也逐渐接受了蒋介石的理论。4月20日,以第一军与第七军为核心的蒋系陆海军将领召开军事会议,发表《拥护国民政府清除共产党完成北伐通电》。②胡宗南作为第一师的少将副师长,表明了他支持蒋介石"反共"清党的政治态度。

从1927年3月下旬北伐军攻占沪宁,到4月中旬蒋介石发动"反共"清党事变,这近一个月的时间,是中国现代史与中华民国史上斗争最为激烈、复杂与

---

① 蒋介石:《在国民政府建都南京阅兵典礼训话》(1927年4月18日),黄埔中央军事特别党部、黄埔政治学校特别党部编:《蒋胡最近言论集》,1927年9月出版,藏[南京]中国第二历史档案馆。

② 《国民政府公报宁字第1号(1927年5月1日)》,藏[南京]中国第二历史档案馆。

剧烈动荡的时期。在这一个月中，胡宗南随第一师与北洋军阀作战，配合上海起义工人攻占上海，到移军南京，耳闻目睹南京与上海的"反共"清党事变。在中国政治舞台上发生的如此激烈而残酷的斗争、动荡与分化，不可能不对刚过三十之龄的他产生强烈的影响。他当时虽只是刚从中级军官跨入高级将领的行列，不可能在政治舞台上崭露头角，他的言行也不可能有引人注目的重大表现，但可以说明问题的，在血雨腥风般的南京与上海事变后，他继续留在第一师，继续跟着他的校长与领袖蒋介石，而且他的地位不断上升，进一步得到蒋介石的信任与赏识，直至成为蒋介石最重要的军事将领与黄埔系支柱。

在大革命失败后的十字路口，胡宗南就这样作出了他的人生抉择。

胡宗南之所以在这时作出这样的人生抉择，正如周恩来在分析胡等国民党将领性格形成时所说："人的性格是历史进程中，'人'在其社会实践中逐渐积累形成的。作为实践中主体的'人'，也不能不受环境和社会条件的制约和影响。"[1] 胡宗南从小接受与形成的浓重的封建思想，以及他从蒋介石那里接受的新军阀思想，压倒了他脆弱的民主革命思想。他对蒋介石对他的赏识与提拔的感激与忠诚，他的雄心与野心，他对三民主义的迷恋、对社会主义与共产党的毫无认识与深刻偏见……使他走上了他以后将要走的人生道路。

但是，胡宗南虽决定跟着蒋介石的"事业"走了，但他毕竟受过黄埔军校的教育与大革命的洗礼，因而他对蒋介石发动的"反共"清党怀有种种不安与忧虑。他在南京小营驻军时，私下对投奔到他手下的亲信同乡王微、戴涛等人说："清党在军队容易。问题在青年与农民。今后农民问题如不解决，中国的命运前途，是堪忧的。"[2] 胡宗南作为一名军人，却具有政治眼光。这是他

---

① 余方德：《周恩来总理 1965 年 7 月 16 日在上海谈歌颂与暴露问题》，《浙江作家报》（杭州）第 47 期，1990 年 2 月出版。

② 胡上将宗南年谱编纂委员会编：《胡上将宗南年谱》，沈云龙主编：《近代中国史料丛刊续编》第 49 辑 488 册，台北：文海出版社有限公司，1978 年，第 46 页。

不同于也高于一般国民党的将领的地方。他在蒋介石政权刚刚建立并取得一系列军政胜利的时候，就敏感地看到这个政权的致命弱点与中国农民问题的严重性，并为此而忧虑。但国民党政权在大陆却始终无法解决这些问题，胡宗南也一生无法解决这些问题。历史的最终发展被胡宗南在1927年就言中了，是幸还是不幸？

胡宗南 全传

·Biography of Hu Zongnan

第二章

征战南北军阀混战

（一）龙潭战役的生力军

1927年4月蒋介石在南京建立政权后，于5月初令所部各军分途渡长江继续进行北伐。胡宗南所在之第一师由第二路军总指挥白崇禧指挥，于5月13日自慈湖镇渡过长江北进，先后攻占江浦、全椒、界首、滁县、乌衣、沙河集、张八岭，经蚌埠进抵陇海线。

从1927年6月23日开始，北伐军分3路，攻入鲁南。

白崇禧（右）

就在这时，国民政府北伐军方面，宁汉矛盾加剧，7月上旬，武汉方面军队向下游进逼。蒋介石急调第七军等部西上防堵，使北伐军在鲁南的攻势顿挫。

北洋军孙传芳、张宗昌各部队乘势反攻，于1927年7月24日夺回徐州，8月初打退北伐军的反攻，8月8日开始由徐州一线分两路南下。北伐军连战失利，被迫后撤。1927年8月13日蒋介石在内部矛盾逼迫下宣布下野。8月17日，以李宗仁、白崇禧、何应钦为首的南京军委会发布命令，是日将长江以北所有部队撤至长江南岸，凭江扼守。孙传芳军旋即跟踪追至长江北岸，8月17日，前锋1个旅抵达南京江北的浦口，与南京守军隔江对峙，并互相炮击。

胡宗南所在的第一师在8月中旬经由瓜洲渡过长江，奉令调往杭州驻扎，担任护卫沪杭铁路线的任务。这时胡宗南奉命不再兼任第二团团长，到第一师师部专任副师长。因师长邓振铨久假不归，胡宗南遂代师长职。

1927年8月25日，胡宗南率第一师进驻杭州约10天，忽然接到军委会的急电，命令他立即率第一师从杭州出发，紧急驰援镇江龙潭一线，参与堵截围歼南渡偷袭的孙传芳军队。

原来孙传芳军在8月中旬反扑至长江北岸后，进行了不到十天的准备，于8月25日夜至26日拂晓，乘长江江面大雾弥漫，指挥所部八个师六个混成旅约七万多人，在南京下游到镇江之间数百里的长江上进行了大规模的军事偷渡，获得成功，迅速攻占了龙潭与栖霞山一带的阵地，截断了沪宁铁路，接着向两翼扩展，向西威逼南京，向东迫近镇江。孙传芳亲自过江指挥，在龙潭水泥厂设指挥所。孙传芳为示破釜沉舟一举夺回江南之决心，下令"凡运兵完毕之船只一律调回长江北岸由大刀队看管，颇有济河楚舟背水一战之壮志"[1]。

孙传芳军倾全力偷渡长江截断沪宁线威逼京、镇，震动了南京政府。当时，南京政府所辖各军，以李宗仁的第七军与何应钦的第一军为核心，沿长江布防。其中第七军防守南京东西沿江各阵地；第一军则驻防从镇江到上海、杭州的铁路沿线各地。南京政府军委会的李宗仁、白崇禧、何应钦除令驻防南京与镇江的部队从东、西两面围堵外，又电令驻防苏州、上海、杭州的各部队火速增援。

军委会调兵的电令到达杭州第一师师部时，第一师师长邓振铨久假未归，

---

① 白崇禧：《白崇禧回忆录》，北京：解放军出版社，1987年，第58页。

胡宗南乃以副师长的身份率领全师从杭州紧急出发。8月29日午后一时，胡宗南率该师第二、第三两个团先行赶到龙潭前线。

这时，孙传芳军已渡江南犯三天多时间，与南京政府军在龙潭、栖霞山一线展开了激烈残酷的血战，反复冲杀争夺，栖霞山与龙潭主阵地两度易手。双方都伤亡惨重，枪炮声日夜不停。孙传芳军是北洋军阀部队中战斗力最强的劲旅。此次孙传芳又是孤注一掷，志在必得，倾巢出动，破釜沉舟，孙传芳本人亲临前线指挥，因而孙军作战十分勇猛与顽强。在8月29日凌晨，龙潭主阵地第二次被孙军攻占。国民政府军在镇江一翼的东线部队前敌总指挥、第二师师长刘峙负伤，"第二、第十四两师因众寡不敌，纷纷后撤，几至溃不成军。栖霞山也为敌三度攻占。我方溃散部队麇集南京城外麒麟门一带，混乱不堪。……南京城内一片混乱景象，人心惶惶，不可终日。"①

就在这战场形势十分危急的时刻，胡宗南率第一师两个团适时赶到龙潭前线。给国民政府军带来了很大的支持与鼓舞。负伤后仍留在前线指挥的刘峙当即命令胡宗南率这两个团由下蜀出发，往汤山、铜山、羊山以南地区，向虎头山、青龙山敌军阵地攻击前进，威胁敌之右侧翼，并设法与西线南京方面国民政府军取得联络，协同作战。胡宗南指挥第二、三两团经短暂休整准备，于当晚向虎头山孙传芳军发动猛攻，占领范家塘及其东北高地，与敌军相峙，稳住了国民政府军的阵地与战场形势。

在胡宗南率两团部队赶到龙潭前线的同时，陈诚部第二十一师的第六十三团及顾祝同第三师一部等也从苏州、上海一线赶到龙潭投入战斗。东线南京政府军力量大增。与此同时，在西线的第七军等部也发动反攻，于29日重新夺回栖霞山阵地。孙传芳的军队被压迫到龙潭一隅。

1927年8月29日晚，赶赴前线的何应钦与留守南京的李宗仁、在镇江指挥的白崇禧电商约定：在8月30日凌晨，分东、中、西三路同时发动攻击，围歼龙潭孙传芳军：西线第七军等自栖霞山向东进攻，沿铁路及江边前进；中线与东线

---

① 李宗仁口述，唐德刚撰写：《李宗仁回忆录》，南宁：广西人民出版社，1988年2月，第358页。

的第一军各部由何应钦、白崇禧指挥,自东阳镇一线出发,会攻龙潭。

胡宗南于8月29日夜接到军委会电令:"第一师(缺第一团)击破虎头山、青龙山之敌,占领龙潭车站后,派一部兵力对东阳镇、西沟渡方面警戒,以主力转向头、二、三、四块扁担州之线攻击占领之。"① 8月30日凌晨,胡宗南指挥所部按时向龙潭东南的制高点石幔山、虎头山、青龙山一线的孙军发动猛烈进攻。同时,其他各部的攻击也开始发动。龙潭战役中最激烈最重要的一场战斗展开了。

此时,孙传芳军已渡江作战5天多时间,虽死伤惨重,仍顽强战斗。孙军渡江各部,包括从栖霞山等地溃败之部队,最后都"聚集在龙潭一隅。计其兵力,有孙传芳联军的第二、四、七、八、九、十、十一、十二、十三、十四等师,及第十五、二十七、二十九、补充第一个混成旅,约达6万余人。依据龙潭以西的黄龙山、以南的青龙山、虎头山,和东西的大石山、雷台山等险隘,编成坚固不拔的根据地,严阵以待,进可以攻,退可以守。孙传芳驻节水泥厂,亲自督战。其悍将李宝章、上官云相、梁鸿恩、崔锦桂、段承泽、郑俊彦等都在龙潭前线指挥。"② 因此,当南京国民政府军发动三路进攻时,仍遭到了孙传芳军强大而顽强的抗击。孙传芳军还反攻为守,进行全线逆袭。"龙潭周围数十里地,炮火蔽天,血肉模糊。战斗的惨烈,实为笔墨所难形容"③。

胡宗南指挥第一师的第二、三两团向石幔山、虎头山之敌进攻,遭到孙传芳军顽强抵抗,拼杀多时没有进展。双方相持不下。直至8月30日午后,由于孙传芳军的渡江航线被南京政府军的海军截断,后援不继,渐渐不支,乃退山隘。胡宗南部与友军逐渐形成对敌三面合围之势。孙传芳军顽抗,居高临下,以百余挺机枪扼守山险。胡宗南师等部往上仰攻,死伤众多,但士气旺盛,至下午3时占领各重要山隘。孙传芳军仓皇向江岸撤退。下午5时,龙潭遂为南京政府军收复。

---

① 陈训正:《国民革命军战史初稿》(三)第206页,沈云龙主编:《近代中国史料丛刊正编》,台北:文海出版社,第786辑。

② 李宗仁口述,唐德刚撰写:《李宗仁回忆录》,南宁:广西人民出版社,1988年2月,第361页。

③ 李宗仁口述,唐德刚撰写:《李宗仁回忆录》,南宁:广西人民出版社,1988年2月,第361页。

天黑以后，战场逐渐沉寂下来，双方都在休整，因连日奋战，均已疲惫不堪。胡宗南接到上级命令，彻夜警戒，俾翌日拂晓再歼残敌。但残余的孙传芳军困兽犹斗，经一夜休整，于8月31日凌晨，当南京政府军正在部署进攻时，却抢先发动了最后一次的疯狂反扑，"来势极为猛烈。情势险恶，较前尤甚"①。胡宗南部与各友军在何应钦、白崇禧的亲临指挥与督战下，奋勇抗击，并发动反攻。恰在这时，胡宗南第一师的第一团从杭州赶到，立即投入战斗。其他援军也先后抵达。南京政府军声势大振。全线反攻，终将孙传芳军全部赶出龙潭一线的阵地，压向长江岸边。上午10时多，胡宗南的第一团攻克了孙传芳的指挥所——龙潭水泥厂。孙传芳丢下部队，登上小汽艇逃向江北，仅以身免。孙军全线崩溃。到此日午后2时，不及渡江北逃之残敌约有四五万人，全部被俘。国民政府军缴枪3万余支，炮数十门，俘孙军高级军官师、旅长数十人。

南京国民政府军取得了震动一时的龙潭大捷，扭转了自8月初反攻徐州失败以来的战场颓势。1927年9月1日孙传芳率残部从长江北岸向北全线后撤，"望风披靡，已绝无卷土重来之力，江南遂安如磐石"②。9月2日，南京国民政府军乘胜渡过长江北进，占领浦口、扬州等要隘。

（二）黄埔系军事集团的支柱

龙潭战役结束后，胡宗南于1927年9月初奉令率第一师仍回驻杭州。

这时，南方的政局也发生重大变化。自蒋介石在8月中旬辞职下野以后，国民党分裂成南京、武汉与上海（西山会议派）三方，经多次协商谈判，终于在9月初实现合流，并于9月16日成立了国民党"中央特别委员会"，同时改组国民政府。尽管蒋介石也被列名在特委会委员、国府委员与中央军委会委员名单之中，但他已失去了国民革命军总司令等最重要的头衔与实际的最高职权。中央特委会与中央军政实权多被以李宗仁、白崇禧为首的桂系所控制。蒋介石以下

---

① 李宗仁口述，唐德刚撰写：《李宗仁回忆录》，南宁：广西人民出版社，1988年2月，第361页。
② 李宗仁口述，唐德刚撰写：《李宗仁回忆录》，南宁：广西人民出版社，1988年2月，第363页。

野之身住在他的家乡浙江奉化。代蒋介石统率第一军嫡系部队的何应钦虽在南京，与李宗仁、白崇禧共同负责主持中央军委会，但他在中央特委会的压制与李宗仁、白崇禧咄咄逼人的攻势下，不仅难有作为，甚至难以招架。

大权在握的李宗仁与白崇禧为了扩张桂系的军政势力，加强控制南京中央政权，排挤与打击蒋介石，首先设法限制与削弱蒋介石的嫡系武装力量，打击与压制黄埔军校出身的将领与军官。

蒋介石的嫡系武装力量，就是在这几年迅速形成与不断发展的黄埔系军事集团。

自黄埔军校建立以来，蒋介石以校长的职权，不仅控制了军校的人事、教学、培训与军政指挥等各项重要权力，而且培植、拉拢、吸引与团结了一大批绝对忠于他的军校教官，特别是军校的各届学生。蒋介石在政治上控制他们，在思想上感化他们，在军事上培训他们，在组织上提拔重用他们，在实践中不断考察他们，迅速地形成了一个以蒋介石为最高领导、以黄埔军校各届学生为骨干的黄埔系军事集团，形成了国民党内最强有力的军事派系。蒋介石以这些黄埔系将领与军官为骨干，组建了军校教导团，以后扩充为党军第一旅，再以后扩充为国民革命军第一军，并继续不断地发展壮大，成为以后的所谓"中央军"，成为蒋介石所依靠的最重要、最信赖的嫡系军事势力。

蒋介石为了进一步控制与指挥黄埔各届毕业学生与未毕业学生，在1926年4月下令解散了黄埔军校中的"青年军人联合会"与"孙文主义学会"以后，又下令成立一个统一的黄埔学生组织——"黄埔同学会"，规定凡属黄埔学生，均为该会当然会员。蒋自任该会会长，指定黄埔军校一期生曾扩情担任该会秘书，负实际主持责任，其他右派学生胡靖安、杨引之、宋希濂等分任该会的干事。蒋通过该会联络、控制、指挥与监督各届黄埔毕业生。

在黄埔军校各届毕业生中，由于各种原因，有相当多的一部分人，受到蒋介石的思想影响，受到蒋介石在政治、军事、组织上的庇护、提携与重用，在从军校毕业后的短短几年间，不断"建功立业"与飞黄腾达，在部队中担任

65

各种要职，军阶从排长、连长迅速升至团长、师长，军衔从少尉、中尉迅速升至中校、上校乃至将军。他们越来越感到有蒋介石这样的靠山与领袖而有恃无恐，前途无限。他们感激蒋介石，拥戴蒋介石，无条件服从蒋介石。他们成为蒋介石控制军队的工具与基础。

黄埔系军事集团就这样迅速形成了。

无疑，胡宗南凭着他黄埔一期生的"老大哥"资格，凭着他在东征、北伐诸战役中的战功与表现出来的才干，凭着他与蒋介石的亲密关系与蒋介石对他的赏识重用，凭着他较高的军阶军职与手握重兵的将领身份，在黄埔系军事集团中，占着越来越重要的地位，起着越来越大的作用。胡宗南虽因是带兵将领，因而未在"黄埔同学会"中担任领导之责，但他在该会中起着举足轻重的骨干作用。

1927年8月中旬，蒋介石宣布下野退居奉化后，他一方面以何应钦负责统率自己的嫡系部队第一军；另一方面则通过朱绍良，利用"黄埔同学会"的组织，联络与指挥黄埔系的各将领军官。据"黄埔同学会"秘书曾扩情回忆说："蒋介石于1927年8月被迫下野时，把他所有的军队和有关的军事机构等，统交何应钦接领；独黄埔同学会则交由住在上海的朱绍良指导，并令迁往杭州进行会务，派我重任秘书。主要的任务是：团结在职的同学，保持和发展力量，以便蒋介石复职时的驱使；其次，收容当时的失业同学集中在杭州，施以军事和政治的训练……"①

朱绍良是江苏武进人，1891年生，早年与何应钦、谷正伦一道留学日本士官学校，后又一道成为蒋介石的心腹将领。1927年4月他任北伐军总司令部参谋长；8月中旬蒋介石下野，朱亦随之离宁赴沪闲居。

胡宗南当时正以第一军第一师副师长的身份，率部驻防杭州。他积极参与"黄埔同学会"的活动，并通过这些活动更接近了蒋介石，更得到了蒋介石的信任与赏识。

---

① 曾扩情：《黄埔同学会始末》，全国政协文史资料研究委员会编：《文史资料选辑》第19辑，第178页。

就在1927年9月16日特委会成立前后，李宗仁、白崇禧首先以中央军委会的名义，要何应钦解散在浙江的七个补充团。这七个补充团是蒋介石在台上时下令成立的，准备补充他的第一军各师，七个补充团的所有团长都由黄埔生充任，并从国外购买了大批新式武器。但何应钦遵李、白令，很快下令撤销了这七个补充团。蒋介石闻之大为愤懑，指责何应钦愚蠢，误大事；同时指责"黄埔同学会"为何不号召七个补充团的在职黄埔同学加以抗拒。蒋甚至说："万不得已时上山当土匪都可以，也应把力量保持下来。"[1]

接着，李宗仁与白崇禧又以中央军委会名义，要何应钦下令，将驻在京、沪、杭一带由黄埔学生带领的军队，主要是第一军，一律开往长江以北，防堵孙传芳军再次南下反攻；所遗京、沪、杭一带的防地，统交由李、白的桂系军队接防。胡宗南等黄埔系将领与军官得悉此事后，立即密报在奉化的蒋介石。蒋介石闻之大惊，认为桂系李、白此举是要借刀杀人，欲置其嫡系黄埔系军队于死地，如不抗拒，将有被全歼的危险。于是，蒋介石立即密电在杭州的"黄埔同学会"负责人曾扩情，迅速通知团长以上的在职黄埔系带兵官员到上海朱绍良家里开会，密商对策，并指示此事避免让何应钦知之。"黄埔同学会"派遣该会交通股长、也是黄埔一期生的宋希濂，秘密前往沪杭与京沪两铁路沿线的各驻军点，通知黄埔系带兵将领与军官前往上海朱绍良住宅开会。

胡宗南与20多名黄埔同学来到了上海朱绍良家的会客室。由于会客室不太宽敞，被挤得满满的。会议由朱绍良主持。但胡宗南却成了这次会议的中心人物。这一方面是因为胡宗南当时在黄埔同学中，军阶军职最高最重要，其他人多是团长、营长，而胡宗南却是主力第一师的少将副师长并代师长职；另一方面胡宗南在会上又发言最多，态度慷慨激昂，对问题较能分析，因而获得了与会者绝大多数人的同情与支持。据与会的宋希濂回忆，胡宗南发言的主要内容，大略如下：

1. 校长蒋介石的英明，在国内无出其右者，现虽暂时下野，不久的将来，

必然会出来收拾时局。我们军校同学带领的队伍，绝不能脱离他的领导。

2. 李宗仁、白崇禧阴险，何敬公忠厚，不易对付他们，容易上他们的当。补充团的撤销，使我们的力量受了很大损失。

3. 李宗仁、白崇禧要我们开过江去，而把京、沪、杭一带交广西部队接防，这是什么意思呢？那不是很明显吗？就是要我们去和孙传芳、张宗昌等北洋军阀拼打，而他们却截住我们的后路，想借以消灭我们，至少也可扼住我们。这是很危险的。

4. 江浙地区富庶，我们要向北进，必须有江浙地区物资的支援，必须要有巩固的后方，而现在却要由他们来控制，等于使我们没有后方了。这是多么危险啊。①

胡宗南的讲话成为这次会议的决议。会议决定，拒绝李宗仁、白崇禧与何应钦的移军江北的命令，如再强迫，当采取必要的行动。

这次会议的结果，不仅使李宗仁、白崇禧的目的与何应钦的命令未能实现，而且沉重地打击了何应钦在黄埔系中的威信。作为国民党与国民政府的正在崛起的最重要的军事集团——黄埔系，将只服从蒋介石一人的绝对领导，成为蒋介石最嫡系的御林军。其他任何国民党军政领导人，甚至何应钦，都不能完全指挥这支部队。蒋介石更加看重与依赖黄埔系了。而胡宗南作为黄埔系的最重要的带兵将领，他的坚决拥蒋的政治态度与重要的军事地位，他的军政才能与在黄埔同学中的较高威望，都使蒋介石对他更加宠爱、信任与赏识。如同宋希濂所说："这是胡宗南以后一直被蒋介石信任和倚以重任的一个重要原因。"②

由于蒋介石下野，胡宗南与黄埔系军人不仅受到李宗仁、白崇禧桂系集团的打击与排挤，而且还受到国民党内其他派系的攻击与嘲骂。这就使胡宗南等人更加感觉到蒋介石这个后台与靠山的极端重要，更加感觉到维护、拥戴与全

① 宋希濂：《鹰犬将军——宋希濂自述》，北京：中国文史出版社，1986年，第60页。
② 宋希濂：《鹰犬将军——宋希濂自述》，北京：中国文史出版社，1986年，第60页。

力支持蒋介石的极端重要。胡宗南与许多蒋介石最亲信的黄埔学生一样，在蒋介石下野期间，不断给蒋写信，或者亲自跑到奉化溪口找蒋介石报告情况，请示机宜。蒋介石也不断给胡宗南等人以各种指示与教诲。

1927年9月20日，即在蒋介石准备出国赴日本前数天，蒋专门发表了一篇《告黄埔同学书》，向胡宗南等全体黄埔系军人讲述了北伐以来的军政形势，总结黄埔建军以来的经验教训，指出当前所面临的危难局势与黄埔学生的严重缺点。蒋颇带感情地说：

李宗仁（右）与白崇禧（左）

鄞悌等同志来信，说自我下野以后，反对者谤毁讥笑，无所不用其极。不单要抹杀我们革命历史，而且要污蔑我们革命人格，使我们没有立足之余地。你们听着极为愤激，这是你们没有受过挫折和失败，不知革命有多么艰险困难，所以要如此动气。我们反省这几个月的政治状况，实在是太不行了，我们的缺点是太多了，不能不由人来反对……

蒋介石要求黄埔系将领与军官们精诚团结，艰苦奋斗，不要只想当官，还

要甘心作下层工作，不要一切依赖校长蒋介石，要自己努力去闯……①

胡宗南认真阅读了蒋介石的这篇《告黄埔同学书》，感到这是蒋介石给他与黄埔同学下的精神动员令。胡宗南深深理解并领会蒋介石讲话字里行间的用心与含义，决心要更加忠实地跟着蒋介石的事业走到底。

黄埔系正进一步发展壮大。而胡宗南已隐然成为这个军事集团最重要的支柱。

1927年9月26日，胡宗南所在之第一军，因所部不断扩编，乃于该日依军委会令，正式改编为三个军。原第一军军长何应钦通电，即日起解除第一军军长兼职，专任国民革命军第一路军总指挥；并称第一军所辖部队有十师以上，故奉准扩编为三个军：以刘峙任第一军军长，以顾祝同任第九军军长，以钱大钧任第三十二军军长。胡宗南所率领的第一师仍编属第一军序列。1927年10月26日，军委会任命蒋鼎文为第一师师长，胡宗南仍为第一师副师长。蒋鼎文字铭三，浙江诸暨人，浙江讲武堂出身，后入黄埔军校任教官。胡宗南既是他的学生，又是他的同乡与部属，与他相处颇好。

当时刘峙的第一军辖三师部队，除蒋鼎文、胡宗南的第一师外；还有第二师，师长徐庭瑶；第二十二师，师长涂思宗。

（三）"二期北伐"，结识戴笠

1927年10月，南京"特委会"与盘踞两湖的唐生智矛盾激化，于10月20日，以李宗仁、程潜为第三、四路军总指挥，率部沿长江西进，向武汉进攻。另密令朱培德为第五路军总指挥，准备在江西响应。为防备在徐、蚌一线的孙传芳、张宗昌部北洋军乘机南犯，就令何应钦率第一路军、白崇禧率第二路军，沿津浦路北上，对直鲁军取攻势，掩护西征。

蒋鼎文、胡宗南所在之第一师划编入第一路军何应钦部。

---

①《宁汉国民政府与党部合并重要文件》，《国闻周报》（上海）第4卷第39期，1927年10月9日出版。

1927年11月3日，蒋鼎文、胡宗南奉第一路军总指挥何应钦令，率领第一师由杭州出发，经南京渡长江，至安徽滁州小住后，再次向盘踞江淮间的孙传芳、张宗昌部发起进攻。

1927年11月8日起，第一路军先后占领明光、凤阳、临淮关等地；11月13日进攻皖北重镇蚌埠。第一师奉令进攻蚌埠以北的制高点雪花山。孙传芳、张宗昌部"全力抵抗，并借其铁甲车优势火力之掩护。第一军第一师官兵数次冲锋，终无进展，又以龙子河障碍，不便用兵"①。攻击遇到很大困难。胡宗南视察战场，见"白俄驾驶之铁甲车掩护作战，往来轰击，日夜不休，我军无法占领阵地"②。胡乃令所部第二团挑选百余人为突击队，携土木工具潜入铁轨旁，在铁甲车驶来时卧伏隐蔽，等铁甲车刚一开过，立即跃起掘断铁轨，断其退路，终使敌铁甲车不能再自由行驶。第一师遂与友军攻占雪花山、沈家山等敌军阵地，接着攻入蚌埠市区，"与敌发生激烈之街市战，彼此肉搏"③。敌军退向淮河北岸。北伐军于11月16日下午4时占领蚌埠。

攻占蚌埠后，胡宗南以指挥雪花山战功由第一军第一师副师长调升第一军第二十二师师长。第二十二师是南方部队，成军于北伐途中的长沙，编制不全，战斗力较差。开始胡宗南不愿去就职。第一路军总指挥何应钦对胡宗南说："破烂的部队由你整顿，极易有所建树，何以不去？"④胡宗南乃欣然就职。

到这时，在黄埔军校毕业学生中，升任师长的，胡宗南是第二人，但在中央军嫡系部队里升任师长的，他是第一人。在1927年初就升任浙江警备师师长的范汉杰，也是黄埔一期生，但他是在地方杂牌部队当师长，与胡宗南的中央

---

① 陈训正：《国民革命军战史初稿》（三），沈云龙主编：《近代中国史料丛刊》，第79辑，台北：文海出版社，1972，第330页。

② 胡上将宗南年谱编纂委员会编：《胡上将宗南年谱》，沈云龙主编：《近代中国史料丛刊续编》第49辑488册，台北：文海出版社有限公司，1978年，第25页。

③ 陈训正：《国民革命军战史初稿》（三），第330页。

④ 张朋园、林泉、张俊宏访问，张俊宏记录，郭廷以、张朋园校阅：《王微先生访问记录》，"中央研究院"近代史研究所口述历史丛书（60），台北："中央研究院"近代史研究所，1996，第21页。

军师长不可相提并论。这年胡宗南虚龄32岁，成为当时最引人注目的黄埔青年将星。第二十二师下辖三个团：第六十四、六十五团与补充团。以第六十五团最有战斗力，为全师主力，团长程式，四川江津人，黄埔一期生，胡宗南的同期同学。

1927年12月初，胡宗南第二十二师随第一路军挺进到徐州南郊，配合西线冯玉祥军会攻徐州。激烈的徐州争夺战开始了。

徐州为直鲁军张宗昌部与孙传芳部联合防守，有守军六七万人，张宗昌亲自坐镇徐州指挥，设司令部于城内花园饭店，顽强抗击北伐军。12月12日，胡宗南指挥第二十二师进至芝兰附近，奉命驱逐徐州右侧之敌。这天，第六十四团与补充团先与敌军发生战斗，突然敌军骑兵冲来，两团不能支持，向后溃退，只有补充团第二营李文部在芝兰村外死守。胡宗南急调第六十五团程式部跑步赶来增援，终将敌打退。胡宗南指挥各团连克六铺、土城，占领徐州城东飞机场。12月14日北伐军各部向徐州发动总攻，16日占领该城。在攻击六铺战斗中，第六十五团团长程式阵亡。

徐州战役后，胡宗南的第二十二师与第一路军各部向北推进到韩庄一线，与敌军隔运河对峙3个月之久。

1928年1月初，蒋介石到南京复职，重任国民革命军总司令职，并整编各部队。蒋介石将第一路军改编为第一集团军，蒋自兼总司令，下辖4个军团，分别以刘峙、陈调元、贺耀祖、方振武为第一、二、三、四军团的总指挥。第一军团下辖第一军，军长由军团长刘峙兼任，副军长蒋鼎文；第九军，军长顾祝同；第四军，军长缪培南。

胡宗南的第二十二师编属第一军团第一军序列。第一军下辖3个师：第一师师长由副军长蒋鼎文兼，第二师师长徐庭瑶，第二十二师师长胡宗南。胡宗南的第二十二师由3个团扩编为4个团，团长分别是冯士英、梁华盛、李默庵、李铁军，都为黄埔一期生。

1928年4月9日，蒋介石下达总攻击令，"第二期北伐"开始。4月10日，第一集团军各部向鲁南直鲁军发动总攻击。

胡宗南奉命指挥第二十二师担任对韩庄、台儿庄一线的鲁军张宗昌部防地右翼进攻。4月11日胡师与鲁军王栋部在运河上的侯孟渡口发生激战。王栋部在这里构筑了三道防线，在运河上架设浮桥沟通两岸阵地。胡师第二团梁华盛部向守敌发动突然袭击，猛扑桥头，抢夺浮桥。敌桥头机枪阵地猛烈扫射。第二团第二营营长刘炳身先士卒，直扑上桥，中弹身亡。第二营官兵受此激励，冒死冲击，夺获桥头敌机枪阵地，与敌军发生激烈肉搏。

这时，敌军一部由上游六十子渡口渡过运河，迂回到胡师左侧，企图前后夹击围歼胡师。胡师第四团李铁军部奉胡宗南命前往堵截，副团长李正华骑白马指挥冲锋，打退援敌，并乘胜渡过运河，与侯孟渡口的胡师第二团会合，击溃敌军。

接着，第二十二师协同第一师、第二师，于4月13日夺取了鲁南军事要地韩庄、沙沟等地，打开了进入山东的大门。

从1928年4月16日开始，胡宗南第二十二师与友军一道，向北进击，经激战，先后占领藤县、界河、邹县、兖州、曲阜等地。4月30日，当第一师等部猛攻泰安时，胡宗南率第二十二师突进到济南城下。胡师第一团冯士英部向济南城的西门发动进攻，发现这里仅有少数敌军抵抗。胡宗南得知济南西门为日本租界区。他早得到保护日侨权益的通知，乃下令第一团避开济南城的西门日租界，改攻济南的北门；又令第四团李铁军部攻济南的南门。第九军等部队也赶到投入攻城战斗。攻城战斗持续一天一夜。当日夜，张宗昌与孙传芳先后弃城逃走。5月1日晨，胡宗南第二十二师与第九军顾祝同部的第三师首先攻入济南城。张宗昌残部大多被俘。第一军团总指挥刘峙入城，令胡宗南的第二十二师维持济南市内秩序。

北伐军攻占济南不久，日本侵略军就蓄意向北伐军武装挑衅，血腥屠杀中国军民，制造了骇人听闻的五三惨案。贺耀祖的第四十军等部激于义愤，奋起反击日军，双方展开激战。日军竟出动战机轰炸济南。蒋介石也深为日军的暴

行震惊，但他认为"不屈何以能伸，不予何以能取，犯而不校，圣贤所尚；小不忍则乱大谋，圣贤所戒。慎之！勉之！"① 为了北伐大局不被中断，下令北伐军委屈忍让，停止与日军的交战，除留下2个团卫戍部队，全部退出济南城，铙道北上进击天津、北京。但第四十军不听蒋介石的号令，继续与日军作战。蒋介石乃下令制作八面停战令旗，交胡宗南，派人持旗前往第四十军阵地，强令停战撤军。

胡宗南严格执行了蒋介石的命令，在强令第四十军停战撤军后，于5月5日率领第二十二师撤出济南，南撤到曲阜整训。

1928年6月初，南京国民政府属下的4个集团军北伐，进抵天津、北京一线。奉军退往关外。6月4日，奉系首领张作霖在退回东北途中，在沈阳皇姑屯车站被日本间谍炸死。其子张学良继为奉系首领。南京国民政府在占领天津、北京后，决定以政治方式解决东北问题，派代表与张学良进行改旗易帜的谈判，终于在1928年12月获得成功。于是，南京国民政府宣布，"二期北伐"结束，全国统一。

在1928年6月战事基本结束后，中国的政局出现了一个短暂的较为平和稳定的时期。这也是胡宗南从军以来一个难得的较为轻松的时期。

1928年6月初，胡宗南的第二十二师驻军曲阜整训。胡宗南请假回浙江孝丰家乡省亲，看望年迈的父亲、继母与弟、妹。胡宗南自此以后，每年都有此例。这年6月中旬，胡宗南省亲后在归途中，经杭州，寓西湖大佛寺小憩，结识了两位浙江同乡：一位是戴笠，一位是赵龙文。

青年时期、着便装的胡宗南

① 蒋介石：《1928年5月2日日记》，转引自[日]古屋奎二：《蒋介石秘录》第三卷，长沙：湖南人民出版社，1988年，第451页。

戴笠，字雨农，浙江江山人，1897年生，比胡宗南小一岁，黄埔六期骑兵科毕业。当他与胡宗南结识时，正在蒋介石的总司令部担任情报工作，尚未显达，常单人单骑颠沛于丰、沛、萧、砀之间，做军事调查与搜集情报的工作，生活艰辛而又狼狈。而这时胡宗南已是国民革命军第二十二师的少将师长，却不因与戴笠地位悬殊而看轻他。胡宗南在结识戴笠后，在交谈中就看出戴笠超群的"特工天才"与情报工作能力，敬佩他的旺盛的精力。胡宗南还看到戴笠有许多与他相似或相近的地方，如他们都是浙江西部山地人，一居天目山，一居仙霞岭；都系黄埔军校出身，是黄埔系的重要骨干成员；都极其忠于校长与领袖蒋介石；都希望在蒋介石的领导与提携下，干出一番大事业，以飞黄腾达，扬名于世，青史留名。二人又年岁相近，个人性格与爱好也有许多相同之处。胡宗南这时正为了发展与扩大自己的事业而积极地物色志同道合、富有才干的同志与密友，因而对戴笠分外看重。戴笠既感激胡宗南的侠义相助，更看重胡宗南手握重兵的权势与军事指挥才能。二人相见恨晚，自此订交。

赵龙文则比胡宗南与戴笠都要年轻一些。他是浙江义乌人，曾在北京大学读书，后投入国民革命军，富于政治工作才能。胡宗南也十分看重他的才干与学识。

胡宗南与戴笠、赵龙文三人在这次短短的相聚中，常常在大佛寺开怀长谈，讨论时局，讨论当时中国社会上的种种实际问题，也常常讨论一些诸如"国家社会主义和国家资本主义的分别，又怎样呢？"这样的理论问题[1]。

戴笠比胡宗南小一岁，黄埔六期骑兵科毕业。

① 赵龙文：《怀胡宗南先生》（1962年撰），《中外杂志》（台北）1967年1月号，第1卷第1期。

此后，胡宗南与戴笠、赵龙文结为深交，尤其是戴笠成为胡宗南终生的非同寻常的密友。

胡宗南从杭州回部队后，一方面让戴笠在其第一师师部挂职，借以支持与掩护他的情报工作；另一方面不断向蒋介石推荐与谕扬戴笠的特务工作才干与业绩，使戴笠迅速得到蒋介石的信任与赏识，职权不断上升。几年后，戴笠就担任了复兴社特务处的处长与军委会特务处的处长，执掌蒋介石的军事特工大权，后来更担任了名闻全国、令人胆寒的军统局局长。胡宗南与戴笠的关系也更加密切，在工作上互相支持，在生活上互相照应。胡宗南为戴笠的特工工作，支持武器，支持士兵，支持军事干部，如马志超、吉章简等，到军统或其领导的忠义救国军担任要职。戴笠也为胡宗南的军队提供情报，交换干部，抗战期间，胡宗南常驻西安，西安警察局局长就是戴笠派的人。戴笠还常常为胡宗南的家事提供帮助。如1937年胡宗南的父亲死于孝丰家乡，胡宗南正忙于指挥战事，不克奔丧，戴笠亲往孝丰为其营葬。胡宗南年过40而未婚，戴笠于1937年全面抗战爆发前，将自己手下一位年轻、漂亮而又能干的女秘书叶霞翟介绍给胡宗南，后来成为胡宗南的夫人。戴笠的亲信部属沈醉对戴笠与胡宗南的亲密关系，这样写道："戴笠在工作上和私生活上能打成一片的知心朋友应当首推胡宗南了。他每次见到胡，真是三天三夜都谈不完一样。有时两人在一起像发神经病一样，谈到半夜过了，他送胡回去又谈一阵，胡又送他回来，往往弄得通宵不眠。"[①] 人称"戴胡不分家"。

此后，胡宗南与赵龙文也建立了十分密切的关系。当胡宗南从杭州回部队时，就约赵龙文往曲阜一游。赵龙文来到曲阜胡宗南的师部做客卿，后又随胡宗南部迁移到大王庄，到柳泉，到徐州的九里山军营，与胡宗南朝夕相处。"每日清晨，双骑并出，林花碧柳，晓露如珠，则下骑徐步，娓娓而谈。自个人修养，以至治平大道，历史掌故，无所不谈"[②]。在此期间，赵龙文帮助

① 沈醉：《我所知道的戴笠》，全国政协文史资料研究委员会编；《文史资料选辑》第22辑，第152页。
② 赵龙文：《怀胡宗南先生》（1962年撰），《中外杂志》（台北）1967年1月号，第1卷第1期。

胡宗南对官兵进行政治宣传，在每天官兵们饭后三分钟，赵龙文对官兵们演讲通俗的故事与道理，灌输主义与思想，据说，"收效极大"。后来，赵龙文长期在戴笠手下工作，在杭州警校任职。抗战军兴，赵龙文先任浙江金华行政督察专员；在1940年到甘肃，在谷正伦部下工作。但他始终与胡宗南来往密切。1947年年底，他就任胡宗南的西安绥靖公署秘书长，成为胡宗南的最重要智囊人物。后来，他跟随胡宗南从西安撤退到汉中，到成都，到海南，到西昌，直到1950年3月26日，一同从西昌乘飞机撤回海口与台湾，始终在一起。

（四）征桂、战冯、讨唐

1928年6月"第二次北伐"战事基本结束后，南京国民政府提出"统一军政""实施训政"的口号，对全国军队缩编。1928年7月25日，蒋介石的第一集团军先行缩编，取消了军团与军的番号，将全部军队整编为13个师、2个独立旅、3个炮兵团，共25万5千人。

胡宗南的第二十二师，于1928年8月下旬，在曲阜缩编为第一师第二旅，胡任第二旅少将旅长，副旅长先后由李默庵、许非由、唐云山担任。旅下辖2个团：第三团团长李铁军，第四团团长梁华盛。

第一师师长为刘峙，副师长张克瑶。下辖3个旅，除胡宗南的第二旅外，第一旅旅长为徐庭瑶，第三旅旅长为张永治。

1928年9月，胡宗南旅随第一师从曲阜南撤徐州，驻九里山营房。胡宗南抓紧这段时间，"夜以继日从事整军建军工作"，对部队进行军事、政治训练。"整训完毕后，全国奉命校阅"。1928年11月10日，蒋介石以南京国民政府主席的身份，亲自来徐州校阅第一师部队。第一师是由北伐时的第一军缩编而成，是蒋介石的起家部队，因而蒋介石对它特别重视与爱护。胡宗南的第二旅在校阅中表现卓越，被蒋介石誉为"全国模范旅"，第三团李铁军部，"受校成绩列为全国所有陆军之冠"。为了奖励第二旅，蒋介石特地让胡宗南率该旅的团长以上军官，到南京蒋介石官邸，由蒋介石夫妇传见嘉勉，与他们一一握手。① 这在当时的国民政府军队中，被视为莫大的荣耀。胡宗南作为黄埔一期生中的佼佼者，再次给蒋介石留下了深刻的印象。

在这段时间，胡宗南多次或因公或因私来到南京。胡宗南当年旧游之地的南京，如今是国民政府的首都，冠盖云集，商业繁荣，达官贵人如过江之鲫。胡宗南在公事之余，却常去找当年的同学旧友，如张其昀与缪凤林等人，与他们一道寻师访友，游山赏景，谈古论今。张其昀于1923年从南京高等师范学校毕业，当时正好是南高师改制，易名为东南大学，但张出于对南高师的挚爱，坚持领取了南高师的最后一张毕业文凭。毕业后，他到上海商务印书馆工作，他主编的《高中中国地理》，与戴运轨主编的高中物理教科书、林语堂主编的高中英语课本，构成当时全国通用的中学三大课本。1927年起，他到南京中央大学地理系任教，开辟了中国人文地理学的研究，成为一位已颇有名气的年轻史学教授。他后来回忆这期间胡宗南在南京的交游时，写道：

自（1920年）南京离别以后，直至北伐胜利，才重新聚首。……他来找我，常约缪赞虞（凤林）君，同往龙蟠里国学图书馆，拜访柳老师（诒徵，字翼谋，号劬堂）。我们是鱼相忘于江湖，他仍以出身师范的寒士自居，所谈的多半是史学、教育和南京的史迹，真可以说是儒将风流。……他爱中（央）大（学）的校景（那时候已由国立南京高师而东南大学而改称为中央大学），又爱钟山的名胜。王荆公晚年隐居钟山，有诗云："终日看山不厌山，买山终待老山间。山花落尽山长在，山水空流山自闲。"最可以形容胡先生在千军万马中涵养出闲云野鹤的风格。他每到南京，常邀作者和赞虞，往灵谷寺一带作半日的徘徊，在中央体育场和音乐厅一带，欣赏钟山的美景。昔人所谓："前逼逸陌，朝夕爽垲；后望钟阜，表里烟霞。每剩春迎

---

① 李铁军：《往事如新》（1962年撰），胡故上将宗南先生纪念集编辑委员会编纂，胡为真增修：《令人怀念的胡宗南将军》，台北：商务印书馆，2014年12月，第113页。

夏，华卉竞发；背秋向东，云物澄霁。"多美丽的首都呀！他不多讲话，但常作会心的微笑，真可谓"吉人之辞寡"了。[1]

从这些记述中，可以窥测到当时胡宗南的生活与心态之一斑。南京龙蟠里国学图书馆馆长柳诒徵对胡宗南的看法与评价颇好，曾对张其昀与缪凤林说："燕雀安知鸿鹄之志哉？"其意是说，胡宗南"不但是一位名将，且将成为一位名儒"[2]。

然而，像这样比较和平稳定的日子只维持了很短时间。南京国民政府宣布全国统一未及数月，风云突变，军阀重开战，国民党内各军政派系之间围绕裁兵问题的矛盾日趋激化，首先在1929年春爆发了蒋桂战争。

北伐结束后，以李宗仁、白崇禧为首的桂系及其第四集团军控制了从广西、两湖直到河北的广大地区。第四集团军司令部设在武汉。为了对抗南京国民政府的编遣命令，李宗仁、白崇禧经过密谋，于1929年2月22日突然以"武汉政治分会"的名义，免去亲南京国民政府的湖南省政府主席鲁涤平的职务，以何健代之，同时发兵赶走鲁涤平部，控制了湖南省。这就是震动一时的"湘案"。

"湘案"发生后，南京国民政府一方面明令监察院"切实查明，以凭核办"[3]，一方面军政双管齐下，在对桂系将领秘密策反的同时，调兵遣将，部署讨桂军事。

1929年2月26日，驻扎在徐州的第一师以及其他各中央军部队，都同时收到了蒋介石以"极机密"电文发出的命令，称因"长江上游形势严重"，各部队务必"于三月三日以前完毕出师准备"[4]。3月2日，又收到了蒋介石加以

---

[1] 张其昀:《追念胡宗南先生》(1962年撰)，杜元载主编:《革命人物志》第11集，台北:"中央"文物供应社，1973年，第51页。

[2] 张其昀:《追念胡宗南先生》(1962年撰)，杜元载主编:《革命人物志》第11集，台北:"中央"文物供应社，1973年，第52页。

[3]《中国国民党年鉴》民国十八年集，重要大事，南京:1930年出版。

[4] 国民革命军总司令部参谋处:《关于西征武汉及鄂西诸战役阵中日记(1929年2～4月)》，南京国民政府战史编纂委员会档案，藏[南京]第二历史档案馆。

"机、急"的电报，通令中央军各部对桂系第四集团军作战的战斗序列。胡宗南的第二旅编属于刘峙的第二路军。

胡宗南接到命令后，立即令第二旅作好作战准备，于3月初作为第二路军第一师的先头部队，由徐州南下，经浦口，乘江轮西上，于3月8日抵达安庆，舍舟登岸，随第一师集结于长江北岸的安徽潜山、太湖一线。3月下旬，胡宗南旅从安庆出发，沿长江北岸的望江、黄梅、广济、蕲水急进，每日行程百里。因这时蒋介石对桂系军队的策反瓦解取得很大成功，桂系在湖北的主要将领李明瑞与杨腾辉接受了蒋方的收买，不予抵抗，节节后退，因而胡宗南旅在沿途很少发生战斗。

1929年3月26日，蒋介石正式发布对桂系的《讨伐令》。

3月27日，屯兵河南观望的冯玉祥见桂系败局已定，乃进行军事投机，电告蒋介石，已出兵五师参战，从河南南下，企图抢占湖北地盘。蒋介石立即调整军事部署。3月底，正率部向湖北进军的胡宗南接到蒋介石的秘密命令，要抢在从河南南下的冯玉祥部队以前占领武汉，乃作为第二路军与第一师的先头部队，更急速行军，于4月4日未经战斗进占武汉，并负责维持全市治安。第二旅旅部设在汉口桥口营房。

冯玉祥

讨桂战役结束以后，南京国民政府与冯玉祥系的矛盾迅速激化起来。1929年5月中旬，蒋、冯战争爆发。1929年5月15日，以冯部将领刘郁芬等人的名义，通电全国，推冯玉祥为"护党救国军西北路总司令"，"统五十万武装同志，……与蒋周旋"，公开向蒋介石与南京国民政府挑战。

蒋介石早就对冯玉祥存有戒心，对冯的军事计划与部署也早有防备。早在1929年4月对桂系作战期间，蒋介石就已秘密制订了《国军对冯军警备计划》。战幕既开。南京国民政府一方面于5月23、24日，明令开除冯玉祥的国民党党籍，严缉拿办；一方面按预定计划发兵讨冯。

胡宗南的第二旅仍编属于刘峙的第二路军，于5月中旬奉令离开武汉，随第一师开往豫南抗击冯军。因武胜关隧道被冯军破坏，胡旅遂绕道，由应山经平靖关进入豫南，又经唐河抵达平汉线上重镇信阳。但这时形势发生重大变化，冯玉祥部重要将领韩复榘、石友三、刘镇华、杨虎城等相继叛冯投蒋，冯军被迫退回潼关以西，冯玉祥本人在5月27日通电下野。于是，对冯军战事暂告结束。

胡宗南率第二旅驻信阳休整待命。到1929年9月初，因局势较平静，胡宗南奉令率第二旅回驻汉口桥口营房。

胡旅回驻汉口不久，所属第一师奉令扩编：每个旅由原辖2个团，改辖3个团。胡宗南的第二旅改番号为第一师第一旅。胡宗南担任这个号称"天下第一旅"的旅长。下辖3个团：第一团团长袁朴，第二团团长廖昂，第三团团长李铁军。

胡宗南的黄埔一期同学黄杰任第一师第二旅旅长。黄杰，字达云，湖南省长沙县人，1903年11月2日生，比胡宗南小7岁，早年就读长沙岳云中学、湖南省立第一中学；1924年考入黄埔军校第一期。

1929年10月10日，冯玉祥部的将领以宋哲元为首，以庆祝双十节的机会，再次发动讨蒋，通电全国，列举蒋介石毁党、误国等八大罪状，宣称"蒋氏不去，中国必亡"，推戴阎锡山、冯玉祥为正副总司令，宋哲元为西北军总司令，编组8路军队，从陕西分3个方向，向河南进击。

南京国民政府立即下令调动各路部队讨伐冯军。蒋介石亲任"讨逆军"总指挥，以朱培德为参谋长，以方鼎英、刘峙、韩复榘、何健、唐生智分任"讨逆军"的5路指挥，陈调元为总预备队指挥。

双方军队在10月18日开始接触，到10月底，在陇海线、豫南各战场进行多次激烈的战斗。由于双方军力、财力的悬殊，由于冯军内部的矛盾，特别是由于阎锡山中途变卦，致使冯军于11月中旬迅速失败，向陕西撤退。在北面陇海线作战的"讨逆军"第五路军唐生智部在11月16日占领登丰，20日占领洛阳。

在南线豫南作战的"讨逆军"第二路军刘峙部在11月20日占领老河口、谷城。

胡宗南的第一旅作为第二路军刘峙部的主力，先在南线鄂西北一带作战，后北进至河南密县观音堂、东西马跑、东西月台一线与冯军孙良诚部作战。当冯军在11月中旬向西败退，胡宗南指挥所部乘胜追击至嵩山脚下。

1929年11月下旬，胡宗南旅进至少林寺附近。胡宗南突然接到"讨逆军"第二路军指挥刘峙的命令，要其率部迅速南撤。胡宗南率第一旅，一日夜急行军130里，到达平汉线上的新郑车站，转乘火车回驻武汉。黄杰所率第二旅也随之南行。

原来正当冯玉祥军败退回陕西之际，担任蒋军第五路军指挥的唐生智，在汪精卫改组派的策动下，与石友三勾结，于1929年12月1日在郑州通电反蒋，将所部改称"护党救国军第四路军"，自任总司令，率刘兴、龚浩两师与门炳岳骑兵旅，从郑州沿平汉铁路南下，企图攻占两湖。

南京国民政府对唐生智与石友三采取不同的策略，先集中力量对付唐生智。蒋介石一面派人收买与策动晋军阎锡山等部从北面进攻郑州，断唐的后路；一面令刘峙指挥中央军各部，迅速从豫西、鄂西收缩于武汉地区，防堵唐生智军南下。南北夹击，围歼唐军。

"讨唐"的军事迅速发展。到12月下旬，北线阎锡山指挥各军占领郑州，将唐生智军压迫至驻马店及其以南地区。在这同时，南线刘峙指挥各部沿平汉铁路北进，于12月20日向唐军发起总攻，相继占领遂平、汝南。

1929年12月下旬，豫南、鄂北连日大风雪，雪深没膝。

胡宗南奉令率第一旅由武汉乘火车北上，在新安店下车，迂回平汉路东，冒风顶雪，艰苦行军，于1930年元旦到达河南省确山县之杨庄，准备赶往戴家岗、刘庄一线，援救被唐生智军围困多日的第九师与第十一师。因天寒路滑，部队携带武器行李，行军迟缓。胡宗南下令全旅在当日晚连夜急行军，务必赶至目的地。1030年1月2日晨，胡旅第三团丁德隆部率先赶至刘庄附近，奋勇冲击；胡宗南率全旅也迅速赶来投入战斗，击溃了唐生智军门炳岳骑兵旅，援救出苦战多日的第十一师陈诚部。

1930年1月上旬，唐生智部在晋军与中央军等的南北夹击下，迅速失败。唐军于1月13日缴械。唐生智化装逃往天津租界。

讨唐战事结束以后，1930年2月，胡宗南率第一旅再次回驻武汉。

1929年是国民党内各派新军阀内战频发的一年。从这年3月直到1930年1月初，内战的枪炮声几乎没有一天停止过，内战的战场从河南、湖北直到两广，几乎遍及半个中国。胡宗南正是三十四五岁的年纪，精力充沛，随着蒋介石的指挥棒东征西战。在这些内战中，蒋介石的中央军几乎是连战皆捷，胡宗南在战场上也都是一马当先，不断"建功立业"。但他们的胜利与"功勋"固然于国于民都无多少好处，而且被他们打败的敌人，如李宗仁、冯玉祥、石友三等等，不仅实力犹存，而且时时图谋报复，加紧厉兵秣马，准备重新杀来。特别是晋系阎锡山，在1929年这一年的新军阀混战中，左右逢源，首鼠两端，投机取巧，像游蛇一样回旋于各派势力之间，不仅使晋系得到扩展，而且使阎锡山在国内的政治地位迅速上升，各派反蒋势力都麇集到他的旗帜下，形成了新的反蒋统一战线。因此，到了1930年，国民党内各派新军阀之间的战争风云，不仅没有消散，反而更加浓密。一场巨大的战争暴风雨就要降临在以中原地区为中心的中国大地上。

（五）中原大战中的"天下第一师"师长

1930年3月间，胡宗南奉命率第一旅，随第一师从武汉开往徐州。

当时，南京国民政府与以阎锡山、冯玉祥、李宗仁等为首的国民党各派新军阀之间的矛盾再度尖锐起来。中原地区形势尤其紧张。南京国民政府加紧调兵遣将，部署军事。当胡宗南率第一旅过浦口时，蒋介石特令胡宗南带领全旅连长以上军官到南京中山陵谒陵。中山陵是在1929年才落成的壮丽建筑，坐落在南京东郊风景区，成为南京政府最神圣的纪念地。蒋介石让胡宗南旅军官来

阎锡山

集体谒陵，蒋介石又特地赶来给他们训话，对胡旅奖励备至，无疑这是给他们最大的荣耀。胡宗南清楚，这是蒋介石要他们为捍卫孙中山的在天之灵与南京国民政府，在即将到来的中原大战中出力卖命。

1930年5月11日，南京国民政府与以阎锡山、冯玉祥、李宗仁等为首的国民党各派新军阀之间的内战，以空前的巨大规模与激烈残酷爆发了。

大战首先在陇海线战场点燃。蒋介石军第二军团刘峙部各师向战略要地归德猛攻。胡宗南旅所在的第一师，因师长刘峙兼任第二军团总指挥，由副师长徐庭瑶任代师长。开始中央军攻势凶猛，又有空军助战，说降了刘茂恩，于5月21日诱捕了万选才，顺利占领归德。阎锡山与冯玉祥急调精锐孙良诚、吉鸿昌等部前来增援。双方于5月下旬在豫东展开激战。胡宗南指挥第一旅3个团担任蒋军正面，沿陇海铁路线迎击孙良诚军：初战于车厢集，解中央独立第二旅彭进之部之围；继向龙门寨攻击前进。第一团袁朴部攻克汤坟、水口、仪封寨；第三团李铁军部攻占大小麻姑寨。连日战况空前惨烈，双方反复猛扑，寸土必争，一日夜进出5次，死伤惨重。

1930年6月初，因第一师代师长徐庭瑶在李庄战役中，被迫击炮弹炸伤右臂，无法指挥作战，胡宗南被任命为第一师代师长。胡宗南令第三团团长李铁军升代第一旅旅长。

1930年5月底到6月间，豫东战场双方展开了拉锯战，打得难解难分，处于胶着状态，虽然各有胜负，但中央军显得被动，伤亡重大。7月初，中央军在其他战场形势好转。蒋介石决定在陇海线对冯玉祥部采守势，下令调动主力胡宗南的第一师、陈诚的第十一师、冯轶斐的教导一师等部，转津浦路作战，打击阎锡山的晋军，协助韩复榘部反攻济南。

1930年7月下旬，胡宗南指挥第一师从豫东乘火车开往津浦线，胡宗南亲自率第五团殿后。当胡师大部分部队开走后，突然，冯玉祥军孙良诚部向中央军之油菜坊阵地发动猛攻。张治中的教导第二师等部抵挡不住，先后溃退。孙良诚军前锋攻至蒋介石的总司令指挥列车不及10华里处。在这十分危急的关头，胡宗南表现得冷静顽强，指挥殿后的第五团立即下车，投入狙击，力战数小时，终将孙良诚军击退。在激战中，第五团团长陈焰中弹阵亡。这就是中原大战中著名的油菜坊之战。

1930年8月初，胡宗南率第一师加入津浦线战斗序列后，在刘峙的指挥下，与陈诚的第十一师等部，组成中路军，沿铁路线北攻，吸引住晋军；右翼军蒋光鼐、蔡廷锴等部乘机由间道疾进，绕至晋军侧后猛攻，前后夹击。晋军仓皇败逃。当时正大雨多日，山洪暴发，晋军后方大汶河突然暴涨，后退晋军无法渡河，竟趋铁路桥，又遭蒋军飞机轰炸，秩序大乱，溃不成军，丢弃大量武器辎重，尽为胡宗南部缴获。胡宗南指挥第一师，协同友军，乘胜追击，在泰安与晋军援军激战5个昼夜，歼灭晋军主力大半。8月15日蒋军重新占领济南。

当胡宗南等部在津浦线战场胜利进军时，在河南的冯玉祥部为援救晋军，沿陇海路向蒋介石的中央军发动全线进攻，是为"八月攻势"。蒋介石急调津浦线中央军回援。胡宗南的第一师先行后撤，星夜驰援。当时豫东洪水泛滥，一片汪洋。胡宗南率第一师，历尽艰辛，在洪水中行军，回到豫东。8月21日，蒋介石下令集中兵力到平汉、陇海线作战，进击冯玉祥指挥所所在地郑州与陇海路西段。蒋介石指示此次郑州战役中，各部队采用"锥形战术"，远路迂回，大胆穿插、进入冯军后方，独立作战，逐段切断冯军，各个击破与歼灭。9月6日，蒋军总攻开始。胡宗南率第一师从豫东归德，向西南迂回穿插，经柘城、鹿邑、淮阳、商水，到达平汉铁路线上的郾城、许昌一线，后又沿平汉铁路线北上，到达新郑、密县一带，会同友军，截断了冯军西撤之路，掩护陈诚的第十一师攻入郑州、杨虎城部攻占洛阳与潼关。冯玉祥军全线动摇，叛降者连连发生。

在蒋军发动反攻的同时，东北张学良在1930年9月18日宣布"拥护中央"，发兵入关，抄袭晋军后路。阎锡山、冯玉祥准备死守河北、山西的打算破灭，全军迅速土崩瓦解。

1930年11月初，中原大战以南京国民政府与蒋介石的完全胜利，宣告结束。

"一将功成万骨枯"。惨烈的中原大战以死伤数十万人的沉重代价，成就了一些将军的辉煌功业。胡宗南经此战也声名大震，成为中央军蒋介石麾下著名的青年将领。何应钦说："中原事起，宗南弟率第一师转战津浦、陇海两线。油菜坊一役，尤著声威"[1]。当指此。

中原大战结束后，胡宗南奉命率第一师，进驻河南省会开封。刘峙任河南省政府主席。未久，胡宗南就奉令继刘峙后，被实授为第一师中将师长。

第一师，在中央军嫡系部队里，有很高的地位，其实力与声誉都超过其他师。它是蒋介石黄埔建军的起家部队，前身是大革命时期的第一军，蒋介石、何应钦先后任军长，编遣会议后，缩编为第一师，师长刘峙在出兵时常兼任方面军总指挥，军阶高于其他师长。第一师的兵力、官兵素质与武器装备，也远优于其他部队。因而第一师在当时国民党军政界与社会上被誉称为"天下第一师"。当刘峙在中原大战后调升为河南省政府主席时，他想保荐与他同为保定系的徐庭瑶副师长接任第一师师长。这本也是顺理成章之事。但胡宗南雄心勃勃，早就想取得这一军职；而且他对保定军校出身的刘峙、陈诚、徐庭瑶等人，早就不满与不服，一直想树立黄埔系的军事实力。因而他扬言说，如果不让他当第一师师长，他就辞职不干。[2]胡宗南的要求得到了黄埔同学的支持；更为重要的，他得到了蒋介石的支持。蒋介石正式任命胡宗南为第一师师长，而将徐庭瑶调任第四师师长。

① 何应钦：《胡上将宗南年谱·序》，胡上将宗南年谱编纂委员会编：《胡上将宗南年谱》，沈云龙主编：《近代中国史料丛刊续编》第49辑488册，台北：文海出版社有限公司，1978年，第1页。
② 裴昌会、姚国俊、王应尊：《胡宗南集团的形成、发展到覆灭》，《重庆文史资料》第23辑，第4页。

胡宗南就这样在蒋介石的特殊宠爱与破格提拔下，担任了"天下第一师"的中将师长。这年他才35虚岁。

胡宗南率第一师驻军开封，抓紧整训与扩充部队。蒋介石下令将中央独立第二旅彭进之部并入胡宗南师，为独立旅。中央独立第二旅原为桂系胡宗铎部，1929年桂系在蒋桂战争中失败，该部被蒋介石收编。胡宗南任命亲信、黄埔一期同学丁德隆为独立旅旅长，而让原旅长彭进之任第一师副师长。这样，胡宗南的第一师就辖第一旅，旅长李铁军，第二旅，旅长黄杰，独立旅，旅长丁德隆，有三旅之众，进入甲种师的行列，实力大增。

胡宗南并大力调整各级部队主官，全面贯彻黄埔人才路线，将全师三旅九团的主官全部换成清一色的黄埔军校一、二、三期的毕业生。营、连长也多由黄埔生充任。原保定系、日本士官系或各讲武堂系及其他系的军官，或被排挤出第一师，或明生暗降担任副职。这不仅得到蒋介石的好感，而且扩大了胡宗南在黄埔系军人中的影响。历届黄埔军校毕业生为寻找自己的出路，争相投奔胡宗南，以能在胡宗南的"天下第一师"任职为荣，一切唯胡宗南马首是瞻。胡宗南隐然成为黄埔学生的首领。第一师各级主官如下：

师长：胡宗南

副师长：初为彭启龙，后为彭进之

参谋长：刘德芳

第一旅：旅长李铁军

第二旅：旅长黄杰

独立旅：旅长丁德隆

各团团长分别为袁朴、廖昂、李文、梁华盛、罗历戎、冯疑、李庞、黄祖埙等，后有李正先、李友梅、杨德亮、李用章、甘竞生等人。

胡宗南为了提高部队战斗力，培植自己的军事实力，从蒋介石创办黄埔军校的成功经验得到启迪与经验，热衷于创办军事学校以培训人才。他呈报蒋介石得到批准，在开封成立了"第一师军官训练班"，选拔副排长以上军官入班受训。又令所属各旅成立军士连，训练班长。胡宗南与师、旅、团长官常常到这些训练班讲课。胡宗南曾对部属讲述举办军官训练班的意义与违规设立副排长一职的必要性，说："战斗残酷之际，一连中如有六七人坚持不退，战局即可稳定。行伍官兵有惟在战斗中求出路心理，每能作坚强表现。故副排长虽非编制，仍宜设置，战时排长伤亡，即可择优生代，以鼓励之。"[1]

胡宗南还规定各级军官的一项升迁制度：排长没打过两次仗的不能升连长，没打过一次胜仗的不能升团长；团长没当满两年的不能升旅长。[2] 这项制度对调动各级军官的积极性、培养指挥人才、鼓舞部队士气有很大的作用。

胡宗南还大力加强与改善第一师的武器装备。胡宗南在几年来指挥部队作战中，发觉部队的通讯联络多沿用传统的步骑联系，效果不好，常常贻误军机，乃于1931年5月听从秘书王微的建议，在第一师筹设无线电通讯，在师部与各旅部先后设立了无线电台，后不断发展。胡宗南又在郑州平民村设立了第一师无线电训练班，自行训练电台专业人员。而精通无线电技术的王微则被胡宗南指派为第一师电台机要工作负责人。

随着自己地位的上升与实力的扩大，胡宗南十分注意树立自己的形象与扩大自己的影响。他极注意笼络军心亲近士卒。平时他生活俭朴，律己较严，衣着与士兵相同，常常与士兵一同吃饭，一同娱乐，还常常找官兵谈心。他能叫出许多下级军官与士兵的姓名。他独居多年，龄过35岁，尚不议娶妻。他尤注意关心伤残士兵，命师部秘书王微为每个伤残官兵摄影装册，形成档案，年年抚恤。胡宗南还专门成立了"第一师半伤残官兵年会"，简称"伤兵年会"，每年5月开会一次，由师部招待与会的第一师伤残官兵食宿娱乐，发给全年薪饷之半及来回路费，其子弟优秀者由第一师资助入学，形成了优待伤残官兵的制度。胡宗南的这些言行措施使得他在第一师官兵中赢得很高的威信，在社会上

---

[1] 胡上将宗南年谱编纂委员会编：《胡上将宗南年谱》，沈云龙主编：《近代中国史料丛刊续编》第49辑488册，台北：文海出版社有限公司，1978年，第38页。

[2] 张朋园、林泉、张俊宏访问，张俊宏记录，郭廷以、张朋园校阅：《王微先生访问记录》，"中央研究院"近代史研究所口述历史丛书（60），台北："中央研究院"近代史研究所，1996，第149页。

也博得很多赞誉。国民党人士称赞胡宗南治兵的特点与长处，指出胡宗南与戴笠"两人最大不同，是对部属的驾驭与约束。胡宗南讲道义，以仁义处人，而且缺少江湖经验。戴笠讲纪律，道义只是纪律的润滑剂"[①]，当是指此。

胡宗南生活简朴，对自己要求很严。1931年春，胡部的通讯处主任因事途经浙江孝丰胡宗南的家乡，看到胡宗南老家的宅子破旧不堪，就背着胡，用公款维修了一番。后胡宗南回家，发现老宅的门脸焕然一新，便问何以如此，得知事情经过，很是生气，赶回军中，对那位通讯处主任说："你私自拿公家的钱给我家修大门，你害我贪污，你害我坐牢。公家的钱，可以做私人的事吗？"他令所用款项，从其个人军饷中支付，并革除了那个通讯处主任的职务，不再任用。[②]

胡宗南对高级军事人才与社会知名的专家学者，更是优礼有加，或着意招徕，或亲往拜谒。

胡宗南驻军开封期间，常与河南大学的一些名教授往还。正在这里任教的郭廷以教授，是胡宗南早在1920年夏，在南京高师暑期补习班结识的老友，10年后二人重逢，往来更密。郭廷以说："民国十九年，我在河南大学任教，他刚带第一师驻开封，往来才比较密切。"[③] 胡宗南又与河南大学的名教授吴造峨及河南地方的一些军事学者订交。胡宗南在这些交往中，向他们请教历史知识与军事知识。

1930年年底，胡宗南率第一师驻军开封期间，奉刘峙命，派遣独立旅与第一旅先后赴豫南与豫东南，清剿惯匪，历时数月。1931年5月，国民党内发生反蒋派的第二次联合，在南方广州召开"非常会议"，并策动石友三部于7月18日在河北顺德举兵反叛。胡宗南奉命率第一师北上，经彰德入冀南，沿磁县、邯

---

① 戈士德：《胡宗南与戴笠》（下），《中外杂志》（台北）1982年4月号，第31卷第4期（总第184期），第35页。

② 张佛千：《胡宗南先生之"二三事"》（1963年撰），胡故上将宗南先生纪念集编辑委员会编纂、胡为真增修：《令人怀念的胡宗南将军》，台北：商务印书馆，2014年12月，第248页。

③ 张朋园、陈三井、陈存恭、林泉访问，陈三井、陈存恭记录：《郭廷以先生访问记录》，"中央研究院"近代史研究所口述历史丛书（15），台北："中央研究院"近代史研究所，1987年6月，第225页。

郸、沙河、邢台、元氏、赵县等地，与东北军会师。石友三部瓦解，胡宗南师退还河南。1931年9月初，胡宗南又奉命南下，进驻江西萍乡，防堵广州反蒋军北上。不久，胡宗南师又奉调赣南吉安"围剿"红军，正行进间，日本侵略军在沈阳发动"九·一八"事变，胡宗南接到蒋介石电令，立即回师，开往郑州驻防，维护这个交通枢纽，震慑中州。

1932年1月28日淞沪抗战爆发。2月中旬，胡宗南接到新任军事委员会委员长蒋介石的电令，立即率第一师，从郑州开赴沪宁沿线，担任护路任务，并作为淞沪前线的后备力量。胡宗南师先驻邻近南京的栖霞、龙潭一线，后东移常州、无锡、江阴一线，胡的师部先后驻龙潭、常州清凉寺。在备战期间，胡宗南师官兵奉命，赶筑苏南之国防公路与防御工事，计有无锡、江阴间公路、常州、溧水间公路、常州、溧阳间公路及江阴要塞等。胡宗南集中全师力量，分部施工，日夜赶筑，大刀阔斧，一月而成。这对支持上海抗战、加强苏南国防设施，发挥了很好的作用。因此，胡宗南部在一·二八抗战中，虽未上前线与日军拼杀，但在后方防守与国防建设中做出了一些贡献。

在这期间，胡师第二旅旅长黄杰调升为第二师师长，胡宗南以袁朴升任第二旅旅长。袁朴也是黄埔一期生，已随胡宗南征战多年。

这期间，第一师参谋长刘德芳他调，胡宗南请担任军政部次长的林蔚给他物色推荐一位新参谋长。林蔚推荐了正在军政部参谋本部任职的於达。於达，字凭远，浙江黄岩人，1893年生，1916年8月从保定陆军军官学校第三期步兵科毕业，入浙军服务；1928年12月考入陆军大学正则班九期，1931年10月毕业后，派任参谋本部第二厅上校科长，文武兼备，性情恬淡，好读书，能诗，在国民政府军界中有"儒将"之称。胡宗南一听十分高兴。当时他的师部在南京近郊龙潭。他亲自带一名随从副官，到南京於达家中"接驾"。接到於达后，他们一行3人，从南京火车站，乘坐一架铁路上的摇车，前往龙潭师部。胡宗南请於达坐在摇车中间，他与副官坐在两旁。於达因原是军政部的上校科长，身着黄呢军制服与黄呢披风，胡宗南与副官却身着同样的灰布棉军装。开始，

"工人推动摇车，奔驰一段，随即跳上，两人对立，用力压动胸前横杠，一上一下，车子就循着轨道向东飞驰"。当时"尚在初春，寒风刺骨"，於达"裹紧大衣，紧闭嘴唇"。大约过了一二十分钟，胡宗南叫停车，"和副官接过横杠，代替工人压车，轮换好几次，才到龙潭"。途中，若前方有火车开来，胡宗南忙与副官、工人一道，把摇车抬下铁轨，等火车开过，他们再把摇车抬上铁轨，继续前行。於达"始终正襟危坐，没有移动"，他想参加压车和抬车，胡宗南都不答应。[①] 胡宗南是想学习与模仿中国古代周文王渭水访贤、刘玄德三顾茅庐的故事吧。正因为这样，胡宗南不仅在社会上博得一些美誉，而且吸引了不少人才为其所用。

（六）力行社"十三太保"中的第一号"太保"

1932年1月间，胡宗南的第一师驻防郑州时，他回家乡浙江探亲，路过南京，下榻于戴笠居住的鸡鹅巷53号，两人朝夕相处，常促膝长谈。

当时，蒋介石因九一八事变后国内外形势的逼迫与国民党内各反蒋派的联合进攻，已于1931年12月15日宣告辞职下野，回浙江奉化老家。

胡宗南在和戴笠交谈以及拜会黄埔同学时，得知，在1931年7、8月间，由刚从日本留学归国的黄埔四期生滕杰与黄埔一期生曾扩情发起，康泽、贺衷寒、郑介民、邓文仪、孙常钧、张本清、葛武棨、娄绍铠、叶维和周复等人参加，鉴于当时内忧外患的形势，协商筹建一个黄埔学生的秘密核心组织，拥护蒋介石为全国党政军的唯一领袖，终极目标是"完成三民主义的国家建设"，取名"三民主义力行社"。后来参加人数发展到40多人，在1931年9月上旬，在南京二郎庙康济医院一幢木屋的2楼上，设立了"三民主义力行社"筹备处。在筹备处设立后约10日，1931年9月18日，即发生了震惊中外的九一八事变。接着，在1931年

---

① （1）於达：《陆军第一师师长任内之胡宗南将军》（1963年撰），胡故上将宗南先生纪念集编辑委员会编纂、胡为真增修：《令人怀念的胡宗南将军》，台北：商务印书馆，2014年12月，第278页。（2）赵龙文：《怀胡宗南先生》，《中外杂志》（台北）1967年1月号，第1卷1期。

11月7日，中共在江西瑞金召开"第一次全国苏维埃代表大会"，正式宣告成立"中华苏维埃共和国"。这些事变的发生，极大地促进了力行社的筹备进程。[①]而蒋介石于1931年12月15日下野前后，在南京连续3次秘密召见10多个黄埔同学的核心人物，有贺衷寒、邓文仪、滕杰、李士珍、康泽、桂永清、萧赞育、周复、郑介民、邱开基、戴笠、蒋坚忍等人，都是些在南京中央军事机关工作的蒋介石的亲信学生。蒋介石向他们讲了当前国民党与蒋介石本人面临的困境：国外有日本侵略不断加剧，国内有共产党在"捣乱"，国民党内又有各派军政势力不断反蒋与对抗南京中央政府。蒋介石痛心地说："我们的党一点力量没有，我们的革命一定要失败……"[②]蒋介石要求黄埔学生赶快团结起来，开会协商筹建一个黄埔学生的秘密核心组织，然后去控制全国的军队，开展各种政治、军事、宣传、组织与特务的活动，从而强有力地维护蒋介石的领袖地位，维护南京中央政府。在蒋介石下野回家乡奉化后，滕杰从南京紧急致电蒋介石身边的侍从秘书、黄埔一期生邓文仪，要邓立刻将他们筹设"三民主义力行社"的事情，向蒋介石汇报。蒋介石听后，非常高兴，对邓文仪说："你们非常懂得需要啊！这件事可以考虑，等我回到南京再说"[③]。

胡宗南听了上述情况，特别是蒋介石讲话的介绍，非常高兴。因为蒋介石的讲话十分符合胡宗南这几年的一贯想法。胡宗南这几年在率兵南征北战之间，在国内外形势的影响下，一直在思考着如何将黄埔军校毕业同学组织起来，建立一个坚强有力的组织，形成一个强大的军事派系，从而在中国的政治舞台上发挥更大的作用，并求得自身更快的发展。

胡宗南是个爱读史书与研究时事政治的人，又是个怀有很大政治抱负的人，他越来越认识到结成政治团体与军事派系的极端重要性。

---

① （1）滕杰口述，劳政武辑注：《力行社的创立》，《传记文学》（台北）2004年4月号，第84卷第4期；
  （2）劳政武编撰：《从抗日到反独——滕杰口述历史》，台北：净名文化中心，2014年5月。
② 康泽：《复兴社的缘起》，全国政协文史资料研究委员会编：《文史资料选辑》第37辑，第134页。
③ （1）滕杰口述，劳政武辑注：《力行社的创立》，《传记文学》（台北）2004年4月号，第84卷第4期；
  （2）劳政武编撰：《从抗日到反独——滕杰口述历史》，台北：净名文化中心，2014年5月。

自南京国民政府成立以来，"黄埔系"军事集团得到了迅速的发展。胡宗南与他的黄埔同学，在校长与"领袖"蒋介石的特意维护与大力提拔下，在短短的几年时间内，官位不断上升，实力急剧膨胀，军政权力越来越大，才都是30岁左右的年纪，便都手握重兵或大权，官拜师长、旅长，军阶达中将、少将，成为国民政府军中迅速崛起的一个日益强大的军事实体，在国民政府军中的地位与作用日益增强，越来越不容人们忽视或小看。

"黄埔系"的特点是：

他们都是黄埔军校开办以来的各届毕业生，是校长与领袖蒋介石的"天子门生"，为蒋介石特别信任与宠爱；

他们都在国民党中央军嫡系部队里跟随蒋介石征战多年，被蒋介石不断提拔为将校的高中级军官，手握大小不等的军政权力与兵力，成为蒋介石政权最重要的军事支柱；

他们都奉蒋介石为唯一领袖，绝对忠于蒋介石，绝对服从蒋介石的任何命令，并以此为荣，成为蒋介石东征西讨打击压制党内外一切敌对势力的工具；

他们之间以同学关系，互相支持，互相依靠，互相标榜，互相提携，共存共荣，形成了一股咄咄逼人的势力。

胡宗南在黄埔系同学中，以他所得蒋介石的宠爱程度，以他黄埔一期的资格，以他超过其他任何同学的升迁速度与军阶官阶，当然，也以他的战功与在黄埔同学中的良好关系，赢得了威信，隐然成为黄埔同学中首屈一指的人物，成为黄埔系的首领。

但尽管如此，几年来黄埔系虽势力大增，但却一直未建立一个强有力的具体组织。过去，黄埔同学中的"孙文主义学会"与"青年军人联合会"被蒋介石勒令解散后，曾根据蒋介石的指示，成立了一个名叫"黄埔同学会"的组织，由黄埔一期的曾扩情负责。但那组织太松散、太一般了，未发挥很大作用；后改组为"中央各军校毕业生调查处"，同样如此，而且由于黄埔毕业学生分化严重，致使该组织形同虚设。

　　胡宗南与他的几个黄埔密友，在这几年国内纷繁复杂、翻云覆雨的政治斗争与军事斗争中，越来越感到将黄埔同学中志同道合的人，组织起来，建立一个坚强有力的军事核心组织的必要。这样，可以更有力地维护蒋介石的领袖地位，可以形成黄埔学生的军事派系与集团力量，还可以保障与促进黄埔学生的个人前途发展，特别是有利于实现胡宗南等黄埔学生领袖的光辉灿烂的未来。

　　胡宗南与他的几个志同道合的黄埔同学早就商量，要在黄埔同学中选择一些最忠于蒋介石、最忠于主义与团体、又最有军政才干与活动能力的人，建立一个秘密核心组织，然后再以此核心组织去联络、团结广大黄埔同学，掌握与控制国民党的军队，从而支持与维护蒋介石牢牢控制全国的党政军最高权力。

　　早在1930年底中原大战结束，胡宗南率第一师进驻开封时，就与正在这里进行军事情报活动的戴笠协商策划，秘密成立了一个军事核心组织——"三民主义大侠团"，又名"除奸团"，参加者是清一色的黄埔出身的国民党军官，有冷欣、萧洒、陈质平、王天木、马志超等多人，胡宗南与戴笠为首领，王天木为书记，马志超管总务等。其任务是维护蒋介石的领袖地位，制裁与铲除反蒋人士。这个组织因各种原因存在时间不长，活动也未展开，但却是后来成立的"三民主义力行社之先驱"①。

　　现在，蒋介石也要黄埔学生亲信成立自己的组织了。胡宗南听了十分高兴。他听说这天晚上，曾扩情、贺衷寒、康泽等十多位黄埔同学正在南京"浣花菜馆"聚餐并讨论成立组织的问题，急忙赶去入席。大家热烈欢迎胡宗南，并请他发言。胡宗南当仁不让，提出他的意见说："同学们要团结，这问题很急切，老是这样谈，时间已经过去很多了，要推举几个人负责筹备"。胡宗南显得比别人更急迫与更实际。大家同意了他的意见。胡宗南也就不客气地立即一下子推举了贺衷寒、邓悌、滕杰、周复与康泽5个人负责筹备，大家也无异议。②

----

① 戈士德：《胡宗南与戴笠》（上），《中外杂志》（台北）1982年2月号，第31卷第2期，第15页；又见萧作霖：《复兴社述略》，全国政协文史资料研究委员会编：《文史资料选辑》第11辑，第68页。
② 康泽：《复兴社的缘起》，全国政协文史资料研究委员会编：《文史资料选辑》第37辑，第135页。

胡宗南说完就退席了。他要赶去奉化见蒋介石，还要回家乡探亲。但正式筹备建立黄埔学生组织的活动，就此正式开始了。

1932年1月20日，蒋介石回南京复职，不久担任新成立的军事委员会委员长，掌握国民政府的军事大权。他回到南京的第二天，就召集滕杰、贺衷寒、康泽三人谈话，对他们筹建黄埔学生核心组织的组织计划，做详细的了解，对他们的活动，给予有力的推动与指导。不久，1932年1月28日，上海一·二八事变爆发。但蒋介石对成立黄埔学生核心组织的事一直抓紧不放，连续多天晚上，召集几十个骨干分子，到中山陵园一处房子里举行谈话会，"所谈的事项，从原则方针问题，到力行社内部组织架构等问题，各省负责人的人事问题，未来工作规划细节问题"，等等，只有胡宗南因在外带兵未能参会。①1932年2月17日，蒋介石在日记中所记，表示了对成立侦探特工组织的强烈期望与任务规定："组织政党彻底革命，必先组织侦探队，防止内部叛乱，制裁一切反动，监督党员腐化，宣传领袖主张，强制社会执行，此侦探之任务。而侦探队之训练与组织指挥运用则须另行也"。1932年2月21日晚，蒋介石接见贺衷寒、康泽等人，"谈组织事"，并为该组织制订了誓言，蒋介石在当日的日记中，写道："晚，与贺（衷寒）、康（泽）等生谈组织事，必欲组织一秘密奋斗、人尽其才、控制全国之机关，方得完成革命。如仅普通组织，则必腐化消灭也。乃得数语，曰'抗日除奸，为党牺牲，实行主义，革命革心，矢勇矢勤，严守秘密，服从命令，愿受极刑'。"②

1938年2月中旬，胡宗南奉蒋介石命，率第一师进驻苏南沪宁铁路沿线，到5月中，才率部去安徽"进剿"红军，前后有3个月时间。这里离南京很近，交通方便，因而他在这期间，时常去南京，参加滕杰、贺衷寒、康泽等人建立组织的活动。

1932年2月29日上午8时许，"三民主义力行社"在南京中山东路励志社里

---

① (1)滕杰口述，劳政武辑注：《力行社的创立》，《传记文学》（台北）2004年4月号，第84卷第4期；

（2）劳政武编撰：《从抗日到反独——滕杰口述历史》，台北：净名文化中心，2014年5月。

②《蒋介石日记》手稿本，1932年2月17日、21日；藏美国斯坦福大学胡佛研究所档案馆，案卷号：Chiang Kai—shek Diaries,Box39。

召开成立大会，蒋介石亲自到会，主持会议，宣告该组织的成立，并"训话一时余"①，"主要内容是'知难行易'与'致知力行'的哲学"，及力行社成立之宗旨，强调"国家存亡，在此一举"。会议延续到第二天，即3月1日，才结束。参加会议的有滕杰、贺衷寒、康泽等28人，"原来在筹备期间有四十多人，由于曾扩情、胡宗南等十多人有事不在南京，所以不克来参加"。由会议选举，经蒋介石批准，产生了领导机构：以蒋介石为社长，滕杰、贺衷寒、胡宗南、康泽、桂永清、潘佑强、肖赞育、邓文仪、酆悌、孙常钧、郑介民、邱开基、葛武棨13人，为中央干事会干事，其中指定滕杰、贺衷寒、康泽为常务干事；在干事会下，设处理日常事务的书记处，有书记与助理书记，第一任书记由滕杰兼任；田载龙、周复、李秉中3人担任监事会监事，田载龙为常务监事。②下面分设负责执行日常业务工作的5个业务单位：

1．总务处：处长李一民（黄埔3期）；

2．组织处：处长肖赞育（黄埔1期）、副处长胡轨（黄埔4期）；

3．宣传处：处长康泽（黄埔3期）；

4．特务处：处长先桂永清（黄埔1期）、后戴笠（黄埔6期）；副处长郑介民（黄埔2期）；

5．军事处：处长桂永清（黄埔1期）。③

胡宗南被选任为中央干事会13个干事之一。因此，后来外界传说，胡宗南是所谓复兴社的"十三太保"之一，可能由此而来。这13人，是最初酝酿和筹组这个组织而后又始终是中心骨干的一批人。④当然"十三人"只是个概数，并不一定仅是13人，也不能具体指出是哪13个人，但胡宗南是其中的核心与骨

①《蒋介石日记》手稿本，1932年2月29日；藏美国斯坦福大学胡佛研究所档案馆，案卷号：Chiang Kai—shek Diaries, Box39。

②（1）滕杰口述，劳政武辑注：《力行社的创立》，《传记文学》（台北）2004年4月号，第84卷第4期；
　（2）劳政武编撰：《从抗日到反独——滕杰口述历史》，台北：净名文化中心，2014年5月。

③（1）滕杰口述，劳政武辑注：《力行社的组织与成员》，《传记文学》（台北）2004年5月号，第84卷第5期；（2）劳政武编撰：《从抗日到反独——滕杰口述历史》，台北：净名文化中心，2014年5月。

④ 萧作霖：《复兴社述略》，全国政协文史资料研究委员会编：《文史资料选辑》第11辑，第68～69页。

干人物，却是事实。

本来蒋介石不许复兴社吸收带兵官参加。黄埔学生出身的带兵官，尤其是师长以上的，非经特许也不能参加。只有胡宗南与黄杰、桂永清等极少数人是例外，胡宗南还实际上成为力行社与复兴社的领导骨干。从这也可见蒋介石对胡宗南的破格优待与特殊宠爱。

力行社第一任书记滕杰对胡宗南在该秘密组织的表现，是这样说的："胡宗南也是力行社发起人之一，他是黄埔一期毕业生，很负责任，有干劲，精神饱满，很忠贞，亦有军事天才，所以领袖（蒋介石）向来很重视这个学生。他虽然参加力行社，但很少直接担任团体工作，原因是他一直在外面带兵打仗，所以团体给他划定的工作范围是做掩护性的工作，也就是侧面工作。他一直做得很好，对团体颇有贡献。胡宗南还有一个特性，就是不轻易表示自己的意见。和他在一起谈论政治问题，只顾听你的，他自己从不表示意见，一直到要做决策的选择时，他才会表示意见。这也许是因为他自忖长于军事而不长于政治有关。"①

确实，胡宗南由于经常统兵在外，南征北讨，不可能常在南京，更不可能常参加力行社或复兴社的日常领导工作与各种组织活动。因为力行社是个黄埔学生的秘密组织，胡宗南本人平时也不愿对外人多谈力行社或复兴社的事，甚至连其名称也不愿提。但这并不能否认胡宗南对这个组织的高度重视及其对这个组织的重大作用与影响。复兴社的骨干分子萧作霖后来回忆与评价胡宗南时，说：

> 胡宗南在复兴社组织中没有负实际责任，并且从不轻易与人谈到或提及复兴社这个名称，好像他是并不热衷于任何政治活动似的。其实他正是一个有极大政治野心、极热衷于政治活动的人。……在屡次深谈中，我才发觉他有意图取中原作为基地，并有意于谋取统制复兴社整个组织，他的野心是正不下于蒋介石的。②

---

① （1）滕杰口述，劳政武辑注：《力行社的组织与成员》，《传记文学》（台北）2004 年 5 月号，第 84 卷第 5 期；（2）劳政武编撰：《从抗日到反独——滕杰口述历史》，台北：净名文化中心，2014 年 5 月。
② 萧作霖：《复兴社述略》，全国政协文史资料研究委员会编：《文史资料选辑》第 11 辑，第 68～69 页。

这是讲胡宗南对复兴社的重视与野心。关于胡宗南对复兴社的作用与影响，萧作霖写道：

> 他的实力日增，声望日隆，成为黄埔军人中无人可与比肩的第一位红人，他也隐然以黄埔系的天字第一号人物自居。同时，因为蒋介石特别把他提名为复兴社领导骨干之一，大家以为蒋必有其特殊用意所在，所以都对他特别表示尊重，凡有大事，无不征求他的意见，他的然否往往是具有决定作用的。因此，他便也隐然以复兴社组织的幕后人自居。黄埔学生一般都自命为蒋介石的嫡子，而胡宗南则更以"太子"自许。
>
> ……
>
> 他在复兴社这个组织中，是一个核心中的核心，是一个发纵指使的幕后人物，实际上成为所有那些"太保"中的第一号"太保"。①

"三民主义力行社"成立后，蒋介石一直给以很大的关心与支持，不断召见其骨干分子，听取工作报告，进行训话与指示。据蒋介石日记记载：1932年3月3日，"晚与力行社干部谈话，告以中庸博学慎问审思明辩而归于笃行之理"；3月6日，"下午会客后与力行社干事谈话"；3月8日，"下午与力行社干事谈话，切切以国家危急祸迫燃眉不可终日相诫"；3月16日，"晚与力行社干部谈话，告以力行当有穷天地亘万世而不变之精神，特立独行适于义为归，不可顾虑人是非"；3月21日，"晚与力行社干部谈话"；4月4日，"与力行社谈话，组织无甚进展也"；4月8日下午，"问康泽与（刘）健群谈话情形，转约郑校教官，戴约何浩若谈话，约徐谟谈话，求人不得，只有建立团体，集中建立团体，集贤聚才以代之"；4月9日，蒋介石"与康泽、戴笠谈话，……各地特务组织亦有研究较有进步也"；4月11日，"晚宴客毕，听力行社告工作状况。又加以训话至十二时始毕"；4月13日，蒋介石"发力行社经费"；4月26

① 萧作霖：《复兴社述略》，全国政协文史资料研究委员会编：《文史资料选辑》第11辑，第68～69页。

日，蒋介石"与训练班谈话，情报人员与组织无甚进步，焦急之至也。但自嫌无进步，而实或有进步也"……①

1932年4月1日，胡宗南的密友戴笠主持与领导的"力行社特务处"在南京成立。该组织后来发展成为国民政府军事委员会辖下的最大军事特工组织，到抗战时期的1938年8月，改组为国民政府军事委员会调查统计局（简称军统局）。

"三民主义力行社"是核心骨干成员的组织，是最高决策层，蒋介石亲任领袖；其外围组织的第二层，是"革命军人同志会""革命青年同志会"和"革命同志会"，为承上启下的决策执行层；第三层便是"中华复兴社"②，成员要宽泛得多，以便吸引与吸收更多的黄埔学生参加。三个组织，一套班子。1932年4月16日，"革命军人同志会"在南京成立，蒋介石在日记中记载："今日革命军人同志会开成立大会，结论以'亲爱精诚'之外，加以'礼义廉耻'四字，方足以医今日青年之病也。而'铁血'二字，犹未提出。"③

力行社与复兴社，前后存在与活动约6年，先后担任书记的是滕杰、贺衷寒、酆悌、刘健群、郑介民、康泽。抗战发生后，1938年3月，中国国民党召开"临时全国代表大会"，通过了设置党的总裁、副总裁，设立"三民主义青年团"，组织"国民参政会"等重要议案。"三民主义力行社"与复兴社等奉命解散。

在力行社与复兴社存在与活动的6年中，胡宗南一直是它的骨干人物，甚至是其核心中的核心，"十三太保"中的第一号"太保"。这使他与蒋介石，与黄埔系校友，关系更紧密、更亲密，为他后来的地位与权力的不断上升，打下了更为坚实的基础。

---

①《蒋介石日记》手稿本，1932年3月3日、6日、8日、16日、21日，4月4日、8日、9日、13日、26日；藏美国斯坦福大学胡佛研究所档案馆，案卷号：Chiang Kai—shek Diaries, Box39。

②（1）滕杰口述，劳政武辑注：《力行社的组织与成员》，《传记文学》（台北）2004年5月号，第84卷第5期；（2）劳政武编撰：《从抗日到反独——滕杰口述历史》，台北：净名文化中心，2014年5月。

③《蒋介石日记》手稿本，1932年4月16日；藏美国斯坦福大学胡佛研究所档案馆，案卷号：Chiang Kai—shek Diaries, Box39。

第三章

"追剿"红军进军西北

（一）入皖"围剿"红四方面军

1932年5月5日，中国国民政府与日本政府在上海签订《淞沪停战协定》。上海一·二八抗战战火停熄。

上海战事一结束，胡宗南部第一师就被蒋介石从苏南抗战前线撤下，与其他许多部队一道，迅速调往鄂豫皖地区，参加蒋介石策划已久的对以大别山为中心的中共鄂豫皖根据地与红四方面军的第四次"围剿"。

自从1927年7月国共分裂后，中国共产党就在全国许多地方发动武装暴动，建立红军，建立苏区根据地与苏维埃政权，武装反抗南京国民政府。控制地区与影响较大的有位于江西南部、福建西部的中央苏区，位于湖北、河南、安徽三省交界大别山的鄂豫皖苏区，湖南、湖北西部的湘鄂西苏区等。其中鄂豫皖苏区的红四方面军地处湖北、安徽、河南三省交界处，正当中国心脏腹地，北可横扫中原，南可截断长江，西面威逼平汉铁路与武汉三镇，东面可直下津浦线威胁南京。蒋介石视之为心腹大患，近几年间连续发兵3次，对之"围剿"，均告失败。红四方面军不断发展壮大，主力有2个军6个师，总兵力达4万5千余人，此外还有大批地方武装，控制面积达4万余平方公里，建立了26个县级政权。这时，红四方面军的总指挥是胡宗南的黄埔一期同学、山西五台人徐向前（1901—1990），红四方面军的参谋长是胡宗南的另一个黄埔一期同学、湖南湘乡人陈赓（1903—1961）。因此，1932年5月上海对日停战后，蒋介石就亲自出马担任"鄂豫皖三省剿匪总司令"，李济深为副司令，调动30余万兵力，对红四方面军发动第四次"围剿"。

1932年5月中旬，胡宗南率第一师3个旅的官兵乘长江轮船抵达安庆。这座长江北岸的城市当时是安徽省的省会。胡师在这里驻扎约1个月，进行战前准备。胡宗南知道，将部队从抗日前线调转到内战前线，是违反一般官兵心愿的行动，因此，稳定部队情绪，控制官兵思想，是战前的最重要准备。为此，他在安庆召开了一次全师军士大会，并亲自宣讲蒋介石的"攘外必先安内"的思想，宣讲红军的"暴行"与"危害"，煽动部队的"反共"情绪。

1932年6月中，胡宗南奉命率第一师开往皖西，经桐城，到达舒城集结，接替陈调元部的防务，并向红军作试探性的进攻，占领六安、霍山，与红军形成对峙状态。

胡宗南在向红军进行军事进攻的同时，根据他一贯的思想，十分重视对红军根据地人民进行经济安抚与思想笼络。他对亲信戴涛说："以军队剿'匪'，军队去则'匪'又来。若组织民众使抗'匪'，则可省军队之力，使民众安居，知有生之乐，自不愿从'匪'，'匪'乃无所施其技，而'匪'患潜消矣。此为根本要图，汝宜尽心为之"[①]。胡宗南派戴涛率领师部的十多名人员，专门负责在皖西"收复区"内对民众发放救济米、办民众诊所、办民众夜校、协助农民恢复生产、修筑道路与村寨等工作。胡宗南想以这些方法赢得中共根据地的民心，从根本上消灭红军。这显示出胡宗南这位职业军人的"政治眼光"，较之一些只知打仗与镇压的国民政府将领，要高明得多。自1927年4月国民党发动"反共"清党以来，胡宗南就一直忧虑中国的农民问题，认为农民问题不解决好，就势必要给共产党造成可乘之机。为此，他认真地思考着并试图实施解决农民问题的一些方法。但他思考与实施的一些办法都在现实中最终失败。历史证明，不解决最根本的问题——土地问题，则对农民问题的其他一切解决办法都将无济于事。而当时的南京国民政府没有重视也无法解决中国广大农村极其严重的土地问题。

---

① 胡上将宗南年谱编纂委员会编：《胡上将宗南年谱》，沈云龙主编：《近代中国史料丛刊续编》第49辑488册，台北：文海出版社有限公司，1978年，第45页。

这年夏天，胡宗南因事到汉口，在中央饭店住了几日。他每天认真阅读各种新出版的报章杂志，思索着国内政情与"剿共"军事，更感到解决农民土地问题的重要与迫切。他在这里结识了雷啸岑。此人即将到湖北某专区任行政督察专员。雷啸岑告诉胡宗南说，他到任后将注意打击土豪劣绅，对农村土地重新分配，实行民生主义中的平均地权主张。胡宗南听了很表同意，劝雷啸岑努力为之，不要怕得罪巨室，排除干扰，说："你干你的，管那些土劣和官僚则甚呢。我连年在共区工作，目睹民众疾苦甚深，非彻底革新地方庶政不可。"① 胡宗南看到了南京国民政府政局的问题症结所在，但他却无法解决这些问题。

1932年6月12日，蒋介石在庐山召开军事会议，确定了第四次围剿红军各根据地的整个战略步骤：先集中主要力量围剿消灭鄂豫皖、湘鄂西两苏区的红军，然后再全力进攻闽赣中央苏区的红军，重点进攻，分区围剿，达到各个击破的目的。

为着先行对鄂豫皖、湘鄂西两苏区的红军围剿，蒋介石在武汉设立"鄂豫皖三省'剿匪'总司令部"，自任总司令，下辖左、中、右三路军：

左路军司令官为何成浚，指挥进攻湘鄂西苏区。

中路军司令部设在河南南部的信阳，后移湖北北部的广水，司令官由蒋介石兼，刘峙副之，共辖6个纵队，1个总预备队。

右路军司令部设在安徽西部的六安，司令官由李济深兼，第三军军长王均副之，共辖3个纵队，1个总预备队。

中、右两路军从东、西两面夹击，进攻鄂豫皖苏区。

总计国民政府军兵力达24个师另6个旅，约30余万人，其中三分之一为中央军嫡系精锐。另外还配备了4个航空队。蒋介石令中路军为围剿鄂豫皖苏区的主力，集中在平汉铁路东侧；在皖西的右路军担任助攻。进攻的战术也有了重要改变，采用"纵深配备，并列推进，步步为营，边进边剿"，遇红军主力，则据地固守，待援合围，击破红军主力后，则并进长追，四面堵截，特别讲究稳

---

① 雷啸岑：《"马五先生"笔下的胡宗南》，《大成》（香港）创刊号，1973年12月1日。

扎稳打，力求克服以往此进彼退、易被红军各个击破的弱点。

胡宗南的第一师是中央军嫡系精锐部队，被编入右路军，进驻皖西。

1932年7月，南京国民政府军对鄂豫皖苏区红四方面军的全面进攻开始。中、右两路军从东、西两面，向鄂豫皖苏区发动进攻。中路军于1932年8月中旬攻占黄安，9月9日占领鄂豫皖苏区政治中心新集，14日攻占商城。红军主力被迫东移皖西，因见国民政府军在这里已有戒备，遂转头南下，接着西进，于10月上旬重返黄安地区，10月8日进抵黄安西、黄陂北的河口镇以东地区，前锋威逼武汉。当时在河口镇仅驻湖北地方保安部队1个团，战斗力很弱，情况十分危急。蒋介石急调胡宗南的第一师以及总预备队的钱大钧第八十八师1个旅和第十三师等部，前往河口镇增援，堵截红军西进。

胡宗南的第一师于7月间随右路军，从皖西进入鄂豫皖苏区。因右路军是这次围剿的助攻部队，又因红军转移，未发生大的战斗。9月底，胡师奉命调往武汉，准备增援南昌。但到10月上旬，胡宗南突然接到蒋介石"增援河口镇"的急令，立即率第一师前往河口堵截红军。

当时胡师各部驻防分散，胡宗南令各部分别出发，紧急赶往前方。最先抢在红军前面到达河口镇的是第二旅袁朴部的罗历戎团，立即占领阵地，阻击正从黄安、麻城方向西进的红军主力部队。从10月8日开始，双方展开激战，打了1天多。胡师第一旅李铁军部的廖昂团赶了上来，立即投入战斗。作为师长的胡宗南在这时并不后人，匆匆赶到前线，亲自指挥这两个团作战。[①] 在这同时，国民政府军其他部队第八十八师、第十三师也先后赶到，协同胡师阻击红军。

这就是著名的河口之役。它是南京国民政府军对鄂豫皖苏区进行第四次"围剿"中的最后一仗。战斗的双方都是精锐主力部队。战况十分激烈。红军勇猛冲击。胡师的1个团与第八十八师1个旅被全部击溃。胡宗南指挥所部退据河口镇，凭险固守，坚不后退，并给进攻的红军造成很大伤亡。红十一师政委

---

① 王应尊：《在第二次国内革命战争时期胡宗南部"追剿"红军的概况》，陕西省政协文史资料研究委员会编：《陕西文史资料》第20辑，第133页。

甘济时与红二十五军军长蔡申熙先后阵亡。红军被迫向黄柴畈转移。①

胡宗南师阻击两天以后，10月10日下午，从东而西紧追红军的陈继承纵队先头第二师黄杰部赶来，从后面夹击红军。不久陈继承纵队的主力也赶来，协同第十三师，密布于河口镇以东至华家河一线，从南面与东面向红军进攻；马鸿逵纵队由平汉路东侧南下，向四姑墩方向逼进；胡宗南则指挥第一师与第八十八师一部，从河口镇向北推进。——这样，就将红四方面军主力部队包围压缩在一块方圆仅几十里的"弹丸"之地。红四方面军"四面临敌，已经到了岌岌可危的地步"②。然而，正当胡宗南等部国军即将大功告成之时，被围处于危境中的红军主力于10月11日夜突然突围西去，越过平汉铁路向鄂西北地区转移。

国民政府军虽控制了鄂豫皖苏区，却未能消灭红四方面军主力。蒋介石立即下令：以刘茂恩等部在襄阳、枣城、宜城地区，依托沙河堵截西去的红军；以卫立煌部跟踪红军追击；以肖之楚部在南面，沿京山至宜城公路平行追击；以胡宗南部在北面，沿花园至襄阳公路平行追击。③

胡宗南接到蒋介石的命令后，立即令第一师在孝感集结后，沿花襄公路向西疾进。10月19日至20日，胡师协同友军在新集对红军形成合围之势。红军虽迅速突围，却无法再实现打回鄂豫皖根据地的计划，被迫继续向西面的豫陕地区转移。

国民政府军各部队继续尾追不舍。胡宗南率第一师一马当先，经老河口、郧县、郧西，在崇山峻岭中长途跋涉，于1932年11月初到达鄂豫陕交界地区，协同其他追击部队，再次对红四方面军形成三面进逼之势，迫使红军从南化塘撤向漫川关地区。

漫川关位于湖北陕西交界处，高山峡谷，形势极为险峻。陕军杨虎城部三

① 徐向前：《历史的回顾》（上），北京：解放军出版社，1984年，第209页。
② 徐向前：《历史的回顾》（上），北京：解放军出版社，1984年，第209页。
③ 中国工农红军第四方面军战史编辑委员会编：《中国工农红军第四方面军战史》，北京：解放军出版社，1989年，第190页。

个团在这里防守，堵住了红军前进道路。胡宗南率第一师两个旅在红军后面追击，于11月11日首先由郧西进至漫川关东南任岭、雷音寺一线，与红军先头部队红十二师意外地遭遇。当时胡师在大山以南行进，红军在大山北麓西进，彼此由于大山相隔，互相都未发觉。胡师先头部队袁朴旅李用章团在通过交叉路口时，未发现红军，顺利通过，继续前进。但当袁朴带着第二旅旅部与罗历戎第四团爬上山，来到交叉路口时，就遭遇上红军。袁朴麻痹，认为前卫团刚过去，不会遇上红军，可能是陕西友军，令吹号联络，想不到红军突然发动猛烈攻击，袁朴部猝不及防，哗然大乱，向山下溃逃。这时适罗历戎赶上山来，指挥所部拼命抗击。胡宗南急调其他部队增援。双方展开激烈的近战，拼刺刀，拼手榴弹，死伤惨重，罗历戎也负了重伤。[1]胡宗南知道这场争夺路口的战斗极其重要，指挥部队顽强攻击。而红军方面因红十二师师长旷继勋指挥不力，贻误战机，致使胡宗南师夺取了有利阵地，站住了脚。红军被迫后撤。这时，其他国民政府军追击部队陆续赶到，协同胡宗南师，将红军包围压迫于康家坪至任岭十余里悬崖峭壁的峡谷中，眼看即可将红军全歼。[2]

然而，出乎胡宗南意料的是，红军在这极端危急之时，于11月13日集中了强有力的部队，选择北面国民政府军的薄弱环节——第四十四师之2个旅的结合部，作为突破口，发动猛攻，反复冲杀，夺占北山垭口，打开了一条通路。当晚，红军终于突围西去。

胡宗南于是率第一师继续带头追击红军，进入秦岭山地。胡宗南为防红军进入汉中盆地，率第一师抢先占领山阳城、牛王寨，使红军不得进入镇安、柞水地区。

1932年11月23日，红军分左、右两纵队，分别经库峪、汤峪，进入关中平原，威逼西安。胡宗南师出汤峪跟踪追击，与其他追击部队先后进入关中，企

[1] 王应尊：《在第二次国内革命战争时期胡宗南部"追剿"红军的概况》，陕西省政协文史资料研究委员会编：《陕西文史资料》第20辑，第133页。
[2] 参见徐向前：《历史的回顾》（上），北京：解放军出版社，1984年，第211页。

图与西安绥靖公署杨虎城部配合，合击红军于关中平原。1932年11月底，胡宗南师追至炉丹村一带，将红军后梯队2个师截断，并协同友军，再次对红军形成包围之势。红军组织反突击。双方展开激战。胡宗南师独立旅前卫团第二团团长李庞阵亡。独立旅第一团第三营营长张灵甫率部迅速占领了1个寨子，顽强抗击红军的反冲锋。在激战中，胡宗南师伤亡团长以下官兵数百人，陕军1个警备旅被全歼。红军伤亡也很大，红十师代师长曹光南阵亡。

1932年11月29日，红四方面军由盩厔县（今陕西周至县）南之新口子南下，再次翻越秦岭，经汉中盆地，于12月10日夜渡汉水，挺进川北大巴山区。胡宗南师经短期休整后，跟踪追击至汉中。因四川军阀刘湘等阻中央军入川，胡师只得就地驻扎，在川陕边部署防务，防堵红四方面军北返。

胡宗南的第一师在汉中驻扎未久，即与当地驻军陕军杨虎城部的赵寿山旅发生矛盾。胡宗南一向讨厌与轻视地方军阀部队，认为他们是妨碍国民政府统一中国的障碍。他密令部下不得与赵寿山部往来。后来双方因逃兵问题不断发生摩擦。更为严重的一次事件是：南京政府派专机为胡宗南师空投给养款项，结果一部分钞票约两万元被赵旅所得。胡宗南为此派人多次向赵旅交涉，只索还了部分钞票，还有约8千元没有下落。后赵寿山从汉中监狱提出一个死囚，冒称是那天率士兵抢空投钞票的营长，枪毙了事。[①] 胡宗南闻知更为不满。双方矛盾进一步加剧。

胡宗南师在汉中驻军约两个月。1933年2月，胡突然接到蒋介石的电令，要他立即率领第一师开往甘肃，与原驻甘肃的陕军孙蔚如部第十七师换防。原因是杨虎城为实现其"大西北主义"，控制甘肃，指示孙蔚如部在兰州鼓动学潮，驱赶走南京国民政府派到兰州任甘肃省政府主席的邵力子。邵力子于1933年1月逃回南京。南京国民政府为将杨虎城部势力赶出甘肃，一面以朱绍良接任甘肃省政府主席，一面令胡宗南师进驻甘肃，震慑地方，遂与孙蔚如师换防。

---

① 彭竹林：《国民党第一师追击堵截长征红军的经过》，陕西省政协文史资料研究委员会编：《陕西文史资料》第20辑，第148页。

胡宗南率第一师于1933年2月17日由汉中出发。当时南京中央政府与杨虎城部陕军关系紧张。胡宗南为防陕军袭击，一路上令部队加强戒备。一天晚上胡师在两当宿营，忽然得报赵寿山旅从后面追上来，胡宗南立即令各旅、团长深夜起来察看地形，部署兵力。结果是一场虚惊。[①]中央军与西北地方部队关系紧张可见一斑。

胡宗南师经过约半个多月的行军，于1933年3月3日下午，进驻甘肃南部的天水。

（二）第一支进驻西北的中央军

胡宗南的第一师是南京国民政府第一支派驻西北的中央军。胡宗南将第一师师部设在天水城里，将所辖各部兵力布防如下：以丁德隆的独立旅开驻甘肃最南端与川西交界的碧口一线，以防红四方面军从大巴山西进；以李铁军的第一旅驻徽县，袁朴的第二旅驻天水，另以1个团驻成县，在陕西略阳、两当各置1个营，以防红四方面军北上；以第二旅第五团杨德亮部进驻兰州，维护省城治安，并派出1个营进驻宁夏定远营。胡宗南的第一师驻军达西北4个省区，纵横达数千里。胡宗南师部所在地的天水，古称泰州，地当甘、陕、川三省交通要道，为大西北的心脏地区。

胡宗南早就对中国的大西北地区心向神往。他自小喜欢读书，尤好史学，早就熟知西北的地理与历史。辽阔的西北包括陕西、甘肃、宁夏、青海直至新疆，占全中国面积的1/4左右，物产丰饶，民性质朴强悍。陕甘地区的岐山渭水是中华民族的最重要的发源地。汉唐故地与名胜古迹灿若群星，在历史上曾有过无比的辉煌与光荣。这里西邻中亚，北接蒙古，东临华北与中原，南连西南与华中，战略地位极其重要。中国古称"西北为用兵之地"，一直为雄才大略的军事家与政治家们所注目与重视，演出过无数威武雄壮的活剧，成就了多

[①] 王应尊：《在第二次国内革命战争时期胡宗南部"追剿"红军的概况》，陕西省政协文史资料研究委员会编：《陕西文史资料》第20辑，第136页。

少民族英雄与历史伟人。胡宗南自从军带兵以来，一直有经营西北之志，希望自己能像清末名将左宗棠那样，在西北建功立业，像汉代张良、三国时诸葛亮那样成为历史名人。胡宗南在率部从汉中开往甘肃的途中，路过汉代故地紫柏山，曾特地召集部下训话，说："张子房，诸葛孔明皆第一流政治家，而能尽其心力辅助刘邦、刘备第二流政治家，戡平祸乱，中兴民族，人民蒙其福利，此无他，张子房、诸葛孔明一心为国为民故也。……吾人必须以全力拥护领袖，完成国民革命，或可免于未来之祸患。今过紫柏山下，缅怀张子房、诸葛孔明之功业，彪炳史册，而其高风亮节，一片真诚，为国为民之心尤为吾人所当效法，愿各同志深识其意。"① 胡的这番话，既是他对部下的训勉，也是他个人在当时的抱负与追求。

在胡宗南率部由陕入甘之际，正当日本侵略军侵吞热河、进犯长城各口之际。胡宗南激愤难平，几次打电报给蒋介石请缨抗战，均为蒋所拒。蒋回电说："驻防陇南防'匪'北窜，其重要不下于长城抗日，宜加紧训练部队，暂勿东开。"② 胡宗南的爱国热情被一盆冷水浇熄了。军人以服从命令为天职。对蒋介石一贯忠顺的胡宗南不敢违抗蒋介石的命令。抗日爱国壮志难酬，这在胡宗南来说，也是很大的痛苦吧。

胡宗南驻军天水两年之久，着意经营陇南，经营西北，雄心勃勃地开展了一系列的活动。

第一，研究西北情况，训练部队适应西北高原山地作战。

胡宗南是浙江人，胡部官兵也多非西北籍，过去又多在东南与中原地区作战。这次他率部入驻陕甘，深感西北有着不同于中国其他地区的种种独特之点。甘肃，自古回、汉、藏等各民族杂居，民风淳朴、百姓善良，但自然环境恶劣，经济文化落后，地瘠民贫。晚清时，陕甘总督左宗棠率大军平定新疆叛

---

① 胡上将宗南年谱编纂委员会编：《胡上将宗南年谱》，沈云龙主编：《近代中国史料丛刊续编》第49辑488册，台北：文海出版社有限公司，1978年，第50～51页。

② 胡上将宗南年谱编纂委员会编：《胡上将宗南年谱》，沈云龙主编：《近代中国史料丛刊续编》第49辑488册，台北：文海出版社有限公司，1978年，第52页。

乱，从西安赴新疆途中，路经甘肃，曾向好友、浙江的红顶商人胡雪岩致函称："陇省苦瘠甲于天下"。为此，胡宗南有针对性地加强部队在西北高原山地的作战训练，改进部队的装备；他自己则与师、旅、团指挥人员认真研究西北各省的人事、军事、地理以至各地风土人情、各少数民族的风俗习惯等，作为长期驻军西北与在甘、陕、川一带作战的准备。

第二，扩充部队，提高部队素质与战斗力。

胡宗南的第一师号称"天下第一师"，有三旅九团，为当时南京政府的甲种师，编制大，兵员充足，装备先进。但胡宗南仍感不满足，积极寻找机会扩充所部编制。1933年胡师进驻天水不久，胡宗南就借口陕甘之人体弱恋家，多吸鸦片，不宜征兵，呈准军委会同意，在郑州成立第一师补充团；后来胡宗南又在天水招募2个团新兵。1934年甘肃省政府主席朱绍良要求胡宗南增派部队驻防兰州，胡宗南乃乘机将郑州的补充团与在天水招募的两团新兵，合编成一个新旅——西北补充旅，任命廖昂为旅长。这样，胡师就直辖4旅12团，另指挥1个骑兵团，连同师直辖部队，共有3万多人，相当于当时国民政府军2个普通军的人数。

为大量地培养军官与提高军官素质，胡宗南又像在开封举办军官训练班一样，呈准在天水设立"中央军校西北军官训练班"，考选部队中有功之士官及西北各省地方青年学生，实施为期半年之军官养成教育。胡宗南亲兼班主任，以第二旅副旅长周士冕兼任教育长。训练班分步、骑、工兵、经理四科，后又设俄文、藏文班。胡宗南将此训练班视作黄埔军校的继续，在校园内命名黄埔房、黄埔路、黄埔亭、黄埔公园等，用"黄埔精神"教育学员。该训练班共办四期，每期3个大队，共培养出初级军官1千多名，这些人后来多成为胡宗南部的中下级军官。

第三，军事行动。

胡师驻防陇南2年，主要担负防堵红四方面军西进北上与震慑西北地方军阀部队。军事行动不多，较大的只有两次：

孙殿英

一次是在1933年四五月间，回军马仲英部乘新疆内乱入新，与盛世才部发生战争。胡宗南奉蒋介石命组建1个混成团，作为国民政府中央军进入新疆的第一支部队，入新震慑。胡宗南即令以驻兰州的第二旅第五团杨德亮部为基础扩充改编，准备进驻新疆。正在筹建中，新疆事已平息，盛世才拒中央军进入新疆。胡宗南师进驻新疆事遂作罢。

另一次是在1934年年初，军阀孙殿英以"青海西区屯垦督办"的名义，率部8万余人从山西经绥远西进，围攻宁夏。胡宗南奉命亲率第四、五两团进驻

宁夏中卫，协同马鸿逵部"讨孙"。经月余，战事平息。胡宗南率部回驻天水。

第四，插手甘肃地方民政，实施其建设西北的理想。

胡宗南是一个军人，但他的雄心或野心绝不限于军事，同时十分注重政治。他是想以他的军事实施他的政治理想——建立一个青天白日旗下的三民主义的中国社会。他驻军天水两年，积极插手地方民政，将他的建设西北理想付诸实施：

整顿军纪，笼络民心。胡宗南带兵多年，转战各地，深知要在西北长期驻军，定要赢得当地民心。而西北自民初以来，屡经军阀蹂躏，兵匪横行，西北民众谈兵色变，因此要得民心，首先要约束军纪。第一师开驻天水之初，胡宗南即令所部在大街小巷遍贴标语："第一师为解放西北民众痛苦而来！""第一师不拉伕！不征粮，不派饷！现钱买卖，公平交易！"……[1] 摆出一副"救星"的架势来。胡宗南为立信于民，严令官兵在驻地未整理就绪前，一律在外露营，不许踏入民房一步。胡宗南还令官兵出动打扫街道、修桥铺路、防疫治

① 苏槛：《胡宗南在天水》，《中外杂志》（台北）第33卷第5期。

病等。全师所需粮秣杂物，均以现金购买。果然，胡宗南的这一手使陇南民众耳目一新，对第一师与胡宗南留下良好的印象。问题是：胡宗南部的大量军费是从天上掉下来的吗？他暂不向甘肃民众索取，但他的政府不向中国其他地区民众索取吗？

劝禁鸦片。甘肃与西北地区鸦片泛滥多年，烟毒遍地，为害极深。胡宗南对此深恶痛绝，下令在第一师各部驻军之地广事劝禁吸食鸦片，对鸦片烟田令改种五谷，有贩运鸦片入境者悉令驱逐。

发展西北交通。西北山高谷深，交通不畅。既影响西北经济发展，也妨碍军队后勤供应。胡宗南为军、民两计，先令第一师官兵配合当地民工，修筑自天水通往陕西陇县再通往西安的公路，沟通了陇南到全国各地的陆上交通。胡宗南令各部在驻地四周修筑道路村落。胡宗南又在天水一连修筑了两个飞机场，一个在东乡花牛寨，规模较大，另一个在县城东门外。当官兵建筑机场时，胡宗南常常亲临荷锸畚土。自此甘肃除兰州外，又多一天水航空基地。未久，国民政府航空第四队进驻天水基地。

修建水利，修复古迹。天水城南藉河，原有堤防护城，年久失修，水涨堤圮，危及城垣。胡宗南督部抢修，筑堤三华里以护城，植柳其上。天水城南有水月庵，胡见其地风景清幽，乃斥资大加修葺，命名为中山公园，供人游憩。天水城西数十里有甘谷城，亦为陇南名城，城外有侯公堤百余年未修，历年秋潦浸害，千余亩良田无收。当地请胡师修堤。胡宗南令当地驻军一营于1933年8月兴工修筑，如期完成。天水历史上有名将李广，其墓在天水城南山野荒烟蔓草间。胡宗南读史，对李广十分敬仰，亲往李广墓凭吊，后又派部队开筑墓道，种植花草树木，使李广墓焕然一新，成为天水一处名胜。

改良社会风气，开展文体活动。西北闭塞，风俗落后。胡宗南驻军天水不久，正逢南京政府正在酝酿与倡导"新生活运动"，于是在陇南大力提倡文化体育运动，以移风易俗。胡宗南系体育爱好者，第一师官兵精于体育者颇多。胡宗南首先令在天水城内开辟一个颇大的体育场，经常举办各类球赛，胡宗南本人带头参加。胡宗南令擅长体育的第二旅旅长袁朴与师参谋主任胡长青先后组织了两次体育运动大会，一次全省性的，一次为陇南十四县代表参加，均盛况空前。胡宗南还让胡长青创作了运动会会歌，词曰：

> 渭水岐山，秋高气爽，党国旗飘扬。陇南健儿集秦州，酣战运动场，志气雄昂精神壮，热血满胸腔，夺标争前进，喝彩声声齐鼓掌……①

胡宗南又在节日庆典，举办盛大的文娱与游艺活动，举办阅兵、演剧、舞龙、舞狮、旱船、武术、高跷、抬阁及提灯晚会，请航空四队进行飞行表演，让骑兵部队举行马术表演等，既促进了市面繁荣，又装点了升平气象。胡宗南还有意识地推行公历节日，在1934年1月1日在天水举行元旦庆祝活动等，借以推动陇南的近代化。

协助地方行政改革。西北落后，地方行政更是窳败。陇南各地县政犹袭逊清时六科房旧制，县政府内仍有捕皂衙役，陈腐野蛮。胡宗南取得甘肃省政府主席朱绍良的支持，着手改革陇南地方行政。胡指定第一师特别党部成立"地方行政设计委员会"，指派亲信周士冕、王微等人为委员，负责规划与指导陇南的地方行政改革。又指派王微筹办陇南印刷所，改进《民声日报》。惩治贪官。改进中小学教育。设立"陇南地方自治人员训练班"，招考陇南各地青年，培训半年，实习一个月，派充各县行政官员。举办"中小学教师暑期讲习班"，提高教师素质。收容流浪儿童，成立军中童子军。

胡宗南为了扩大自己的影响，还积极地与西北及四川各地的军政大员、地方军阀进行联络交往，多方邀请张其昀、林文英等著名专家学者来天水讲学与游览。"四方宾客来天水者日众"②。胡宗南在天水城内设三个招待所接待。

---

① 苏槛：《胡宗南在天水》，《中外杂志》（台北）1983年5月号，第33卷第5期。
② 胡上将宗南年谱纂委员会编：《胡上将宗南年谱》，沈云龙主编：《近代中国史料丛刊续编》第49辑
488册，台北：文海出版社有限公司，1978年，第56页。

胡宗南借着这些名流学者的口与笔, 宣传自己的政绩与功业。

胡宗南驻军天水两年, 取得了一些政绩, 更取得了比实际政绩大得多的名气与影响。其时, 担任甘肃省政府主席与兰州绥靖公署主任的朱绍良无实际兵权, 唯一依靠的中央军就是胡宗南的第一师。因此, 天水的地位与作用实际超过了省会兰州, 隐然成为甘肃乃至西北的一个军政重心。而胡宗南的影响也日益超过朱绍良。平心而论, 胡宗南的军政影响不断扩大也有他个人的原因。胡宗南作为一名军事将领, 确有超过其他国民政府军将领的地方: 他关心军事, 但也热衷于政治; 他入官场宦海多年, 但仍保留一些理想与追求; 他渴盼在西北建功立业, 但又能较冷静地把握住全国的形势, 并未雨绸缪, 早作准备, 积极实践, 身体力行。这有他的雄心, 也有他的野心

在这期间, 胡部第二旅旅长袁朴去职, 胡宗南任命李文继任第二旅旅长。

(三) 遣部入川 激战广昭

在1933年年初胡宗南率第一师进驻陇南后, 到1934年年底, 这两年时间中, 在川陕边大巴山区活动的红四方面军得到了重大的发展, 四川政局随之发生了急剧的变化。

中共红四方面军, 自1932年冬进入绵延千里、地势险峻的大巴山区后, 连续击退四川各路军阀与陕军杨虎城部的多次"进剿", 建立起川陕根据地, 主力军队发展到5个军、15个师, 达8万余人, 另有赤卫队等地方部队数十万人。特别是在1933年12月到1934年9月, 四川军阀倾其全力对红四方面军进行的历时10个月的6路围攻, 遭到惨败, 震动了全川。蒋介石利用四川军阀的困境, 在1934年年底, 一方面部署"川陕会剿", 一方面调派中央军分路入川。其中, 令胡宗南的第一师从陇南进入川北, 接替川军邓锡侯部在广元、昭化的防务, 防堵红军北上。

胡宗南在天水接到蒋介石命令援川的电报后, 想起两年前川军阻挠胡师入川的事, 仍气愤难平, 对亲信部属说: "第一师如果早入四川, 共军就不会发

展到今天这个地步了。"[1] 他对自己的军队很自信。确实，胡宗南师是中央军中战斗力最强的精锐部队之一，现又经在陇南近两年的高原山地作战训练，军力充实，战斗力提高，远非川军等地方杂牌部队可比。

不久，担任第九十五军军长的川军将领邓锡侯，亲自来到天水胡宗南师部请援。胡宗南排列师部仪仗队欢迎，胡宗南本人亲自站在仪仗队前列，以接待长官之礼接待邓锡侯。胡宗南的谦抑儒雅使邓锡侯很为高兴。胡、邓商定了胡师接替邓部在广元、昭化地区防务的日期与具体事宜。

1935年1月初，胡宗南调派部队开往广元、昭化。他当时轻视红军，将第一师主力仍留在天水，先派遣驻防川、甘边界碧口的独立旅丁德隆部开往广元、昭化。

1935年1月18日，独立旅到达广元、昭化后，接替了川军防务。丁德隆率独立旅旅部与第一、第三两团驻守广元城内，以第二团甘竟生部驻守昭化。

不久，胡宗南听说红军大部队正向广元、昭化逼进，情况日益紧张，又抽调第一旅李铁军部的第一团（团长李正先）与补充旅廖昂部的第一团（团长罗克传）和两个游击支队（相当于营），前往增援。以上部队统归丁德隆指挥。丁德隆令李正先团防守广元西门外的乌龙堡，这里与广元城隔着一条嘉陵江，有浮桥可通，控制着制高点，俯瞰广元城西。李正先团又抽1个营防守三磊坝据点。补充旅第一团罗克传部则防守羊模坝。两个游击支队活动于川陕边界的得胜关、转斗铺等地，以固广元、昭化的侧背。

此外，胡宗南又以其第二旅第六团李用章部进驻广元以北陕西属的阳平关，遥为呼应。

显然，由于胡宗南的骄傲轻敌，所派进驻广元、昭化地区的部队不多，驻地又分散，且因中央军与川陕地方军阀部队互相隔阂，多有矛盾，胡部入川部队显得单薄与孤立。

丁德隆率各部进驻广元、昭化地区后，立即指挥官兵加强工事，筹集粮草。

---

[1] 沈仲文：《松潘先姬山战斗》，原国民党将领的回忆：《围剿堵截红军长征亲历记》上册，北京：中国文史出版社，1990年，第418页。

1935年1月22日，即独立旅等部进驻广元、昭化地区刚两三日，部署刚定，工事还未完备之时，丁德隆就得到各处告警，红四方面军主力对广元、昭化的攻击开始了。

原来，在川陕根据地活动的红四方面军在1934年9月粉碎川军的6路围攻以后，休整了3个多月，于1934年11月中旬，在巴中县的清江渡召开作战会议。红四方面军总指挥、也是胡宗南的黄埔一期同学徐向前，在会上提出新制订的"川陕甘作战计划"，规定红四方面军今后的作战计划是，依托老区，收缩战线，发展新区，主要打击胡宗南部，重点夺取甘南的碧口和文（县）、武（都）、成（县）、康（县）地区，并伺机向岷州、天水一带发展，在甘南建立新的根据地。1935年1月中旬，红四方面军总部为贯彻清江渡会议精神，并策应正在贵州作战的中央红军向西北前进，决定组织广元、昭化战役。战役目的是歼灭胡宗南部的丁德隆旅等部，夺取广元、昭化两战略要点与川北通道，以利尔后向甘肃南部文县、武都、成县、康县地区发展，寻歼胡宗南部主力，从而粉碎蒋介石的"川陕会剿"计划，使川陕边根据地扩大为川陕甘边根据地。①

从1935年1月22日开始，徐向前亲自指挥红四方面军主力第三十一军、第九军及第三十军、第四军各一部，共约18个团的兵力，向广元、昭化地区发动进攻。

1935年1月22日，丁德隆亲自驻守的广元城被红四军第十师等部团团包围后，广元、昭化外围各据点首先遭到红军猛烈攻击：

1月22日，驻守转斗铺的胡宗南部两个游击支队遭红三十一军攻击，第一游击支队全部及第二游击支队大部被歼；

1月23日到24日，驻羊模坝的补充旅第一团罗克传部被围攻，激战一夜又半天。该团成立不久，除各级军官及军士外，多是新兵，战斗力不强。到24日中午，除一部逃往乌龙堡外，大部被歼。但羊模坝地势险峻，该团在顽强激战

---

① 中国工农红军第四方面军战史编辑委员会编：《中国工农红军第四方面军战史》，北京：解放军出版社，1989年，第296～297页。

时，给进攻的红军很大杀伤，红二十五师副师长潘幼卿、红八十八师副师长丁纪才战死。①

驻三磊坝的第一旅第一团的1个营惧怕被歼，竟弃防逃往碧口。

广元、昭化的外围各据点被红军扫清后，从1月25日开始，广元、昭化两城遭到红军的猛烈攻击：昭化的独立旅第二团甘竞生部遭到红九十三师围攻；广元城则遭到红军主力第四军、第三十一军的围攻。战斗异常激烈。丁德隆为防红军夜袭，下令每到夜间，即以火把紧紧围绕各个据点以照明，在城墙四周也密布灯笼，通宵点燃，给红军攻击造成很大困难。

红军将攻击重点指向广元城西的乌龙堡。这里是广元城的制高点，与广元城隔嘉陵江相望，地形险峻，为李正先团防守。李团是胡宗南部第一师的第一旅第一团，号称"天下第一团"，为胡师最精锐的部队，顽强抗击红军的猛攻。1月27日，广元飞机场被红军攻占。1月29日，乌龙堡部分阵地被红军突入。李正先指挥所部拼死顽抗并进行反击。丁德隆也从广元城派兵增援。双方短兵相接，肉搏争夺，战况惨烈。最危急时，丁德隆恐乌龙堡不保，危及广元城，竟下令拆除广元城通乌龙堡的浮桥。李正先团孤军奋斗，终将失去的阵地夺回。②

在这同时，广元与昭化两城守军凭借险要地形与优势火力，也多次成功地抗击了红军的进攻。

胡宗南在天水听到广元、昭化战况的报告，先很为广元、昭化外围各据点全部失守感到震惊，后见红军进攻广元、昭化两城数日无进展，断定在目前情况下，红军无重武器，断难攻进广元、昭化两坚城，且红军利在速战速决，不会持久攻城，不久必会撤退，因而决定不派兵增援，以免援军在行军路上中伏。他还下令驻守平阳关的第二旅第六团撤回碧口。胡宗南打算凭借广元、昭

---

① 中国工农红军第四方面军战史编辑委员会编：《中国工农红军第四方面军战史》，北京：解放军出版社，1989年第303页。

② 王应尊：《在第二次国内革命战争时期胡宗南部"追剿"红军的概况》，陕西省政协文史资料研究委员会编：《陕西文史资料》第20辑。

化坚城以疲红军,然后配合川军聚歼之。[①]

果然,红四方面军鉴于广元、昭化多日攻击未下,无法大举西进,长期屯兵坚城之下,亦非所宜,乃放弃原定战役意图,于1935年1月30日主动撤广元、昭化之围。同时为策应中央红军北上入川,因而决定暂停对胡宗南部的角逐,集中主力准备西渡嘉陵江。

广元、昭化战役历时8天。胡宗南部据守两城顽强抗击,终使红军未能攻克。红军北进陇南的"川陕甘计划"受挫。这是胡宗南部与红军作战取得的一大胜利。战后胡宗南报蒋介石对守卫部队论功行赏,丁德隆与李正先等人都受到表彰。

但是广元、昭化战役也暴露出胡师内部的严重弊病与深刻矛盾。战役中补充旅罗克传团与两个游击支队的大部被歼,使胡宗南认识到轻视红军战斗力的错误。丁德隆独立旅在战役中的自私与自保,弃别部于不顾,更引起胡师内部各部队间的重重矛盾:首先是补充旅罗克传团多系新兵,初上战阵,战斗力弱,丁德隆不将其置于广元城内驻防,却令其单独驻防羊模坝,落得几乎被红军全歼的下场,此事引起补充旅廖昂部的很大气愤;其次是第一旅第一团李正先部被丁德隆部署在广元城外最危险的乌龙堡担任防守,战况危急时,丁德隆为保住广元城,竟下令撤掉乌龙堡通往广元城的浮桥,陷李正先部于孤军苦战、进退无路的险境。第一旅是胡宗南的起家部队,独立旅是由杂牌部队改编而来,双方本来就有矛盾,经此战役,第一旅对丁德隆部更为恼火,连日争吵不休。[②]胡宗南为解决这些矛盾,多次训话,事态难以平息。

(四)与长征红军血战草地

广元、昭化战役以后,红四方面军于1935年2月先行向陕南出击,虚晃一枪,后迅速回师西向,扑向嘉陵江边,准备渡江西进;与此同时,长征到达黔

① 中国工农红军第四方面军战史编辑委员会编:《中国工农红军第四方面军战史》,北京:解放军出版社,1989年,第303~304页。
② 王应尊:《第二次国内革命战争时期胡宗南部"追剿"红军的概况》,陕西省政协文史资料研究委员会编:《陕西文史资料》第20辑。

滇地区的中央红军也向川西挺进。

刚在重庆建立委员长行营的蒋介石接到上述报告，就判断两路红军有在川西会师后北上，进出甘、青、新，打通通往苏联国际交通线的企图。蒋将此判断电告胡宗南。

胡宗南十分同意蒋介石的判断。胡驻军陇南两年，最重要的任务就是防堵红军北上或西进。他一直在研究川陕甘与西北地区的地理人事，特别认真搜集与研究红军的情况与动向。他早在接到蒋介石电报前，就得出了与蒋介石大致相同的判断。他对幕僚与部属们说："共产党为什么放弃在江西多年的根据地到处流窜呢？就是因为共产党没有苏联的援助，根据地也保不住。共产党只有移到新疆或外蒙附近，才能取得苏联的物质援助。如果让共产党达到这个目的，那就不好对付了。"[①]胡宗南怒斥盛世才在1933年夏，阻胡师派兵入驻新疆，"误国不浅"。

1935年2月间，蒋介石为了防堵红军北上，围歼红军于川西地区，重新作了军事部署：在以前任命何健为"剿共"军第一路军总司令、刘湘为四川"剿

共"军总司令的基础上，2月1日又任命龙云为"剿共"军第二路军总司令，薛岳为"剿共"军第二路军前敌总指挥，督率大军，从黔、滇尾追红军北上；在2月24日任命朱绍良为"剿共"军第三路军总司令，杨虎城副之，督率指挥陕甘地区的国民政府军杨虎城、邓宝珊、胡宗南、王均、毛炳文部以及马鸿逵、马步芳等回族部队，从北面堵截红军。

胡宗南被任命为朱绍良第三路军

马步芳

---

① 沈仲文：《松潘先姬山战斗》，原国民党将领的回忆：《围剿堵截红军长征亲历记》上册，北京：中国文史出版社，1990年，第420页。

的第二纵队司令，除指挥所部第一师外，还指挥从各地调来参战的一些其他部队，计有原驻芜湖的第四十九师伍诚仁部、驻开封的第六十师陈沛部、驻保定的第六十一师杨步飞部、驻赣东的中央第一补充旅王耀武部、驻北平的第二师独立旅钟松部等，共计27个团，约七八万人。在各部将领中，伍诚仁是胡宗南的黄埔一期同学，钟松是黄埔二期同学，王耀武则是黄埔三期同学。蒋介石严令胡宗南督率各部迅速开赴川西北阻击红军。

从1935年4月初开始，国民政府军政部正式给军事长官授军衔。1935年4月9日，胡宗南被授予陆军中将的军衔。

1935年4月初，胡宗南督率第二纵队各部陆续开抵甘肃最南部的碧口、文县一线集结。

这时，红四方面军已全部放弃川陕边根据地，于3月28日开始强渡嘉陵江西进，迅速控制了嘉陵江西岸的广大地区，并于4月10日攻占青川城，在青川城北川甘交界的摩天岭布防，企图凭险阻挡胡宗南部从甘南南下。所谓摩天岭，即古称阴平道，纵横数百里，形势极为险要。

1935年4月中旬，胡宗南令补充旅第一团留碧口担任警戒，接应尚未赶到的第六十师与中央补充第一旅，胡亲率各部从碧口南下：以第一旅李铁军部为右纵队，越摩天岭，穿原始森林，向平武方向进击，担任全军掩护；以第二旅李文部、独立旅丁德隆部、补充旅廖昂部（缺1个团）为左纵队，经大刀岭、蒿溪、三锅石之线，向青川攻击前进，此为全军主力，胡宗南率第一师师部随该路跟进。其他各部队第四十九师、第六十一师、第二师补充旅等随后按序跟进南下。

李文第二旅为左纵队的先头部队，翻越过摩天岭后，经激战，突破红军防线，占领青川；接着李铁军旅攻占平武城。胡军后续各部源源开入川西北地区，在青川、平武一线集结，构筑工事，与红军隔涪江对峙，历时约1个多月，企图配合薛岳的"剿共"军第二路军追击部队，实施对红军的南北夹击。

1935年5月底6月初，胡宗南在青川得报，红四方面军在历时约1个月的土门战役击败川军后，已放弃对青川、平武的进逼，西渡岷江向西急进，其中一部逼近平武西北的松潘、镇江关一线。胡宗南知道松潘也是从川西通往甘南的要道，战略地位极为重要，判断红军有从这里夺路北上的企图，立即将青川、平武一线的防务交给独立三十二旅等部，令以钟松的第二师独立旅在平武担任掩护，其他各部以第二旅李文部为先头部队，迅速抢占松潘。胡向部下指出："能先抢占松潘，就能协同第二路军（薛岳部）消灭共军。"胡要李文部不惜一切代价，赶在红军之前占领松潘。①

为封锁苏区而建的碉堡

　　李文率领第二旅星夜向松潘急进，艰难跋涉，爬过4 500多米高、终年积雪的雪宝顶（亦名小雪山），于1935年6月上旬到达松潘城，并迅速抢占了松潘城内外各制高点与重要阵地。

　　红四方面军先头部队比李文旅迟一步到达松潘城下。他们到达后即与李文旅在松潘南面山地展开了激烈的争夺。由于李文旅先行占领有利地形，火力猛

---

① 沈仲文：《松潘先姬山战斗》，原国民党将领的回忆：《"围剿"堵截红军长征亲历记》上册，北京：中
　国文史出版社，1990年，第422页。

烈，红军初战不利。不久，胡宗南率后续部队陆续开到，红军向南退往镇江关一线。

胡宗南深为所部抢在红军前面占领松潘这战略通道而高兴。他料定红军必定还要倾全力来攻这里以夺路北上甘南，因而立即指挥所辖各部队，以松潘城为中心，建立从平武到松潘一线的防御阵地，坚决阻挡住红军北进。胡宗南与第一师师部（兼第二纵队指挥部）驻松潘城里，以西北补充旅廖昂部主力协同第二师独立旅钟松部守松潘城内外要地；令李文第二旅推进至松潘以南的镇江关、松平沟、先姬山地区，把守岷江大道；令丁德隆的独立旅防守岷江以西各阵地；令李铁军的第一旅防守岷江以东各阵地；在松潘城北的漳腊营赶修了一个简易飞机场，由第四十九师伍诚仁部防守该地区兼作全军预备队。胡又派人持厚重礼物与当地藏人头领联络协防。

松潘系川西北的一座藏汉民族杂居的边城。城内居民多为汉人，城外散居均系藏族。此地地处高原山地，气候寒冷，只产青稞与少量小麦。青稞性寒，外地人吃了多患腹泻。胡宗南率数万大军云集于此，立感军粮给养不足，伤病医疗困难。部队所需米面医药与武器弹药等，必须由四川江油或甘南碧口征用民伕挑运而来，沿途山高林密，道路崎岖，极为不便。胡宗南一面令各部队千方百计就地筹粮，一面连电重庆行营催促供应。

松潘北、东、南面均多山，地形险要，西面就是著名的川西若尔盖大草原，一望无际，遍布沼泽，荒无人烟，极难通行。胡宗南判断红军不会冒险走草地，但他为防万一，令廖昂补充旅的第一团约2400多人，由团长康庄率领，到草地北面的上、下包座设防，那里在松潘西北约200里，是胡军的粮食供给地之一，也是川西通往甘南的一个孔道；胡又令补充旅第二团第二营，由营长李日基率领，去驻守松潘以西约250里的毛尔盖，那里位于沼泽草地的南部边沿。

胡宗南指挥各部沿松潘至平武一线布防后不久，在1935年7月上旬，毛儿盖与松潘城就先后遭到了红军的猛烈攻击，历时近1个月，持续到7月底8月初。

123

原来，在1935年6月中旬，当胡宗南指挥所部抢占松潘紧急布防之时，红四方面军与从黔滇北上的中央红军（又称红一方面军）在川西懋功地区会师，总兵力达10余万人，并制订了今后行动的战略方针——集中力量向北发展，建立川陕甘根据地；为此，首先要击破胡宗南部，进入甘南。由于平武地形险要，三面临涪江，一面靠山，不利于攻击，故红军决定集中力量攻击松潘。6月29日，红军拟定了《松潘战役计划》，决定"迅速、机动、坚决地消灭松潘地区的胡（宗南）敌并控制松潘以北及东北各道路，以利北向作战和发展"[①]。红军的进攻路线是，先占领毛儿盖，再迂回攻击松潘城。

1935年7月8日，驻防毛儿盖的胡宗南部西北补充旅李日基营首先遭到红军的进攻。

毛儿盖位于大草原的南部边沿，离松潘城约250华里，是块平坝子，居住着一些藏族农牧民，西山坡上有座坚固的喇嘛庙。李日基营就据守在喇嘛庙里顽强抵抗。红四方面军三十军二八六团协同红一方面军一军团侦察连连续攻击了8日夜，未能攻入。到7月16日，李日基眼看快弹尽粮绝，无法固守下去，乃打电报请示胡宗南。胡回电令李砸掉电台，埋掉枪支，率部突围。7月16日夜，李日基率部从毛儿盖突围。因官兵多日作战，惊疲不堪，在途中被红军追击歼灭大半，只李日基率少数人逃回松潘城。[②]因李日基营坚守毛儿盖8日夜有功，胡宗南连连嘉奖，还将李送到成都，接受蒋介石召见嘉勉。

在毛儿盖受到红军攻击的同时，松潘及其周围的各阵地也遭到红军主力部队的猛烈进攻。胡宗南得到蒋介石的严令，在松潘地区筑碉堡固守阵地，绝不让红军突破通过。胡宗南深知防守松潘关系能否在川西围堵全歼红军。责任重大，指挥各部死力防守。

1935年7月中旬，据守岷江两岸的第一师正面，自校场坝、毛牛沟、镇江关

---

① 中国工农红军第四方面军战史编辑委员会编：《中国工农红军第四方面军战史》，北京：解放军出版社，1989年，第328页。

② 李日基：《胡宗南部在毛儿盖被歼记》，全国政协文史资料研究委员会编：《文史资料选辑》第62辑，第178页。

及镇平一线，均与红军发生激战。其中尤以第二旅李文部在镇江关的阵地争夺最为激烈，第四团团长李友梅负重伤，两位营长阵亡；第五团伤亡也很大；第六团李用章部防守镇江关北的先姬山阵地，与红军激战竟日，伤亡近百人。

战斗延续至7月下旬，胡部在校场坝、毛牛沟等地的阵地均被红军突破攻占，各处防守部队向松潘城溃退，到达松潘城南的白塔山一线。松潘四面皆山，以白塔山最高、最为险峻，关系松潘城安危。此山一失，松潘城即不能守，因此胡宗南决心死守此山。在危急中，胡宗南下令组织了约1个营的敢死队，以第四团副团长、号称胡部四大金刚之一的战将徐保为敢死队队长，坚守白塔山，与红军拼战两昼夜。胡宗南又急调第一旅、补充旅的部分部队赶来增援，终于打退了红军的进攻，稳住了白塔山阵地。①

胡宗南为增强白塔山防守，下令将他的指挥所移驻此山。松潘城内只留下第一师师部与医院、兵站等后勤机构。

胡宗南指挥各部扼守松潘一线阵地，抗击红军进攻，激战约20天。由于松潘多山，地形险要，胡部兵力众多，工事坚固，作战顽强，红军不论正面进攻还是迂回袭击，均未成功。到8月初，红军被迫放弃《松潘战役计划》，从松潘城下撤兵。②

胡宗南在松潘阻击战胜利后不久，于8月25日得到报告，红军自从松潘撤退后，改变作战计划，从8月15日开始，兵分为左、右两路军，分别从卓克基与毛儿盖出发，穿越茫茫的大草地，历尽艰险，先后于8月20日至8月25日走出草地，到达松潘西北的阿坝、班佑地区，其前峰正进逼包座，准备夺路北上，而弃松潘于不顾。胡宗南大为吃惊，立即调第四十九师伍诚仁部于8月27日从漳腊向包座疾进，增援防守包座的康庄团，拦阻红军北上。

上、下包座位于松潘西北部，离松潘约200华里，是红军走出草地北上甘南

---

① 沈仲文：《松潘先姬山战斗》，原国民党将领的回忆：《"围剿"堵截红军长征亲历记》上册，北京：中国文史出版社，1990年，第423页。

② 中国工农红军第四方面军战史编辑委员会编：《中国工农红军第四方面军战史》，北京：解放军出版社，1989年，第330页。

的必经通道。这里地处群山之间，周围尽是原始森林，山高路险，人烟稀少。上、下包座相距数十里，有条包座河纵贯其间，河水深流急，两岸石崖陡峭，地形十分险要。在北边的下包座有座求吉寺，在南边的上包座有座大戒寺，为当地最大、最牢固的建筑。

1935年7月，胡宗南派补充旅第二团康庄部约2400人去包座防守，另以张孝莱支队约300多人协同前往。胡宗南对康庄指示说："如果红军只有一万人来进攻，由你部阻击；如果来攻红军超过二万，我自会派兵来增援你。"①

康庄令第三营驻守上包座大戒寺及其附近山头阵地，他自己率团部与一、二营驻守下包座求吉寺，以张孝莱支队进驻下包座附近的阿西茸。康庄令各部以两座喇嘛庙为核心，利用附近险峻山地，建筑碉堡工事，并筹集大批粮草，建成可以坚守的防御阵地。

胡宗南于8月27日派出第四十九师增援包座后，又接到蒋介石于当日写给他的手令。蒋要他务要全力阻红军北上，逼迫红军退回草地，以在川西聚而歼之。蒋在手令中说："我军应积极分别进击，俾与各处番兵前后夹击。匪当饥疲之余，如我军能犯难急进，必可以一当十，收效无比，并明令悬赏，以鼓励之。希勿瞻顾，过惜兵力，失此千载难逢之机。"②胡宗南为贯彻蒋介石的指示，就积极准备以纵队主力出包座、阿西茸，于8月30日令最精锐的第一旅李铁军部，"循第四十九师径行之道"，先行向包座进发③。胡宗南于8月30日向蒋介石电告他的军事部署情况，特地说明赴援的第四十九师"约明可到包座"④。

然而，蒋介石与胡宗南的苦心策划，却因包座之战的迅速失败而破灭了。

---

① 胡上将宗南年谱编纂委员会编：《胡上将宗南年谱》，沈云龙主编：《近代中国史料丛刊续编》第49辑488册，台北：文海出版社有限公司，1978年，第69页。

②《"剿匪"第三路军第二纵队上包座附近战斗详报》，南京国民政府军委会档，转引自中国工农红军第四方面军战史编辑委员会编：《中国工农红军第四方面军战史资料选编（附卷4）》，北京：解放军出版社，1992年。

③《"剿匪"第三路军第二纵队上包座附近战斗详报》，同上。

④《"剿匪"第三路军第二纵队上包座附近战斗详报》，同上。

8月29日开始，康庄团在上、下包座同时遭到红军的猛烈进攻。在上包座南面大戒寺的康团第三营经一夜激战，被红军歼灭两个连，余部退据大戒寺山后的碉堡里继续顽抗。在下包座北面的求吉寺，寺庙院墙又高又厚，康庄率团部指挥两个营的部队，一面在寺庙内顽强抵抗，一面在庙后山上凭借修筑的坚固工事与险要地形，控制着制高点，组成密集的火力网，打退了红军一次次进攻。在激烈的战斗中，康团两个营死伤过半。进攻的红军伤亡也很大。红十师师长王友钧打红了眼，竟端起机枪架在警卫员肩膀上猛烈扫射，被康团枪手击中阵亡。[①]

康庄连连向胡宗南求救。但胡宗南派出的援军第四十九师伍诚仁部于8月27日从漳腊出发后，因到包座的200多里路崎岖难行，出黄胜关杳无人烟，再加上此师战斗力不强，延至8月30日夜，该师先头部队第二九一团才进抵大戒寺南。红军为诱使该师全部进入伏击圈内，对第二九一团略作抵抗即退走。当夜，第二九一团进至大戒寺。

第二天，即8月31日，第四十九师师长伍诚仁率师部进抵大戒寺以南。他见红军退去，就令所部3个团的兵力，沿包座河东西两岸向北进击，企图压迫红军于上、下包座附近而歼灭之。没想到这正好中了红军埋伏围歼之计。这天下午3时许，埋伏在山林间的红四方面军第三十军程世才、李先念部突然发动反击，一举楔入第四十九师的3个团中间，猛烈冲杀。第四十九师被分割成3块，阵脚大乱，东奔西突，激战至晚，大部被歼，师长伍诚仁负伤，率少数人逃走。困守在大戒寺后山高地的康庄团第三营残部约200人，被迫全部缴械。是役，胡部被红军歼灭一个整师，伤亡4000多人，被俘800多人，丢失长短枪1500余支、轻重机枪50余挺及大批粮食与牛羊。[②]

上包座遂被红军占领。

---

① 徐向前：《历史的回顾》（中），北京：解放军出版社，1984年，第445页。

② 中国工农红军第四方面军战史编辑委员会编：《中国工农红军第四方面军战史》，北京：解放军出版社，1989年，第335页。

虽然，下包座的求吉寺在康庄指挥下，连续击退红军多次攻击，与红军呈相持状态。但由于上包座的丢失，红军北上入甘的通道终于被打开了，蒋介石围歼红军于川西地区的企图因而破灭。正行至半途的胡宗南第一师第一旅李铁军部闻包座战败消息，害怕被歼，急忙退回松潘。胡宗南不敢再孤军北出。蒋介石来电要求胡部绕道文县开赴西固堵截，但胡宗南却要求等待薛岳部到达松潘、漳腊、南坪接防后，才能开动，动作迟疑，从而造成了甘肃南部之文县、武都、西固、岷州等广大地区的兵力空虚，使中央红军得以从包座长驱北上。

包座战役后，胡宗南在向重庆行营与蒋介石的报告中，将失败的责任全部推给伍诚仁的第四十九师。在《国民政府军事委员会委员长行营民国二十四年十、十一月份赏罚统计表》中，就称："第一师康庄团及游击队张孝莱部，全体官兵下包座求吉寺阿西茸一带之役，以少胜众"，"四十九师，代师长伍诚仁，包座之役，指挥无方"[①]。对胡宗南在指挥全局与调派部队中的严重错误只字未提。不久，伍诚仁被蒋介石下令撤职查办。

（五）当选国民党中央监察委员

1935年8月底包座战斗后，红军一部在毛泽东等率领下，北上入甘；另一部红军则在张国焘率领下，脱离中共中央与毛泽东的领导，从阿坝回师南下，重过草地，向川康边境的天全、芦山一带退去，准备进攻四川成都市平原。

这样，胡宗南率重兵扼守的松潘城就失去了防堵红军的战略意义。

1935年9月底，胡宗南得到军委会允许，率第一师离松潘回甘。但这时甘南碧口一带胡师原驻防地已为第三军王均部进驻。胡遂率第一师，经弓槎岭、南坪、邓桥、岩昌、西固、礼县，于10月上旬，开抵天水甘谷一带驻扎。当时正是农历中秋前后。

---

①《国民政府军事委员会委员长行营民国二十四年十、十一月份赏罚统计表》，《军政旬刊》（南京）1935年20、21期合刊。

毛泽东（右）与张国焘（左）

胡部第一师在这里驻到1936年3月。胡宗南将他的师部设在甘谷城西的一个小村庄三十里铺。他与参谋长於达住在三十里铺南山上的一座小庙中。庙北向，阴晦，久无人住，门窗破损，是座废弃的破庙。胡宗南住正殿，生活颇为艰苦。1936年年底，天津《大公报》青年记者范长江在西行途中，曾去访问了他。后来，范长江在1936年1月4日的《大公报》，发表总题为《中国的西北角》的通讯中，记述了他采访胡宗南的情况：

这时在松潘回师的胡宗南氏，正驻在甘谷西面的三十里铺。他的生活情形，据天水一带的民众和朋友谈起，颇有点特别。记者去年过松潘时曾见过胡氏一次，只觉得他喜欢住山上古庙，和有些人不大相同。所以这次特别去拜访他。他不住甘谷城，住的是居民不满三十家的三十里铺，而且不是三十里铺的民房，是三十里铺半山上的一座小庙。我们到庙里去看看，他住的正殿，门窗不全，正当着西北风，屋子里没有火炉，他又不睡热炕，身上还穿的单衣单裤，非到晚上不穿大衣，我看他的手脸额耳，都已冻成无数的疮伤，而谈话却津津有味。他会他的部下，就在寺前山下的松林里，把地上的雪扫开，另外放上几块砖头，就是座位。记者有点奇怪，因问他："人生究竟为的什么？"他笑着避开了这个问题没有答复，而却滔滔不绝地谈起他的部下，某个排长如何，某个中士如何，某个下士又如何，这样的态度倒使人有点茫然了。①

胡宗南这种有意苛待自己的生活作风，确使外人茫然。他是在锻炼自己的军人毅力与"革命"风骨么？他是在与士卒共甘苦激励部下么？他是在培养自己的德望，树立自己的良将形象，以赢得舆论的赞誉与上司，特别是蒋介石的注目、重视吗？似乎是，又似乎不全是，也许皆而有之吧。

胡宗南是书生出身，投笔从戎。在黄埔军校，曾受到革命理想的鼓舞；带兵以后，一直以古代良将自期。他有抱负，有追求，喜欢思索问题，不仅在作战时能不避矢石，常临险境，就是在平时军旅生活中，也相当的勤奋、刻苦、谨慎。他的师参谋长於达后来回忆这一时期的胡宗南时，说：

行军时，师部往往只与一个团同行。到了宿营地，各自进入指定地方。无线电报机、有线电话机首先架设，接受各部队报告。胡先生则携一二幕僚，侦察附近地形，巡视部队情况，决定夜间抵抗线及进出路。……夜间与胡先生讨论明日如何行动，必至深夜方睡。亦往往有意见不同之处，最后则照胡先生决定行事。第二天继续行军……胡先生与特别党部则留在宿营地巡视，厕所有否填平？废弃物件有否烧埋妥当？门扉桌凳有否归还原处？借用物品有否归还？如有破损，有否照价赔偿？巡视完了，胡先生则跃马而前，必于第一次小休息时赶到师长位置。此后行进则与官兵步行，绝不骑马。……胡先生常喜欢深思，常常闭户踱躞。……也常常骑马到僻静处去，沉思熟虑。胡先生事业成功，我想深思是他最得力的帮手，也是他

① 范长江：《中国的西北角》，《大公报》（天津）1936年1月4日。

性格最突出的部分。①

　　黄埔出身的胡宗南未受过系统的高等军事教育。他的军事学识与军事指挥能力，主要是在多年的军旅生涯中逐渐形成的。再加上他的勤奋、认真、刻苦、谨慎等指挥作风与生活作风，使胡宗南在任团长、旅长乃至师长时，能指挥游刃有余。不像他后来飞速升迁至统率几十万兵马的军事方面大员，他的指挥能力就显得捉襟见肘，以至于一败再败了。

　　胡宗南在甘谷驻军未久，就生病了，"寝患腹痛，历旬未愈"，"为委员长所闻"②，蒋介石特地派胡宗南的黄埔一期同学，时在军事参议院任参议的冷欣，带着医生，从南京飞到陕西，再转天水，为胡治病。胡病小愈，蒋介石又特准其病假1个月，随冷欣一道飞赴南京治疗，后又到杭州休养。

　　胡宗南在数年"追剿"红军中的"业绩"与驻军西北的艰苦奋斗表现，进一步得到蒋介石的赏识。而到1935年，由于红军的长征西去与国民党内各派系军阀的削弱，蒋介石南京政府的统治相对变得强固起来。蒋介石乘势进一步扩张自己的势力，提拔自己的军事嫡系——黄埔系军人集团进入国民党的中央领导核心机构。胡宗南又成为蒋介石提拔的最佳人选。

　　1935年11月12日，国民党在南京召开第五次全国代表大会，到11月23日结束。在这次大会上，蒋介石集团的势力大大增强。蒋介石以军事委员会委员长的身份又兼任行政院院长。原行政院院长汪精卫，在1935年11月1日国民党四届六中全会开幕式集体照相时遇刺，汪精卫系统的人员多退出中央党政机构，势力削弱。黄埔毕业生中有3人进入新的国民党中央领导机构：曾扩情与贺衷寒当选为中央执行委员会委员，胡宗南则被选为中央监察委员会委员。这3人都是黄埔一期生。他们的当选，标志着黄埔系的势力进入国民党中央领导机构。

① 於达：《陆军第一师师长任内之胡宗南将军》（1963年撰），杜元载主编：《革命人物志》第11集，台北："中央"文物供应社，1973年。
② 胡上将宗南年谱编纂委员会编：《胡上将宗南年谱》，沈云龙主编：《近代中国史料丛刊续编》第49辑488册，台北：文海出版社有限公司，1978年，第71页。

1935年11月12日，国民党在南京召开第五次全国代表大会，蒋介石与会议代表合影。

对于胡宗南个人来说，他当选为国民党中央监察委员，标志着他由一个职业军人与一介武夫，转变成一位党政要人，中央大员，由军界又进入政界，由地方走进中央，由底层走向上层。这是胡宗南人生道路与一生事业的一个重要阶段。

蒋介石还准备扩充胡宗南的军事实力，提拔胡的官阶。当时胡部第一师下辖4个旅12个团，这种编制的师在当时国民政府军中是绝无仅有的，而且与国民政府军编制不合。胡师编制之多，超出常规，早引起一些人的忌恨与攻击。蒋介石令第一师改编扩充。胡宗南想将第一师4个旅扩编成3个师，成立1个军。而一些忌恨胡宗南的人向军委会建议，应将胡部编成两个师8个团。蒋介石决定，第一师改编之事，由胡宗南自行决定，这是蒋介石对胡宗南的又一次特殊恩宠与破格提携。

这时西北地区的军政形势也发生了变化。南京国民政府与蒋介石鉴于红军毛泽东部进入陕甘，乃于1935年10月2日宣布在西安成立"西北'剿匪'总司令部"，蒋介石亲自兼任西北"剿总"总司令，任张学良为副总司令，代行总司令职务。在这前后，张学良所部东北军各部陆续调入陕甘地区。胡宗南感到，西北地区的军政形势更加复杂了。

1935年底胡宗南(左三)与蒋介石(左五)夫妇、张学良(左四)等人在西安合影。

这期间,胡宗南第一师的人事有些变动:胡宗南的黄埔一期同学范汉杰来第一师,任副师长,在李文继袁朴任第二旅旅长后,胡又任李正先继李铁军为第一旅旅长,任杨德亮继廖昂为补充旅旅长。胡宗南在为所部的扩编、调整、储备、锻炼干部。

张学良,1935年10月2日在西安成立"西北剿总司令部",蒋介石兼西北"剿总"总司令,张学良为副总司令。

1936年年初，胡宗南奉派到德国深造。胡的友人、历史学家郭廷以回忆说："民国二十五年，他准备出国，到南京和我一起吃饭，谈到晚上十二点。他有几次出国机会，这次奉派到德国去，但担心德文不好，我说：'没关系，可以去看看。'鼓励他出国吸收新知。不料两广事变，他带部队南下，事平又转到西北，没能出国。"①

---

① 张朋园、陈三井、陈存恭、林泉访问，陈三井、陈存恭记录：《郭廷以先生访问记录》，"中央研究院"近代史研究所口述历史丛书（15），台北："中央研究院"近代史研究所，1987年6月，第225页。

第四章

在西安事变前后

（一）北上南下，升任第一军军长

1936年是中国多事的一年。这年年初，胡宗南奉蒋介石令，正准备着手改编扩充所部第一师时，时局发生变化，他的扩编计划不得不暂时停顿下来。

1936年2月20日，陕北红军在毛泽东的亲自指挥下，以东征抗日为号召，突然渡过黄河，进入山西境内，进行东征作战。阎锡山部晋军战斗力薄弱，抵抗不住红军进攻，只得急电蒋介石请援。蒋介石派陈诚指挥商震的第三十二军、汤恩伯的第十三军、关麟征的第二十五师、黄杰第二师的第六旅罗奇部等，在1936年3月底分别从风陵渡、正太路、道清路三个方向进入山西，援助晋军对红军作战。同时，蒋介石又电令在陕西的东北军张学良部向黄河西岸推进，断红军退路。

胡宗南在天水甘谷也接到蒋介石电令，要其率第一师东开入陕，在潼关一带集结，策应山西作战。1936年3月底，胡宗南留补充旅驻甘，自己率领第一师主力3个旅从甘谷出发，经秦安、清水，越关山而东，过陇县到达西安，再乘火车到达潼关驻扎待命。

未久，陈诚在指挥入晋各部队配合晋军打通同蒲线后，在山西推行在江西"围剿"红军时实施过的碉堡战术，令各部队投入筑碉工程。陈诚向蒋介石建议，从陕西增调中央军入晋，得到蒋介石的批准。于是，陈诚亲自到潼关找胡宗南洽谈，随之给胡师下达命令："除派一个旅的兵力，进驻同蒲路南段各要点，担任维护铁路运输畅通、保持风陵渡的联络安全外，其余主力控制在潼关待命。"[1]

---

[1] 彭竹林：《国民党第一师追击堵击长征红军的经过》，陕西省政协文史资料研究委员会编：《陕西文史资料》第20辑。

胡宗南当即派遣第一旅李正先部的第一、二、三团由风陵渡渡过黄河，在赵村搭乘同蒲路火车北上，分别到达运城、闻喜、侯马等地驻扎，第一旅旅部驻闻喜。后第三团从闻喜一度推进至洪洞与灵石。该旅根据陈诚的命令，担负维护铁路安全，保证军用物资运输畅通的任务，在铁路沿线赶筑工事、挖掘交通壕，防止红军侵袭，历时约两个月。[1]

1936年5月初，入晋红军回师陕北。

山西的战事刚刚平息，南方的战火又起。

1936年6月1日，国民党广东军阀、第一集团军总司令陈济棠，联合广西军阀、第四集团军总司令李宗仁，打起"抗日救国"的旗号，发起了反对南京国民政府、反对蒋介石的两广六·一事变。陈济棠、李宗仁指挥粤、桂军队，向湘南衡阳进发，同时暗中派人策动湖南省政府主席何键响应，企图经湖南，迅速攻占武汉，问鼎中原，威胁南京。

陈济棠，字伯南，1890年出生于广东防城港（今属广西），汉族客家人，粤系军阀代表，1929年以后长时间主政广东，在广东的经济、文化和市政建设方面颇多建树，但在政治上则与南京中央政府分庭抗礼，有"南天王"之称。

两广事变发生后，蒋介石一方面提出并部署提前召开国民党五届二中全会，寻求政治的解决办法；另一方面紧急调兵遣将开往湖南，抢占衡阳，防堵粤、桂军队北上，震慑何键湘军。

1936年6月中旬，胡宗南接到蒋介石的电令，要其将第一师部队主力3个旅，集

陈济棠（1890—1954）

---

[1] 彭竹林：《国民党第一师追击堵击长征红军的经过》，陕西省政协文史资料研究委员会编：《陕西文史资料》第20辑。

中在潼关、灵宝间，整装待命，胡本人则赶赴南京接受南下命令。胡宗南由南京返部后，立即召集全师团长以上主官传达命令，进行南下动员。同时为保守行动机密，防止北方生变，胡令对团以下官兵保密，在出发前3天，还让各团若无其事地召开夏季教育会议，拟订训练大纲等。直到运兵列车30余列调集齐全后，胡才正式下达命令南下。全师部队及临时配属的炮兵团，有山、野炮30多门，在两天一夜的时间里，全部经陇海路，转平汉路，在武汉渡过长江后，再经粤汉路，进抵湖南岳阳至长沙一线。胡宗南将他的第一师师部设在长沙，先驻长沙城东朱家花园，后移四十九标营房。

胡宗南师迅速开进湖南，不仅大大增强了中央军抗击粤、桂部队的实力，而且有力地震慑了动摇模棱的何键。胡宗南故意向何键炫耀第一师的人马充实、装备精良，还对长沙城采取包围的态势，然后，他去见何键，声称所部第一师奉蒋介石委员长令，开长沙，听何键指挥。何键心虚胆怯，惊慌失措，连声答应说：我没有接到命令。胡宗南外柔内刚地威胁了一通何键后，即昂扬而去。[①] 而何键则被吓得不敢再住长沙城中，假巡视湘西，避往常德。长沙城成了中央军的天下。

但中央军与粤、桂军之间并无大的战事。在6月、7月、8月，约3个月的时间内，胡宗南的第一师一直驻长沙、岳阳一线。胡宗南抓住全师部队相对集中的有利时机，在长沙开办"第一师军官暑期训练班"，胡自兼主任，副师长范汉杰为副主任，任詹忠言为教育长，抽调全师连长以上军官，分期入班，编为2个大队，另无线电专业人员编为1个独立区队，共办3期，轮流受训，进行所谓"南征"作战的教育，即宣传陈济棠、李宗仁等谋叛中央的罪行与胡宗南师南征作战的意义，同时进行一些军事训练，借以稳定军心，鼓舞斗志。在这同时，胡宗南又令师参谋处与各团团长，组织教练组，轮流到各团抽调一营或一连，演习南方水田和丛林作战的战术技能，以及部队在南方露营活动，取得经验，向全师推广。

---

① 王应尊：《在第二次国内革命战争时期胡宗南部"追剿"红军的概况》，陕西省政协文史资料委员会编：《陕西文史资料》第20辑。

1936年7月初，胡宗南师一部向南推进至株洲一线。但未及至前线作战，7月18日，广东陈济棠就因部下反戈，通电下野，到9月中旬，广西李宗仁也与南京国民政府达成妥协。两广事变宣告结束。

1936年8月11日，蒋介石以胜利者的姿态飞抵广州，处理善后。他在广州期间，特地召集各参战部队团长以上军官举行军事会议，研讨两广事变平息后的全国形势与对日、对红军作战等问题。这是当时南京政府面临的两项最重大的问题。

胡宗南率第一师的团以上军官，出席了这次会议。在会议讨论到全国各地红军都经过长征北上，企图在陕甘重建根据地时，胡作为久驻陕甘的带兵长官，作了重点发言。胡不同意一些国民党军政大员与将领盲目乐观所宣称的"红军北上纯属战败流窜"，而将他对红军多日调查研究所得，融进发言中，指出中共之所以放弃在南方多年的各根据地，就是因为得不到苏俄的援助，连根据地也保不住，因而他们举行万里长征、就是企图转移到甘、青、宁、新一带，打通国际路线，取得苏联援助，伺机反扑。胡的发言虽仍有失之偏颇之处，未看到红军北上抗日的意愿，但恰也有其独到与深刻之处：红军北上确有打通与苏联国际交通线之目的。胡宗南的见解，较之一般国民党军政人员的浮泛而盲目的看法，要准确与高明得多了，因而使得与会各将领无不为之惊服，也使蒋介石点头称许。

胡宗南较之一般黄埔系将领与军官，其过人之处，就是能较深入地思考一些问题，关心国际与国内形势，看问题不仅有军事眼光，而且有政治眼光，再加上他带兵打仗多年，有实战经验，又自律较严，因而成为黄埔系将领中最引人瞩目的佼佼者。胡宗南进一步得到蒋介石的宠爱、赏识与提拔，就是必然之事了。

广州会议后，蒋介石宣布，胡宗南部第一师正式扩编为第一军，胡宗南升任第一军中将军长。胡宗南又成为黄埔军校毕业生中第一个升任军长之人，而且是蒋介石赖以起家的"天下第一军"的军长。

1936年9月初，胡宗南从广州回到长沙，即进行扩编部队事宜，将原第一师的3个旅（第一旅、第二旅、独立旅）9个团，分编为2个师4个旅8个团及军部直辖部队。编制如下：

军长胡宗南，副军长范汉杰，参谋长於达。

第一师：师长胡宗南兼，副师长李文，参谋长於达兼。下辖：

第一旅：旅长李正先，第一团团长熊志一，第二团团长杨定南。

第二旅：旅长詹忠言，副旅长严明，第三团团长刘超寰，第四团团长李友梅。

第七十八师：师长丁德隆，副师长罗历戎，参谋长吴允周。下辖：

第二三二旅：旅长廖昂，第四六四团团长晏俭，第四六五团团长徐保。

第二三四旅：旅长李用章，第四六七团团长许良玉，第四六八团团长谢义峰。

另有军直辖骑兵、炮兵、辎重、通讯部队等。

经过这次扩编，胡部各级军官多有升调，士兵也有许多被提为下级军官。全军士气为之一振。

在驻军长沙期间，胡宗南通过湖南省教育厅厅长朱经农，有意结识了长沙各学校中一批有才干与活动能力的青年学生骨干人物，如陈大勋、江国栋、彭书隐、李芳兰等人。8月初秋后的一天，胡宗南在长沙小武门外第一师办事处，约集了20多名学生骨干人物，"与他对面侃侃而谈"。胡宗南表示理解这些青年学生的抗日爱国与要求从军的热情。陈大勋回忆说："他对大家则关怀备至，一一回答。随后，他再度约我与另外两位个别谈话。第三次他单独请我共餐，从我个人的家世以及将来的志愿，无所不谈。最后，我曾以一种质问的口气问他：'政府为什么不抗日？'他则勉励我好好地用功读书，将来为国的机会正长，并且很严肃地说：'目前很多青年误解中央，误解军人'，'有一天抗日战争发生，我一定邀请你参加第一线，并希望青年们投笔报国'。"[1]胡宗南率部离开湖南、重返西北后，一直与湖南的这些学生骨干人物保持书信往来。

---

[1] 陈大勋（绥名）：《沉默的巨人：胡宗南先生》（1962年撰），胡故上将宗南先生纪念集编辑委员会编纂，胡为真增修：《令人怀念的胡宗南将军》，台北：商务印书馆，2014年12月，第189页。

胡宗南部扩编为第一军后，本打算在湖南训练。在这时，胡突然接到蒋介石电令，因为红军第二、第四方面军，由朱德、张国焘、徐向前、任弼时、贺龙、肖克等率领，于1936年8月，从川西北上，进入甘肃南部，陕北中央红军，即红一方面军，早在1936年5月18日组成"西方野战军"，由彭德怀率领，西进甘肃东部，接应红二、红四方面军，至1936年9月，相继攻占环县、预旺、同心、安定、盐池、靖宁等地，有在甘肃三军会师的态势，陕甘军事形势吃紧，调胡部速回陕甘"进剿"。

1936年9月11日，胡宗南向全军下达回师动员命令。"遂于十四日向西北出动，用铁道运输"，分别由长沙、汨罗、岳州"乘车北上，经粤汉、平汉、陇海各路，于十九日全部到达陕西咸阳附近，复于二十五日沿西秦公路继续向甘肃清水、秦安一带徒步前进"[①]。

（二）重回西北，收到周恩来密信

1936年9月19日，胡宗南率第一军从湖南回到陕西关中，驻军咸阳、凤翔一带。胡宗南的第一军军部驻咸阳打包厂。

胡宗南率第一军奉命归"西北剿匪总司令部"指挥。"西北'剿匪'总司令部"的总司令由蒋介石兼任，副总司令为张学良，代行总司令职务。胡宗南的第一军为"西北剿总"下辖第一路军（朱绍良司令，王均副之）的第二纵队，胡兼任第二纵队司令官，除指挥所部第一军外，还指挥周祥初的第四十三师与孔令恂的第九十七师。

当日，胡宗南首先到西安，拜见了张学良，听取指示。

胡宗南当时全然不知道，这位比胡宗南还年轻5岁的"西北剿总"副总司令张学良，早已在1936年初，就已经与中共方面秘密联系，并由其亲信部属、

---

① 《第一军第七十八师丁德隆部在甘宁等地堵截红军诸役战役战斗详报（1936年10月至11月）》，南京国民政府军委档，转引自中国工农红军第四方面军战史编辑委员会编：《中国工农红军第四方面军战史资料选编（附卷4）》，北京：解放军出版社，1992年。

担任第六十七军军长的王以哲陪同，化名李毅，亲自于1936年3月5日，与中共方面的代表李克农，在张部防区洛川，进行了秘密谈判；后又于1936年4月9日，与中共领导人周恩来，在张部防区延安，进行了秘密谈判，双方达成互不侵犯、互派代表的秘密合作与休战的协议，以及争取蒋介石共同抗日的共识。张学良秘密给经济极端困难的中共与红军提供大量的经济援助。但这时，张学良在表面上仍在指挥西北"剿共"军事。他向胡宗南介绍了西北的军事形势与"西北剿总"的作战计划。因为红二、红四方面军北上进入陇南，陕北中央红军进入陇东策应，红军3个方面军企图在甘肃会师，因此，张学良根据蒋介石的指示，令胡宗南率第二纵队各部，迅速抢占西（安）兰（州）公路的静宁、会宁、定西段，协同友军，隔断红军3个方面军的会师道路，然后配合其他部队，各个分割围歼之，实施蒋介石新制订的"通渭会战"计划。

胡宗南了解到，蒋介石与"西北剿总"为了实施"通渭会战"计划，调集了毛炳文的第三十七军、王均的第三军、关麟征的第二十五师、川军孙震部、青海马步芳部、宁夏马鸿逵部、东北军张学良与西北军杨虎城的部队，以及胡宗南各部，协力"围剿"会师甘肃的红军3个方面军。

1936年9月19日当日，胡宗南又从咸阳飞至兰州，"即晤朱主任绍良，于主席学忠，协商'剿匪'机宜"[1]。9月21日，胡宗南接到蒋介石发给他的电报，要胡对"新入西北之各师，行军序列及其行军日程，希即详报"；并令胡"须随主力前进，并朝夕勿离军中。'剿匪'战术，应令各师、旅、团长切实研究，尤应注意遭遇战术，务须多留预备队，并到处日夜构筑工事，务派远探为要"[2]。

1936年9月25日，胡宗南率部从咸阳出发，沿西兰公路，向甘肃静宁、会宁、定西一线进发。胡宗南又一次开始了他在西北的军旅征战生活。

---

① 《中央日报》（南京）1936年9月20日，第3版。
② 《蒋委员长致胡宗南军长令报行军序列及其行军日程并指示"剿匪"战术电》，秦孝仪主编：《革命文献》第94辑《西安事变史料》上册，台北："中央"文物供应社，1983年，第58页。

这时，全国与西北的形势都在迅速发展，正处在大变动的前夜。

随着日本侵华活动的加剧、中华民族危机更加加深。全国抗日救亡热潮进一步高涨。1935年底在北平、天津地区爆发的"一二·九"学生运动，迅速扩展到华北、西北与全国。1935年秋进驻西北的东北军张学良部与原驻陕甘的西北军杨虎城部，在形势的推动下，都有了反对内战、共同抗日的倾向。在这种形势下，中国共产党改变战略，制定了抗日民族统一战线的方针，先后提出了"逼蒋抗日"与"联蒋抗日"的政策与口号，一方面派代表，与南京国民政府的蒋介石进行秘密谈判，另一方面又派出许多人员，与国民党内各地方军事实力派，如张学良、杨虎城、李宗仁、阎锡山等进行联络；同时，中共方面还利用各种关系，对南京国民政府中有影响的军政大员，进行联系、疏通、说服与团结的工作，积极争取与广泛团结一切有抗日爱国思想的人，实现第二次国共合作。

在酝酿第二次国共合作中，中共方面将胡宗南作为重点争取与统战的对象。

中共领导人中，特别是周恩来，曾与胡宗南在黄埔军校中有过较多的交往，在东征陈炯明中曾共同战斗过，对胡宗南有相当的了解。中共方面认为，胡宗南有一定的民族民主革命积极性，曾接近中共人士周恩来、胡公冕等人。在东征、北伐中立有战功，表现出一定的军事才干。后来国共分裂了，他出于多种原因，跟着蒋介石走了。在十年国共内战中，他的部队也参与了对红军的围剿。但当日寇侵华加剧，中华民族的危机深重时，他表现了很大的爱国热情，多次请缨抗日。胡是国民党军人中一个具有典型的两面性的将领。

中共方面还了解到，胡宗南近几年手握重兵，得到蒋介石越来越深的信任与宠爱，在国民党军队中地位急剧上升，成为新兴的黄埔系青年将领的首领，影响日益增大。争取了胡宗南，就可影响一大批国民党将领，特别是黄埔系军事集团。而黄埔系是蒋介石与南京国民政府最重要的军事支柱，通过胡宗南可以影响蒋介石与南京国民政府。

1936年7月9日，周恩来在陕北白家坪接见美国记者埃德加·斯诺时，谈到胡宗南，认为胡是蒋介石手下最有才干的指挥官，比陈诚出色，内心爱国，倾向抗日。[①] 周说："蒋介石手下最能干的指挥官恐怕要算胡宗南了。'反共'战争的大部分战果是他取得的。"[②]

基于以上原因，中共方面从1936年年中开始，对胡宗南进行积极的争取、团结、说服与统战工作。1936年春，中共中央以红军中出身黄埔军校的将领名义，联名写信给胡宗南，呼吁停止内战团结抗日。在1935年1月遵义会议后成为中共中央主要领导人的毛泽东，在这时推动国共第二次合作与建立抗日民族统一战线的过程中，对胡宗南也给予了特别的注意。他在1936年8月14日写给中共派往上海的地下特派员冯雪峰的秘密信函中，指出：

……宋孔欧美派、冯玉祥派、覃振派，特别是黄埔系中之陈诚、胡宗南，须多方设法直接间接找人接洽，一有端绪，即行告我。你的通信方法要改得十分机密。董牧师要他专管接洽欧美派并与我处直接联系，不经过你，以免生事。各种上层接洽之事，望写一报告来……[③]

中共方面首先向胡宗南伸出统战工作之手的，是中共中央最高领导人之一，担任中共中央军委副主席的周恩来。就在胡宗南率军重回西北之际，周恩来于1936年9月1日亲笔写了一封密信给胡，对胡叙旧情，谈国事，娓娓动人，情长谊深，有批评、有规劝、有希望。周恩来的信全文如下：

宗南同学：

黄埔分手后，不想竟以敌对。十年来，兄以剿共成名，私心则以兄尚未成民族英雄为憾。今春红军东向，曾联红军中黄埔同学多人，致书左右，以停止内战一致抗日为请，惟未蒙即予赞同。然私表总以兄绝非勇于内战怯于对外之人，时机未熟，在兄或亦有难言之隐也。

日寇侵绥，已向西北迈进，其航空总站设于定远营，航空线竟遍布陕、

---

① 熊向晖：《地下十二年与周恩来》，北京：中共中央党校出版社，1991年2月，第11页。
② [美]埃德加·斯诺：《红色中华散记》，南京：江苏人民出版社，1990年，第70页。
③《毛泽东致冯雪峰信函》，《新文学史料》（北京）1992年第3期，第2页。

甘、青、宁四省。兄素有志西北，试想今日之西北，岂能再容退让，亦岂能再操同室之戈？敝方为保卫西北、保卫华北起见，已集合全国主力红军于陕、甘、宁、青，并向贵党呼吁，立停内战，共谋抗敌。顷更致公函送于贵党中央，表示我们抗日救国方针及愿与贵党重谋合作之诚意。久闻贵方当局及黄埔同学中有不少趋向于联俄联共以救国难者，今国难日亟，敝方提议或不致再遭拒绝。惟合作必以停战为先。兄在黄埔为先进，亦为蒋先生所最信赖之人，果能立排浮议，立停内战，则颂之者将遍于国人。此着克成，全国抗日战争方能切实进行，西北御侮行动，亦必能统一步骤，不致为日寇各个击破，陷民族、国家于万劫不复也。

叨在旧知，略陈鄙见，如不以为无当，还望惠我好音。纸短心长，怅望无既。专此。顺致

戎祺！

恩来

九月一日①

胡宗南接到此信，当是在1936年10月前后。胡宗南没有给周恩来回信，因而也未与中共方面建立任何形式的关系。但胡宗南对周恩来个人是尊重敬佩的。据胡宗南后来的机要秘书熊向晖回忆，胡宗南将周的这封信一直珍藏在身边。他对周恩来所说"兄以剿共成名，私心则以兄尚未成民族英雄为憾"这句话尤为感慨。②

1936年10月18日，毛泽东又以红四方面军总指挥徐向前的名义，专门给胡宗南写去一封信，并指示中共中央有关部门"专函缮送胡宗南，并即印刷多份向各军发送。"③毛泽东在信中以徐向前与胡宗南为黄埔一期同学的关系，回顾黄埔情谊，

---

① 周恩来：《周恩来统一战线文选》，北京：人民出版社，1988年，第19～20页。

② 熊向晖：《地下十二年与周恩来》，北京：中共中央党校出版社，1991年2月，第34页。

③ 毛泽东：《致朱德、张国焘、徐向前等电》（1936年10月18日），藏［北京］中央档案馆。

红军将领徐向前

陈述当前形势，规劝胡宗南弃嫌修好，再次发出两军停战、实现国共第二次合作、共同抗日的呼吁，有理有节，有打有拉，有感情，有文采，写道：

宗南学兄军长勋鉴：

黄埔一别，今已十年，回念旧情，宛然如昨。目前日寇大举进迫，西北垂危，山河震动，兄我双方亟宜弃嫌修好，走上抗日战线，为挽救国家民族于危亡而努力。敝部已奉苏维埃政府与红军军事委员长命令，对于贵军及其他国民党军队停止进攻，仅在贵军攻击时取自卫手段，一切问题均可商洽，总以和平方法达到停止内战一致抗日之目的。非畏贵军也，国难当前，实不欲自相残杀，伤国力长寇焰也；如不见谅，必欲战而后快，则敝方部队已有相当之准备，迫不得已当立于自卫地位给予必要之还击。敝方各军仅为抗日之目的而斗争，深愿与贵军缔结同盟，携手前进。蒋校长现已大有觉悟，甚为佩服。吾辈师生同学之间倘能尽弃前嫌，恢复国共两党之统一战线，共向我全民族最大敌人日本帝国主义决一死战，卫国卫民，复仇雪耻，当在今日。吾兄高瞻远瞩，素为弟所钦敬，虽多年敌对，不难一旦言欢。兹特遣使携函征求吾兄高见，倘蒙惠予采纳，即乞停止贵方军事行动，静候敝党中央与蒋校长及贵党中央之谈判。如承派员驾临，敝部自当竭诚欢迎。时危祸急，率尔进言，叨在同门，知不认诶唐突也。

……

学弟　徐向前　手上①

---

① 毛泽东：《为徐向前起草的致胡宗南信》，《毛泽东文集》第1卷，北京：人民出版社，1993年，第451～452页。

胡宗南是个有爱国热情的国民党军青年将领。在当时全国抗日爱国热潮高涨形势的推动下，周恩来、毛泽东数次文笔纵横、亲切热情的规劝与引导，自然不可能不对他产生一定影响。只是内心所动，不为外人所知。但在很快到来的西安事变与抗日战争中，胡宗南即有各种非同一般的表现。

在这期间，胡宗南的好友、历史学家郭廷以对他有所建议，说："几年来你对西北很注意，中日战争不可避免，中国的后方是不够条件的，俄国靠不住。与其经营西北，不如经营四川或西南，四川的人力物力都足，很重要，蒋委员长已注意到了。顶好你有机会入川"。胡宗南说："你的看法有道理，但共产党在陕北，不能不防。"①

（三）山城堡之败

1936年9月25日，胡宗南率军从咸阳出发，沿西兰公路，向甘肃静宁、会宁、定西一线进发。胡宗南又一次开始了他在西北的军旅征战生活。

1936年10月初，胡宗南率部到达甘肃秦安地区，与关麟征的第二十五师取得联系，约定二部协同作战。关麟征原名志道，字雨东，1905年生，陕西省户县人，是胡宗南的黄埔一期同学，比胡宗南小9岁。

这时，张学良给他们来电，告诉他们，从川西北上的红二、红四方面军有从天水以西地区北上的企图，要他们万勿停止，速向通渭城前进，加以堵截围歼。

如前所述，胡宗南当时全然不知道，张学良早已在1936年初，就已经与中共方面秘密达成双方合作的协议。1936年10月5日，张学良在西安秘密会见中共代表叶剑英、潘汉年，不仅再次借给经济极端困难的红军5万银圆和1万套棉衣②，还将蒋介石的"通渭会战"计划转告中共方面，并希望红军"朱（德）

---

① 张朋园、陈三井、陈存恭、林泉访问，陈三井、陈存恭记录：《郭廷以先生访问记录》，"中央研究院"近代史研究所口述历史丛书（15），台北："中央研究院"近代史研究所，1987年6月，第225～226页。
② 中国人民解放军军事科学院：《叶剑英年谱》（1897—1986），北京：中央文献出版社，2007年，第138页。

张（国焘）速通过西兰大道，与一方面军会合，执行宁夏战役"①，及早实施北攻宁夏的计划，打通通往苏联的道路。张学良在向胡宗南等部下达作战命令的同时，秘密指示在这次军事行动中所派出的东北军第六十七军王以哲部与何柱国的骑兵军，消极避战，完全不配合胡宗南等中央军的行动。

关麟征向胡宗南建议：关、胡二部联合起来，在静宁、通渭、会宁间，截击与围歼北上之红二、红四方面军。关麟征认为红军连年转战，损失严重，疲惫不堪，只能算三等战斗力。胡宗南不同意关麟征的判断，认为红军虽经艰苦转战，仍是一等战斗力，不可轻估，这是因为胡宗南部在不久前的广、昭与草地同红军的作战中，领教了红军的厉害，而且胡宗南在这时缴获到一份红军在9月份制订的《通（渭）、庄（浪）、静（宁）、会（宁）作战计划》，其主要内容就是，南、北两路红军配合，在通、庄、静、会地区，夹击消灭行军到这里的胡宗南部，将主要攻击矛头指向胡宗南。因此胡宗南拒绝了关麟征的建议，率部谨慎地向静宁、通渭地区前进。胡宗南此举遭到关麟征的嘲笑。②

胡宗南缴获的红军《通、庄、静、会作战计划》是真实的。这份计划是陕北的中共中央与在甘南的红二、红四方面军领导人，于1936年9月中、下旬，通过电报，反复协商而制定的。后因张国焘多次延拓，致使战机丧失。

1936年9月底10月初，红二、红四方面军从天水以西地区北上；与此同时，由彭德怀率领的中央红军"西方野战军"，为策应红二、红四方面军北上，派出一支突击部队飞速南下，于10月2日，抢在国民政府军王均第三军前，袭占了甘肃会宁城。1936年10月7日，南、北两路的红一、红二、红四方面军在会宁实现了会师。

---

① （一）中国工农红军第四方面军战史编辑委员会编：《中国工农红军第四方面军战史》，北京：解放军出版社，1989年，第370页。（二）杨奎松：《山城堡战役胜利的幕后及影响——西安事变前红军与东北军在军事上的一次秘密合作》，《党史资料研究》（北京）1997年第4期。

② 覃异之：《伪二十五师在甘肃阻击红军和"双十二"事变后的关麟征与胡宗南》，甘肃省政协文史资料委员会编：《甘肃文史资料》第5辑，第20页。

在这时，中共方面获得了张学良秘密提供的蒋介石的"通渭会战"计划，以及张学良对红军及早实施北攻宁夏的建议，于是，在1936年10月11日，中共中央及中央军委发布《十月份作战纲领》①，决定提前执行宁夏战役计划，指示红军3个方面军，在短期休整后，从11月中旬起，"集中三个方面军主力，向北发展，在西兰大道以北、黄河以东、同心以南、环县以西，消灭尾追之敌，巩固和扩大根据地"，而以一部兵力向南组织扇形防御，迟滞胡宗南等追击部队北进。此作战纲领具体部署了各部夺取宁夏的各项准备与各部任务。②

依据此计划，1936年10月24日至30日，红四方面军总部陈昌浩、徐向前，率领红三十军、红九军、红五军，约21800多人，在甘肃靖远的虎豹口，组织渡过黄河，企图在渡河后，与黄河东的红军主力，东西呼应，互相配合，协同向北攻取宁夏，打通通往苏联的道路，扩大陕甘宁根据地。

红军3个方面军的会师使蒋介石感到震惊。蒋介石认为，红军经两年的长征"西窜"，已经残破疲惫不堪，人数锐减，初到西北，立足未稳，"剿匪"已经到最后时刻，再经一战，两三个月就可奏功。10月16日，蒋介石下达进剿令。10月18日，兰州绥靖公署主任兼"西北剿总"第一路军司令朱绍良，向第一路军各部发布《"剿匪"计划纲要》，内称："本路军以歼灭会宁、静宁、通渭附近朱（德）徐（向前）等股匪之主力之目的，以第一军及三十七军由东、西方向夹击，而以第三军由南向北进击，求匪于该地而歼灭之。"③朱绍良指挥入甘的中央军嫡系部队，分为东、中、西3路，向会宁、静宁、通渭地区的红军大举进攻，其中以胡宗南指挥的第一路军第二纵队为东路军，从秦安一线进攻静宁，然后经海源、打拉池，向宁夏、陕北追击；以王均指挥的第一路军第一纵队为中路军，以关麟征的第二十五师为先头部队，进攻通渭，然后向

① 《中央及军委关于十月份作战纲领致朱德、张国焘并二、四方面军电》（1936年10月11日），中国工农红军第四方面军战史编辑委员会编：《中国工农红军第四方面军战史资料选编（长征时期）》，北京：解放军出版社，1992年，第813～814页。

② 徐向前：《历史的回顾》，北京：解放军出版社，1985年，第501～509页。

③ 南京国民政府军委会档，藏[南京]中国第二历史档案馆。

靖远地区追击，控制黄河渡口，阻止红军西渡黄河进入河西走廊；以毛炳文指挥的第一路军第三纵队为西路军，向会宁县城及其以西地区追击。

10月21日开始，第一路军的3路部队，同时向红军发动猛烈进攻。

10月22日，蒋介石飞到西安督战。

红四方面军总指挥徐向前回忆说："西北剿总"第一路军朱绍良的3路部队，"仰仗优势兵力和步步为营的战术，向我并进猛扑。攻势十分凌厉"①。其中，西路军毛炳文的第三十七军在飞机配合下，经过两天激战，于10月22日攻占毕家岭，23日进占会宁城，红四方面军阻击部队损失1000多人，红五军副军长罗南辉阵亡；

中路军王均的第三军，以及关麟征的第二十五师，在占领通渭城后，关麟征的第二十五师向靖远突击，于10月30日攻至黄河边，控制了黄河渡口，并一度占领了靖远以东约60华里的打拉池，切断了渡到黄河以西的红四方面军总部率领的红三十军、红九军、红五军，与黄河以东红军主力的联系；接着，该师迅速穿插到宁夏中卫与定远营，协同马鸿逵部，控制了红军北进宁夏的通道。

与西、中两路军的攻势凌厉相比，只有胡宗南的东路军进军迟缓谨慎，在占领静宁后，比中路军先头部队关麟征师落后了近两天路程。本来应属于胡部攻占目标的打拉池，也被关麟征部抢先占领。为此，关麟征得到蒋介石的来电嘉奖与奖金5万银圆。②胡宗南对此不能不受到刺激。

西北战场的形势迅速发生了严重的变化。由于国民政府军迅速控制了黄河渡口，切断了红军渡到黄河以西的部队与黄河以东红军主力的联系，同时加强了中卫与定远营的防守，控制了红军北进宁夏的通道，迫使中共中央在1936年11月上旬决定放弃宁夏战役计划，准备先集中力量击破南面的追击之敌。11

---

① 徐向前：《历史的回顾》，北京：解放军出版社，1985年，第508～509页。

② 姚国俊：《关麟征部在陕甘阻击红军回忆》，甘肃省政协文史资料委员会编：《甘肃文史资料》第5辑，第14页。

月8日，中共中央军委发布《作战新计划》："我宁夏计划暂时已无法执行之可能"，决定放弃，令黄河以东红军主力放弃豫旺以西的大块土地，经陇东退入陕北，机动作战，"求得在一两个战役下消灭敌之一部，争取休息与准备"，然后在12月上旬组成南路军、北路军，东渡黄河入晋，进行大规模战略转移；渡到黄河以西的部队则组织西路军，"在河西创立根据地，直接打通远方（按：指苏联）为任务，准备以一年完成之"[①]。但河东的红军主力在打拉池、麻春堡、关桥堡等地多次设伏，企图诱歼胡宗南等部，均因故未能达到目的。11月12日，红军逐步从同心城、李旺堡一线东移，于11月15日撤至萌城、甜心堡、石堂岭、豫旺堡一线休整待机。

而在后面追击红军的国民政府军各部队去向不一：关麟征的第二十五师已穿插到宁夏中卫与定远营；毛炳文的第三十七军准备西渡黄河，协同青海马步芳军，追剿红军西路军；王均的第三军，因王均在11月8日飞机失事死去，由曾万钟升任军长，在进占同心城后，暂停前进；在平凉、固原一带的东北军第六十七军王以哲部，因已与红军达成秘密协议，行动消极。

只有胡宗南指挥的以第一军为核心的第二纵队，因以前进军谨慎迟缓，战功平平，现在看到红军一路向东退却，以为红军已被击败、企图逃回陕北根据地，遂一改以前的谨慎态度，在占领同心城后，即分路向豫旺堡一线红军追击。胡宗南根据蒋介石的指示，企图沿甘、宁交界地区，向东疾进，直插定边、盐池，威逼陕北红军根据地中心、当时中共中央所在地的保安，并与在陕北的李仙州、高双成等部配合，夹击歼灭红军。在追击途中，胡部第一军第一师第一旅李正先部的第二团团长、黄埔三期生杨定南被红军的冷枪打死。

当时，胡宗南召集全军连长以上的军官训话，将他对红军的错误估计告诉部属，说："共军由南到北，已是精疲力竭，弹尽粮缺，而且人员损失大半，已成惊弓之鸟，没大力量了。乘此他们跑得不远的机会，只要我们一刻不放松

---

①《中央提出作战新计划》（1936年11月8日），中国工农红军第四方面军战史编辑委员会编：《中国工农红军第四方面军战史资料选编（长征时期）》，北京：解放军出版社，1992年，第874～875页。

地穷追，一定把当面这股共军消灭在黄河东南地区"①。

胡宗南的轻敌冒进、孤军突出，正好给擅长伏击围歼战的红军创造了战机。

红军虽艰苦转战，但战斗力仍很强。1936年11月15日，在陕北保安的中共中央军委致电前线红军将领朱德、张国焘、彭德怀、贺龙、任弼时等，指示："敌占豫旺后，有继续追击可能"，红军从豫旺堡东撤后，"应于豫旺、洪德城间各个击破该敌。……以洪德城为中心，豫旺、盐池、环县之三角地区，最利于我们作战"，在这里设伏。红军主力"应即在豫旺县城以东，向山城堡迅速靠近，集结全力，准备打第一仗，消灭敌之北路纵队。"②北路纵队就是胡宗南的第二纵队。

从11月16日起，红军前线各部队即向山城堡南北地区运动、隐蔽集结，待机歼敌。红军动员了刚会师不久的3个方面军的主力参战，以彭德怀为前敌总指挥部总指挥，刘伯承任前敌总指挥部参谋长，以红一方面军第一军团、第十五军团和红四方面军的第四军、第三十一军，集结于山城堡南北地区，隐蔽待机；以红二十八军在红井子一带，钳制国民政府军第一师第一旅；以红二方面军第六军团和红一方面军第八十一师在洪德城、环县以西，迟滞东北军；以红二方面军主力集结于洪德城以北地区，为预备队。

为实施此次战役，红军集结了3个方面军中许多能征善战的将领，除前敌总指挥部总指挥彭德怀、前敌总指挥部参谋长刘伯承外，红一方面军的主力红一军团，因军团长林彪调任红军大学校长，代军团长为左权，此人是胡宗南的黄埔军校一期同学，红一军团政委为聂荣臻，曾任黄埔军校政治教官，红一军团下辖的红一师师长陈赓，也是胡宗南的黄埔一期同学；红十五军团的军团长徐海东，政委程子华；红四方面军的第四军军长陈再道，政委王宏坤；第三十一

① 彭竹林：《国民党第一师追击堵截长征红军的经过》，陕西省政协文史资料委员会编：《陕西文史资料》第20辑，第167页。

② 《中共中央军委主席团致朱德、张国焘、彭德怀、贺龙、任弼时电》（1936年11月15日），中国工农红军第四方面军战史编辑委员会：《中国工农红军第四方面军战史资料选编（长征时期）》，北京：解放军出版社，1992年，第1046页。

军军长肖克，政委周纯全；红二十八军军长宋时轮，政委宋任穷；红二方面军第六军团军团长陈伯钧，政委王震。中共中央军委副主席周恩来以及杨尚昆等人，也赶到前线，与红军总司令朱德、红军总政委张国焘会合，负责协调和后勤。据后来的史料统计，在中共开国的十大元帅中，有5位与山城堡战役结缘，他们是朱德、彭德怀、贺龙、聂荣臻、刘伯承；开国10位大将中，有4位参加过山城堡战役，他们是徐海东、陈赓、黄克诚、肖劲光；开国57位上将中，大约有30位直接或间接参加了山城堡战役，他们是肖克、杨得志、杨成武、肖华、李天佑、杨勇、宋时轮、宋任穷、王震、韩先楚、邓华、陈再道、陈锡联、王宏坤等；在开国中将177位中，三分之一参与了山城堡战役，张震、王近山是其代表；开国少将有1360位，约200位以上参加了山城堡战役，如魏红亮、邓克明等，另外还有1964年晋升少将的王茂全等。

山城堡位于甘肃省东北部，环县以北，洪德城和甜水堡的中间地带，离县城约60华里。这里已经是陕甘宁苏区的西部边缘，川原相交，六水汇流，沟壑纵横，地形复杂，很便于大部队设伏；而且这一带的地面水与地下水，都苦涩不能饮用，自然条件极其恶劣，只有山城堡有一股笔孔大的泉水可以饮用，因此红军断定胡宗南部必会占领驻扎此地，决定在此设伏围歼。彭德怀命令以红一方面军部队为主攻，红四方面军部队任预备队，红二方面军部队在南部阻击敌援军。

1936年11月17日，胡宗南在占领豫旺堡后，将所部4个师分为3路，从豫旺堡向定边、盐池一线追击前进：左路为第一师第一旅李正先部，向宁夏南部的灵武县惠安堡、大水坑前进；中路为第一师第二旅詹忠言部，向萌城、甜水堡前进；右路为第七十八师两个旅，由西田家塬向山城堡前进。另以第九十七师孔令恂部与第四十三师周祥初部为第二梯队，在后跟进。

在11月17日当日，中路第二旅詹忠言部进至萌城以西地区，就遭到红四方面军第四军、第三十一军的伏击。这次伏击，红军是利用平地之间的深沟作掩护。当詹旅前卫第三团刘超寰部进抵两道深沟之间时，隐伏的红军突然发动袭击，封锁前后两道沟口，以一部兵力牵制后面的旅部与第四团李友梅部，而以主力围歼刘超寰团。团长刘超寰一开始就被击伤腿部，官兵伤亡数百人。但该团是胡宗南部的精锐，战斗力强，在一度慌乱后，终于稳定下来。中校团副陈鞠旅代替团长指挥，命令各营将重机关枪集中由营长掌握，轻机关枪集中由连长掌握，统一使用，集中火力；步枪兵则准备好刺刀、手榴弹，等待白刃肉搏；并令各连、排长带领士兵呼喊口号："第一师不打败仗！第一师不当俘虏！共军抓住第一师官兵要活埋！"借以鼓舞士气。[①] 经过激烈的肉搏拼杀，到黄昏时红军退去。该团与第四团共伤亡600多人，却未被红军全歼。

但胡宗南并不以第二旅中伏为失败，相反，他认为自己部队战斗力强，红军已是不堪一击。恰在这时，胡宗南接到蒋介石在11月18日的来电，催促他率部速向定边、靖边"进剿"。蒋介石在电文中说："弟部到达定边后，应即派队至安边（与八十六师高双成部）联络，即可向靖边'进剿'。"蒋介石并告诉胡宗南：第二十一师李仙州部在陕北东部建筑封锁线，"自横山经石湾、安定、瓦窑堡、清涧至延川一带，已筑成封锁线，'匪'不能东窜，横山阵地亦甚坚固"[②]，要胡部迅速向前进逼，与李仙州、高双成等部前后夹击，摧毁陕北中共根据地。因此，胡宗南下令，调第二旅到后方休整，以第四十三师周祥初部接替中路，各路追击部队继续向东追击前进，气焰颇盛。

1936年11月20日，胡宗南部左路第一旅李正先部进占红井子，第九十七师孔令恂部跟进至大水坑；中路第四十三师向保牛堡前进；右路第七十八师丁德隆部进至山城堡、小台子、凤台堡一线。

山城堡一线，正是红军以主力设伏的所在地。

11月20日，第七十八师先头部队第二三二旅廖昂部先行进入山城堡，发现这一带"居民逃避，十室九空，给养柴草，无处购买，而地区辽阔，人烟

① 彭竹林：《国民党第一师追击堵截长征红军的经过》，陕西省政协文史资料委员会编：《陕西文史资料》第20辑，第167～168页。
②《蒋委员长致胡军长宗南电》（1936年11月18日），秦孝仪主编：《革命文献》第94辑《西安事变史料》上册，台北："中央"文物供应社，1983年，第64页。

稀少，道路困难，后方兵站又不能追送，前方部队时虞断炊，实以严重问题也"①。而且这一带饮水奇缺，只有山城堡虽住户很少，却有一股笔孔大的泉水，在这干旱地区极为难得。廖旅当晚住山城堡休整。

1936年11月21日，第七十八师的后续部队第二三四旅李用章部也有部分军队开入山城堡。

这天中午时分，正当廖昂旅准备开拔继续向前追击时，突然发现红军大部队正从东、南、北三面向山城堡运动接近，有包围山城堡的态势。廖昂立即下令各部准备作战。他发觉山城堡地形不利，想让全旅后撤至曹家阳台山地固守。但廖旅第四六四团团长晏俭反对。晏俭，江西修水人，黄埔四期毕业，跟随胡宗南征战多年，争强好胜。廖昂虽为旅长，却缺乏主见与果断，对是否转移阵地因晏俭的反对而迟疑不决。约下午2时，红军向山城堡发动了猛攻，并迅速完成了对山城堡至哨马营地区的压缩包围。廖旅队伍大乱，伤亡严重。廖昂与两个团长晏俭、徐保指挥所部拼命抵抗，方将阵地稳定下来。激战至黄昏时分，廖昂方下令部队从山城堡向曹家阳台山地撤退，凭借山上工事顽抗。山城堡遂为红军占领。

第七十八师师长丁德隆听到廖昂旅在山城堡被红军主力围攻的消息，急忙派遣李用章旅第四六八团谢义峰部赶来增援。丁令廖旅与谢团配合，在阵地上坚守一夜，候明天天明胡宗南所派援军赶到，再行反攻。

然而，未等第二天天明，廖昂旅当夜就遭到红军歼灭性的攻击。这夜夜色漆黑一团。擅长夜战与近战的红军乘黑暗掩护，冲入廖旅阵地，勇猛穿插分割与肉搏拼杀。廖旅官兵在开始还抵抗一阵，很快就全部瓦解，向山腰溃退逃跑。当时参加这场夜战、担任主攻的红一军团红一师十三团政委魏洪亮回忆说："胡宗南的所谓'精锐'，白天打阵地战还有一套，可是，夜战碰上红军

---

① 《第一军第七十八师丁德隆部在甘宁等地堵截红军诸战役战斗详报（1936年10月至11月）》，南京国民政府军委会档，转引自中国工农红军第四方面军战史编辑委员会编：《中国工农红军第四方面军战史资料选编（附卷4）》，北京：解放军出版社，1992年。

这些夜老虎，他们就绵羊也不如了。特别是被冲垮以后，兵离了官，官没了兵，完全变成了散沙一把，乱石一堆。有的士兵知道红军的俘虏政策，跑一阵，跑不动了，干脆找个坑蹲起来；有的夹在人群中，呼吁奔跑，不知天南地北。天亮，一看全是红军，把枪一丢，一屁股坐下去，不动了。……所有的俘虏兵，个个脸发白，嘴唇出血，他们除了惊吓以外，据说是两天多没喝一滴水了。"①

经过一夜战斗，到11月22日上午9时左右，战斗结束。廖昂旅几乎全部被歼，团长晏俭阵亡，只有廖昂、徐保带少数人突围逃脱；李用章旅也损失严重。第七十八师的大量武器弹药为红军缴获。战后，第七十八师的战报承认："此战损失极重，混乱不堪，以现计，约损失三分之二以上。"②

与此同时，胡宗南部左路第一旅李正先部在行至大水坑地区也遭到红二十八军的有力阻击，被迫向后撤退。

胡宗南听到山城堡的败讯后，被迫令各路追击部队暂停前进，向后收缩，撤退至大水坑、萌城、甜水堡以西地区。

山城堡之败是胡宗南从军以来，特别是从1930年年底担任第一师师长以后，第一次遭受的沉重打击。过去他参加东征、北伐、新军阀内战与"围剿"红军，多是扮演战胜者的角色，好像"天下无敌"，助长了他骄傲自负的情绪；即使在松潘草地拦截红军，包座失利是他指挥的杂牌部队所造成的。而这次山城堡之败，则无可置疑地是胡宗南多年培训与指挥的第一军嫡系部队整个旅的完全覆没。而且，这又是胡宗南在数月前升任第一军军长后遭到的当头一棒。胡宗南感到这是他与第一军的奇耻大辱，为此痛心疾首，闷闷不乐多日。

胡宗南令全军收缩集结于惠安堡、同心城一线，进行整训。胡给第七十八

---

① 魏洪亮：《夜战山城堡》《解放军报》（北京）1975 年 12 月 4 日，第 3 版。
② 《第一军第七十八师丁德隆部在甘宁等地堵截红军诸战役战斗详报（1936 年 10 月至 11 月）》，南京国民政府军委会档，转引自中国工农红军第四方面军战史编辑委员会编：《中国工农红军第四方面军战史资料选编（附卷 4）》，北京：解放军出版社，1992 年。

师师长丁德隆与第二三二旅旅长廖昂以撤职处分，升任原第一师副师长李文为第七十八师师长，任命周士冕接任第二三二旅旅长。

蒋介石则把山城堡之败，归罪于与胡宗南第一军协同作战的东北军头上，对张学良严厉斥责。這使得处于观望状态的张学良与蒋介石的矛盾加剧，加快了策划"兵谏"的步伐。

（四）在西安事变中的"主和派"

胡宗南在山城堡丧师失利以后，将属下各部西撤到惠安堡、豫旺堡、韦州、同心城一线，进行休整补充。南京军政部派容克飞机专门为胡部投送子弹和食物等给养物资。

这时，全国形势急剧发展。在胡宗南部于11月22日在山城堡失利后的两天，11月24日，国民政府晋绥军傅作义部在绥远百灵庙战役中取得抗日重大胜利。在这种形势下，蒋介石一方面，派遣陈诚到太原，与阎锡山筹划，乘胜出兵进袭察北日伪军；另一方面，他本人于12月3日再次飞到西安，住郊区临潼华清池，督促"西北剿总"副总司令张学良加紧"进剿"陕北红军，准备于12月12日颁发第二次进攻红军的命令。12月上旬，陈诚、蒋鼎文、卫立煌、朱绍良、钱大钧、蒋作宾等军政大员云集西安。当时西安城里风传，蒋介石为贯彻剿共决策，准备发表蒋鼎文为"西北剿总"的前敌总司令，卫立煌为"陕甘绥宁四省边区总指挥"，陈诚以军政部次长名义，指挥绥东中央军各部队。[①]显然，这是蒋介石不满意"西北剿总"副总司令张学良"剿共"不力而准备采取的一些措施。

而在这同时，张学良与杨虎城经过多日的酝酿与准备，正加紧策划与实施在西安发动兵变，扣押蒋介石与其他国民党军政大员，胁迫他们答应张学良与杨虎城的要求。

---

①《蒋介石致陕西省政府主席邵力子密函》（1936年12月9日），中国社会科学院现代史资料室编：《西安事变资料》第一辑，北京：人民出版社，1980年，第10～11页。

张学良（左）与杨虎城（右）

远在甘、宁边界同心城与惠安堡的胡宗南，全然不知道西安城紧张而微妙的局势，更没有感觉到一场震惊海内外的事变即将发生。他只是全力执行蒋介石与"西北剿总"下达的军事"剿共"计划。山城堡丧师失利后经休整补充，约10天时间，在1936年12月初，胡宗南又奉令率军向红军发起进攻追击。

当时，胡宗南率所部第一军4个旅为左路，向盐池、定边前进；毛炳文的第三十七军与曾万钟的第三军为中路，向吴起、保安前进；东北军王以哲的第六十七军等部为右路，向华池方向前进，①企图三路合击，与陕北东部的汤恩伯第十三军之第二十一师李仙州部及陕西地方部队高桂滋部等配合，围歼陕北红军总部。

正当胡宗南率军向陕北进击时，12月12日，他突然接到西安张学良电示：所有"剿共"部队停止待命。胡宗南感到十分惊诧与疑虑。接着，他又接到部下报告：第一师第三团遭到西安空军的袭击。到12月13日，他才从宁夏马鸿逵与驻甘其他中央军部队来电中得知：12月12日，张学良与杨虎城在西安联合发动兵变，扣押了在西安的蒋介石与中央军政大员陈诚、陈调元、卫立煌、蒋鼎文、钱大钧、蒋作宾等人及陕西省政府主席邵力子，并发表八项声明，要求改组南京国民政府，停止一切内战，释放一切政治犯，开放民众爱国运动等。不久，胡宗南又得到报告，胡部第一军留在兰州的西北补充旅两个团，亦为东北军于学忠部第五十一军武力包围缴械，蔡、徐两位团长及部分官兵，因抗拒缴械进行抵抗而被打死。

胡宗南得到西安事变的消息，大为震惊。他既为蒋介石的生命安全百般担

① 彭德怀：《彭德怀自述》，北京：人民出版社，1981年，第217页。

心，抱头大哭不止，又对张、杨劫持"领袖"的"叛逆"行为颇为愤恨。他尤其对自己部队的行动感到为难：若立即回师进攻西安，则不仅要受到东北军的阻击与红军的夹击，而且可能危及蒋介石的生命；若原地待命，则东有红军威胁，南有东北军敌对，北有宁夏马鸿逵部队，在这动乱危急之际，难以信任。胡宗南痛苦不安，"不吃饭，不会客，终日在屋内转"[①]。

后来形势逐渐明朗。胡宗南也与南京军政部、黄埔系将领的核心组织力行社以及在陕甘宁地区中央军各部队将领取得了无线电讯联系。胡宗南了解到，南京国民政府的军政大员们在如何处理张、杨事变上，发生了重大分歧：以戴季陶、何应钦为代表的大多数人力主武力讨伐，并明令褫夺张学良本兼各职，"交军事委员会严办"；蒋介石的夫人宋美龄与宋子文、孔祥熙、李烈钧、冯玉祥、孙科等人则为蒋介石的安全担心，主张与西安方面和平谈判解决事变。宋美龄派澳大利亚籍顾问端纳飞赴洛阳转西安，利用其与张学良的友好关系，先期看望蒋介石。

胡宗南还了解到，在南京的黄埔系青年将领们意见也不一致：以邓文仪、贺衷寒、桂永清为首的一些人主战，拥护与支持何应钦出兵"讨逆"，向西安进攻；戴笠与郑介民等人则遵从宋美龄、宋子文的意图，以保全蒋介石的生命为第一要义，因此，不能轻易出兵动武，而应先派代表与张、杨和平谈判。

蒋介石致何应钦的关于停止轰炸的信函

---

① 王应尊：《在第二次国内革命战争时期胡宗南部"追剿"红军的概况》，陕西省政协文史资料委员会编：
《陕西文史资料》第 20 辑。

胡宗南是黄埔系青年将领的首领、力行社的首要骨干，又在西北握有重兵，离西安与兰州较近，因此特别受到南京各方面的注意与重视。何应钦给胡宗南发来电令，要胡的第一军今后行动直接与何取联络，目前应先由现地出发，向驻固原之东北军进迫并严密监视。而主和派首领宋美龄、宋子文等对胡宗南更是抓紧不放，通过胡的密友戴笠与胡密切联系，传达指示。据戴笠的副手、当时担任复兴社书记的郑介民说：

> 复兴社开不成会，主战主和争吵不休。贺衷寒、邓文仪等主战。特别是握有实力的桂永清迷信他的德械装备，率领一个教导总队，已经擅自向洛阳出动，一切以何老总（按：指何应钦）之命是听。老戴和我以宋部长、蒋夫人意图，逐日与胡宗南在电台上保持联系，决不允许轻举妄动，救校长要救活的，用兵则有死无生，谁也不能胡干，出此下策。①

胡宗南的看法与宋美龄等主和派不谋而合。胡宗南是一位较有政治头脑的国民党军将领，与蒋介石的关系又特别深，深知凭武力讨伐，不仅不能使西安方面屈服与释放蒋介石，而且可能逼使张、杨顽抗到底、走上联合红军对抗南京政府的道路，这样，蒋介石的生命必不能保，全国内战也将扩大。胡宗南想到不久前刚收到的周恩来密信，认识到内战扩大只能使亲者痛、仇者快，只能有利于日本侵略者；现在，胡宗南又得到宋美龄等的指示，因而更倾向主和了。

1936年12月14日，以胡宗南领衔，黄杰、李默庵、孙元良、李延年、贺衷寒、邓文仪等275名黄埔系青年将领并"代表全体七万余同学"，发出了《忠告张学良电》与《告袍泽书》，一方面声称蒋介石"为我全国唯一之领袖，亦我国家生存所托命，委座之革命意志及其精神，久已普及于全国爱国同胞之脑筋，尤深刻灌注于吾军校同学每一个及全体将士之血液，此决非任何恶劣势力

---

① 文强等：《复兴社在西安事变中分成和战两派》，全国政协文史资料研究委员会编：《西安事变亲历记》，北京：中国文史出版社，1986年，第282页。

所得而劫持。"另一方面又对张、杨发出武力威胁:"执事试自审地位力量,究有几何?"要求张、杨绝对保证蒋介石安全,"万一委座稍有差池,则吾全体同学誓必不顾一切,悉力以赴,决不与执事及与执事有关任何个人共戴天日于此世。"① 在忠于蒋介石与急于营救蒋介石出险这一点上,胡宗南与整个黄埔系是保持一致的。由于黄埔系是当时国民政府军中最强有力的军事力量,因而胡宗南领衔发出的这两份电文在全国产生了很大的影响。当时的一位著名学者傅斯年说:"最有力量安慰的人是青年将领的表示,他们的积极的迅速的有步伐的行动是保持蒋公安全、维护中国全局的主要因素。"②

但在12月14日同一天,胡宗南又参与列名以刘峙领衔的38位国民党军领兵将领的《箴劝张学良、杨虎城电》,在要求张、杨释放蒋介石回京时,提出:"任何问题,无不可从长讨论,尽量采纳,见诸实施。"③ 这种明显倾向和平谈判的态度,是与主战派有很大区别的。

胡宗南在行动上,也对军事讨伐张、杨持消极态度,驻军惠安堡、同心城一线,一直按兵不动。胡宗南还给驻军宁夏中卫与定远营的第二十五师师长、黄埔一期同学关麟征去电,希望胡、关两部协同行动。他在电文中向关提出两部应付西安事变的上、中、下三策:上策是两部就近占领一块根据地,如宁夏,站稳脚跟,静观形势,等待南京与西安的谈判结果,再图大举;中策是两部从宁、甘边界向甘肃境内友军第三军曾万钟部与第三十七军毛炳文部靠拢,配合全国黄埔系将领出兵讨伐张、杨;下策是以胡、关两部为主力,配合宁夏马鸿逵军,立即向西安进攻。④ 很明显,胡宗南是主张"上策",而不主张下策的。

---

① 《胡宗南等等275名黄埔系青年将领忠告张学良电》《胡宗南等等275名黄埔系青年将领告袍泽书》,秦孝仪主编:《革命文献》第94辑《西安事变史料》上册,台北:"中央"文物供应社,1983年,第372~373页。
② 秦孝仪主编:《革命文献》第95辑《西安事变史料》下册,台北:"中央"文物供应社,1983年,第79页。
③ 《刘峙等38位将领箴劝张杨电》(1936年12月14日),秦孝仪主编:《革命文献》第94辑《西安事变史料》上册,台北:"中央"文物供应社,1983年,第375页。
④ 覃异之(时任关麟征部团长):《伪二十五师在甘肃阻击红军和"双十二"事变后的关麟征与胡宗南》,甘肃省政协文史资料委员会编:《甘肃文史资料》第5辑,第23页。

但关麟征却是个强烈的主战派，力主立即出兵进攻西安讨伐张、杨。他回电答复胡宗南说："兄之下策，即弟之上策也。尊意以为如何？"胡宗南自然不同意关的意见，再次去电向关详细说明不能立即出兵进攻西安的理由，指出这将危及他们的校长蒋介石的生命。胡宗南在电文中颇动感情地对关呼吁："校长处于危险之中，雨东，雨东（关的别号）！何去何从……"没想到关麟征看了这封电文大为恼火，立刻复了胡宗南一封很长的电报，坚持立即出兵讨伐张、杨，还对胡宗南反唇相讥，说："校长乃全体同学之校长，非兄一人之校长。弟爱校长，急于拯救校长脱险，并不亚于吾兄。"[1] 关麟征丢开胡宗南，准备引所部从宁夏南下，同时发电报令归他指挥的驻甘肃东部秦安的第四十九师师长李及兰、副师长余程万，与驻陕南汉中的第五十一师师长王耀武，先行向宝鸡一线集结，他本人拟乘飞机到宝鸡指挥这两个师向西安进攻，迫使张、杨释放蒋介石。

胡宗南继续按兵不动。他认为关麟征等主战派的行动莽撞，不仅不能救蒋介石，反而会害了蒋介石。胡宗南与第一军副军长范汉杰、参谋长於达及原第一师副师长，后调任第七十八师师长李文等协商，认为张学良东北军主力王以哲的第六十七军驻扎在甘肃平凉、固原一带，"如使其不得东归，张必有所顾虑"，乃令第七十八师李文部绕驻瓦亭、平凉、泾川一线，堵其东南去路；胡宗南本人亲率第一师（胡兼师长）进驻黑城镇，对王以哲部取钳形包围态势，监视其行动。[2] 同时静待南京消息。

1936年12月16日晚，胡宗南接到南京"讨逆军总司令"何应钦的来电，告知已派刘峙为讨逆军东路集团军总司令，顾祝同为讨逆军西路集团军总司令，从东、西两面发兵夹击西安。胡宗南部隶属顾祝同的西路集团军。接着，顾祝同也来电，要胡宗南统一指挥第一军与关麟征的第二十五师、曾万钟的第三

_____

① 姚国俊（时任关麟征师参谋长）：《关麟征部在陕甘阻击红军的回忆》，甘肃省政协文史资料委员会编：《甘肃文史资料》第5辑，第17页。

② 胡上将宗南年谱编纂委员会编：《胡上将宗南年谱》，沈云龙主编：《近代中国史料丛刊续编》第49辑488册，台北：文海出版社有限公司，1978年，第76页。

军、毛炳文的第三十七军等部，向西安
进击。在这种情况下，胡宗南才率所部
出发，但行军迟缓而谨慎。胡宗南为与
关麟征解释前嫌，特派副官处长王应尊
持其亲笔函，到海原关麟征处联络。关
麟征送胡宗南良马两匹，表示友好。

宋子文

南京国民政府在12月16日明令对
张学良、杨虎城讨伐，"讨逆军"东、
西两路军向西安进逼的同时，根据"正
面处置严正，营救则多方运用"[1]的原
则，于12月22日又派遣宋子文、宋美龄
等人偕同澳籍顾问端纳飞到西安，与张学良、杨虎城及中共代表周恩来进行正
式谈判。

在12月23日的谈判中，周恩来代表中共提出六项主张，要求停止内战；中
央军撤至潼关以东；改组南京国民政府，肃清亲日派，加入抗日分子；给共产
党合法地位等。张学良、杨虎城支持周恩来的主张。他们在要求改组南京国民
政府时，对力倡武力讨伐西安、担任"讨逆军总司令"的军政部长何应钦都非
常厌恶，称之为"亲日派"头目，心欲去之。

宋子文同意改组南京国民政府。因为要和平解决西安事变，实现全国团
结抗日，释放蒋介石回南京，则改组南京中央政府，去掉西安方面憎恶的一些
"亲日派"，换上一些各方都满意的人物进入政府，是必不可少的一个条件。
何应钦是西安方面要求去职的第一人，那么由谁来代替何应钦出任军政部长、
掌握全国军事指挥大权呢？这必须是一个既有军事资历与军事实力、又为南
京、西安与中共等几个方面都能接受、都能看重的人物。

宋子文在谈判中提出由严重或胡宗南接任军政部长。

---

①《西安事变档案资料选辑》，《历史档案》（北京）1981年第1期。

据周恩来在12月23日当夜从西安发给陕北保安中共中央的电报记载：

> 宋提议先组织过渡政府，三个月后再改造成抗日政府。目前先将何应钦、张群、张嘉璈、蒋鼎文、吴鼎昌、陈绍宽赶走。推荐孔祥熙为院长，宋子文为副院长兼长财政，徐新六或颜惠庆长外交，赵戴文或邵力子（张、杨推荐）长内政，严重或胡宗南长军政，陈季良或沈鸿烈长海军，孙科或曾养甫长铁路，朱家骅或俞飞鹏长交通，卢作孚长实业，张伯苓或王世杰长教育。①

宋子文之所以提严重长军政部，是因为他是国民党内资深望重的老一辈军事将领，曾是黄埔军校的教官，陈诚的长官，在大革命与北伐时期任第二十二师师长，与中共方面有良好的关系，在大革命失败后受蒋介石排挤，脱离军界多年。

宋子文之所以提胡宗南长军政部，则因为胡是黄埔系的首领，国民党年轻一代将领的代表，既是蒋介石特别信任与宠爱的学生与部下，又为共产党方面所看重，尤其是他在西安事变发生后，一直通过戴笠与宋子文、宋美龄保持密切的联系，支持两宋与张、杨和平谈判解决西安事变、营救蒋介石脱险的方针，因而深受宋子文与宋美龄的赏识。

宋子文的建议后来因为种种原因没有能实现。但从中我们可以看到，在这次重大政治事件中，胡宗南在全国政局中日益重要的地位：他成了被国内几种政治力量都看重的人物，成了中央政府军政部长的人选。他已从军事进入政治，成为一个政治地位不断上升、政治影响不断扩大的新星。

西安事变终于和平解决。1936年12月25日蒋介石由张学良亲自护送回南京。

---

① 周恩来：《周恩来选集》（上卷），北京：人民出版社，1980年，第71页。

蒋介石与西安事变中的随行人员合影

但蒋介石回到南京后，形势变化。蒋介石一方面扣留了张学良，于12月31日将其送交高等军事法庭会审；另一方面不仅不从陕甘地区撤出胡宗南等中央军，反而在1937年1月初，集中了近40个师的中央军部队向西安进逼，企图以"政治为主，军事为从"的策略解决西北问题。蒋介石任命顾祝同为军事委员会西安行营主任，代表他指挥5个集团军围攻西安：第一集团军以顾祝同兼任总司令，集中于西安以东华阴、华县一线；第四集团军以陈诚任总司令，部署在渭河以北；第五集团军以卫立煌任总司令，部署在陕南商、洛方面；第二、三集团军分别以蒋鼎文、朱绍良为总司令，部署在西安以西，威胁在甘肃的东北军，并从西面向西安进逼。——形成了从东、北、南、西四面包围进逼西安的军事态势。

胡宗南的第一军隶属于朱绍良的第三集团军，奉令从甘肃东部向陕西关中推进。不久，因1937年2月2日西安的东北军发生内讧，形成二二事件，顾祝同直接指挥的东路中央军于1937年2月8日得以进驻西安。杨虎城部被迫移往三原。东北军各部则陆续被调往豫、皖两省缩编。胡宗南率第一军从宝鸡入驻凤翔。这时，从潼关到宝鸡的陇海铁路沿线关中地区，全部被中央军控制。

（五）移驻徐海，对日备战

1937年2月西安事变解决后，胡宗南率所部第一军从关中回驻陇东，分驻平凉、泾川、静宁各县，一方面筹集粮草，另一方面对军队作短期训练。在这期间，黄杰奉命宣慰驻西北的部队，来看胡宗南。当时天气异常寒冷，黄杰看到胡宗南"住在一个窑洞里，既未著皮衣，也未生火，手上、脸上都冻得红肿发烂"，就埋怨胡"为什么不加衣，不生火"，胡宗南回答说："弟兄们享受不到的，我也不要享受，今天是需要我们上下一致来克服困难，身体发肤的受煎熬，算不了什么"。[1] 能与部下官兵同甘苦，这是胡宗南带兵治军的一个特点，也是他的优点。

1937年4月，因日本侵华加剧，中日关系日趋紧张，胡部奉命东移徐州、海州（今连云港）一带，守备苏北海防与徐州战略要点，接替原驻徐州的第二师郑洞国部与驻海州的税警总团黄杰部；同时武装监视从陕甘东移进驻豫、皖、苏一带的东北军进行整军缩编。

1937年4月27日，南京国民政府行政院会议决定：在开封设立"豫、皖、苏军事整理委员会"，以刘峙、于学忠、王树常、商震、陈诚、胡宗南等人为委员，刘峙为主任委员。[2] 对开抵河南、安徽与苏北的东北军，按南京军委会的规定进行整军缩编，东北军被整编为5个军，分属不同绥靖区。从此东北军再也不能成为一个独立的政治武装集团。

1937年5月初，胡宗南率第一军主力抵达徐州。军部及第一师驻徐州近郊九里山营房，一部开往海州；第七十八师驻豫东归德（今商丘），担负海防与津浦、陇海两铁路干线的警备任务。只留西北补充旅，仍留驻兰州，归兰州绥署主任朱绍良节制指挥。

胡宗南利用驻军徐州之机会，对第一军编制机构进一步调整充实，加强控

---

① 黄杰：《我与胡宗南将军》（1962年撰），杜元载主编：《革命人物志》第11集，台北："中央"文物供应社，1973年，第55页。

② 《中央日报》（南京）1937年4月28日。

制。因为上一年9月第一师刚扩编为第一军，编配未竟，就奉命匆匆入甘，以致军部未能成立，仅以第一师师部兼军部指挥机构，胡宗南以第一军军长兼第一师师长。这次调整充实，胡宗南乃辞去第一师师长兼职，专任军长，并新成立了第一军军部，同时对各师、旅长官也作了一些调整。

新的第一军军部主官编制如下：

军长胡宗南，副军长范汉杰。参谋长於达。

军部参谋处处长胡长青，副官处处长袁杰三，军需处处长蔡翎祺，特别党部书记长沈上达。

军下辖两师，每师辖两团。

第一师。胡宗南辞去第一师师长后，其职由李铁军继任，原第一旅旅长李正先升副师长，旅长由刘超寰升任，下辖第一团团长王应尊，第二团团长杨杰。原第二旅旅长詹忠言调任为师参谋长，由曹日晖升任第二旅旅长，不久改为严明，下辖第三团团长陈鞠旅，第四团团长李友梅。

第七十八师。原师长丁德隆因山城堡失利去职，由原第一师副师长李文接任，副师长仍为罗历戎，参谋长仍为吴允周。下辖第二三二旅，原旅长廖昂亦去职，由周士冕继任；第二三四旅，旅长仍为李用章。下辖的4个团长，只有晏俭在山城堡战役中阵亡，以文于一继任，其余许良玉、谢义峰、徐保仍旧。

胡宗南率部驻防徐州时，国内因西安事变的和平解决与国共第二次合作的逐步形成，国内各派力量团结合作共同抵御外侮的局面即将出现。

在这同时，日本军国主义对华侵略进一步加剧。在这时期，日本军阀与政府将侵略重点继续指向华北。一方面，他们迫使中央军撤出冀察平津地区，策动驻扎这里的第二十九军宋哲元部实行所谓“华北中立化”；另一方面，他们不断加强驻华北的军事力量。1937年6月4日，近卫文麿以贵族的身份与军阀、财阀的支持，出任日本首相，受命组阁。日本朝野上下更发出了一派疯狂的侵华叫嚣。中日关系日益紧张。当时美国驻北平记者拉铁摩尔说：“这太像1931

宋哲元

年了，……我们怕又要见到一个九一八呢！"①

胡宗南是个有政治头脑的军人。关注政治形势，从政治着眼进行军事准备，是胡宗南治军带兵的一个重要特点。他过去率军入甘驻军天水，为准备与红军作战，就加紧部队的山地作战训练。现在他看到日本向中国步步紧逼，十分愤慨，"尝以不得参与淞沪、长城作战为憾，至徐州后，官兵习闻日本侵我种种暴行，极为愤慨，对宋哲元冀察中立化，尤为憎恶，敌忾心特强"②。胡宗南认识到"中日必出于一战"③，而他的第一军在近4年来，一直驻在西北对红军作战，从未与日军交过锋，缺乏对日军作战经验与知识，就积极进行与日军作战的训练与准备。

一天，胡宗南询问第七十八师参谋长吴允周，日军侵华，势难幸免，对日作战，有何意见？吴允周是黄埔三期、陆大十期毕业，1935年在南京军委会参谋本部一厅任上校股长，忠勤苦干，被胡宗南力邀，于1936年8月，胡宗南驻军长沙时，到胡部任职，初任参谋处处长，后任第七十八师参谋长。吴允周有多年的军事参谋经验，回答说："对内征剿匪逆与国际战争，迥然不同，且本军连年作战屡建奇功，致兵骄将悍，似太大意，对于新的军学犹未及时补修，是其最大缺憾，深恐与日军交垒时，必多吃亏之处，最好开办短期训练，以资补救。"胡宗南"大善所言"，因为这与胡宗南一贯重视训练教育的治军思想

---

① 曹聚仁、舒宗侨编著：《中国抗战画史》，上海：联合画报社，1947年，第65页。

② 胡上将宗南年谱编纂委员会编：《胡上将宗南年谱》，沈云龙主编：《近代中国史料丛刊续编》第49辑488册，台北：文海出版社有限公司，1978年，第80页。

③ 胡上将宗南年谱编纂委员会编：《胡上将宗南年谱》，沈云龙主编：《近代中国史料丛刊续编》第49辑488册，台北：文海出版社有限公司，1978年，第80页。

吻合，又切合当时的现状，因而立即指示吴允周："速拟计划，限一周开训，并可全权办理。"①军令如山！在胡宗南的全力推动下，第一军举办"全军军官短期训练班"的工作，迅速紧张行动起来：吴允周全权负责，邱士膺负营房教具事务之准备，吴允周特地赴南京，聘请陆军大学教官冯龙、曾继还、伍培英、赵翔之4人（都是黄埔军校同学）与中央军校教官4人，示范队一队，到训练班讲解与示范表演对日作战的战术知识与日军的情况。训练班如期开班，第一军全军的营、连级军官，直到班长、军士，分期训练，分别编队，集中训练班学习训练，旅、团长则调兼训练班的大、中队长。在学习中，以日军为作战对象，根据中国军队实际情况，研究对日作战战术，特别是对付日军海陆空联合作战的战术，不但学习战术原理与图上作业，而且还频繁地举行大规模的陆空联合作战的实兵演习，实施战术战斗等研练，提高各级军官的指挥能力与士兵的作战能力。②这种训练班从5月开办，一直到9月奉令准备开赴上海抗日前线才结束，历时约4个月，取得了很好的效果。"二阅月后，以团对抗之实兵演习，作测定训练绩效之成果，评判所得收效甚多，迨应用于淞沪抗战时，其得力于短期训练者，更有显著之发挥"③。

胡宗南为了提高第一军的军事素质与指挥水平，还设法招揽军事人才来第一军工作，为其所用。例如来第一军讲学的冯龙等陆军大学的教官，后来都被胡宗南邀请，留下工作。

在这期间，胡宗南听说他的黄埔一期同学与浙江同乡宣侠父，在这几年南北奔走，对与日军作战颇有研究，便多次设法邀请宣侠父来徐州第一军考察与讲学。胡宗南知道宣侠父过去思想"左"倾，在政海中几度浮沉；但他又深

① 吴允周：《忆旧》（1963年撰），胡故上将宗南先生纪念集编辑委员会编纂，胡为真增修：《令人怀念的胡宗南将军》，台北：商务印书馆，2014年12月，第285～286页。

② 王应尊：《血溅杨行、刘行记》，原国民党将领抗日战争亲历记：《八一三淞沪抗战》，北京：中国文史出版社，1987年，第270页。

③ 吴允周：《忆旧》（1963年撰），胡故上将宗南先生纪念集编辑委员会编纂，胡为真增修：《令人怀念的胡宗南将军》，台北：商务印书馆，2014年12月，第285～286页。

知宣侠父是文武全才，亟欲得之。1937年8月下旬，在华北与上海中日军队正在进行激烈战争之际，宣侠父来到了徐州胡宗南的军部。当时胡宗南正发动全军积极准备开赴前线，见宣侠父来到，极为高兴，待宣如上宾，朝夕陪伴，与宣一道视察第一军的部队与防地，畅叙自黄埔军校分别后的各自情况与乡情私谊，讨论对日作战军事。应胡宗南要求，宣侠父阐述了怎样提高部队军事政治素质的见解，提出对付日军必须采用游击战争的建议。胡宗南听了十分高兴，并请宣侠父将所讲内容写成一篇抗日游击战争专论，以作为对第一军部队官兵教育的教材。宣侠父欣然同意。他因对这些问题思虑已久，胸有成竹，故只用了一个通宵，就向胡宗南交上一份《游击战争概述》文稿。胡宗南阅后，当即批示印发第一军官兵学习参考。胡对此文称赞不已，更急切热诚地要求宣侠父留下辅佐他治军，许以军中要职。宣侠父婉言谢绝。他对胡宗南说：在这中日开战、民族危亡的时刻，自己因为久未领兵，无意当官。他劝胡宗南说："当官就应该像林则徐那样，领兵就应该像关天培那样，为的是民族，对得起百姓。"宣侠父在胡军出师赴沪前离开徐州。①

后来，宣侠父的《游击战争概述》一文在西安《救亡》周刊第五期上发表，引起国内军事界的称道与文化界的瞩目。1938年3月，胡宗南率部回驻西安，着手筹建中央军校第七分校，他再次邀请宣侠父来他部工作，遭宣侠父再度拒绝。

胡宗南不知道，宣侠父早在1923年就秘密加入中国共产党，1937年9月，担任第十八集团军高级参议，一直在秘密为中共做地下工作，尤其是利用他黄埔一期生的身份，对国民政府军中的黄埔师生展开工作，其中胡宗南是他策反的重点对象。这引起蒋介石的极大警惕。军统局西北区负责人张毅夫定期与派在胡宗南部队的情报人员联系，了解胡宗南与宣侠父的来往情况，向蒋介石报告：宣侠父"拉拢胡宗南图谋不轨"。蒋介石手谕西安行营主任蒋鼎文："将

---

① 金戈等：《宣侠父》，中共党史人物研究会编：《中共党史人物传》第十五卷，西安：陕西人民出版社，1984年7月，第48～49页。

宣侠父秘密制裁！"①1938年7月31日，正当胡宗南率部在河南、湖北前线与日军作战时，在西安中共八路军办事处任"高级参议"的宣侠父，被蒋鼎文令张毅夫派人暗杀。②蒋介石、蒋鼎文都将此事瞒着胡宗南。蒋介石之所以在这时对宣侠父痛下杀手，主要原因之一，是怕他策反胡宗南。

胡宗南驻军徐州时，还有意结识与联络一些战略要地的军政实权人物。如对河南中原之地，胡宗南分外重视，因为这里既是徐、海地区的后方，南北的交通要道，又是西安与大西北通往全国的前进基地，战略地位极其重要。胡宗南熟读中国史书，深知历来用陕西者，一要争向洛阳以东、取得中原，方能发展，二要取巴蜀为后方求生存，如此方能进退自如，大事可图。胡宗南已经预计到，抗战一旦发生，沿海地区势将不保，中国军队将退往西北、西南，河南地区将发挥出比历史上更为重要的作用，因此胡宗南有意识地联络河南一些人，培植自己势力。胡宗南见黄埔系将领萧作霖领导的河南复兴社分社势力很大，威望颇著，就屈尊就交，曲意相接。

萧作霖，号克念，湖南邵阳人，1908年生，1925年毕业于湖南宝庆县立师范；次年2月，考入黄埔军校第六期步科；1927年毕业后，到汉口，入张发奎部教导团，任连指导员；逾年，入南京中央军校军官研究班。1929年，萧作霖在唐生智的第五路军总指挥部，任政治部宣传科科长；12月，唐在郑州通电反蒋，兵败，萧作霖返南京，被中央军校禁闭10余日。此后，他先后任新编第二十师教导营副营长、保定行营少校参谋、南昌行营中校参谋，并加入复兴社，任中国文化学会书记长兼怒潮剧社社长、中国文化学会上海分会常务理事、《中国革命周刊》社社长；1935年，任复兴社湖南分社干事兼书记；1936年，任复兴社湖北分社干事兼书记；1937年年初，到开封，任一九六师副师长、豫皖绥靖公署民训处少将处长兼复兴社河南分社书记。

---

① 金戈等：《宣侠父》，中共党史人物研究会编：《中共党史人物传》第十五卷，西安：陕西人民出版社，1984年7月，第52～56页。

② 张严佛：《宣侠父被杀真相》，沈醉、康泽等著：《军统内幕》，北京：中国文史出版社，2009年，第137～140页。

胡宗南一次因事过开封，特地去访问萧作霖，谈得很投机，大有相见恨晚之慨。不久，萧作霖因事从开封去南京，事先并未通知胡宗南，但胡宗南早得到消息，在萧作霖车过徐州时，亲自到车站接萧作霖下车，强留萧作霖在其军部住了一天，接待甚隆。从此胡宗南与萧作霖交谊日深，过从特密，相约永远合作。[①] 胡宗南就这样将其势力与影响伸向了河南。直到胡宗南开府西安后，觉得"萧作霖之言太浮夸，故当其离开西北时，而不加以挽留"[②]。

1937年，胡宗南虚龄已经42岁。如前所述，胡宗南在投军之前，曾在家乡浙江孝丰，由家人主办，娶过一房妻室。但那位夫人不久就病逝了。此后，胡宗南戎马倥偬，一直未娶，过着独居生活，成为有名的"不娶将军"。在这年春天，他的好友戴笠为他介绍了一位令胡十分满意的女友。这就是叶霞翟。

叶霞翟是浙江松阳西屏镇人，是胡宗南的浙江同乡，1913年生，比胡宗南年轻十多岁，出身旧式家庭，其父叶庆崇，为日本早稻田大学毕业生，曾任浙江省立第十一师范学校校长，所教学生中有陈诚等人。叶霞翟从小思想新潮，力争上游，初中就离家，到浙江丽水住校，之后又读了省立处州初级中学师范讲习科，1929年毕业后，在松阳县立成淑女子小学任教。1930年夏，她16岁，考入浙江大学农学院附设的高中——农高，到杭州就读。她因同学的关系，一次，在杭州《民国日报》总编辑胡国振的书房里，看到了墙上挂着的一位青年军官的照片，他就是胡宗南。她迷上了这张照片，在了解照片中人在30岁就当上了师长之后，更产生了仰慕之心。叶霞翟回忆说：

> 他（胡国振）有一个并不算大的书房，三面都是书架，只有靠右的一
> 头有一空处，摆着一张大书桌，上面墙上挂着一张照片。我一走进去，还没

① (1) 萧作霖：《复兴社述略》，全国政协文史资料研究委员会编：《文史资料选辑》第11辑，第68页；

(2) 萧作霖：《西北青年劳动营成立前后》，陕西省政协文史资料委员会编：《陕西文史资料选辑》第8辑，第67页。

② 陈大勋（绥名）：《沉默的巨人：胡宗南先生》（1962年撰），胡故上将宗南先生纪念集编辑委员会编纂，胡为真增修：《令人怀念的胡宗南将军》，台北：商务印书馆，2014年12月，第199页。

有开始看书架上的书，就给那张照片吸引住了。那是一个青年军官的照片，只见他身上穿着整齐的布军装，腿上打着绑腿，腰间束着皮带，姿势优美而英挺。那镶着军徽的军帽下是一张极为英俊的脸，浓黑的眉毛，炯炯发光的眼睛，鼻梁高而挺，嘴唇紧闭但线条柔和而带笑意，站在那里整个人是那么生动有神。我对着它呆呆地看着，竟忘记去找书了。站在我后面的主人，看我对那照片看得那么出神，就笑着问我说："你认得他吗？""不，不认得。"给他这一问，我猛然觉察到自己的失态，满脸绯红，期期艾艾地竟有点答不上话来了。他倒不介意我的窘态，接下去说："他是大大有名的胡师长，你们这些小姑娘不知道他，前方的军人可没有一个不知道的。"……由于种种的传闻，我对他（胡宗南）的印象愈来愈深，仰慕之心也愈来愈切，总希望有机会能见到他。可是，直到我高中毕业，都没有遇到这个机会。①

叶霞翟的父亲观念守旧，认为女孩子不必读大学，不同意她深造，不给她接济，她只好选择就读公费学校，转入杭州的浙江警官学校，成了戴笠的学生。1933年，20岁的叶霞翟进入戴笠在杭州创设的特种勤务电讯训练班，练就一笔好字，很受戴笠器重，被其誉为"奇女子"。1934年秋，叶霞翟又考入上海光华大学政治系学习。1937年春，叶霞翟已是光华大学三年级的学生，回杭州探亲，去老师戴笠家里拜访，竟与胡宗南不期而遇。当时，叶霞翟虚龄24岁，年轻漂亮，体态丰盈，性格娴淑，极其能干。胡宗南与她一见倾心。叶霞翟回忆说：

在我念大三的那年春天，我和绮嫂去杭州探亲，一天早上，我去老师（戴笠）那里，他正在楼上处理要公，叫我在楼下客厅等一下。客厅外面是个大花园，那正是百花吐艳的时候，我就倚在窗边欣赏着园里的景色。过了

---

① 叶霞翟：《天地悠悠：胡宗南夫人回忆录》（1965年撰），桂林：广西师范大学出版社，2016年5月，第4～7页。

不久，听见后面响起了脚步声，以为是老师下来了，回头一看，进来的却是
个陌生人。他穿着深灰色的哗叽中山装，中等身材，方脸宽额，浓眉大眼，
鼻梁很直，嘴形很美，面色白里透红，下巴青青一片，显然是刚修过脸的。
当我和他的眼光一接触时，就像一道闪光射进我的心里，立刻感到脸红耳
赤、心头乱跳，同时觉得这个人好像是什么地方看见过的，到底是谁却想不
起来了。为了掩饰窘态，我只好又回过头去继续望向窗外。他呢，既没有退
出去也没有坐下，好像马上就绕着客厅里的那长方桌，开始踱起方步来了。
又过了好一会儿，当我等得有点不耐烦的时候，又有脚步声到客厅门口，我
以为这一次一定是老师了，连忙转过身来。进来的却是王副官。王副官对那
位客人笑笑，然后很恭敬地说："军长，先生请你上楼去。"

"唔，好！"他口里应着，脚步已跨出客厅，只听见几步楼梯声就寂然
了，我想他走楼梯一定不是一步步走上去而是越级跳上去的。他出去之后，我
已无心再看风景，随便在门边一张沙发上坐下，感到心慌意乱地真想跑掉了。

随后，老师终于下来了，刚才那位客人也跟在他后面。他一进来就很高兴地
对我说："你来得正好，我给你介绍一位朋友。"然后指着那位已经站在他旁边
的客人说："这位是胡军长。"又看着客人指指我说："这位是叶小姐。"

等大家坐下来后，老师问了我一些学校的情形以及我来杭州的事，又
告诉我，他中午就要去南京，因为那边打电报来，有要紧的事，要他当天赶
去。最后他对我说："这位胡军长是我的好朋友，他的学问好得很，你可以
多多地请教他。"然后又对胡军长说："大哥，我还要上去理一下东西，你
们谈谈吧。"说着，没等他作任何表示就匆匆跑出去了。

客厅里只剩下我们两个人，这时我已经知道来客是谁了。原来，这几
年他已从师长升到军长，他的样子有点像那张照片，又有点不像，时间相隔
七八年，人的样子是会变的。我觉得他的人比照片更有精神。七八年来我一
直想着他，想认识他，如今，我们终于面对面了，我对他说什么好呢？我能
告诉他，他是我梦里的英雄吗？我能对他表示我私心的渴慕吗？毕竟，我已

不再是一个十六岁的小姑娘，而是一个二十多岁的大学生了呵。我脸红心跳，手足无措，不知如何是好。幸亏他倒很能掌握情况，老师一走，他就马上移坐到离我较近的一张椅子上来，用温和而亲切的口吻对我说："叶小姐，听说你现在在上海念书，念几年级了？"

"三年级。"

"念哪一系？"

"政治经济系。"

"呵，小姐念政治，可了不起，将来一定是个女政治家。"

"哪里，哪里，念政治是最没出息的。"

于是他又问了我许多学校方面的问题，这些问题最容易谈，也最不会得罪人，慢慢地我的心平静下来，态度也自然了。等到二十分钟谈下来，我们已不再感到陌生。①

在此后几天，胡宗南与叶霞翟多次约会，游览杭州山水，谈家庭身世，交流见闻与思想，感情发展很快。到1937年6月中，他们又在上海相见，胡宗南送了一只精巧的白金手表给叶霞翟，作为订婚之物，双方即有嫁娶之约，准备"今年结婚"②。

1937年6月底、7月初，胡宗南应召登上庐山牯岭，参加蒋介石与军委会主办的"庐山军官训练团"，任总队长。当时，"第一期庐山暑期谈话会"也即将在庐山召开，各界著名人士先后登上牯岭。胡宗南在受训的同时，照例尽可能地拜访当时在庐山的军政界名人。他去拜访了著名的军事理论家蒋百里。当时与蒋百里在一道的薛光前回忆说："一日，余诣百里先生寓，见一英俊年少之军官，谈吐迈放，不同平凡。经百里先生介绍，始知为（胡宗南）将军，是

① 叶霞翟：《天地悠悠：胡宗南夫人回忆录》（1965年撰），桂林：广西师范大学出版社，2016年5月，第8～10页。
② 叶霞翟：《天地悠悠：胡宗南夫人回忆录》（1965年撰），桂林：广西师范大学出版社，2016年5月，第21页。

为识将军始。又一日，余与偕意（大利）顾问至军官训练团演讲，（胡宗南）将军率全团军官列队听讲，将军正立前排，历两小时之久，不稍移步。事后来余寓，索取讲稿，并相与研究演讲要旨，其孜孜好学，锲而不舍之精神，诚非常人所及。惟余之知将军，泰半由于百里先生之转述。（胡宗南）将军与百里先生，并无师生之谊，但将军谦谦下士，辄以师礼待之，是以过从甚密。百里先生每次见将军后，必为余述与其叙晤之经过。百里先生生平不轻易许人，独于将军，往往赞不绝口，誉为虎将。盖百里先生生平喜虎，以虎最贞勇，而（胡宗南）将军不但具虎形，且有虎之美质也。"①

就在胡宗南在"庐山军官训练团"受训期间，1937年7月7日，日本侵略军蓄意挑衅，在北平的卢沟桥燃起了战火，中国人民神圣的全面抗战终于爆发了。胡宗南奉命匆匆返防。他途经南京时，特地抽空拜访了当时聚集南京的一些名人与学者，商谈或请教中国对日应采取的大政方针与措施。1937年7月22日，胡适在日记中写道："胡宗南将军来谈，这是今日第一个好将领。"②胡适给予胡宗南极高的评价。胡宗南又抓紧时间去上海，在戴笠的住处见到了叶霞翟。胡宗南匆匆写成一封信，交给叶霞翟，信中写道："霞妹：我因公来沪，本晚即须返防。上次（结婚）之约必须展期，此为万不得已，想妹定能原谅。一待战事胜利结束，我必赴约。后会有期，千祈珍重……"③

胡宗南在1937年8月初赶回到徐州部队后，通过湖南省教育厅厅长朱经农，致正在武汉大学读书的陈大勋两封电报，邀请他去第一军，参加抗战。如前所述，陈大勋是胡宗南在1936年夏驻军长沙时，结识与赏识的湖南青年学生骨干人物。胡宗南还邀请了其他青年学生去其部队，正当国家有难之时，军队需要吸纳大量知识青年。④

① 薛光前：《追念胡宗南将军》（1962年撰），胡故上将宗南先生纪念集编辑委员会编纂、胡为真增修：《令人怀念的胡宗南将军》，台北：商务印书馆，2014年12月，第31页。
② 胡适：《日记·1937年7月22日》，《胡适全集》第32卷，合肥：安徽教育出版社，2003年，第663页。
③ 叶霞翟：《天地悠悠：胡宗南夫人回忆录》（1965年撰），桂林：广西师范大学出版社，2016年5月，第26页。
④ 陈大勋（绥名）：《沉默的巨人：胡宗南先生》（1962年撰），胡故上将宗南先生纪念集编辑委员会编纂，胡为真增修：《令人怀念的胡宗南将军》，台北：商务印书馆，2014年12月，第189页。

这时，胡宗南的抗日爱国热情很高，他在赠给友人何浩若的《文文山集》上，以钢笔在卷首题张苍水诗一首：

国破家亡欲何之，西子湖头有我师。

日月双悬于氏墓，乾坤半壁岳家祠。

惭将赤手分三席，敢为丹心借一枝。

他日素车东浙路，怒涛岂必尽鸱夷。①

这是张苍水在明末领导抗清失败、被俘不屈英勇就义前写的一首诗，在历史上很有名，历来为有爱国思想的中国知识分子所传诵。胡宗南在日本侵华加剧、中华民族危急存亡之时，向友人赠送文天祥的文集，书写张苍水的诗篇，表明了他多年读书所形成的文学、史学修养，更表明了他此时决心杀敌报国的悲壮心情。

---

① 何浩若：《忆亡友胡宗南将军》（1962 年撰），胡故上将宗南先生纪念集编辑委员会编纂、胡为真增修：《令人怀念的胡宗南将军》，台北：商务印书馆，2014 年 12 月，第 382 ～ 383 页。

胡 宗 南 全传

Biography of Hu Zongnan

第五章

在八年全面抗战中（上）

（一）血战淞沪

1937年7月7日，北平卢沟桥抗战爆发。消息传到徐、海地区，第一军官兵抗日热情高涨。胡宗南在8月上旬赶回部队，在全军团、营长以上军官短期学习班的毕业典礼上，传达了国民政府对日本侵略军进行抵抗的决定，令各军官迅速回到所在部队，进行战斗动员，完成作战准备，随时准备开赴抗日前线。这实际是胡宗南向全军下的动员令，全军官兵受到极大的鼓舞。[1]

正当胡宗南军枕戈待旦之际，1937年8月13日淞沪八一三抗战爆发。

开始，中国中央军精锐第八十七师、第八十八师、第三十六师等部，在京沪警备总司令张治中指挥下，主动进攻，企图一举扫荡驻上海之日本海军陆战队，但因指挥不当，竟未能奏功。8月22日深夜至8月23日晨，日本援军第三师团、第十一师团等，在日本"上海派遣军"司令官、陆军大将松井石根的指挥下，在长江口南岸川沙口、狮子林直至吴淞口、张华浜等地强行登陆成功。日本援军在日本海军与航空兵的强大支持下，向宝山城、月浦、罗店、浏河镇一线的中国军队发动猛烈进攻，企图包抄中国上海守军的后路，重施1932年上海一·二八事变故技。中国方面也鉴于1932年上海一·二八事变的教训，早就在这一线部署有力部队：以陈诚任第三战区前敌总指挥兼第十五集团军总司令、左翼作战军总司令，指挥第十八军等精锐部队，向登陆日军发动反击，双方展开激烈残酷的攻防争夺战。这使得淞沪主战场从黄浦江畔的上海市区，逐步移

---

[1] 王应尊：《血溅杨行、刘行记》，原国民党将领抗日战争亲历记：《八一三淞沪抗战》，北京：中国文史出版社，1987年，第271页。

向长江口南岸的吴淞、宝山、江湾、杨行一线地区。陈诚率部在这里奋勇抗击多日，到8月底9月初，由于日军援军源源投入，加强攻势，中国军队装备低劣，虽以血肉之躯与日军拼杀，终不能支持，守军杨步飞的第六十一师溃退，夏楚中的第九十八师阵地难保，战场形势十分危急。

就在这时，胡宗南等援军赶到。"幸我六师、六十一师及一军等部适时赶到，即对在吴淞登陆之敌施行猛攻"①。

胡宗南的第一军是在1937年8月底，在徐州接到蒋介石的电令，全军立即开赴无锡待命。胡宗南立即下令全军紧急出发。8月30日，胡宗南率第一军军部及第一师李铁军部由徐州上火车；第七十八师李文部由河南归德上火车南下。沿途老百姓自发组织慰劳队到车站给第一军官兵送茶水与慰劳品。

胡军路过南京时，因军参谋长於达他调，胡宗南特邀请陆军大学的上校兵学教官罗列来部继任军参谋长。罗列，号冷梅，1905年出生于福建长汀，1926年1月入黄埔军校四期，10月毕业即参加北伐。1935年到南京陆军大学第一期深造，毕业后留校任兵学教官，精通参谋业务。罗列入胡宗南部后，就为胡宗南重用，成为胡宗南最忠实、最得力的心腹将领。

胡宗南原接到蒋介石的命令是集结无锡待命。但当胡部到达无锡尚未下车，就接到第三战区前敌总指挥陈诚的命令，因为宝山一线防线危急，要胡宗南部立即东开宝山增援。

1937年9月初，胡宗南率部乘火车抵达南翔，准备增援宝山城。但因白天日机不断空袭，部队只能利用夜间行动。当胡部进抵刘行、杨行一线时，宝山城已于9月6日失陷，守军姚子青营全部壮烈殉国。日军占领宝山城后，向前疯狂猛扑。胡宗南立即令第一军各部就地占领阵地，在杨行、蕴藻浜和纪家桥之线组织防御，奋勇阻击由宝山、吴淞扑来的日军。胡宗南将第一军军部设在南翔车站附近，因通讯设备未完善，乃与先行到达淞沪战场的第八军军长黄杰联系。黄杰回忆说："第八军先到战场，通讯设备比较完整，毅然负起了两个单

①《陈诚私人回忆资料》，《民国档案》（南京）1987年第1期，第15页。

位的通讯任务"①。

杨行血战开始了。

日军每次都是先以空军轮番侦察与轰炸，又以黄浦江的军舰猛烈炮击，接着以步兵猛烈冲锋，实行陆海空联合作战。胡宗南第一军官兵面对装备先进、进攻凶猛的日军毫无畏惧，同仇敌忾，以与阵地共存亡的决心，打退了敌人一次次的攻击，几乎每一块阵地都经过反复的争夺，使日军付出巨大的代价。胡宗南军由于防地狭窄，又无既设工事，日军利用海空优势，施放军事气球，狂轰滥炸，经过几昼夜血战，胡军两个师伤亡惨重：

第一师李铁军部，第一旅旅长刘超寰与第一团团长王应尊负伤，第二团团长杨杰与第四团团长李友梅牺牲，营长以下军官和士兵伤亡达80%。

第七十八师李文部伤亡基本上与第一师差不多。营长中除留下一个严映皋，其余全部阵亡。②

在每天的夜晚，由于日军停止进攻，战场会有相对的安静。在这时，胡宗南便抓紧时机，与友邻部队联系，交换作战情报，协商军队行动。第八军军长黄杰回忆说："每当夜晚，敌人攻击停止时，他总喜欢邀我到南翔车站附近去散步，从战争的状况，敌我的力量，部队的部署，以及为学做人的道理，可说上下古今，无所不谈。到最后，便是勉励我如何打一次胜仗，才踏着苍茫的夜色，缓缓而归。"③

上海淞沪警备司令部参谋处作战科中校科长刘劲持回忆胡宗南军在这期间作战情况时，说："胡宗南部接防后，士气旺盛，作战顽强，对敌人寸土必争，每屋苦战，打了一个星期，始终守住阵地，因此伤亡惨重。胡宗南一声不叫。顾祝同知道了，在电话中说今晚派某部来换防，胡才说再不换防，明天我

---

① 黄杰：《我与胡宗南将军》（1962 年撰），杜元载主编：《革命人物志》第 11 集，台北："中央"文物供应社，1973 年，第 55 页。

② 王应尊：《血战杨行、刘行记》，原国民党将领抗日战争亲历记：《八·一三淞沪抗战》，北京：中国文史出版社，1987 年，第 271 页。

③ 黄杰：《我与胡宗南将军》（1962 年撰），杜元载主编：《革命人物志》第 11 集，台北："中央"文物供应社，1973 年，第 55 页。

也要拿枪上火线顶缺了。"①

为了减轻日本海军炮火的威胁，胡宗南根据蒋介石转移阵地、逐次抵抗的作战方针，于9月中旬初，从杨行一线，向南撤至刘行、顾家宅和罗店一线，继续防御作战。日军于9月11日占领杨行后，立即沿金（山）刘（行）公路向胡军阵地猛扑过来。战斗更趋激烈。这一带因多系棉田旱地，少水田，道路网又良好，桥梁坚固，有利于日军炮兵与坦克行动，加上靠近江海，日军补给容易，附近的江湾跑马场被日军改作临时飞机场，因而日军以这里为主攻方向。胡宗南指挥第一军及新增援上来的湖南部队第八师陶峙岳部，协同左翼的第十八军罗卓英部，奋勇抗击日军。胡宗南在多日指挥作战中，总结出日军的活动规律与我军的防守经验，对部下指示说："现在对日作战，敌人火力占优势，我们不能单凭勇气，必须在白天少活动，利用夜间修补，加强工事，才能减少损伤，持久与敌周旋。"②

就在这时，湖南的学生骨干人物陈大勋等人，应胡宗南电召，先行赶到徐州，得知第一军已于9月3日全部开拔赴上海，见到胡宗南的留书，嘱咐他们立即前往上海，参加抗战。陈大勋回忆说："记得九月十八的一个风雨之夜，在扬行的战壕中，见到了胡（宗南）先生，此时他身穿破旧军衣，头戴斗笠，在炮火连天中神色自若。"胡宗南对陈大勋说："你很有勇气，你来了，你还记得我们在长沙时的诺言吗？"胡宗南希望陈大勋"不要回去，马上负责组织战地的青年，参加军中工作"。陈大勋随即在苏州、上海，动员组织了一批青年和童子军50多人，成立了一个战地宣传服务队，冒着战火，不怕伤亡，"从事于宣传、救护，以及战地的一般服务工作"③。

胡宗南军在刘行一线激战20余日，于1937年9月底奉命撤到昆山附近进行整

① 刘劲持：《淞沪警备司令部见闻》，原国民党将领抗日战争亲历记：《八一三淞沪抗战》，北京：中国文史出版社，1987年，第49页。

② 沈治：《寸土不让，尺地必争》，原国民党将领抗日战争亲历记：《八一三淞沪抗战》，北京：中国文史出版社，1987年，第298页。

③ 陈大勋（绶名）：《沉默的巨人：胡宗南先生》（1962年撰），胡故上将宗南先生纪念集编辑委员会编纂，胡为真增修：《令人怀念的胡宗南将军》，台北：商务印书馆，2014年12月，第189页。

补，将后方开来的新参战部队，成团成营地编入第一军两个师的序列之中；对伤亡的旅、团长与营连军官进行调补。在这期间，胡宗南接到蒋介石电令，第一军扩编为第十七军团，胡宗南升任第十七军团长，所辖部队除第一军两个师外，增加湖南部队陶峙岳的第八师，共3个师。

1937年10月1日，刘行一线的中国军队奉命撤至蕴藻浜、陈行、大场一线。日军立即集中主力"沿沪太公路南下，向蕴藻浜进犯，企图占领大场，以威胁我第九集团军之侧背，而达其占领上海之目的"[1]。因战斗酷烈，中国守军第八师官兵几乎伤亡殆尽，10月6日，防线被日军突破。正在昆山附近整补的第一军奉命紧急开往前线支援。这次战斗较前更加激烈。几天下来，全军官兵伤亡达80%以上。胡宗南在这次战斗中吸取以前教训，要各部注意保护重要指挥官安全，因而伤亡较少，但仍阵亡团长2人。营连长以下干部则所剩无几，士兵伤亡更为惨重。胡部第八师师长陶峙岳回忆这次蕴藻浜之战说：

我们必须与阵地共存亡。无论官兵，思想上只有国家民族，个人安危均已置之度外。因此，在敌强我弱的情况下，我们在蕴藻浜与敌人周旋了21个日日夜夜，阵地安如磐石。部队每天处在战火硝烟之中，休息和进餐只有在战斗的间隙里进行。战斗之频繁激烈为前所未见。我们由于缺乏空军和重武器，除偶然夜袭外，主要是防御，以免消耗实力。后来有人问我，在当时那种艰苦的条件下，怎么能坚守21个日夜的？我说，就是两个字"死守"。[2]

第一军因伤亡惨重，又被调至后方黄渡进行第二次整补。

1937年10月25日因大场失守，中国军队被迫后撤到苏州河南岸防御。胡宗南部奉令，守御北新泾一带河防阵地。官兵们沿河岸挖掘战壕，构筑工事，

① 《陈诚私人回忆资料》，《民国档案》（南京）1987年第1期，第16页。
② 陶峙岳：《第八师在蕴藻浜的日日夜夜》，原国民党将领抗日战争亲历记：《八一三淞沪抗战》，北京：中国文史出版社，1987年，第286页。

阻止日军渡河。胡部第一师第四团一营少校营长贾亦斌两次负伤，不下火线。他回忆说："当日军乘汽艇、木船开始渡河，起初我们也不射击，当他们渡到河中间，我们的机枪、步枪一齐开火，把日军打得人仰马翻。由于双方短兵相接，日军的飞机无法轰炸，大炮不能射击，其优势无法发挥，几次渡河都是这样被我们打退的"①。这次作战已没有前几次激烈，伤亡也不太严重，一直坚持到11月初，日军一度从第一军两翼友军阵地突破，越过苏州河，胡宗南分兵前去堵截，打退敌军。日军在这时并不急于向前推进，原因是他们正等待援军从杭州湾北岸登陆后，前后夹击中国军队。

在数十天的淞沪血战中，胡宗南作为军长与军团长，始终在前线指挥，"日夜在战场指挥抚巡，从未离去，官兵见之，无不感奋"②。第一军撤退到沪西苏州河南岸作战时，淞沪警备司令部作战科科长刘劲持到第一军军部了解情况，第一军参谋处长傅维藩对他说："该军已补充兵员四次，接防换防五次，总算能顶住。以第一师为例，旅长两个，先后伤了三个，团长四个，先后死伤五个，全师连长除通信连长外，余均伤亡换人。他们住在竹林村庄内，白天隐蔽不动，敌机投弹扫射，不予理会。这样沉着应付，守多攻少，反可持久。"③

在淞沪会战期间，叶霞翟在迁至愚园路岐山村的光华大学里，"一面读书，一面参加上海各界妇女所组织的救护队，去各临时伤兵医院工作"。叶霞翟回忆说："那时上海的所有舞场、戏院几乎都做了伤兵医院了，这些伤兵医院的伤员官兵，有许多就是南兄（胡宗南）的部队的，可惜我当时并不知道。我除了读书、服务之外，每隔两三天就给南兄（胡宗南）去一封信，报告他上海的情形，也告诉他我对他的思念。这时我并不知道他就在上海外围，也没有

① 贾亦斌：《自告奋勇参加淞沪抗战》，原国民党将领抗日战争亲历记：《八一三淞沪抗战》，北京：中国文史出版社，1987年，第275页。

② 胡上将宗南年谱编纂委员会编：《胡上将宗南年谱》，沈云龙主编：《近代中国史料丛刊续编》第49辑488册，台北：文海出版社有限公司，1978年，第82页。

③ 刘劲持：《淞沪警备司令部见闻》，原国民党将领抗日战争亲历记：《八一三淞沪抗战》，北京：中国文史出版社，1987年，第49页。

接到他的片言只字，事实上，我根本也没有希望他回信，只是觉得我的信可以给他安慰，也可以增加他作战的力量；此外，写信对我自己也是一种安定力，因为上海那时的人心是相当浮动的。"后来，胡宗南告诉叶霞翟，叶霞翟的信，他都收到了，确是给了他很大的安慰。每当深夜，当一天惨重的战争结束之后，胡宗南就会拿出叶霞翟的信来读。当上海战事于1937年11月12日结束、胡部撤离时，胡宗南怕半路遗失，就把那些信放在一只小箱子里，埋在营地后面的园子里，后不知所终。[①]

在这期间，曾在西北采访过胡宗南的《大公报》名记者范长江，来到上海战场，希望采访胡宗南，胡有意回避，因而范长江"始终无法找到胡"；范长江后来以电话找到第一师师长李铁军，希望到李铁军处一谈，李铁军"亦以军人服从为天职，无发表言论之自由，十分抱歉答之作罢"[②]。

正当胡宗南指挥所部与友军在苏州河岸苦战之际，1937年11月5日晨，日军援军第十军在杭州湾北岸全公亭、金山卫等处登陆成功，并迅速推进，相继攻占金山、松江，切断了沪杭线，从南面向上海包抄。在淞沪战场的中国军队即将陷入被日军全面包围、前后夹击的险境。在这种情况下，胡宗南与各友军接到南京大本营命令，于11月12日放弃苏州河阵地，从上海全线撤退。

胡宗南部与各友军历时3个月的淞沪抗战结束了。胡部与各友军伤亡惨重，为保卫国土、抗击侵略做出了重要

1937年，日军由上海攻向南京途中，将中国百姓绑在柱子上。

---

① 叶霞翟：《天地悠悠：胡宗南夫人回忆录》（1965年），桂林：广西师范大学出版社，2016年5月，第27页。
② 李铁军：《往事如新》（1962年撰），胡故上将宗南先生纪念集编辑委员会编纂，胡为真增修：《令人怀念的胡宗南将军》，台北：商务印书馆，2014年12月，第114页。

贡献。当时撤往汉口、任《大公报》总编辑的著名报人张季鸾闻之，说："一军健儿，乃国家精旅，如此牺牲，不禁令人怆然泪落。"①

但淞沪抗战的作用与意义是重大的！中国军队以落后的武器装备与血肉之躯，奋勇抗击武装到牙齿的日本侵略军，长达3个月之久，沉重打击了日本侵略军，粉碎了日本当局"一个月灭亡中国"的狂妄梦想，鼓舞了全中国人民的抗日御侮斗志，改变了西方国家对中国的观感，赢得了世界人民的同情与支持，而且成功地扭转了日军从华北地区南下、西上的进攻方向，将其拉到长江流域的水网地区，陷入持久战的泥坑中，还为掩护上海与沿江、沿海地区我国工商业与文教单位的西迁，为国民政府的迁都与党、政、军机关的撤退，争得了极其宝贵的时间！胡宗南的第一军与所有参加淞沪抗战的中国军队的牺牲是可歌可泣的，他们3个月血战的巨大贡献将永载史册！叶霞翟在回忆胡宗南指挥的部队在淞沪战役中的表现时，说：

他的部队就是这次保卫战的主力，他所率领的是第一、第七十八两个师约四万人，所防守的是杨行、刘行和蕴藻浜那一线。那是一条极为不利的防线，地势洼湿，又无掩蔽，他们的战壕直接暴露在敌舰重炮轰击之下，可以说是真的以血肉之躯筑成长城来掩护国家实力的后撤，以保存国力与敌人作长期的抗战，可是兵士牺牲之壮烈、损失之惨重，真非笔墨所能形容。他眼看着兄弟们一排两排地为了国家的生存、民族的光荣而倒下去，虽伤心欲绝，却仍咬紧牙关地支持着，一直支持了三个多月。当战争初起时，国际上都认为，我们支持不了三个星期，一位幸灾乐祸、眼光短浅的法国政要还曾经这样说："筷子怎么抵挡得住大炮啊！"谁知道我们的筷子不但抵挡住了大炮，还得到了最后的胜利。后来，当人们估计我们八年抗战成功的因素时，认为最初这三个月的上海保卫战，以血肉之躯争取到的时间，使得政府

① 杨尔瑛：《千秋青史慰忠魂》（1962年撰），胡故上将宗南先生纪念集编辑委员会编纂，胡为真增修：《令人怀念的胡宗南将军》，台北：商务印书馆，2014年12月，第89页。

能从容地把人力物力移向后方，实在是有很大的作用的。①

胡宗南在率部即将离开上海这片洒满中国将士热血的土地，眼看大好河山将沦入异族之手，内心十分悲愤。他打电话给正率部抗敌、掩护中国军队撤退的第八军军长黄杰，呜咽欲泣，一开头就说："失败了，我们将撤退，向南京转进。我不能来看你……"黄杰在电话中与胡宗南以长期抗战互相勉励。多年以后，黄杰回忆说："他那呜咽欲泣的声音，至今犹萦绕在我的耳际，实在是太令人感动了。"②

上海中国军队在后撤过程中，由于南京大本营举棋不定，贻误战机，指挥不当，再加上日机的轰炸与日军的追赶袭击，致使各撤退部队拥挤在上海到青浦的公路上，混乱不堪，一度失去了控制。胡宗南随军撤退到青浦西北，身边只剩下几个人，几乎成了光杆司令。③这一带是苏南水网地区，河渠多而深，桥又多被破坏，部队撤退过河全靠泅渡。第一军特别党部书记长、胡宗南的孝丰小同乡沈上达与许多不会游水的官兵，因过河时不识水性，又遭到日军水上挺进队袭击而牺牲。

第一军部队一直撤退到苏州，才陆续收容集结。各师、旅都残缺不全。因日军迅速向前推进，而中国军队未作好纵深防守的准备，致使既设的吴福线弃而未用。胡宗南率第一军于11月16日退至无锡，暂归上官云相指挥，在无锡、常州之间组织防御，与进攻日军苦战3昼夜。

胡宗南对近3个月的淞沪血战感慨良多，对各部撤退混乱、损失严重更是忧愤不已。他在11月20日致信密友戴笠说："弟刻又在无锡进入阵地矣。此次前

---

① 叶霞翟：《天地悠悠：胡宗南夫人回忆录》（1965年撰），桂林：广西师范大学出版社，2016年5月，第26～27页。
② 黄杰：《我与胡宗南将军》（1962年撰），杜元载主编：《革命人物志》第11集，台北："中央"文物供应社，1973年，第55页。
③ 李日基：《第七十八师血战蕴藻浜》，原国民党将领抗日战争亲历记：《八一三淞沪抗战》，北京：中国文史出版社，1987年，第284页。

188

方撤退各军，秩序纪律毫无。官无斗志，士多伤亡，吴福线尚不能守，澄锡线更无论矣。黄埔部队多已打完，无人撑持，其余当然望风而溃矣。第二期革命已失败，吾人必须努力，培养第三期革命干部，来完成未来之使命也。"①

1937年11月20日，胡宗南奉命率第一军由镇江渡过长江，至扬州整理一周，补充新兵3个团，各师、旅稍见充实，然后开往浦口，参加南京保卫战。

（二）豫东迎战土肥原师团

1937年11月底，胡宗南率第十七军团（实际只有第一军）经过整补的部队，进驻南京长江北岸的浦口至滁州一线地区。

这时，日本侵略军正从上海沿太湖两岸，从苏南与浙皖边分头并进，从东、南、西三面，向中国的首都南京迅速包抄围攻过来，只留下北面浦口一条通道，尚未形成合围之势。南京形势危急。蒋介石于1937年11月23日任命唐生智为南京卫戍司令长官，后又任命罗卓英、刘兴为副司令长官，指挥第七十一军王敬久部、第七十二军孙元良部、第七十四军俞济时部、第七十八军宋希濂部、教导总队桂永清部、第二军团徐源泉部、第六十六军叶肇部、第八十三军邓龙光部、江防军刘兴部等，在南京布置外围与内廓两道防线，阻击日军，保卫南京。中国军队多是刚刚从上海战场后撤，残缺不全，仓促整补一些新兵，战斗力不强，但都以保家卫国的热情投入战斗。11月30日，胡宗南随同蒋介石、唐生智、顾祝同、钱大钧、罗卓英、桂永清、孙元良等，巡视紫金山、雨花台、狮子山等复廓阵地，检查全城防务。

1937年12月2日，蒋介石在南京召见胡宗南，打算让胡任南京卫戍副司令长官，协助唐生智指挥南京保卫战，后因故未成，只是让胡率所部归第九集团军总司令顾祝同指挥，担任浦口至滁州一线的防务，保卫南京的后路北大门。

胡宗南知道大战在即，南京不保，特地去拜别中山陵，心中生出无限悲凉

---

① 胡上将宗南年谱编纂委员会编：《胡上将宗南年谱》，沈云龙主编：《近代中国史料丛刊续编》第49辑488册，台北：文海出版社有限公司，1978年，第83页。

与感慨。据当时在南京鼓楼附近第一军办事处里见到胡宗南的刘醒吾回忆说，他见到胡宗南：

> 一个人静悄悄地两手插在裤袋内，在来回踱方步，西式的头发梳得很整齐，草绿色华达呢的军常服，也是笔挺的。……胡先生所给我的直接印象，依然是那么丰神俊朗，意态轩昂。……（胡对我说）："你总看到报纸了，这次日本人在上海是集中了最炽热的火力，会出乎他们想象的，是我军在上海的英勇抵抗，壮烈牺牲！"突然语气一转，说："我刚从中山陵来，忽然想起李后主的词：'……无限江山，别时容易见时难……'我们真是愧对总理，愧对领袖。"①

1937年12月5日，日军向南京外围阵地发动猛烈进攻，惨烈的南京保卫战开始。7日晨，蒋介石飞离南京。8日，日军凭借先进的武器装备，攻抵南京城墙边内廓阵地，战况空前激烈。南京卫戍司令长官唐生智为了表示破釜沉舟、背城借一的死守南京的决心，下令撤走长江中所有的船只，并"指示第一军军长胡宗南，不准南京的人员擅自过江"②。南京保卫战进行了约7天，打得激烈而又悲壮。胡宗南率部驻防浦口，未能参战，只是在12月12日南京保卫战失败后，掩护南京卫戍司令长官部与部分部队渡过长江北撤。据唐生智回忆，在12月11日中午，顾祝同从扬州打电话给他，说："委员长已下令要南京守军撤退，你赶快到浦口来，我现在要胡宗南在浦口等你。"③

1937年12月13日南京失守后，胡宗南率部在浦口、滁州一线坚持约10日，直到12月下旬，才奉命西撤。胡宗南在浦口，"看到兵溃的情势，南京的大火"，"抬望眼看对江的烟火漫天，敌人的铁骑纵横，祖国山河破碎，真是悲愤填膺，寂然良久，不禁热泪盈眶而出"，说："中国的军人不能保卫自己

---

① 刘醒吾：《别时容易见时难》，《中外杂志》（台北）1968年6月号，第3卷第6期。
② 谭道平，南京国民政府军委会军令部核准刊行：《南京卫戍战史话》，南京：东南文化事业出版社，1946年。
③ 唐生智：《卫戍南京之经过》，原国民党将领抗日战争亲历记：《南京保卫战》，北京：中国文史出版社，1987年，第4页。

的国土和首都，这是我们革命军人之耻！"[1] 1937年年底，胡部西撤至安徽寿州，以后经阜阳、固始、潢川，于1938年1月初至河南信阳待命。他在滁州、寿县一带时，"派员大量收容当地青年，不分男女，并组织了一个庞大的'随南'服务团，对这群青年真是爱护无微不至，随军到达西安凤翔后，旋即加以甄别，编成为七分校学生的主干"[2]。

胡宗南部在西撤至安徽时，蒋介石曾打算将该部拨归第五战区李宗仁指挥。但胡宗南拒不向李宗仁报到，继续西进，引起李宗仁的愤恨。据李宗仁说："胡宗南部在上海作战后，自江北撤往蚌埠。蒋先生曾亲自告我说，将来拨胡宗南部归五战区指挥。但是这批'嫡系'中央军至蚌埠后，也不向我报告。同时他们彼此之间为争取溃退的士兵，竟至互相动武，闹得乌烟瘴气"[3]。胡宗南向来以天子门生自居，只听从蒋介石一人的指挥。他不愿隶属李宗仁部下，是国民党内多年形成的派系观念所至，也是国民党军队后来四分五裂导致失败的重要原因之一。

胡宗南率部到达信阳后，蒋介石打算令胡部移师武汉外围，担任卫戍。但是，军委会委员长西安行营主任蒋鼎文，向蒋介石提出，关陇居川蜀上游，以西安为中心的陕西关中地区，东隔黄河与山西日军相峙，北防中共陕甘宁边区军队南下，屏障西北与西南，卫护四川大后方，战略地位极其重要，"如日寇由晋窜入关中，或共党居心叵测，乘虚南下，皆足动摇抗战基础"，而目前关中兵力空虚，急需增调有力部队驻守。胡宗南部为中央军嫡系精锐，久驻西北，人地相宜，建议第十七军团移驻关中，"固守河防，兼顾晋陇，屏蔽川蜀"[4]。蒋介石听从了蒋鼎文的建议。

---

① 陈大勋（绥名）：《沉默的巨人：胡宗南先生》（1962年撰），胡故上将宗南先生纪念集编辑委员会编纂，胡为真增修：《令人怀念的胡宗南将军》，台北：商务印书馆，2014年12月，第191页。

② 陈大勋（绥名）：《沉默的巨人：胡宗南先生》（1962年撰），胡故上将宗南先生纪念集编辑委员会编纂，胡为真增修：《令人怀念的胡宗南将军》，台北：商务印书馆，2014年12月，第189～190页。

③ 李宗仁口述，唐德刚撰写：《李宗仁回忆录》下卷，南宁：广西人民出版社，1988年2月，第533页。

④ 淦凭远、罗冷梅编纂、叶霞翟、胡为真校订：《胡宗南上将年谱》，台北：商务印书馆，2015年，第86页。

确实，这时陕西的黄河河防的形势十分严峻。1938年11月8日日军攻占太原后，迅速兵分北、中、南三路，继续西犯，扑向黄河，其中南路日军最为凶悍，沿同浦铁路直下，于1938年2月28日占领临汾，进而于1938年3月8日占领晋西南的黄河天险风陵渡与永济县城，这里正是黄河由北向南改为由西向东的大转湾的转折点，风陵渡的黄河对岸就是潼关与陇海铁路，潼关西面就是西安和八百里秦川的关中平原。日军占领风陵渡后，架起大炮，日夜轰击潼关与陇海铁路，并积极准备渡过黄河，向豫西与关中地区挺进，构成了对陇海铁路、西安与中国战略大后方的严重威胁。重庆军委会与西安行营大力加强对潼关与黄河河防的防守，除动员军民修筑工事、加强兵力的纵深配备，特地将从德国进口的4门最先进的超级大炮"三十二倍十五榴"，即32倍口径的150毫米的榴弹炮，运抵潼关阵地。1938年3月23日，日军出动几十艘橡皮艇，满载官兵，在炮火的掩护下，强渡黄河，向潼关进攻。中国守军顽强抵抗，那4门超级大炮"三十二倍十五榴"一齐发炮，射程远，威力大，很快摧毁了日军在风陵渡的炮兵阵地，打沉了日军的几十艘橡皮艇，毙伤日军无数，获得大胜。此后，日军虽调重炮到风陵渡，仍无济于事。①在这同时，军委会令第一战区副司令长官卫立煌，在太原失守后，派遣从太原一线后撤的部队到山西省最南部的中条山地区，利用其复杂的地形地利，击退来犯日军，建立起中条山防线，卫护黄河，屏障豫西与关中地区。中条山位于永济县城与风陵渡的东面，从西到东，绵延数百公里，横亘在黄河北岸，与吕梁、太岳、太行互为掎角，境内沟壑纵横，山峦起伏，关隘重叠。自抗战以来，日军占领了华北的大部分地区，只有中条山地区仍在国民政府军队手中，牵制着日军强渡黄河对关中、豫西的进犯。

为了加强关中地区的防御力量，1938年1月中旬，胡宗南奉命率部进驻关中。第十七军团部先驻凤翔，后移西安南郊、永宁门外的荐福寺，即俗称小雁塔者。胡宗南本人开始住西安建国公园内，后移住东仓门之下马陵董子祠，乃汉董仲舒墓前祠屋，屋仅3间，陈设简陋。

---

① 柳江峰：《抗战时期国共合作守河防》，《团结报》（北京）2017年4月27日，第5版。

在这期间，胡宗南正式组建第十七军团部，并解除自己的第一军军长兼职，由第一师师长李铁军兼任。军团部主官编制如下：

军团长胡宗南，参谋长罗列；

军团部参谋处处长傅维藩，副官处处长袁杰三，军需处处长蔡翎祺，机要处处长王微。

胡宗南作长期驻军关中的打算，一方面整补军队，同时着手筹建中央军官学校第七分校与西北战时干部训练团等机构，以培训军队基层军官与干部。

在这期间，胡宗南得到家乡来的消息，他的父亲胡敷政于1938年初在家中病逝。胡宗南因军情紧急，未能回去奔丧，极为悲痛。此后多年，每逢其父的忌日，他总是闭门谢客，绝食一天，以表孝思。[①]

到1938年5月下旬，胡宗南率部进驻西安约4个月，突然接到蒋介石从郑州发来的紧急军令，要胡宗南立即率所部开往豫东，参与阻击与围歼渡黄河南犯的日军精锐的土肥原的第十四师团。

原来，在1938年4月初台儿庄战役后，日军集中主力向徐州进围。李宗仁率第五战区部队，于5月18日突围，退向皖北。日军于5月19日占领徐州，然后以中岛今朝吾的第十六师团从丰县，沿陇海铁路西进；与此同时，日军在豫北的土肥原第十四师团于5月9日至13日间，在濮阳一线强渡黄河，击破中国防军，迅速占领郓城、菏泽等鲁西要地，然后分兵两路南下，向考城、兰封挺进，企图截断陇海线，与东路日军第十六师团配合，围歼中国军队主力于豫东地区，接着西攻，占领开封、郑州，与沿平汉线南下之日军会师，控制战略地位重要的中原地区，再向南直下武汉，向西攻略潼关与西安。日本大本营与政府认为："只要控制中原，实质上即能支配中国。"[②]

中国方面也知道中原地区极其重要的战略地位。1938年2月23日，毛泽东

---

① 叶霞翟：《天地悠悠：胡宗南夫人回忆录》（1965 年撰），桂林：广西师范大学出版社，2016 年 5 月，第 30 页。

② 日本防卫厅战史室编：《中国事变陆军作战史》第 2 卷第一分册，齐福林等译，北京：中华书局，1979 年，第 116 页。

土肥原

就指出夺取陇海、平汉两路直取西安、武汉，决胜点必在潼关、武胜关。他对敌情进行判断后，发出"为保卫潼关及西安而战"的号召。[1] 蒋介石于1938年5月中旬亲临郑州指挥，决定发动兰封战役：以薛岳为第一战区前敌总司令，以李汉魂的第六十四军、俞济时的第七十四军组成东路军，以桂永清的第二十七军、宋希濂的第七十一军组成西路军，共同围歼进抵仪封、内黄、民权、考城间的土肥原师团；另以黄杰率第八军据守归德，阻挡从徐州西进的日军第十六师团增援。

中国军队自5月21日向土肥原师团发起攻击，但进展不利。土肥原师团为日军精锐，虽被四面围攻，仍勇猛顽强，先向黄河岸边且战且退，然后突然发起反击，突破中国军队阵地，于5月22日、23日先后占领罗王车站、罗王寨、曲兴集，向兰封城逼近。5月23日夜，第二十七军桂永清部第八十八师龙慕韩竟擅自放弃兰封城。土肥原师团当即占领兰封，截断陇海线，威胁开封，郑州震动。

在这危急之时，蒋介石派第一战区司令长官程潜赴开封指挥督战，急调在关中的胡宗南第十七军团（实际上只有第一军），在汉口的邱清泉装甲部队以及两个新兵师等，开赴豫东增援，务求全歼土肥原师团。

这时，土肥原师团有步、炮兵4个联队，骑兵1个联队，共约2万多人。土肥原将其主力集结于兰封北面的三义寨、曲兴集、罗王寨这3个据点，因这里临近黄河，以期能从黄河北岸，经南岸陈留口、柳园口，获得日军后方物资的支持；同时，土肥原又在兰封城与罗王车站留置一部分兵力，互成掎角之势，滞

---

[1] 毛泽东：《关于战略计划和将来行动的意见》（1938年2月23日），中共中央文献研究室编：《毛泽东文集》第2卷，北京：人民出版社，1993年，第95页。

迟与防御中国军队的进攻，等待从徐州方面西进的援军日军第十六师团到达，再行反攻。日军第二十师团则在黄河北岸策应。

中国方面重新制订了围歼土肥原师团的计划：以胡宗南的第十七军团由开封以东兴隆集一线向曲兴集、罗王寨、陈留口日军主阵地进攻；以李汉魂的第六十四军向罗王车站一线日军进攻；以桂永清的第二十七军向三义寨、丁寨日军进攻；以宋希濂的第七十一军进攻兰封城；以俞济时的第七十四军从兰封北向三义寨一线进攻。规定各部于5月25日晨同时发起全线进攻。

胡宗南率部于1938年5月24日到达郑州，除留下1个团任郑州卫戍，主力迅速开赴开封以东兴隆集一线。胡宗南除指挥第一军外，还有配属的第三十六师蒋伏生部。如前所述，蒋伏生曾与胡宗南在1924年2月一道从上海乘日本海轮"嵩山丸"号去广州，又一道被录取成为黄埔军校一期生。

1938年5月25日晨，胡宗南根据薛岳的命令，率部向曲兴集、罗王寨进攻。这里是日军的核心阵地，防守坚固，火力猛烈。胡部血战数日，占领外围何集、段寨、谭寨、郭李庄各据点，在28日凌晨终于攻占罗王寨。在这前一天，5月27日，宋希濂部攻占收复了兰封城。日军向曲兴集、三义寨退去，顽强防守。胡宗南指挥所部，冒着敌机轰炸与猛烈炮火，在5月28日分3路，向曲兴集进攻：以第七十八师为右翼，进至青龙集；以第三十六师为中路，正面进攻曲兴集；以第一师为左翼，迂回欧潭。3路激战终日。日军竟施放毒气。胡部官兵不顾伤亡，终于突入曲兴集。但进攻三义寨之友军俞济时部虽经激战却始终不得进展。正在两军胶着激战之时，5月29日黄杰部失守归德，从徐州西进之日军第十六师团迅速向兰封推进，使在豫东作战的中国军队陷入腹背受敌的危境。胡宗南部与各友军被迫转为守势。

豫东兰封会战失败。当时，被压迫围困于黄河岸边的土肥原师团，经多日激战，伤亡严重，后方补给线又被截断，物资补给全赖空投，除飞机助战外，始终并无增援部队。中国方面参战部队多为国民政府军的精锐主力，有13个师，近15万人，从5月21日开始，到5月29日，围攻敌人达9天，结果竟未能围

商震

歼土肥原师团2万余人，"在战史上亦为一千古笑柄"①。究其原因，除日军有强大空军支援，土肥原师团战斗力强大外，最重要的，还是如蒋介石所训斥的，中国参战各部队的指挥官，多"指挥无方，行动复懦，以致士气不振，畏缩不前"，"各军师旅团长等，此次作战奋勇争先者极居少数，大都缺乏勇气，鲜自振作，遂自战局迁延"②。

蒋介石所斥责的"指挥无方，行动复懦"的指挥官，自然包括失守兰封的桂永清、失守归德的黄杰，此两人在这次战役后都被蒋介石撤职查办；更包括擅自退出兰封城的第八十八师师长龙慕韩，此人在战役后被蒋介石下令枪毙；以上3人都是胡宗南的黄埔同学，是黄埔系的骨干分子。

那么，胡宗南是属于哪一种指挥官呢？看来蒋介石是把他放在少数"作战奋勇争先者"之列的，因为在这次战役后，胡宗南与第六十一师师长钟松获得蒋介石颁发的干城甲种奖章。③

兰封会战后，日军第十六师团、第十师团与第十四师团等部队，分路向河南中部迅速推进，企图攻占兰封、开封与郑州，截断平汉线。形势对中国军队越来越不利。1938年6月2日，第一战区前敌总司令薛岳下达命令："避免与西犯之敌决战，并保持尔后机动力之目的"，决定以商震、孙桐萱等部担任掩护，"主力宋希濂军、胡宗南军团、李汉魂军、桂永清军、黄杰军、俞济时军

---

① 《蒋介石致程潜函》（1938年5月28日），国民政府军令部战史会档案，藏[南京]中国第二历史档案馆。

② 《蒋介石手令》（1938年5月27日，5月30日）国民政府军令部战史会档案，藏[南京]中国第二历史档案馆。

③ 胡上将宗南年谱编纂委员会编：《胡上将宗南年谱》，沈云龙主编：《近代中国史料丛刊续编》第49辑488册，台北：文海出版社有限公司，1978年，第93页。

分向禹县、郏县、汜水、巩县、密县、洛阳、襄城、叶县、沁阳转移"^①，撤向平汉线以西地区。

胡宗南奉命率领所部第十七军团及归其指挥的桂永清第二十七军、蒋伏生第三十六师等部，于6月7日退至孙阁、荥阳南北一线，占领既设阵地。

在胡宗南等部向平汉线以西地区撤退后，日军迅速西进，于6月4日重新占领兰封，6月6日占领开封，6月7日占领中牟、尉氏，进逼郑州；其中有一支日军快速部队迂回穿插到郑州以南的新郑一线，截断了平汉铁路。郑州即将陷入日军的四面包围之中，形势万分危急。国民政府军委会为阻止日军西进，确保平汉线郑州南段安全，赢得时间部署武汉保卫战，乃秘密指示第一战区蒋在珍的新八师在6月4日至9日间，于郑州之东，两次掘开黄河南岸大堤。当时，第一战区司令长官部"派胡宗南担任掘堤的监督指挥工作。后胡部调归陕西，改由商震负责"^②。

黄河决堤后，"横决的河流，淹及豫省东南大平原的中牟、尉氏、扶沟各县以及皖、苏两省的一部分地区，使日军的车辆、战车、重武器等类陷入泥淖，进退维谷"^③。日军被迫"放弃了自中原南侵武汉的意图，而改取东侧陆路及溯江西上的进攻途径。不过，如由安徽陆路进军则非得穿越鄂、豫、皖边界的大别山区不可"^④。

于是，胡宗南部不久就奉命南下，至信阳、罗山一线部署防御，狙击由安徽越大别山西进的日军，参加武汉保卫战。

（三）防守信阳的功与过

1938年6月初，胡宗南率部从豫东前线撤至平汉路西休整。未及两月，由于

---

① 《薛岳命令》（1938 年 6 月 2 日），国民政府军委会军令部战史会档案，藏 [南京] 第二历史档案馆。

② 晏勋甫（时任第一战区司令长官部参谋长）：《记豫东战役及黄河决堤》，全国政协文史资料研究委员会编：《文史资料选辑》第 54 辑，第 175 页。

③ [日] 古屋奎二主笔：《蒋介石秘录》第 4 卷，长沙：湖南人民出版社，1988 年，第 80～91 页。

④ [日] 古屋奎二主笔：《蒋介石秘录》第 4 卷，长沙：湖南人民出版社，1988 年，第 80～91 页。

武汉保卫战战事扩大,胡宗南奉命率部至平汉线南段豫、鄂交界处的信阳、罗山一线,担任防御。胡部从第一战区划归第五战区司令长官李宗仁指挥。

自1938年6月9日黄河决堤,阻止了日军西进夺取郑州再南下武汉的战略意图后,日军大本营迅速改变进攻武汉的路线,从6月中旬开始,以主力沿长江两岸,一部沿大别山北麓,分3路西进,会攻武汉。日本大本营与日本政府认为:"攻占汉口作战是早日结束战争的最大机会",因为"从历史上看,只要攻占汉口、广东,就能支配中国"⑤。日本大本营在1938年夏、秋间,调动几十万大军,重点进攻武汉与广州。日军进攻武汉的最高指挥官是日"华中派遣军"司令官畑俊六大将;沿长江两岸进攻的,是日军第十一军,司令官是冈村宁次中将;沿大别山北麓进攻的,则是日军第二军,"司令官为稔彦王中将,辖第十、第十三、第十六师团和骑兵第四旅团"⑥。

中国政府军事当局很早就判明了日军进攻武汉的战略意图与3条进攻路线,其中第2条路线就是:"由合肥经六安、潢川趋信阳,以图截断平汉线,再转而南下进逼武汉……"⑦因此,军委会在部署保卫武汉作战时,决定:蒋介石亲自坐镇武汉指挥;以陈诚的第九战区,指挥约27个军的兵力,担负长江以南防务;以李宗仁的第五战区,指挥约23个军的兵力,担任长江以北防务。

李宗仁的第五战区根据长江以北安徽、湖北与河南一带的地形特点,判断日军在长江北岸西向进攻武汉的通道必是两条:一是沿大别山南麓到长江北岸间的长条地段,溯长江西上;二是沿大别山北麓,溯淮河西上,占领潢川、商城一线,然后分兵,一路西进攻占信阳,遮断平汉线;另一路南下经麻城,穿过大别山的腹地,走捷径,出武汉东北方。以上3路协同,夹攻汉口与汉阳,与江南西进的日军会师。因此,第五战区司令长官李宗仁,令李品仙率13个师,

---

⑤ 日本防卫厅战史室编:《中国事变陆军作战史》第2卷第一分册,齐福林等译,北京:中华书局,1979年,第116页。

⑥ 日本防卫厅战史室编:《中国事变陆军作战史》第2卷第一分册,齐福林等译,北京:中华书局,1979年,第112页。

⑦《对武汉附近作战之意见》,国民政府军令部战史会档案,藏[南京]中国第二历史档案馆。

在沿大别山南麓到长江北岸间的长条地段布防；令孙连仲指挥8个师，担任大别山北麓正面防御；而以胡宗南部担任大别山北麓的后路纵深防御，在罗山到信阳间布防，作为前方孙连仲部的后卫力量。

胡宗南部在1938年8月间开抵信阳、罗山一线。

信阳城位于河南省南部，紧邻湖北北境，是平汉铁路线上的重镇，武汉的北大门。在其北面为河南大平原，南方则是蜿蜒起伏的鄂北山地。在信阳南方约40公里处，有著名的三关险要：武胜关居中，东侧的九里关和西侧的平靖关与它互为掎角。桐柏山绵延于三关之西，大别山横亘于三关之东，中间是著名的鸡公山，山中有一条狭长的平坦通道，平汉铁路就建筑在这条通道上。

在信阳以东数十里就是罗山城。罗山是信阳的东方门户。

胡宗南率第十七军团，实际只是第一军的第一师与第七十八师，进驻信阳后，蒋介石又下令调来一些部队，统归胡宗南指挥，以增强信阳一线的防守力量，计有董钊的第二十八师，川军陈鼎勋（字书农）的第四十五军的两个师，以及邱清泉的第二〇〇师，这是当时中国唯一的机械化部队，还有炮兵第十五团等。其中董钊的第二十八师，后来成为胡宗南的基本部队，而董钊则成为胡宗南部最重要的将领之一。

董钊，字介生。1902年生于陕西省长安县西郊的东桃园村（今属西安市莲湖区）。自幼读书，毕业于西安省立第三中学。1924年经国民党元老于右任函荐，与关麟征、杜聿明、张坤生、何文鼎等一起，赴广州入黄埔军校学习，被编入第一期学员一队，同年加入中国国民党。1924年年底毕业后，北上河南，投奔国民军第二军胡景翼部，任连长。1926年北伐军占领南京，董钊前往南京谋职，经黄埔军校同学会介绍去北京，以《军事杂志》编辑名义，搜集北京方面的军政情报。1930年，他被派往驻汉口之国民党第四十八师徐源泉部，任党务特派员。1932年，董钊参加复兴社，曾任复兴社陕西小组组长。是年，驻江西万安的国民革命军第二十八师师长王懋德（陕西武功人），请求蒋介石派董钊到该师任职，蒋准其到江西任第二十八师参谋长。1934年，因王懋德辞职回陕，经陈诚推荐，董钊被提升为第二十八师师长，奉命从湖南邵阳出发，追击长征途中的红军。1936年西安事变发生后，董钊奉命率部向陕西潼关开进，作为"讨逆军"进攻西安之前卫师，曾在华县附近与东北军对峙。西安事变和平解决后，该师开赴陕西蒲城待命。1937年年初，国民政府军委会委员长西安行营主任顾祝同调第二十八师进驻西安城，担负城防守备任务，董钊兼任西安警备司令。抗战发生后，董钊率所部第二十八师，在1938年初，担任潼关要隘的守备，阻日军渡黄河。1938年3、4月间台儿庄战役时，董钊率部开赴台儿庄增援，奉命在山东郯城地区，阻击由青岛登陆西进之敌，打退日军坂垣师团山田联队，缴获大量战利品。第二十八师官兵伤亡3千余人。1938年5月19日徐州失陷后，董钊率第二十八师向苏北且战且退，在日军占领区沿津浦、淮南各线迂回穿插，于8月撤回汉口，驻扎横店地区。10月，董钊奉命率第二十八师，参加罗山、信阳战役，归胡宗南指挥。

西安行营主任顾祝同

胡宗南的防御部署是：

以董钊的第二十八师为第一线，担任罗山以东约30华里的竹竿铺防御；以川军第四十五军的第一二五师增援竹竿铺一线，第一二四师固守罗山城，第四十五军军部设罗山与信阳之间的栏杆铺；胡宗南第一军的两个师及炮兵第十五团防守信阳城与城东高地；以机械化师第二〇〇师担任第二线防守。

日军第二军所辖3个师团，于1938年8月20日开始，从合肥等地大举西犯，于8月底攻占六安、霍山，9月上旬突破富金山防线，于9月16日占领商城，然后沿商城、麻城间公路南下，企图突破大别山正面，出黄陂，攻武汉，但遭到孙连仲与宋希濂等部的顽强阻击，激战多日，始终未能突破，"迫使敌军改变了进攻路线——即敌军增加部队，攻占潢川、罗山后，向信阳进攻的作战方针"[①]。

于是，防守潢川的张自忠第五十九军与防守罗山、信阳的胡宗南部，就成为北路日军的主攻目标。

早在1938年9月初，当日军第十三、第十六师团向大别山正面富金山阵地进攻时，其第十师团的濑谷支队，就由叶家集北趋固始，另一股日军约3000多人，由正阳关溯淮河西上，与濑谷支队配合，于9月6日攻占了固始。1938年9月中旬，日军第十师团集中力量向大别山北麓进攻，一部于9月18日突破张自忠第五十九军的防线，占领潢川，9月20日陷光山；另一部则向罗山、信阳一线的胡宗南部进犯。

9月17日，日军一部迂回绕过潢川城，先向潢川与罗山之间的竹竿铺进攻。这里是胡宗南部防区的前哨阵地，由董钊的第二十八师防守。后来川军第一二五师王仕俊部赶来增防，沿竹竿镇东之竹竿河布防。中国军队顽强抵抗数

张自忠

① 宋希濂：《鹰犬将军——宋希濂自述》，北京：中国文史出版社，1986年，第151页。

日，到9月22日，日军才冲过竹竿铺。在日军猛烈的攻势下，防守罗山城的川军第一二四师师长曾甦元怕被敌围歼，竟自行弃城撤逃，使日军顺利占领罗山城，并乘胜深入到罗山与信阳间的五里店，直逼信阳，威胁平汉铁路。

情况危急。胡宗南立即指挥第一军两个师与董钊的第二十八师等部，在炮兵与装甲兵部队的支持下，在罗山与信阳之间正面设防，阻击与反攻日军。川军两个师在第一军的左、右两翼展开。战斗异常激烈，双方伤亡都很大。董钊的第二十八师一位团长屁股被弹片炸伤，一直侧卧在担架上指挥作战，坚持3天后，打电话给董钊，请求到后方休息。董钊回答很干脆，说："死也要给我死在阵地上！"那位团长只得继续留在阵地上指挥。[1]胡宗南又指示部队在一个夜间，乘敌人不备，袭击罗山城南之小罗山日军阵地。夜袭部队先将敌哨兵杀死，然后钻进敌人阵地，一阵冲杀，打死、打伤日军数十人，生擒3人，虏获轻机枪1挺，步枪15支，掷弹筒1枚和其他一些军用品。[2]

日军由于进攻屡遭挫折，竟不顾国际公法，每当风向有利时，在阵地前向胡部官兵施放催泪性与喷嚏性毒气，有时一天多达五六次之多。胡部阵地上第一线官兵有多人中毒，部分人中毒死亡。胡宗南指示官兵做好防护措施，同时在防御中实施短促反击。在一次反击中，"收复浏苦村，缴获日军大批毒气罐，装了几汽车，运往后方。事实俱在，铁证如山"，作为向国际上揭露日本法西斯暴行的罪证。[3]在胡宗南部有力的抗击下，日军进攻信阳10余天未逞，只得退回罗山待援。从9月17日开始到10月初，胡宗南部在罗山、信阳防御战中，杀伤日军数千人。

1938年10月初，日军援军第三师团的主力进抵罗山，协助第十师团攻打信阳，并企图在这地区围歼胡宗南部。日军以第三师团主力对信阳正面进攻，

① 湛先治：《罗山参战记》，原国民党将领抗日战争亲历记：《武汉会战》，北京：中国文史出版社，1989年2月，第264页。

② 熊顺义：《信罗战役简记》，原国民党将领抗日战争亲历记：《武汉会战》，北京：中国文史出版社，1989年2月，第235页。

③ 湛先治：《罗山参战记》，原国民党将领抗日战争亲历记：《武汉会战》，北京：中国文史出版社，1989年2月，第265页。

而以第十师团的骑兵部队为基干，配属步兵与一部分炮兵，从隆光寺出发，经青山店山间小道迂回，直趋平汉线上信阳以南、武胜关以北之柳林车站。胡宗南忽视了这一线山间小道的防守，使日军骑兵钻隙迂回获得成功，顺利占领柳林车站，截断了信阳至武汉间的铁路线。占领柳林车站的日军派出一部继续西进，迅速攻占平靖关、郝家店至淅河一线，切断了花园至襄樊的公路，对信阳形成包抄之势。

为了收复柳林车站，打通平汉线，歼灭西进日军，胡宗南奉蒋介石、李宗仁令，率部从信阳向南攻击，与罗卓英部的方靖第十三师、第三集团军孙桐萱部的第二十二师等配合，夹击柳林一线日军。经数日激战，歼灭日军2 000余人，并一度收复柳林车站。但日军主力仍占据柳林车站以北的铁路东西两侧高地，固守待援。日军援兵也源源向这里推进。向信阳正面进攻的日军第三师团则从东、北两面，进逼信阳。信阳即将陷入日军合围的险境。

在这种情况下，胡宗南为保存所部实力，未经请示第五战区司令长官部，自行决定其所指挥的各部队撤离信阳至罗山一线，只留下马戴文不足1个团的兵力，留守信阳城。胡部撤至信阳西北的铜柏山区布防，掩护西（安）荆（州）公路。马戴文团在日军再次向信阳发起进攻时，迅即撤逃。1938年10月12日，信阳失守。

信阳的失守，使中国军队在平汉线上的防线出现了一个大缺口。日军从这缺口突入，切断平汉线，以一部确保信阳附近，而以第十师团配合南面攻击武汉的日军，迅速向平汉路西的应山、安陆、花园等地突进，于1938年10月24日占领应山，25日占领武汉，26日占领安陆，从而在平汉路西形成一个包围圈。中国第五战区尚留在平汉路东的近10万部队，立即陷入日军包围圈中的危险境地。

日军迅速收拢包围圈，企图全歼被围的第五战区部队。胡宗南率部擅自撤离信阳的行动造成了极其严重的后果。

幸而，在信阳南部三关一带防守的罗卓英、刘汝明等部，凭险固守，与日军反复争夺，依据有利地形，迟滞日军南下，掩护路东第五战区部队撤往平汉路西。直到10月28日，日军才完全控制了平靖关与武胜关一线，完成了包

第五战区司令长官李宗仁

围圈。但这时尚留在路东的中国军队已不多，而且日军兵力不足，网眼过大，路东的中国军队仍能分散退往路西的铜柏山区与大洪山区。日军合围歼灭路东第五战区部队的目的未能实现。

第五战区司令长官李宗仁对胡宗南擅自撤离信阳十分愤恨，说："10月12日信阳失守。我原先已电令胡宗南自信阳南撤，据守铜柏山平静关（本书著者按：应为平靖关），以掩护鄂东大军向西撤退。然胡氏不听命令，竟将其全军七个师向西移动，退保南阳，以致平汉路正面门户洞开。胡宗南部为蒋先生的'嫡系'部队，在此战局紧要关头，竟敢不遵命令，实在不成体统。"[1]应该说，胡宗南在10月上旬末，曾经遵令率部向南进攻柳林车站，并歼敌2000多人，但未能驱走日军与恢复平汉线交通，于是胡就令所部不再南进平靖关，而西去南阳，以致造成严重后果。

李宗仁由此联想起之前年底，胡宗南率部从南京西撤途经安徽，不向李宗仁报到，不愿归第五战区指挥，自行西去；今夏保卫武汉，胡宗南部调往信阳，军令部明令胡部隶属第五战区，但胡从不向李宗仁报告敌我两方情况。李宗仁对胡宗南更加愤恨，在他率第五战区司令长官部退居樊城后，就将胡宗南不听从命令、擅自撤离信阳、造成鄂东10万大军陷入日军重围之事，电告重庆军委会，要求严办胡宗南。

1937年，抗日战争中的李宗仁。

但是，李宗仁控告的结果，"军委

[1] 李宗仁口述，唐德刚撰写：《李宗仁回忆录》，南宁：广西人民出版社，1988年2月，第533页。

会竟不了了之"。李宗仁对此感慨系之，说："此事如系其他任何非'嫡系'将官所为，必被重惩无疑。"[1] 但是，"于此均可见中央政府的治军、治政，全依人为依归。凡中央'嫡系'部队，或与中央可以发生'通天'关系的，因不听将令，不受指挥而失城失地的，都可不了了之，实在不成个章法。如此上行下效起来，对敌抗战的效能也就大大地减低了"[2]。

（四）坐镇关中的第三十四集团军总司令

1938年10月中旬，胡宗南奉蒋介石之命，率领所部第十七军团，从豫南回驻陕西关中。胡宗南与军团部先驻凤翔，10月底移驻西安。

以西安为中心的关中地区，地处陕西中部，四周山川险峻，中间沃野千里，西接甘新，南邻巴蜀，北控塞北，东瞰中原，具有得天独厚的优越自然条件与极其重要的战略地位。西汉著名的谋士张良称："关中左潼涵，右陇蜀，沃野千里，南有巴蜀之饶，北有胡苑之利，阻三面而守，独一面东制诸侯。诸侯安定，河渭漕挽天下，西给京师；诸侯有变，顺流而下，足以委输，此所谓金城千里，天府之国也"[3]。后世历代兵家也都宣称："欲统中国，必据关中。"

西安城位于八百里关中平原的中心，北临渭河，南靠秦岭。东汉大史学家班固在其著名的《两都赋》中，称它"左据函谷二崤之阻，表以太华终南之身；右界褒斜陇首之险，带以洪河泾渭之川。华实之毛，则九州之上腴焉；防御之阻，则天下之奥区焉"[4]。自古以来，西安曾是周、秦、汉、唐等十一个封建王朝的建都之地，为中国六大古都之一。

西安与关中地区极其重要的战略地位在抗战时期更显突出：其东隔黄河与山西日军对峙，其北紧邻中共中央所在地的陕甘宁边区，其西越甘肃、新疆就

[1] 李宗仁口述，唐德刚撰写：《李宗仁回忆录》，南宁：广西人民出版社，1988年2月，第533页。

[2] 李宗仁口述，唐德刚撰写：《李宗仁回忆录》，南宁：广西人民出版社，1988年2月，第538页。

[3]（宋）司马光：《资治通鉴》卷11，汉纪三。

[4]（东汉）班固：《两都赋》。

是苏联与外蒙，而在宁夏、青海与甘肃一带，多年盘踞着根深蒂固、桀骜不驯的马鸿逵、马步芳等回族军阀武装。西安与关中地区可谓是"三面临敌，内部不稳"的形势，屏障着四川，卫护着以重庆为陪都的国民政府。诚如胡宗南的密友、民国著名历史地理学家张其昀所说："镇守关中，确保潼关。……保陕西即所以保四川。"①

因此，蒋介石决定，一定要以最亲信最重要的将领，率中央军嫡系精锐部队，进驻与控制关中这一极端重要的战略地区。蒋介石选中了胡宗南。

当时西安地区的最高军事指挥机构，是西安事变后成立的军委会委员长西安行营。行营主任先是顾祝同，抗战爆发后，1937年9月以蒋鼎文继任。1938年6月，蒋鼎文兼任陕西省政府主席。胡宗南的第十七军团是西安行营下辖的最重要军事力量。

胡宗南的第十七军团部仍设在西安南郊、俗称小雁塔的荐福寺。胡宗南的办公室设在南半院的慈氏阁，他的"高参室"设在藏经楼，"交际处"设在四合院，北边操场为士兵操练的场所。这个佛门清净之地，从此布满刀光枪影。

西安小雁塔

---

① 张其昀：《追念胡宗南先生》，杜元载主编：《革命人物志》第11集，台北："中央"文物供应社，1973年，第52页。

胡宗南很爱惜文物，曾经专门下过一道手谕，任何人不得攀爬破坏小雁塔，并派出士兵把守塔四周。

蒋介石决心迅速大力扩充胡部军队，更快地提拔重用胡宗南，使其从一个普通的军事将领成为一员坐镇关中、独当一面的方面军统帅，成为国民政府在西北地区的最高军政长官，成为自己在西北的代表与代理人。

蒋介石首先全力支持胡宗南迅速扩充军事实力。

胡宗南的第十七军团原来只有第一军这一支基本部队。胡部回师关中后，胡宗南一方面大力扩充第一军，另一方面利用蒋介石赋予他的监督进入关中地区整补部队的机会，迅速控制了多支部队，使其直接指挥的部队增加到5个军之众。

首先是胡宗南的起家部队第一军，军长李铁军为胡的亲信将领，原只辖第一师与第七十八师，胡宗南将川军第一六七师赵锡光部编入该军，使第一军辖3个师，兵员充实，装备精良，一直成为胡部的王牌部队，后成为胡部3大主力之首。

原二十七军军长桂永清，在豫东兰封战役后被撤职查办，其所辖的第四十六师师长李良荣亦去职。胡宗南立即向蒋介石推荐第一军副军长范汉杰继任该军军长，黄祖埙为第四十六师师长，并调整充实该军官兵，编入第四十五师刘进部、预备第八师陈书农部，合为3师6旅之众。该军遂为胡控制。

第九十军在信阳战役后，被调到关中整补，胡宗南调升此军军长彭进之任第十七军团副军团长，而以第一军第七十八师师长、胡的亲信将领李文接任该军军长，胡的另一亲信将领刘超寰任该军第一九六师师长。这样该军也成为胡的基本部队，并在后来，与第一军、第三十六军成为胡部的3大主力部队。

信、罗战役后，董钊的第二十八师与钟松的第六十一师，随胡宗南移驻关中。胡宗南乃以此两师与预备第七师等部合编为第十六军，以董钊任军长，后又调派自己的亲信陈鞠旅、冯龙到该军任师长，逐步控制了该军。

第八师陶峙岳部原是湖南部队，成分复杂。该师进入关中整补时，胡宗南以该师与第二十四师等部合编为第七十六军，以陶峙岳升任军长。不久以后，胡宗南以自己亲信、第一军军长李铁军与陶峙岳对调军职。李铁军任第七十六军军长后，对该军进行"改造"，使该军第一军化、胡宗南化。李铁军在回忆他被胡宗南调派去该军任军长时，说：胡宗南"对所属具有封建色彩之部队，亦极度优容客气，奖励有加，务使潜移默化，为国家保留一份元气；如必须执行中央整建政策时，亦必先妥作人事上之安排，决不使受编调者吃亏抱怨，或变生肘腋。回忆民二十七年（1938）春，余任第一军军长时，受宗公指挥之第七十六军陶峙岳部，其内部分子复杂，参谋长陶晋初为一纯粹共产党员，营团级干部潜伏共党更不少，胡公对此伤透脑筋，决心整顿该部，但人事如何安排，才能满足陶某欲望，才不致发生意外。有一天，公（指胡宗南）来急电嘱我到西安一晤，将上情说明后，要我将第一军交出来，给陶峙岳去接任军长，问我有何意见，生气不生气？"胡宗南并对李铁军说："（第一军）一切我有把握，你去整顿七十六军好了"。李铁军与陶峙岳对调后，"陶某当时内心虽有难言之隐，但国家与胡公对他亦不为不厚"[1]，只能从命了。由此事，可见胡宗南整顿、控制各部军队的煞费苦心、计划周密之一斑。

以上5个军成为胡宗南部的最基本部队。

以后，胡宗南用类似的方法，抓住一切机会，不断地吞并、改造与消化其他派系的部队，包括中央军其他部队，使其军事实力不断扩大。

在胡宗南急剧扩充军事实力的同时，蒋介石就不断抓住时机，一次次破格提拔胡宗南的军职与官阶，使胡能够名正言顺地统率与指挥更多的部队。第一次时机就是1938年12月召开的武功军事会议。

在武汉失守后，蒋介石于1938年年底分别召开了长江南、北各战区的军事会议，总结抗战一年来的军事得失与经验教训，研究第二阶段抗战的方针与计划，同时重新划分战区，调整部队的编制与主官。长江以南各战区的会议于1938年11月在湖南南部的衡山召开，蒋介石亲往主持。长江以北各战区的会议初在洛阳召开，后由于蒋介石到了西安，会议就于1938年12月中旬移陕西武功农学院内继续

---

[1] 李铁军：《往事如新》（1962年撰），胡故上将宗南先生纪念集编辑委员会编纂，胡为真增修：《令人怀念的胡宗南将军》，台北：商务印书馆，2014年12月，第114页。

举行。出席会议的有参谋总长兼军政部长何应钦，军令部部长徐永昌，军事参议院院长陈调元、第一战区司令长官程潜、副长官卫立煌、第二战区司令长官阎锡山的代表赵戴文，第五战区副司令长官李品仙，第八战区副司令长官朱绍良，西安行营主任蒋鼎文、冀察战区总司令鹿钟麟、苏鲁战区总司令于学忠等。

胡宗南以第十七军团军团长的身份参加了武功会议，胡的部属或归他督训、指挥的第二十七军军长范汉杰、第七十一军军长宋希濂、第二十八师师长董钊等也参加了会议。

胡宗南是与宋希濂一道乘火车从西安前往武功的。他们两人是黄埔一期的同学，同为黄埔系的骨干分子。那天天下着雪，天气寒冷，一向有说有笑的胡宗南坐在包厢里，却显得精神抑郁，闷闷不乐。因为这时正是武汉会战失败后不久，胡宗南已得知李宗仁向军委会控告他擅自撤离信阳引起严重军事后果，要求军委会严办他。胡宗南对宋希濂说："老宋，我不干了！这次到武功，我要向校长请求辞职。"宋问为什么，胡宗南答："桂系捣乱，他们控告我，我不能使校长为难。"①

在武功军事会议上，先由蒋介石发表关于抗战第二阶段的长篇讲话，重点强调政治重于军事，民族至上，国家至上，军事第一，胜利第一，全国军令、政令必须统一。接着由各战区，依部队番号次序先后，报告一年来长江以北各次战役情况与得失，再按军政、军令、军训、政训几项通过小组审查报告，最后由蒋介石作总结性训话。②

会议进行中，蒋介石在住所分别召见与会的各将领进行个别谈话。胡宗南在被召见时，报告了所部历次作战情况与最近的督训整补情况，陈述了对时局的看法与建议，并乘机以桂系与他为难为借口，请求辞职。蒋介石自然不允，对胡宗南说，一切事由军委会替你负责，你不必顾虑。③

① 宋希濂：《鹰犬将军——宋希濂自述》，北京：中国文史出版社，1986 年，第 188 页。

② 唐奇：《蒋帮武功军事会议一瞥》，陕西省政协文史资料委员会编：《陕西文史资料选辑》第 8 辑，西安：陕西人民出版社，1980 年。

③ 宋希濂：《鹰犬将军——宋希濂自述》，北京：中国文史出版社，1986 年，第 188 页。

　　会议结束的那天晚上，蒋介石又召集胡宗南等嫡系亲信将领举行了一次小型秘密会议，专门研究防范与对付中共力量的迅速发展。蒋介石对胡宗南等说："我们和日本人打了一年多的仗，中央的部队牺牲是这样大，但是共产党却利用了这个机会，大大扩充势力。它们的军事力量，不仅控制了山西的大部分地区，而且发展到了河北、山东、河南、安徽、苏北等地；他们政治的渗入更是厉害，在我们控制的地区里，也是大力发展组织，大量吸收青年到陕北去。这样下去，我们不是亡于日本帝国主义，而是会亡于共产党。"① 蒋介石要求胡宗南驻防关中，不仅防范日军西犯，还要防堵中共力量在西北的发展。

　　在武功会议上，决定重新划分北部的战区，减少部队指挥级数。蒋介石下令，撤销委员长西安行营，改设委员长天水行营（先暂驻西安），以原第一战区司令长官程潜为行营主任。天水行营名义上，下辖河南、安徽北部的第一战区（卫立煌继任司令长官，司令长官部设洛阳）、山西、察哈尔的第二战区（阎锡山司令长官，司令长官部设陕西宜川秋林）、甘肃、宁夏、青海的第八战区（朱绍良继任司令长官，司令长官部设兰州）和在陕西新设的第十战区（由原西安行营主任蒋鼎文为第十战区司令长官，司令长官部设西安），以及冀察战区、苏鲁战区，共6个战区，但实际上有名无实，各战区都由军委会直接指挥。

　　胡宗南部隶属蒋鼎文的第十战区。1939年1月，第十战区正式建立。军委会规定其任务是："第十战区应与第二战区协力巩固河防设备，分别控制有力部队于潼关、大荔、韩城及西安各地区，策应第一、二、八战区之作战。"②

　　武功会议决定，在军队编制中撤销军团与旅两级指挥机构。胡宗南的第十七军团扩编为第三十四集团军。蒋介石原意提拔胡宗南为该集团军总司令，因胡宗南资历尚浅，战功不高，新近又因信阳事件遭受李宗仁控告，恐遭物议，就接受何应钦的建议，以第十战区司令长官蒋鼎文名义上兼任第三十四集

---

① 宋希濂：《鹰犬将军——宋希濂自述》，北京：中国文史出版社，1986年，第188页。
② 蒋纬国主编：《国民革命战史·第三部——抗日御侮》，黎明文化事业有限公司，1979年，第6卷，第58～60页。

团军总司令，而以胡宗南任副总司令兼代行总司令职权①。此项任命在1939年1月14日公开发布。

果然，在武功会议上，胡宗南不仅未因擅自撤离信阳事件受到处分，反而得到提拔重用。

过了仅半年，到1939年8月4日，胡宗南就被蒋介石正式任命为第三十四集团军总司令，蒋鼎文不再兼职。

这年胡宗南虚龄44岁。

胡宗南又成为黄埔毕业生中担任集团军总司令的第一人，成为关中乃至西北地区拥有最高军职的带兵将领。其直接控制与归其督训、节制的部队，除有第三十四集团军建制下的第一军（军长陶峙岳）、第十六军（军长董钊）、第九十军（军长李文），另还有第七十六军（军长李铁军）、第四十二军（军长杨德亮）、第七十一军（军长宋希濂）、第二十七军（军长范汉杰）、第十二

刘文辉

军（军长刘元瑭，为川军刘文辉旧部）、新七军（军长曹大中）、骑兵师（师长马禄）与第十九补训处。驻军遍及关中、甘肃与晋、豫。

1940年4月7日，蒋介石下令："驻陕炮兵及战车营及董钊、李铁军各军，皆归胡总司令负责整训。"②当时陕西境内，有5个独立炮兵团，装备各式火炮100多门，火力仅次于第九战区，战车第三、第四营，计有轻型、中型坦克60多辆。

胡宗南向蒋介石保荐宋希濂为第三十四集团军的副总司令，集团军参谋长由罗泽闿担任。

以胡宗南为首领的军事集团在迅速形成与发展壮大。胡部大军成为蒋介石

---

① 宋希濂：《鹰犬将军——宋希濂自述》，北京：中国文史出版社，1986年，第189页。

②《蒋中正电示张治中驻陕炮兵、战车营及董钊、李铁军各军由胡宗南整训》（1940年4月7日），台北："国史馆"藏：《蒋中正总统档案》，002-010300-00033-019。

最重要与最依赖的军事力量之一，尤其成为蒋介石控制与经营西北这一重要战略地区的军事支柱。蒋介石根据西北的地理形势与战略位置，秘密交给胡宗南十六字的战略任务与方针，这就是"东御日寇，北制'共匪'，西防苏俄，内慑回马"。其轻重次序是东、北、西、内。[①]

根据蒋介石的上述指示精神，胡宗南将所辖各军作如下布防：

以主力第三十四集团军的3个军守卫黄河河防，其中第一军，以第一师守备潼关，第七十八师与第一六七师控制于华阴、华县之间；第十六军担任朝邑至宜川以东河防；第九十军控制于韩城、郃阳一线。

以第二十七军、第三十六军、第七十六军等为机动部队。

潼关前线工事中走出来的胡部官兵（美国《生活》杂志摄影师卡尔·迈登斯摄于1941年6月）

不久，范汉杰的第二十七军奉命开往晋南中条山，杨德亮的第四十二军驻防甘肃。

以陕西与甘肃的地方保安旅协同部分主力部队，封锁中共的陕甘宁边区。

（五）中央军校第七分校与战干四团

胡宗南自带兵以来，在扩充自己军事实力的同时，一贯十分注意培养自己的军政干部与培训、提高干部的军政素质，被人称为"训练万能"。以前胡宗

---

① 熊向晖：《地下十二年与周恩来》，北京：中共中央党校出版社，1991年2月，第32页；又见罗泽闿：《胡宗南先生盖棺论定》，杜元载主编：《革命人物志》第11集，台北："中央"文物供应社，1973年，第62页；但第四句为"内服四马"，意同。

南曾举办过各种形式的军官训练班，如在1931年驻军开封期间，创办了"第一师军官训练班"，在1934年到1935年驻军天水期间，创办了"中央军校西北军官训练班"，在1936年驻军长沙期间，创办了"第一军军官暑期训练班"，在1937年驻军徐州期间，举办了"第一军军官短期训练班"等。现在，他驻节西安，手握重兵，成为方面大员，更加重视此道。

首先，胡宗南在蒋介石的允许与支持下，利用抗战军事急需大批军政干部人才，主持创办了"中央军校第七分校"，简称七分校，又称西安军校，以培养部队的军事政治干部。胡宗南曾对亲信部下说："委座统一中国，靠办黄埔；我们要继承大业，就一定要办好七分校"。胡宗南的主任秘书、七分校政治部副主任余纪忠称胡宗南办第七军分校是"煞费苦心""席不暇暖""一饭三吐哺"[①]。情况也的确如此。

抗战前，国民政府在首都南京设立"中央陆军军官学校"，简称中央军校，并在洛阳、武汉、成都等地设立分校。抗战开始后，南京中央军校本部迁到成都，与成都分校合并。另以洛阳分校为一分校；武汉分校迁到湖南武岗，称二分校；在江西广丰成立三分校；广州分校迁到贵州独山，称四分校，在云南昆明成立五分校，在广西桂林成立六分校。胡宗南在西安成立的，就依次称七分校。以后在湖北草店还成立了八分校，在新疆迪化成立了九分校等。

七分校筹建于1938年初，由胡宗南呈请蒋介石批准，以胡宗南、罗历戎、吴允周、袁杰三、张研田、洪轨共6人，组成建校筹备委员，借凤翔师范学校为军校校址，初步建校。1938年5月，由吴允周等人负责，将校部迁移至在西安以南约20公里的王曲镇，正式建校，第一期学生入学。

七分校照例以蒋介石兼校长，由成都中央军校校务委员会委任胡宗南担任负责校务的主任，并先后委派顾希平、邱清泉、周嘉彬、罗历戎、洪士奇、张卓、吴允周等人为副主任，实际主持学校工作。在校部下面设6大处，吴允周任

---

① 杨健：《胡宗南与第七分校》，陕西省政协文史资料委员会编：《陕西文史资料》第8辑，西安：陕西人民出版社，1980年，第95～96页。

教务处处长，袁杰三为总务处处长，曾扩情、王超凡先后任政治部主任，余纪忠任政治部副主任，主持编纂出版校刊《王曲杂志》。

七分校的学员分为学生系列和军官系列。

王曲第七军分校校部机关（美国《生活》杂志摄影师卡尔·迈登斯摄于1941年6月）

学生系列招生范围广阔，向华北、中原及东南沦陷区的学生及有志于军事的热血青年招收。

1938年4、5月，第七军分校招收第一期学生，其生源主要来自以下几个方面：

胡宗南在1937年年底率部从上海、南京西撤过程中，下令收留沿途青年，如在滁州、寿县收容了当地青年组织"随军服务团"的大批人员，在安徽北部收容了徐州中学教员赵观涛率领的400多青年，在寿州收容了安徽童子军教练官徐康民率领的流亡学生500余人，以及从上海、南京流亡出来的大批青年学生。胡宗南将这些青年学生都随军带往西安。

在1937年年底，胡宗南派刘钊铭到长沙招考了600多名青年学生。

在1938年2月，胡宗南派人到淮海沦陷区招考了800多名青年学生。

还有，如前所述，在1936年7、8月胡宗南驻军长沙期间，曾通过湖南省教育厅厅长朱经农，有意结识了长沙各学校中一批有才干与活动能力的青年学生骨干人物，如陈大勋、江国栋、彭书隐、李芳兰等人，答应他们："有一天抗日战争

214

发生，我一定邀请你们参加第一军，并希望青年们投笔报国。"抗战发生，在1937年8、9月，胡宗南就打电报到长沙，邀请陈大勋等人到上海，嘱托他们组织青年，支持抗战。陈大勋等先在上海、苏州等地动员一批青年与学校童子军，成立战地宣传服务队，支持上海前线抗战。上海、南京失守后，胡宗南指示陈大勋等人，回到长沙，发起组织成立了"湖南青年战地服务团"，有50多人，由李芳兰任团长，在1937年12月底从长沙前往武汉，经胡宗南亲自面试，到河南信阳，正式加入胡宗南的第一军。后来，胡宗南将其中一些人送入七分校，其他人送到胡军各部队中作政治工作。1938年8月，"湖南青年战地服务团"解散。

胡宗南从以上这些青年学生中，考选了千余人，作为创办七分校的第一期学员。

后来，七分校又奉命接受了康泽在王曲所办的"特种训练班"的学生与顾希平带往西安受训的一批江苏省籍青年；又从冀、鲁、豫等地沦陷区招录了一些青年学生。胡宗南指示将这些青年学生经考核后，选送合格者入第七军分校.

胡宗南将七分校的第一期学生，按照黄埔军校创办后所毕业学生的序列，编为黄埔第十五期。这期入校生被编为4个学生总队，也按照成都总校已有第一学生总队的次序，依次编为第二、三、四、五学生总队，以李正先、罗历戎、刘安琪、黄祖训、王治岐、杨德亮等人先后为总队长。学生中凡读过大学的，文化水平高，被编为甲级生班，只读了约1年，毕业早，1939年3月29日毕业，这些学生中，后来较有名的，有孔令晟（来自北大）、熊汇荃（来自清华）等人；只读过初、高中，甚至更低文化水平的，被编为乙级生班，要读1年半，1939年8月30日才毕业。毕业学生即被分配到各作战部队，任下级军官。

从第十五期开始，胡宗南在七分校共培养了5期学生，到第十九期结束。[①]

军官系列则主要是调训各部队中行伍出身的排、连、营级军官，施以半年到一年的军事补助教育，以增加学员的军事知识，提高其指挥能力，结业后仍回原部队工作。从1938年分校成立起，至撤销，共办了6期。按中央军校本部军

---

① 参阅王建军、白金刚编著：《黄埔七分校记忆——中央陆军军官学校第七分校师生录》，西安：陕西出版传媒集团三秦出版社，2014年6月。

官总队期别，接续为第七、八、九、十、十一和十二期。

七分校对入校学生与受训人员分科施教，设有步兵、骑兵、炮兵、工兵、通信、辎重、军械、军需等专业。其中，几个步兵学生总队，专门进行军事教育训练，培养初级军事指挥人才与参谋人才；两个政治训练队，专门施以政治教育训练，培养政工干部；一个边语训练班，是专门施行外语与少数民族语言教育，培养外文人才与外交人才；一个特科总队，培养军事情报、保卫等特工人才；两个军官大队，专门调训部队中下级军官；两个军士教导团，则是培养训练部队基层政工人员，即所谓"政治军士"等。学校另有一个练习团与一个输送营。每期学生的学习培训时间约1年。

七分校师生，最多时达到两万余人，不仅超过其他各军分校，也超过成都中央军校本部。

由于是在战时，七分校的教学、训练十分紧张，生活异常艰苦。学员们辟窑洞为营舍，或驻寺庙，陆续建有黄埔村、留村、曹村等新营房。学员们睡的是通铺土炕，每人一条布薄棉被、一条粗劣毛毯；一天吃两顿饭，6人一桌。学员自力更生，每队养两头猪，另养鸡、鸭等，自己种菜、纺线织布。学员们每天4点半就吹号起床，出操，向蒋介石致敬并喊口号。然后早饭，每人5个馒头、一碗粥，一桌4碗菜、1碗汤。早饭后，就是上课、训练、考核等。

1941年七分校学员在树林里听教官讲课（美国《生活》杂志摄影师卡尔·迈登斯摄）。

胡宗南也经常为学员讲课，宣传他长期在的国民党军旅生涯中，在蒋介石训导下形成的一套独特的"战斗哲学"，即他的军事哲学思想。有一次他主讲"今日的战士"，可以说是他的"战斗哲学"的比较全面的展示，要点是："现代军人必须以主义做灵魂，以领袖作灯塔，而为民众的武力"，"总理遗教，领袖训示，是我们生活的规范，行动的指针，生命的源泉"，"死字顶在头上，成功握在手里，受命不辱，轻伤不退，被围不惊，撤退不乱"，"人格重于生命，生命可以牺牲，人格不可牺牲"，"工作精到、敏捷、积极，专一为主"，"像金人一样，三缄其口，不叫苦，不吹嘘，不发牢骚"，等等，最后归结为："今日的战士，必须生死于主义之中，生于理智，长于战斗，成于艰苦，终于道义，所谓理智，择善固执，贯彻始终。所谓战斗，克服困难，战胜环境。所谓艰苦，汗学内流，百折不挠。所谓道义，笃信死守，不计成败利钝"；"今日的战士，永远要抓紧现实，站稳脚跟，与天争，与物争，与艰苦争，与错误争，与强权暴力争，以热心推动时代，以心火点燃文明"；"今日的战士，不是群众的乞丐，不是时代的跟班，不是功名利禄的俘虏，不是风花雪月的奴才，不是咬文嚼字的绅士，不是养尊处优的懒汉，不是狼心狗肺的叛徒"①。显然，胡宗南的这套"战斗哲学"，有着鲜明的时代特色与他个人的理想、行事特点。

后来，胡宗南还令人将"生于忧患，长于战斗，成于艰苦，终于道义"16个大字，刻到西安翠华山的悬崖上，更广泛地加以宣传。②只是"生于理智"变成了"生于忧患"，不知是胡宗南有意改动，还是赵龙文记忆有误。

蒋介石非常重视七分校，曾先后5次来校检阅、视察，并主持各期学生的毕业典礼。

---

① 转引自（一）芮正皋：《儒将胡宗南》，胡故上将宗南先生纪念集编辑委员会编纂、胡为真增修：《令人怀念的胡宗南将军》，台北：商务印书馆，2014年12月，第398页；（二）杨尔瑛：《千秋青史慰忠魂》（1962年撰），胡故上将宗南先生纪念集编辑委员会编纂，胡为真增修：《令人怀念的胡宗南将军》，台北：商务印书馆，2014年12月，第92页。

② 赵龙文：《怀胡宗南先生》（1962年撰），《中外杂志》（台北）1967年1月号，第1卷第1期。

七分校从1938年春创办，至1947年，国民政府下令停办各地军分校，七分校将第二十期学生合并到成都总校，遂告结束，前后存续约9年时间，培养学生系列的军事人才37317名，是全国黄埔军校9个分校中，培养人才最多、贡献最大的分校。胡宗南将七分校的毕业学员，统称之为黄埔大家庭成员，源源不断地充实到胡部各军中，成为胡部中、下级军官增补的最主要来源。胡宗南对这些七分校毕业学生与受训人员十分重视，视之为自己的门生与亲信，往往优先安排工作与提拔职务。过去，胡宗南在其部队中用人的标准是"黄陆浙一"，即是黄埔出身、陆大深造、浙江籍贯与有在第一师从军的经历；自七分校创办后，改为"黄陆浙一七"，即加上了在七分校毕业或受训。

据不完全统计，七分校培养的3万7千多名军事人才，有三分之一牺牲在抗战前线，为抗战胜利做出了突出贡献。同时，胡宗南利用七分校，不仅培养了大批青年军官，通过他们进一步控制了部队，提高了部队的战斗力，提高了自己在部队中的威信，而且还培训了不少杂牌部队的行伍军官，使他们黄埔化，消弥了部队中的一些矛盾，并在无形中逐步改造与吞食了各非嫡系部队，有力地推动了胡宗南军事集团的建立与发展。

胡宗南在创办七分校的同时，又创办了专门培养文职政工干部的"战时工作干部训练第四团"，简称"战干四团"。该校校址设在西安城西南隅原张学良创办的东北大学遗址。胡宗南以该校招收那些因体力不合格不能入第七军分校的男知识青年与女学生，加以教育训练，培养成军队与地方的政工干部。后来该校还招收陕、甘、豫的地方干部加以培训。胡宗南援例请蒋介石兼任"战干四团"的团长，以第十战区司令长官兼陕西省政府主席蒋鼎文任副团长，胡自己任教育长，先后任命周士冕、葛武棨等任副教育长，实际主持校务。在团部下设教务处、政治部等机构。该校经常受训的学生与干部达两三千人。

1939年5月6日，蒋介石指示军委会政治部部长陈诚："最好在西安设一政治部派出所"，"并嘱胡宗南主持其事"。5月30日，蒋又指示第三十一集团军总司令汤恩伯："西安应速筹设游击训练班，如前方部队整补就绪，希即赴西安，协助宗南组织训练为要。"[1]遵照蒋介石的指示，胡宗南在西安南70里之翠华山太乙镇太乙宫，与汤恩伯部联合举办了"西北游击干部训练班"，培养训练游击干部。因为汤恩伯曾在1938年冬担任过"南岳游击干部训练班"的教育长，有这方面的经验。胡宗南与汤恩伯约定，该训练班的教育训练由汤恩伯主持，事务由胡宗南派员主持，学员亦由胡宗南的第三十四集团军与汤恩伯的第三十一集团军两部队军官中，逐次抽调参加学习。后来扩大到绥远、察哈尔、甘肃、宁夏等地的部队。训练班的主任援例由蒋介石兼任，以军委会军训部部长白崇禧、军令部部长徐永昌任副主任，蒋鼎文为教育长，胡宗南为副教育长，汤恩伯为总教官，办公厅主任由第三十四集团军参谋长罗列兼任。1940年蒋鼎文他调，教育长先后由胡宗南、陈大庆、陶峙岳、缪徵流等人担任。训练班规定，每期学员学习受训6个月。第一期成立了4个学员队，以后有所扩大。该训练班共办了12期，培训出来的学员被派遣到沦陷区开展活动，组织敌后部队，配合中国正规部队作战。

此外，胡宗南还在兰州设立"西北干部训练团"，轮训甘肃、青海、宁夏三省的地方军政人员，其性质同于西安的战干四团；在皇甫村（胡宗南改其名为黄埔村）、青龙岭（胡宗南改其名为兴隆岭）、终南山之南的五台、杜曲等地，开设了第三十四集团军将校训练班；在西安、天水、宝鸡、兰州等地相继开办了军医学校、骑兵学校、工兵学校、财会学校

汤恩伯

等，都成为日益壮大的胡宗南军事集团的重要组成部分。

---

[1]《蒋委员长电示陈诚长官招收训练冀鲁等省青年，并嘱胡副总司令主持各站区政治工作》（1939年5月6日），《蒋委员长电示汤伯恩总司令，协助胡军团长组训游击干部》（1939年5月30日），胡宗南著，胡为真增订：《胡宗南先生文存》，台北：商务印书馆，2016年，第58、59页。

从1939年开始，担任胡宗南的西安办事处处长长达5年的张佛千，在晚年回忆说：胡宗南"在西安主持中央军校第七分校，规模之大，生员之多，超过了成都本校与其他八个分校之和，学生、官佐最多时，超过一万人；还主持'战时工作干部训练团'，规模在四个团中也是最大而又办理最久；还辖有好几个地区的新兵补训处，黄河以北，也包括黄河以南的部分地区，大小七个战区的兵源，都归他补给，真可谓统兵百万。蒋介石也很信任他，军政部的朋友告诉我，全国陆军团长以上的干部，由胡宗南保荐的占80％，信任之深可见一斑"①。

应该说，胡宗南所办的这些学校，取得了一定的成绩，培养与培训了为数可观的各种军政人才，不断补充到胡宗南的各部队与其他各部队中以及地方党政机关中，充实了中国抗战力量，也扩大了胡宗南个人的势力与影响。但由于这些学校的机构过大，发展过快，更由于当时国民政府党、政、军机构普遍的腐败，因而也不可避免地沾染上种种官场恶习。

如七分校在各地招生中，为了追求数字，以及拉关系、开后门等原因，竟每期都招收进许多身体过弱、文化过低、年龄过大的人进校作入伍生，根本不适合培训。仅在第十五期第二总队学员中，三四十岁以上的学员约占学员总数的四分之一，年龄最大的学员竟至50岁，而年龄最小的学员却只有15岁。② 这就必然要影响七分校的学习与训练。这些情况传到重庆的军训部。这是在1940年，正是白崇禧任军训部部长，他有权管中央军校及其各分校，就突然带了一批考核官亲临西安，对七分校学员进行严格的考核甄别。胡宗南是个好大喜功又极爱面子的人，为了应付军训部检查，竟指示部属，利用七分校学员人数多、驻地分散的特点，要求军训部主持考核的人员采用轮流考核甄别的方法，然后就在七分校中组织一批体格强健、文化程度较高的学员，冒名顶替，巡回代考。后来还将西安市内的一些中学生也拉来代考。白崇禧发现了这些情况，

---

① 卢昌华、许永涛：《张佛千先生忆往纪实》，《纵横》（北京）1996 年第 9 期。

② 杨健：《胡宗南与第七分校》，陕西省政协文史资料委员会编：《陕西文史资料选辑》第 8 辑，西安：陕西人民出版社，1980 年，第 106 页。

就规定在考核甄别时，要对照学员的照片，而且不仅考学科，还要考术科。这就使得那些冒名顶替者破绽百出，一不懂口令，二不懂步法，三不懂枪法。结果淘汰了一两千名不合格的学生，白崇禧下令遣散。但那些被遣散的学员不愿离校，游行示威，在打砸了七分校校本部后，又向西安市区进发。西安为之戒严。胡宗南急派亲信部将张新等人去劝阻学生。胡对张新等人说："你们赶快去收容这些学生，第一头皮要硬，第二说话要软"。张新等人就对那些被淘汰的学员们说："应该打的是白崇禧！你们是胡先生的学生，不是白崇禧的学生。白崇禧不要你们，胡先生是要你们的！白崇禧不发毕业证书，胡先生发给你们！保证大家都有工作。"许久，这场风波才得以平息。胡宗南后来对这批被淘汰的学生用"补考""试读""旁听"等名义，仍将他们留在七分校，后来都发给毕业文凭，分发到各部队中去。[①]

胡宗南的弄虚作假不止这一次。1943年美国副总统华莱士来华访问，到潼关检阅第一师部队，胡宗南竟令将七分校的一部分体格强健的学生，用全副崭新的装备，编成1个团，冒充第一师的官兵演习，接受华莱士检阅。还有一次，军政部巡回检阅团到天水点验第四十二军部队，胡宗南又令以第四十八师最满员的第一四三团轮回受点好几次。

弄虚作假，欺上瞒下，本是中国数千年官场的恶习与顽症。到民国时期，这种"官场病"依然盛行。好大喜功而又虚荣心极强的胡宗南更是热衷于此道。我们将在以后可以看到，他在1947年率部攻占延安时更为恶劣的弄虚作假的表演。

在这期间，胡宗南对他与叶霞翟确立的恋情也一直秘而不宣。如前所述，他们在1937年6月即有嫁娶之约，但因抗战爆发而耽搁下来。当胡宗南于1937年11月率部从上海战场撤离、先后转战于南京、河南、信阳、西安等地时，叶霞翟也于1938年初，从上海经香港、武汉、重庆，于1938年3月底到达成都，回

---

① 张新：《胡宗南其人》，浙江省政协文史资料委员会编：《浙江文史资料选辑》第23辑，杭州：浙江人民出版社，1982年，第175～176页。

到已经西迁的光华大学复学。胡宗南与叶霞翟在武汉有过一次短暂的会面。叶霞翟在成都光华大学读书的1年零3个月中，胡宗南以看牙为名，悄悄来成都看望她两次。叶霞翟说："因为我们既然在当时不能结婚，就约定暂时不把我们的关系公开。"1939年6月，叶霞翟从光华大学毕业，胡宗南第二次来成都看望叶霞翟，两人"互相保证，不论这战争拖得多久，不论我俩隔得多远，我们的爱情决不改变，我们一定彼此等待着，直到日后再相见"①。两人还约定，"以后不论在怎样的情况之下见面，联络时就以当地的地名作记号"②。1939年7月，叶霞翟赴美留学前，胡宗南未能赶来为她送行，只是派人给她送来一封信，信上说："吾妹此次远渡重洋，去国离家之感，儿女之情，离愁密密，思绪纷纷，梦寐劳神，感慨必多。兄因职务在身，未能亲来话别，尚希旅途保重，俾免悬念。"③

叶霞翟到美国后，开始在乔治·华盛顿大学就读；毕业后，又去威斯康辛大学学习；1944年，获美国威斯康辛大学政治学博士学位，是获得美国政治学博士学位的第一位中国女性。

因为胡宗南与叶霞翟将他们的关系严格保密，外界多以为，胡宗南戎马倥偬，一直"不娶"，多年过着独居生活。国民党的许多党政要人，从蒋介石到陈立夫，也都对他们这位手握重兵的将领的婚事分外关心。据说，陈立夫在抗战发生前后，曾将孔祥熙的二女儿孔令俊介绍给胡。孔祥熙也有意召这位颇有声望的青年将领作

叶霞翟在美国留学

---

① 叶霞翟：《天地悠悠：胡宗南夫人回忆录》（1965年撰），桂林：广西师范大学出版社，2016年5月，第28～38页。

② 叶霞翟：《天地悠悠：胡宗南夫人回忆录》（1965年撰），桂林：广西师范大学出版社，2016年5月，第55页。

③ 叶霞翟：《天地悠悠：胡宗南夫人回忆录》（1965年撰），桂林：广西师范大学出版社，2016年5月，第38页。

婿，但胡宗南借故推辞。他在给陈立夫的信中写了一段著名的话："国难当头，正我辈军人抗敌御侮、效命疆场之时，匈奴未灭，何以家为？"[1] 后来这段话被好事者传得很远，为胡宗南的形象增光不少。胡宗南还多次公开向人宣布，抗战不胜利，他将不结婚，等到抗战胜利之后，他将到光复的北平城里太和殿，举行婚礼。[2] 胡宗南说到做到，八年抗战，他一直孑然一身，成为一位著名而又神秘的"不娶将军"。

胡宗南的"不娶"，为他赢得一些声誉，但也引起了不少传言，有说胡有"隐疾"，身体先天有缺点[3]，"不结婚并非因为职务在身，而是无能为力啊"[4]；还有的说胡因医治牙疾，与成都华西大学医学院一位漂亮的女医生有关系。[5] 显然，这都是些不实的道路传言。

（六）他精心选择的机要秘书竟是中共秘密情报人员

就在胡宗南迅速扩充军事实力，在仕途上飞黄腾达之时，他没有想到，中国共产党方面也对他这位手握重兵的国民政府军事大员，在密切地观察，认真地研究，并开始切实地对他进行着多方面的工作。

中共方面对胡宗南进行秘密工作的最重要的一项，就是由周恩来亲自策划指挥，派遣中共的一位年轻的情报人员，掩盖身份，取得胡宗南的信任与赏识，打入胡的身边，担任至关重要的胡的贴身侍从副官与机要秘书，借以长期获取胡的各方面机密情报。

---

[1] 孟丙南：《"西北王"胡宗南》，全国政协文史资料研究委员会编：《文史资料选辑》第18辑，第132～133页。

[2] 孟丙南：《"西北王"胡宗南》，全国政协文史资料研究委员会编：《文史资料选辑》第18辑，第132～133页。

[3] 黄公伟：《胡宗南与叶霞翟的结合》，《中国近代人物逸话》第1种，台北出版。

[4] 叶霞翟：《天地悠悠：胡宗南夫人回忆录》（1965年撰），桂林：广西师范大学出版社，2016年5月，第70页。

[5] 孟丙南：《"西北王"胡宗南》，全国政协文史资料研究委员会编：《文史资料选辑》第18辑，第132～133页。

如前所述，在1936年7月、8月胡宗南驻军长沙期间，曾通过湖南省教育厅厅长朱经农，有意结识了长沙各学校中一批有才干与活动能力的青年学生骨干人物，如陈大勋、江国栋、彭书隐、李芳兰等人。抗战发生后，在1937年8、9月间，胡宗南率部在上海与日军作战期间，打电报到长沙，邀请陈大勋等人到上海第一军，组织战地宣传服务队；上海失守后，胡宗南嘱托他与汪雨辰、冯龙等人回长沙，组织青年，支持抗战。1937年11月底、12月初，陈大勋等人回到了长沙。

当时，长沙的抗战气氛很浓。清华大学与北京大学、南开大学南迁长沙，借韭菜园圣经学院的房舍，合组成临时大学，于11月1日开学。但是，"沪杭不守，首都沦陷，一连串的噩耗，震动了全校师生"。当首都南京于12月13日失陷的消息传来后，师生们泣不成声，在学校大草场上，举行了一次沉痛悲壮的集会，一致高呼："现在不是埋头读书的时候了！时代需要我们，国家需要我们！我们要丢下笔杆，扛起枪杆，上前线去！"这一次沉痛悲壮的集会，就像是一个誓师大会！从这天开始，许多同学都失去了去上课听讲的宁静心情，学校里弥漫了一片请缨杀敌的空气。一批批的同学组织起来，在热烈的欢送声中，走出学校，走向战场。就在这热潮中，一身戎装的陈大勋等人，以胡宗南部所派代表的身份，与长沙学生骨干人物李芳兰一道，发起组织成立"湖南青年战地服务团"，准备到胡宗南的第一军服务。当时，胡宗南和第一军在长沙的青年学生中，有很大的影响与号召力，"胡将军在青年心目中是抗日英雄，是青年革命将领，第一军是全国'第一'的部队"[①]，因此，自愿报名参加"湖南青年战地服务团"的人很多，约有五六十人，其中有从南京中央医院西撤的医生、护士，有从上海西撤的爱国青年，还有一位画家赖少其，另外还有20多名长沙临时大学的学生，大多数是北平、天津一二·九学生运动中的积极分子，包括原清华大学学生会主席、现为长沙临时大学学生会主席洪同、北京

---

① 洪同：《记第一军随军服务团——追念胡（宗南）先生》（1963年撰），胡故上将宗南先生纪念集编辑委员会编纂，胡为真增修：《令人怀念的胡宗南将军》，台北：商务印书馆，2014年12月，第323～324页。

大学学生会主席陈忠经、清华大学学生宋平等人。[1]

此消息传到了正在武汉国统区工作的中共代表团那儿，引起了周恩来的重视。周恩来是中共情报工作的开创人，曾组织了中共第一个情报组织"中央特科"，并长期领导中共的情报工作。他根据以往的经验，认为抗战开始后，国、共合作的形势很好；但以后历史发展是曲折的，国、共两党争夺抗日民族统一战线领导权的斗争、抗战胜利后争夺国家政权的斗争，势必要发生，因此他主张中共在对国民党的关系上，要未雨绸缪，后发制人，先走一步，在抗战初期就要着手下闲棋、布冷子——在国民党与国民政府的各军政要害部门与党政军各要人身边，安插进中共的各种秘密情报人员。在周恩来等人的秘密策划布置下，先后派遣中共秘密情报人员谢和赓担任了白崇禧的机要秘书，余湛邦担任了张治中的机要秘书，赵荣生担任了卫立煌的机要秘书，等等。

胡宗南是蒋介石军事嫡系黄埔系的首领，手握重兵，抗战开始后军政地位急剧上升。周恩来以前与他多有接触，对他更加重视。因此当周恩来听到胡宗南派人到长沙组织"湖南青年战地服务团"的消息后，立即指示中共代表团中负责青年工作的蒋南翔，迅速选拔一名年轻的中共党员，到长沙报名参加"湖南青年战地服务团"。周恩来根据他所掌握的胡宗南的个性特点，提出选拔这个青年党员的一些条件，即要出身名门望族或官宦之家，年纪较轻，仪表不俗，公开的政治面目不左不右，言谈举止有爱国青年的气质，知识面较广，记忆力较强，看过一些介绍马列主义基本原理的书籍和孙中山的著作，肯动脑子，比较细心，能随机应变，以能适应在胡宗南部工作。

蒋南翔经考查，最后选定了他在清华大学的同学、并由他秘密介绍加入中国共产党的熊汇荃。

熊汇荃（后改名熊向晖），祖籍安徽凤阳，家住湖北武昌。其父在湖北高等法院任刑庭庭长，在社会上有一定地位与名望。熊汇荃本人于1919年4月生在山东省掖县（今山东省莱州市）的一个官宦家庭，其父当时任掖县的推事，

---

[1] 熊向晖：《地下十二年与周恩来》，北京：中共中央党校出版社，1991年2月，第3页。

熊汇荃，17岁就考入清华大学，1936年12月加入中国共产党，后来根据周恩来的安排，担任胡宗南的机要秘书，长达12年。

即县长。在家里的8个孩子中，熊汇荃排行老五。在1935年夏，他才17岁，就考入北平清华大学中文系读书。当时，正逢华北危机加剧、北平"一二·九"学生运动爆发，他受到影响，加入了中共地下党控制的"中华民族解放先锋队"（简称"民先"），并任"民先"清华大学的负责人；1936年12月，由清华大学中共地下党负责人蒋南翔介绍，秘密加入中国共产党。1937年7月7日卢沟桥事变发生时，熊汇荃正在武昌家中度暑假，后看到报载，清华大学与北京大学、南开大学南迁，在长沙合组成临时大学，于11月1日开学。他就前往报到，入学就读。12月，熊汇荃通过清华女同学、中共地下党员郭见恩，与中共党组织重新接上了关系。此人出身官宦，仪表不俗，年纪较轻，又聪敏精细，受过高等教育与一二·九学生运动的锻炼，知识面广，记忆力强，能随机应变，完全符合周恩来的要求，能适应在胡宗南部队中长期潜伏进行情报工作。郭见恩传达上级指示，要熊汇荃留在长沙，不要暴露中共党员身份，报名参加"湖南青年战地服务团"，争取进入胡宗南部第一军工作，并让他在该团路过武汉时，到八路军办事处找蒋南翔。

熊汇荃按照中共方面的指示，以长沙临时大学学生的身份，报名参加了"湖南青年战地服务团"。

"湖南青年战地服务团"的团长是从北平协和医学院毕业的湖南籍女大学生李芳兰，此人很有社会活动能力，与国民党上层一些人物有些往来，在湖南略有些名气；副团长是洪同。陈大勋任"湖南青年战地服务团"的指导员。陈大勋对"湖南青年战地服务团"的团员们说："胡（宗南）先生年过四十，尚未结婚，一心效忠党国，效忠领袖，是蒋委员长的左膀右臂。这次统帅'天下第一军'参加淞沪抗战，坚守数月，现奉命转进。"①

"湖南青年战地服务团"成立后，在社会上引起很大的反响。胡宗南更是重视，自江苏前线来电，表示欢迎。全体团员在曹日晖的第七预备师师部，接受了1个星期的短期讲习，并在那儿换上军装，接受第七预备师的授旗和湖南各界的欢送，于1937年12月底，从长沙乘火车到达武昌，住武昌师范学校。

熊汇荃随"湖南青年战地服务团"到武昌后，于1937年12月31日上午，到武汉大学，听了八路军驻武汉办事处（对内称中共代表团）周恩来题为《现阶段青年运动的性质和任务》的演讲。当晚，"湖南青年战地服务团"指导员陈大勋向全团宣布，胡（宗南）先生已到武昌，自即日起，都不要外出，等候传见。②

1938年1月初，胡宗南在武昌小朝街湖滨村第一军办事处的二楼上，分3批，亲自接见与考察"湖南青年战地服务团"的成员。每次接见时，胡宗南手执名册，依次点名，不论男女都称"先生"。按事先规定的军礼，被点名的人都得站起来，说声"有"。胡宗南举目审视，说"请坐"，然后提出三或四个问题；回答时，胡宗南注意听，还注意看。问完，胡宗南在名册上记下他的印象与观感的符号。——胡宗南用的仍是中国传统官场的面试目测法，此法虽简便，也有一点效用，但对一般被试者尚可，对胸有城府、善于做作者则不灵，对那些怀有特殊使命的大智大勇者，则尤不可用了。如他这次面试熊汇荃时，就完全被熊汇荃所迷惑了。③

熊汇荃为着完成中共方面交给他的使命，达到顺利进入胡宗南部并取得胡宗南的关注与赏识的目的，认真思索了胡宗南的个性特点与提问方式。他发现，胡宗南对前几个人提出的问题不尽相同，但都问一个共同的问题："为什

① 熊向晖：《地下十二年与周恩来》，北京：中共中央党校出版社，1991年2月，第4页。
② 熊向晖：《地下十二年与周恩来》，北京：中共中央党校出版社，1991年2月，第5～7页。
③ 关于熊汇荃到胡宗南部进行情报工作情形，引自熊向晖：《地下十二年与周恩来》，《人民日报》（北京）海外版1991年1月7日开始连载；北京：中共中央党校出版社，1991年2月出版单行本；《传记文学》（台北）1991年2月号、3月号转载。

么要到本军来？"熊汇荃当即萌生出一个念头，要使自己的回答与言谈举止迎合胡宗南的个性与爱好，要使胡宗南这个令常人"有点奇怪"的人感到奇怪，给胡宗南留下崭新而深刻的印象。因此，当胡宗南点到熊汇荃的名字时，熊汇荃故意违例，坐而不立，只举起右手，说声"我就是！"这一手果然使胡宗南很惊讶，瞪着眼瞧着熊汇荃。

胡宗南问："贵庚？"

熊汇荃答："再过三个月零四天满十九岁。"

胡宗南又问："熊先生为何到本军来？"

熊汇荃作惊人之语："参加革命！"

胡宗南听了一怔，问："熊先生到本军来是为了参加革命？"

熊汇荃说："孙中山先生遗嘱第一句话就是'余致力国民革命凡四十年'，贵军是国民革命军第一军，到贵军来当然是参加革命。"

胡宗南似笑非笑，问："怎样才是革命？"

熊汇荃答："中山先生最初提出的革命任务是'驱除鞑虏，恢复中华'，现在'驱除鞑虏'就要抗日，抗日就是革命。"

胡宗南问："不愿抗日、反对抗日的算什么？"

熊汇荃说："积极抗日的是真革命，消极抗日的是假革命，不愿抗日的是不革命，反对抗日的是反革命！"

熊汇荃话音刚落，胡宗南突然加快语气，紧接着问："对反革命怎么办？"

熊汇荃脱口而出说："杀！"

熊汇荃的回答十分符合胡宗南喜欢倡言革命、鼓吹抗日又热衷于识拔青年才俊的特点。胡宗南对熊汇荃的这番精心"表演"十分满意，在名册上熊的名字旁画了四个圈。这是绝无仅有。胡宗南对其他人名字旁多画一个圈，少数人名字旁画两个圈，至多画三个圈。

在对熊汇荃面试的当晚，胡宗南就迫不及待地派遣其侍从副官唐西园约熊汇荃来其住地进行个别谈话。胡表情不再矜持，先与熊漫谈，问熊的学历，称赞熊汇荃"十七岁进大学了不起！"然后，胡就用轻描淡写的方法，对熊汇荃进行政治盘查。

胡宗南问："北平学生为何闹学潮，反政府？"

熊汇荃早作好思想准备，回答说："不是学潮，是学生爱国运动。我参加的学生爱国运动不是反政府，而是拥护政府反对日本侵略，反对华北自治。学生的要求远不及蒋委员长在去年7月提出的'地无分南北，人无分老幼，无论何人皆有守土抗战之责任。'"

胡宗南问："北平学生建立了什么组织？"

熊汇荃答："有'民先'，即中华民族解放先锋队。"熊并说明他曾是清华大学"民先"的负责人之一。熊认为"民先"是当时北平学生的一个公开抗日爱国组织，而他曾担任清华大学"民先"的负责人，清华大学的许多学生都知道。胡要调查，很容易就能了解。因而，不如对胡明言为好。

胡宗南听了又问熊汇荃："为何取名'中华民族解放先锋队'？"

熊汇荃答："不是我起的名。但我记得中山先生讲过，民族主义就是'中华民族自求解放，中国国内各民族一律平等。'"

熊汇荃在谈话中故意多提孙中山的言论著作，使胡宗南对熊汇荃有了进一步的好感，面露喜色，称赞熊汇荃"对总理遗教有研究！"

胡宗南接着又问熊汇荃："共产党对北平学生的影响大不大？"

熊汇荃说："我不清楚。我知道清华学生都来自中上之家，被认为是'天之骄子'，埋头读书，还可出国深造。就我自己而言，看到日寇侵略，汉奸横行，感到愤慨，不愿做冷血动物。课余参加爱国运动，出于自觉自愿。现在投笔从戎，到贵军参加革命，决心上前线，洒热血，抛头颅，更是自觉自愿"。

熊汇荃说得既有分寸，恰到好处，又慷慨激昂，不露痕迹，使得一心要为第一军识拔青年人才的胡宗南信以为真，满心欢喜，特地站起来与熊握手。

胡宗南转而问起熊汇荃的家庭情况。胡宗南得知熊汇荃家就住在武昌，熊汇荃的父亲在武昌高等法院任庭长时，就要熊汇荃写出家庭住址。第二天胡宗南特地派副官唐西园将熊汇荃的父亲请来，设宴招待。胡宗南向熊父表示对熊汇荃很器重，夸熊汇荃是少年英俊，才识超群，要熊父放心地把儿子交给他。胡宗南向熊父保证，他一定要将熊汇荃培养成党国栋梁之材。

当时，担任"湖南青年战地服务团"指导员的陈大勋曾当面向胡宗南报告，"这一群青年中，有少部分人思想较为'左'倾，胡先生的观念则认为，三十岁以前的青年思想未定型，只看我们自己的训练与运用如何？"①

胡宗南自信他慧眼识才，发现与选拔了一位青年才俊到自己部队中。他万万没有想到，他竟亲手将中共的一名秘密情报人员招到身边。

曾任胡宗南的西安办事处主任的张佛千，在其晚年回忆说："这里我要为胡先生解释，熊汇荃投效时，是西南联大二年级生，还不满19岁，他的清新淳厚的气质，温和安静的形象，任何人都不会把他与中共间谍联想到在一起。其敬事负责守分有礼的态度，令我十分欣赏，因而极佩胡之善于选人。"②

胡宗南对"湖南青年战地服务团"的全体成员们说："我很高兴见到你们。你们是国家的优秀青年，上前线去抬伤兵送子弹，要你们去做，太可惜了。我希望你们能和我一同到西北去，大西北是抗战建国的基地，那儿需要你们！"③

就在这期间，熊汇荃在一天晚上，秘密地从武昌到汉口，找到八路军办事处。当时周恩来不在，由董必武听取熊汇荃的汇报，并将周恩来对熊汇荃潜入胡部的指示详细传达给熊。周恩来要熊汇荃到胡部后应特别注意三点：第一，不要急于找中共组织联系。当时中共方面只有周恩来、董必武、蒋南翔三个人知道熊汇荃潜入胡宗南部的特殊使命，以后将由周、董等查明胡宗南部的新驻地，再设法与熊汇荃联系。这需要一段时间，不论多长，熊汇荃都要耐心等待。在取得联

① 陈大勋（绥名）：《沉默的巨人：胡宗南先生》（1962 年撰），胡故上将宗南先生纪念集编辑委员会编纂，胡为真增修：《令人怀念的胡宗南将军》，台北：商务印书馆，2014 年 12 月，第 190 页。

② 张佛千：《我追随胡宗南》（七），《传记文学》（台北）1997 年六月号，第 70 卷第 6 期，第 95 页。

③ 洪同：《记第一军随军服务团——追念胡（宗南）先生》（1963 年撰），胡故上将宗南先生纪念集编辑委员会编纂，胡为真增修：《令人怀念的胡宗南将军》，台北：商务印书馆，2014 年 12 月，第 325 页。

系前，熊汇荃绝不要离开胡宗南部队，而应环绕这一特殊任务，独立决定问题。要甘于做冷棋子。第二，隐蔽中共党员身份，不发展中共组织，保持不左不右、爱国进步的政治面目，准备参加国民党，相机推动胡宗南抗日进步，但要做得自然，不要急于求成，若胡"反共"，则在表面上同他一致，不要怕人误会，不要认为丢脸，急于表白，要忍耐，有韧性。第三，在国民党里，对人可以略骄，宁亢勿卑，但也不宜过亢。国民党情况复杂，要适应环境，同流而不合污，出污泥而不染。要谨慎，谨慎不是畏缩。既要有勇气，又不可鲁莽。要发扬肯用脑子、比较细心的长处，敢于和善于随机应变，等等。

董必武最后对熊汇荃说，你已初步取得胡宗南的信任，有了较好的开端，但不要设想一帆风顺。你去的地方可能变成龙潭虎穴。周恩来与董必武送熊汇荃八个字："不入虎穴，焉得虎子"。[1]

"湖南青年战地服务团"于1938年1月底，农历大年除夕，乘军用列车，到达陕西凤翔。这里是胡宗南第一军军部所在地。军参谋长罗列代表军部来欢迎他们。从此，服务团的团员们就开始了睡稻草地铺的军营生活。他们向当地民众和部队官兵进行抗日宣传与医疗卫生工作。[2] 这时，西安也有一个"青年战地服务团"，那是在1937年秋，因晋南前线战事吃紧，由北平师范大学等几所西迁高校合组成的西安临时大学（后改称西北联大），也组织了一个"战地服务团"，到潼关、华阴等地，进行动员群众、组织群众的工作，申振民任该团副团长。这个服务团于1938年春回到西安，不久，与"湖南青年战地服务团"合并，在凤翔县正式组成"第一军随军服务团"[3]。

胡宗南对熊汇荃再次考察后，更加信任，决定进一步培养他。1938年5月，胡宗南从西安来到凤翔，约熊汇荃单独谈话，对熊汇荃说："你是一棵幼松，我要把你培养成材。首先要你做革命军人，成为黄埔大家庭中的一员。"胡宗

---

① 熊向晖：《地下十二年与周恩来》，北京：中共中央党校出版社，1991年2月，第10～14页。

② 洪同：《记第一军随军服务团——追念胡（宗南）先生》（1963年撰），胡故上将宗南先生纪念集编辑委员会编纂，胡为真增修：《令人怀念的胡宗南将军》，台北：商务印书馆，2014年12月，第325～326页。

③ 李永森主编：《西北大学校史稿（新中国成立前部分）》，西安：西北大学出版社，1987年，第36页。

南让熊汇荃在次晨离开服务团，随他同车去西安。胡宗南亲自将熊汇荃送进刚刚开办的中央军校第七分校，接受国民党军校的正规培训，成为正规的"革命军人"与"黄埔大家庭的一员"，还集体参加了国民党。

1938年8月，"第一军随军服务团"被解散，部分团员他去，部分团员经短期政训后，分配到胡宗南的各部队中做政治工作。李芳兰嫁给胡部战干四团办公厅主任邱基膺。洪同到战干四团任教官①，后任三青团陕西省支团部的宣传部长。②

这年10月底，胡宗南从信阳前线回师西安。他一直关注着正在七分校学习的熊汇荃，很快传见熊，表示关心，说熊汇荃"已经像个革命军人"，还询问熊汇荃的家庭情况。胡宗南得知熊汇荃的父母这时已从武汉逃难到四川，不久就安排他们移居西安，给予生活费用。胡宗南还专门去探望熊汇荃的父母。③

1939年3月29日，七分校首届学生毕业，按照中央军校的毕业序列，为第十五期。胡宗南指定熊汇荃在有西安党政军各界领导人参加的毕业典礼上，代表全体毕业生致辞。礼毕，胡宗南找熊汇荃谈话，说，他现在的局面比过去大得多，他需要一个既懂军事又懂政治的助手。他在"黄埔大家庭"里选，最终选定了熊汇荃，决定委派熊汇荃担任他的侍从副官与机要秘书，原侍从副官唐西园另有任用。熊汇荃为坚胡宗南意，欲进先退，故意表示他以前在清华曾加入"民先"，有"左"倾嫌疑，现在到胡先生身边担任这样的重要工作，恐不能胜任，也不好办事，别人可能说闲话，对胡先生不利。胡宗南自信地说："你的情况，我完全了解。我一向是疑人不用，用人不疑。我做出的决定，谁

① 洪同在1949年后，一直在中国台湾"清华大学"工作。

② 据赵俪生在《赵俪生 高昭——夫妇回忆录》（山西人民出版社2010年9月出版）一书中回忆，洪同在西安时期，也是中共秘密情报人员，负责与其联络，为他提供方便与保护。洪同和清华同学姚依林关系极好。抗战胜利后，洪同为清华同学孙立人引荐，到沈阳警备司令部任职。1948年，洪同去台湾，先后担任"军官训练班"训导组长、"陆军总司令部政治部"副主任等职；后应梅贻琦邀，去台湾"清华大学"，任总务长，后任训导长。他在20世纪80年代后，来往于海峡两岸，于2007年2月6日去世，享年90岁。

③ 熊向晖：《地下十二年与周恩来》，北京：中共中央党校出版社，1991年2月，第15页。

敢说不？"①胡宗南赠送给熊汇荃一支精致的手枪与一只瑞士手表。

就这样，熊汇荃成了胡宗南最亲信最重要的助手——侍从副官兼机要秘书。他身处胡宗南的总司令部中，每天都紧随胡宗南的鞍前马后，协助胡宗南处理军中各种机密文电与胡宗南的日常事务，以及为胡宗南起草讲话稿等。熊汇荃在工作与生活中，也表现得异常勤恳忠心。"胡睡后他才睡，胡未起他先起，如影随形，十分亲信。胡对熊的父母兄弟姊妹都加以很好的照顾，为对其他部属之所未有。"②有一次，胡宗南去西峡口会汤恩伯，轻车简从，

胡宗南的侍从副官兼机要秘书熊汇荃

只带熊汇荃与一个卫士，中途夜宿村塾，熊汇荃竟通宵警戒，一夜未睡。事后胡宗南得知此事，留下极深的印象。③胡宗南回西安后，立即下令，将熊汇荃由中尉直升少校。还有一事，熊汇荃的妹妹熊汇芝准备去延安投奔中共，熊汇荃遵照父母之命，加以劝阻，并故意将此事报告胡宗南。胡宗南闻之，以为这是熊汇荃的"反共"表现，对熊汇荃更加信任，并立即手令，让熊汇芝去战干四团受训。后来熊汇芝嫁给战干四团教官孙适石。④胡宗南经多年考察，对熊汇荃深信不疑。

其实，熊汇荃在西安就任胡宗南的侍从副官兼机要秘书后仅数天，就于1939年4月初，秘密前往平民坊，找了清华大学的老大姐黄葳（原名戴中宸）。熊汇荃不知道她在西安做什么，更不知道她已是潜伏西安的中共陕西省委书记杨青（欧阳钦）的妻子，但知道她是中共党员，请她帮助他与中共党组织联系，但未果，黄葳很快消失了。直到1939年12月，在重庆中共代表团工作的蒋

① 熊向晖：《地下十二年与周恩来》，北京：中共中央党校出版社，1991年2月，第16页。

② 张佛千：《〈地下十二年与周恩来〉读后》，《传记文学》（台北）1991年3月，第58卷第3期，第54页。

③ 熊向晖：《地下十二年与周恩来》，北京：中共中央党校出版社，1991年2月，第25页。

④ 张佛千：《我追随胡宗南》（七），《传记文学》（台北）1997年6月号，第70卷第6期，第95页。

南翔，派许立群到西安找到熊汇荃，这才使熊汇荃与中共党组织恢复联系。1940年，延安中共中央情报部门先后派遣吴德峰、曾三、王中等重要特工人员，到西安与熊汇荃联系，向他了解胡宗南的政治态度，向熊汇荃传达中共中央对时局的分析和有关方针政策。熊汇荃也将他对胡宗南的观察与思考，报告来人：胡宗南抗日积极，倾向进步，对熊很信任，有时还同熊一起学习唯物论、辩证法。熊汇荃一度认为，胡宗南是夏伯阳式的人物，可以做工作，将其争取到中共方面来。夏伯阳原是旧俄时的军官，勇猛善战，后参加苏联红军，成为杰出的红军将领。但熊汇荃很快发现胡宗南对蒋介石忠心耿耿，遂放弃了争取之心。不久，他听说中共情报人员宣侠父在西安被国民政府当局秘密杀害，就企图暗杀胡宗南。当他将此想法向来与他联络的吴德峰汇报时，遭到吴德峰的批评。吴德峰对他说："你不仅不能暗杀胡宗南，还要设法保护胡宗南的生命安全。因为你在他身边的地位与工作，对我们太重要了。"

熊汇荃在胡宗南身边潜伏、活动，长达约10年之久，直到1947年5月胡宗南将熊汇荃送往美国留学为止。在这10年中，胡宗南总部的几乎一切军政机密、胡宗南个人的心态情绪与人事交往，以及国民政府中央下达给胡宗南部的各项核心机密文件，都被熊汇荃周密掌握并及时通过中共地下情报网，报给中共中央。胡宗南总部及其全军，对中共方面来说，几乎无密可保。

熊汇荃在胡宗南身边的10年，并不是没有引起胡宗南部任何人的怀疑。如在1937年12月熊汇荃在长沙刚参加"湖南青年战地服务团"时，团长李芳兰就曾当面质问他是不是共产党，以后熊汇荃担任胡宗南的机要秘书后，李芳兰又旧事重提，但都被熊汇荃巧妙地顶回去了。陈大勋也提醒过胡宗南，要警惕"左"倾的青年学生；胡宗南部的特工部门也曾收到匿名信，检举熊汇荃是"匪谍"，但都没有引起胡宗南的重视与追查，使熊汇荃有惊无险，安然无恙。[①]

胡宗南之所以将中共的情报人员挑选为自己的机要秘书与随从副官，时间

---

① 熊向晖：《地下十二年与周恩来》，北京：中共中央党校出版社，1991年2月，第4～5页、第25页。

长达10年之久，而毫无觉察，从而造成极其严重的后果，其原因除了中共情报人员部署周密、精明机警外，还有以下两点：

第一，国民党与国民政府党政军各机关，一直没有建立起严格的组织人事制度与政治审查制度。各级人员的任免，多凭长官的好恶与亲友的介绍请托，事前既无严格的审查，事后又无认真的考核。长官决定一切。长官决定的人事任免，往往要受个人认识与情感的局限，却又不允许别人提出任何不同意见。这就为中共情报人员千方百计地打入创造了条件。熊汇荃能打入到胡宗南身边，就像中共情报人员谢和赓打入到白崇禧身边任秘书，赵荣声打入到卫立煌身边任秘书，余湛邦打入到张治中身边任秘书，阎又文打入到傅作义身边任秘书，刘斐（任国防部负责作战的参谋次长）郭汝瑰（任国防部第三厅，即作战厅厅长）、沈婉（即沈安娜，任国民政府与中央党部速记员）等人打入到蒋介石身边任要职一样，其共同原因即在此。国民党方面人员事后惊呼："所有高级将领身边几乎都有'匪谍'。'匪谍'无孔不入！"[1] 这些中共情报人员都担任了各军政长官的机要秘书或随从副官这样的重要职务，国民政府的各项最机密、最重要的军政文件和上层内幕，都经过他们之手，源源不断地、迅速地送往中共方面。而国民政府的"中统""军统"等情报机构，对这些潜伏在各军政长官身边、备受信任与保护的特殊的中共情报人员，既不能及时觉察与防范，更无法进行审查与侦缉。

第二，胡宗南个人性格与作风

钱壮飞

---

[1]《曾祥廷先生访谈录》（2000年3月24日），《中共教导旅陕北作战日志（1947年3月22日—1948年3月13日）》，台北："国史馆"，2001年9月印行，第263页。

的严重缺点。胡宗南性格与为人粗豪而不精细，轻率而不谨慎，志大才疏，过分自信，特别是在他事业顺利、官运亨通、手中的军政权力急剧膨胀以后，更是自傲轻狂，自以为天纵英明，形成好大喜功、粗率浮躁、独断专行、言莫予违的作风，对部下无知人之明，更无警惕之心与审察之道，也不容别人提出异议。这就为中共情报人员的长期潜伏提供了可能。1939年年初，中共八路军副总司令彭德怀路过西安，接触过胡宗南，虽然当时胡宗南位高权重，颇负盛名，但彭德怀对他的评价却是："此人志大才疏！"[①]

（七）胡宗南身边的中共秘密情报网

对胡宗南来说，更为可怕的是，不仅是熊汇荃一人，与熊汇荃同时或前后，打入胡宗南身边的中共情报人员，或从胡宗南身边拉出去，成为中共情报人员的，还有许多。延安中共中央社会部与情报部在西安胡宗南的周围，编织了一张严密的情报网。

早在1936年12月12日西安事变爆发后，周恩来应张学良邀，赴西安谈判时，就开始在西安布置潜伏情报人员。因为当时的西安，成了中共陕甘根据地的门户，也是国民政府军进攻红军的前哨，是国、共斗争最尖锐的地方。而当时西安事变刚发生过，国民政府的势力遭到重大打击，在西安事变解决后，虽开始重建，尚立足未稳。趁这种混乱局面，中共中央情报部门和周恩来，根据毛泽东"不入虎穴，焉得虎子"的意见，在西安部署情报工作。周恩来首先考虑到他的随行人员中，担任中共中央外交部（李克农主持）对外联络局局长的吴德峰，有长期的地下工作经历，经验丰富，就找他谈话，代表中央，决定留他在西安，负责组建与领导秘密情报机构，开展秘密情报工作。[②]

吴德峰，湖北省保康县石磬岭人，原名吴士崇，字德峰，1896年6月21日生于一个官僚、地主家庭，1924年2月加入中国共产党，9月任中共武汉地委委

---

① 王焰等：《彭德怀传》，北京：当代中国出版社，1993年，第298页。

② 吴持生口述 吴琪整理：《武汉首任市长吴德峰的谍报人生》，《三联生活周刊》2010年8月1日。

员兼军委书记；1925年夏，经中共党组织同意，加入中国国民党，当选为国民党湖北省党部执行委员兼工人部部长、军事部部长；1926年10月，任国民党武汉市政府常务委员兼公安局局长。大革命失败后，受命组建中共湖北省鄂南特委，任特委书记，组织领导鄂南秋收起义，后任中共湖北省委代理军委书记等职，发动湖北全省武装暴动；不久，奉命到江西、河南等地的党组织工作。1928年7月至1929年12月，奉调任中共中央军委交通科科长，在周恩来的直接领导下，从事秘密情报与交通工作；后到苏区，从事政治保卫工作，参加红军西征；1936年12月到达陕北后，任中共中央外交部对外联络局局长。西安事变发生后，随周恩来到西安。

吴德峰组建与领导的西安情报机构，最初设在西安兴隆巷的一个普通的居民四合院，以家庭的面貌出现，只有吴德峰、其妻子戚元德及肖佛先3人，吴德峰化名吴铁铮，河南信阳人，身份是《工商日报》记者，报了户口，经常便服西装，很有派头地进进出出。戚元德以家庭主妇的身份住机关，肖佛先则以勤杂听差人员的身份，与他们同住。

吴德峰在西安的秘密工作一展开，就对西安社会各阶层做了详细系统的调查，对西安党、政、军上层党头面人物及他们的夫人们的各方面情况、社会关系，都调查得一清二楚。他还安排戚元德到东北军办的子弟学校任教，让她往来于教育界、军政界和太太们之间，通过交往刺探情报。吴德峰了解到国民党内部存在"左""中""右"三种势力，两头小，中间大，为中共中央了解国民党阵营提供帮助。

抗战发生后，中共在西安有3个机构：公开机构是位于西安七贤庄的八路军办事处，先后由林伯渠，董必武、伍云甫等人负责；中共陕西省委书记贾拓夫、杨青（欧阳钦）先后领导的陕西省地下党组织，处于半公开状态；吴德峰组建与领导的情报工作，则完全隐秘，没有机构名称，没有头衔，直属延安中共中央社会部。

1938年，在胡宗南率部进驻西安前后，吴德峰组建与领导的情报机构也在扩大，陆续增加了内勤、外勤、机要、译电人员，人员增多，乃搬到曹家巷12号，同住机关的情报人员有陈养山夫妇、陶斯咏夫妇、蹇先佛、罗青长、程子平、于忠友等，大家以亲朋关系互相称呼。吴德峰的身份也由《工商日报》记者，变成国民政府第三十八军高参。

第三十八军的前身是原杨虎城的陕军第十七路军的一部。该部曾于1936年12月12日参与发动西安事变，囚禁蒋介石。西安事变和平解决后，杨虎城离职，第十七路军下辖的第十七师，被改编为第三十八军，孙蔚如任军长兼任陕西省政府主席，下辖第十七师，师长赵寿山，第一七七师，师长李兴中，以及两个警备旅，两个直属团——教导团和骑兵团。抗战开始后，因日军占领黄河对岸的永济与风陵渡，威胁潼关与西安，孙蔚如主动请缨，赴河东作战，获军委会批准，将其第三十八军扩充为第三十一军团，孙蔚如任军团长，辖两个军，第三十八军，军长赵寿山，第九十六军，军长李兴中，于1938年7月，开往黄河东岸，发动永济战役；1938年11月，第三十一军团又改编为第四集团军，孙蔚如任总司令，除原辖两个军外，还配属川军李家钰部。此后，该部就一直驻防中条山的西部地区，前后历时两年多，为中条山防线的最重要部分，归第一战区卫立煌指挥，担负卫护黄河防线、屏障豫西与陕西的重任。

第三十八军军长赵寿山早就和共产党有联系，关系密切，曾于1938年1月秘密访问延安，后一直与中共方面有秘密电台联系；该军里面的中共潜伏力量很强，1939年2月，中共陕西省委经中共中央同意，在第三十八军中秘密成立中共工作委员会。吴德峰顶替了一个人的名字，成为第三十八军高参。

吴德峰在西安曹家巷12号住了不久，隔壁的13号原本是位姓赵的房主，却突然改住了国民政府第十战区政治部主任，有情报人员主张

陕甘宁边区政府主席林伯渠

立即搬家，但是吴德峰认为"灯下黑"，谁也想不到共产党的情报机关居然与国民政府第十战区政治部主任为邻，反而多了一个保护伞，于是一直在那儿办公，直到1939年夏天，因叛徒的破坏，环境更为严峻，才搬了家。

吴德峰领导的西安秘密情报组织，工作开展得十分活跃，派遣与发展的情报人员，深入到西安国民政府党、政、军、特的各机关与部队、学校，尤其对军事方面的情报，特别注意。他们先后策反与发展了胡宗南司令部的机要室副主任戴仲容（又名戴中溶）、侦缉队队长肖德、情报特务人员霍建台等，秘密为中共服务。①

戴仲容是上海交大电讯系毕业的高才生，在1934年，由戴笠介绍给胡宗南。因为胡宗南让他担任电信训练班主任，为胡宗南培训无线电报员、建立无线电讯网，而被胡宗南赏识，深受重用，被任命为司令部的机要室副主任。②在1938年，吴德峰得知，戴仲容的妹妹黄葳（原名戴中宸），原是清华大学的中共地下党员，现在是潜伏西安的中共陕西省委书记杨青（欧阳钦）的妻子，遂通过黄葳，对戴仲容进行策反，终把他秘密拉入了中共，并参加中共情报工作。戴仲容加入中共情报组织后，最初由罗青长负责联系，并从延安派来王金平（田光），到戴仲容身边工作，作戴的助手。罗青长回延安后，这一情报关系又交给了王石坚。胡宗南对他所接收的机密电报，非常注意保密，"由机要室主任送过来，但电报信封两头封口，都有用机器打的镂空的保密条，别人不能拆看"③，因此，有许多机密电报，"刚译出尚未送给胡宗南的来电和未译发的去电。如蒋介石发给胡宗南的电令和胡宗南给蒋介石的胡部作战计划、兵力部署、部队调动等来去电文"④，作为胡宗南机要秘书的熊汇荃是看不到的，而戴仲容凭借自己机要室副主任的身份，却能看到，甚至很多机密电报在胡宗南未看到之前，戴仲容即已读过了。戴仲容很快密报西安中共情报组织。

① 郝在今：《周恩来鲜为人知的密战艺术》，《党史博览》（郑州）2011年第8期，第26页。

② 《曾祥廷先生访谈录》（2000年3月24日），《中共教导旅陕北作战日志（1947年3月22日—1948年3月13日）》，台北："国史馆"，2001年9月印行，第262页。

③ 杨者圣：《在胡宗南身边的十二年》，上海：上海人民出版社，2007年，第75页。

④ 戴中溶：《欧阳钦同志引导我走上革命的道路》，中共黑龙江省委党史研究室、中共陕西省委党史研究室编：《回忆欧阳钦》，北京：中共党史出版社，1992年，第461页。

西安中共情报组织对从戴仲容及其他关系、其他渠道获得的情报，加以相互核对查证，综合研究，便完全掌握了胡宗南的全部核心机密，使得在延安的中共中央对西安胡宗南部的情况了如指掌。

1939年12月，吴德峰领导的西安秘密情报组织，奉命与周恩来安插在胡宗南身边、担任胡宗南侍从副官、机要秘书的熊汇荃取得联系，并直接领导其工作。在这前后，他们又先后将原"湖南青年战地服务团"与"第一军随军服务团"中的陈忠经、申振民、鹿崇文、潘裕然、李恭贻、张镇邦等人，吸收进情报组织。其中，陈忠经、申振民与熊汇荃一样，也是来自战前平、津地区的大学生，给人以"左派青年学生"的印象。他们在与胡宗南接触时，有意表现有点"左"倾，反而更受到胡宗南的重视，因为在胡宗南看来，有点"左"倾的大学生，往往是有见识、有能力的青年才俊。这两人都受到胡宗南的重用。

陈忠经（后一度改名陈翘），1916年生，比熊汇荃大3岁，江苏仪征人，1934年考入北京大学经济系，曾担任北京大学学生会执行委员；1935年12月，参加了一二·九运动，任北京大学学生会主席，是名噪一时的学生领袖。1937年7月全面抗战爆发后，他与熊汇荃一道，随学校南迁，到达长沙，于1937年末，参加"湖南青年战地服务团"；后来，他随学校去昆明，入新组建的西南联大，继续求学，于1938年毕业后，来到西安，以"湖南青年战地服务团"的关系，与胡宗南见面欢叙，取得胡宗南的信任。当时，胡宗南为扩展自己的政治势力到陕西省地方，加强对青年的控制，十分注意新建立的陕西省和西安市的三青团组织，不断派遣和安插自己所信任的部属加入进去，担任重要职务。不久，陈忠经在胡宗南的引荐与大力支持下，担任了三青团首任西京市分团书记，后地位不断上升，先后担任三青团陕西支团部的组训组组长、支团书记、国民党陕西省党部执行委员等职。他以前在北大领导学生运动的经历和三青团负责人的社会身份，使他成为西安交际圈里非常活跃的人物，接触交往社会上的三教九流人物。他以此帮助胡宗南搞对外交往，使他备受胡宗南重视。但他的思想一直暗中倾向于中国共产党。1940年，他寻机冒险闯进八路军驻西安办事处，与中共方面取得联系，并加入中共，被中共西安情报组织吸收。其间，胡宗南曾经对陈忠经有所怀疑，熊向晖就代为解释，陈忠经结婚时，也是通过熊向晖，邀请到胡宗南为他证婚。当然，作为三青团的高级干部，陈忠经有时不得不隐藏自己真实的政治立场，违心的去做一些符合"身份"的事，在1946年3月1日，他就会同其他国民党党务系统的人员，组织了一次由西安3000余名大中院校学生参加的反苏"反共"游行。[①]

申振民（后改名申健），也是1935年北平一二·九学生运动期间的学生活跃分子。他是河北大城人，1915年生，比熊汇荃大4岁。1937年10月，他在北平师范大学参加中共地下党控制的"民先"。抗战开始后，北平师范大学撤往陕西，与别的高校合组为西安临时大学，在1937年秋，因晋南前线战事吃紧，也组织了一个"战地服务团"，到潼关、华阴等地进行动员群众、组织群众的工作，申振民任

陈忠经

该团副团长。这个服务团于1938年春回到西安，与"湖南青年战地服务团"合并，在凤翔县正式组成"第一军随军服务团"。1938年，他秘密加入中共。在西安，他先是作为陈忠经的助手，继任了三青团西京市分团书记，后升任三青团陕西支团部的视导室视导，任务是视察督导陕西省各地的三青团团务工作。他另外兼任西北"工合"宝鸡事务所主任等。

陈忠经与申振民利用担任职务之便利，以视察各地团务为名，在取得胡宗南的赞许后，常常兼带视察胡部各地驻军的军风军纪，从而了解胡部各地驻军的番号、人数、调动、部署、各级长官、军政关系、军民关系、给养、士气、思想状况与存在问题，并与熊汇荃等处得到的有关胡宗南部的情报相核证，定

---

① 中共陕西省委党校党史教研室、陕西省社会科学院党史研究室编：《新民主主义革命时期陕西大事记述（1919—1949年）》，西安：陕西人民出版社，1980年，第372页。

241

期综合，上报给中共情报部门。1940年，在西安从事情报工作的罗青长在申振民的掩护下，对陕西省三青团的情况进行了秘密调查，根据调查的情况，写成《陕西省三青团概况》的调查报告，呈报延安中共中央，引起了毛泽东的重视和好评，为中共制定在国民党统治区的青年工作政策，把三青团列为争取对象，而不是当作打击对象，起到了一定作用。[①]

直到抗战胜利后，胡宗南还亲自作媒，将熊汇荃的三姐熊汇苓介绍给申振民为妻，熊汇苓后改名熊友榛，这时熊向晖才知道申振民的中共党员身份。等到1947年年初熊向晖结婚时，他按照风俗，请的四大红媒中，就有陈忠经和申振民。

到1941年夏，吴德峰被调回延安，中共中央情报部专门派遣高级情报人员王石坚到西安长住，领导中共西安秘密情报组织，内称"西安情报站"的情报工作。

王石坚原名赵耀斌，原籍山东文登，1911年生，1928年入东北大学，1931年转入北京大学化学系，1932年秘密加入中共，曾任"反帝大同盟"河北省党团书记，1933年5月被国民政府逮捕，判刑10年，关押在南京中央军人监狱。抗战爆发后，国共第二次合作，1937年8月，经周恩来交涉，赵耀斌获释，到延安中共中央党校学习；后进入中共情报部门工作。他化名王石坚到西安后不久，在陈忠经等人的帮助与安排下，找到合法职业，安下身来；后来，他在"社会化与职业化"方面，不断进展：他在西安城内西大街开设了一家"研究书店"，办了一份《研究月刊》，经陈忠经请示胡宗南，得到同意，以陈忠经任"研究书店"董事长，王石坚任经理；1944年，他接办了在西安影响很大的《新秦日报》，建立"西北通讯社"，在各重要地区设立通讯组，广泛搜集情报。王石坚借这些名义，以掩蔽自己的身份，开展情报工作。他又在西安新华巷1号购置了一所三层院落的住宅，于1944年建立秘密电台，直接与延安中共中央情报部通讯联络，迅速而及时地将熊汇荃、陈忠经等人提供的情报，转报延安中共中央最高层。其情报价值高，时效性强。

---

① 罗青长：《于平凡中见伟大》http://news.sina.com.cn/c/2006-08-29/181010863176.shtml。

中共中央与毛泽东、周恩来对"西安情报站"的工作十分重视。周恩来路经西安时，多次秘密到吴德峰的秘密机关考察与谈话。据罗青长回忆："1939年，长期在敌人营垒中从事地下工作的吴德峰从西安返回延安述职。毛泽东得知后，从百忙中拨冗邀见，恳谈了一整天。他详细地询问了国民党陕西省政府军政要员和一般工作人员的政治态度，钜细不捐。从宏观上，了解这些人中有多少主张对日妥协、拥蒋、'反共'，有多少拥护我党抗日政治主张，又有多少持中间态度；从微观上，他指名道姓要了解某些人的具体态度。以后又令整理了详细的调查材料。"① 毛泽东、周恩来称赞西安情报工作是中共情报历史上最成功的一次，说：党的情报工作，西安是最好的。要发勋章，该发给你们。毛泽东赞扬熊汇荃的作用，"顶几个师"②；周恩来则将熊汇荃、陈忠经、申振民誉之为中共情报工作的"后三杰"，可与中共情报工作的"前三杰"李克农、钱壮飞、胡底相媲美。③ 所谓"前三杰"的李克农、钱壮飞、胡底，是在1928年到1931年，由周恩来指挥的中共中央特科部署，潜入国民党中央党部调查科（"中统"前身）及其他国民党要害部门，活动近4年之久，取得了惊人的成果。国统区刊物则这样描述："中共特务三大亨，犹若孺子是康生，喜怒无常李克农，老奸巨猾吴德峰"④。

其实，在胡宗南重兵控制下的西安，中共地下情报组织绝不仅是吴德峰、王石坚先后领导下的情报系统"西安情报站"，还有其他情报组织，还有许多十分重要的情报人员。

例如，在西安，还有一个直属中共中央情报部、由王超北领导的"西安情报处"，简称"西情处"。王超北，陕西省澄城县呼家庄人，1903年生，1923年进入上海大学，当年加入中国社会主义青年团；1925年年初，在西安由武思茂、魏野畴介绍，转为中共党员，在陕西各地开展活动。1937年7月抗日战争

① 罗青长：《毛泽东优良作风我见我闻》，《党的文献》（北京）1993年第3期，第42页。
② 熊向晖：《地下十二年与周恩来》，北京：中共中央党校出版社，1991年2月，第49页。
③ 熊向晖：《地下十二年与周恩来》，北京：中共中央党校出版社，1991年2月，第49页。
④ 吴持生口述，吴琪整理：《武汉首任市长吴德峰的谍报人生》，《三联生活周刊》2010年8月1日。

爆发后，他先后被调到八路军驻南京、武汉、重庆、西安办事处工作，在中共代表周恩来、董必武、林伯渠、叶剑英、伍云甫等领导下，任总务科长和运输科长等职。1939年，他奉命转入地下，在西安建立秘密情报组织"西情处"，王超北任处长，其组织与吴德峰、王石坚先后领导的"西安情报站"不发生横向直接关系，其成员多是陕西本地人，势力盘根错节，伸向陕西国民政府党、政、军、特的四面八方与社会各阶层，不断获取胡宗南部队与国民政府党、政、军的各种机密情报，源源不断地送往延安。1940年10月，王超北用其父留下的遗产1万6千块大洋，买下了大莲花池街7号（今63号）和王家巷24号甲、24号、25号，4个院落。这4个院子的院门分别朝向西和南，但院子的深处却可以连在一起。王超北在这里亲自设计、修筑了一处秘密机关，建筑了有两个地下工作室和两个入口、3个出口、全长约200米的地下通道，把"西情处"秘密机关和电台设在地下室里。这里离陕西省政府主席办公室很近，居然长期瞒过了胡宗南的警、特机构。同时，王超北开辟了从西安到陕北延安的东路、北路和南路3条地下交通线，常年输送人员，传递情报。①

在西安城里的竹笆市街，距离胡宗南的小雁塔司令部大约3公里，有一个"广东酒家"这是以餐馆为掩护的中共情报站，股东中有一对傅氏兄妹，哥哥叫傅森，是1926年加入中共的老党员；妹妹叫傅涯，被其兄引导，1938年去延安，1939年加入中共，1943年与陈赓结婚。如前所述，陈赓是胡宗南黄埔一期同学，此时是中共一二九师三八六旅旅长。②

此外，中共情报机构在西安还有"西安通讯工作组"（王敦英负责，受中央情报部和陕西省委双重领导）、"西安交通站"（吴柏畅负责）等。这些情报组织也做出了很多贡献。

《孙子兵法》说："兵者，国之大事，死生之地，存亡之道，不可不

① 参见（1）王超北：《古城斗"胡骑"》，《红旗飘飘》第22辑，北京：中国青年出版社，1981年；（2）王超北：《秘密战线》，《纵横》（北京）1987年第5、6期；（3）王超北：《怀念西安情报处梅永和、胡家兆烈士》，《革命史资料》（北京）1987年总第17期。

② 赵俪生，高昭：《赵俪生、高昭——夫妇回忆录》，太原：山西人民出版社，2010年9月。

察"；又说："兵者，诡道也。故能而示之不能，用而示之不用，近而示之远，远而示之近，攻其无备，出其不意。此兵家之胜，不可先传也"；"非智者不能用间"。①在中国数千年历史上复杂激烈的军政斗争中，各个有作为的军事政治集团都是十分重视"用间"工作，有许许多多"用间"的事例与成功人物。而当时中共所听命的共产国际与苏俄共产党，更是十分推崇与始终实施情报间谍工作，从"契卡"到"远东情报局""格别乌"乃至以后的"克格勃"等，建立了多个庞大的、无所不用其极的情报间谍机构，影响世界，威震一时。中共中央继承与发展了中国古代的"用间"和苏俄的情报间谍工作的传统与经验，始终重视"用间"的情报间谍工作，从早期的"中央特科""政治保卫局"，到延安时期的"中央社会部""中央情报部"等，在毛泽东、周恩来的领导下，将其用到了极致，其组织、效率、成果、影响等，都大大超过了国民政府的"中统""军统"等情报机构。保守机密为军队的第一生命。国民党与国民政府党政军机关在组织人事制度与情报、"反间"工作上的严重缺陷，给中共"用间"的情报间谍工作以可乘之机，导致中共情报人员长期潜伏在胡宗南身边卓有成效地进行情报活动。这正是胡宗南部在未来与中共斗争中屡遭挫折并最终失败的重要原因之一。

国民政府的军政大员张治中，在1949年4月率团与中共谈判未归后，曾去西安调查。他为此写了一封万言书给蒋介石，其中提到："你是最相信特务的，你用了最大力量让戴笠同胡宗南合作，认为西安的特务工作是最成功的。可是新中国成立后我到西安一看，就在胡宗南总部周围，安装有3部共产党秘密电台，你的命令发出后不到两小时，中共总部就全部知道……"②

历史证明，国、共两党数十年的斗争，国民党最终失败，原因很多，首先是败在情报、人事、组织与宣传战线，然后才是战场上与经济战线上的失败！这在本书后面的章节，我们将要看到。

---

① 《孙子兵法·计篇》。
② 吴持生口述，吴琪整理：《武汉首任市长吴德峰的谍报人生》，《三联生活周刊》2010年8月1日。

（八）筑起"防共长城"

不出周恩来所料，在1938年10月武汉沦陷、抗日战争进入战略相持阶段以后，国、共两党的关系开始转向紧张。国民党与国民政府中的一些当权派对中共力量的迅速发展日益忧虑与恐慌，纷起要求进行限制、防范与打击。

胡宗南，作为国民政府在陕西前线的最高军事指挥官，对中共力量的迅猛发展与影响扩大感受尤深，越来越不安，思虑着防范与应对之法。

1938年10月胡宗南率部回师关中坐镇西安后，听到陕甘各专区与中共的陕甘宁边区摩擦事件不断发生，就日益对中共力量的增长担心与不满。他在与部下的谈话中，经常流露出"反共"的情绪。他常说："抗日战争即使失败而亡于日本，还有复国的可能；若因抗战而使中共的力量扩大到动摇国本，则将永无翻身之日。"他表示要向蒋介石建议："为长治久安计，必须加强对陕甘宁边区的封锁，削弱并压缩共产党势力，俾在有利时机一举而歼灭之。"[1]

如前所述，在1938年12月，在武功军事会议期间，蒋介石专门召集胡宗南等少数亲信将领举行秘密会议，对防范与打击共产党作了许多指示。1939年1月，国民党五届五中全会秘密通过了《防止异党活动办法》，正式制定了"溶共、防共、限共、反共"的方针。这些都使胡宗南的"防共"决心更加坚定。他向宋希濂等高级将领说："我们必须准备和积蓄我们的力量，我们必须限制中共的发展。"[2]

作为国民政府在陕西前线最高军事指挥官的胡宗南站在防共战线的最前沿。

胡宗南十分重视对延安情况的了解。他看了很多延安的报刊资料。1939年3月，熊向晖被胡委派为机要秘书以后，胡交给熊一个任务，叫熊订了一批延安的报刊，并让熊先看，然后摘要给胡看。另外，凡从延安访问回来的国民党人员，胡宗南都要尽量抽出时间与他们见见面，向他们打听延安的情况。

---

① 范汉杰：《抗战时期胡宗南部封锁陕甘宁边区的罪恶》，陕西省政协文史资料委员会编：《陕西文史资料选辑》第8辑，西安：陕西人民出版社，1980年，第20页。

② 宋希濂：《鹰犬将军——宋希濂自述》，北京：中国文史出版社，1986年，第188页。

在1939年8月胡宗南就任第三十四集团军总司令不久，就专门去重庆向蒋介石汇报中共在陕、甘一带的活动，提出多项"防共、限共与反共"的建议。蒋介石一改常态，正襟危坐，聚精会神地倾听胡宗南陈述意见。胡足足谈了两个钟头。他说："今日本党的真正敌人不是日本帝国主义，共产党才是心腹大患。国际形势一天一天在变化，日本人要对付俄国，又要对付英、美，它不能再有很大的力量向我们进攻，所以日本人绝对消灭不了我们。但共产党却利用这个机会一天一天的壮大起来了，这是一个最可怕的敌人。过去在江西、湖北一带，我们和他们打了七八年，消灭不了他们。现在共产党的力量已经发展到了整个华北地区，而且还深入到了江苏、安徽的大部分地区。在我们控制的地区里，他们也到处发展组织，进行种种宣传，破坏老百姓对政府的信任。这样下去，恐怕不到三年，我们想维持这个局面都不可能了。这是多么可怕！"因此，胡宗南提出："我们必须和他们斗争。""我们必须在我们的区域里限制他们的活动。但这是不够的，我们应该以组织对组织，以宣传对宣传。我们还要和共产党争沦陷区。"①

胡宗南对中共的看法与态度，与蒋介石完全一致。蒋介石让胡宗南坐镇关中，给他的战略任务，除了"东御日寇"，第二项就是"北制共匪"。因此，自1939年开始，胡宗南指挥所部，对中共中央所在地的陕甘宁边区，进行了多年严密的包围、封锁、摩擦、挑衅，直至挑起内战。胡宗南及其统率的大军力图在西北筑起一道"防共长城"。

第一，建立对陕甘宁边区的军事封锁线。

陕甘宁边区，原是在抗战开始后，国民政府指定陕西洛川以北、绥德以南以及甘肃、宁夏东部的部分地区，以延安为中心，划归中共方面管辖，称陕甘宁特区。该地区地广人稀，地瘠民贫。但在中共中央进驻延安后，成立了以林伯渠为主席的陕甘宁边区政府，竟将此地建成中共领导的第一重要的根据地，成为中共各解放区的总后方，还创办了抗日军政大学、鲁迅艺术学院、陕北公

---

① 宋希濂：《鹰犬将军——宋希濂自述》，北京：中国文史出版社，1986年，第91页。

学、女子大学等，吸引了全国各地的青年大批涌向此地。

国民政府方面对陕甘宁边区日益增大的影响越来越不安。在抗战开始阶段，国民政府对陕甘宁边区的封锁是很稀松的，"所谓陕北封锁线，在抗战初期，原不过少数陕西省保安部队在有限之交通隘口，清查行人，照料衣食。'匪'方亦复如是"①。但在1939年以后情况不一样了。1939年6月10日，蒋介石密电朱绍良与胡宗南，令他们"利用涵潼及黄河天险"，在各战略要点布置重兵，加紧封锁陕甘宁边区，严防"陕北奸伪"，还令胡宗南在双石铺设预备指挥所。②根据蒋介石的指示，以天水行营的"党政军特联汇报"为最高领导决策机构，指导陕、甘、宁、绥四省各部门，对陕甘宁边区进行全面封锁。首先是建立军事封锁线，这主要由胡宗南部承担。

当时天水行营规定，对陕甘宁边区的军事封锁，在陕北榆林一线，由高双成、邓宝珊部负责；在宁夏一线，由马鸿逵、马鸿宾部负责；胡宗南部则担负封锁陕甘宁边区的正面：东起黄河西岸，经陕西省的秋林镇、宜川、洛川、宜君、铜官（今铜川）、耀县、口头镇、淳化、旬邑，接甘肃东部的宁县、西峰镇、镇原，入宁夏境，经固原、黑城镇，至同心城，北与马鸿逵部的封锁线衔接，总长达700余华里。无疑，这是对中共陕甘宁边区最重要的一段封锁线。

在建立军事封锁线的过程中，胡宗南根据当年"围剿"苏区时的办法，先根据地形绘制了军队布置图，以胡部正规军为骨干，各地方保安团队为辅，规定各部设防位置，修筑纵深五道的封锁沟墙与堡垒群。封锁沟墙与碉堡群均须依照第十战区司令长官部石印的《碉堡构筑位置要图》修筑。碉堡群位置多选择在便于发扬火力的高地上与交通要道附近；每群以一个母碉与几个子碉组成；碉堡形状，分四方形与五角形；母碉多系两层，设有重机枪与步枪射击孔，约容一排兵力防守；子碉有轻机枪与步枪射击孔，约容一班兵力防守；一

① 胡上将宗南年谱编纂委员会编：《胡上将宗南年谱》，沈云龙主编：《近代中国史料丛刊续编》第49辑 488册，台北：文海出版社有限公司，1978年，第148页。
② 《蒋介石致朱绍良、胡宗南等电》(1939.6.10)，国民政府军令部战史会档案，藏[南京]中国第二历史 档案馆。

个碉堡群一般可容一连兵力；碉堡与碉堡之间用交通壕联系，壕上加掩盖；碉堡外围面向边区一方，设有外壕、鹿砦，地雷，外壕上设置吊桥。这样，通往陕甘宁边区的一切交通要道都被封锁线控扼。胡宗南在陕西三原与甘肃庆阳分设两个军事封锁指挥部。①

1940年夏，"防共"部署升级，第三十四集团军在封锁沿线，更加紧构筑碉堡工事。胡宗南的部将刘安祺回忆说："当时'陕西的任务主要是反共'。②苏联驻华武官、军事总顾问崔可夫说：'蒋介石组建了以胡宗南将军为首的特别集团，从南面威胁边区'，'该集团得到最精良武器装备的保障'。"③

第二，配合陕、甘地方行政系统，对陕甘宁边区实行政治、经济封锁。

胡宗南利用军事封锁线，割裂开国统区与陕甘宁边区的联系，检查与阻挠双方人员的往来，检查与阻挠投奔边区的全国各地青年与边区进出人员，限制与扣阻各种军用与民用物资进入陕甘宁边区。曾担任封锁线任务的胡宗南亲信将领、暂编五十九师师长盛文回忆说："共党在此时已极为猖獗，在延安成立抗战大学，并且成立专门机构以广泛吸收青年。胡先生眼看一般青年没有出路，尤其在沦陷区里的失学青年，彷徨之余多数倾向延安，为了消弭此种风潮，胡先生在西安成立了第七分校，战斗干部训练第四团和劳动营，并且在通往延安的各要道上，派人对这些青年从事招募吸收和劝导的工作，以这种方式，七分校收容了七万学生，战干团二万，兰州西北训练团和劳动营也总共收容了七八万的沦陷区青年"④。

在这同时，胡宗南又力促与配合陕、甘地方行政系统，在各地建立严密的保甲组织，编组地方武装，建立军民统一、全面动员的指挥体制等；在与陕甘

① 褚静亚（时任胡部第十六军参谋长）：《蒋军第十六军对陕甘宁边区设置障碍封锁线的经过》，陕西省政协文史资料委员会编：《陕西文史资料选辑》第8辑，西安：陕西人民出版社，1980年。
② 张玉法、陈存恭访问，黄铭明记录：《刘安祺先生访问记录》，台北："中央研究院"近代史研究所，1991年，第229页。
③ [苏]崔可夫：《在中国的使命：一个军事顾问的笔记》，赖铭传译，北京：解放军出版社，2012年，第59页。
④ 张朋园、林泉、张俊宏访问，张俊宏记录：《盛文先生访问记录》，"中央研究院"近代史研究所口述历史丛书（18），台北："中央研究院"近代史研究所，1989年6月，第35～36页。

宁边区接壤的关键地区，如关中北面的黄龙山区，则设立一种特殊的党政军一元化的行政机构，称"黄龙山设置局"，以加强对国统区人民的控制，配合胡部军队的军事封锁线，对陕甘宁边区实行全面封锁。

胡宗南为加强他个人对陕、甘地方行政的控制与影响，在抗战期间，先后调派与推荐自己的亲信干部到陕、甘地方行政上担任要职，如以梁干桥任耀县地区专员，蒋坚忍任大荔地区专员，赵寓心任郴州地区专员，傅云任榆林地区专员，胡受谦任天水地区专员，胡公冕任岷县地区专员，赵龙文任甘肃省民政厅长等。同时，胡宗南对陕、甘两省地方上的国民党党政骨干分子，如彭昭贤、李犹龙等，加意拉拢，终为胡所用。

1940年10月间，胡宗南报经重庆军委会同意，在西安正式成立了"陕西省军队组训民众动员员总指挥部"，作为陕省组训民众的最高领导机构，以陕西省政府主席蒋鼎文兼总指挥，但蒋从不过问，胡宗南以驻军首长身份兼任副总指挥，实际主持之，胡宗南之下，陶峙岳任参谋长，彭昭贤任副参谋长，梁干桥任参谋处长，蒋坚忍任组训组长，唐奇任总务处长。后来在其下设两个区指挥部：一个是商、同区指挥部，以第一军军长李铁军任总指挥；另一个是彬、洛区指挥部，以第十六军军长董钊任总指挥。"战干四团"的大批学生被派遣到各地任乡、保长与指导员。胡宗南通过这个组织庞大的机构，更公开地与更大量地插手、干预地方行政工作，任免地方行政人员，从乡、保长直至县长，从而进一步加强了对陕、甘地方行政的控制。[①]

第三，加强文化宣传工作，对陕甘宁边区进行文化对抗。

胡宗南在治军与管理地方事务时，一直重视文化宣传与思想教育工作。如前所述，在抗战前，1933年3月到1935年年初，他驻军天水时，就在当地努力推行文娱与游艺活动，举办阅兵、演剧、舞龙、舞狮、旱船、武术、高跷、抬阁及提灯晚会，请航空四队进行飞行表演，让骑兵部队举行马术表演等。1935年元旦，"大闹三天，将整个天水城爆满了"。现在，他"开府三秦，规模阔大"，为了

① 参见沈云龙等：《征战西北——陕西省主席熊斌访问记录》，《口述历史》（台北）总第2期。

吸引青年与教育民众，也为了与中共的宣传活动相对抗，更是"注意青年与群众的精神生活，多方推行文化艺术活动，……注重思想教育与政治教育，推动出版壁报与文康活动，同学自导自演之晚会，必自始至终端坐观赏"①。

胡宗南与陕西省当局以西安为中心，创办各种报纸刊物，重要的有《西北文化日报》《抗战与文化》《文化导报》等，编印多种"反共"书籍，如《延安归来》《延安剪影》《延安实况》等，进行反共宣传。对一些叛变中共的理论家，如叶青（任卓宣）、柳宁、刘一宇（刘仁静）、丁逢白、张涤非等，胡宗南将他们迎养在西安，让他们写文章，办刊物，专门对毛泽东的新民主主义理论进行批判。

1939年，胡宗南"新成立一个新中国文化出版社，计划出版大批有关军事、政治和文艺、哲学方面的丛书，还要发行文艺、科学、军事、政治性的四大刊物"，胡宗南聘请谢国馨为该出版社的总编辑，又邀请谢国馨的妹妹、著名军旅女作家谢冰莹创办和主持一个大型文艺刊物。胡宗南对谢冰莹说："我们距离延安太近，需要多做一点文化工作，来感化那些迷途不知返的青年；同时几十万国军在西北作战，没有精神食粮是不行的，所以我特地要令兄请你来帮忙主编一个文艺月刊。你想用什么名字好？"谢冰莹创办了《黄河》，"在有沙漠之称的西北，这是唯一的精神食粮，由五千份一跃而为一万二"。胡宗南每次见到谢冰莹，就说："《黄河》编得好极了，好极了，几时要请你到王曲七分校去演讲，你是我们的老大姐，义不容辞！哈哈！"②

胡宗南还请"赵梅伯主持西北音乐学院，并罗致了一批影剧人组织西北剧团，由戴涯主持，其三幕历史剧《忠王李秀成》，曾于领袖（按：指蒋介石）莅临西安时演出，荣获观赏与称许"③。

1940年2月1日，延安各界3万余人举行讨汪（精卫）大会，毛泽东在大会上发

---

① 戈士德：《胡宗南与戴笠》（上），《中外杂志》（台北）1982年2月号，第31卷第2期（总第182期），第15页。

② 谢冰莹：《"黄河"旧事念将军》，胡故上将宗南先生纪念集编辑委员会编纂：《令人怀念的胡宗南将军》，台北：台湾商务印书馆，2014年12月，第26～28页。

③ 戈士德：《胡宗南与戴笠》（上），《中外杂志》（台北）1982年2月号，第31卷第2期（总第182期），第15页。

表讲话，称："陕甘宁边区是全国最进步的地方，这里是民主的抗日根据地。这里一没有贪官污吏，二没有土豪劣绅，三没有赌博，四没有娼妓，五没有小老婆，六没有叫花子，七没有结党营私之徒，八没有萎靡不振之气，九没有人吃摩擦饭，十没有人发国难财，为什么要取消它呢？"[①]胡宗南看到这一段，说："只有老毛能吹这个牛，别人谁也吹不了，我们国民党吹不了。"他不得不承认事实。

1940年八九月间，延安《新中华报》上刊登了八路军发动"百团大战"的消息，胡宗南很关注。对于百团大战，胡宗南是肯定的，他称赞八路军打得不错。

第四，在1939年年底，侵犯"囊形地带"，参与发动了第一次国共军事摩擦高潮。

在胡宗南部对陕甘宁边区的千里封锁线上，在陕、甘交界处的淳化、旬邑、正宁、宁县、镇原5县地区，形成了一块向南突出的地带——陕甘宁边区的关中分区。胡宗南及其部属习惯地称这块地带为"囊形地带"。这块地带一直使胡宗南坐卧不安。因为在胡看来，这块地带的5个县，不属行政院划定的陕甘宁特区政府管辖范围，为中共非法霸占；更为重要的是，这块囊形地带位于洛川侧后。插入国统区，向南可进逼西安，向东可切断咸（阳）榆（林）公路，向西可威逼甘肃，战略地位十分重要。胡宗南一直想夺取这块战略要地，并可将从宜川到固原的封锁线拉成一条直线，节省许多兵力。

1939年11月，国民党召开五届六中全会，将约一年前五中全会制定的"以政治限共为主、军事限共为辅"的方针，改变为"以军事限共为主"。接着，在1939年年底到1940年年初，形成了抗战期间的第一次国共摩擦高潮，在山西、河北、河南、湖南等地都发生了国共武装冲突与流血事件。在这次摩擦高潮之前，在1939年5月，胡宗南已出兵占领旬邑县城。在摩擦高潮中，1939年12月10日，胡宗南部第九十七师一个团，联合宁县保安队，夜袭宁县县城，原驻该城的八路军罗营在伤亡400余人后突围撤走；12月14日，驻平凉的第一九一

---

① 毛泽东：《团结一切抗日力量，反对反共顽固派》（1940年2月1日），《毛泽东选集》第2卷，北京：人民出版社，1966年，第677页。

师配合保安队，又袭击了镇原城的八路军某营，占领镇原，并向西峰镇、马渠、屯子镇一线的八路军发动攻击；在12月底到1940年年初，胡宗南又调派第七十六军李铁军部的两个师、第八十军孔令恂部的两个师及预三师等部，攻占了正宁，淳化两城。胡宗南部在占领囊形地带5座县城后，乃集结兵力，准备向北推进，威逼延安。这时国共两党的关系，正如当时任蒋介石侍从室第一处主任的张治中所说："从这一年开始，两党的摩擦纠纷，在各地发生，乃至有些地区发生武装冲突。""十二月，胡宗南部又进驻陕甘宁边区的五个县，更加剧了两党关系的恶化形势"[①]。

在延安的中共中央从晋绥地区调回主力第三五九旅，协同留守部队，对胡宗南部的北犯，采取了不夺回胡部占领的5座县城，而是控制以马栏为中心的5县广大乡村地区，并防止胡宗南部进攻延安的方针；同时，把主要打击矛头指向延安以北的绥德地区专员何绍南，军政齐下，迫使何绍南于1940年2月5日逃离绥德，中共军队控制了绥德、米脂、葭县（今佳县）、吴堡、清涧5县及其50万人民。陕甘宁边区向北推进与扩大了一大片土地，并与黄河对岸的晋绥解放区连成了一片。

胡宗南所指挥的对陕甘宁边区的第一次武装进犯，到1940年3月、4月间停止。1940年3月5日，毛泽东致电蒋介石、程潜与胡宗南，重申停止内战、团结抗日主张。国共两党的紧张关系一度和缓下来。在这次国共军事摩擦中，胡宗南得到了旬邑、淳化等5座县城，但囊形地带的广大乡村地区仍在中共手里，成为胡宗南的一个心病；同时却失去了整个绥德地区。胡宗南进攻的结果得不偿失。

1940年秋，担任国民政府教育部长的陈立夫从重庆来到西安视察教育。陈立夫是胡宗南的浙江湖州同乡。陈立夫的三叔陈其采曾任胡宗南中学时的兵式体操教师。陈立夫生于1900年，比胡宗南小4岁，但在国民党内的资历、地位与政治经验，都在胡宗南之上，而且与蒋介石关系特深，胡宗南一直以师礼待他。陈立夫到西安后，胡宗南邀他晚餐，还让陈检阅部队。陈立夫称赞胡的部队"军容肃穆而壮大"，并向胡提出了一项大胆的建议，说："蒋公以北伐第

---

① 张治中：《张治中回忆录》下册，北京：文史资料出版社，1986年，第675页。

陈立夫

一军之基本部队授兄，并以最佳美援武器补充兄，兄宜做一件轰轰烈烈之事以报之，则今后之天下，兄乃能承其绪。兄如有此魄力，我愿共负其责。我告以计划"。陈立夫的"计划"，陈立夫建议胡宗南去做的这件所谓"轰轰烈烈之事"，乃是要胡率部袭击陕甘宁边区与中共中央。①

这时在胡宗南部第三十四集团军任下级军官、蒋介石的次子蒋纬国也三次向胡宗南建议，"突击延安，以除后患，甚至先斩后奏，把延安歼灭，再向重庆报告"②。

但是，陈立夫的"计划"与蒋纬国的"建议"非同小可！在当时全国抗日的形势下，胡宗南没有蒋介石的命令，绝不敢去做这件将遭国人痛骂的所谓"轰轰烈烈之事"。当时国民政府的其他一些军政大员也不会同意陈立夫的这种书生之见与冒险主张。胡宗南的顶头上司、第八战区司令长官朱绍良在1941年12月2日就秘密地指示胡宗南："现时收复囊形地带，亦殊不当"。③胡宗南告诉蒋纬国：蒋介石"已经遣人密知，原来是美方不赞成我们打掉延安，且拿减停美援作为威胁"④。

陈立夫为此感叹不已，说："宗南兄不敢冒此险，我知其虽有大志而无大胆，不可以有为矣。"⑤

胡宗南及其统率的大军在西北筑起的所谓"防共长城"，给中共方面造成了一定的困难，但却不能阻塞中共的迅猛发展之路。

① 陈立夫：《我的创造、倡建与服务——九十忆往》，台北：东大图书公司，1989年，第65页。

② 蒋纬国：《回忆我和胡宗南将军的一段往事》，《传记文学》（台北）1995年3月号，第66卷第3期。

③ 胡宗南：《胡宗南先生日记·1941年12月2日》，台北："国史馆"，2015年，上册，第67页。

④ 蒋纬国：《回忆我和胡宗南将军的一段往事》，《传记文学》（台北）1995年3月号，第66卷第3期。

⑤ 陈立夫：《我的创造、倡建与服务——九十忆往》，台北：东大图书公司，1989年，第65页。

胡宗南 全传

·Biography of Hu Zongnan

第六章

在八年全面抗战中（下）

（一）再次跃升为第八战区副司令长官

胡宗南在1939年1月14日被任命为第三十四集团军副总司令，1939年8月4日升任第三十四集团军总司令后不久，在蒋介石的着意安排与大力提拔下，再次飞速升迁。

1940年5月，蒋介石下令，结束天水行营，撤销第十战区，将第十战区并入第八战区，使陕、甘、宁、青等连成一片，在西安改设军令部西安办公厅，调军令部次长熊斌为主任；原第十战区司令长官蒋鼎文则专任陕西省政府主席。到1941年夏，蒋介石又令熊斌与蒋鼎文对调职务。

军令部西安办公厅名义上是胡宗南第三十四集团军的上级机构，但它却无军事指挥实权，无论是熊斌还是蒋鼎文任办公厅主任，他们都明了蒋介石的用心，对第三十四集团军放任不管，让胡宗南独立行使与扩张权力。

胡宗南知道自己权位的上升，首先取决于自己军事实力的不断扩充与军事集团的壮大。因此，他继续利用一切机会抓部队。当时胡宗南坐镇的关中地区是河南第一战区与山西第二战区的后方，第一战区与第二战区的部队在每次作战后常常要开进关中整补；而从四川等地开往前方的部队也常常要通过关中。蒋介石命令这些部队都由胡宗南负责督训与补充。胡宗南乘机重新整编这些部队，调整这些部队的指挥官，安插自己的亲信，在这些部队中扩充自己的势力与影响，从而使这些部队逐步纳入其军事集团中。

胡宗南在大力扩充自己军力的同时，也不时根据第一、二战区的需要与请求，派出所部到山西、河南战场，参加对日军作战。

256

在1939年冬，日军向晋西第二战区阎锡山部进攻。胡宗南派遣第九十军渡黄河入晋参战。在1940年夏，该军第六十一师钟松部收复侯马，第一〇九师胡松林部收复河津、稷山，第五十三师曹日晖部收复汾城。

在1940年6月，日军进犯晋东南太行山区与中条山地区的东部。胡宗南应第一战区司令长官卫立煌请援，派遣第二十七军范汉杰部与第八十军孔令恂部，渡黄河入晋作战。

当时正是抗战最艰难困苦的岁月。胡宗南对日抗战是坚定的，决心抗战到底，绝不做亡国奴！据时任国民政府经济部部长翁文灏在1940年6月30日日记记载："张丽门偕朱炳鸿来宅谈话，沈宗瀚亦来谈，谈及不靠此政府不能维持。中国全归日本统制时，沈宗瀚谓，只有中学教书，并言胡宗南曾言，那时只有上山落草。预想亡国之悲，绝少活动之地，极可伤慨，然又徒唤奈何。"①

今天我们可以看到胡宗南在1940年初秋写的一幅遗墨《民国二十九年初秋偶感》："放怀已忘今何世，顾影方知子此身。愈近天明人愈寐，鸡声迢递不嫌频"②。从他的这首诗中，可知他当时的紧张、忙碌、辛劳与他当时的心情。

胡宗南作《1940年初秋偶感》诗的书法手迹。

1941年1月1日，元旦，45虚岁的胡宗南决定，从这天开始，每日写日记。他的目的是便于"在生活、工作上有检讨的资料"③，因而他很重视他的日记，记得有重点，也有他个人的特色。因军务倥偬，他常常记得很简略，但有重要事项，特别是有关

① 翁文灏：《翁文灏日记》，北京：中华书局，2010年，第483页。
② 胡宗南：《民国二十九年初秋偶感》，原件藏台北胡宗南后人胡为真处。
③ 参阅胡宗南：《胡宗南日记·1952年1月1日》，台北："国史馆"，2015年7月，下册，第211页。

蒋介石对他的指示或密谈，还有军政界长官、同僚、部属的谈话或报告，以及对军、政事件的总结，他都记得很详细，有的当天来不及记，过了几天还要补记。从1941年1月1日，到1961年年底他去世前不久，胡宗南写了约20年的日记，20年中，只有三次因事中断，后又继续记下去，为民国史留下了一些重要的史料。

1941年4月13日，日本与苏联签订《日苏中立友好条约》，免除了北方的后顾之忧，为尽快解决"中国事变"，为发动太平洋战争奠定基础，乃抽调驻东北伪"满洲国"的两个航空兵大队，进驻山西运城等地，准备发动对中条山地区中国军队的大规模进攻，以根除国民政府军留在华北地区的最后一块根据地。如前所述，自抗战发生以来，日军已经占领了华北的大部分地区，只有中条山地区仍在国民政府军队手中，由第一战区司令长官卫立煌指挥，称中条山防线，屏障黄河与豫西、关中，已经艰苦坚守了3年多时间，打退了日军的多次进犯。1940年10月，重庆军委会下令，将原驻防中条山的第四集团军孙蔚如部调往黄河南岸的豫西，而以曾万钟的第五集团军进驻，与刘茂恩的第十四集团军等部共同守卫中条山防线。

1941年5月7日，日军以强大的部队，包括伞兵与战车部队，从东、北、西三个方向，向中条山地区的中国部队发动大规模进攻。这是抗战史上最惨烈的一次战役。中、日军队激战20余天，中国军队力战失败，损失惨重，阵亡、被俘8万多人，残部奉令先后突围，其中，第二十七军范汉杰部、第八十军孔令恂部、第九军裴昌会部等，都陆续开入关中，由胡宗南督训整补。只有第九十三军刘戡部与第三军曾万钟部的残部，坚持留在中条山地区，流动作战。中国军队苦守3年多的中条山地区沦于敌手，蒋介石愤慨地称此次战败为"抗战史上最大的耻辱"。

在中条山战役紧张时，胡宗南派遣第七十六军李铁军部、第一军第一六七师等，出潼关，进入豫西灵宝一线，增援第一战区作战，直到1941年11月回师关中。

日军占领了中条山地区，前锋直抵黄河岸边。在黄河的东岸，只有胡宗南部第十六军预一师第二团夏尧村部，扼守河津县的禹门口。这是中国军队唯一控制的黄河东岸渡口。中国军队依靠这个渡口保持黄河东、西两岸的联络，向坚持在中条山地区流动作战的第九十三军刘戡部与第三军曾万钟部等提供补给。

由于黄河河防紧张，1941年5月27日，蒋介石电令胡宗南："潼关应构筑核心阵地，准备独立作战，且可供固守一个月以上粮弹之贮藏，……无论河防与核心工事，须多布地雷网，必可发生大效也。"[①] 1941年7月11日，胡宗南向军委会报告："唯材料欠缺，征购运输均感困难，致未能如期完成，……已严令限七月底完成，最迟大约于八月中可一律完成。"[②] 1941年8月，苏联工兵顾问视察河坊工事，发现仍存在许多漏洞。蒋介石得到报告，于8月29日，致电胡宗南："究竟实情如何？务希切实查报。自河岸至白水、蒲城与渭南一线之平面工事，应请俄顾问指导协助，从速构筑。"[③] 9月4日，胡宗南复电解释，以前的构筑计划现已次第完成，至于苏联工兵顾问的加强方案，"以工程浩大，未能同时动工，刻正勘察计划中。惟关中木料向既缺乏，……业经搜购，今后征购材料，当益形困难，非中央发给大批经费，不敢率尔动工"。崔可夫向蒋介石报告："左翼禹门口一带河幅狭窄，尚未施工，右翼潼关一带工事纵深仅两至三公里，且为兵团交接部，均为弱点；现有沿河防线仅具战术纵深，欲期确实掩护西安，须构筑第二线工事；现有工事网只可于洛阳东南正面拒止敌人，黄河防御工事纵深不足具警戒作用；灵宝卢氏一带防御工事异常薄弱，敌由此侵入之公算甚大，有加强各该地工事之必要。"[④] 胡宗南遵令，加紧施工。

1941年10月31日，蒋介石再次致电胡宗南，批评胡的军队部署不当与指挥

---

①《蒋委员长电胡总司令，潼关应构筑核心阵地，准备独立作战》（1941年5月27日），《蒋中正总统档案》，002-020300-00006-101。

②《胡总司令呈报蒋委员长构筑后方工事情形》（1941年7月11日），胡宗南著、胡为真增订：《胡宗南先生文存》，台北：商务印书馆，2016年，第72页。

③《蒋委员长电胡总司令速筑河防工事》（1941年8月29日），《蒋中正总统档案》，002-070200-00011-042。

④《胡总司令电复蒋委员长关于增强河坊工事情形》（1941年9月10日），胡宗南著、胡为真增订：《胡宗南先生文存》，台北：商务印书馆，2016年，第75页。

混乱："如此大军，而总预备队并无一兵；且各军所属之师，皆分别其序列，指挥系统亦不能统一，此为最大之错误，而且完全违反原则。"①一次，胡宗南和李延年闲谈："为什么现在对部队各项工作，李文不问，董钊不管呢？"李延年直言告之，指出胡常常越过军长、直接对师长指挥的不当后果："上有副长官（指胡宗南），下有各师长，一切事情都办好了，要他们军长管什么。"②李文时任第九十军军长，董钊时任第十六军军长。胡宗南在军事指挥上的严重缺陷与能力平庸，将在以后他的军事生涯中，更明显地表现出来。

在1940—1941年，由胡宗南指挥、节制与督训、整补的部队，常常有10多个军之众，超过其本部第三十四集团军建制的数倍。于是，胡宗南从1941年6月开始，先后数次向重庆军委会呈文，要求将他节制与指挥的10多个军，整编为3个集团军，胡并提出了3个集团军的具体指挥人员名单。但一直未得到军委会批准。③

1941年10月底，山西日军以优势兵力，猛攻黄河东岸的禹门口与龙门山，威逼黄河河防。防守黄河东岸禹门口的胡部第十六军预一师第二团夏尧村部，激战数昼夜，不支，团长夏尧村负伤，率部退过黄河。11月上旬，禹门口失守，日军进抵黄河边。胡宗南闻报，急令预一师师长谢辅三率第三团强渡黄河，夺回禹门口阵地。在该团半渡之际，日军枪炮弹如雨，该团伤亡惨重，被迫退回。禹门口未能夺回。

由于禹门口的陷落，日军进抵黄河东岸渡口，不仅使黄河东、西两岸中国军队的联络被切断，留守中条山地区的中国军队残部陷入孤立无援的境地，而且日军可以随时渡过黄河，西犯关中。关中黄河河防一下子变得十分紧张。胡宗南为

---

①《蒋委员长电令胡总司令从速研究调整河防部队与总预备队兵力》（1941年10月31日），《胡宗南先生文存》，台北：商务印书馆，2016年，第78页

② 诸静亚：《蒋鼎文、胡宗南争权钩心斗角的一幕》，中国人民政治协商会议陕西省委员会文史和学习委员会编：《陕西文史资料精编–第六卷–胡宗南军事集团》上册，西安：陕西人民出版社，2010年，第112页。

③ 胡上将宗南年谱编纂委员会编：《胡上将宗南年谱》，沈云龙主编：《近代中国史料丛刊续编》第49辑488册，台北：文海出版社有限公司，1978年，第107页。

防日军由韩城一线渡过黄河，急调第十六军预三师周开勋部增援韩城河防，又将第九十军李文部集结于集义镇为二线部队。1941年11月12日，胡宗南任命第一军军长陶峙岳为黄河河防总指挥，限1个月内完成河防工事与作战准备。

同时，胡宗南下令将失守禹门口的预一师二团团长夏尧村押送西安枪决，将第十六军军长董钊记大过一次，预一师师长谢辅三撤职留任，借此整顿军纪，激励军心。①

胡部官兵在潼关城墙外战壕里（美国《生活》杂志摄影师卡尔·迈登斯摄于1941年6月）

1941年12月7日日本与美国在太平洋开战后，胡宗南曾向重庆军委会请示，要求派部队过黄河，反攻山西，未获蒋介石批准。②第八战区司令长官朱绍良在1941年12月2日向胡宗南指出："山西如阎（锡山）叛变，亦不宜派兵过（黄）河，因一过（黄）河而失败，敌人（日军）随而过（黄）河，关中坐败。且过（黄）河不能消灭阎，且不能拔取一据点也。"朱绍良并指出，如河防失败，陕北"共"军必将乘机南下："异党（中共）南下之时机，在河防失败以后；不失败，不至南下。现如攻取囊形地带，亦殊不当。"③

---

① 裴昌会、姚国俊、王应尊：《胡宗南集团的形成、发展到覆灭》，重庆市政协文史资料委员会编：《重庆文史资料》第23辑，第14～15页。

② 熊向晖：《地下十二年与周恩来》，北京：中共中央党校出版社，1991年2月，第34页。

③ 胡宗南：《胡宗南日记·1941年12月2日》，台北："国史馆"，2015年，上册，第67页。

但胡宗南为了减少河防威胁，一直想夺回禹门口。1942年2月农历除夕夜，胡宗南派遣第一〇九师陈金城部，趁黄河冰冻之机，强渡黄河登上对岸，猛攻禹门口制高点龙门山阵地。在这之前，胡宗南令预一师谢辅三部派一个加强连，配备工兵与电台，由朝邑县徒涉过河，破坏河津至运城的公路和桥梁，牵制日军增援部队北上，协助第一〇九师陈金城部的正面进攻。战斗从除夕晚打到春节初一凌晨，由于日军防守坚固，胡部受挫，退回黄河西岸。

由于禹门口无法夺回，中条山地区的中国军队第九十三军刘戡部与第三军曾万钟部的残部无法坚持，只得撤回关中。日军直抵风陵渡黄河边，与潼关一水之隔，日夜以大口径白炮向潼关胡部阵地猛轰。这时，在黄河东岸的晋西南地区，只剩下胡部一个游击纵队，以河津靠近黄河岸边的许家岩为根据地，筑有坚固防御工事，坚持与日军战斗。胡宗南任命令孤士达为该游击纵队的指挥官。[①] 此后，胡宗南遵照蒋介石、朱绍良的指示，再未派部队过黄河反攻，一直与日军隔黄河相对峙。

胡部官兵在潼关城墙内防守（美国《生活》杂志摄影师卡尔·迈登斯摄于1941年6月）

① 裴昌会、姚国俊、王应尊：《胡宗南集团的形成、发展到覆灭》，重庆市政协文史资料委员会编：《重庆文史资料》第23辑，第14～15页。

在此后的数年间，西安与关中地区，一直经受着日军全面进攻的严重威胁！

在1941年12月太平洋战争爆发前后，到1942年12月，日军当局第一次制订了"西安作战计划"，准备出动大军攻占西安，然后南下进军重庆，北上占领延安，一举解决中国问题。

1941年11月27日，日本"中国派遣军"总司令官畑俊六，在南京召开所属各军司令官会议，商议中国问题处理方案。驻守汉口的日本第十一军司令官阿南惟几提议，"可以经由湖南，奇袭重庆，为最后手段……以谋求局部停战"；驻守北平的日本"华北方面军"司令官冈村宁次，则"述说要以十个师团兵力，越过秦岭，进攻重庆"①。所谓"越过秦岭，进攻重庆"，就必须首先进入关中，夺取西安。冈村宁次的这一设想，在不到半年的时间就具体化了。

在太平洋战争初期胜利的冲击下，1942年1月，日本"华北方面军"下属驻山西的第一军岩松义雄部，在开展对阎锡山部工作时，制订了"陕西省进攻作战计划"方案，于1月24日向"华北方面军"总司令部上报，"该方案的设想，是向西安附近进军，击败重庆军后，完成对山西军的包围"②。当时，日本"华北方面军"司令部也正在研究制订"西安洛阳作战"方案，认为："如能增加作战所需兵力而形成有利局面，可以设法歼灭西安方面胡宗南指挥的重庆嫡系第八战区的部队"，占领西安，然后南下进攻重庆，北上攻占延安。③日"华北方面军"司令部把"西安作战"称作"五号作战"；到1942年5月间，又改称"五十号作战"，将其列入"1942年度肃正建设计划"之中。在1942年4月中旬和5月中旬，日"华北方面军"司令部不断向日本大本营陆军参谋本部提出实行"西安作战"的强烈要求，"企图到南方作战结束后，大约6月或9月间

---

① 日本防卫厅战史室编：《华北治安战》（下），天津市政协编译组译，天津：天津人民出版社，1982年，第2～3页。

② 日本防卫厅战史室编：《华北治安战》（下），天津市政协编译组译，天津人民出版社，1982年版第124页。

③ 日本防卫厅战史室编：《华北治安战》（下），天津市政协编译组译，天津：天津人民出版社，1982年，第93页。

就可以向西安发动进攻，击溃第八战区胡宗南部队，然后消灭中共的最大根据地延安"①。

但是，日本大本营对是否进行"西安作战"存在分歧。在南京的"中国派遣军"总司令部内部，对"华北方面军"的"西安作战方案"也持有异议。直到1942年4月18日，美国轰炸机首次空袭了日本东京等地，然后部分飞机降落到浙赣铁路沿线的中国空军基地，日本大本营大受刺激，于4月底，命令日"中国派遣军"总司令部，一方面迅速发动浙赣战役；另一方面准备"四川作战"。1942年5月16日，日本大本营陆军参谋本部次长田边盛武来到南京，告知"中国派遣军"总司令官畑俊六，"考虑在9月左右开始实行西安作战，然后根据情况于明年4月进行四川作战。希望在6月底以前制订出西安作战计划"②。"中国派遣军"总司令部遂命令"华北方面军"对此进行研究。

日"华北方面军"司令部将过去的"五十号作战"计划，即"西安作战"计划，加以修正，制订出新的作战方案，于6月15日，呈报南京日本"中国派遣军"总司令部，主要内容是："由中央派两个师团前来增援，自10月中旬开始，以六个师团的基干部队，共约77个大队，实行攻击，并考虑到将来的四川作战，准备进占到巴山山脉中的广元"③。日本"中国派遣军"总司令部对此方案进行研究后，即派人前往东京，向陆军参谋本部呈报。7月9日，日本陆军参谋本部起草了"五十一号作战（四川作战）准备纲要"。

日"华北方面军"参谋长安达二十三除具体研究进攻西安的军事方案外，还于7月13日、14日，亲自乘飞机，飞往秦岭和巴山上空侦察；又于7月15日，到日军占领下的郑州西北的黄河对岸，侦察中国军队在霸王城一带的工事，以寻求解决日军在向西安进攻途中，渡黄河和突破山岳地带作战等问题的方法。

---

① 日本防卫厅战史室编：《华北治安战》（下），天津市政协编译组译，天津：天津人民出版社，1982年，第95页。

② 日本防卫厅战史室编：《华北治安战》（下），天津市政协编译组译，天津：天津人民出版社，1982年，第193页。

③ 日本防卫厅战史室编：《华北治安战》（下），天津市政协编译组译，天津：天津人民出版社，1982年，第211页。

1942年8月25日，日本陆军参谋本部向裕仁天皇上奏了"根据目前形势陆军方面的作战准备"的文件，提出"对华积极作战的设想"，即"四川作战"，主要内容是：从1943年春开始，日"中国派遣军"以主力，一个方面军（以12个师团、2个混成旅团为基干），从山西南部开始进攻；另以一个军（以5个师团为基干），从宜昌方面开始进攻，各个击破当前之敌。从山西南部出击的方面军，应确保攻占西安平原地区并前进到广元（西安西南约350公里）附近；从宜昌方面出击的部队，应前进到万县（宜昌西方约300公里）南北一线，各自做好以后作战的准备；然后根据形势的发展，再发动攻势，攻占重庆和成都，占领四川省主要地区。①

8月24日至26日，日本大本营陆军参谋本部与日"中国派遣军"总司令部、关东军总司令部以及日"华北方面军"司令部等，就上述设想的详细计划、作战准备，特别是航空、兵站等问题，进行了研究与修补。因为"四川作战"是由原来的"西安作战"发展而来，所以，在8月30日，将"四川作战"由"五十一号作战"改称"五号作战"，亦称"西安重庆作战计划"。

1942年9月3日，日本内阁首相兼陆军大臣东条英机、陆军参谋总长杉山元，正式将修补后的"五号作战计划"上奏裕仁天皇，当即得到天皇的批准。

1942年9月4日，日本大本营正式向日"中国派遣军"总参谋长河边正三下达了"五号作战准备纲要"，即"五号作战计划"。9月9日，日"中国派遣军"总司令部召开各军参谋长会议，传达"五号作战计划"，要求积极进行准备工作。②

但就在这时，日军在太平洋战争中出现逆转：1942年6月，中途岛一战，日军损失惨重；8月，美军又奇袭西南太平洋的日军战略要地瓜达尔卡纳尔岛。太平洋战局的恶化使日本决策层对"五号作战计划"的分歧加大。1942年12月10

---

① 日本防卫厅战史室编：《华北治安战》（下），天津市政协编译组译，天津：天津人民出版社，1982年，第195页。

② 张天社：《论抗战时期日本西安作战计划的制定及其终止》，《抗日战争研究》（北京）2011年第8期。

日，经天皇批准，"大本营陆军部不得不命令停止早就在进行准备的进攻重庆的五号作战"①。12月17日，日本"中国派遣军"总司令部在南京召开下辖各军司令官会议，下达了中止"五号作战"准备工作的命令。这样，日方策划准备多日的"西安重庆作战计划"，即"五号作战计划"，终于未能实施。西安及陕西地区避免了一次巨大的战火。中日两军依然隔黄河对抗。

在这抗战最漫长、最艰难的相持时期，西安及关中屏障重庆与大西北地区的重要战略意义，日益凸显！

1942年1月，重庆军委会令军令部西安办公厅主任蒋鼎文调任第一战区司令长官兼冀察战区总司令，汤恩伯任副职；而原第一战区司令长官卫立煌因在指挥中条山战役失败，被调任西安办公厅主任。卫立煌来西安两个月，不安于此职，在1942年3月就被调离。重庆军委会乃任命第八战区司令长官朱绍良兼任西安办公厅主任，第三十四集团军总司令胡宗南任代主任，负实际责任。

1942年3月23日，胡宗南被西安办公厅副主任谷正鼎等人迎至位于西安五岳庙门街的军令部西安办公厅任职，代行厅事。

这样，胡宗南就成为西安地区国民政府军事上的最高负责人。在这同时，军委会批准，胡宗南指挥与督训、节制的部队，整编为3个集团军，其编制如下：

第三十四集团军，辖第一、第十六、第九十3个军，总部驻关中，总司令由胡宗南兼，李延年副之。

第三十七集团军，辖第三十六、第七十六、第八十3个军，总部驻三原，总司令为陶峙岳。

第三十八集团军，辖第三、第五十七、第四十二3个军，总部驻平凉，总司令为范汉杰。②

① [日]服部卓四郎：《大东亚战争全史》第2册，张玉祥等译，北京：商务印书馆，1984年，第652页。
② 胡上将宗南年谱编纂委员会编：《胡上将宗南年谱》，沈云龙主编：《近代中国史料丛刊续编》第49辑488册，台北：文海出版社有限公司，1978年，第115～116页。

以上3个集团军，都由军令部西安办公厅代主任胡宗南节制指挥。

于是，胡宗南直接指挥的正规部队有3个集团军之众，其军政权力几乎等于甚至超过战区司令长官。这时，胡宗南虽无战区司令长官之名，但已有战区司令长官之实了。

在蒋介石的精心扶持与大力提拔下，胡宗南成为国民政府在西安与陕西地区的最高军事长官，坐镇一方，统兵数十万，除直辖的第三十四、第三十七、第三十八共3个集团军外，还有配属的各特种部队，如骑兵、工兵、装甲兵、炮兵，等等，还有归胡领导的各军政院校与社会团体等。这就是当时舆论界所称的胡宗南"开府西安"。这在黄埔军校毕业生中是第一人，在黄埔系将领中是绝无仅有的"殊荣"。

这一年，胡宗南才虚龄47岁。

到1942年7月23日，重庆军委会根据蒋介石的指示，下令撤销军令部西安办公厅，正式任命胡宗南为第八战区副司令长官，并特许胡在西安设立副司令长官部。

胡宗南的第八战区副长官部仍设在西安南郊、俗称小雁塔的荐福寺。它名义上属兰州第八战区司令长官部领导，但司令长官朱绍良秉承蒋介石的意旨，对胡宗南副长官部的军事、人事、财务等，都从不过问，放任胡宗南独断专行。胡宗南的副长官部独行其是，直接向蒋介石负责，其军政权力之大，实际超过当时国民政府的各战区司令长官。

有这么一件事：有一次军委会致电第八战区，赋予该战区一个军的番号，命在甘肃成立1个新军。朱绍良长官部的人闻之大喜，以为有调升的机会了，一些幕僚提出编组计划，建议保某人当军长，保某人当师长、团长等。朱绍良看了以后笑着说："这是要由胡副长官来办理的事情"。朱的左右大失所望。[1]从这件事可以看出，朱绍良、蒋鼎文这些胡宗南的"长官"对胡宗南的放任与支持。

---

① 宋希濂：《鹰犬将军——宋希濂自述》，北京：中国文史出版社，1986年，第194页。

朱绍良等人还秉承蒋介石的意旨，悉心指导与培养胡宗南的军政领导工作与指挥能力。据胡宗南在1941年12月2日的日记记载，这天朱绍良就胡宗南的军政领导工作，秘密地向他传授了许多很重要的指示与经验，主要内容如下：

一，党国前途，决于本集团军建军能否成功为准。在建军未成之前，应避免一切之摩擦，现事功未成，而各方皆已畏惧，甚为不当。

二，在军事上，应有共肺腑肝胆之人，而在政治上尤为重要，应尽力物色。现在所有之人，大都招摇，招摇之人决不能共患难，如赵龙文等，与其说你用他，不如说他为当也。当年委座下野之前，甚感觉无一人可靠，此应注意。

三，经济人才一无所有。办大事而无经济之人，如何能成？

四，本地人应极力存贮而宝贵之。

五，应有师友，方能有成。

六，……①

1942年9月14日，蒋介石、胡宗南合影于西安常宁宫望远亭。

这些都不是官场的客套话，而是肝胆相照、赤诚相见的知心话。由此可见蒋介石、朱绍良对胡宗南的器重之大与望之殷。

不久，在1942年年底1943年年初，根据重庆军委会一人专任一职的指示，胡宗南专任第八战区副司令长官，辞去第三十四集团军总司令职。第三十四集团军总司令由原副总司令李延年升任；第九十军军长李文升任集团军副总司令。但胡宗南在七分校、战干四团的领导职务仍兼如故。

① 胡宗南：《胡宗南先生日记·1941年12月2日》，台北："国史馆"，2015年，上册，第67页。

在1943年年初，胡宗南又保荐自己的亲信将领、第七十六军军长李铁军，到甘肃西部担任新组建的第二十九集团军总司令，警备河西走廊，并准备率军入驻新疆，填补因盛世才内调后在新疆留下的军事空隙。胡宗南的军事势力向甘肃西部与新疆深入。胡宗南的影响遍及大西北。胡宗南令廖昂继任第七十六军军长。

胡宗南将其所部作了这样的部署：

以第三十四集团军李延年部，担任自潼关至宜川的黄河河防，防止日军西侵；

以第三十七集团军陶峙岳部驻关中，第三十八集团军范汉杰部驻陇东，第二十九集团军李铁军部驻河西走廊，共同担负包围封锁中共陕甘宁边区、防止察绥日军西进入甘、震慑西北地方武装以及防阻苏俄向中国渗透等。

胡宗南在认真贯彻蒋介石交给他的"东御日寇，北制共'匪'，西防苏俄，内慑回马"的战略方针与目标。

胡宗南围绕上述战略方针与目标，还对其统治的地区进行了一些经济建设与交通建设。

胡宗南的亲信将领盛文说："西北是一个土厚水深之地……天然环境使得广大的西北处处是一片草木不生的荒地。胡先生极力提倡种树。一向看不到一棵树的黄河边上，我们种植了三百多万棵，大约成功了四成到六成。修筑马路也不遗余力，如成渝公路、西兰公路、西荆公路，都是在胡先生的督促下改善的。此外垦荒地、辟水源，也为地方建设树立了良好的基础"[1]。

盛文对胡宗南在西北的政绩与战绩作了一番总结，说："胡先生在这时期的任务特别艰苦，在西北，对内对外，他肩负了三重繁重的任务。领袖知道胡长官这种毅力和作为而信任有加，此后凡是各战区被日军消灭的部队都交由他整编，他同时将七分校和战干团毕业的学生都安排为基层干部，解决了很多抗战时期失学青年的出路。从二十七年（1938年）到三十年（1841年）几年之间，他在西北已形成了一种安定的力量。他对陕、甘、宁数省人事的培植诚然

---

① 张朋园、林泉、张俊宏访问，张俊宏记录：《盛文先生访问记录》，"中央研究院"近代史研究所口述历史丛书（18），台北："中央研究院"近代史研究所，1989年6月，第38页。

不遗余力。"①

盛文不无夸张地说："他对大西北的安定，为国家提供了极大的贡献。他使共党的力量完全局限于陕北一隅之地，使共党无法向陕甘宁青新各省扩充势力，否则大陆情势可能早几年之前即已改观。"②

胡宗南及其控制的军政系统和力量，成为国民政府统治广大西北地区的最重要的支柱，发挥了重要的作用。

（二）未及实施的"闪击延安"

1942年7月胡宗南就任第八战区副司令长官后不久，国际、国内形势发生了许多重要的变化，影响到国共两党的关系。

自1941年12月太平洋战争爆发后，重庆国民政府得到美国的大量军事和经济援助，军事力量与在国际上的地位都得到增强。1942年，国民政府顺利地解决了新疆问题。在这之后不久，苏联为集中力量抗击希特勒德国，于1943年5月25日宣布解散在莫斯科的共产国际。

在这种形势下，国民政府对中共的态度日渐强硬，要求中共"取消军阀割据，交出军队，实现军队国家化"，甚至要求解散中国共产党，等等。两党的关系日趋紧张。

1942年年初，中共方面曾以王世英出面，邀请胡宗南访问延安，胡宗南曾准备去协调一下双方的关系，但为蒋介石所阻而未成行。③

1942年8月，蒋介石邀约毛泽东到西安面

林彪

---

① 张朋园、林泉、张俊宏访问，张俊宏记录：《盛文先生访问记录》，"中央研究院"近代史研究所口述历史丛书（18），台北："中央研究院"近代史研究所，1989年6月，第36页。

② 张朋园、林泉、张俊宏访问，张俊宏记录：《盛文先生访问记录》，"中央研究院"近代史研究所口述历史丛书（18），台北："中央研究院"近代史研究所，1989年6月，第38页。

③ 熊向晖：《地下十二年与周恩来》，北京：中共中央党校出版社，1991年2月，第30页。

谈，毛泽东因故未能成行。9月，蒋介石到西安，主持召开了北方各战区将领会议。担任胡宗南机要秘书的熊汇荃，通过王石坚，将这次会议的情况和胡宗南部队的动向及实力等情况，向延安作了报告，使中共中央及时掌握了国民政府在北方地区的军事部署，以及蒋介石对中共的态度。中共中央派遣刚从苏联回国的林彪，代表毛泽东，于1942年9月，到西安见蒋介石，但蒋介石已经离开西安，回到重庆，于是，林彪也于10月7日，赶到重庆，与周恩来一道，从1942年10月开始，同国民政府的代表何应钦、白崇禧、张治中进行谈判，历时数月，但一直没有效果。

到1943年初，出现了周恩来所称的抗战期间的第三次"反共"高潮。周恩来说。"第三次反共高潮打西北"，"那个时候正遇上共产国际解散，蒋介石以为我们党内会有争论，于是就投这个机，来了一个取消中国共产党，而且还来了一个包围边区，打我们的心脏"[1]。

周恩来所称的这次"第三次反共高潮"的主角，就是胡宗南。

在1943年2月，胡宗南接到了朱绍良以绝密件发来的、已经蒋介石亲自审定的《对陕北奸区作战计划》。该计划指示胡宗南与驻宁夏的马鸿逵、驻青海的马步芳，"于现地掩蔽，作攻势防御"；俟机"转取攻势"时，"先迅速收复囊形地带"，进而"收复陕北地区"[2]。胡宗南立即按此计划，部署兵力，命令有关部队进行作战准备。

1943年5月初，重庆军委会再次电令胡宗南，对陕甘宁边区"如有军事行动，即按既定计划歼灭之"[3]。于是，胡宗南一方面指令参谋处加紧制订进攻陕甘宁边区的具体计划与作战命令，另一方面开始调动部队到沿陕甘宁边区的封锁线隐蔽集结，赶运粮弹到前线，并派人调查陕甘宁边区的地形、工事、粮食、交通与兵力部署。5月23日，胡宗南将他制订的进攻陕甘宁边区的具体作

---

① 周恩来：《论统一战线》(1945年4.月30日)，《周恩来选集》上卷，北京：人民出版社，1980年，第203页。

②《对陕北奸区作战计划》，转引自熊向晖：《地下十二年与周恩来》，北京：中共中央党校出版社，1991年2月，第21页。

③ 国民政府军令部战史会档案，藏 [南京] 中国第二历史档案馆。

战计划，电呈蒋介石，打算分3期：第一期，划分关中、陇东两区，分别由第三十七集团军总司令陶峙岳与第三十八集团军总司令范汉杰任两区的总司令，完成攻防准备，加强封锁；第二期，加强关中地区的军事实力，收复囊形地带；第三期，在前两期任务完成以后，保持重点于咸榆公路，并请派空军与第二战区协助，收复关中与陇东全部地区。

蒋介石同意胡宗南的作战计划。

1943年5月25日，在苏联莫斯科的共产国际执行委员会主席团公开宣布《关于提议解散共产国际的决议》。第二天，5月26日，中共中央发表决定，完全同意解散共产国际。

1943年5月底，蒋介石密电胡宗南，电称：确悉，奸党连年整风，内争激烈，共产国际解散对奸党是沉重打击；命胡乘此良机，闪击延安，一举攻占陕甘宁边区，限6月底完成部署，行动绝对保密，为此，对共产国际解散不公开置评。[1]

胡宗南遂扩大军事进攻的规模，以闪击延安与攻占陕甘宁边区为战役目标，积极进行各项准备。1943年6月，胡宗南到各部队视察、检查；胡部各军频繁调动，辎重相继向洛川方向集结。参谋总长何应钦、副参谋总长白崇禧到达西安，胡宗南与他们连日密谋策划，陪同他们到耀县、三原一线视察阵地；点验新二十七师与第一六五师，动员与检查部队的战备。

1943年6月13日，胡宗南在日记中记载："莫斯科共产国际第三国际执行委员会，突于五月二十二日宣布解散其已成立二十四年的组织，并解除各共产党对其所负之义务，此事关系重大。"胡宗南敏感地注意到刚发生的这一重大事件将对国际上复杂的国家关系、对英美盟国、对德日轴心国产生各种影响，他尤其重视其对中国国内、对中共产生的影响，因而对部下作了种种指示，采取种种应对措施。"对中国方面，政府今后处理中共问题时，可减少投鼠忌器之顾虑"[2]。

---

① 转引自熊向晖：《地下十二年与周恩来》，北京：中共中央党校出版社，1991年2月，第22页。
② 胡宗南：《胡宗南先生日记·1943年6月13日》，台北："国史馆"，2015年，上册，第220页。

1943年6月17日，胡宗南离西安，"九时赴耀县"；6月18日"天明到耀县北三十里之黄堡车站。下午改换汽车，经同官、宜君、中部（今黄陵县）而达洛川，时下午二时也"①。当即在洛川召开军事会议，第三十七集团军总司令陶峙岳与第三十四集团军副总司令李文，以及师长级以上的将领多人与会。会上，胡宗南正式向各部队下达作战计划，决定由第三十八集团军范汉杰部迅速攻占囊形地带后，协同第三十七集团军陶峙岳部，攻占整个陕甘宁边区。②

然而，当胡宗南于6月下旬从前线返回西安时，情况有些变化，第三十八集团军范汉杰部已不能按原计划执行任务。原因是：1942年以来，甘肃南部出现了"西北各民族抗日救国联军""西北农民义勇抗日救国集团军"等自发组织，互相联络配合，提出"甘人治甘""反对征兵征粮"的口号，得到当地回、汉、藏民众的拥护与支持，影响逐步扩大，到1943年5月，武装力量达5万余，活动区域达20余县，震动兰州。朱绍良、胡宗南乃令第三十八集团军范汉杰部于6月5日起进行镇压，原期速战速决，在10日内弥平，但到6月底仍未奏功，延至7月中旬才告平息。因而第三十八集团军范汉杰部无法在6月底前东调。

于是，蒋介石令胡宗南，抽调驻守河防的第三十四集团军李延年部下辖的第一军和第九十军，攻占囊形地带。③

胡宗南立即下达命令，调动第一军的第七十八师、第一六七师、第九十军的第二十八师、第五十三师，以及第五十七军的第八师、第十六军的重炮营、驻西安的炮兵旅等部，赶赴邠县（今彬县）、旬邑、淳化、三原、耀县、洛川、宜川及平凉、固原、长武一线。为避免过早暴露军事进攻企图，胡宗南密令各参战部队先派出少量先遣人员，大部队在发起进攻前两日再开到指定的前进位置。胡宗南将发起进攻的日期预定在1943年7月9日。④

第三十七集团军总司令陶峙岳于7月2日，限令各部于8日准备完毕。

---

① 胡宗南：《胡宗南先生日记·1943年6月17、18日》，台北："国史馆"，2015年，上册，第222～223页。
② 熊向晖：《地下十二年与周恩来》，北京：中共中央党校出版社，1991年2月，第22页。
③ 熊向晖：《地下十二年与周恩来》，北京：中共中央党校出版社，1991年2月，第22页。
④ 熊向晖：《地下十二年与周恩来》，北京：中共中央党校出版社，1991年2月，第22页。

1943年7月初，胡部调往接近陕甘宁边区的前方部队，再加上原驻守在这里的部队，共有20多个师，约50万人。而留守黄河河防的部队，仅剩下第一军的第一师、第十六军的预一师、预三师、第一○九师及暂二十五师，共5个师。

胡宗南准备在战争打响后，兵分9路，向陕甘宁边区进击。这期间，围绕陕甘宁边区四周，国共双方的部队不断发生冲突。内战危机已是一触即发。

正当胡宗南紧张地部署进攻陕甘宁边区的军事行动时，他没有想到，他的这些机密军事计划，都由他的机要秘书熊汇荃，通过西安七贤庄八路军办事处的电台，于7月初迅速报告给延安中共中央。中共中央经研究与权衡利弊，采纳叶剑英"空城计"的建议，立即采取了巧妙而有效的对策，这就是公开报道与揭露蒋介石、胡宗南进攻延安的计划与措施，让其暴露在公众面前，广泛动员中共各解放区与国统区的舆论，谴责与阻止胡宗南部的军事行动，使国民政府与胡宗南陷入被动；同时紧急动员陕甘宁边区军民作好准备，严阵以待，随时准备打击来犯之敌。

1943年7月4日，正紧急备战的胡宗南突然收到了中共八路军总司令朱德从延安发来的一份明电，电文称：

八路军总司令朱德

自驾抵洛川，边境忽呈战争景象。道路纷传，中央将乘国际解散机会，实行"剿共"。我兄已将河防大军向西调动，弹粮运输络绎于途，内战危机，有一触即发之势。当此抗战艰虞之际，力谋团结，犹恐不及，若遽发动内战，必致兵连祸结，破坏抗战团结之大业，而使日寇坐收渔利，陷国家民族于危亡之境，并极大妨碍英美苏各盟邦之作战任务。[1]

---

① 熊向晖：《地下十二年与周恩来》，北京：中共中央党校出版社，1991年2月，第23～24页。

　　胡宗南从机要秘书熊汇荃手里接过这份电报，大吃一惊，连看了两遍，又让秘书念了一遍。他皱起眉头，说："这一手，厉害！"[①]

　　中共方面的这一手确实厉害。这封电报不仅无疑地告诉胡宗南：胡部进攻囊形地带与闪击延安的一切阴谋计划与军事调动，中共方面已经全部知晓与掌握。胡宗南的秘密已不成为秘密。中共根据地已作好全部应战准备，胡宗南部的突袭与闪击断然不会成功；而且这份电报还向胡宗南晓以大义，说明利害，义正词严地指出胡宗南若发动攻击，挑起内战，必将兵连祸结，破坏抗战团结之大业，使日本侵略者坐收渔利，并将引起国际上英、美、苏等盟国的不良反应。而这些严重后果，正是胡宗南与蒋介石所不愿看到的。胡宗南挑起内战的热情一下子受到了猛烈的一击。他疑虑重重地问身边的机要秘书熊汇荃，这次军事行动是谁泄的密？这一仗还打不打？他做梦也不会想到，正是这位他无限信任的机要秘书将他的情报送往了延安。

　　熊汇荃故意向胡宗南献策道：从朱德的电报看，"河防大军向西调动"，可能是"粮弹运输"有所暴露；但"中央将乘国际解散机会，实行剿共"，这是委座亲自掌握的绝密行动，胡先生只让西安有关人员与参战部队师以上将领知道，绝不会"道路纷传"。一定有人泄密，透露给共产党；也许有共产党间谍混进来。请胡先生指定专人，将西安和参战部队知道这一机密的人，包括我在内，秘密审查。表面上若无其事，免得打草惊蛇，但从现在起，就不要让涉嫌的人参与机密。

　　胡宗南立即召见所部情报负责人刘大军，与他密谈，指示他秘密审查是谁泄密。

　　当晚，胡宗南召集有关人员开会，讨论"这一仗打不打"。他对熊汇荃毫不怀疑，照常让他参加会议。

　　会上，对"这一仗打不打"，出现了不同的意见。有人主张打，理由是：委座对共产党的研判完全正确，不应坐失良机，加之陕北兵力空虚，正规部队

只有三五九旅1个旅，连年开荒，已失战力；胡部出动5个军，可迅速歼敌，完成任务。有人则主张暂缓，理由是：陇东"暴民"是乌合之众，第三十八集团军进剿近月，尚未报捷，对陕北之敌更不可轻视，朱德的电报使事机败露，如日军闻讯，乘机渡河，难以收拾。现可按兵不动，听候委座指示。最后，由胡宗南作结论。他说：不能坐待指示，应为委座分忧劳，我们要主动提建议。委座原定闪击、偷袭。不料共产党采取非正规手段，利用朱德电报大肆张扬。如仍按原计划进行，不但日军可能乘隙渡河，而且定会受到盟邦责难。委座出任中国战区盟军最高统帅，盟邦对国军期望很高，可惜国军长期未打胜仗。共产党早就宣传国军不抗日，只有他们抗日。此时进军陕北，将给共党口实，损害委座声誉，美国可能转而支持共产党。我们只能停止行动，恢复原态势。

胡宗南让参谋长罗泽闿据此起草给蒋介石的电报，送他核发。他核发时，还参照熊汇荃的意见，作些修改。[①]

1943年7月7日，胡宗南收到了蒋介石的复电：同意罢兵，但要查明胡部有无"泄密""通匪"情事。胡宗南在7月9日的日记中记载："委座电话，对陕北暂不动作。"[②]

7月8日，胡宗南下令收兵，各参战部队派往前线的先遣人员返回原建制。从7月12日开始，已调往前线的部队先后撤回原驻地。

不久，刘大军向胡宗南报告，"通匪"事正在查，"泄密"事有两件：一是在6月12日，西安劳动营训导处长张涤非召集9人开会，通过文件，要中共随共产国际解散而解散；二是在7月6日，中央社自西安发出电讯说，西安文化团体开会，致电毛泽东，叫他乘共产国际解散之机，"解散中共"，"取消边区割据"。——可能是这两件事让中共方面产生了警觉。胡宗南大骂张涤非、中央社是混蛋。事后，刘大军经胡宗南批准，将两个"匪谍"嫌疑犯送西安劳动营关押。

① 熊向晖：《地下十二年与周恩来》，北京：中共中央党校出版社，1991年2月，第25页。
② 胡宗南：《胡宗南先生日记·1943年7月9日》，台北："国史馆"，2015年，上册，第233页。

276

胡宗南虽已于7月8日下令收兵，但他在此后几天继续收到延安中共方面关于此事的文电，包括7月9日朱德的来电；7月9日延安召集3万民众的大会，通电全国；7月10日朱德的来电；7月12日延安《解放日报》发表的《质问国民党》的社论等。胡宗南看到这些文电时哈哈大笑，认为共产党情报不灵，不知他已于7月8日下令收兵，对他莫测高深。——将失败当成胜利，这是胡宗南愚昧而又傲慢的结果。因为事实正相反：在这个时期，正如毛泽东所说，凡胡宗南的一举一动，都在中共掌握之中。[①]

1943年7月11日，蒋介石与胡宗南分别电复延安的朱德，表示国民政府军无意进攻陕甘宁边区，是中共方面发生了误会。

胡宗南进攻陕甘宁边区、闪击延安的计划，未及实施，便迅速破产了。

（三）接待周恩来——在酒会内外的失败

然而事情还没有完。就在1943年7月8日胡宗南下令收兵、中止进攻陕甘宁边区之时，他得到报告：中共方面派往重庆与国民政府进行谈判的代表周恩来、林彪、邓颖超、孔原，及随行人员共100多人，乘卡车从重庆回延安，将于7月8日到宝鸡，7月9日到西安。

周恩来一行是在1943年6月28日离开重庆的。这时陕甘宁边区的形势十分紧张，胡宗南正积极备战，准备进攻边区，闪击延安。在延安的毛泽东于7月3日，致电西安八路军办事处周子健，令转给即将到达西安的周恩来、林彪，说："胡部五十三师到洛川接替

抗战时期的周恩来

① 熊向晖：《地下十二年与周恩来》，北京：中共中央党校出版社，1991年2月，第1页。

马禄防务后，已有一部侵入边区地境，修筑工事，似有逐步侵占企图。兹将富（县）甘（泉）、陇东、关中三方面情形电达，请就近向胡（宗南）提出交涉，退出侵占地区"，"数月以来，迭据西安情报，蒋严令胡宗南准备进攻边区，巳巧（指6月18日）胡（宗南）曾到洛川召集军官会议，部署军事，此事请在西安加以探询，并向胡（宗南）商谈军事冲突对抗战团结之利害。"7月4日，毛泽东再次致电西安八路军办事处周子健，令转给周恩来、林彪，告诉他们："近日边区周围国方部队纷纷调动增加，准备进攻，有数日内爆发战争可能，内战危机，空前严重。请向胡交涉，一切问题均可于你们回延时讨论解决。"① 因此，周恩来于7月9日到达西安七贤庄八路军办事处后，就看到了毛泽东的来电，并立即遵照毛泽东的电示，在西安展开活动。周恩来首先要会见与进行工作的，当然胡宗南。

1943年春，林彪（中）与周恩来（右二）、董必武（右一）等在八路军驻重庆办事处。

　　胡宗南对周恩来的关系与感情是复杂的，对周恩来在这国共关系紧张、敏感时刻到达西安更为重视。他对接待周恩来一行，事先采取了两项措施：

①（1）中共中央文献研究室编：《毛泽东年谱》（一八九三——一九四九）中卷，北京：人民出版社、中央文献出版社，1993年，第449页。（2）《中共党史资料》第42辑，北京：中共党史出版社，1992年，第181页。

一、通知陕西省政府主席熊斌等，如周恩来约谈，应矢口否认他有进攻边区意图。

二、指定政治部主任王超凡，在小雁塔第八战区副司令长官部安排酒会，招待周恩来与邓颖超夫妇。从在西安的黄埔六期以上将级军官中选30人左右，各偕夫人出席作陪，对周以师礼相待，制造友好气氛，多敬酒，最好把周灌醉。胡宗南还规定，在酒会上，对周称周先生，对邓颖超称周夫人，对

抗战时的林彪

蒋介石不称委座、总裁，而称蒋委员长，对他本人称胡宗南同志。胡宗南将招待周恩来的酒会安排在周到西安后的第二天，即7月10日下午举行。

据胡宗南的机要秘书兼侍从副官熊汇荃回忆，胡宗南还决定，不请林彪。林彪是黄埔四期生，1942年从苏联疗养回延安路过西安时，曾见过胡宗南，态度甚卑。胡宗南瞧不起比他低三期的黄埔同学林彪。①

胡宗南在7月9日的日记中记载："周恩来、邓颖超、林彪到西安。"② 这一天，正是胡宗南原定发起进攻陕甘宁边区的日期。

周恩来一行到达西安后，胡宗南让他的西安办事处处长张佛千，备了四份礼品，代表他，到西安八路军办事处，拜会周恩来、邓颖超、林彪③，邀请他们参加宴会。邓颖超称身体不适不参加，周恩来、林彪答应赴胡宗南的招待酒会。

7月10日下午，胡宗南就派其机要秘书兼侍从副官熊汇荃代表他去七贤庄八路军办事处，迎接周恩来等人。

胡宗南又没有想到，他竟安排中共的情报人员去与他们的领导秘密会面了。

① 熊向晖：《地下十二年与周恩来》，北京：中共中央党校出版社，1991年2月，第28页。

② 胡宗南：《胡宗南先生日记·1943年7月9日》，台北："国史馆"，2015年，上册，第232页。

③ 卢昌华、许永涛：《张佛千先生忆往纪实》，《纵横》（北京）1996年第9期。

熊汇荃乘坐胡宗南的专用汽车来到七贤庄八路军办事处，见到周恩来。周恩来虽是部署指派熊到胡宗南身边的指挥者，却一直未能与熊汇荃见过面。这次熊汇荃奉胡宗南命，堂而皇之地来到周恩来的面前，周恩来照例问：贵姓？熊汇荃讲了姓名，周恩来立即会意，紧紧握了一下熊汇荃的手，就领着熊汇荃向门口走。熊汇荃抓住一个适当的机会，用英语轻声告诉周恩来：请小心，提防被灌醉——胡宗南刚刚对招待酒会的策划部署，就迅速为周恩来掌握了。

周恩来胸有成竹地来到小雁塔。胡宗南在会场外等候，向周行军礼，陪周进会场。王超凡任宴会主持人，下令作陪者起立向周恩来敬礼。

胡宗南陪同周恩来，在东侧中间的双人沙发上就座。双方交谈。周恩来提出他想了解的问题。双方交谈的重点自然是当时围绕陕甘宁边区西线、南线十分紧张的军事形势。胡宗南再次表明，他无意进攻陕甘宁边区，双方军事摩擦出于误会。他即将电复朱德告知其意。

酒会开始，由王超凡致欢迎词。王在临尾时说："在座的黄埔同志先敬周先生三杯酒，欢迎周先生光临西安。请周先生同我们一起，祝领导全国抗战的蒋委员长身体健康，请干第一杯！"

没想到周恩来举杯起立说："王主任提到全国抗战，我很欣赏。全国抗战的基础是国共两党的合作。蒋委员长是国民党的总裁，为了表示国共合作共同抗日的诚意，我作为中国共产党的党员，愿意为蒋委员长的健康干杯。各位都是国民党的党员，也请各位为毛泽东主席的健康干杯！"

周恩来的这一番话使胡宗南愣了，王超凡和其他作陪者也不知所措。周恩来趁势说："看来各位有为难之处，我不强人所难，这杯敬酒免了吧。"

后来，出席酒会的胡部将领及其夫人轮番给周恩来敬酒。由于周恩来早有思想准备，又机警过人，言词随和而又锐利，随机应变，竟一一都巧妙地应付过去。胡对酒会的安排策划完全失败。在政治上与外交上，胡宗南是斗不过周恩来的。

告辞时，周恩来举杯讲了一通话，向胡宗南及其部属宣传中共方面的立场与看法，说："感谢胡副长官盛情款待。我昨天到西安，看到朱德总司令7月4日给胡副长官的电报，里头说，胡副长官已经将河防大军向西调动，内战危机有一触即发之势。今天我问胡副长官，这是怎么回事？胡副长官告诉我，那都是谣传。胡副长官说，他没有进攻陕甘宁边区的意图，他指挥的部队不会采取这样的行动。我听了很高兴，我相信，大家我听了都会很高兴。我借这个机会，向胡副长官，向各位将军和夫人，敬一杯酒。希望我们一起努力，坚持抗战，坚持团结，坚持进步，打败日本侵略者，收复南京、上海，收复北平、天津，收复东三省，收复所有被日寇侵占的中国的山河土地，彻底实现孙中山先生的三民主义，把我们的祖国建设成独立、自由、幸福的强大国家！同意的，请干杯。不同意的，不勉强。"说完，周恩来一饮而尽。胡宗南也一饮而尽。所有作陪的人都跟着干了杯。

胡宗南送周恩来走出宴会厅，仍让熊汇荃秘书陪周恩来，乘胡宗南的专车回七贤庄八路军办事处。这就再一次给熊汇荃与周恩来密谈提供了一个机会。

途中，周恩来佯装不认识熊汇荃。快到七贤庄时，周恩来说："熊秘书，到七贤庄后请你稍等。我有一些延安出版的书报杂志送给胡副长官。"熊汇荃领悟，这是周恩来暗示，要同他密谈。

熊汇荃陪周恩来到七贤庄八路军办事处后，周恩来领熊汇荃到里院的一间小屋。刚一关上门，周恩来伸出双手，紧紧握住熊汇荃的手，说："这几年，你辛苦了。"周恩来利用让其部属搜寻延安出版的书报杂志的短短一刻钟时间，与熊汇荃进行了紧张的密谈。

周恩来先问熊汇荃：蒋介石、胡宗南会不会进攻边区？

熊汇荃向周恩来汇报了胡宗南目前的思想动态与胡宗南部军队的各方面情况，说：自1938年年底、1939年年初胡宗南奉蒋介石命，率所部移驻西安、镇守大西北以后，就执行蒋介石给予他的十六字方针："东御日寇，北制共匪，西防苏俄，内慑回马"，重轻次序是东、北、西、内。到目前，由于苏德战争爆发，去年盛世才投蒋，胡宗南部第三集团军将从甘肃河西进疆，暂无西顾之

蒋纬国

忧，其他三方未变。胡想扩军，但国统区缩小，法币贬值，兵源、粮源、财源都缺，扩军办不到。胡宗南现有三个集团军，对付三方面，左支右绌。

在"内慑回马"方面：宁夏马鸿逵、青海马步芳都是地头蛇，挟回民自重，蒋介石不得不给以兵权、政权，但又怕他们坐大，"反蒋、降日、联共"，因而需胡宗南"慑"服。

在"东御日寇"方面：自山西大部沦陷后，潼关至宜川黄河防务关系重大，蒋介石要胡宗南用主力第三十四集团军固守。如日军侵入黄河西岸，进入八百里秦川，大西北国统区就保不住，蒋介石即使想与日本谈和，也无本钱。前年，蒋介石派他的次子蒋纬国到胡宗南部第一师当排长，现升连长，一直驻潼关附近，表明蒋对胡宗南的信任，也表明蒋对陕西河防的重视。在1941年12月珍珠港事件后，美国要借助中国牵制日军。但蒋军常败，使美国失望。蒋怕美支持八路军、新四军。1940年，美国总统罗斯福派特使威尔基来华考察，蒋专门安排他们巡视潼关守军和工事，检阅胡宗南部精锐第一军的一个师，借以显示蒋有力量、有决心抗日。蒋标榜抗日，可提高地位，取得美援，因而就更需要胡宗南固守住黄河河防。

在"北制共匪"方面：胡宗南早就想侵占陕甘宁边区，但因既要"东御日寇"，又要"内慑回马"，因而无力北进，又怕中共方面"政治南下"或"军事南下"，对"北"即对中共陕甘宁边区的方针在于"制"，力图在西北将中共限制在国民政府划定的边区范围之内。这次蒋介石利用共产国际解散，想改"制"为"剿"，但不敢明目张胆，命胡宗南偷袭闪击延安，计划已定，大部队尚未就位，朱德总司令发电揭露，"日寇渔利""妨碍盟邦"两句击中要害，蒋介石、胡宗南只好收兵，否认。这次搞不成，以后更困难，不是不想，是力所不及，势所不能，方针仍会回到"制"。但蒋介石、胡宗南扬言囊形地带是越界，是威胁，还会继续侵扰，但不致引起风险。

周恩来又问熊汇荃：胡宗南"反共"坚决不坚决？

熊汇荃认为胡宗南有明显的两面性，说：胡宗南受蒋介石重用，有知遇之恩，基于本身利害，对蒋介石效忠、服从。蒋介石抗日，他拥护；蒋介石反共，他追随。熊汇荃列举了胡宗南当时两面性的种种事实，说，胡宗南一方面对陕甘宁边区，构筑了自宜川沿黄龙山北麓，经洛川至甘肃环县，长达一千三百多里的封锁线，盘查甚紧，多方同中共争夺青年；胡宗南与戴笠关系极密，可指挥军统，并自建特务机构，侦察、破坏中共；胡宗南在西安设劳动营，关押中共方面的人士与异己分子；还利用中共的叛徒、托派办"反共"刊物。但胡宗南也有另一面，他珍藏着周恩来1936年9月1日给他的信，对周所说"兄以'剿共'成名，私心则以兄尚未成民族英雄为憾"很感慨；胡宗南反对降日，痛恨汪精卫之流，仍常函候张学良。日美开战后，他请求过黄河反攻山西，蒋介石未批准。黄埔一期同学杜聿明等率远征军出国作战，胡宗南很羡慕。胡宗南平时要熊汇荃起草"精神讲话"时，着重要求官兵做"革命军人"，鼓舞抗日斗志，强调民族气节，反对贪污腐化，"反共"调子不突出。去年中共中央邀他访问延安，胡宗南很想去协调一些关系，蒋介石不准。这次蒋介石命他闪击边区，虽事机败露，胡宗南也可蛮干；但他权衡利害，主动请蒋介石准予罢兵。胡宗南的两面性很明显。根据目前形势与所负任务，胡在军事上将仍把"东御日寇"放在第一位，把"北制共匪"放在第二位。

熊汇荃的这些报告很重要。对于中国共产党方面来说，这些讲话都是极端重要的敌方机密材料；同时，它也代表了当时中国共产党方面对胡宗南的基本看法。

密谈后，周恩来再次紧握熊汇荃的手，说："胜利后再见！"熊汇荃以军礼向周恩来告别。这些，胡宗南当时一定做梦都想不到吧。

当熊汇荃走出小屋时，又恢复了胡宗南机要秘书兼随从副官的身份，他还要继续在胡宗南身边伪装下去，并干出更重要的成绩，让胡宗南进一步走向深渊。这更是胡宗南当时一定做梦都想不到的。熊汇荃看到，七贤庄八路军驻西安办事处的几个人正将几捆包装好的延安出版的书报杂志送上他坐的汽车，另将几本没有包装的杂志交到熊汇荃的手里，以便让他回去好向胡宗南交差。[1]——周恩来想得实在周到。

胡宗南在7月10日的日记中记载："在小雁塔茶会，欢迎周恩来、林彪等，并在东仓门晚餐。"[2] 这与熊汇荃的回忆有差异。如前所述，熊的回忆录称：胡宗南决定不请林彪。胡宗南瞧不起比他低三期的黄埔同学林彪。事实上，胡宗南不仅邀请了林彪，林彪在7月10日这天参加了胡宗南举办的茶会，而且在此后几天，胡宗南还与林彪多次见面谈话。从中国社会多年一贯的迎来送往的人情，从当时民国官场的礼仪，从胡宗南多年待人接物的性格，以及胡宗南当时必然知晓的林彪在重庆得到蒋介石的礼遇等，胡宗南在西安宴请

抗战时的周恩来与林彪

周恩来时，不可能不同时请林彪。更何况林彪与胡宗南毕竟是黄埔的同学，又都是带兵的将领。胡宗南不可能不知道林彪是中共方面最会打仗的将领，在平型关战斗后负伤，赴苏联休养多年后才回国。胡宗南不会瞧不起他。[3]

7月11日，胡宗南"上午九时在东仓门与周恩来、林彪谈话，至十二时完毕。谈话除对边区表示无动作外，并建议如异党军校交诸黄埔学生，则互信建立似不成问题"[4]。

7月12日，胡宗南"下午一时半与林彪在东仓门谈话，渠对重庆孙夫人、孙

① 熊向晖：《历史的注脚》，北京：中共中央党校出版社，1995年，第84～87页。
② 胡宗南：《胡宗南先生日记·1943年7月10日》，台北："国史馆"，2015年，上册，第233页。
③ 经盛鸿：《熊向晖的回忆录有误》，《文汇读书周报》（上海）2016年6月20日，第3版。
④ 胡宗南：《胡宗南先生日记·1943年7月11日》，台北："国史馆"，2015年，上册，第233页。

科、冯玉祥等似有好感。国际方面，美对共党甚同情，而对国民党颇有问题，对何应钦有攻讦之词，当予以解释"。当天，陕西省政府主席"熊斌欢宴周恩来等"，胡宗南"在座"①。

7月13日，胡宗南"下午四时与周恩来谈话，渠对国际现势颇多阐发，对国民党亦认为气度不够，在野小党不必打击太甚。……九时周恩来、林彪、邓颖超等赴陕北，到车站欢送"②。

周恩来一行在西安前后5天，除胡宗南、熊斌外，还分别会见了邓宝珊、孙蔚如、彭昭贤、胡公冕等军政界名人，反复申明与宣传中共的立场与态度，然后于7月13日离开西安去延安。胡宗南始终陪伴。

周恩来一行离开西安后，军统西安站给胡宗南送来一份关于周恩来一行在西安活动情况的综合报告，其中提到有一人坐胡宗南的专车到七贤庄，接送周恩来。去接时，几点几分进，几点几分出。去送时，几点几分进，几点几分出，带走几大捆东西，看不出是什么，等等。胡宗南看后大笑，高兴地说，周恩来在西安的一举一动，都逃不过他的眼睛。

然而，历史证明，在国共情报工作的斗争中，失败者不是中共，而是胡宗南。将失败当成胜利，胡宗南已不是第一次了，以后还会有多次，而且将失败得更惨。

1943年9月，蒋介石指示胡宗南，进一步加强对陕北共区的封锁与防范："对于匪区封锁线之后方，其纵深三百里至五百里之内，每区应划成多数三角形，依照所示要点切实进行布置。希即详加研究，并将其具体办法呈报。"③胡宗南则力图在政治上瓦解共军，在1944年3月15日的日记中写道："预定于十二月前，以政治的攻势，不用一兵一卒，使集中在陕北的二十七万匪军无条件投降。"④ 1944年3月24日，蒋介石尤视封锁线为急务，指示胡宗南："此

① 胡宗南：《胡宗南先生日记·1943年7月12日》，台北："国史馆"，2015年，上册，第233～234页。
② 胡宗南：《胡宗南先生日记·1943年7月13日》，台北："国史馆"，2015年，上册，第234页。
③ 吕芳上主编：《蒋中正先生年谱长编》第七册，台北："国史馆"、"国立中正纪念堂管理处"、财团法人中正文教基金会，2015年，第445页。
④ 胡宗南著，蔡盛琦、陈世局编：《胡宗南日记》上册，1944年3月15日，第320页。

时准备工作除积极整顿部队，充实兵力，鼓励士气，振作精神以外，唯以增筑碉堡与各种工事如副防御与长堑深壕等加强封锁线，使之无隙可钻。"胡宗南请示蒋介石："兹为有效防止奸匪乘机窜扰起见，拟将原驻平凉之五十七军军部及九十七师即行移驻海原；所遗平凉防务，拟以现驻天水之暂十五师担任；至天水为陇南重镇，尤应控置有力一师，拟恳准将五十四师北开天水以固陇南。"① 1944年3月30日，胡宗南向蒋介石报告："前令在封锁线后方三百至五百里地区以内所筑工事，已大部完成。"②

国民政府的上层对中共在抗战期间的迅速发展与壮大，充满了忧虑不安。蒋介石的智囊陶希圣后来公开在重庆《中央日报》上发表文章，称："抗战的结果，比抗战的进行更危险。"③

（四）赶走熊斌 控制陕政

在1943年，胡宗南在与中共的较量中，输了一着，然而，他却在国民党内部的派系斗争中，取得了一个不大不小的胜利：他成功地赶走了与他有矛盾的陕西省政府主席熊斌，从而完全控制了陕西地方行政，成为集党政军大权于一身的"陕西王"。

胡宗南在1938年驻军西安后，陕西省政府主席一直是蒋鼎文。蒋鼎文与胡宗南是浙江同乡，又同属黄埔系，自黄埔建军，蒋鼎文是胡宗南的教官，后来是他的上级长官，两人交往多年，私交颇深。蒋鼎文秉承蒋介石的意旨，对胡宗南各事放纵优容，让胡大权独揽，蒋鼎文不闻不问，因而双方相安无事。

但自1941年6月熊斌继蒋鼎文后任陕西省政府主席，胡宗南以驻军首脑的身份，与陕西省政府的关系迅速恶化了。

熊斌，字哲民，又字哲明，湖北礼山县（今大悟）人，1894年生于北京，

---

① 叶惠芬编：《蒋中正总统档案·事略稿本》（56），台北："国史馆"，2011年，第544～545页。
②《胡副长官呈报蒋委员长封锁线后方工事大部完成》（1944年3月30日），胡宗南著、胡为真增订：《胡宗南先生文存》，台北：商务印书馆，2016年，第92页。
③《中央日报》1945年5月5日社论。

比胡宗南年长两岁；辛亥革命时，参加武昌起义，任湖北军政府北伐第一军参谋；在北洋军阀统治时期，任参谋本部二局参谋；1914年入陆军大学四期；毕业后，入冯玉祥戎幕，1922年后，先后任河南督军署顾问、陆军检阅使署顾问等职；1924年10月，冯玉祥发动北京政变，推翻曹锟政府，熊斌先后任国民军第一军少将参谋长、西北边防督办公署总参议；大革命期间，熊斌任国民革命军第二集团军冯玉祥部总参议；北伐胜利后，1928年，他随冯玉祥到南京国民政府中，任军事委员会委员、军政部航空署署长、中国航空公司副理事长等职；蒋、冯分裂后，他斡旋于蒋介石和冯玉祥之间，受到蒋的器重；1930年中原大战时，他任冯军前敌总司令部参谋长；冯玉祥失败后，他改投蒋介石，先后任行政院文官处参事、参军处参军、参谋本部总务厅厅长。1933年初，日本关东军从东北向华北地区扩张，先后攻占山海关、占领热河，并向长城各口进攻，蒋介石令军政部部长何应钦北上北平，替代张学良，任代理军事委员会北平分会委员长，熊斌以参谋本部总务厅厅长的身份，担任北平军分会总参议，协助何应钦对日交涉。1933年5月21日，熊斌被何应钦派为首席代表，与徐燕谋、钱宗泽、李择一赴塘沽，与日军代表、关东军参谋次长冈村宁次正式谈判，于5月31日签订了《塘沽协定》，规定中国军队撤至延庆、通州、宝坻、芦台所连之线以西、以南地区，以上地区以北、以东至长城沿线，为非武装区，在事实上承认了日本对东北三省与热河的占领，同时划绥东、察北、冀东为日军自由出入地区，从而使华北门户洞开，为日军进一步侵占华北敞开了大门。1935年，熊斌被任为参谋本部次长；1936年1月，被授中将军衔。抗战爆发后，他先后任军令部政务次长、军委会战时新闻检查局局长、办公厅主任，第三战区代参谋长等职；1940年5月，任新设的军令部西安办公厅主任；1941年6月，与蒋鼎文对调职务，任陕西省政府主席兼全省保安司令。

熊斌任陕西省政府主席后，以军界前辈的身份，对胡宗南并不买账，尤对胡宗南插手干预陕西地方行政十分反感，多次抗拒。其中重要者有如下几点：

第一，对各县县长的任免撤换，熊斌自订县长检定办法，组"检定委员会"审查议定，拒绝胡宗南的任意派。

对各县县长的任免撤换，本应是省政府职权所在，驻军军方不应干预。但如前所述，过去几年，胡宗南常以"陕西省民众动员总指挥部"的名义，任意要求撤换与任免一些县长的人选，特别是靠近中共陕甘宁边区的一些县。熊斌任陕西省政府主席后，认为"县长为亲民之官，乃地方行政之最重要之干部，人选特须慎重。首订县长检定办法，组检定委员会，以全体省政府委员兼检定委员，……无论何人介绍，愿为县长者均须经过检定，故对中央院部会长及当地军事当局介绍之人，悉据此办法应付，明知不合时宜，但为国负责，为事求人，不得不尔"①。这就使胡宗南在陕西省的县长人选上不能任意指派、随意撤换、如愿以偿了。据说有一次，胡宗南以"陕西省民众动员总指挥部"的名义，派其参谋长见熊斌，出示一张名单，告诉熊斌说："接近匪区某某、某某等四县的县长，胡先生请予撤换，并建议按此名单上的诸人接充。"但熊斌断然拒绝。后来熊斌将还将此事与胡宗南长期任意撤换与指派各县县长的情况，告到蒋介石那里。因为此事明显是胡宗南违规行事，是胡宗南理亏，蒋介石只得致电胡宗南，要他不要再在县长人选上干预地方行政。

第二，对厅、县以下各级干部的培训，熊斌自设"省行政干部训练团"负责，而不再让胡宗南的战干四团代为承担。

过去，胡宗南为着扩大自己的势力，插手地方行政，曾规定，陕西省地方厅、县以下各级干部的培训事宜，一律由胡宗南的战干四团承担。熊斌任陕西省政府主席后，就将这项培训事宜从胡宗南的战干四团划出来，由陕西省政府自己掌握，不再让胡宗南过问。熊说："厅、县以下各级干部，则依中央规定，设省行政干部训练团，分期轮流调训（原属战干第四团代训），因此开罪军事当局。"②

第三，熊斌裁撤胡宗南一手操纵的"陕西省民众动员总指挥部"。

胡宗南自1940年10月在西安成立"陕西省民众动员总指挥部"后，就通

---

① 熊斌：《六十年回忆》，《传记文学》（台北）1994年1月，第64卷第1期，第5页。
② 熊斌：《六十年回忆》，《传记文学》（台北）1994年1月，第64卷第1期，第5页。

过这个机构与组织，既抓军权，又抓民权，以军事长官直接指挥民众，真是上马管军，下马管民，严重干预陕西省政府与地方各级政府的地方行政。熊斌认为这是明目张胆侵犯陕西省政府与地方各级政府的行政权力。他说："当时又有陕西省民众动员总指挥部之设，省主席兼任总指挥官，军事长官兼副总指挥官，实际指挥部组织及业务皆由军方主持，总指挥仅负一名义耳。其下设两动员指挥部，一驻大荔，一驻同官，以第干部训练团毕业学生派充副乡镇保长，直属区动员指挥部，往往不透过县政府，径行处理地方事务，病民之事层出不穷，民怨沸腾。"于是熊斌又告到蒋介石那里，要求裁撤"陕西省民众动员总指挥部"，得到蒋介石的同意。熊斌说："乘觐见之便，陈明有割裂行政系统之嫌。元首英明，谕令取消。明知军方不满，不敢敷衍误事。"①

第四，在1942年夏调运陕粮济豫事，再次与胡宗南为首的军方发生冲突。

1942年夏天，河南省发生严重的旱灾，农田几乎颗粒无收，灾民遍地。在国民政府第一战区的管辖地区内，到处都有大量饿死的人，到处皆是嗷嗷待救者。熊斌作为陕西省政府主席，下令从陕西调出百余万石杂粮到河南救济灾民。熊斌此举遭到陕西士绅的反对，也遭到以胡宗南为首的驻陕军方的反对。熊斌说："1942年夏，河南大旱，饿殍载途。虽陕无余粮，本救灾恤邻之意，不顾军方及地方士绅反对，准杂粮百余万石出关救济。"②

以上诸端，尤其是第一项、第三项，是熊斌与胡宗南争夺陕西省地方行政权力的集中表现，也是双方矛盾激化之所在。开始，由于胡宗南在地方上并无职务，因而他大肆插手干预地方行政就显得名不正言不顺，于理有亏。蒋介石也只得谕令劝阻。但正大力扩张自己军政权力的胡宗南决不会善罢甘休。熊斌成为胡宗南在西安扩张军政权力的重要障碍。当务之急就是赶走熊斌，换上一位胡宗南所满意的、能听命于胡宗南或至少不与胡宗南为敌、不给胡宗南制造麻烦的人担任陕西省政府主席。

---

① 熊斌：《六十年回忆》，《传记文学》（台北）1994年1月，第64卷第1期，第5页。

② 熊斌：《六十年回忆》，《传记文学》（台北）1994年1月，第64卷第1期，第5页。

在这时，陕西省地方上一些有势力的士绅和头面人物，由于利害相同或相近，成为胡宗南反对与赶走熊斌的同盟者与支持者。胡宗南自1933年驻军西北，至今已有十载；在抗战发生后，于1938年秋驻节西安，也已有数年。在这期间，胡宗南一直着意笼络本地士绅与头面人物。他的势力与影响早就从军队渗透到地方，渗透到陕西各界人士中。因此，当胡宗南与熊斌争夺陕西省地方行政权力的矛盾激化，胡宗南力图赶走熊斌时，就由颇有势力的陕西省参议会出面，在1943年夏间，掀起了一场针对以熊斌为首的陕西省政府的不大不小的政潮，攻击省政府及其下属的省银行、省粮政局、省企业公司等机关贪污，开始虽未直接涉及熊斌个人，但明眼人都会看出，其矛头所向，是指向熊斌的。陕西省参议会未经大会表决，就致电重庆国民政府中央，要求彻查陕西省政府及其下属的省银行、省粮政局、省企业公司等机关贪污之事。熊斌也只得一方面致电重庆国民政府中央，请求中央派员秉公检查，另一方面给蒋介石写了一封私函，报告陕西省实情，并提出辞职要求。

据熊斌说：

> 1943年夏间，省参议会开会，初甚和谐，闭幕前忽有人利用掀起政潮，攻讦省府贪污，但未及余个人……既未付审查，又未经大会表决，仅三数人叫喊通过，致电中央，主要对象为省银行、粮政局、企业公司等机关。余因知乃好事者兴风作浪，捏词诬控，亦电请中央派员秉公检查，并以私函将内容报告蒋公，请于查明后遴员接替。①

熊斌在陕西自然是待不下去了。蒋介石当然更重视胡宗南，要为胡宗南在陕西、在西北进一步扩大军政权力扫清障碍。1944年1月29日，重庆国民政府宣布改组陕西省政府：熊斌去职，调赴重庆军令部；陕西省政府主席由祝绍周继任，省政府内两个最重要的官职，秘书长与省民政厅长，分别由林树恩、蒋坚

① 熊斌：《六十年回忆》，《传记文学》（台北）1994年1月，第64卷第1期，第5页。

忍担任。这些人都是胡宗南所欢迎的。林树恩、蒋坚忍均系胡的亲信干部，而祝绍周是国民党内老资格的职业军人，不仅与胡宗南是浙江同乡，而且多年跟随蒋介石，与胡宗南关系密切。

祝绍周，字苇南，浙江杭州人，1893年生，比胡宗南大3岁。清末考入陆军中学，秘密加入同盟会。民国建立后，考入保定军校第二期，毕业后一直在浙军周凤歧部任职。1926年10月北伐军攻抵浙江，周凤歧率军反正，改编为国民革命军第二十六军，祝绍周任该军参谋长，自此，祝绍周就归附在蒋介石麾下，并与胡宗南在北伐、中原大战、上海一·二八抗战等诸多战役中，协同作战。1936年12月西安事变发生，祝绍周时任洛阳军分校校长，与担任第一军军长的胡宗南分别率本部，从东、西两面夹击西安，营救蒋介石。抗战开始后，祝绍周任鄂陕甘边区警备总司令和军政部第四补给区训练总处长，驻节汉中，担负对胡宗南日益增多的军队的后勤供应与兵员补充。在多年共时事与交往中，祝绍周与胡宗南建立了密切的关系。而祝绍周对蒋介石培植胡宗南的军政势力更是心知肚明，因而祝绍周任陕西省政府主席，定将为胡宗南提供种种方便与支持。

1944年2月29日，祝绍周到达西安，胡宗南在当日日记中记载："下午五时祝绍周莅陕，余迎之于车站。"3月3日，祝绍周到省政府正式就任视事，胡宗南在当日日记中记载："祝绍周省府本日接事，熊今日交替。"3月4日，胡宗南到车站为熊斌送行，在当日日记中记述："熊主席离陕，欢送于车站。自熊主陕，忽忽两年又八个月，何辅于民，何益于国，真不胜临此黯然，悠悠逝者之感也。"[①]他认为熊斌在陕两年多时间，毫无建树。他是不满意的。

在这同时，陕西省的国民党省党部成员也有所变动，原军令部西安办公厅副主任谷正鼎调任陕西省党部主任委员，新增高文源、张光祖、王德崇、杨大乾为省党部委员，高文源兼组训委员，张光祖兼宣传委员。

---

① 胡宗南：《胡宗南先生日记·1944年2月29日、3月3日、3月4日》，台北："国史馆"，2015年，上册，第311～313页。

党同伐异与门户之争，历来是中国传统政治中的顽症，也是它的死穴。同样，它也是国民党与国民政府在中国大陆走向腐败与失败的重要表现与重要原因之一。

1944年春，国民党中央与蒋介石指示各地党、政、军主官，联合组织"党政军联席会议"，以协同配合，连成一体，互通信息，加强统一领导。西安地区参加党政军联席会议的主官，有陕西省政府主席祝绍周、陕西省政府秘书长林树恩、国民党陕西省省党部主任委员谷正鼎、副主任委员章兆直、杨尔瑛以及第八战区副司令长官部参谋长罗泽闿与第八战区副司令长官胡宗南，共7人。胡宗南自然被推为联席会议的主席。1944年3月15日下午7时，西安"党政军联席会议"的7位主官在西安东仓门举行首次会议，胡宗南以会议主席身份宣读了蒋介石的"委员长训词"，然后致勖词，对陕西省党、政、军各界提出了各项工作任务与目标。

胡宗南俨然成为国民党与国民政府在陕西地区党政军的最高负责人，成为"陕西王"。显然，胡宗南成为"西北王"也为时不远了。

在这期间，在1943年，胡宗南邀请他多年的朋友、历史学家郭廷以到西安"帮他"。郭廷以很快看出了胡宗南在经营西北中的致命弱点，即注重军事，而较少关注文化教育经济建设，因而不能在西北地区生根，不能得西北地区人心。郭廷以后来回忆说："民国三十二年，胡宗南又约我去西安，安排了飞机座位。我乘机去西北看看，他留我帮他，我还是推迟。看看他办的学校，对他说：'我觉得你在西北没奠定基础，这不一定专靠军事，也要靠政治，靠教育，靠经济。'我总觉得，他不能在西北生根。当然，西北条件也实在差，特别为他讲左文襄建设西北的历史。"[1]

（五）灵宝抗击日军 稳定关中

在1943年以后，由于西安及关中屏障重庆与大西北地区的重要战略意义日

① 张朋园、陈三井、陈存恭、林泉访问，陈三井、陈存恭记录：《郭廷以先生访问记录》，"中央研究院"近代史研究所口述历史丛书（15），台北："中央研究院"近代史研究所，1987年6月，第226页。

益凸显，日军当局又一再提出"西安作战计划"。

1943年2月初，日本在瓜岛战役中以失败告终，太平洋战局日益恶化，迫使日本当局不得不调整内外政策，"尽快解决中国问题，从而专心致力于美英战争的愿望，随着战局的愈演益强烈起来"①。1943年2月27日，日本大本营通知日本"中国派遣军"总司令部，对下述作战进行研究：一是"秋季以后如整个情况允许，为确立有利的战略体势对京汉线南段（新乡—汉口间）实行作战"；二是"在特别有利的情形下，即整个形势尤其北方的局势如能允许，适时实施五十号（西安作战）作战"②。这是日军当局第二次提出"西安作战"，并将"西安作战"称作"五十号作战"。因为它综合了原来"五号作战"和"五十一号作战"的内容，目的仍在于通过攻占西安，来达到占领重庆、促使蒋介石国民政府屈服；同时切断中国西北交通，切断中国与苏联的联系。日本"华北方面军"司令部一直特别重视占领西安地区，认为"占领了该地区后，可使空军处于优势地位、切断西北交通。北方作战发生时，能起分割苏、中的作用"③。"华北方面军"利用前一年"五号作战"的准备材料，对"五十号作战（西安作战）"进行了重新研究。

但是，从1943年到1944年年初，日本"中国派遣军"总司令部始终没有得到实施"西安作战"的机会。首先，日军在太平洋战场上，连连败北，疲于应付，日本大本营不得不先后抽调"中国派遣军"所属的第十五师团、第二十七师团、第十七师团、第三十六师团、第三十二师团等，到东南亚和太平洋战区，使"中国派遣军"失去了进攻西安所需要的兵力。其次，自1942年以来，华北、华中地区灾害频繁，1943年春荒更为严重。日军占领区物资的匮乏，也制约了日军"西安作战计划"的实施。

---

① [日]服部卓四郎：《大东亚战争全史》第2册，张玉祥等译，北京：商务印书馆，1984年，第646～647页。

② 日本防卫厅战史室编：《华北治安战》（下），天津市政协编译组译，天津：天津人民出版社，1982年，第287页。

③ 日本防卫厅战史室编：《华北治安战》（下），天津市政协编译组译，天津：天津人民出版社，1982年，第287页。

直到1944年春，日军为打通中国大陆铁路交通线，支援在南洋的日军，发动了规模巨大的豫湘桂战役，日方称之为"一号作战"。这是自1937年7月中日战争全面爆发以来，日军出动兵力最多（约50万人）、历时最久（约8个月）、地域最广（约4个省）的战役。日军首先将进攻的矛头指向河南省的中部、西部地区，即与胡宗南的关中基地紧相毗邻的河南第一战区。西安与关中地区的形势也骤然紧张了起来。

自抗战以来，日军占领了京汉铁路线黄河以北路段与信阳以南至武汉的路段，但是在河南省黄河以南直到信阳以北的京汉铁路线及沿线广大中原地区，一直为国民政府第一战区部队控制。第一战区司令长官部设洛阳。在1944年年初，第一战区司令长官为蒋鼎文，副长官为汤恩伯，下辖8个集军，共约40万的部队。

第一战区司令长官蒋鼎文（左）、副司令长官汤恩伯（右）。

1944年4月17日，在日"华北方面军"司令官冈村宁次的指挥下，日军首先发动豫中战役。日军第十二军司令官内山英太郎指挥4个师团，在河南中牟抢渡过黄河，向中国第一战区部队发动猛烈进攻。第一战区由于司令长官蒋鼎文与副司令长官汤恩伯不和，分庭抗礼，军队腐败，派系庞杂，军民关系紧张，特别是由于战前轻敌，判断错误，准备仓促，指挥失当，仍按以往大兵团抗击日军进攻的经验制订作战计划，没想到日军这次却是以规模巨大、来去迅速的迂回穿插战法实施攻击，致使第一战区数十万大军无法阻挡，迅速溃败：1944年4月22日丢失郑州，5月1日丢失许昌，5月5日丢失郾城。5月9日，攻下郾城的日军南下，在确山，与从信阳北上的日军会师，平汉线尽为日军控制。

在取得豫中战场的胜利后，日军迅速把进攻矛头指向豫西。还在4月下旬，日军"华北方面军"司令部看到豫中战事进展顺利，准备增派兵力，进行潼关作战，实施其多次策划过的进攻西安与关中地区。南京的日"中国派遣军"总部表示赞同，"将来对西安、汉中方面作战时攻占潼关有重要价值"，"只要对完成京汉作战和湘桂作战抽调兵力无任何妨碍，且能以方面军自身力量攻占并予以确保，潼关作战也可实行"[1]。但日"华北方面军"考虑再三，觉得本部兵力不足，只好暂时打消西进潼关的念头，决定先占领豫西洛阳、陕州附近要地，作为以后进攻陕西的桥头堡。在日"华北方面军"的指挥下，5月9日晚，驻山西的日军第一军（司令官吉本贞一）前锋第六十九师团等部，从山西垣曲南渡黄河，进入河南，与沿陇海线西进的日军，以及从许昌向西迂回的日军第十二军主力，相配合，扫荡豫西，于5月14日占宜阳，16日占韩城，17、18日占洛宁、陕州，20日袭占卢氏，21日打死中国第三十六集团军总司令李家钰，从四面包围了洛阳，5月25日攻占豫西重镇、第一战区司令长官部所在地洛阳。第一战区损失兵力约20万，蒋鼎文与汤恩伯带着残余军队，逃往豫西南的伏牛山区。

还在1944年4月20日，即日军发动豫中战役后3天，蒋介石电谕胡宗南，先派第九军开赴洛阳，归第一战区司令长官蒋鼎文指挥。5月初，当日军向豫西进击、与第一战区部队激战之时，重庆军委会电令胡宗南，要胡部迅速派出有力部队，出潼关，增援豫西作战。蒋介石后来说："宗南专在西北训练而未使用者达五年之久，预备其在最后作反攻之用，故中外人士皆以此军为生力最坚强之部队……"[2]5月9日，即山西日军第一军渡黄河入豫的那天，蒋鼎文连夜打电话给胡宗南："兄部队开动否？速宜巩固渑池、洛宁之线，最低限度亦须巩固灵宝，

① 日本防卫厅防卫研究所战史室：《一号作战之一·河南会战》下册，天津市政协编译委员会译，北京：中华书局，1982年，第126页。
②《蒋中正日记》，1944年6月10日，台北：抗战历史文献研究会，2015年编印。

否则将来作战更苦了。"①但是，胡部当时缺少机动部队，"因赴陇东歼匪之封锁及陕东河防之守备，所有兵力大部用于担任第一线守备。一部用于要点城镇及交通线之警备，控制（机动）部队甚少，对于东防正面，除第一师扼守潼关外，秦岭以南毫无正规部队。……惟第八师在咸阳附近，集结调动较易"②。

5月7日，胡宗南赶抵华阴，设前进指挥所。他一面令第一军第七十八师许良玉部严密守备潼关，并在潼关设难民收容所，不让河南的溃兵与难民进入关中地区；另一面尽力抽调部队，由第三十四集团军总司令李延年率领，东出潼关，进入豫西抵御日军。一开始，胡宗南"雄心万丈，欲以第八师配属二十四个摩托化炮兵及工兵、战车等单位，组成快速纵队，迎击由河南渑池县白浪村渡河来犯日寇"，但第一军参谋长李昆岗提出反对意见，说："计划甚好，但输送路仅陇海铁道，待我们集中，恐敌早已渡过黄河。有被优势之敌各个击破之虞，不但不能发挥奇袭功效，而有逐次被消耗之危险。锋芒虽露，可能踏上第一战区覆辙，须深加考虑。"③最后，胡宗南接受了李昆岗的意见，于5月9日首先令"第八师附战防炮一连、工兵一营，并配属在陕州、灵宝间重炮一营，即占领灵宝至虢略镇以东阵地，置重点于灵宝附近。第一六七师派兵一团，装二团派战车一连，开赴潼关，归第一师指挥"④。

李延年率第三十四集团军，下辖第一军张卓部、第五十七军刘安琪部与第十六军董钊部，进入豫西，实际只有5个师，即第五十七军的第八师（师长吴俊）、第九十七师（师长傅维藩）、第一〇九师（师长戴慕真）、第一军的第一六七师（师长王隆玑），第十六军的预备第三师（师长陈鞠旅）。

① 胡宗南著、蔡盛琦、陈世局编：《胡宗南先生日记·1944年5月9日》，台北："国史馆"，2015年，上册，第345页。

② 《第八战区灵宝战役作战经过概要》（中国第二历史档案馆藏），中国人民政治协商会议灵宝市委员会编：《灵宝抗战》，郑州：中国人民政治协商会议灵宝市委员会，2015年编印，第44、第45页。

③ 吴俊：《反攻陕州及灵、虢防守战》，中国人民政治协商会议河南省委员会文史资料委员会编：《河南文史资料》1997年第3辑（总第63辑），郑州：中国人民政治协商会议河南省委员会文史资料委员会，1997年编印，第93、第94页。

④ 胡宗南著、蔡盛琦、陈世局编：《胡宗南先生日记·1944年5月9日》，台北："国史馆"，2015年，上册，第345页。

陕州、灵宝为豫西陇海线上、洛阳以西的两大重镇。陕州在东，西距灵宝120里；灵宝西距潼关180里。从战略上来说，陕州为灵宝的屏障，灵宝则为潼关的门户。陕州、灵宝丢失，潼关就暴露在日军的枪炮之下，关中则危矣。在第三十四集团军出潼关进入豫西时，陕州还未丢失。5月11日，胡宗南令李延年部，利用豫西复杂险峻的山地地形，"在灵宝、虢略镇之线布防，而陕州作为前进据点。第八师、一六七师占领灵虢之线"，并以"第八师（师长吴俊）以一团推进至张茅以东，掩护部队之集中"[①]。张茅镇位于陕州以东、洛阳以西，作为第三十四集团军全军的前哨阵地，掩护主力部队在灵宝一线集结与构筑防御工事，同时卫护洛阳的西部防线。

5月13日，洛阳的第一战区守军缴获了一份日军文件，发现内有"潼关兵团"字样，蒋介石"乃觉敌军不仅要占洛阳，而且要攻西安，其事态严重极矣"[②]。蒋介石命令原属第一战区的马法五第四十军，改归胡宗南的第八战区副司令长官部指挥。

1944年5月15日，日军向张茅镇、陕州及长水镇一带猛烈进攻，意在切断洛阳与灵宝、潼关的联系，完全包围洛阳城。"张茅之敌与第八师激战中"。5月16日，"张茅失守，第八师之二四团，未奉命令，自由撤退"。5月18日，日军独立混成第三旅团攻占陕州、大营与长水镇，"敌进至长水镇，预八师转战十八盘"。第一战区部队经激战后向西溃退，胡宗南第八战区的前哨部队也向后收缩至灵宝一线。日军从四面包围了第一战区司令长官部所在地洛阳城。胡宗南在这时亲至灵宝、虢略镇前线，视察其部队阵地。5月19日，"约李延年来华阴"。5月20日，"下午赴阳平镇"。5月21日，"视察灵宝、虢略镇阵地"，对防线与守军多所批评与指示，"下午返官庄临时指挥所，暮返华阴，夜十二时始达"。5月22日，"晨赴潼关"。5月24日，洛阳告急，胡宗南令李

① 胡宗南著，蔡盛琦、陈世局编：《胡宗南先生日记·1944年5月11、12日》，台北："国史馆"，2015年，上册，第246页。

② 《蒋中正日记》，1944年5月13日，台北：抗战历史文献研究会，2015年编印。

延年"赴第一线部署"①，并从后方增调部队至前线增援。

1944年5月25日洛阳失守后，日军沿陇海线，直逼灵宝、潼关，使西安和关中地区遭受日军严重的实质性的威胁。豫西战场形势更加紧张。胡宗南第八战区的增援部队5个师集结灵宝一线。原在陕州以东作战的第一战区第四十军马法五部的3个师，会同来自洛宁的第一战区第三十六集团军刘戡部（刘戡继阵亡的李家钰，任该集团军总司令），也一起撤至灵宝。一时间灵宝一带中国军队云集。

蒋介石与军委会指示胡宗南，命各部从灵宝一线向陕州反攻，夺回陕州、大营等重要据点，挽回颓势。5月30日，军委会办公厅主任林蔚向胡宗南转达蒋介石的指示："陕州攻取，颇有可能。可令第八师长攻大营，大营下后，看情形再决进止。"②胡宗南当即向李延年传达蒋介石的指示，"预定六月一日开始"③。

6月1日，李延年指挥各部，向陕州及其附近各要点发动反攻。担任反攻先锋的第五十七军刘安琪部的第八师攻占五原窑外围部分阵地，但遭日军压迫，仍退回董家庄。第四十军第一〇六师猛攻岘山庙，"重炮、野炮、迫击炮的交叉炮火集中倾泻在岘山庙高地上"，"炮火越来越猛，炮弹也越打越准"，日军神保大队拼死抵抗，"以刺刀刺杀庙墙上的重庆兵使之坠落悬崖"，守住了岘山庙围墙。④2日，天候骤变，暴雨浓雾，第一〇六师进攻阴山庙，第三十六集团军刘戡部进攻安家洼，连战两日，皆未能奏功。第八师因孤军深入，于3日放弃阵地，退至韩家洼、灵井之线。攻取陕州之战，遂告失败，胡部军队退回灵宝一线，"扫荡之战变成对峙之局，主动形势又变成被动之态"⑤。

灵宝地区中国军队的集结，特别是胡宗南增援部队向陕州反攻，引起了日军第一军司令官吉本贞一的注意。这支自山西入豫的日军第一军，多年来一直

---

① 胡宗南著，蔡盛琦、陈世局编：《胡宗南先生日记·1944年5月15～24日》，台北："国史馆"，2015年，上册，第347～350页。

② 胡宗南著，蔡盛琦、陈世局编：《胡宗南先生日记·1944年5月24日》，台北："国史馆"，2015年，上册，第353页。

③ 胡宗南著，蔡盛琦、陈世局编：《胡宗南先生日记·1944年5月30日》，台北："国史馆"，2015年，上册，第353页。

④ 日本防卫厅防卫研究所战史室：《一号作战之—·河南会战》下册，天津市政协编译委员会译，第134页。

⑤ 胡宗南：《胡宗南先生日记·1944年6月3日》，台北："国史馆"，2015年，上册，第355页。

隔黄河与胡宗南部对抗，现决定以现有兵力，发动"灵宝会战"，对灵宝一线发动攻势，企图继击溃中国第一战区军队主力以后，再打击中国第八战区军队主力，进一步削弱中国军队，特别是中央军的战斗力。

5月27日，日军第一军军长吉本贞一致电华北方面军："我军根据当前的敌情，为了确保陕县桥头堡，实有必要用大约一星期的时间，尽快在灵宝附近发起作战，将阌乡附近以东敌军，特别是第八战区部队击溃，然后恢复原来的态势"。日本"华北方面军"司令官冈村宁次大将支持第一军的作战计划，批准第一军"可适时越过限制的（陕州）界线，对灵宝发起作战"，并令日军主力第十二军除防守洛阳、郑州等重镇与确保平汉铁路外，派出一部分军队，借调部分坦克、重炮，增援第一军的灵宝会战，令日军坦克第三师团全部配属日军第一军，"大致定于6月10日返回原所属"。[①]

6月5日，日军第一军在增援的坦克、重炮陆续到达后，发动了向灵宝一线中国守军的猛烈攻势。数万日军在数十辆轻型坦克组成的集群坦克的导引下，由洛阳，沿陇海铁路线南侧，向函谷关扑来，矛头所向，威逼潼关，西安震动，关中震动，西北与重庆震动。

蒋介石得到胡宗南的报告，得知日军这次攻势凶猛，深知此战关系重大，"如不能击破此股敌军，甚觉灵宝部队，进退为难矣，乃命王叔铭空军全力协助之"[②]。6月7日，蒋介石下令胡宗南改攻为守，"对陕州、大营之敌，既发现其大量战车，可知彼有与我决战之决心。我军此次进攻，本为试探敌军之兵力与企图。战斗三日，我军既不能有解决陕县战局之望，故决心退守灵宝本阵地，以免为敌所制"[③]。蒋介石亲自决定以李延年为前敌总指挥，统一指挥在灵宝一线的第八战区胡宗南的部队以及第一战区马法五的第四十军、刘戡的第三十六集团军等，坚决抗击日军的西进。蒋介石指出，此次豫西抗战，直接

---

① 日本防卫厅防卫研究所战史室：《一号作战之一·河南会战》下册，天津市政协编译委员会译，第130、第131页。

② 《蒋中正日记》，1944年6月5日，台北：抗战历史文献研究会，2015年编印。

③ 《蒋中正日记》，1944年6月6日、7日，台北：抗战历史文献研究会，2015年编印。

关系重庆安危，要李延年立下军令状，若失守潼关，将以军法严惩。蒋并赋予李延年对师长以下作战不力、不战而退、丢失阵地者便宜行事、就地惩处的权利。蒋介石将上述决定通告胡宗南，由胡转达李延年。

在胡宗南、李延年的指挥下，中国军队利用灵宝一带复杂的自然地形，分别部署了潼关至卢氏、灵宝至故县、阌乡至杜关3道防御线，以李延年的第三十四集团军各部担任第一线中间主阵地的防守，以马法五的第四十军担任左翼阵地的防守，刘戡的第三十六集团军担任右翼阵地的防守。

中国军队在豫西灵宝一线的阻击战开始了。

1944年6月7日，日军集中兵力，向中国军队第一线阵地中部的第三十四集团军各部猛攻，"敌以战车八十余辆向我攻击"。中国守军各部以低劣的武器与血肉之躯拼命抵挡日军的坦克集群，激战夜以继日，惨烈无比。胡宗南令第十六军预三师陈鞠旅部绕道"袭击敌后"，策应前线防守各部作战。[①] 6月8日，"本日全线激战"，胡宗南命令李延年"饬嘱固守阵地，擅退者，准由该总司令先行枪决"[②]。

6月9日中午，防守牛庄的第五十七军刘安琪部之第九十七师傅维藩部阵地被日军突破，第二九〇团丢失牛庄阵地，第九十七师师长傅维藩一直在胡宗南的总部任参谋等职，最近才被提拔任师长，缺乏独立指挥作战的经验，在得知丢失牛庄阵地后，紧张得面色苍白，竟然通知第二八九团团长郭吉谦到师部，帮他出谋划策，气得军长刘安祺在电话中大声斥责："情况这样紧急，为什么叫一个团长到师部来？还不让他赶快回去！"[③] 后傅师竟擅自放弃阵地，后撤至常家山，使得牛庄、培里、案里各阵地尽失。傅师擅自后撤的部队被美国驻华空军的战机拍摄下照片，由史迪威报告重庆军委会。蒋介石闻之异常震怒。

---

① 胡宗南著，蔡盛琦、陈世局编：《胡宗南先生日记·1944年6月7日》，台北："国史馆"，2015年，上册，第356页。

② 胡宗南著，蔡盛琦、陈世局编：《胡宗南先生日记·1944年6月8日》，台北："国史馆"，2015年，上册，第356页。

③ 郭吉谦：《第九十七师参加灵宝战役的回忆》，原国民党将领抗日战争亲历记：《中原抗战》，北京：中国文史出版社，1995年，第425页。

接着，防守秦岭南之夫妇峪的第十六军董钊部之第一〇九师第三二五团刘明部，也被一股翻越小秦岭偷袭的日军攻入峪中，刘团弃阵地后撤；第一〇九师师长戴慕真"一再坚持退却"，率部放弃阵地，随刘团边打边退；幸得第十六军预三师陈鞠旅部赶来，苦战死撑，才坚守住阵地。然而预三师再无法调至前方，影响战局。

第五十七军军长刘安祺见所部阵地丢失，自带一团兵力，光着膀子，提着匣子枪，亲赴前线带头反攻，经过激烈争夺，该团伤亡过半，刘安祺也几乎送命，但终没有挽回战局。

由于防线中部主阵地被日军突破，直接影响了左、右两翼作战部队，使南、北阵地形成了凹字形。战场形势危急。

胡宗南在6月9日的日记中记载："牛庄、培里、案里，各据点激战至午，被敌突破。秦岭南夫妇峪发现敌人，由预三师派兵击灭中"。胡见战况危急，下令"七十八师开潼关阵地守备"[①]。

1944年6月10日，日军向灵宝防线中间主阵地发动全面进攻，双方交战达到白热化。第八师上校副师长王剑岳阵亡。防守中部阵地的第三十四集团军各部支撑不住，要求西撤，秩序混乱。蒋介石来电，严令"无论何人不得向西撤退，否则按军法连坐法枪决"。蒋介石并要胡宗南彻查、严惩9日擅自后撤的第九十七师师长傅维藩。第一军军长张卓听到蒋介石的严令后，惶恐不安，"只知哭"[②]。李延年也一再要求后撤。胡宗南几次向蒋介石请示，都遭拒绝。胡在当日日记中记载："本日敌向主阵地全面攻击，战况激烈。午前李吉甫报告前线困难情形，要求撤退。报告委座，奉谕支持到晚再定。六时委座严令，不撤退。至十一时再报告委座，奉谕一切由你全权负责，乃令撤转"[③]。深夜12

---

① 胡宗南著，蔡盛琦、陈世局编：《胡宗南先生日记·1944年6月9日》，台北："国史馆"，2015年，上册，第357页。

② 胡宗南著，蔡盛琦、陈世局编：《胡宗南日记·1944年6月13日》台北："国史馆"，2015年，上册，第358页。

③ 胡宗南著，蔡盛琦、陈世局编：《胡宗南先生日记·1944年6月10日》，台北："国史馆"，2015年，上册，第357页。

时，李延年下达撤退令："本集团军决即转移阵地于有利地带，向芦灵关亘盘豆镇之线转进，重新部署"①。当日深夜，胡宗南、李延年指挥中国军队主动撤退到第二线阵地，日军一度占领了灵宝城与虢略镇。

蒋介石在10日夜，再次电告胡宗南，要严令死守虢、灵一线的最后阵地，无论何人不准再向西撤退。10日夜，胡宗南向李延年与在灵宝战场各部转达蒋介石的命令："无论何人，不得向西撤退；如有西撤者，军长、师长一律枪毙"。

蒋介石的严厉命令下达后，李延年也看到形势的严重：日军若从中间主阵地突破后继续向纵深发展，势必将撕裂中国军队的灵宝防线，挺进到潼关之下，关中则将万分危急，势必将危及四川大后方。李延年立即严令防守中部阵地的第三十四集团军各部停止西撤，死守最后一线阵地；命令左翼马法五的第四十军与右翼刘戡的第三十六集团军，用钳形战术，同时腰击日军西进的突击部队；同时命令炮兵部队集中100多门大炮，连续轰击日军后方，令战防炮部队对敌坦克群猛烈轰击；又电请中国空军出动30余架战斗机与轰炸机，一面迎战敌机，一面轰炸扫射敌进攻部队。李延年本人则在第三十四集团军的中间阵地上，彻夜不眠，亲自督阵，死守防线。

在这时，胡宗南从后方适时增调精锐主力部队第五十三师袁杰三部、第三十九师司元恺部、第一〇六师李振清部等，投入前线增援。其中第一〇六师李振清部为保卫中国战防炮阵地，与进攻的日军血战多时，终将日军击退。

由于中国军队的顽强抵抗，日军伤亡惨重，进攻连连受挫。在胡宗南部各军主动后撤后，日军跟踪追击。6月11日黎明，木村旅团长在虢略镇西北踏中地雷丧命，成为河南会战中日军阵亡的最高级别将领。日军神保大队"三次遇上重庆军爆破道路的气浪冲击"，"9时许又遭到七架P40飞机扫射，造成若干伤亡"。②日军一度占领了灵宝城与虢略镇，但得到的只是两座布满尸首与鲜血的废墟，其他一无所获，而且不断遭到中国军队的袭击。日军已成强弩之末，无

---

① 台湾"国防部"史政编译局编：《豫中会战》，台北："国防部"史政编译局，1967年，第62页。

② 日本防卫厅防卫研究所战史室：《一号作战之一·河南会战》下册，天津市政协编译委员会译，第155页。

力再发起新的更大的进攻。日军的艰难与狼狈情形在他们当时的电报中也得到反映："……遭到有力敌军阻截，前进更加缓慢，甚至秦岭山脉的山路也被敌军占领。要突破该地，无论付出多大牺牲和时间也难奏效。……"①。6月12日14时，日军独立混成第九旅团一部到达河南最西部的县城阌乡，停止西进。这是因为日本大本营见灵宝日军西进受挫，难以奏效，更由于要迅速集中兵力南下投入湘桂战役，乃令西进日军主动从灵宝战场向洛阳一线后撤。日军第一军司令官吉本贞一乘势宣布："北路突破敌军数道防线，南路越过重迭山峰，南北呼应，终将敌军第八战区东进兵团击溃"，本军"自12日日落后开始撤回，迅速恢复原来态势"②。6月13日，西进日军主动从灵宝战场撤回洛阳一线。

胡宗南见"当面之敌退却，即令三十九师、预三师向虢略镇追击前进"③。胡宗南、李延年指挥各部乘势反攻，激战3日。第三十九师司元恺部向灵宝追击，预三师陈鞠旅部向虢略镇追击，于6月15日分别将两据点收复。日军退守洛阳。

灵宝战役前后历时约20天乃告结束。这次战役阻遏了日军西进潼关、威逼关中的企图，稳定了西安与西北地区。这次战役是攻防战。胡宗南与李延年在指挥上的决心、果敢与灵活，胡部官兵勇敢顽强的作战与奋斗牺牲精神，保证了这次战役的胜利。虽然这次战役的结果未能全部围歼西进日军，但沉重地打击了日军的战力与气焰，挽回了中国军队在河南战场的颓势，特别是与刚刚进行的中国第一战区部队一败涂地的豫中会战比较，却不能不说是一次振奋人心的胜利。

1944年6月15日，蒋介石在日记中感慨道："此实抗战成败最大之关键，如果潼关与西安动摇或失陷，则全局实难收拾矣。此不仅西安地位重要，而宗南在关中专心训练十军兵力，为时已越五年之久，如果一旦失败，则全国军心、民心皆难维持。故此次潼关之得失，比任何战区成败之关系为大，此所以半月

---

① 日本防卫厅防卫研究所战史室：《一号作战之一·河南会战》下册，天津市政协编译委员会译，第150页。
② 日本防卫厅防卫研究所战史室：《一号作战之一·河南会战》下册，天津市政协编译委员会译，第156页。
③ 胡宗南著，蔡盛琦、陈世局编：《胡宗南先生日记·1944年6月13日》，台北："国史馆"，2015年，上册，第357页。

以来寝食不安也。今幸蒙上帝保佑，竟得转危为安，实非人力之所能及也。"①

1944年6月14日，中共领导人毛泽东在为延安《解放日报》所写的社论《纪念联合国日，保卫西安与西北》中，指出："目前最严重的任务是保卫西安，保卫陕西与西北。这是今天一条唯一的国际通道，此处若失 迷蜕 胁四川。"② 它说明了灵宝战役胜利的重要意义。

但灵宝战役也暴露出胡宗南部的严重缺陷：其一，指挥系统混乱，指挥层次叠床架屋，人事关系复杂，严重影响战场指挥效能。胡宗南部参加灵宝战役的，共有5个师，即第八师、第九十七师、第一〇九师、第一六七师、预备第三师，竟分别调自第一、第十六、第五十七军，造成指挥混乱，朝令夕改。据第一〇九师副师长黄剑夫回忆："有时一天之内两次奉命改变任务，一会儿归张卓指挥，一会儿归刘安祺指挥，一会儿又归李延年直接指挥"③。第五十七军军长刘安祺毕业于黄埔军校第三期，奉命受毕业于黄埔军校第一期的第一军军长张卓指挥，他对此耿耿于怀："李延年之外，张卓也指挥，他们的资历都比我老，但张也是军长，我也是军长，却叫我受他指挥"④。据第九十七师第二八九团团长郭吉谦回忆，"刘安祺曾当过团长、旅长、师长，参加过蒋阎冯中原大战和淞沪抗战，有作战经验；张卓却很像一个文人，我们只知道他当过步兵学校的教育长，对军事教育尚有研究，但从未听说他参加过什么战役，更谈不上有什么作战经验"，张卓只是习惯"一切都得听命于胡宗南摆布，甚至连一个营的阵地位置都要打长途向远在后方的胡宗南请示"⑤。战后，第八战区总结教训，要求加强师一级司令部的组织建设，"以战时欲将全军集结使用

① 《蒋中正日记》，1944 年 6 月 15 日，台北：抗战历史文献研究会，2015 年编印。

② 毛泽东：《纪念联合国日，保卫西安与西北》，中共中央文献研究室编：《毛泽东文集》第 3 卷，北京：人民出版社，1996 年，第 175 页。

③ 黄剑夫：《我所亲历的灵宝战役》，原国民党将领抗日战争亲历记：《中原抗战》，北京：中国文史出版社，1995 年，第 413 页。

④ 张玉法、陈存恭访问、黄铭明纪录：《刘安祺先生访问纪录》，台北："中央研究院"近代史研究所，1991 年，第 73 页。

⑤ 郭吉谦：《第九十七师参加灵宝战役的回忆》，原国民党将领抗日战争亲历记：《中原抗战》，北京：中国文史出版社，1995 年，第 421 页。

于一地，多不可能"，"且以军为战略单位，实过笨重，不适应作战要求，亦与世界军事主流所趋不合"①。其二，胡宗南、李延年及各军、师长，缺乏统率、指挥大兵团作战能力与军事素养；部分将领与军官，缺乏军人血性与军事道德，临阵惊慌失措，遇险时不顾大局与军纪，抢先退却逃命。如前所说，在6月10日，当蒋介石严令"无论何人不得向西撤退"时，第一军军长张卓"只知哭"②。第九十七师师长傅维藩擅自后撤逃跑，战后被判处死刑；第一〇九师师长戴慕真，只是因副师长黄剑夫"没有把本师作战经过和戴一再坚持退却的情形上报"③，战后才得以被判五年的轻刑。第九十七师二九〇团上校团长曾庆春，在战况不利时，睡在一辆大车上往后逃跑，被带着副官和卫兵到牛庄督战的军长刘安祺发现，刘当即掏出手枪，强令其回前线整顿溃兵。④因此，蒋介石后来严厉指责在灵宝战役中，"各级指挥官之不行，尤其军师长之作战指挥，幼稚无能"⑤。如此之多的高级将领与军官存在的严重问题，深刻反映了胡宗南在带兵练兵、用人使将与军事指挥上的严重缺陷。⑥

当时担任中国战区参谋长的美国将军史迪威，针对国民政府军高级、中级军官的素质，曾深刻地指出："营长和团长的素质不一，……至于军长和师长，则问题颇大。……一般的师长，似乎以为只要自距离前线五十英里处，发一命令，即已尽到责任。这些军官中，有许多是相当勇敢，但是大多数的人均缺乏道德的勇气"⑦。这里面当然包括胡宗南部。

①《第八战区灵宝战役作战经过概要》（中国第二历史档案馆藏），中国人民政治协商会议灵宝市委员会编：《灵宝抗战》，第67页。
②胡宗南著，蔡盛琦、陈世局编：《胡宗南先生日记·1944年6月13日》，台北："国史馆"，2015年，上册，第358页。
③黄剑夫：《我所亲历的灵宝战役》，原国民党将领抗日战争亲历记：《中原抗战》，北京：中国文史出版社，1995年，第418页。
④郭吉谦：《第九十七师参加灵宝战役的回忆》，原国民党将领抗日战争亲历记：《中原抗战》，北京：中国文史出版社，1995年，第425页
⑤胡宗南著，蔡盛琦、陈世局编：《胡宗南先生日记·1944年7月5日》，台北："国史馆"，2015年，上册，第364页。
⑥参阅冯杰《蒋介石、胡宗南与1944年灵宝战役》，未刊。
⑦Charles F.Romanus and Riley Sunderlend,Stilwell's Command Problems,Washlngton D.C.:Office the Chief of Mistory, Department of the Army,1953,p153；转引自张瑞德：《山河动：抗战时期国民政府的军队战力》，第9页

如此之多的高级将领与军官存在的严重问题，深刻反映了胡宗南在带兵领兵、用人使将与军事指挥上的严重缺陷。①

由于灵宝战役的胜利，胡宗南、李延年与参战有功部队得到军委会奖励。其中李延年获得抗日一等勋章，不久被调升为山东挺进军总司令；第一〇六师李振清部因保护攻防炮有功，预三旅陈鞠旅部因苦战夫妇峪有功，第三十九师司元恺部因收复灵宝有功，均记大功。而在作战中违反军纪、弃地而逃的部队长官，均受到军纪惩处。

1944年6月25日，胡宗南在华阴县的华山玉泉院召开灵宝战役检讨会议，从上午8时直开至下午3时。胡宗南以第八战区副司令长官的身份主持会议，参加灵宝战役的各部队指挥官以及有关人员李延年、马法五、李昆岗、张卓、陈金城、李正先、刘安祺、梁栋新、李汝和、李辰熙、杲春涌、陈鞠旅、吴俊、夏季屏、司元恺、史松泉、许良玉、沈策、李振清、朱先墀、李朝弼、黄正成、李达、陈坚、吴永烈、黄剑平、郑士瑞、王冠洲、许开章、徐健、程维翰、周雨寰、王化兴、萧伯廉、匡泉美、谭文纬、周环、王亚武、刘玉树、刘心屏、袁书田、万又麟、曾瑞文、郭吉谦、田生瑞、游联伟、罗延瑞、龚金象、王金瑞、周士瀛、阎公雅、马鹤峰、张清滨、宋邦纬、王爱华、王国干、望庆一、黄国煦、胡长青、金宝霖、黄剑夫、段绍式、萧健、陈泽霖等出席会议。会议对灵宝战役中国军队的阵地编成及工事构筑、兵力配备及指挥运用、炮兵及战防炮、交通通信补给卫生及谍报、军纪及士气以及敌军战法等，作了分析与总结。马法五、李延年先后作了发言。最后，胡宗南作了总结讲话，他说：

今天检讨会上，大家发言不够坦白诚实，多半是敷衍浮夸，如此检讨，实无价值，以后各军师以下的检讨会议，要力矫此弊，切实承认自己的缺点，而求改进之方法。

---

① 参阅冯杰《蒋介石、胡宗南与1944年灵宝战役》，未刊。

这次战役我们可以歼灭敌人的条件很多，如工事有两旬的构筑时间，各种阻绝及障碍物器材也很充分，左翼依托黄河，有四十军担任河防，我是十分放心，所顾虑者为右翼，在五月中旬，我就命令第一〇九师派一团，以一营守备朱阳镇，构筑据点工事，主力自周家山延娘娘山萧公庙莲花庵构筑阵地，再向西延至秦岭南北山口以班排为独立战斗群，封锁阻绝，果能如此配备，我相信右翼迂回之敌，是窜不过来，预三师可以全部或至少有两团用于虢略灵宝方面，则正面决不致突破，此外空军优势，炮兵优势，这许多优越条件，竟不能歼灭敌人，我们实在惭愧，实在愧为军人。

我是绝对信任部下的，当李总司令转报九七师伤亡惨重，不能支持时，我即相信。但当日下午空军于灵宝上空发现行列很整齐穿短裤的队伍七百余人，由灵宝撤退，委座据报，甚为震怒，当战况紧急时，何以不抽调灵宝方向兵力于正面，而竟使此七百余人未战而退，故该师正面被突破，是自己没有尽到最大的努力，当然不可原谅。

一〇九师守备朱阳镇之三二五团，事前既未遵令部署，以封锁各山口，当时又不积极搜索警戒，适时报告，事后复不猛力堵击，致使敌窜夫妇峪，威胁我侧背，牵制了预三师，使我既定计划，不克实施，陷我全局于不利，令人痛心的，莫过于此。

因此此次战役，敌人得到中央突破，九七师要负责任，而敌人右翼迂回得到成功，一〇九师之三二五团要负责任。

我们今后已无退路，亦决不能再退，更无面目退到关中，只有负起责任，击灭当面之敌，收复陕州洛阳，这样才不愧为黄帝子孙，总理的信徒，领袖的干部，父母的好儿子。

接着，胡宗南宣布了关于参加灵宝战役的各部队指挥官以及有关人员的功过和奖惩事项的命令：

命　　令

查灵宝战役，忠勇虽不乏人，而败纪失律，仍所在多有，允宜详加检讨，评定功过，所有团以上人员之赏罚，以及连长、营长之有特殊功绩者，由本部直接办理，其他团长以下人员之赏罚，着即责成各该军部，切实办理，此将本部呈奉委座核准之奖惩名单，随令颁发，仰各一体通知，自兹以后，务望我军全体将士，凛"必死不死幸生不生"之宝训，以杀敌牺牲为至上光荣，以畏蒽苟生为无比之奇耻，蔚成风气，振我军威，有厚望焉。

灵宝战役团长以上军官功绩奖励名单

四十军，少将参谋长，李辰熙，反攻陕州时计划指挥咸得其宜及追击败退之敌确能把握时机奏战斗于胜利，记大功一次

四十军，上校军需处长，张汶华，陕灵战役负责通信补给计划周密实施圆滑，同上

炮兵第二旅，少将旅长，黄正成，对炮兵之指挥措置得宜，同上

一〇六师，少将副师长，赵大兴，亲率三一六团一部驰援新庄侧击敌人解除师主力之危机，记功一次

一〇六师三一七团，上校团长，张心德，协力第八师在毕家砦侧击强敌达成任务，同上

一〇六师三一八团，上校团长，王金琮，不失时机自派一部协力驰驱攻击毕家砦之敌解除三一七团之敌围，同上

一六七师，少将参谋长，李朝弼，于开坊口及时家山两次督战坚撑危机予敌重大打击，调任第八师副师长

一六七师五百团，上校团长，匡泉美，守备虢略镇阵地指挥有方应战沉着始固守未动终，升副师长

第八师，上校参谋长，钟叶坤，协赞得力指挥有方，调任二四团团长

预三师第八团，上校团长，周士瀛，南山之役指挥裕如掌握战机克敌制胜，记功一次

灵宝战役团长以上军官惩罚名单

九七师，少将师长，傅维藩，作战不力擅自后退，奉委座令按照连坐法处死刑

一六七师四九九团，上校团长，贺一持，丧失阵地擅自后退，同上

一〇九师三二五团，上校团长，刘明，纵敌窜入夫妇峪致陷战局于不利，同上

一〇九师，少将师长，戴慕真，指挥无方畏缩避战，奉委座令撤职查办

一六七师五〇一团，上校团长，胡学炳，北瀛渡危急时赴援不力失去连络，撤职查办

第八师二三团，上校团长，何国祥，处置不当统驭无方，同上

第八师二四团，上校团长，黄孝萱，屡战不力自行后退，同上

九七师二九〇团，上校团长，曾庆春，指挥无方不知掌握部队以谋全局，同上

九七师，上校参谋长，王敏，经验缺欠在作战期间职责不明计划常欠周密，撤职

一六七师，少将师长，王隆玑，相继失陷大小岑南岳渡北岳渡时家山杨封各要点影响全局，降级上校

胡宗南为灵宝战役受领奖状军官颁发奖状：

一〇六师，少将兼师长，李振清，攻击险山庙时，亲自率部将包围之敌击溃，敌遗尸百余具，虏获战利器甚多，并将战防炮全部护返，对炮兵掩护亦极确实，按照武功状给予办法呈请发给武功状

第三九师，师长，司元恺，收复灵宝城，同上

预三师，少将师长，陈鞠旅，击退夫妇峪之敌，确实达成掩护主力军侧背之任务，同上

第九七师二九一团二营，少校营长，刘舜元，在蓝家凹阵地与兵力三倍

于我及战车四五十辆之敌搏斗两昼夜确实达成掩护主阵地之任务，同上……①

会上，第九十七师少将师长傅维藩因丢失牛庄阵地，"作战不力擅自后退，奉委座令按照连坐法处死刑"，第一○九师三二五团上校团长刘明因丢失夫妇峪阵地，"纵敌窜入夫妇峪致陷战局于不利"，第一六七师四九九团上校团长贺一持在作战中"丧失阵地擅自后退"，当即宣布就地处决；第一○九师少将师长戴慕真"指挥无方畏缩避战，奉委座令撤职查办"，后被宣判无期徒刑。②

胡宗南下令，第九十七师的番号取消，改编为第四十五师，原第四十五师属于第二十七军，在不久前的太行山陵川地区与日军作战中溃败，以原第四十五师师长胡长青为新四十五师少将师长；第一○九师，以原预三师副师长朱先墀接任少将师长。

此次会议前，胡宗南曾想保住傅维藩的性命，先以己酉亥电呈蒋介石，说明傅"作战不力自行后退，罪有应得，然初任师长，到差不久，情有可原，请押解钧会讯办"；同日，胡再次电呈蒋介石，说："查九十七师初期战斗颇为精彩，其后失陷阵地，在牛庄、老虎头等亦有多次反击；且函谷关自始至终，兀然存在，则其战斗精神并不低劣，其责任问题，应自上负之。"胡宗南对部下一向优容，此次更愿以自己承担责任来减轻傅维藩的罪过。但蒋介石不为所动，胡只得遵令将傅枪决。

傅维藩字震西，浙江诸暨人，1908年生，黄埔六期炮科毕业，后就读于

---

① 《第八战区灵宝战役检讨会议录》，国防部史政局和战史编纂委员会档案，藏 [南京] 中国第二历史档案馆，全宗号七八七，第三册，案卷号10924，缩微对照号16J－0470。

② 戴慕真在1947年秋获释，被胡宗南先后任为西安第七军分校高级教官、西北绥靖公署少将高参；1949年他留在中国大陆；在"文革"中，于1968年夏被捕，以收听敌台的"现行反革命"罪名被判刑十年，于1972年12月10日病逝于河北省第二监狱；粉碎"四人帮"后，藁城县人民法院以《（79）法落字123号再审刑事裁定书》，对其"撤销原判，宣告无罪"。近年来，傅维藩、戴慕真的后人及部分部属、友人，对当年第八战区的军法判决提出异议，并向台湾当局有关方面提出申诉，但尚无结果。此事涉及蒋介石、史迪威、胡宗南、李延年等众多重要历史人物，比较复杂。但无疑，这将促使我们对灵宝战役作进一步的思考与研究。

陆军大学第12期，曾经做过胡宗南的侍从参谋，在淞沪战役中，协助胡宗南指挥作战有功，后任西安第七军分校少将总队长；1944年4月才担任第九十七师师长，到参加灵宝战役时仅两个月的时间，缺乏独立指挥作战能力。他在带兵与此次灵宝战役指挥作战中存有严重失误，但罪不至死。国民政府在对高级长官的管理与处置上有许多失误，或失之过宽，或失之过严。因此，在此次判决后，傅维藩、戴慕真的部分部属内心不服，心存怨恨，只是不敢形之于色。直到近年，傅维藩、戴慕真的后人及部分部属、友人，对当年第八战区的军法判决提出异议，并向台湾当局有关方面提出申诉，但尚无结果。2009年，胡宗南当年的部属、后来在台湾担任过"陆军经理署中将署长、交通大学兼任教授"的赵抡元，写了一篇题为《抗战将军傅维藩死得冤——冤气冲折旗杆》的文章，发表在台北的《中外杂志》上。这些都是后话。

1944年7月4日，陕西民众代表团30余人，由国民党陕西省党部主任谷正鼎、妇女代表皮以书率领，到华阴，向胡部参战各部队，献旗祝捷！胡宗南感到惭愧，在致答谢词中，说："灵宝战役，仗没有打好，我全陕民众不加责备，而反慰劳劝勉，只有益加奋勉，在第二次战役中，立功报国。"①

灵宝战役后，中、日两国军队在豫西灵宝与陕州之间呈对峙状态。胡宗南部第三十四集团军各军陆续撤回关内，而以第四十军马法五部守备灵宝一线，以孙蔚如第四集团军防守洛宁、卢氏一线，以王仲廉第三十一集团军防守西峡口一线，分别监视驻陕州、宜阳之日军。双方部队的正面不时发生小规模战斗。

就在这时，胡宗南获得消息，叶霞翟从美国回到陪都重庆。叶霞翟到美国后，开始在乔治·华盛顿大学就读；毕业后，又去威斯康辛大学学习；1944年5月，获美国威斯康辛大学政治学博士学位，毕业后，立即于1944年6月赶回中国重庆，住在枣子岚垭大哥嫂家。1944年7月中旬的一天，胡宗南在结束灵宝战役后，来到重庆，与叶霞翟阔别5年后重逢，激动地拥抱。叶霞翟说："这次见

---

① 胡宗南著，蔡盛琦、陈世局编：《胡宗南先生日记·1944年7月4日》，台北："国史馆"，2015年，上册，第363页。

面的时间很短促，但对我们都很重要，因为这证明无论时间或空间都隔绝不了我俩的感情；相反，别离愈久，恋慕之心愈切，相知愈深。"胡宗南要叶霞翟"继续忍耐，继续等待"，直到抗战胜利。他要叶霞翟先去成都的学校中去教书。胡宗南回部队后，给叶霞翟寄来两首诗：

> 八年岁月艰难甚，锦绣韶华寂寞思。
>
> 犹见天涯奇女子，相逢依旧未婚时。

> 纵无健翮飞云汉，常有柔情越太华。
>
> 我亦思军情不胜，为君居处尚无家。

叶霞翟读了，非常感动。她说："从这两首诗里，也可以看出他对我的情意的深厚坚定了。"①

叶霞翟于1944年9月底，应邀去成都光华大学——她的母校任教；后又应邀到当时迁往成都的美国教会办的金陵大学，任兼职政治学教授。②

（六）就任第一战区司令长官的闹剧与喜剧

1944年6月豫中、豫西战役后，原第一战区所辖的郑州、洛阳等城市与河南大片土地沦于日军之手。重庆国民政府军委会不得不调整战区与人事：将第一战区司令长官部移设陕南汉中，撤销了原第一战区司令长官蒋鼎文与副司令长官汤恩伯的职务，调原远征军司令长官陈诚来任第一战区司令长官兼冀察战区总司令。另决定，将关中地区从第八战区划出，并入第一战区，改任胡宗南为第一战区副司令长官。与胡宗南同任第一战区副司令长官的还有郭寄峤等人。

① 叶霞翟：《天地悠悠：胡宗南夫人回忆录》（1965年撰），桂林：广西师范大学出版社，2016年5月，第55~58页。
② 叶霞翟：《天地悠悠：胡宗南夫人回忆录》（1965年撰），桂林：广西师范大学出版社，2016年5月，第58~66页。

1944年7月4日，胡宗南被蒋介石召到重庆，一是向蒋报告豫西战役情况；二是就调整战区任命新职进行事前协商。

7月5日上午11时，胡宗南先向蒋介石报告了豫西灵宝战役的战况，分析检讨了胡部在指挥与攻防中的得失。蒋介石对胡宗南在指挥上的错误以致未能全歼豫西日军以及较多撤换部队军官、用人不当等，作了严厉指责。蒋介石说："这次灵宝作战，将我军弱点暴露无遗，侥幸的很，日军未西进，如果日军西进，潼关必失，西安必失，关中失守，重庆动摇，中国有灭亡之虑矣！"蒋介石批评胡宗南："用兵之时，使用某一师，而使军长不参加战场，想你一个人来掌握，这是要不得的。"胡宗南"静聆之余，汗透浃背，然气度从容，并无粗陋卑鄙之态"。他感到委屈，为自己作了辩护。他说："此次灵宝作战，检讨错误，仅仅预备队使用不当，如能加上两个团，则必获大胜利。第九十七师（傅维藩部）擅自退却，实出意料之外。至于对用人，实为最公平而又考核最正确之人。全国优秀分子，皆集中西北，故军队自团长以上，皆甚优秀，此在人事考绩上，很可证明者也。第九军五十四师并无换动一人，战绩尚不如第二十四师。第二十四师团长年龄有至五十岁以上者，出发令下，自己不愿带队而请长假。此等团长如果不换，有何办法？此两点余不能否认有此错误者。"[1]

确实，蒋介石对胡宗南在灵宝战役中的表现与指挥能力，是严重不满的。他在灵宝战役结束的6月13日，在日记中对胡宗南作了这样的评价："其学识与能力如此浅薄，何能使之担当如此重任。然又无人可以替代，以后战局大难，言念所部人事，不胜为之战栗也。"[2]然而，我们将要看到，在不久后，蒋介石仍然要任命胡宗南为方面军统帅。这似乎是历史的吊诡之处，可它恰恰是蒋介石一贯用人思想的产物。

胡宗南当时心中更是有气。他认为自己指挥所部援助豫西，在灵宝一役反败为胜，取得大捷，稳定了豫西战场，卫护了潼关，保卫了大西北，是有功，

① 胡宗南：《胡宗南先生日记·1944年7月5日》，台北："国史馆"，2015年，上册，第364页。
②《蒋中正日记》，1944年6月13日。台北：抗战历史文献研究会，2015年编印。

反受指责。胡宗南估计很可能是陈诚到蒋介石面前讲了他的坏话。因为当胡宗南在1944年5、6月间出潼关指挥灵宝战役时，陈诚以远征军司令长官的身份，奉蒋介石之命，偕同刚被胡宗南赶离陕西省政府主席职的熊斌一道，到豫西指挥第五战区与第一战区的部队作战，同时对胡宗南部的作战进行监督检查。在5月23日，陈诚向蒋介石作了报告，说："现我国军队之不能作战，全国皆然，第一战区不过先行暴露弱点，其余之不能作战，所恃者是敌未来耳。政治亦然，如中央无办法，无论战区或地方均无办法。"[1]

因此，当蒋介石向胡宗南说明要调整战区，将任命陈诚为第一战区司令长官、胡宗南与郭寄峤为陈诚的副职时，胡宗南大为不满。胡宗南是不愿并入第一战区做陈诚的副职的。

陈　诚

陈诚，字辞修。浙江青田人，1898年生，比胡宗南还小两岁，但资历却比胡宗南深得多。他1922年毕业于保定陆军军官学校，后在浙军、粤军中任排、连长；1924年入黄埔军校，历任特别官佐、炮兵营连长、营长等职，是胡宗南的老师辈。在此后多年，陈诚随蒋介石南征北战，战功卓著，为蒋介石特别看重，经常被蒋介石任命为最重要也是最艰难的方面军统帅。在抗战后期，蒋介石将国民政府军渐渐集中到陈诚、胡宗南与汤恩伯三人的手下，被称为"三鼎甲"，而陈诚的地位当在胡宗南与汤恩伯之上。

以前，胡宗南长期与陈诚同为蒋介石手下最重要的军事实力派，各自成派别体系，分庭抗礼，夺权争宠，不相上下。胡宗南在西安任第八战区副司令长官，有副长官部，独自为王，独立行使职权，远在兰州的第八战区司令长官朱绍良从不过问他的军政人事。胡宗南的职权早就同于一个战区司令长官。现在

---

[1] 陈诚著，林秋敏、叶惠芬、苏圣雄编：《陈诚先生日记·1944年5月23日》，台北："国史馆"、"中央研究院"近代史研究所，2015年，上册，第555页。

关中并入第一战区，胡宗南成为陈诚的副手，今后就要受制于陈诚了。这是胡宗南最不愿意看到的，因而他不满。但胡宗南不便明言，只是向蒋介石谈了将关中地区并入第一战区的许多困难。他说："关中本来仅河防、陕北两正面，并入第一战区后，加上卢氏、西坪、汉中三正面，以现有兵力欲参加五个不同正面之作战，殊非易事。"①

1944年7月5日，胡宗南离开重庆，向蒋介石辞行。蒋介石知道他的心意，自有打算，嘱咐他去见见军政部长何应钦与陈诚，再作协商。

1944年7月6日，国民政府发出明令，任陈诚为第一战区司令长官兼冀察战区总司令；同时裁撤胡宗南在西安的第八战区副司令长官部，任命胡宗南为第一战区副司令长官，要胡宗南到汉中就任新职。

在7月14日，胡宗南陪同陈诚到汉中第一战区司令长官部，于15日宣誓就任长官、副长官职。但在礼毕后，胡宗南就只身回西安去了。

8月25日，胡宗南"电委座请假"，以生病须休养为借口，致电蒋介石，要求辞去第一战区副司令长官之职。显然是在闹意气。

8月31日，胡宗南经营两年的第八战区副司令长官部终于正式裁撤，"副长官部会今日结束"②，改为第一战区西安指挥所，由胡宗南原第八战区副司令长官部的参谋长罗泽闿任指挥所主任。

9月2日，胡宗南收到了蒋介石的回电，拒绝他请辞第一战区副司令长官之职，说："未有机电悉，当此整军雪耻之时，正应积极负责，力图自强，报效党国，岂可有此消极养病之表示乎？所请不准。"③

9月4日，胡宗南"晨发呈委座第二次（辞职）请假电"④，向蒋介石再次提出要求去休养，辞第一战区副司令长官职，仍遭蒋介石拒绝。

① 胡上将宗南年谱编纂委员会编：《胡上将宗南年谱》，沈云龙主编：《近代中国史料丛刊续编》第49辑488册，台北：文海出版社有限公司，1978年，第134页。
② 胡宗南：《胡宗南先生日记·1944年8月31日》，台北："国史馆"，2015年，上册，第373页。
③ 胡宗南：《胡宗南先生日记·1944年9月2日》，台北："国史馆"，2015年，上册，第373页。
④ 胡宗南：《胡宗南先生日记·1944年9月4日》，台北："国史馆"，2015年，上册，第374页。

但是，胡宗南虽在闹意气要辞职，对军政权力却紧紧抓住不放，对各项工作更是事必躬亲，积极领导。在8月10日，他亲自筹划送少工总队去新疆；8月24日，他亲赴陕西省党部主任委员谷正鼎家，请其主持西安劳动营；9月18日，他到王曲第七军分校，为师生讲解灵宝之战；9月27日，他到潼关检阅第一师；10月4日，他到赤心检阅第一六七师，并对官长训话。

1944年9月上旬，日军发动湘桂战役，柳州、桂林战争激烈。重庆军委会电调关中部队南下增援。胡宗南在9月12日派遣其三大主力之一的第三十六军，由军长钟松率领，赶赴重庆；接着又派刘安祺的第五十七军全部空运桂林。

胡宗南尤其注意不让陈诚插手自己的嫡系部队。陈诚自接任第一战区司令长官后，重新调整了第一战区的部署，拟订了新的作战方针，并对原蒋鼎文、汤恩伯指挥的部队及胡宗南的部队进行检查与整顿。这使胡宗南十分不满。一次，陈诚到陕东朝邑县黄河河防上视察，并召集胡宗南部第三十四集团军所属第一军、第十六军、第九十军团长以上军官训话。胡宗南知道后，训斥该部军、师长不应让陈诚到他们部队训话，并与他们秘密商定了应付陈诚的策略，主要内容有三点：（一）凡陈诚之一切命令、指示，未经胡宗南部署，概不生效；（二）如接到陈诚调动指挥部队的一切电令，都须经请示胡宗南同意后方得执行；（三）部队之人事任免必须由胡宗南亲自决定。[①]

如前所述，朋党与宗派之争，是中国封建政治的一个顽疾。胡宗南虽标榜自己是个革命军人，但他与国民政府的许多军政大员一样，未能免俗。派别与内耗，是国民政府后来军政涣散以至惨败的重要原因之一。

胡宗南的亲信将领盛文于1967年接受台湾学者访问时，谈到胡宗南与陈诚的关系，说："胡先生和陈辞修私人之间并没有歧见，但在很多大的地方，胡先生并不同意他的作风。陈辞修吃亏在他的气量小，他有很多事情对胡先生

① 孟丙南：《"西北王"胡宗南》，全国政协文史资料研究委员会编：《文史资料选辑》第18辑，第128页；参见裴昌会、姚国俊、王应尊：《胡宗南集团的形成、发展到覆灭》，重庆市政协文史资料委员会编：《重庆文史资料》第33辑。

不大满意，但胡先生对他还是恭恭敬敬，有时反对陈辞修的作法也只是对事而非对人。三十三年陈诚担任第一战区司令长官时，胡先生为副长官，彼此共事过三月，这是他们两人首次的共事。当时为什么调陈诚当了三个月的长官，我无法了解，有一种说法说，陈诚到处都要去体验体验。当了三个月的长官，实际上毫无意义。由于他气量的狭小，只因为我与胡先生的关系，连带也对我不满。"①显然，盛文是站在胡宗南的一边说这番话的，也可以说，他说出了胡宗南的心里话。

胡宗南对任第一战区副司令长官职表示消极不满，有4个多月。到1944年11月，国民党中常会、国民政府军委会与蒋介石重新作出人事安排：将陈诚从第一战区司令长官调到重庆军委会，任军政部部长，接替何应钦；何应钦则被任命为新建的陆军总司令部的总司令，赴昆明任职，负责指挥西南地区的军事与作战；而陈诚所遗第一战区司令长官职，由胡宗南接任。

1944年11月21日，国民党中常会正式作出决定，任陈诚为军政部部长。第二天，即11月22日，"陈长官到陕，约共赴渝"②，蒋介石特派陈诚到西安，约胡宗南一同去重庆。

1944年11月27日，蒋介石在重庆召见胡宗南，先向胡宗南询问了一些敌情及征兵等方面的情况，接着问："陈（诚）长官调军政部后，第一战区，由你代理，或另派人，如何？"

胡宗南回答说："以（我）资历、学识，皆极浅薄，不能负此重任，请另行派人为妥。"

蒋介石又问："如（由你）代理时，比较容易行使职权是否？"

胡宗南故意回答说："以现时环境，如由职代理，不仅不能达成任务，且必累及钧座麻烦，尽请另行派人。"

① 张朋园、林泉、张俊宏访问，张俊宏记录：《盛文先生访问记录》，"中央研究院"近代史研究所口述历史丛书（18），台北："中央研究院"近代史研究所，1989年6月，第55页。
② 胡宗南：《胡宗南先生日记·1944年11月22日》，台北："国史馆"，2015年，上册，第404页。

蒋介石说："有人提及刘经扶，你意下如何？"

刘经扶是刘峙的字，他原是胡宗南的老师与上司，胡宗南当然不能表示反对，但胡宗南在这时也不会欢迎他来，因而胡只是泛泛地表态说："委座派定何人，无论何人，职等极端服从。"①

1944年11月28日，胡宗南从重庆前往成都治牙，到12月初回重庆。他其实是去看叶霞翟。②12月13日，他再次去见蒋介石。

蒋介石又问他："一战区事由你代理如何？"

胡宗南仍故作推辞，说："如此适足增加委座麻烦，以另行派人为妥"。

蒋介石仍要他承担此职，并对胡宗南指出，让他任战区司令长官，就是要他成为独当一面的方面军统帅，责任重大。蒋对胡宗南在就任第一战区司令长官后的工作，对他训练军队、指挥作战、培养选拔干部、防止中共夺取政权等诸方面作了一番训示。蒋对胡宗南说：让你担任一战区司令长官，"借此可以造就资望，并可培植新起人才。我对陈长官已经交代，人事、军务，一切皆由他（指胡宗南）负责，造成一个中心。将来政治、党务，皆各有中心，各负责任，有为分子团结在一起，则将来政权，不致被异党篡窃"。蒋介石批评了胡宗南的缺点："你的毛病，似乎放手不开，格局嫌小，器度不够。以负独当一面责任之人，格局、态度、度量，必要相配。听说你的军师长安分守己的有余，开创有为的不足。并非安分守己不是，而是在此局面，必须有敢作敢为之人，才能打开局面，而况你将来所负责任，恐不仅如今日之两三倍，如无此种干部培养，将来如何能打开局面乎？"蒋介石向胡宗南透露了将进一步重用他的信息，要胡有独当一面的统帅的器局度量，改进他过去的庸才干部政策与对人事干涉过多的作风，多培养与选拔使用敢作敢为、能打开局面的人才。蒋介石说："最要不得道的为团长以上人事，亦由你干涉，这是打败仗的道理。

---

① 胡宗南：《胡宗南先生日记·1944年11月27日》，台北："国史馆"，2015年，上册，第408页。
② 叶霞翟：《天地悠悠：胡宗南夫人回忆录》（1965年撰），桂林：广西师范大学出版社，2016年5月，第63～65页。

318

团长以上人事，统应由军长负责，直向铨叙厅保举，不好有一些干涉。师长以上，则又当别论。"蒋介石对1944年中国军队在豫湘桂战役中的失败痛心疾首，对胡宗南说："这一年来耻辱极了，你们一定要血洗这个耻辱才是。"①

1944年12月19日，胡宗南再次去见蒋介石。蒋介石再次对胡就任第一战区司令长官后的各项工作，作指示，说："此去最重要之事，为研究及训练，共产党别无长处，而常开小组会议，即研究问题也，无论何事，皆提出讨论，故能得适当解决。"蒋谈了改革士兵生活、军事运用党和政治、补充兵员等事，着重指出："现时国军精华集中第一战区，如第一战区失败，国本动摇，真不能做人了。故必须用好人，而团长以上人事权，必须全给军长，不可掣肘也。在陕加征兵五万人，速令（陕省主席）祝绍周办理新兵十万人。要明年三月前运到重庆，方能应急济难。现时（政府）中心工作，为补充兵（员）问题，大家应集中全力为之。"②

1944年12月21日，胡宗南以新任第一战区司令长官的身份，偕同范汉杰、罗列等人，乘飞机从重庆飞回西安。他的心情愉快是不言而喻的。他终于得到了企盼已久的战区司令长官的高职。在黄埔军校毕业生中得到此军职的，仅胡一人。

1945年1月12日，胡宗南携随员，从西安飞到汉中，在第一战区司令长官部正式宣誓就任第一战区司令长官职。这年胡宗南虚龄刚50岁。

胡宗南在汉中停留了三四天。1月16日，他从汉中飞回西安。随之，第一战区司令长官部也从汉中迁回西安，与西安的第一战区指挥所合并。其编制主官如下：

司令长官：胡宗南

副司令长官：曾万钟

总参议：龚浩

① 胡宗南：《胡宗南先生日记·1944年12月13日》，台北："国史馆"，2015年，上册，第411页。

② 胡宗南：《胡宗南先生日记·1944年12月19日》，台北："国史馆"，2015年，上册，第415页。

参谋长：范汉杰

副参谋长：李昆岗

第一战区指挥的部队，除胡宗南原辖的第三十四集团军（原总司令李延年奉调到山东挺进军任总司令，胡宗南令副总司令李文升任总司令，原第三军军长周体仁升为副总司令）、第三十七集团军（原总司令陶峙岳调任河西警备总司令，胡宗南令第三十八集团军副总司令丁德隆接任总司令；1945年3月丁德隆调任中央训练团将官班主任、副教育长，胡宗南令由刘戡继任总司令）、第三十八集团军（原总司令范汉杰调任第一战区司令长官部参谋长，胡宗南令第三十四集团军副总司令董钊接任总司令）外，还有原蒋鼎文、汤恩伯指挥的部队：第四集团军（总司令原是孙蔚如，后为李兴中）、第三十一集团军（总司令王仲廉）、第二十八集团军（总司令李仙洲，后改为战区直辖部队）、第三十六集团军（总司令李玉堂。不久该集团军编制被撤）等。另外，当时属兰州第八战区的第二十九集团军李铁军部、第三集团军赵寿山部及河西警备总司令陶峙岳部等，也都属于胡宗南的军事势力范围。所部共约六七十万人。

胡宗南第一战区指挥作战的区域主要包括陕西关中、汉中、豫西、豫北、晋南等战略地区。胡宗南成为这一极其广阔又极其重要地区国民政府军的最高统帅，成为名副其实的"西北王"。

胡宗南新官上任，东奔西走。他为自己的飞升出任方面军统帅而鼓起极大的工作热情。1945年1月13日，"传见长官部各首长。访问曾（万钟）副长官"；1月14日，"长官部纪念周训词。会报中对各首长训词。出席南郑各界茶会，致辞"；1月15日，"午前九时，本部各首长会谈至十二时。下午三时继续会谈至六时"；1月16日，飞回西安，即召开会议；1月20日，他出席了西安士绅欢迎会，"并致词"；1月27日，他赶到老河口，与汉中行营主任李宗仁、河南省政府主席兼豫省警备总司令刘茂恩、第五战区副司令长官郭寄峤等人会面；1月28日，他飞到南阳，与第二集团军总司令刘汝明会见；1月29日，他赶到镇平县冀察战区总司令部；1月30日，又赶到丹水视察部队；1月31日，经西峡口，到达西坪第七十八军军部，与赖军长、第三十一集团军总司令王仲廉谈话；2月1日，又前往清油镇第三十一集团军总部，由王仲廉陪同，向新一师官长训话，然后赶往龙驹寨，召开作战会报；2月2日，他回到西安；2月6日，在王曲为蒋纬国主持婚礼；2月9日，又飞往陕北榆林，"经延安上空，俯视延安及机场，殊为感慨。十一时四十分到榆林，邓宝珊等在机场迎候"；2月10日，在榆林祭奠刚去世的陕西地方部队将领高双成；2月11日，因天气缘故，转经宁夏，飞回西安。[①]

胡宗南就任第一战区司令长官后这段时间里，南北奔走，马不停蹄，始终兴高采烈，劲头十足。这与他几个月前多次称病须休养、辞第一战区副司令长官职的情形，形成鲜明的对比。这像是一出戏，一出令人发笑的喜剧。

几个月后，1945年5月22日，在重庆召开的中国国民党第六次全国代表大会上，胡宗南"当选为（中央）执行委员，名次为第十九，在冯玉祥之上，朱家骅之下"，胡宗南得意地认为，"其重要性似较多于往日也"[②]。

（七）豫西、陕北两面作战

就在1945年1月胡宗南就任第一战区司令长官前后，日军当局第三次策划实施"西安作战"。

这是因为在1944年，日军虽在豫湘桂战役中取得战绩，成功打通了大陆交通线，摧毁了中、美空军在中国南方的多个基地，但却并没有消灭中美空军的实力，而且，中、美空军基地逐渐北移，在湖北的老河口和湘西的芷江建立新的前进基地，并在西安、兰州等地建立大型基地，连续对日本在中国占领区的陆上交通和长江航运轰炸，并对日本本土构成极大的威胁。"为了防卫日本本土、满洲、朝鲜的需要，攻取西安作战又成了当前的重大问题"[③]。因此，在

① 胡宗南：《胡宗南先生日记·1945年1月13日—2月11日》，台北："国史馆"，2015年，上册，第424～434页。

② 胡宗南：《胡宗南先生日记·1945年5月22日》，台北："国史馆"，2015年，上册，第469页。

③ 日本防卫厅战史室编：《华北治安战》（下），天津市政协编译组译，天津：天津人民出版社，1982年，第434页。

1944年11月，日本大本营命令"中国派遣军"总司令部，对"西安作战"再次进行研究。这是日军当局第三次提出"西安作战"问题。这时，曾任日本"华北方面军"司令官的冈村宁次，于1944年11月21日升任"中国派遣军"总司令官。他对"西安作战"一直十分热衷，当即要求"华北方面军"从速研究。"华北方面军"司令部参考原来的作战方案，于11月30日制定了"西安作战指导大纲"，设想于1945年春，由"华北方面军"实施作战。"华北方面军"司令部于12月上旬，将"西安作战指导大纲"呈报东京日本大本营。但却一直没有得到回应。因为这时日本大本营根据敌情判断，"指示中国派遣军在作战指导上，应改为以准备对美作战为重点"①，即防备美军在中国东南沿海地带登陆。1945年1月，冈村宁次派"中国派遣军"总参谋长松井久太郎回东京，在说明"中国东南方面作战计划大纲"的同时，提出了进行"西安重庆作战"的强烈要求，除原来从西安越过秦岭进攻重庆的线路外，还企图"由衡阳和柳州西面展开正面攻势，在攻占芷江和贵阳附近以后，长驱向重庆、成都方面做战略挺进，以便占领四川省的重要地区"②。

但日本大本营判断当时的形势，认为奇袭四川是冒险行动，因而没有采纳冈村宁次的建议，再次要求"中国大陆的作战改为以美军为主敌的作战"③，命令"中国派遣军"在中国东南沿海、长江下游地区、山东半岛等地，部署防止美军登陆的作战；同时摧毁老河口、芷江的中、美空军前进基地。

日本"中国派遣军"的"西安重庆作战计划"再次胎死腹中。

根据日本大本营摧毁老河口、芷江的中、美空军前进基地的命令，在日本"中国派遣军"总司令部的部署与指挥下，平汉铁路河南段的日军，于1945年3月下旬，出动5个师团，约7万余人，分路向平汉铁路西的襄樊、老河口、南阳一线的中国第五战区部队，浙川、西峡口一线的中国第一战区部队，发动攻击，来

---

① [日]服部卓四郎：《大东亚战争全史》第4册，张玉祥等译，北京：商务印书馆，1984年，第1343页。

② [日]服部卓四郎：《大东亚战争全史》第4册，张玉祥等译，北京：商务印书馆，1984年，第1345页。

③ [日]服部卓四郎：《大东亚战争全史》第4册，张玉祥等译，北京：商务印书馆，1984年，第1328页。

势凶猛。3月24日，刘峙的第五战区司令长官部从老河口转移到均县；3月25日，"老河口美空军本日撤退，机场在破坏中"①。豫西南形势变得十分紧张。

这时，国际反法西斯战争已取得了决定性的胜利：欧洲德国希特勒政权将覆灭；亚洲的日本军国主义只是在进行着垂死前的挣扎。

当时胡宗南第一战区在豫西的部队有：防守淅川、西峡口一线的第三十一集团军，总司令王仲廉；防守洛宁、卢氏一线的第四集团军，总司令先是孙蔚如，后由李兴中替代；另以第四十军马法五部与第一军罗列部防守灵宝、潼关一线。

当日军向豫西南发动进攻时，胡宗南接奉重庆军委会的命令，派出第一战区部队到前线抗击日军，并支援力量薄弱的第五战区。胡宗南立即以王仲廉的第三十一集团军各部，配属谢辅三的第二十七军等部，统由王仲廉指挥，向西峡口至内乡一线推进，阻击进攻的日军。

3月24日，胡宗南在日记中记载："刘峙公长官部移均县。刘汝明总部后移。八十五军推进西峡口，其一部向内乡前进。"②

1945年3月底，王仲廉集团军的前锋部队第八十五军吴绍周部，在西峡口一线，与日军激战。因日军兵力占优势，攻势甚猛，且因西峡口地区接近南阳盆地，地形宽平，利于日军战车之运动，第八十五军吴绍周部乃于4月2日退出西峡口，后撤到魁门关之线布防，继续抗击。日军数次猛攻，飞机、战车轮番轰击。吴军于4月4日"由丁河店撤退至重阳店西之马鞍桥"，诱敌深入。王仲廉则集中优势兵力，设伏以待。日军2000余、战车15辆，在重阳店地区陷入包围。双方激战竟日，日军被击毁战车3辆，死伤近千人，于4月5日被迫撤退。中国军队乘胜恢复了重阳店以东全部阵地，"分数路追击中"③。

在重阳店一带激战时，胡宗南为防日军突破中国军队防线西犯，又调动所部精锐第一军之第一六七师，"推进至西坪与荆紫关中间地区，暂四师改道

---

① 胡宗南：《胡宗南先生日记·1945年3月25日》，台北："国史馆"，2015年，上册，第450页。
② 胡宗南：《胡宗南先生日记·1945年3月24日》，台北："国史馆"，2015年，上册，第449页。
③ 胡宗南：《胡宗南先生日记·1945年4月4、5日》，台北："国史馆"，2015年，上册，第453页。

南下，控制于武关附近"，令第九十军之第六十一师于4月7日前推进至雒南，令刘汝明第二集团军的三十六师"过丹江，而进至老君庙附近，主力向浙川攻击前进"。胡宗南以这些部队作为后续部队，部署第二道防线。胡宗南并调拨"轻战车五辆交王仲廉指挥"，增强第一线部队战力。①

1945年4月5日至7日，敌我双方继续在重阳店、范家沟、丁河店、槐树营各地激战，"在重阳店激战，获捷"。4月10日，中国军队攻克凤凰嘴及其附近高地，重创日军。胡宗南遂下令前线各军全力围歼西峡口地区日军，"限十二日前攻下西峡口"。

这时，驻洛阳的日军为策应、增援西峡口的日军，派出有力部队，南下进攻官道口、卢氏，攻击洛宁一线的中国军队。4月19日，西峡口的日军也向中国军队猖狂反扑。各地战况都极其激烈。胡宗南得报，"西峡口敌向我反扑"，他深知这一战役意义重大，若前线中国军队不能阻止日军反扑与攻击，一旦溃败，日军将深入陕南汉中，威逼关中与四川，形势将十分危急，故严令前线各部严守阵地。他致电新四师师长谭毓麟，"严令如谭毓麟退却至中蒲塘以西，必枪毙；霸王寨如失守，必须追究"②。4月20日，胡宗南"参加作战会报，令调整部署，必须歼灭西峡口之敌"③。在胡宗南的严令下，中国部队始终坚守住西峡口寨外阵地，从4月30日开始，与日军激战8天。5月4日，胡宗南拟定了反攻作战计划。

1945年5月7日，胡宗南部署各军总反攻：以谢辅三指挥所部及新一旅，从北翼包围土地岭之敌军；以王仲廉指挥所部及第六十五师，从南翼豆腐店及一一八〇高地，夺取庞家店、霸王寨。胡宗南同时电令南阳的第二集团军刘汝明部配合，牵制敌军。5月8日，各部同时向日军发动猛攻，"午前十时前，克复豆腐店及一一八〇、一一四〇高地，完成歼灭战，盖自三十日以来，激战八

① 胡宗南：《胡宗南先生日记·1945年4月4日》，台北："国史馆"，2015年，上册，第453页。
② 胡宗南：《胡宗南先生日记·1945年4月19日》，台北："国史馆"，2015年，上册，第457页。
③ 胡宗南：《胡宗南先生日记·1945年4月20日》，台北："国史馆"，2015年，上册，第457页。

昼夜之效果"，此战共歼灭日军1000多名，缴获枪炮驴马甚多。[①]

接着，胡宗南又指挥所部，向洛宁一线的日军援军发动进攻。胡宗南算定该路日军从洛阳出发，进攻官道口、卢氏，以策应、增援西峡口之敌，历时已10余日，所携粮、弹必少，势将撤退，必易歼之，乃于5月9日，令谢辅三军在北翼攻取二六五一高地，"加紧完成包围"；南翼的王仲廉部则继续猛攻，"必须攻占霸王寨、庞家寨、光华寨"；同时令在卢氏附近的第四集团军李兴中部，"以速战方式，限两日内攻占长水西寨"[②]，围攻龙头寨之敌，阻敌西进，并向宜阳之日军进击；胡又调请空军助战。

在西峡口战役中，某部副营长孔令晟，在率部防守迷信寨前方大横岭时，采用反斜面的防御作战方法，重创日军，因功由副营长直升营长。[③] 孔令晟是江苏常熟人。1918年6月生。祖籍山东曲阜，是孔子76代孙，曾就读于国立北京大学化学系，抗战爆发后，投笔从戎，入西安七分校十五期受训，学习过斜面作战法。胡宗南后来对此人加意培养。[④]

这时日军的制空权早就丧失。胡部各军与日军展开艰苦的攻防拉锯战，利用豫西复杂的地形，扼守高地山寨，抓住机会进行突击，在1945年6月初，终于阻止与打退了日军的攻势，消灭大量日军，但却未能全歼日军。双方在豫西形成对峙胶着状态，直到1945年8月抗战结束。

在淅川、西峡口一线的中国第一战区胡宗南部队，与襄樊、老河口、南阳一线的中国第五战区刘峙部队，与日军鏖战之际，湖南西部的雪峰山中国国民政府军防线，于1945年4月9日，也遭到以第一一六师团为主力的日军的猛烈攻击。日军意图占领与摧毁芷江盟军机场，威逼重庆。在陆军总司令何应钦、第

① 胡宗南：《胡宗南先生日记·1945年5月8日》，台北："国史馆"，2015年，上册，第462页。
② 胡宗南：《胡宗南先生日记·1945年5月9日》，台北："国史馆"，2015年，上册，第463页。
③ 胡为善口述，李菁主笔：《我的父亲胡宗南》，《三联生活周刊》（北京），2010年10月9日出版。
④ 1949年以后，孔令晟先后出任台湾海军陆战队参谋处长、旅参谋长，累升至师长；1968年出任蒋介石"总统府"的副侍卫长与侍卫长；后调任驻柬埔寨代表；1975年任海军陆战队司令；1976年任"行政院内政部警政署"署长。1982年出使马来西亚。2014年9月13日逝世于台北。

四方面军指挥官王耀武的指挥下，国民政府第四方面军、第十八军等部奋勇抵抗，激战两个月，阻止与打退了日军的攻势，消灭大量日军，但同样未能全歼日军。6月7日战役结束。

胡宗南部在豫西抗击日军进攻的同时，又与刚挺进到河南的中共部队发生了激烈的摩擦与冲突。

自1944年5、6月间中原战役后，豫中、豫西郑州、洛阳间广大地区为日军占领，成为沦陷区。胡宗南的第一战区部队退至灵宝、卢氏一线，与日军相峙。中共中央根据这一新的形势，于1945年5、6月开始，从晋南、豫北、冀鲁豫、豫鄂边及陕北等根据地，分别调派皮定均、徐子荣、戴季英、王树声等部，挺进河南，进入豫西，建立以嵩山、伏牛山为依托的根据地，组建"河南人民解放军"，准备控制中原这块战略要地。

中共军队挺进豫西伏牛山，引起胡宗南的震恐。1945年5月28日，胡宗南在日记中记载："参加作战会报，奸党向伏牛山西进，连日陷车村，而向黑峪、庙子前进，决予以打击"[①]。1945年6月初，当豫西日军攻势挫败后，胡宗南乃令第九十军之第五十三师袁杰三所部，配合地方团队，组成一个"胜利兵团"，向嵩山与伏牛山地区之中共部队发动攻击。6月1日，胡宗南"作战会报指示：……伏牛山方面，胜利兵团先行控制，而以刘子奇及民团，消灭车村一带之匪，拟组参谋团，前往伏牛山"[②]。6月5日，胡宗南参加作战会报："一、伏牛山奸情，迄未查明，如兵力、番号等，应予注意；二、突击队之运用，须加研究，以其与河南战地学校配合，向敌后活动，针对奸伪而发挥力量；三、兵站向伏牛山推进；四、政治部、当政处，针对奸伪展开工作；五、对山东、晋、豫，本部向不注意，致奸伪横行，且当西峡口战事吃紧，形成僵局之际，乘虚进陷车村、梨树街、孙店、龙门街，攻击第六十六师及六十四

① 胡宗南：《胡宗南先生日记·1945年5月28日》，台北："国史馆"，2015年，上册，第470页。
② 胡宗南：《胡宗南先生日记·1945年6月1日》，台北："国史馆"，2015年，上册，第471～472页。

师，而向我挑战，应急起直追，先从伏牛山第一仗开始。"①6月7日，"作战会报：伏牛山方面，胜利兵团准予全部使用，即与刘（茂恩）主席核商"②。

"中共"军队挺进豫西伏牛山，也引起蒋介石的极大关注与不安。6月8日，胡宗南接到蒋介石的指示，"奉委座谕（下午七时），伏牛山奸党当敌人打。奸党韩钧部五千余人，由嵩县窜付店、太山庙、两河口、车村，续向庙子前进，而与我暂六十六师接触，其目的在完全夺取伏牛山。查伏牛山为豫西屏障，无伏牛即无豫西，故决心击灭之是否可行，盼覆"③。

因豫西地区山峦重叠，交通困难，"中共"军队"河南人民解放军"又擅长化整为零的游击战，胡宗南于6月9日，指示"胜利兵团"改变战法，"伏牛山方面，在敌情未明了前，胜利兵团暂停主力攻击，而尽量利用地方团队，担任警戒、搜索、联络、迂回、侧击、包围、破坏等任务，我主力则隐蔽集结，有机可乘时，即以十倍之众，迅速攻占一地或歼灭其一部"④。6月15日，胡宗南参加作战会报，"依今日形势推测，奸党在伏牛山之基础，尚未稳固，故企图不大，我各兵团可大胆前进，进出于付店、太山庙等地区，再决定第二步骤。六十四师侧背，应加注意，无为敌乘。关于此战场之一切，尚希多加研究，以竟全功"⑤。1945年7月1日至4日，蒋介石到西安视察。胡宗南向蒋介石报告了豫西中共力量的发展及对付办法，说："我以地下工作委员会，而以卢氏、灵宝、南台、唐河及豫东六个战地学校，组织优秀青年团于当地社会，决可消灭于无形。"⑥

1945年8月5日，胡宗南偕同第一战区总参议龚浩、副参谋长李昆岗等人，到豫西前线视察，并召集王仲廉、谢辅三等前线部队的军、师长吴绍周等人，讲评检讨豫西各战役，给有功人员颁奖。8月8日回到华阴。

---

① 胡宗南：《胡宗南先生日记·1945年6月5日》，台北："国史馆"，2015年，上册，第472～473页。
② 胡宗南：《胡宗南先生日记·1945年6月7日》，台北："国史馆"，2015年，上册，第473页。
③ 胡宗南：《胡宗南先生日记·1945年6月8日》，台北："国史馆"，2015年，上册，第473～474页。
④ 胡宗南：《胡宗南先生日记·1945年6月9日》，台北："国史馆"，2015年，上册，第474页。
⑤ 胡宗南：《胡宗南先生日记·1945年6月15日》，台北："国史馆"，2015年，上册，第475页。
⑥ 胡宗南：《胡宗南先生日记·1945年7月9日》，台北："国史馆"，2015年，上册，第484页。

1945年8月6日，胡宗南在豫西重阳店抗日前线视察敌情。

胡宗南在豫西作战的同时，在1945年7、8月间，在陕北封锁线"囊形地带"的爷台山地区，又与"中共"军队发生武装冲突。

自1939年底胡宗南部占领了中共陕甘宁边区南端关中分区的旬邑、淳化、正宁、宁县与镇原5座县城后，这5县乡村的大部分地区仍为中共方面控制，成为使胡宗南一直惴惴不安的"囊形地带"。胡宗南多次欲拔之而未成。1945年7月1日至4日，蒋介石到西安视察。胡宗南再次向蒋介石报告中共陕甘宁边区的发展及其对西安的巨大威胁，"以'共匪'居心叵测，封锁线必须加强，否则关中一有动摇，势必影响整个战局"[1]。胡宗南得到蒋介石的同意，将第三十六军扩编为特种军，军辖盛文的暂编第五十九师、王应尊的第二十八师、何奇的第四十八师、李日基的第一六五师、康庄的暂编第十五师，每师各辖4个团，专门担任对陕甘宁边区封锁线的戍守，其守备线西起甘肃之固原，经庆阳、平凉、榆林、洛川，至宜川一线，长1300余里。[2]

---

[1] 胡上将宗南年谱编纂委员会编：《胡上将宗南年谱》，沈云龙主编：《近代中国史料丛刊续编》第49辑488册，台北：文海出版社有限公司，1978年，第149页。

[2] 胡上将宗南年谱编纂委员会编：《胡上将宗南年谱》，沈云龙主编：《近代中国史料丛刊续编》第49辑488册，台北：文海出版社有限公司，1978年，第149页。

　　1945年7月中旬，在关中囊形地带胡宗南部占领的淳化城，因邠洛动员指挥区的指挥官梁干桥离职，其所辖的地方部队——陕西保安第二、第三两团突然发生哗变，投奔中共陕甘宁边区，撕破了自通润镇至万里镇的封锁线，形成所谓"淳化事件"。

　　胡宗南于7月14日得报，"奸党攻占方里镇"；7月15日，"特种会报，奸党攻占通润镇，保安二十三团溃散"；7月16日，"奸党攻占淳化，自通润方里镇七十公里碉线，全部溃散"。胡宗南认为是中共方面策动了"淳化事件"。于是，他在7月18日召开作战会报，决定："一、对奸伪作战目的，以恢复原态势为满足，但侵犯之奸军，决予歼灭；二、耀县务须注意，决派教导总队接手耀县城关；三、宜川亦宜重视；四、第五十九师由三原向淳化搜索前进；五、通行网之部署宜特别讲求。"[①]

　　7月19日，胡宗南"致电朱德，责其撤回南下之师"，提出严词责问；接着，于7月21日，派遣第三十六军所辖之暂编第五十九师盛文部，以及骑二师马禄部，向淳化一线发动进攻，"方里镇、淳化城攻克"，进入囊形地带；于7月24日，"攻击淳化城外高地，取之"；7月27日，"攻占爷台山，而击破其主阵地，战事结束"[②]。爷台山是中共关中分区首府马栏镇以南的战略要地。胡部占领了爷台山及其周围的41个村庄，就实际上控制了中共关中分区。后来，胡宗南又调派陈鞠旅的预三师前往增援。

　　暂编第五十九师师长盛文后来回忆说："陕西有两个动员指挥区，一为商同，一为邠洛。商同指挥官是蒋坚忍，邠洛指挥官是梁干桥。梁氏在邠洛有四个保安团，驻扎在三原、耀县、同官的囊形地带附近。三十四年春夏之交，梁氏的四个保安团为共党的四个旅所吞并。胡宗南半夜里打电话给我，命令我增援并收复囊形地带。我立刻将各地零星的部队集拢，开始反攻，终于将囊形地带以南的我方防线收复。位于囊形地带的中心点，有一个重要的据点叫爷台

---

① 胡宗南：《胡宗南先生日记·1945年7月14日—18日》，台北："国史馆"，2015年，上册，第485~486页。

② 胡宗南：《胡宗南先生日记·1945年7月19日—27日》，台北："国史馆"，2015年，上册，第486~488页。

山，这原属共党的占领区，共党掌握这块高地，可以完全牵制我方，使我方防务脆弱不堪，囊形地带的封锁线因此颇有随时崩溃的可能。基于此项考虑，当增援囊形地带时，我便计划乘攻克淳化、耀县之际，同时攻克爷台山据点，以转变被匪方牵制的形势。为此，我动员大军，以极大的牺牲，将爷台山占领。这一役死伤了三千多人。"①

在7月底8月初，八路军正、副总司令朱德、彭德怀与中共陕甘宁晋绥联防军司令员贺龙，先后数次致电蒋介石与胡宗南等，要求停止胡军对爷台山地区的进攻，并建议组织调查团考查真相，以及对居民损失予以赔偿。胡宗南置之不理，于8月5日离西安，赴豫西前线视察。然而就在胡宗南离西安后3天，8月8日夜，中共方面调动主力部队——新四旅第十六团与第三五八旅第八团等部队，以夜袭手段，夺回了爷台山地区，并歼灭胡部5个连。接着，由美国人士组成的调查组到达爷台山地区调查。重庆军委会也来电要求胡宗南部放弃爷台山，撤回到事变前的封锁线一侧。

胡宗南于8月8日从豫西前线回到西安。他只得下令爷台山前线部队向南撤退到原防地。爷台山战事才得以结束。盛文回忆说："胡先生于此时奉蒋主席指示，立即放弃爷台山。胡先生劝我：'还是放弃好了，若担负破坏停战协定的责任，后果可能不堪。'无可奈何，艰苦攻占的爷台山只得迅速撤守。执行小组离去后，我方在囊形地带又重新面临了共党严重的威胁。"②

"淳化事件"引起舆论哗然。晋陕监察使童冠贤以"破坏行政，纵属殃民"等6条罪状，对梁干桥进行弹劾。梁干桥本来就身体不佳，经这一打击，一病不起，于1946年1月8日去世。

就在胡宗南奔忙于豫西与陕北间指挥对日军与中共两面作战时，1945年8月15日，日本政府正式宣告无条件投降。中国军民的八年抗战取得了伟大的胜利。

---

① 张朋园、林泉、张俊宏访问，张俊宏记录：《盛文先生访问记录》，"中央研究院"近代史研究所口述历史丛书（18），台北："中央研究院"近代史研究所，1989年6月，第46页。

② 张朋园、林泉、张俊宏访问，张俊宏记录：《盛文先生访问记录》，"中央研究院"近代史研究所口述历史丛书（18），台北："中央研究院"近代史研究所，1989年6月，第46～47页。

胡 宗 南 全传

·Biography of Hu Zongnan

第七章

又一次走向国共内战战场

（一）郑州受降，晋加上将军衔

1945年8月8日，胡宗南从豫西前线回到西安不久，就传来了日本无条件投降的消息。

胡宗南先接到蒋介石的电令，第一战区负责接受洛阳地区日军的投降，胡为该地受降主官。胡宗南立即发出"宗字第一号备忘录"，于8月29日由前线部队转送洛阳地区日军第十二军一一〇师团师团长木村经宏中将。不久，国民政府变更受降地点，胡宗南第一战区的受降范围扩大为洛阳、郑州、开封、新乡4个地区，日军投降部队为驻上述地区的日军第十二军所辖各部队，投降代表为日军第十二军军长鹰森孝中将。

胡宗南立即进行进军河南受降的各项准备。以第三十八军张耀明部向开封挺进，接管豫东地区防务；以第二十七军王应尊部向郑州挺进，接管郑州与武陟地区防务；以第九十军严明部向洛阳挺进，接管豫西洛阳至巩县地区的防务；以第三十一集团军王仲廉部向黄河北岸之新乡、汲县挺进，接管豫北地区之防务。各部于9月上旬先后抵达指定位置。辽阔的河南大部分地区均为胡宗南部各军占领。胡宗南早就看中的中原战略要地今日终于攫为己有。

在这同时，胡宗南令第一战区拟定了对河南日军的受降办法，指令成立"第一战区日军投降接受委员会"，以范汉杰与李昆岗为正、副主任委员，还指定了各地的受降主持人。胡宗南决定自己赴郑州亲自主持日军第十二军的受降仪式。

1945年9月6日，胡宗南派遣李昆岗等人先赴郑州，将经胡审发的"宗郑字第1号备忘录"送交日军第十二军。胡宗南本人则于9月18日，偕同范汉杰等人，从西安乘飞机抵达郑州。因要等其他将领到达郑州，胡宗南将受降仪式推迟到9月22日举行。

9月22日上午，郑州天气晴朗。在郑州中华圣公会礼堂，现改为胡军郑州前进指挥所的礼堂里，胡宗南主持了简单而隆重的颁发日军投降命令受领仪式，即受降礼。

受降礼堂布置得庄严肃穆。礼堂正面高悬深蓝色布幔，布幔前竖立中、美、英、苏四国国旗，悬挂中、美、英、苏四国领导人蒋介石、罗斯福、丘吉尔与斯大林的画像。在礼堂的正面悬挂着孙中山的遗像。礼堂中间横置一张铺盖白色台布的长方形桌，这是受降席。受降席的对面为投降席。两旁设有第一战区将领席、官佐席、来宾席、记者席以及仪仗队席等。

上午8时55分，胡宗南身着中将军服，"自寓所坐指挥车赴礼堂，约两分钟到达"，带领各受降人员进入礼堂。礼堂内全体人员"肃立致敬"，鼓掌欢迎。胡宗南在受降席中间就座。左为第一战区副司令长官兼参谋长范汉杰中将、副司令长官刘茂恩中将、马法五中将，右为第一战区副司令长官裴昌会中将、副参谋长李昆岗少将。翻译李季谷立于胡宗南身后。

参加受领仪式的第一战区将领还有李兴中、王仲廉、李竹亭、谢辅三、张耀明等，以及美军代表包瑞德上校、魏德上校、威尔逊中校等，另有其他官员及新闻记者，共70多人。

约9时正，日军第十二军军长鹰森孝中将[①]、参谋长中山源夫少将等5名代表，及翻译官小山田，在胡部第一军第一师师长黄正诚少将引导下，进入礼堂，在受降席前排成一排，向胡宗南等鞠躬敬礼。胡宗南令他们坐下。范汉杰宣布摄影3分钟，新闻记者拥上前来，日方代表面容沮丧，前额低垂，坐在那里呆若木鸡。

---

① 鹰森孝，在1937年12月日军进攻中国首都南京时，任日"上海派遣军"第三师团步兵第五旅团第六十八联队大佐联队长，参与南京大屠杀。

当记者摄影完毕，鹰森孝起立，面向胡宗南说："本人今日前来拜受命令。"

胡宗南问："贵官有无证件？"

鹰森孝将身份证呈送胡宗南。

胡宗南阅后，连同经胡宗南签字、盖章的"宗字第一号命令"，交范汉杰，转递鹰森孝。鹰森孝恭立接受，并在"命令受领证"上签字盖章，然后送范汉杰，转呈胡宗南。

胡宗南说："请贵官此后执行本长官命令。"

鹰森孝答："是。"

礼毕，胡宗南命日军代表退席。鹰森孝等5人起立，退后三步，集体向胡宗南等人鞠躬敬礼，然后退出礼堂。

受降仪式结束后，胡宗南向在场人员发表简短的演说，声称："郑州、洛阳、开封、新乡日军到今天才正式接受命令，而开始缴械。本战区当面任务，得能顺利完成，甚为愉快。回想八年以来……"他既赞扬了中国军民艰苦卓绝的抗日战争与奋斗牺牲，又为蒋介石歌功颂德。[1]

随后，在上午10时40分，胡宗南率官兵与来宾赴郑州市广场，举行了升国旗典礼。郑州，这座被日军侵占近两年的名城，又高高地飘扬起中国的国旗。

1945年9月25日下午，胡宗南在大雨中飞抵开封，驱车入城，受到正沉浸在光复喜悦中的开封人民的热烈欢迎。他在这里会见了正被收编的伪军将领庞炳勋、张岚峰、孙良诚的代表。9月27日胡宗南又赶到新乡，会晤了正准备开往华北的第十一战区的马法五、高树勋等人。直到10月7日他会见孙殿英后，才于当日下午3时从郑州飞回西安。

胡宗南在河南活动期间，从重庆传来了喜讯：1945年10月3日，国民政府授予他陆军中将晋加上将军衔。这在黄埔毕业生中，胡宗南是第一人，而且是国民政府在大陆时期黄埔生中晋升到此军衔的唯一一人。

胡宗南回到西安后3天，正逢1945年双十"国庆节"，胡宗南又获得了重庆

---

① 胡宗南：《胡宗南先生日记·1945年9月22日》，台北："国史馆"，2015年，上册，第504～505页。

国民政府颁给他的胜利勋章。到1946年3月26日，胡宗南还获得了重庆国民政府颁发给他的最高荣誉，"青天白日勋章领到"。3月27日，他布置专人整理、记录他在抗战八年期间所参与和指挥的重要战役的战史，"灵宝之战、官道口之战、西峡口之战及上海、浦口、开封、信阳之战战史，交由贾贵英负责办理"[①]。

胡宗南在赴郑州受降后，根据蒋介石的命令，派遣所部进入河北、北平、山西，抢占战略要地，将其触角伸向华北各地。

1945年8月底，胡宗南令第三十四集团军总司令李文率集团军总部暨第一梯队第十六军李正先部，由陕东朝邑之大庆关渡过黄河，在山西永济登岸，到运城集结，然后沿同蒲线北上，经娘子关转入河北；接着，胡令原属第三十八集团军的第三军罗历戎部，从甘肃定西出发，经陕西郃阳，由潼关渡黄河入山西，转归第三十四集团军编制，随第十六军后，一道开往河北。

第三十四集团军进入山西后，虽受到阎锡山晋军的疑忌与冷遇，但他们在晋南同蒲路沿线各城接受了驻防日军的大量武器、马匹与其他军用物资。10月底该集团军两个军的4个师部队，先后到达河北石家庄集结，改归第十一战区孙连仲指挥。这时正逢孙连仲的基本部队马法五等部在邯郸被"中共"军队围歼，孙连仲从北平电令李文派第十六军李正先部从石家庄南下增援。该军先头部队到达高邑时，马法五等部已被全歼，第十六军乃折回石家庄。孙连仲只得令第三十四集团军在石家庄接受日军1个旅团的投降，然后以该部第三军担任石家庄守备，李文率第三十四集团军总部及第十六军开赴北平。

在第三十四集团军离开山西不久，由于晋军在抗战期间被严重削弱，阎锡山已没有力量完全控制山西。特别是晋南地区，处在中共太行、太岳部队的威胁之下。阎锡山不得不求助于蒋介石的中央军。胡宗南乘机派遣其精锐部队第一军的第一六七师李昆岗部进驻运城地区，控制了晋南这一盛产粮棉的富庶之区，并为后来胡军大举入晋作了准备。胡宗南的军事势力逐步向山西渗透。

国民党的一位军史评论家王禹廷后来谈到胡宗南当时的军事实力时，说：

① 胡宗南：《胡宗南先生日记·1946年3月26、27日》，台北："国史馆"，2015年，上册，第541页。

"抗战末期，胡宗南出任第一战区司令长官，所部已编成四个集团军（第三集团军总司令李铁军，第三十四集团军总司令李文，第三十七集团军总司令丁德隆，第三十八集团军总司令，先为范汉杰，后为董钊，两李及丁德隆，皆系当年第一师的旅、团长），所属兵力共达二十多个军，四、五十个师（番号从略）。驻地遍及陕西、甘肃及新疆三省。胜利后，更派兵远戍华北（第三十四集团军李文，辖第三、第十六两个军）、绥远（第六十七军何文鼎）、晋（山西）南（整编第一军董钊，等于整编前的一个集团军或兵团）及豫（河南）西各地区。扩展之多，兵力之盛，为国民革命军兴师北伐以来所仅见的一支武力。他驻守西北期间，肩负北防共军、东抗日寇的双重任务，可说是抗日、'剿共'的总预备队。"① 由此可见，国民政府当局与蒋介石对胡宗南倚畀之殷和寄望之重。

胡宗南春风得意，兴高采烈。确实，这时是胡宗南一生"事业"的顶峰。

但在外表的光鲜与轰轰烈烈的背后，胡宗南不可能不了解自己部队的严重缺陷与薄弱环节。就在抗战胜利前一个月，1945年7月1日，蒋介石飞赴西安；第二天，主持七分校第十九期学生毕业典礼，然后前往赤水镇，检阅第一师。如前所述，第一师是蒋介石、胡宗南的起家部队，也是胡宗南部的王牌部队。蒋介石至阅兵场，见该师官兵军容不整，多面黄肌瘦，大为失望，指责说："第一师为中国最劣部队。"7月3日晚上，胡宗南谒见蒋介石，蒋介石对他说："孙蔚如部队，比你们部队战斗力强得多，我看其他任何部队，皆比你们好得多。"孙蔚如部队是原杨虎城的陕军。胡宗南解释道："各部队一切实况，证明其他部队并不如委座所想象。"蒋介石继续批评："汝仅能知彼，而不能知己也。"很显然，第一师存在的问题，固然一方面是因八年抗战的漫长、环境的极端艰苦、战时物资供应的极端困难所至，不仅第一师，也不仅胡宗南的部队，而是整个国民政府军队普遍的饥寒交迫，造成广大官兵的营养不良、衣衫褴褛、训练不足、军容不整，思想灌输与组织控制更是缺乏，但另一方面，胡宗南管理与训练军队的不善也难辞其咎。胡宗南对此，"深自引咎，

① 王禹廷：《关于蔡孟坚先生所写胡宗南将军文》，《传记文学》（台北）1985年8月号，第47卷第2期。

请严予处分"；后来，他将第一师师长杲春涌撤职，第一军军长罗列记大过一次。[1]这是对胡宗南的一次警告，也是对他的一次提醒。

1946年2月15日到19日，胡宗南奉命到重庆，参加陆军总司令部召开的"第二次军事复员与整军会议"。此会由蒋介石亲自主持，决定全军复员军官15万，士兵100万，集团军改为整编军，军改为整编师，师改为整编旅，裁撤军事委员会，在行政院下设国防部，白崇禧任国防部部长，陈诚任参谋总长。各地的军分校，包括西安的七分校停办。

抗战胜利后，蒋介石、白崇禧与各战区司令长官合影，第二排右第二人为胡
宗南，第三人为白崇禧。

会后，胡宗南回到西安，在3月16日，又接到蒋介石来电，要他将第一战区所辖的10个军列为全国军队第一期整编。当时，胡宗南第一战区所辖的正规部队，因第三十四集团军李文部开赴华北，第二十九集团军李铁军部划归第八战区，故只剩下第四、第三十一、第三十七、第三十八共4个集团军、10个军、25个步兵师、1个骑兵师、7个特种兵团。

1946年4月1日，胡宗南主持召开第一战区军队整编会议。在近1个月时间

内，将所部军队按军政部规定，进行整编完成，计有4个整编军（相当于原兵团）、10个整编师（相当于原军）、20个整编旅（相当于原师）、55个步兵团，连同各直辖部队与特种部队，总兵力为25.6万人。同时裁并第七军分校等机构。

不久，蒋介石在河南地区新成立郑州指挥所，以刘峙为指挥所主任。胡宗南的河南防区与王仲廉、李兴中的2个整编军，划归刘峙指挥。胡宗南的第一战区就直辖2个整编军：一是由第三十八集团军为基础编成的整编第一军，胡宗南任命董钊为军长；一是由第三十七集团军为基础编成的整编第二十九军，胡宗南任命刘戡为军长。

1946年3月，在西安的七分校奉命缩编为"中央军校西安步训处"，胡宗南任命吴允周为中将处长。1947年9月，"西安步训处"奉命合并到成都中央军校本校，吴允周赴中央军校，先后任中将教育处长、教育长，负实际责任。

在此期间，因第一战区参谋长范汉杰被调升为全国陆军副总司令，第一战区副参谋长李昆岗被调任整一师所辖的整一六七旅旅长，1946年1月，胡宗南任命盛文接任第一战区参谋长，薛敏泉任副参谋长。

盛文，字国辉，湖南长沙人，1906年6月23日生，黄埔六期生，陆大第十期毕业。1939年3月，任天水行营参谋处长；1940年5月，天水行营撤销；1940年冬，调到胡宗南部，任第三十四集团军参谋长，成为胡的亲信将领；不久调任暂编第五十九师师长、陇南"剿匪前敌总指挥"，前往陇南"剿匪"，建立军功；1943年，暂编第五十九师（后改为第一二三师）从陇东调至西安，盛文以该师师长兼任西安警备司令；1945年7、8月间，盛文指挥该师参加了针对"中共"军队的爷台山攻防战。

盛文对当时由军政部部长陈诚主持与倡导的这场国军军队的复员与整编、缩减，十分不满。他于1967年接受台湾学者访问时，说："陈辞修在台是功臣，大陆的失败他要负相当的责任。胜利后我们夜郎自大，满以为是五强之一，却从不自量，甫告胜利，军队立即整编，士兵经过八年苦战，出生入死，而今胜利即刻予以编遣，军心当然动摇。在西安仅仅胡先生的部队，师长以下的军官总共有七千多人，西安成立军官总队，收容五千多人，这些人情绪恶劣至极，连带使得未受编遣的军官兔死狐悲，人人自危，官兵上下离心离德，大陆失败的命运此时已经注定。""胜利以后，我们夜郎自大，以为数月即可清剿'共匪'，排斥众多日本人留下的伪军，短期内使'共匪'壮大其势力。尾伪军备杂牌军不要，连自己的部队也整得离心离德，各省的军官总队都出了事。全国军队经过八年出生入死的抗战，流了多少血汗，而今光荣胜利却即即刻被编入军官总队，遭受如同罪犯一般的待遇，形势焉得不乱？这些都归咎于胜利后我政府表现出太多怪癖的作风，才产生如此恶劣的后果。"[①] 显然，盛文说出了胡宗南当时想说而不便说的心里话。

即使在整编后，留在胡宗南掌握中的，仍然是当时国军最完整强大的兵团。

胡宗南在第一战区部队整编缩减后，就决定，在今后将主要力量投入到严格训练部队、提高部队的军政素质与战斗力上，企图借此弥补部队数额的减少。胡计划在其部队中，"训练成极坚强之五个常胜师二十六个铁团，从提携培养锻炼中造成方面大将十七人，优秀幕僚十七人"[②]。

胡宗南的雄心是很大的。他对自己事业的未来发展规划，不仅表现在军事上，还向政治与经济上挺进。为了将来进一步发展自己的势力，他在1945年底到1946年初，乘着抗战胜利的时机，在所部挑选了一些青年学生，保荐资送去欧美留学深造，以作人才储备。他对机要秘书熊汇荃说：他在考虑多选几个人去欧美，多几个留学欧美的博士、硕士，对他今后的事业有助益。[③]在胡挑选出的这约20名大学毕业的青年中，有近半数是陕西名绅的子弟，胡借此与陕西地方著名人士加深了关系；还有半数是帮胡工作多年、受胡重视的青年军官与干部，他们多是抗战前的大学生，因参加抗战而停止学业。这些人中，除马

① 张朋园、林泉、张俊宏访问，张俊宏记录：《盛文先生访问记录》，"中央研究院"近代史研究所口述历史丛书（18），台北："中央研究院"近代史研究所，1989年6月，第50页。
② 胡上将宗南年谱编纂委员会编：《胡上将宗南年谱》，沈云龙主编：《近代中国史料丛刊续编》第49辑488册，台北：文海出版社有限公司，1978年，第182页。
③ 熊向晖：《地下十二年与周恩来》，北京：中共中央党校出版社，1991年2月，第41页。

蒙留英外，余皆赴美留学，后来有多人学有所成，如魏传真成为美国的太空专家，王沛等人成为核子物理学家，林静成为"中央"社驻联合国特派员，马大任成为美国威斯康辛中文图书部主任，扬汶达成为远东第一修表名家，马蒙任香港大学中文部主任等。①胡宗南将他的机要秘书熊汇荃以及熊的妹妹熊汇芝、三青团陕西支团部书记陈忠经、三青团西安分团书记申振民也都选上了。当然到这时，胡宗南仍不知熊、陈、申三人是中共的秘密情报人员。

中共中央主管情报的负责人指示，熊汇荃、陈忠经、申振民继续隐匿真实政治面目，先去美国留学，回国后的任务，届时再说。②但中共"西安情报站"负责人王石坚认为，陈忠经在西安的情报工作极其重要，去留关系重大，暂时不能离开西安，遂于1946年5月19日，致电延安中共中央请示。中共中央复电同意王石坚的意见。这样，陈忠经就不能去美留学了。他以种种方式，或书面报告，或面谈，向胡宗南反复表明，目前不宜赴美留学，来日方长，眼前工作为重，将来有机会再出国。但胡宗南计划已定，始终坚持要他出国。直到1946年10月间，周恩来由南京返延安，途经西安，王石坚就此事当面向他汇报请示，周恩来决定，陈忠经还是按照胡宗南的要求出国，以免引起胡的怀疑。

于是，陈忠经才开始准备出国留学事宜。他在取得胡宗南的同意后，去北平找到北京大学校长胡适，请其为他向美国大学推荐。后经考虑，陈忠经决定去美国的哥伦比亚大学，并决定"快去快会"③。1947年2月，陈忠经等人从上海乘轮船出发，经菲律宾、日本、美国檀香山，于3月初抵达旧金山，然后乘火车，到达纽约。陈忠经入美国哥伦比亚大学研究院，申振民入西保大学研究院。

而熊汇荃，已经26岁，因为只在大学念过1年书，抗战辍学，没有获得过大学毕业的文凭，不像陈忠经、申振民二人，在抗战期间，分别去昆明、成都，续读了两年大学，都获得了大学文凭，因而不得不利用其兄在中央大学的正式

---

① 陈大勋（绥名）：《沉默的巨人：胡宗南先生》（1962年撰），胡故上将宗南先生纪念集编辑委员会编纂，胡为真增修：《令人怀念的胡宗南将军》，台北：商务印书馆，2014年12月，第191页。
② 熊向晖：《地下十二年与周恩来》，北京：中共中央党校出版社，1991年2月，第44页。
③ 严可复：《中共情报之杰陈忠经美国脱险记》，《党史纵横》（沈阳）2017年第2期。

英文证明信与所学课程成绩单，冒名顶替，报考美国的大学研究院，这得需要等候中央大学从重庆迁回南京，因而耽搁了时间。1946年6月5日，熊汇荃从西安飞抵南京，办理留美手续；6月10日，他奉命秘密去梅园新村30号中共代表团驻地，向周恩来作了详细汇报，听取了指示。到1946年8月中旬，熊汇荃接到了美国密西根大学研究院的入学许可证，入学日期是1947年2月，他据此向国民政府外交部申请护照，向美国驻上海总领事馆申请签证，拖到1946年9月底才办完。然后，他根据周恩来的指示，于10月初再飞回西安，看望胡宗南，并将胡宗南在10月中旬向蒋介石提出的突袭延安、侵占陕北的作战计划，报告西安情报组织。1946年11月下旬，熊汇荃正式离开西安胡宗南的第一战区司令长官部。行前，胡宗南还特地为他饯行，希望他早点获得学位。熊汇荃回到南京，准备在这里结婚后，再赴美国留学。[1]

在这期间，胡宗南再次邀请他多年的朋友、历史学家郭廷以到西安，讨论各种问题，特别是胡今后的去处与发展方向。胡宗南一直重视与倾听知识界友人的见解。郭廷以后来回忆说："抗战胜利后，胡宗南又约我去西安见面，这次在西安一个多月，谈论的问题很多。经过这次的战争，他比较中日的将领，很称道日本的将领和士兵。他是第一战区司令长官，但谦称在日本军中，是'联队长的材料'，非常谦虚"。他们谈了战争方式的激烈改变、共产党在沦陷区的势力、土地改革等，重要的是谈胡今后的动向，郭廷以建议说："希望你能到东北，假如你老兄能去东北，应该特别注意平、津。华北搞不好，无法支援东北"。但郭廷以看到了胡宗南当时的处境，难以实现他的建议，说："我建议他特别重视东北及华北。这时，他统带国军在北方力量最大的部队，但是他一方面已感受到中共力量的压力，中共强行接收，问题很严重；而另一方面内部发生摩擦冲突，中央要员有人对他有点意见，他非常伤心。……后来中央是派杜聿明去东北，杜聿明希望胡到华北，但中央只调胡的部队（李文）过去，在河南洛阳以东归刘峙接收，刘自己并无部队，出老河口，行军又困

---

[1] 熊向晖：《地下十二年与周恩来》，北京：中共中央党校出版社，1991年2月，第42~56页。

难，这一带中共捷足先登。"①

（二）"马前一卒"与"黄陆浙一"

胡宗南如此顺利地登上他"事业"的顶峰，登上"西北王"的宝座，首先是因为他对蒋介石绝对的忠顺与竭尽全力，从而得到蒋介石的赏识、宠爱、维护与大力提拔。

有台湾学者在谈及胡宗南与他的密友戴笠对蒋介石的无限忠顺时，这样写道："他们两人对领袖的忠贞，简直可说是孝顺。'先意承志'，不仅承奉其志而行之，而且预先逆知其意而为之。都是以领袖之喜怒为喜怒，以领袖之忧乐为忧乐"②。在这点上，在蒋介石的所有学生与部下中，无人能及。

据说，胡宗南对蒋介石曾居住过的房间，启扉瞻仰，不昂然步入；对蒋介石使用过的车辆桌椅，亦勿敢亵渎自用；对蒋介石游憩过的庭园，就下令禁止驱车入内践踏。

据说，胡宗南军于1947年占领延安后，蒋介石要到延安视察，胡宗南为蒋介石准备了一处讲究的住处。后来国防部长白崇禧先来到延安，招待人员准备以这座准备给蒋介石住的房子供白居住。胡宗南闻知，立即阻止，说："领袖住的房子，怎么可先给人家？"③

又据说，第七军分校的政治教官向学生介绍胡宗南的"革命历史"时，胡宗南闻之立予面斥，并召集全校师生员工训话，说："我胡宗南不过是领袖的马前一卒。只有领袖，没有胡宗南。"④

---

① 张朋园、陈三井、陈存恭、林泉访问，陈三井、陈存恭记录：《郭廷以先生访问记录》，"中央研究院"近代史研究所口述历史丛书（15），台北："中央研究院"近代史研究所，1987年6月，第226～227页。

② 戈士德：《胡宗南与戴笠》（上），《中外杂志》（台北）1982年2月号，第31卷第2期（总第182期），第13页。

③ 戈士德：《胡宗南与戴笠》（上），《中外杂志》（台北）1982年2月号，第31卷第2期（总第182期），第13页。

④ 戈士德：《胡宗南与戴笠》（上），《中外杂志》（台北）1982年2月号，第31卷第2期（总第182期），第13页。

胡宗南的亲信将领盛文回忆说："他对人馈赠的东西，从不说是胡宗南送的，即使问他，向他道谢，他也说：'那不是我，都是领袖的意思。'有错就归咎于自己，有功则归诸于领袖。"[1]

在1927年8月与1931年12月蒋介石两次下野期间，胡宗南都表现出对蒋介石毫不动摇的忠诚，始终全力维护蒋介石的领袖地位。在1936年12月西安事变蒋介石"蒙难"时，胡宗南如丧考妣，一方面发兵讨伐张学良、杨虎城，一方面秉承宋美龄的旨意，以营救蒋介石脱险与生命安全为第一要义。他的言行深得蒋介石的欢心与赏识。

1938年底，胡宗南刚率军回师关中，驻节西安，升任第三十四集团军总司令，就下令在西安翠华山麓创办了一所以蒋介石名命名的"中正中学"，吸收胡部军官子弟与沦陷区的青年入学。胡宗南对这所中学分外重视与关心。他以自己的亲信将领、黄埔六期生盛文为该校董事长，聘请西安教育界名人高化臣为校长。学校所需经费与物资皆由胡宗南的总部供给。在校学生，皆由胡宗南的总部供给衣食。中正中学成为西安乃至西北条件最好的一所贵族中学。后来，胡又亲自兼任重庆市私立中正中学的董事长。这无疑是令蒋介石满意与高兴的一件事。

1946年10月31日是蒋介石的60寿辰。胡宗南在西安城发起对蒋介石的庆寿献忠活动。在这期间，胡宗南特地在蒋介石于西安事变时被张学良士兵抓住的临潼华清池，建起一座纪念亭，胡宗南为之起

胡宗南任"中正中学"校长时的毕业证书

① 张朋园、林泉、张俊宏访问，张俊宏记录：《盛文先生访问记录》，"中央研究院"近代史研究所口述历史丛书（18），台北："中央研究院"近代史研究所，1989年6月，第42页。

名"正气亭"。胡宗南令在亭上摩崖书写当年蒋介石从西安回到南京后对张学良、杨虎城的训话全文，特请国民政府考试院院长戴季陶书丹。在"正气亭"奠基之日，胡宗南又特地组设了"六十诞辰奖学金委员会"，宣布要以此奖学金支持奖励陕西省籍的青年求学。

蒋介石与胡宗南

在蒋介石每次到西安或陕西其他地方视察，胡宗南更是竭忠尽智。事前，他亲自准备与指挥部署蒋介石的住处"行宫"，抽调工作人员多达四五百人。他特派专人携带设计图样与尺寸，乘飞机去迪化（今乌鲁木齐）采购特制的地毯；委托戴笠从美国购置装有防弹设备的小汽车；在西安木器店定制一套特设的家具，又让其驻重庆办事处购置一批供宋美龄使用的化妆品。他知道蒋介石喜欢吃宁波竹笋罐头，就让人准备了几百斤。蒋介石将到之前一日，胡宗南必亲自到"行宫"仔细检查，亲自躺躺床铺，坐坐沙发，蹲蹲马桶，看看是否安全舒适。蒋介石在陕期间，胡宗南必每天晨昏待问："委座胃口如何？""委座睡得怎样？"在蒋介石到民间视察时，胡宗南为了既保证蒋介石的安全，又能让蒋介石接近民众，亲自召开会议布置，别出心裁地提出了"安全第一，亲切第一"的口号。胡宗南对部下说："领袖不高兴我们用三步一岗、五步一哨的做法来保障他的安全，认为这是把他外于民众的做法。因此，迎接领袖时，既要注意保安，又要注意亲切热烈。"①

胡宗南在自己部队中大力倡导对蒋介石的无限忠顺，大树特树蒋介石的最

---

① 杨健：《胡宗南与第七分校》，陕西省政协文史资料委员会编：《陕西文史资料选辑》第8辑，第98～102页。

高领袖与绝对权威的地位，还有一套理论。胡宗南常喜欢向部下谈隋唐之际李靖辅佐李世民得天下的故事，说："李卫公（本书著者按：李靖字卫公）手提三尺龙泉，纵横天下，大有不可一世之慨。当他会见李世民后，觉得李世民有高瞻远瞩之见解，英明果断之魄力，并兼有可与天下争衡之军事实力。认为取隋而能主天下者，非李世民莫属，于是他扶助李世民，鞠躬尽瘁，直至老死而不辞。此即所谓'士为知己者死'，值得吾人效法。"[①]胡宗南借此既表明了自己绝对效忠蒋介石的心迹，又号召部下为维护蒋介石的最高领袖地位而出力卖命。

胡宗南数十年对蒋介石的忠实与效命疆场，赢得了蒋介石的特别信任与宠爱。蒋介石让胡宗南接掌他的起家部队，从第一师师长，到第一军军长，并连连破格提拔，直至成为战区司令长官，成为统兵数十万、总揽西北军政大权的"西北王"。这在黄埔军校各届毕业生中绝无仅有。在抗战胜利后国民党军事人物三鼎甲中，汤恩伯不能与之比肩，恐只有陈诚可以与之平分秋色。抗战期间，1941年，蒋介石甚至将他宠爱的幼子蒋纬国送到胡宗南部第一军中服役任职数年，让胡宗南做蒋纬国的监护人，乃至蒋纬国的婚姻大事都交给胡宗南去操办。当胡宗南在国民政府与国民党部队里遭到一些人的责难时，蒋介石总是公开维护。在1945年年初的一次会议上，蒋介石说："近来有些人对胡长官宗南有许多指责，除了胡部确有部分军队纪律不好，应责成整饬外，我认为我们应从全局来看问题。大家要知道，八年来如果没有胡宗南这支力量在西北顶住，则我们的抗日根据地——四川这个地方，就会受到严重威胁，这样，我们就不能争取抗日的胜利。"[②]

胡宗南除对蒋介石保持特殊的忠顺与亲密关系外，还竭力对国民党内的一些党国元老、派系头目与军政实权人物进行拉拢联络，建立亲密与良好的关系。

---

① 刘钊铭：《胡宗南控制下的中央军校第七分校》，西安市政协文史资料委员会编：《西安文史资料》第5辑。
② 宋希濂：《鹰犬将军——宋希濂自述》，第195页。

例如，他与戴笠有特别亲密的关系，已如前述，因而与军统亲如一家。戴笠在1946年3月17日因飞机失事在南京近郊死亡，胡宗南痛哭失声，亲为祭奠。军统局改组为保密局后，郑介民、毛人凤先后主其事，胡宗南与他们关系亲密如故。

对中统，胡宗南因与陈果夫、陈立夫既是浙江湖州同乡，又与二陈之叔陈其采有师生关系，因而私谊也非同寻常。

对于右任、张继、居正、张钫、何应钦、顾祝同、蒋鼎文、张治中等党国元老、政要以及蒋百里、杜月笙、章士钊、胡适等名流、学者，胡宗南都十分尊重，并通过种种手法，或多次往访，或邀其来部讲演检阅，或重用其子婿亲友，而赢得他们的好感。胡宗南每当邀请于右任、张继、居正、张钫、何应钦、顾祝同等元老、政要以及一些名流、学者到其军中给官兵讲演时，他总是亲自接待，亲自主持大会，而且在整个大会过程中，他总是以立正姿态站在讲台前沿，数小时纹丝不动，呆若木鸡，毕恭毕敬。在胡宗南的指挥与影响下，台下成千上万官兵也都立正听讲，鸦雀无声。这就使得那些来胡宗南部讲演的元老、政要、名流、学者，莫不感动、敬佩，纷纷称赞胡宗南治军有方。

抗战期间，杜月笙、章士钊曾经到西安，胡宗南作了热情周到的接待。章士钊用带来的朱红洒金宣纸，写了一副对联，赠胡宗南，写的是杜甫一首律诗中的腹联："指挥能事回天地，训练强兵动鬼神。"[①] 章还作词《临江仙》为赠，写道："部曲柳营百万，宾游代谢三千，登坛威重入门便，英雄多本色，韬略自先天！君是天南一柱，我来剑外三年，相逢恰在茂陵边，忝为长揖客，未敢议燕然。"[②]

胡宗南作为陕西地区驻军的最高军事长官，十分重视与陕西省的地方士绅搞好关系，尤其与陕西省参议会议长王宗山关系密切。王宗山是陕西省醴

① 张佛千：《我追随胡宗南》（四），《传记文学》（台北）1997年3月号，第70卷第3期，第52页。
② 胡故上将纪念集编纂委员会编印：《胡宗南先生纪念集》，台北：1963年2月。

泉人，1919年毕业于北京大学法学院，后赴美留学，先后在威斯康辛州立大学与华盛顿乔治亚城大学就读，在这期间加入中国国民党，受聘于美国与加拿大的华文报纸，任主笔。1923年归国，随蒋介石赴苏俄考察，任蒋介石的英文秘书，深受蒋的倚重。1924年，参与黄埔军校创办，后受聘任黄埔军校校长室英文秘书兼政治教官，教导第一团党代表。1925年奉派到北方活动。1927年4月南京国民政府建立后，他先后出任国民党陕西省党部主任委员、省参议会议长、国民党中央委员等职，是陕西省地方人士中第一要人。

陕西省的另一位重要的地方士绅刘楚材，是陕西省洋县的世家望族，与其兄最早赴美留学，在匹兹堡大学研习矿冶工程，归国后，先后任陕西华阴兵工厂厂长、陕西省建设厅厅长。其兄曾参与南京中山陵的设计工作。"兄弟并显，声华洋溢，深为人所称重"。胡宗南"和他交好，即在推重其硕学众望也"[①]。

胡宗南为了与各方面人士搞好关系，从1939年开始，特地任命张佛千担任他的西安办事处处长，长达5年之久。张佛千是安徽庐江县人，1909年生，先后就读于中国公学、大夏大学，1933年初赴北平，受北平军分会指派，创办《老实话》旬刊，宣传抗日；1935年5月移上海出版，改名《十日杂志》；1937年7月抗战爆发后，9月，奉命在苏州创办《阵中日报》，后到汉口任军委会政治部设计委员。1939年夏初，由友人黄杰力荐，他到西安见胡宗南，胡即任命他为西安办事处处长。张严佛说："该处主要职责是对外联络，凡是会见胡的客人，都由办事处接洽、通报或招待。……我作为名副其实的胡的代表，日复一日地接待赴陕的朝野名流。……当时西安是北中国的枢纽，不仅陕西士绅集中，包括河南、河北、山东、山西以及甘、青一带的人士，都避乱暂住西安。由于我的力争，胡宗南破例为人做寿、拜年、送礼。"当时担任胡宗南机要秘书的熊汇荃，晚年笑称张佛千是"为胡宗南打统战的，打得大，打得好"[②]。

---

① 王禹廷：《关于蔡孟坚先生所写胡宗南将军文》，《传记文学》（台北）1985年8月号，第47卷2期，第114～115页。

② 卢昌华、许永涛：《张佛千先生忆往纪实》，《纵横》（北京）1996年第9期。

胡宗南后来权力日增，"声誉日隆"，当与这些要人、名人的提携与宣扬，有很大关系。

当然，胡宗南毕竟久历官场，懂得人事的变化与险恶。他为政治上的谨慎，避免人事上的伤害，以及思想的分歧，也有意疏远一些人。如对曾在1935年年底采访过他的《大公报》名记者范长江，对原西北军将领郝鹏举、刘宗宽，对曾结交过的黄埔六期生萧作霖，对章士钊等，他都因种种原因，或避免见面，或不予重用，或断绝来往，甚至加以惩办。①

胡宗南如此顺利地登上他"事业"的顶峰，登上"西北王"的宝座，还有很重要的一点，就是他多年来，延揽、聘用、识拔、拉拢、培养、重用了一批既绝对忠于自己、又能带兵打仗、施政安民、具有军政才干的干部，然后，通过这些干部，控制与指挥几十万军队，形成了一个以自己为核心与首领的庞大的军事集团。长期跟随胡宗南的心腹将领李铁军，称颂胡宗南"素有干部决定一切之主张，平日爱才若命，才德兼备，锲而不舍"②。

胡宗南识拔、选用干部有一套政策与做法，这就是"黄陆浙一"：则必须是黄埔军校毕业生，包括中央军校与西安第七军分校的毕业生；陆军大学将官班或参谋班的毕业生；浙江籍贯；有在第一师从军带兵的经历。只有具备了这四项条件的人，或具备其中的三项、两项，最少具备其中的某一项，才能在胡部立得住脚并得到升迁。所具备的条件越多，那么就升迁得越快。如果这四项条件都沾不上边，那么就很难在胡部立得住脚，更难得到升迁了。

首先，胡部几十万大军的军官优先选用黄埔与陆大毕业生。排长、连长多系西安七分校毕业生；营长、团长多系中央军校毕业生；师长、军长则多是黄埔军校前六期的资格；至于集团军总司令，则一律都是黄埔一期生，是胡宗南的同期同学与友好。而师长以上将领与幕僚人员多经陆军大学学习与培训。这

---

① 陈大勋（绥名）：《沉默的巨人：胡宗南先生》（1962年撰），胡故上将宗南先生纪念集编辑委员会编纂，胡为真增修：《令人怀念的胡宗南将军》，台北：商务印书馆，2014年12月，第199页。

② 李铁军：《往事如新》（1962年撰），胡故上将宗南先生纪念集编辑委员会编纂，胡为真增修：《令人怀念的胡宗南将军》，台北：商务印书馆，2014年12月，第111页。

样，胡部大军成了清一色的"黄埔系"的天下，胡就是这个"黄埔系"的总头目。对于那些非黄埔与陆大毕业的军官，胡宗南多让他们在军中任些闲职或副职，有的只拿份"干薪"度日而已。

在胡宗南部任各级军官的黄埔生与陆大生中，如果是早就追随胡宗南，曾在胡任师长的第一师中任过职的，则更被胡宗南视为患难战友，更得到胡宗南的信任与重用。

现将胡宗南部一些主要将领简况列表如下：

姓　名	籍贯生年	出　身	在胡宗南部担任主要军职
李铁军	广东梅县 1904年生	黄埔一期	在胡部历任第一旅第三团团长、第一师第一旅旅长，第一军第一师师长、第一军军长、第七十六军军长、第三集团军总司令、第二十九集团军总司令。
丁德隆	湖南攸县 1904年生	黄埔一期，陆军大学特别班第四期	在胡部历任第一师独立旅旅长、第一军第七十八师师长、第三十八集团军副总司令、第三十七集团军总司令、西安绥署干训团副主任。
袁朴	湖南新化县永固镇 1904年生	黄埔一期，陆军大学特别班二期	在胡部历任第一旅第一团团长、第一师第二旅旅长、第七军分校办公厅主任、第八师师长、西安警备司令、第十六军军长、西安绥署干训团教育长。
李文	湖南新化县龙溪铺 1905年生	黄埔一期	在胡部历任第一师第二旅旅长、第一军第一师副师长、第七十八师师长、第九十军军长、第三十四集团军副总司令、总司令、第五兵团司令。
范汉杰	广东大埔 1897年生	黄埔一期	在胡部历任第一师副师长，第一军副军长、第二十七军军长、第三十八集团军总司令、第一战区参谋长、第一战区副司令长官。
宋希濂	湖南湘乡 1907年生	黄埔一期	在胡部历任第七十一军军长、第三十四集团军副总司令。
董钊	陕西长安 1902年生	黄埔一期	在胡部历任第二十八师师长、第十六军军长、第三十四集团军副总司令、第三十八集团军总司令、整一军军长、陕西省政府主席。

姓　　名	籍贯生年	出　身	在胡宗南部担任主要军职
刘　戡	湖南桃源 1906 年生	黄埔一期， 陆军大学六 期	在胡部历任第九十三军军长、第七军分校第十总队长、第三十七集团军总司令、整二十九军军长。在国民党六大上当选中央候补委员。
钟　松	浙江松阳 1900 年生	黄埔二期， 陆大将官班	在胡部历任第六十一师师长、整三十六师师长、第三十六军军长、西安警备司令、第五兵团副司令。
李延年	山东广饶 1904 年生	黄埔一期，	在胡部历任第三十四集团军副总司令、第三十四集团军总司令。
廖　昂	四川资中 1902 年生	黄埔二期， 陆大特别班 四期	在胡部历任第一旅第二团团长、第一师西北补充旅旅长、第一军第七十八师第二三二旅旅长、整七十六师师长。
罗　列	福建长汀 1905 年生	黄埔四期， 1932 年至 1935 年入陆 大学习	在胡部历任第一军参谋长、第三十四集团军参谋长、第四十八师师长、整一师师长、第一军军长、西安绥署参谋长、西南军政长官公署参谋长。
盛　文	湖南长沙 1906 年生	黄埔六期	在胡部历任暂编第五十九师师长、第三十四集团军参谋长、第一战区参谋长、西安绥署参谋长、第三军军长、成都防卫总司令。
徐　保	察哈尔怀安	黄埔四期	在胡部历任第一师营长、第一军第七十八师第四六五团团长、整三十六师之整二十八旅旅长、整七十六师师长。
张　新	浙江浦江	黄埔三期	在胡部历任第一师营长、团长、整七十六师之整二十四旅旅长。
陶峙岳	湖南宁乡 1892 年生	保定军校 毕业	原湘军将领。在胡部历任第八师师长、第七十六军军长、第一军军长、第三十七集团军总司令。
裴昌会	山东潍坊， 1896 年生	保定军校八 期，陆大特 别班六期。	原孙传芳部属。在胡部历任第一战区副司令长官、西安绥署副主任、西安绥署前进指挥所主任、第五兵团司令、第七兵团司令。

史料来源：A《民国人物小传》（台北出版）；B《革命人物志》（台北出版）；C《传记文学》（台北）；D《民国高级将领列传》（北京出版）。

从上表可以看出，在胡宗南部掌握军政实权的高级将领中，除裴昌会、陶峙岳等少数人外，几乎是清一色的"黄、陆、一"的资格与出身。至于裴昌会，原是孙传芳的部将，陶峙岳则是湖南部队出身，胡宗南用他们，是因其会带兵打仗，但胡一直未将他们视作自己的心腹。

胡宗南还注意安插、重用自己的浙江同乡。在胡宗南军的各级司令部中，特别是在他的长官部中，很多处长、科长都是浙江人，有许多还是胡宗南在孝丰私立王氏小学的同事与学生。如王微，是胡宗南在王氏小学的同事，长期担任胡宗南部机要处长的重任，并为胡宗南起着"军师"的作用；刘大军，是胡宗南在王氏小学的学生，在胡宗南部先后任胡的副官处处长、侍勤队队长等职，担任侍卫胡宗南与搜集情报等重要工作；唐西园，浙江嵊县人，原是戴笠所办特务训练班的学生，被戴笠介绍给胡，被胡宗南任命为随从副官与侍勤队长，权倾一时，虽是中校军衔，其职权超过许多将军，致使西安军界官场有"上将中将不如芝麻将"之说；程开椿，也是胡宗南在孝丰王氏小学的学生，胡宗南任命他为第七补给区司令，掌管胡宗南部几十万军队的后勤供应；徐康良，是胡宗南在王氏小学的学生，先在胡宗南部任职，后由胡宗南保荐任空军华北司令。另外还有蒋坚忍（浙江奉化人）、赵龙文（浙江义乌人）、沈开樾（浙江宁波人）、戴涛（浙江孝丰人）等等，都长期在胡宗南部担任各项重要工作。

但胡宗南对浙江籍的人，多用之为幕僚或文职的党务、文秘、机要等工作，很少任命他们为带兵打仗的主官。胡宗南认为，浙江省的地理环境得天独厚，舒适安逸，人民养成好逸恶劳的习惯，缺乏毅力与吃苦耐劳的精神。今天大敌当前，作为带兵将领，固然需要丰富硕满的军事知识与高瞻远瞩的战略见解，但还需要有冲劲，有干劲、有吃苦耐劳的精神，所以不能光需要文质彬彬、云淡风清的文人学士，也需要像黑旋风李逵、花和尚鲁智深那样的一些闯将。胡宗南认为，在艰险的军事斗争中，浙江人是不适宜担任带兵将领的。当他听说俞济时要出任第三战区建国军司令时，曾说："俞济时也可以去带兵吗？俞济时是宁波人，宁波人只能做生意，带不了兵。"①

此外，胡宗南还常常用种种奇特的方法网罗、笼络与控制各种军事人才，为其所用。

例如，胡宗南部下将领有徐保其人，察哈尔怀安人，黄埔四期生，以勇猛善战著称。此人当团长时，是有名的赌棍，有一次他亲自去师部领了全团的军饷，竟在一夜之间输得精光。第二天天亮，他回到团部，团的军需主任来请他发饷。徐保分文没有，便说："叫值星官集合全团，今天团长亲自发饷。"全团集合完毕，徐保说道："这个月的饷，团长领来了。他妈的，我们全团运气不好，昨天晚上团长将钱统统输光了。弟兄们，不要急，团长今晚再去把钱翻回来，明天全团发双饷，好不好？"全团官兵一时被他搞得糊涂了，竟齐声答道："好！"胡宗南闻之将徐保召去，拍桌厉声责问："古来名将，谁是赌棍出身？"徐答不上来。胡宗南哼了两声，就一脸怒气走出去了，直到天黑才回来，见徐保还是站立原地，丝毫未动，不觉暗喜，呵责道："答不出吗？没有用的东西。去，向经理处再领全团一个月的饷，下次不得胡来！"胡宗南恩威并加，徐保先惧后喜，对胡感激敬佩，能不为他拼死效命？徐保后来成为胡宗南部的"四大金刚"之一。②

再例如，胡宗南手下著名战将、曾任整二十四旅旅长的张新，是浙江浦江人，1902年生，面麻，黄埔三期生，1928年在浙江省防军工作，与胡宗南并不熟识。一次黄埔同学在杭州聚会，胡宗南得知张新情况，就主动上前，厉声责问他："你是黄埔三期同学，为什么贪生怕死，不到前方去？"张新被问得莫名其妙，随口答道："到前方什么地方去？"胡宗南说："到浦口第一师第一旅去。"原来胡宗南这时正任该旅旅长，千方百计搜罗黄埔学生到其部队中。这样张新就投到了胡宗南部，追随胡20年之久。在1932年，张新在部队中当营

① 刘钊铭：《胡宗南控制下的中央军校第七分校》，西安市政协文史资料委员会编：《西安文史资料》第5辑，第121页。

② 张新：《胡宗南其人》，浙江省政协文史资料委员会编：《浙江文史资料选辑》第23辑，杭州：浙江人民出版社，1982年，第175页。

长，与团长周士冕顶牛，挥拳打了团长。团长到胡宗南那里告状。胡宗南先是令将张新押解到师部关押，宣布要"着即枪决！"进行威胁；但不久却将张释放，官复原职，还以罕见的温和态度对张说："有勇无谋，不成大器啊！"一打一拉，使张新对他感激涕零，以死相报。[①]

再如吴允周。他是浙江东阳人，1901年生，黄埔军校三期步科毕业，1932年入陆军大学十期（正则班第一期）受训，1935年从陆大毕业后，在南京军委会参谋本部一厅任上校股长，忠勤苦干，有丰富的参谋经验。胡宗南闻之，于1936年1月到南京时，亲自登门拜访这位不相识的浙江同乡与黄埔校友。当时吴允周不在家，吴的家人"以不曾相识，未有留坐"。胡只得离去，走到大门口，适遇返寓的吴允周，彼此询问，才得以相识。此后，胡宗南连日把吴允周接到戴笠的公馆中，"长谈三四次，举凡为学治事处人及教兵带兵作战与家庭身世等，无所不问，无所不谈"，好像是对吴允周进行一种"苛刻的考验，疲劳的询问"。最后一次，胡宗南要吴允周对他的第一师"作批评和改进意见，然后以斩钉截铁地坚定口吻：'喂！好同志，应到一师工作'，并拍我肩膀，'不必谦辞'为嘱"。吴允周被胡宗南深深感动，"窃念我非权贵，亦非闻人，受此隆遇，忐忑不安，性虽不敏，敢不感恩图报耶？"1936年8月，吴允周奉准调职，搭机到武昌，胡宗南亲自到机场迎接。吴允周即入胡宗南的第一师，任参谋处处长。1936年9月，第一师扩编为第一军，吴允周即被胡宗南任命为第七十八师参谋长。此后，吴允周追随胡宗南20余年，先后任七分校教育处长兼办公室主任、第一九一师师长、第三军副军长、代理军长、中央陆军军官学校西安步训处中将处长。吴允周身体瘦弱，积劳成疾，胡宗南特地为他购置电疗仪器，又派专机送他到成都，请名医叶心清为他针治，派副官、卫士多人，伴同他赴临潼华清池休养，并告诉吴允周："安心治病为先，一切费用勿劳焦急。"吴允周称："其疼爱部属之豪迈热情，真有令人没齿难忘之慨。"

---

① 张新：《胡宗南其人》，浙江省政协文史资料委员会编：《浙江文史资料选辑》第23辑，杭州：浙江人民出版社，1982年，第173～174页。

直到1947年9月，因西安步训处合并到成都中央军校本校，吴允周被调任本校，先后任中将教育处长、教育长，才离开了胡宗南的麾下。①

胡宗南一向标榜以"仁义"治军。他对部下的亲信军官宠爱有加，有时失之骄纵，对他们的错误甚至罪行，也百般呵护。1935年胡宗南部驻军甘肃，胡部有一团长张钟麟（字灵甫），陕西长安人，1903年生，黄埔四期生，随胡多年，能打善战，战功累累，但脾气严厉暴躁，因怀疑其住西安的妻子吴海兰不贞，竟回家中，开枪将其打死，引起西安舆论大哗。西安公安局派人到胡部抓人，胡宗南闻知此事后，虽对张作了一番指责，却阻止公安局对张灵甫执法。西安妇女界集会游行抗议，并联名上书国民党妇女部与蒋介石夫人宋美龄。宋美龄去找蒋介石。蒋介石电令胡宗南将张钟麟送南京法办。至此，胡宗南才对张说："你的事闹大了，蒋委员长亲自过问，我是爱莫能助了。"胡宗南并不

张钟麟（字灵甫）

派人押送，只是给张钟麟充足路费，让他一人去南京，其意是让张逃往他处避风。张钟麟居然没有逃走，去南京求见蒋介石，被判十年徒刑，关在南京江东门陆军监狱。张钟麟一直到抗战爆发后，才出狱，改名张灵甫，重新带兵，后来成为国民政府军五大主力之一的整编第七十四师师长。② 胡宗南的这一手在部下官兵中传为"美谈"。

到1946年开始的国共内战中，胡部有许多将领与军官，在作战中被中共俘虏，不久又放回，如李昆岗、乔治

① 吴允周：《忆旧》（1963年撰），胡故上将宗南先生纪念集编辑委员会编纂，胡为真增修：《令人怀念的胡宗南将军》，台北：商务印书馆，2014年12月，第285～286页。

② 参见吴庚天：《我所知道的张灵甫》，陕西省政协文史资料委员会编：《陕西文史资料选辑》第17辑。

等人，胡宗南对他们许多人，也是宽大为怀，十分信任，多不加审查，不加甄别，不计影响，就将他们分配任各种职务，有的还担任重要职务。事实证明，这对胡宗南军产生了不同的影响。

随着胡宗南军事集团的日益发展，他手下的军官与干部越来越多，胡宗南就在其军队中成立一个秘密核心组织——"铁血救国团"。其成员都是胡部高级军政骨干分子。每个人的入团形式是需两人以上介绍，并经考核后，举行秘密仪式，歃血为誓。铁血团的任务是确保胡宗南在全军的最高权威与绝对领导，维护军令的执行，加强高级军官团结，肃清内部异己分子，监督全军官兵。在平时，它负责考察军官思想言行，起核心领导作用；在战时执行督战任务，执行战时军令与战场纪律。铁血团成员还享有可以直接向胡宗南密告他人、保荐各级部队长直至和自己同级部队长的特权。[①] 胡宗南是这个铁血团的首领。他利用这个铁血团，大大加强与巩固了他对全军的绝对指挥权。

当然，胡宗南对一些杂牌部队的关键人物，或是国民党政要、元老的亲友，虽不是"黄陆浙一"的身份与资格，则从政治上考虑，破例、破格地给予宽容与重用，以达到他更重要的目的。例如胡宗南特地任命冯玉祥的亲戚李宗毅为长官部的副官处处长；任命出身西北军、留德归国的朱亚英为长官部的少将高参、副官处处长，拨给他专用小轿车，并将美国人送他的、当时极为紧缺、珍贵的一筒新药盘尼西林（青霉素）转送给他，为其妻治肾结核之用。[②] 胡宗南通过他们，联络和拉拢归胡指挥的原西北军的一部分军队。又如，抗战胜利后，胡宗南奉命派遣其第三十四集团军去华北收降，划归第十一战区司令长官孙连仲指挥，胡宗南即聘孙连仲的女婿夏新华充作自己的私人秘书，以取信于孙连仲，得到孙连仲的支持。再如张治中的女婿周嘉彬，胡宗南先后任命他为第七军分校副主任、西安警备司令、第一一一军军长等职；顾祝同的堂弟

---

① 参阅（1）孟丙南：《"西北王"胡宗南》，全国政协文史资料研究委员会编：《文史资料选辑》第18辑，第126页；（2）张新：《胡宗南其人》，浙江省政协文史资料委员会编：《浙江文史资料选辑》第23辑，第172页。

② 朱汉生：《胡宗南的未遂起义》，《炎黄春秋》（北京）2007年第6期。

顾希平，胡宗南先后任命他为第七军分校副主任、天水行营政治部副主任、西北训练团教育长、西安绥署政治部主任等职；白崇禧的友人张卓，胡宗南任命他为第七军分校副主任；居正的儿子居伯强，胡宗南任用他为第七军分校教官；张钫的儿子张广勋，胡宗南任用他为第七军分校边语训练班主任。胡宗南通过对这些人的任用，以结好于他们的父兄师友。

胡宗南这套识拔选用干部的政策与手法，基本上还是沿袭中国封建社会官场中的一套做法：凭资历，靠关系，任人唯亲，拉帮结派，很少有近代民主政治色彩，却反而加入了近代秘密黑社会组织的一些结盟手法。这些政策与手法虽可一时发挥些作用，却不可能经常选拔与使用到奋发有为的干部人才，也不可能经常维系部队的团结与纯洁向上的风气，相反，却会产生与滋长腐败与特权之风，产生日益加剧的内部矛盾，培养与重用许多庸才。这些庸才在承平之日尚不显山露水，无碍大局，但是到真刀真枪的战场上，就会产生极其严重的后果。对胡宗南的庸才干部政策，蒋介石在1944年12月任命胡宗南为第一战区司令长官时，就曾给予批评指责。①

至于"黄陆浙一"政策引起胡宗南军内部的矛盾，就更为明显。许多没有"黄陆浙一"资格的官兵，特别是那些行伍出身、虽无文化却有军功的军官们，常常表现出极其不满与不平的情绪。他们怒骂黄埔出身的军官是："黄埔黄埔，烟酒嫖赌"。他们讥讽陆大出身的将领是："陆大陆大，陆个大，牌子大，架子大，脾气大，胃口大，牛皮大，洋相大。"胡的亲信部将、所谓胡部"四大金刚"之一的许良玉在第七十八师师长任内，曾就胡的干部政策引起部队内部人事不公与矛盾事，上书胡宗南，引用曾国藩的两句话："（忠贞之士）屈居卑下，往往抑郁不伸，以挫以去以死；而贪饕退缩者，果骧首而上腾，而叹富贵，而名誉，而老健不死，此其可为浩叹者也。"②可见胡部干部人事问题的严重性。胡宗南阅后，似乎深有所感，立即批示传见许良玉，与许

① 参看本书第六章第六节。
② 曾国藩：《复彭申南》（咸丰三年正月）。

长谈，寻求解决之法。① 但在当时的军政体制下，胡宗南始终没有也不可能找到正确完满的解决之法。

胡宗南登上他"事业"的顶峰时，就已隐伏着他走向最终失败的契机。

（三）"直捣延安"的计划被蒋介石"暂缓"

胡宗南在抗战胜利后，忙着接受日军投降、整编部队，加官晋爵，登上他一生"事业"的顶峰时，却再次将他与叶霞翟的婚事推迟。

如前所述，胡宗南在抗战期间，多次公开向人宣布，抗战不胜利，他将不结婚，等到抗战胜利之后，他将到光复的北平城里太和殿举行婚礼。② 现在抗战胜利了，胡宗南也50岁上下了，理当结婚。他的未婚妻叶霞翟于1944年6月从美国留学归国，应邀到成都的光华大学、金陵大学任教，并照胡宗南的要求，"继续忍耐，继续等待"③。抗战胜利后，叶霞翟满心希望胡宗南赶快来实践诺言，"曾写过几封信去试探他的意向，他来信都是顾左右而言他"。这使叶霞翟很是迷惑。后来有一天，叶霞翟从她大哥的一位从西北来的朋友那里，得知关于西安方面的情形，"才知道他（胡宗南）的处境是那么的为难"。那位朋友告诉叶霞翟："那里的情形糟透了。现在北方的情形已经非常危急，上面叫赶快派部队北上，而所到之处又阻碍重重。胡先生急得像热锅上的蚂蚁一般，情形如此，又有什么办法？"那朋友还向叶霞翟展示了朱经农写给胡宗南的一首诗，说明北方局势的严重性："年来常抱忧时意，歌颂声中一惘然，海上风云观世变，耳边和战警愁眠；天山时见南来马，辽沈空归北去船，闻道龙城有飞将，可能万里靖狼烟。"④

---

① 杨健：《胡宗南与第七分校》，陕西省政协文史资料委员会编：《陕西文史资料选辑》第8辑，第102页。

② 孟丙南：《"西北王"胡宗南》，全国政协文史资料研究委员会编：《文史资料选辑》第18辑，第132～133页。

③ 叶霞翟：《天地悠悠：胡宗南夫人回忆录》（1965年撰），桂林：广西师范大学出版社，2016年5月，第57页。

④ 叶霞翟：《天地悠悠：胡宗南夫人回忆录》（1965年撰），桂林：广西师范大学出版社，2016年5月，第68～69页。

抗日战争胜利不久，国共内战的阴云再次笼罩中国上空。

1945年8月28日，中共中央主席毛泽东及周恩来等人，飞抵重庆，与国民政府进行和平谈判，历时1个多月，于10月10日签订《国民政府与中共代表会谈纪要》，即双十协定，宣告国、共两党"在蒋主席领导之下，长期合作，避免内战"。但在国共双方代表签订《会谈纪要》的第三天，1945年10月12日，胡宗南即接到了蒋介石从重庆发给他的密令。蒋要胡印发在1933年制定的《剿匪手本》，其意十分清楚，即决心要重新发动一场"剿共"战争，要胡宗南及其所部作好精神准备与物质、人力的准备。胡宗南对蒋介石的密令自然是心领神会，积极贯彻。

到1946年春，国共关系日趋紧张，双方的战争愈演愈烈，尽管在1945年12月22日，美国总统杜鲁门派遣五星上将马歇尔作为特使，来华调处国共纠纷；1946年1月10日，蒋介石、毛泽东分别代表双方下达停战令；1月31日，政治协商会议一致通过《和平建国纲领》等五项协议，提出"全国力量在蒋主席领导之下，团结一致，建设统一、自由、民主之新中国"；2月1日，"中共中央"发出经毛泽东修改审定的《关于目前形势与任务的指示》，提出"从此中国即走上和平民主建设的新阶段"，今后的"主要斗争形式，目前已由武装斗争转变为非武装的群众的议会斗争，国内问题由政治方式来解决"，但关内、关外仍然战火不断，东北地区打得尤其激烈。比较起来，胡宗南坐镇的陕西关中、豫西地区，由于某种特殊的原因，表面上还算相对平静，但因临近中共中央的首府延安与中共军力比较集中的山西、陕北、中原等地，时时有不测的风云，内里一直十分紧张。1946年2月25日，国、共代表与马歇尔签署《关于军队整编及统编中共部队为国军之基本方案》，规定在12个月终了时，在胡宗南所在的西北地区，驻国民政府的5个军，却没有"共军"。[①]

1946年3月21日，胡宗南得到一个噩耗：他近20年最亲密的朋友、国民政府军统局局长戴笠中将在3月17日从青岛飞往南京的途中失事，"本日下午得马志超电，戴雨浓于十七日自青岛乘飞机赴南京，至今未到，飞机失踪，乃电重庆王

① 熊向晖：《地下十二年与周恩来》，北京：中共中央党校出版社，1991年2月，第42～44页。

胡宗南在1946年前后

秘书查问。答，未明，究竟凶多吉少。晚又得马志超电，谓李人士报告，南京孝陵街附近有机尾，正亲往查勘中。此不幸消息，正使人惘惘不置，乃赴王曲，遣闷排愁"。当日，胡宗南得到戴笠死亡的确讯后，十分悲痛，致电蒋介石，"闻戴雨浓同志殉职，职拟赴南京，一临其表，如蒙许可，请准假半月"。蒋介石于3月28日亲自回电："悉，不必亲往南京。"①胡宗南只得留在西安，数夜失眠，深居三日，深夜哀叹，并派人向南京的戴笠追悼会送去一副挽联：

> 祖帐舞鸡鸣，浩浩黄流，更谁奋击渡江楫；
> 春风生野草，滔滔天下，如君足惧乱臣心。

胡宗南的这副挽联，以东晋时祖逖、刘琨的志同道合、相互激励，来比喻他与戴笠的关系，并将戴笠的谱名春风两字，巧妙地融入联中，高度赞颂戴笠"足惧乱臣心"的才干与威慑力量，显然，这是胡宗南的个人看法，但也确如台湾一位学者所言："非对两人关系有深切了解者，不能率尔操觚。"②

---

① 胡宗南：《胡宗南先生日记·1946年3月21、28日》，台北："国史馆"，2015年，上册，第540、542页。
② 戈士德：《胡宗南与戴笠》（上），《中外杂志》（台北）1982年2月号，第31卷第2期（总第182期），第11页。

当年冬天，胡宗南终于有机会来到南京。一天夜深，大风雪，他亲自驱车，约友人何浩若，一同到南京东郊寻访戴笠墓。"车到灵谷寺前的时候，便为积雪所阻，无法前进"，他们两人"便下车冒着风雪步行"，到戴笠墓地，向戴笠的亡灵祭奠，行礼致哀。礼毕，胡宗南在墓地徘徊了十几分钟，"始终没有讲一句话，归途也默默无言"[1]。此后，胡宗南对戴笠终生怀念，据其子女回忆，直到其于1962年2月辞世前，身上穿的一件破毛背心，还是戴笠20多年前送给他的。因胡宗南生活简朴，从不操心自己的衣食琐事，戴笠经常为他购置衣服。[2]

1946年4月11日，胡宗南接到蒋介石的密令，要其部从5月4日起参与发起对中原解放军李先念部的进攻，用5天的时间完成围歼任务，5月9日结束战斗。因为当时国民政府决定，在5月5日从重庆"还都"南京。中原解放区临近长江北岸。西逼武汉，东近南京，北接河南，为心腹大患，必先除之。胡宗南部有几个整编师驻扎河南，他接蒋介石密电后，就紧张筹划部署，准备将这几个师投入进攻中原解放军的战斗。

胡宗南又是没有想到，蒋介石给他的这份密令，又被其机要秘书熊汇荃迅速报告给西安中共秘密情报组织的王石坚，通过密电转报延安中共中央。中共谈判代表周恩来是情报工作的老手，一向重视情报，最善于运用情报。他得到熊汇荃提供的情报后，立即采取先发制人的行动，向国共谈判三人小组的美方代表马歇尔、国民政府代表徐永昌揭露了这一阴谋，要求予以制止。在这样的情况下，蒋介石只得令胡宗南暂停执行他的密令。[3]

对胡宗南的又一打击接着而来。1946年5月15日，胡部驻防河南巩县、偃师、孝义一带的整编第三十八师张耀明部的整五十五旅，在副师长孔从周中将的率领下，在巩县哗变，宣布起义，离开驻地，开向伏牛山区，企图投奔中

---

① 何浩若：《忆亡友胡宗南将军》（1962年撰），胡故上将宗南先生纪念集编辑委员会编纂、胡为真增修：《令人怀念的胡宗南将军》，台北：商务印书馆，2014年12月，第384页。

② 高龙：《胡宗南与奇女子叶霞翟爱情深厚 抗战胜利才结婚》，南都网[微博]2016-07-24 08:43。

③ 熊向晖：《地下十二年与周恩来》，北京：中共中央党校出版社，1991年2月，第45页。

共。5月16日，胡宗南日记记载："清晨二时，五十五旅由孔副军长率领哗变，由巩县向南方山地窜去"①。

如前所述，整三十八师由原第三十八军改编。该部的前身系杨虎城的陕军第十七路军的一部，曾在杨虎城的指挥下，于1936年12月12日参与发动西安事变，囚禁蒋介石。孔从周，陕西咸宁人，1906年10月2日生，在张学良、杨虎城发动西安事变时，他任第十七路军警备第二旅旅长兼西安城防司令，是杨虎城的心腹将领，也是参与西安事变的重要关键人物。西安事变和平解决后，杨虎城离职，第十七路军一部被改编为第三十八军，孙蔚如任军长，孔从周仍任警备第二旅旅长。抗战时期，1938年7月，第三十八军改编扩充为第三十一军团，孙蔚如任军团长，辖两个军，第三十八军，军长赵寿山，第九十六军，军长李兴中。1938年11月，第三十一军团又改编为第四集团军，孙蔚如任总司令，除原部外，还配属川军李家钰部。在这过程中，警二旅先后改编为独立第四十六旅、新编第三十五师、第五十五师，孔从周一直任旅长、师长，始终归第三十八军建制。中共早就派遣人员到该部队中活动。1939年2月，中共陕西省委经中共中央同意，在第三十八军中成立秘密的中共工作委员会，蒙定军为工委书记，郝克勇（范明）、张西鼎为工委委员。第三十八军军长赵寿山抽出电台，交工委掌握，成立秘密通讯所，与中共方面建立经常联系。1942年12月中旬，毛泽东专门对第三十八军中共地下党工作，作了全面的指示，称三十八军中共党的统一战线工作，是地下党的一个好典型；要进一步做好上层统一战线工作，贯彻执行"隐蔽精干，长期埋伏，积蓄力量，待机而动"的方针，合法斗争与非法斗争相结合，利用矛盾，保存实力。毛泽东规定，为了统一领导，三十八军的中共工委以后改由中共中央直接领导，秘密电台与中共中央直接联系；要大量培养新干部。毛泽东指示，要向赵寿山公开在第三十八军中的共产党员全部名单。②

---

① 胡宗南：《胡宗南先生日记·1946年5月16日》，台北："国史馆"，2015年7月，上册，第563页。
② 孔从洲：《孔从洲回忆录》，北京：解放军出版社，2006年，第274页。

可见，早在抗战期间，中共就事实上控制了第三十八军。

胡宗南以及国民政府方面对第三十八军一直有所警惕，后来对该部的活动也有所警觉。1944年1月，军委会下令将赵寿山调离第三十八军；1944年4月，任命他为驻甘肃凉州（武威）的第三集团军总司令，而另派嫡系将领、黄埔一期生张耀明接任第三十八军军长。但赵寿山在调离第三十八军前，对于所部的重要人事作了秘密安排。在抗战胜利后，第三十八军被整编为师，胡宗南调升孔从周为该师副师长，以明升暗降的手段削去其兵权，将原第五十五师整编为旅，以孙子坤为少将旅长。然而，孙子坤与赵寿山、孔从周却都是亲密同志。

早在1945年7月17日，第三十八军第十七师副师长、中共地下党员刘威诚等，首先率部在河南洛宁起义，投奔中共豫西解放区。在第十七师的影响和形势的促动下，孔从周也积极准备率驻防河南巩县的整编第五十五旅起义，于1946年4月派代表秘密赴中共晋冀鲁豫解放区的邯郸等地联系。1946年4月29日上午9时，中共晋冀鲁豫军区司令员刘伯承、政委邓小平致电延安中共中央，报告："三十八军之孔师，以被整编为旅，孔被调为副军长，胡宗南知该师与我党及民盟有联络，拟将其营以下干部完全调换。孔在此种危机下，请求起义甚急，已派专人来邯郸面谈，五日左右可到。究竟如何处理，请中央考虑速示复"。当日下午5时，中共中央即复电刘、邓，同意孔师立即起义："绝密。孔师既无法隐蔽且有危险，应乘东北尚未停战，陇海、平汉尚在加修堡垒，以反对内战为号召，立即起义，拉至解放区。该三十八军之其他部分，凡不能隐蔽者，应一同起义拉至解放区。并请你们妥善布置接应与堵击追兵"①。

就在这时，在1946年5月10日前后，胡宗南警觉到整编第五十五旅不稳，采取措施：派遣董钊携带"解决五十五旅"的密令，从西安飞往郑州，向西安绥靖公署郑州指挥所主任裴昌会传达，命令裴昌会和董钊将五十五旅调离巩县，全部缴械遣散。裴昌会给整编三十八师师长张耀明发去一份紧急电报，转发胡宗南的命令：整编五十五旅务于5月15日凌晨4时由巩县上火车，开往新乡增防

---

① 孔从洲：《孔从洲回忆录》，北京：解放军出版社，2006年，第328～329页。

剿匪，只带三天干粮，重火器和其他物资一律不带。^① 在这同时，胡宗南命令驻郑州的整编第二十七师王应尊部，在郑州附近以西和以北各火车站，布置埋伏部队，待五十五旅各运兵列车进入埋伏区域内，同时动手，将该旅缴械。^②

担任整编第三十八师副师长的孔从周，从内线获知裴昌会给张耀明紧急电报的内容，敏感地觉察到这是胡宗南对他和整五十五旅的阴谋。情况危急，他决定立即率五十五旅起义。

1946年5月14日夜，孔从周秘密地来到整五十五旅驻地，与旅长孙子坤等合谋后，于5月15日通电全国，宣布起义。当时，他们想北渡黄河进入解放区，但因事起仓促，船只还未准备好；留在豫西，则三面受敌；遂决定带部队南入伏牛山或陕西商洛山区，企图与中共游击队汇合。5月16日凌晨，该部刚要开进，胡宗南部的两个整编师和保安团队已围了上来。孔、孙只得指挥部队，边打边走边商议，最后决定分散突围，保存实力。胡宗南日记记载，5月17日，"部署围剿孔从周"；5月18日，"完成登封、密县包围线"。蒋介石在南京闻之，于5月18日给胡宗南打来电话，"问孔从周叛变情形，并指示用飞机发传单"^③。在胡部重兵包围、打击与瓦解下，孙子坤率一支小部队与围堵之敌激战两天三夜，终因寡不敌众，与译电员孙乃华等被俘。5月19日，胡宗南日记记载："孔从周部完全解决，俘虏三千余人。四十七旅生擒孙子坤"^④。孙子坤后来被解往南京受审，于1947年11月29日在南京雨花台被处决。但孔从周却率少数人突围成功，前往中共解放区。^⑤

1946年5月20日，陕西省参议会议长王宗山向胡宗南进言，指出在国共内战

---

① 孔从洲：《孔从洲回忆录》，北京：解放军出版社，2006年，第333页。

② 姚国俊（时任整三十八师副师长）：《关于张耀明镇压三十八军起义的问题》，转引自孔从洲：《孔从洲回忆录》，北京：解放军出版社，2006年，第334页。

③ 胡宗南：《胡宗南先生日记·1946年5月17、18日》，台北："国史馆"，2015年7月，上册，第563页。

④ 胡宗南：《胡宗南先生日记·1946年5月19日》，台北："国史馆"，2015年7月，上册，第563页。

⑤ 孔从周到达中共解放区后，于1946年10月加入中国共产党，改名孔从洲，历任中共"西北民主联军第三十八军"军长、豫西军区副司令员、二野特种兵纵队副司令员、西南军区炮兵司令员、炮兵工程学院院长、军委炮兵副司令员等职，还成为毛泽东的儿女亲家，1991年6月7日在北京去世，终年85岁。

爆发以后，应不同于抗战时期，"必须分明敌友，澄清内部游移潜伏分子，才能放心打仗，而最重要部分，即为三十八军之改造，免为反动派所凭借利用，而不可收拾也"。王宗山具体指出了陕籍人士、原杨虎城旧部孙蔚如、杜斌丞等人的活动对陕西的危害。胡宗南接受了这些意见，并报告蒋介石，蒋介石对胡指示："乘此孔从周叛变之际，将杨虎城余孽，一网打尽，以免后患。"① 一段时间后，1946年8月，国民政府军委会免去了赵寿山的第三集团军总司令职务，调他到南京任虚职。赵寿山利用"出国考察水利"的准备时间，摆脱了当局的监视，在董必武的精心安排下，于1947年3月到达晋冀鲁豫解放区。1948年1月，中共中央任命他为西北野战军副司令员，协助彭德怀，与胡宗南部作战。②

1946年5月18日，胡宗南给蒋介石呈报了一份《攻略陕北作战计划》，其主要内容是，胡宗南部向陕甘宁边区突发奇兵，采取"犁庭扫穴"、直捣延安的闪击行动，摧毁中共首脑机关。这也许是因为他觉得自己在抗战期间没有多少战功，其迅速上升的地位与其战功不相称。他想以攻占陕北、占领延安，来提高自己的声望。为此，他在多日筹划后，形成了这套给中共以根本打击的计划与办法，尽管当时国、共大规模的内战还没有正式爆发。

多年以来，胡宗南以大军包围中共陕甘宁边区，袭占延安、进攻陕甘宁边区，是他多次筹划、未能实施的战略目标。现在，国、共内战的战火愈烧愈旺，坐在西安的胡宗南日益按捺不住，跃跃欲试。

胡宗南对他的计划与军队行动充满自信。

但是，蒋介石没有同意胡宗南的直捣延安的闪击行动计划，复电胡"暂缓"③。蒋介石认为目前攻占陕北，军事上意义不大，政治上不到火候，而且

---

① 胡宗南：《胡宗南先生日记·1946年5月20、23日》，台北："国史馆"，2015年7月，上册，第563～565页。

② 赵寿山在新中国成立后，历任青海省人民政府主席、中共陕西省委常委、陕西省省长；是第二、第三届全国人大常委会委员，第一、二、三届国防委员会委员；1955年被授予一级解放勋章；1965年6月20日在北京病逝。

③ 熊向晖：《地下十二年与周恩来》，北京：中共中央党校出版社，1991年2月，第45页。

会引起国内外舆论的指责，处于被动挨骂地位——因为当时国共内战还没有正式爆发。

1946年5月18日，胡宗南接到蒋介石的电话，"日内来南京一行"①。当时，蒋介石与国民政府自5月5日从重庆还都南京后，正紧张地调兵遣将，部署对中共的全面内战。胡宗南因忙于指挥镇压孔从周部的叛变，以及天气不良，于5月22日才从西安飞抵南京。当日，蒋介石与胡宗南秘密谈话，问胡："将调你赴东北，接（替）杜聿明，而将杜另调，因现西北重要性大减于东北，而以刘经扶来接替你，你意下如何？"胡宗南这才知道蒋介石想调动他的工作，让他离开西北，到东北去，因为蒋认为当时东北更加重要。显然，蒋介石更加看重胡宗南。胡宗南仓促之下，只能泛泛表态："余能力学识不行，恐不能应付东北形势。"蒋鼓励他，说："应不至如此。"②

胡宗南内心里升腾起到东北建功立业的愿望。如前所述，就在最近，胡宗南邀请他多年的朋友、历史学家郭廷以到西安，谈论各种问题，特别是胡今后的去处与发展方向。郭廷以希望他"能到东北"③。因此，在5月28日，当军政部部长陈诚询问他对调东北任职的意向时，胡宗南回答说："如部长能支持余，余愿赴东北一干。"④当天，胡宗南飞回西安，等候消息。但到6月7日，蒋介石从东北视察后回到南京，致电胡宗南，说："东北视察回来，各主官精诚团结，工作成绩亦良，以不即更动为宜。弟可暂负原有任务也"。蒋介石改变了主意，因为国民政府在东北的军队，在杜聿明指挥下，经约一个月的激战，于5月18日攻占战略要地四平后，乘胜追击，占领长春，直抵松花江南岸，将中共林彪的军队赶到北满地区，国民政府控制了东北大部分地区与重要城

① 胡宗南：《胡宗南先生日记·1946年5月18日》，台北："国史馆"，2015年7月，上册，第563页。

② 胡宗南：《胡宗南先生日记·1946年5月22日》，台北："国史馆"，2015年7月，上册，第565页。

③ 张朋园、陈三井、陈存恭、林泉访问，陈三井、陈存恭记录：《郭廷以先生访问记录》，"中央研究院"近代史研究所口述历史丛书（15），台北："中央研究院"近代史研究所，1987年6月，第226～227页。

④ 胡宗南：《胡宗南先生日记·1946年5月28日》，台北："国史馆"，2015年7月，上册，第566页。

市。蒋介石对东北的情况甚为满意。胡宗南"当即复电敬遵"①，得以继续留在西安。

1946年5月间，叶霞翟随金陵大学复员，从四川回到南京。这是因为"光华大学成都分部改为成华大学，由川人接办。金大则提前于（1946年）4月间结束，5月间全部复员到南京"②。叶霞翟回到南京后，在金陵大学任教，住在吉兆营大哥家，与母亲等亲人团聚，继续等待胡宗南向她发来婚讯。

1946年6月26日，国共大规模的内战终于正式爆发了。但在开始，胡宗南部驻防的关中、汉中与豫西地区并未发生大的战事。因为南京国民政府在内战初期的作战方针是："先出兵攻占威胁南京与武汉的中共中原解放区与苏皖解放区，控制津浦与平汉两条南北交通大动脉；然后再进攻延安、扫荡沂蒙、清剿山东、平定华北；再尔后转向山海关外，消灭东北的'中共'军队。在3个月到6个月的时间内统一全中国。"③这样，战争一开始，首先由郑州绥署主任刘峙指挥12个整编师的部队，向以宣化店为中心的中原解放区发动围攻。

当刘峙指挥所部向中原解放区进逼时，很想动用胡宗南一战区驻河南的部队参战。当时属于第一战区的第三十一集团军王仲廉部驻防豫北，整编十五师驻防豫西。其中整编十五师并无重要任务，刘峙想调这支部队到豫鄂边境进剿。但刘峙很了解胡宗南——他的这位过去的学生与部属的脾性：胡只能使用和吃掉别人的部队，绝不会同意抽出自己的部队，让别人指挥，因此刘峙最终也未向胡提出抽调整编十五师参战的事，只是请在豫北的王仲廉部防止中共晋冀鲁豫根据地刘伯承、邓小平大军南进支援。

1946年6月底，中共中原解放区部队在刘峙等大军压境下，抢先分路秘密突围。其中，中原解放区部队主力约1万多人，在李先念、王震率领下，越过平汉线，向陕豫鄂边界地区疾进，企图经淅川、荆紫关一线，进入陕南秦岭山区，

---

① 胡宗南：《胡宗南先生日记·1946年6月7日》，台北："国史馆"，2015年7月，上册，第571页。
② 叶霞翟：《天地悠悠：胡宗南夫人回忆录》（1965年撰），桂林：广西师范大学出版社，2016年5月，第71页。
③ 台北"国防部史政局"编印：《戡乱简史》，台北："国防部史政局"，1962年，第3页。

然后北上，回到陕甘宁边区。刘峙急令其部跟踪追击，同时几次电请胡宗南派兵进入豫西阻击，参加淅川一线的作战。胡宗南均不予置理。当时刘峙气愤地对他的参谋长赵子立说："蒋铭三（蒋鼎文的字）说过，不要说让胡宗南服从我们，就是我们想服从胡宗南，他鬼头鬼脑，我们也摸不清他的意图。真伤脑筋。"[①] 由此可见胡宗南军事集团的宗派私利是如何浓重，也可见国民政府军内部的重重矛盾。这正是国民政府军迅速腐败与失败的原因之一。

1946年7月上旬，李先念、王震率中原解放军主力，突围到达豫南，"越南阳进逼新野"；然后，于7月中旬，在内乡县师岗地区，分为两个纵队，向西疾进，扑向豫陕交界处，准备夺路入陕。

在这时，蒋介石一方面严令刘峙督兵追击，另一方面急令胡宗南派重兵，星夜赶赴鄂豫陕三省交界处的险要山隘荆紫关一线，防堵中原解放军进入陕南山区。7月7日，胡宗南"奉委座电话，迅予消灭"。胡宗南这才"召开作战会报"，急调其驻扎在潼关至豫西一线的主力部队整编第一师的整一旅、整编第七十六师的整二十四旅、整一四四旅与整编第九十师的整六十一旅等部，用汽车运至西坪、安康、荆紫关、南化塘、漫川关一线，据险设防。7月9日，胡宗南"令文朝籍赴商县，组设指挥所，即以文为代主任"。胡部军队比中共部队抢先一步占领阵地。中原解放军到此，见胡部在荆紫关一线防守严密，无法正面突破，乃挥军南下，于7月15日渡过丹江，绕道攻击赵川至南化塘一线。7月20日，经过一场激战，胡宗南部在这里的防线终被中原解放军突破。7月21日，中原解放军进入层峦叠嶂的秦岭山区，兵分两路：由李先念率中原解放军第二纵队等，留在这里建立"鄂豫陕根据地"，开展游击战争；由王震率第三五九旅，沿秦岭西进，越川陕公路，经甘肃东南部，向陕甘宁边区的陇东庆阳疾进。

眼看中原解放军突围部队在自己的防区里纵横驰骋，冲向陕甘宁边区，胡宗南又慌又急。1946年7月底，他从甘肃平凉与兰州紧急调来整十七师何文鼎部

---

① 吴明：《蒋军利用和谈进犯豫鄂解放区的回忆》，全国政协文史资料研究委员会编：《文史资料选辑》第28辑，第54页。

的两个整编旅，用车运入秦岭山区，跟踪追击王震部，又派重兵在渭河与西兰公路沿线，构筑封锁线进行防堵。但这一切都未能奏效。王震部在胡军前堵后追下，虽损失不少部队，但其主力在1946年初冬，终于返回了陕甘宁边区。[①]

在这同时，胡宗南又调集整十五师武廷麟部、整二十四旅张新部及整一三五旅、整一四四旅等，配合地方保安团，在第一战区商县指挥所主任文朝籍的统一指挥下，对秦岭山区的李先念部反复"围剿"。但因秦岭山区山高林密，地形复杂，李先念部又化整为零，开展游击战争，因而胡军的"围剿"成果很小。李先念、郑位三、陈少敏等中原解放军领导人，在1946年9、10月间，分别化装通过胡宗南严密统治的关中地区，潜回陕北延安。而李先念留下的部队在秦岭山区活动几个月后，于1947年2、3月间，在豫西狂澜渡一带渡过黄河，到达晋南的中共太岳解放区。

蒋介石指挥刘峙、胡宗南等部围歼中原解放军的军事行动，虽然杀伤与削弱了中原解放军的一部分兵力，却未能根本上消灭这支部队。国民政府不得不承认围歼计划的失败，并在作战检讨中认为：中原解放军打得主动灵活，"自由选择时间地点突围""一遇抵抗即折换方向""行动轻捷"；而刘峙、胡宗南等部的围追部队，则"欠机动，常不能适时集中绝对优势兵力，致'匪'常得乘隙流窜"[②]。国民政府军对中原解放军围歼的失败造成了严重的后果，中原解放军突围部队"窜回陕北"，及"窜入苏北、豫、鄂、陕、川边区之'匪'，利用山地蔓延滋长，实皆本次战斗之失"[③]。

国民政府军对中原"中共"军队围歼战的失败，无疑包含着胡宗南的很大失败。然而，在这同一时期，胡宗南还有着另一场更大的"剿共"军事失败，那是在晋南战场整编第一旅——胡宗南的王牌与起家部队的全军覆没。

---

① 参阅何文鼎：《整编十七师在秦岭山区围堵中原解放军始末》，陕西省政协文史资料委员会编：《陕西文史资料选辑》第20辑。

② 南京国民政府国防部颁布：《绥靖第一年重要战役提要》（1948年2月）第56页，藏[南京]中国第二历史档案馆。

③ 台湾"国防部史政局"编印：《戡乱简史》，台北："国防部史政局"，1962年，第75页。

（四）晋南痛失"天下第一旅"

1946年6月底中原解放军突围之时，晋南的形势也紧张起来。中共晋冀鲁豫野战军第四纵队兼太岳军区司令员陈赓所部，为策应中原解放军突围，向同蒲线发起攻势。阎锡山晋军连连向蒋介石呼救。蒋介石令胡宗南一方面派部队追堵中原解放军，另一方面派有力部队进入晋南，配合晋军打通同蒲线，这样既可保证关中与豫西的侧翼安全，又可迫使陈赓部退往晋东南，割裂中共陕甘宁边区与晋冀鲁豫解放区的联系，为下一步进攻延安作好准备。

1946年6月底到7月初，胡宗南派整一军军长董钊为总指挥，率领整一师的整七十八旅、整二十七师的整三十一旅、整四十七旅等部，先后渡过黄河，进入晋南，与原驻运城的整一师整一六七旅会合。从7月3日起，董钊指挥这4个整编旅，附重炮团、特务团等部，由运城一线，沿同蒲路向北进攻，企图与从北面洪洞、灵石一线南下的晋军配合，南北夹击，打通同蒲线。

开始几天，胡军各部进展顺利。到7月11、12日，担任正面进攻的整三十一旅与整一六七旅占领闻喜城与堰掌镇、胡张镇地区；整七十八旅进抵水头镇；担任右侧后警戒的整四十七旅进抵夏县；其余部队尚在夏县以南地区。胡军先头部队深入解放区140华里，尚未与解放军主力接触，以为解放军慑于其声威，望风而逃，因而骄纵麻痹，戒备疏忽，造成给解放军袭击歼灭的有利条件。

陈赓部采取诱敌深入之计：以小部分兵力监视与牵制北面的晋军，而以主力于7月13日夜间，突然袭击围歼胡军的整三十一旅。"闻夏战役"打响。

轻敌麻痹的胡军在遭到解放军的突然而猛烈的袭击后，"因为事前没有准备，临时被迫应战，仓皇失措，一开始就陷于混乱"[1]。首先是整三十一旅，在13日夜到14日夜，于胡张镇、朱村、如意、下晃地区，被解放军全歼，旅长刘钊铭仅以身免。接着，在14日，从闻喜城南援的整一六七旅四九九团也被歼两个营。在这种情况下，整二十七师师长王应尊除令整一六七旅固守闻喜县城

---

① 王应尊：《胡宗南集团1946年发动晋南战役纪要》，陕西省政协文史资料委员会编：《陕西文史资料选辑》第13辑，第126页。

外，急调驻夏县的整四十七旅一三九团前往增援。该团在峨眉岭遭到解放军顽强阻击，伤亡很重。19日，驻水头镇的整七十八旅北上增援，该旅二三二团一营又在东西韩村被解放军全歼。

经过前后约10天的激战，胡军整三十一旅被全歼，整四十七旅、整七十八旅与整一六七旅也遭到重创。到7月22日解放军停止攻击，闻夏战役结束。胡军余部龟缩在闻喜等地待援。这是胡宗南在又一次走上国共内战战场以后，第一次与解放军正式交锋，也是他遭到的第一次失败。

与胡宗南军交锋的解放军太岳部队司令员陈赓，是胡宗南的黄埔一期同学，在年龄上还比胡宗南小七八岁，但他却在战场上屡次击败胡宗南。在1936年11月山城堡战役中，陈赓就是围歼胡军第七十八师的红一师师长。在闻夏战役后3天的1946年7月25日，陈赓在总结此战役双方军队的特点时说：

> 我军战士士气旺盛，勇敢顽强，能够各自为战，机动灵活，但是装备差，弹药缺乏，兵力少；敌人装备优良，兵力多，有时还有空军配合，但不勇敢，不善于夜战，恐惧我军的手榴弹、刺刀，缺乏肉搏勇气，又不能各自为战。如果采取夜战、近战，我军的长处可以得到充分发挥，敌人的弱点也将充分暴露。每次战斗一打响，就和敌人扭在一起，他们的飞机、大炮都用不上，火力再强也没有用。敌人的长处不能发挥，斗志也会严重挫伤。夜战也是敌人最害怕的。夜间观察困难，敌人援兵不敢运动，害怕在野战中被我歼灭……[①]

陈赓指出的胡宗南部队的弱点与在战场上失败的原因，是正确而又深刻的。但胡宗南却不能正视自己部队的这一致命弱点，更无法根本克服这一弱点。

胡宗南对在闻夏初败十分恼火。他将逃回去的整三十一旅旅长刘钊铭撤职惩办，将该旅第九十一团团长李国培与第九十二团团长柳际春判处徒刑，对董

---

① 转引自穆欣：《陈赓大将》，北京：新华出版社，1985年，第370页。

钊等人也严加申斥。同时，他急令驻潼关的整一师罗列师部及其所辖整一旅黄正诚部、整九十师严明部与在豫西的整三十师鲁崇义部，一起开进晋南增援。

1946年8月17日，胡宗南亲自飞往晋南前线，于"午前十时与杨荫寰、杨健等，乘B25飞运城，……十时五十分钟到达运城机场，董钊等在场欢迎"，然后与董钊乘车到闻喜整二十七师师部，于"午后三时开作战会报"，参加者有王应尊、罗列、鲁崇义及许良玉、沈策、李昆岗等人，"对当面'匪'

胡宗南的对手陈赓

情及此次攻略侯马、曲沃、绛县之作战计划，加以研讨"，部署新的攻势，决定：以整一师沿同蒲铁路北进，整三十师沿铁路东侧，经绛县、翼城，向北进击，企图压迫解放军主力于洪洞、赵城地区，尔后与南下的晋军配合，南北夹击，进行决战。以上两个师为第一线攻击部队，整二十七师集结于其主力侧后为预备队；以整九十师的整五十三旅守备后方。各部仍由董钊任总指挥。胡宗南并严示部属："占领地在三小时以上而受匪攻陷或撤退者，该主管应予枪决。"胡"严令于明（十八）日开始攻击前进"[1]。

为应对胡宗南部向晋南的进攻，在延安的毛泽东于8月21日，为中共中央军委起草致陈赓、谢富治电，通告胡宗南部主力整一师、整二十七师等部，共5个整编旅，沿同蒲铁路向北进攻的情况，指示："你们宜利用目前时间迅速夺取霍（霍县）、灵（灵石），创造战场，以利将来作战。"[2] 随后，陈赓、谢富

---

① 胡宗南：《胡宗南先生日记·1946年8月17日》，台北："国史馆"，2015年7月，上册，第589页。
② 中共中央文献研究室编：《毛泽东年谱》（1893—1949）下卷，人民出版社、中央文献出版社，1993年12月，第123页。

治指挥所部，以小部队阻击晋军南下，以主力3个旅隐蔽集中在临汾、浮山间，待机捕歼胡军。

到1946年9月中旬，整一师各旅顺利进抵临汾、史村、蒙城一线；整三十师则进抵绛县、翼城、曲沃一线。9月20日，董钊在临汾城得到报告，陈赓部主力集结于临汾东部的浮山一带。他立即令整一师与整三十师派部队向浮山进攻。

胡宗南与董钊没有想到，这是陈赓又一次布下的诱敌之计。陈赓这次瞄准的对象是胡宗南的王牌与起家部队——整一师的整一旅。陈赓精心设计了"诱敌攻浮，围点打援"的作战计划：先引诱胡军进攻占领浮山，然后包围浮山胡军，临汾之整一师必来救援，再集中解放军主力围歼之。

董钊果然很快钻进了陈赓的圈套。著名的临浮战役打响了。

1946年9月20日，依据董钊的命令，进驻翼城的整三十师的整二十七旅沿翼浮公路北进，向浮山进攻；驻史村的整一师整一六七旅，则沿临浮公路东进，向浮山进攻。该两旅于9月22日占领浮山空城后，很快就遭到解放军的强大围攻。董钊接到求援报告，果然如陈赓所料，急令整一师的预备队整一旅立即从临汾向浮山增援。

整一旅在整编前是第一师，前身是大革命时期的第一军，蒋介石、何应钦先后任过军长。1929年编遣会议后缩编为第一师。如前所述，它是蒋介石的起家部队，从黄埔建军起，该部历经北伐、内战、"剿共"、抗日，一直是国民革命军中的王牌主力。胡宗南自1930年起被任命为该师的师长，苦心经营多年。后来胡官职晋升，但他始终以该师为自己的起家部队与嫡系中的嫡系，特别宠爱与重视，不仅派遣最亲信的将领担任该师各级主官，而且配备最精良的装备。1945年抗战胜利后，胡宗南更让该师全部换上美式武器装备，士兵都是挑选久经战阵的老兵，战斗力强，军官的军衔也较一般部队高一级：旅长黄正诚是中将，曾到德国军事学院留学，第一团团长刘玉树、第二团团长王亚武都是少将。该旅可谓是胡宗南军事集团中嫡系之嫡系，有"天下第一旅"之称。

但该旅也有致命的弱点，骄纵麻痹，缺乏实战经验。这次该旅奉命增援浮山，旅长黄正诚仅派出该旅第二团王亚武部约2000人，于9月22日先行东进，在临浮公路线上的官雀村宿营，准备在这里驻防，承担护路与支援浮山部队的任务。

就在第二团进驻官雀村几个小时以后，解放军就乘其立足未稳之机，集中了绝对优势兵力，于当日深夜向其发动猛攻。其中以陈赓部主力第四纵队第十一旅李成芳部攻打官雀村，以第十旅周希汉布防阻临汾之敌东援，以第十三旅陈康部阻浮山之敌西援。陈赓根据中共中央军委"不惜一切代价，坚决消灭第一旅"的命令，指挥李成芳部对官雀村之敌勇猛穿插，分割包围，猛打猛冲，逐个消灭。

整一旅第二团团长王亚武是胡宗南军中有名的闯将，打仗凶猛，是个张飞式的人物。他指挥所部顽强抗击优势解放军的猛攻，逐屋争夺，用刺刀、手榴弹拼杀肉搏。战斗从9月22日夜打到23日白天。王亚武同时不断向临汾呼救。

胡宗南在西安闻知整一旅第二团被解放军围歼、处境危急，十分焦急，指示第一战区长官部用电话向董钊查询该团情况。在临汾的董钊立即令黄正诚率该旅第一团刘玉树部及整七十八旅一部自临汾东援，同时令在浮山的整一六七旅、整二十七旅放弃浮山，沿临浮公路西援。

董钊这次又骄纵地以约一个团的兵力，从临汾向官雀村增援。整一旅旅部与第一团又重蹈第二团的覆辙：在9月23日上午进至陈堰村附近时，就被解放军周希汉旅迎头拦住。黄正诚以美式装备部队，在炮火的支持下，从上午到下午5时半，连续发动10多次的进攻，全被击退。这时官雀村更加危急。坐镇临汾的董钊急了，亲自坐汽车到前线视察，大骂黄正诚是草包，连一个小山头也拿不下。天渐黑，董钊回转临汾。黄正诚在陈堰村进退两难。到天黑，黄的整一旅旅部与第一团也被解放军迅速包围起来，陷于危境。

胡宗南在9月23日的日记中记载："第一旅第二团在官雀村被围。黄正诚在陈堰村被围。"[①]

当日夜，先是在官雀村的王亚武团经一夜一天激战后，陷于瓦解。团长王

---

① 胡宗南：《胡宗南先生日记·1946年9月23日》，台北："国史馆"，2015年7月，上册，第592页。

亚武到最后关头，亲自赤膊上阵，挥舞手枪，带领残部反攻，被解放军击毙，余部被俘。接着，在陈堰村的整一旅旅部与第一团也在多次反扑失败后，被解放军周希汉旅全歼。旅长黄正诚、副旅长戴涛、第一团团长刘玉树等全部被俘。"天下第一旅"全军覆没。

第二天，9月24日，天亮后，当罗列率领援军从临汾赶到陈堰、官雀村增援时，解放军已带着整一旅被俘官兵及全部美式装备，安全撤走。胡宗南在9月24日的日记只有一句话："第一旅战斗结局，我损失甚重。"①

从1946年7月到9月这3个月中，胡宗南部进军晋南，接连被解放军全歼两个整编旅。在这同一时期，国民政府军在全国各战场共被歼25个旅。②胡宗南部被歼的部队，占国民政府军全部被歼数部队的8%；而且其中一个是胡宗南引为骄傲的"天下第一旅"。这对胡宗南的打击是极其沉重的。他在西安难过得痛哭了一场。中共晋冀鲁豫军区司令员刘伯承在军区干部会上说："同蒲方面打得很好！中央夸奖说'这一仗出乎意料之外'。"1946年9月26日，延安的《解放日报》发表了题为《向太岳纵队致敬》的社论，说："临浮战役，与中原部队的胜利突围、苏中南下的七战七捷，陇海路与晋冀豫歼灭蒋军，同为光辉胜利，对于粉碎蒋介石进攻、争取国内和平民主，有其不可磨灭的功绩。我们欢欣庆祝之余，特向太岳纵队全体指战员致以崇高的敬礼！"③

1946年9月29日，蒋介石打电话给胡宗南，要他赴太原见阎锡山，商讨从南、北夹击同蒲路的"中共"军队。胡宗南回答，可不必去太原，因阎锡山会从北面出兵，他则将出动4个整编师从南面进攻，他本人"将于（10月）二日或三日赴临汾，亲自指挥"④。为了再次向晋南解放区进攻，胡宗南又急调整二十四旅、整六十一旅增援晋南。

---

① 胡宗南：《胡宗南先生日记·1946年9月24日》，台北："国史馆"，2015年7月，上册，第592页。

② 毛泽东：《三个月总结》（1946年10月1日），《毛泽东选集》第四卷，北京：人民出版社，1966年，第1149页。

③ 社论：《向太岳纵队致敬》，《解放日报》（延安）1946年9月26日，第1版。

④ 胡宗南：《胡宗南先生日记·1946年9月29日》，台北："国史馆"，2015年7月，上册，第593～594页。

1946年10月3日，胡宗南"率同薛敏泉、贾贵英，于十二时飞抵临汾"①，再次来到晋南，直接指挥作战，对参战各部队进行检查与指示。当日下午，召开作战会议，在听取董钊与罗列报告第一旅被歼经过时，胡宗南又一次情不自禁地流了泪。他向军官训话，说整一旅的失败决不是装备不好，而是指挥错误。他强调要为整一旅复仇。②在会上，"研究作战方案，并决定五日开始，向洪洞、苏堡攻击前进"③。

从1946年10月5日开始，胡宗南共集中11个整编旅，从临汾一线，沿同蒲路向北进攻。各部"齐头并进"，猬集一团，畏首畏尾，行动迟缓。由于解放军作战略转移，胡军得以在1946年10月21日，与南攻的晋军在南关镇会师。至此同蒲路终于被打通，晋南富饶之区也为胡军控制。

在这期间，胡宗南指示尽快恢复整一旅，将整编时因限于编制而被编入其他部队的原第一师的第一、四两团原班人马调回，再加上一些其他部队，重新组建了一个新的整一旅。胡派他最宠爱的将领吴俊继任该旅旅长。1946年10月16日，胡宗南"对第一旅官长训话"。10月18日，"第一旅在北营房检阅"，胡宗南再次对第一旅官长致辞，大概如下："我们要抬头，我们要做人。"胡向第一旅官长提出了在3个月内"重整纪律""卧薪尝胆报仇雪恨""擒贼擒王来洗雪军人耻辱"的要求。④

10月19日，胡宗南从临汾飞回西安。

这时，胡宗南得到报告，陕北解放军有北攻榆林的企图，乃于1946年10月中旬再次向蒋介石提出了突袭延安、占领陕甘宁边区的要求。在得到蒋介石同意后，胡宗南于10月底、11月初，从晋南调回整一师的两个整编旅与整九十师

---

① 胡宗南：《胡宗南先生日记·1946年10月3日》，台北："国史馆"，2015年7月，上册，第594页。

② 王应尊：《胡宗南集团1946年发动晋南战役纪要》，陕西省政协文史资料委员会编：《陕西文史资料选辑》第13辑。

③ 胡宗南：《胡宗南先生日记·1946年10月3日》，台北："国史馆"，2015年7月，上册，第594页。

④ 胡宗南：《胡宗南先生日记·1946年10月16、18日》，台北："国史馆"，2015年7月，上册，第595～596页。

的两个整编旅，会同原在陕、甘的部队，共集结约10个整编旅，准备从南面进攻延安；另以宁夏马鸿逵部从西面进攻延安，晋军杨澄源部在晋西策应。在这同时，胡宗南令整三十六师的整二十八旅徐保部约6000人，从西安空运榆林，增强北方战力。

但胡宗南的这次军事行动计划，又一次被其机要秘书熊汇荃迅速报告中共情报组织。[①] 中共中央对此十分重视，一方面，抽调晋南陈赓部队与晋绥贺龙部队赴陕北增援：10月19日，中共中央军委秘书长彭德怀代表中央军委起草了关于保卫延安的部署，指出，胡宗南部正积极准备进攻延安，我必须破坏此阴谋。为此，令晋绥军区第一纵队司令员张宗逊迅速率领两个主力旅开延安，愈快愈好。同时致电陈赓、谢富治：望布置晋南地方兵团在三角地区加紧活动，牵制推迟胡宗南进攻延安。[②] 张宗逊即率领三五八旅、独一旅开延安。11月10日，毛泽东为中共中央军委起草致陈赓、谢富治电："你们到吕梁后看情况，如胡军向延安急进，则你们亦急进；如胡军缓进，则你们可攻占吕梁各县，待命开延"[③]；另一方面，让在南京与国民政府谈判的周恩来，在1946年11月17日的南京《新华日报》上发表《答记者问》，公开揭示："胡宗南在南线集中10个旅，……国民党政府（对延安）将作试探性进攻。"[④]

在这种形势下，蒋介石再次电令胡宗南"暂缓"对延安的进攻，继续打通同蒲路，攻取晋东南的长治，与晋军夹击刘伯承部，消灭其主力。毛泽东得到这则情报后，于11月24日，为中共中央军委起草致陈赓、谢富治电，指示："务于数日内以迅雷不及掩耳之势，攻占隰县、蒲县、乡宁、吉县、大宁等五县，并准备在蒲县、乡宁地区歼灭整一师可能向我进攻之部队。"[⑤] 11月22日

---

① 熊向晖：《地下十二年与周恩来》，北京：中共中央党校出版社，1991年2月，第56页。
② 参阅王焰等：《彭德怀传》，北京：当代中国出版社，1993年，第295～296页。
③ 中共中央文献研究室编：《毛泽东年谱》（1893—1949）下卷，人民出版社、中央文献出版社，1993年12月，第149页。
④ 周恩来：《答记者问》，《新华日报》（南京）1946年11月17日。
⑤ 中共中央文献研究室编：《毛泽东年谱》（1893—1949）下卷，人民出版社、中央文献出版社，1993年12月，第149页。

至12月12日，陈、谢率所部进入吕梁地区，在三五九旅、独四旅的配合下，连克中阳、石楼、永和、大宁、隰县、蒲县等城。胡宗南急令整一师、整九十师于1946年11月下旬，由禹门口东渡黄河，重回晋南。

1946年12月中旬，由董钊指挥胡军6个整编旅，扫荡吕梁山区陈赓部"共"军。为了应对胡宗南部的威胁与进攻，中共中央委托彭德怀、习仲勋赶到山西离石高家沟，主持召开有贺龙、陈赓、李井泉、王震、罗贵波等参加的陕甘宁、晋绥与晋冀鲁豫的太岳地区的高干会议，研究了加强统一领导、两区联防部署与配合作战、开辟吕梁区工作等问题，规定陈赓部第四纵队的建制仍属刘（伯承）、邓（小平）集团，军事指挥暂直属中央军委。[1] 董钊指挥胡军对吕梁山区的扫荡，历时近1个月，不仅一无所获，反而在前方损失了整三十师的整六十七旅旅部与所辖第二〇〇团，副旅长阎德治、参谋长王树民被俘，二〇〇团团长姜长泰阵亡，在晋南后方守备垣曲和皋落镇之整五十五旅的1个团亦被歼大半。此后，胡军各部就一直龟缩在晋南各城镇中，取守势。

到1947年2月底，胡宗南终于得到了蒋介石下达的进攻延安的命令。胡宗南匆匆下令：整一军的整一师、整二十七师、整九十师，于3月初立即渡过黄河，开往陕北宜川集结；所遗晋南广大地区的防务，北起霍县，南至侯马，东起浮山，西至黄河，纵横数百里，大小县城市镇与重要据点数十个，悉数归整三十师担任。在晋南防务空虚之后，解放军陈赓部在1947年4月发起反攻，在很短时间内就重新占领晋南广大地区。胡宗南被迫在4月中旬，从陕西抽调罗广文的整编第十师，到晋南增援整三十师。整十师到晋南立脚未稳，就丢失了精锐主力第二十八团。整三十师与整十师被压迫在临汾与运城两个孤立据点内苦守待援。

晋南地区物产丰饶，号称粮仓。胡宗南从1946年7月出兵晋南，历经几个月的作战，损失几个整编旅的兵力，才控制了这一地区。但到1947年3、4月间移兵陕北后，却在很短时间内就将这一地区几乎全部轻易丢失。而胡集中大军进攻延安与陕北贫瘠地区，又经年不见成效（这在下一章我们将要看到）。——

---

[1] 王焰等：《彭德怀传》，北京：当代中国出版社，1993年，第296页。

胡宗南的这个蠢举，当时被山西人民与国内舆论讥笑为"以一条肥牛换来了几条鸡肋"①。结果，因晋南的重新丧失，中共的解放区，"陕北与晋西、晋东南连成一气"，而国民政府方面，胡宗南的第一战区与阎锡山的第二战区反而"陷于分离"②。

（五）进攻"囊形地带"与西华池之战

1947年2月，国共内战已进行了8个月。蒋介石在对解放区的全面进攻失败以后，决定转为对陕北与山东解放区实行重点进攻。在西安的胡宗南则积极进行进攻陕甘宁边区的准备。

胡宗南决定：首先出兵攻取陕甘宁边区最南部突出的"囊形地带"——关中分区。过去几年，胡宗南几次企图拔掉它，但都因故未成。现在他决定先攻取此地区，作为进攻延安行动的第一步，不仅可以除掉积患，而且便于从陇东、关中和晋南，向宜川、洛川前线集结军队，消除进攻延安大军左侧背的威胁，保障后方补给线的安全。2月2日，他的这一计划得到蒋介石的批准："可照办"③。

1947年2月6日到7日，胡宗南与幕僚人员"研究攻击囊形地带方案"。胡宗南命令驻在三原的整编二十九军刘戡部担任进攻"囊形地带"的任务，"决以廖昂指挥整二十四旅、整四十七旅、整一六五旅，负东正面之责。决定于本月十五日开始攻击"④；并令整二十九军参谋长文于一拟订作战计划。

2月15日，胡宗南率第一战区长官部人员，乘专车，从西安来到三原整二十九军军部，举行作战会议，"指导此次攻略囊形地带方案，并致训词"⑤。参加会议的有第一战区副司令长官裴昌会、整二十九军军长刘戡及该军旅长以上将领，共20余人。

---

① 《现阶段的战局总检讨》，《观察》周刊（上海）1948年3月27日。
② [台湾]"国防部史政局"编印：《戡乱简史》，台北："国防部史政局"，1962年，第85页。
③ 胡宗南：《胡宗南先生日记·1947年2月2日》，台北："国史馆"，2015年7月，上册，第622页。
④ 胡宗南：《胡宗南先生日记·1947年2月6、7日》，台北："国史馆"，2015年7月，上册，第623页。
⑤ 胡宗南：《胡宗南先生日记·1947年2月15日》，台北："国史馆"，2015年7月，上册，第624页。

胡宗南主持了这次作战会议,首先讲话,主要谈他对战局的看法与这次进攻囊形地带的重要意义。他说:"我们要消灭共产党,必须首先消灭它的武装力量。要达到这一目的,最重要的是拿下延安,消灭它在陕甘宁边区的主力军,摧毁它的首脑机构。我相信可以在两个月内解决陕甘宁边区的军事问题,6个月内消灭整个'共'军,解决全国对'共'军作战的军事问题。现在决定先夺取囊形地带。这一战关系尔后我军向延安进军能否顺利进展。希望大家努力达成任务。"①

接着由整二十九军参谋长文于一代表军部,报告作战计划,要点是拟采取四面合围的战术,以达消灭"囊形地带"内"共"军之目的。但是随胡宗南赴会的第一战区副参谋长薛敏泉根据胡的授意,在文于一报告后,对整二十九军的军事计划提出不同意见。薛说,此次作战的目的主要在于迅速夺取囊形地带,不同意封闭袋口,主张仅从东、南、西三面进攻。文于一和整二十九军的师、旅长钟松等人相继发言,坚持原作战计划,主张以消灭"共"军有生力量为主要目的,以夺取地方、控制空间为次要目的。只有实现了前一个目的,才是真正的胜利;否则,即使夺取了地方,也只是虚假的胜利,甚至可能招致严重的后果。而且夺取囊形地带的下一个战役就是进攻延安,既然如此,此战更应以歼灭对方有生力量为主要目的,而不应放开口袋,任其撤退。

但胡宗南早有自己的打算与计划:他只想在自己的部队不受重大损失的条件下,占领囊形地带,进而再占领延安。他并不想以自己的部队与陕北"共"军拼杀,而只想将陕北"共"军赶过黄河,迅速结束陕北战事,以显示他部队的力量与功绩,向蒋介石邀功取宠,提高他个人的威信和地位。至于陕北"共"军到黄河以东,自然由河东的晋军负责"清剿",让他们去互相拼杀吧,等到两败俱伤或晋军支持不住时,胡宗南正好可以自己的胜利之师名正言顺地跨河东征,挺进山西。那时胡宗南就不仅是"西北王',而且要做"山西王"乃至"华北王"了。

---

① 文于一:《三原会议和进犯"囊形地带"》,陕西省政协文史资料委员会编:《陕西文史资料选辑》第5辑,第28页。按,会议日期按照胡宗南日记订正。

投机取巧，以邻为壑，损人利己，集团私利第一，而绝无全局观念，这是国民政府军许多将领的通病，胡宗南似乎此病更加严重。

因此，当薛敏泉与整二十九军将领发生争执相持不下的时候，胡宗南站起来阻止了双方的争执，也不征求整二十九军军长刘戡的意见，正言厉色地宣布了他最后的决定意见，说："不必再争论了，决定按薛副参谋长提出的绥署意见执行，一切责任由我负。参战部队从东、南、西三面进攻，军预备队控制于三原附近。所有参加作战的部队，统归刘军长指挥。决定十七日拂晓开始攻击。"说完即宣布散会。到会将领皆相视无语，旋即各返防地准备行动去了。①

后来，刘戡提出一些部队"落伍兵几达三分之一"，要求将进攻的日期"拟请缓一天"。胡宗南"准十八日开始攻击"②。

1947年2月18日拂晓，"午前四时，各部向囊形地带攻击前进"③。刘戡指挥各部，按照胡宗南决定的作战方案，从东、南、西三面向囊形地带发动了进攻。进攻部队有整三十六师钟松部（欠整二十八旅）、整七十六师廖昂部（欠整一四四旅）及整十七师的整十二旅、整四十八旅，以廖昂师的整二十四旅张新部为先头部队；另以整四十七旅李奇亨部为预备队，控制于三原地区。

进攻部队越过封锁线进入囊形地带后，预计此番要大战一场。谁知当地驻守的中共新四旅在坚壁清野、疏散群众后，主动向北撤走。进攻部队所到之处，一片寂静，除了整十二旅在爷台山一度与中共方面掩护撤退的部队发生短暂战斗外，各部队几乎都没有打什么仗。先头部队整二十四旅张新部推进到囊形地带核心、中共关中分区首府马兰镇时，只见人去屋空，一无所获。

胡宗南用无线电话询问张新，进攻囊形地带有何战果，张新无可奈何地回答："部队已占领了马兰，一无所获。"④

---

① 文于一：《三原会议和进犯"囊形地带"》，陕西省政协文史资料委员会编：《陕西文史资料选辑》第5辑，第28页。按，进攻日期按照胡宗南日记订正。
② 胡宗南：《胡宗南先生日记·1947年2月16日》，台北："国史馆"，2015年7月，上册，第625页。
③ 胡宗南：《胡宗南先生日记·1947年2月18日》，台北："国史馆"，2015年7月，上册，第625页。
④ 张新：《胡宗南其人》，浙江省政协文史资料委员会编：《浙江文史资料选辑》第23辑，第177页。

确实，胡部军队除占领了这块囊形地带外，什么战果也没有，可谓扑了个空。

胡宗南在2月中旬占领囊形地带后，就谋划下一步的军事行动。他冥思苦想，得出一计，决定先派一部有力部队进攻陕甘宁边区的西部地区——陇东的庆阳与合水，吸引陕北共军主力到陇东歼灭之，控制边区的侧翼，然后以胡部主力从洛川、宜川一线，乘虚攻入延安，进而拿下全部陕甘宁边区。

正在这时，进占囊形地带的整十七师的整四十八旅旅长何奇从那里驱车赶回西安，向胡宗南献策，以进攻陇东吸引解放军主力西去决战。这与胡宗南不谋而合。何奇又自告奋勇地要求率部在进攻陇东中打头阵。

胡宗南大喜，当即令整七十六师师长廖昂为总指挥，率整四十八旅何奇部、整二十四旅张新部等，共5个整编旅，向陇东中共占领区庆阳、合水进攻。其中何奇旅下辖两个团，张新旅辖3个团，两个旅共约1万5千人，均系胡部精锐，担任这次陇东战役的主力。2月下旬，各部开抵陇东宁县一带集结。2月27日下午，廖昂召集各整编旅的团以上军官开会，部署陇东作战，以整二十四旅进攻庆阳，整四十八旅进攻合水，其他部队协同配合。廖昂还按照胡宗南的指示，规定了各部进攻与撤退时的行军路线。

2月28日拂晓前，何奇率整四十八旅从宁县出发，越过封锁线，进入陇东解放区；在该日上午10时许，攻占赤城镇，仅遇解放军微弱抵抗；3月1日黄昏前，未经任何战斗即占领板桥镇；接着连夜进军，夜渡马莲河，沿山沟小道跋涉，于3月2日下午4时许顺利占领合水城。这里又是一座空城，搜索全城，仅发现一位老汉和一只山羊。

与此同时，张新率整二十四旅由西锋镇出发，经益门镇，顺利占领庆阳城。这里也是一座空城。

原来，陕甘宁边区的"中共"军队主力，第三五八旅、新四旅与地方部队警一旅等部，共约1万2千人，在张宗逊与习仲勋的指挥下，对胡军进攻的目标合水、庆阳等地，预先作了彻底的空室清野后，主动撤离，从2月21日起，在合水之南的西华池附近隐蔽集结，准备抓住机会伏击歼灭来敌。

张宗逊是中共陕甘宁边区驻军仅次于彭德怀的高级指挥员，是胡宗南在陕西战场的主要军事对手。他是陕西省渭南县人，1924年加入中国社会主义青年团；1926年经中共党组织推荐，考入黄埔军校第五期，是胡宗南的黄埔校友；同年，他加入中共，参加北伐；1927年参加毛泽东领导的秋收起义，随毛泽东上井冈山。红军时期，他历任团长、师长、军长、红一方面军红军大学校长兼政治委员；1934年10月长征开始，先后任红军中央纵队参谋长、红三军团第四师师长。1935年6月，红一、四方面军在四川懋功会师，7月23日，他被任命为红四方面军第四军参谋长；8月31日参加指挥包座战役，这是他第一次与胡宗南交手；10月9日，调任红四方面军红军大学参谋长兼高级指挥科科长。1936年10月，红四方面军和中央红军会师；11月26日，张宗逊任红军大学第二学校上级干部队队长；1937年1月3日到保安后，任军委一局局长；1月13日，随军委纵队进驻延安，兼任富县、甘泉警备司令。后应贺龙的请求，被毛泽东派赴红二方面军，任第四师师长。张宗逊是红军中少有的在3个方面军都任过职的高级指挥员。抗战爆发后，张宗逊任八路军一二〇师贺龙部三五八旅旅长，率部进入山西前线，参加过百团大战等；在1945年4至6月召开的中共"七大"上，当选为中央候补委员；1945年7月，任吕梁军区司令员兼政治委员。国共内战再次爆发后，他任晋绥野战军代司令员、大同战役野战指挥部司令员，指挥大同战役，却被傅作义击败；1946年11月，任晋绥军区第一纵队司令员，奉命与政委廖汉生，率部开赴陕甘宁边区，第一纵队下辖第三五八旅、独一旅。

1947年2月10日，中共中央军委为了统一驻陕甘宁边区的中共各部队，发布命令，将第三五八旅、独一旅、新四旅、教导旅、警备一旅、警备三旅组成"陕甘宁野战集团军"，司令员张宗逊，政治委员习仲勋，副司令员王世泰，副政治委员廖汉生，参谋长阎揆要，政治部主任徐立清。[1]各部队中，三五八旅与独一旅来自晋绥，三五八旅旅长黄新庭，政委余秋里；独一旅，旅长王尚荣；教导旅

---

[1] 中共中央文献研究室编：《毛泽东年谱》（1893—1949）下卷，人民出版社、中央文献出版社，1993年12月，第169页。

是在抗战后期从晋察冀调来，旅长兼政委罗元发；新四旅从太行调来，旅长张贤约，政委黄振棠；警备一旅、警备三旅则是陕甘宁边区的地方部队。

当时，教导旅在南泥湾布防，保卫延安的南大门，其他部队驻防陕北各地；担任西华池之战的，是三五八旅、新四旅与地方部队警一旅等。

一向骄纵的何奇，因几天来顺利占领赤城镇、板桥镇与合水城，益发狂妄起来。他误认为"共"军惧其声威，望风而逃，更加麻痹轻敌。

何奇此人，是胡宗南宠信的又一将领。他系黄埔六期毕业，后东渡日本，进士官学校炮科毕业，回国后又考入国

张宗逊（左）彭德怀在西北战场

民政府的陆军大学，是胡宗南手下有数的高级军事人才，备受胡宗南重视，因此倨傲自负，常自比孙吴，爱自我吹嘘，在胡部素有"何大炮"之称。

就在何奇、张新分别占领合水、庆阳不久，3月3日晚，他们同时接到廖昂转来的胡宗南命令，要他们迅速从该地，经原路，退回彬县集结，然后开往洛川一线。原来在这一天，胡宗南刚刚从南京回到西安。他按照蒋介石的命令，回西安后，立即紧急部署进攻延安的军事行动。何奇、张新两个整编旅是胡宗南这次进攻延安的主力部队之一。

在合水的何奇立即令其部队于3月4日晨出发。但在研究退路时，众说纷纭。狂妄轻敌的何奇认为共军已不堪一击，再循规蹈矩地走原路，不仅要徒涉冰冷彻骨的马莲河，而且要绕道费时，不如经西华池回宁县这条捷径，昼夜兼程，一日可达，还可以经过村落密集之地，好向百姓打粮。

何奇违背了胡宗南规定的经原路回宁县的指示，带领全整编旅两团人马，约6千多人，于3月4日下午3时许到达西华池。

西华池镇位于合水之南的黄土塬上，距胡宗南封锁陕甘宁边区的碉堡线大约40公里，是甘、陕交通要道与物资集散地，商业繁盛。该镇四周被洪水切割

得峡谷纵横，沟壑陡直，特别是镇东、镇西两条南北走向的大沟，把镇子高悬起来，像座山顶寨子。

何奇丝毫没有觉察，中共陕甘宁野战军已集中了约2倍于他的优势兵力，埋伏于西华池附近，并有一部分军队化装成百姓，埋伏于西华池镇内。

何奇预先派人到西华池侦察，发现镇上张灯结彩，贴满标语，百姓不仅没有逃跑，而且在他们赶到时还到镇外欢迎。对这种反常现象，何奇没有引起警惕。第一四二团团长陈定行提请他注意，部队不宜在此地久留，应迅速赶回宁县。但何奇满不在乎，令部队当晚就地宿营，筹集粮钱。他派第一四二团驻西华池以西约七八里的七里店，他率旅部与第一四三团杨荫寰部驻西华池镇，对防卫草草部署。

就在何奇部在西华池住下约数小时，官兵们忙于拉伕筹粮时，当晚11时许，中共陕甘宁野战军就以优势兵力，对何奇部发动猛攻。中共陕甘宁野战军新四旅围攻西华池镇何奇的旅部与第一四三团；第三五八旅围攻七里店的第一四二团。战斗极其激烈。中共陕甘宁野战军在火力掩护下，发起冲锋。"解放军使用的马克沁重机枪，尖锐刺耳，流弹飞舞，其声凄怆，闻之黯然"[1]，给何旅官兵很大杀伤。何奇指挥旅直辖部队与第一四三团仓促应战，占领镇中房屋制高点，集中数十挺重机枪与重迫击炮扫射轰击，拼命阻挡陕甘宁野战军的攻击。同时，何奇电令在七里店的第一四二团撤离该地，向西华池旅部靠拢。

战斗延续到3月5日上午，中共陕甘宁野战军发起第二次猛烈冲锋，双方发生白刃肉搏。陕甘宁野战军的攻击部队与镇内伏兵配合，逼近了何奇的旅部。何奇手中已没有控制部队，又慌又急，登上旅部住宅门楼眺望时，被陕甘宁野战军的机枪射中大腿。到这时，他才令将所部在西华池遭伏击围歼，电告胡宗南请援。

胡宗南在西安正紧张部署进攻延安军事，接到何奇的电文，又气又急，立即回电指责何奇不听指挥，擅自行动，贻误大局，要何奇率部死守待援，他已

---

① 陈定行：《西华池战役》，原国民党将领的回忆：《解放战争中的西北战场》，北京：中国文史出版社，1992年1月，第95页。

电令张新整二十四旅就近紧急前往增援。

何奇腿负重伤，血流不止，接到胡宗南来电严斥后，自知罪责难逃，愧惧交加，迅速死去。副旅长万又麟封锁何奇丧命消息，继续指挥所部顽抗。3月5日下午1时许，从七里店撤出的第一四二团陈定行部，从南面冲进西华池增援。① 胡宗南派来的战机，一面向何奇旅官兵空投粮弹，一面向陕甘宁野战军扫射。当日"夜幕降临后，解放军发起全线总攻，炮声隆隆，硝烟滚滚，杀声震天，顿时血肉横飞，陈尸遍野。许多阵地得而复失，告急之声，纷至沓来"②。眼看陕甘宁野战军就要打到旅部，副旅长万又麟"命令配属的迫击炮连以两门美式重迫击炮，对准西大街中段解放军占领阵地，从北向南进行了面射击"，即不管该地区是什么人，"连续发射了100多发炮弹，其中有不少燃烧弹，该地区民房多被打中，顿时火光四起，满天通红，人喊马嘶，不知烧死烧伤了多少人。……解放军因避火暂时撤到村外，攻势稍微缓和，旅部始转危为安"③。

双方激战到3月6日上午。这时，援兵张新整二十四旅逼近西华池。由于张宗逊在指挥上没有集中兵力突击，又过早地撤出部队，没有猛追猛打，当闻知整二十四旅张新部渡马莲河赶来增援时，又没有派部队前往截击，因而未能达到全歼整四十八旅的目的。3月6日上午，陕甘宁野战军停止攻击，在一部掩护下，撤离西华池。

在解放军停止攻击后，整四十八旅副旅长万又麟下令，对西华池全镇进行搜索，枪杀抓捕到的可疑人员。到3月6日上午11时，该旅离西华池南撤。这时张新的整二十四旅方才赶到，冲进西华池，与解放军掩护部队战斗约1小时后，双方撤出战斗。

---

① 阎进杰（时任整四十八旅战车防御炮连连长）：《整编第四十八旅在西华池遭到歼灭性打击》，原国民党将领的回忆：《解放战争中的西北战场》，北京：中国文史出版社，1992年1月，第101页。

② 陈定行：《西华池战役》，原国民党将领的回忆：《解放战争中的西北战场》，北京：中国文史出版社，1992年1月，第96页。

③ 阎进杰：《整编第四十八旅在西华池遭到歼灭性打击》，原国民党将领的回忆：《解放战争中的西北战场》，北京：中国文史出版社，1992年1月，第102页。

彭德怀后来总结此战说："一九四七年三月初，胡宗南以五个旅进攻我陇东区庆阳、合水地域。我方三五八旅、新四旅、警备一旅约一万两千人，西华池序战没有打好，伤亡一千两百人左右，从陇东撤到鄜（富）县集结，准备直接参加保卫延安。因西华池战斗打得不太好，意见很多。"①

这场近两天两夜的激战，双方都有很大伤亡，但胡宗南部受到的打击更大。胡宗南袭击陇东、吸引歼灭解放军主力的计划未能实现，他攻击延安的部署也受到影响，而且还损失了一位少将整编旅旅长。在整二十四旅赶到西华池增援后，胡宗南电询旅长张新："救出何奇没有？"张新是胡宗南的宠将，这位麻子旅长爱开玩笑，回答胡宗南说："已救出来了。"后来胡宗南知道何奇已死，责问张新，张在报话机上说："胡先生没有指示对何奇救生不救死。我救出了何奇的尸体，总算完成任务，救出何奇来了。"胡宗南闻之，只得硬着头皮说："不过是老虎头上拔了一根毛。"②

对西华池之败，胡宗南与廖昂都将罪责推到已死的何奇身上，而不反省与检讨自己在识人、用将与指挥上的错误。当时胡宗南正根据蒋介石的指示，在紧张地进行大规模攻击延安的准备。在整四十八旅残部与整二十四旅回到宁县后，胡宗南给廖昂来电指示："整编第七十六师随大军进攻延安；第四十八旅着开赴耀县休整后归还整编十七师建制。"③

不接受失败教训的人将要有更大的失败。胡宗南即将发动的大规模进攻延安的战役，其结果就是如此。

---

① 彭德怀：《彭德怀自述》，北京：人民出版社，1981年12月，第244页。

② 张新：《整编第二十四旅进攻"囊形地带"和庆阳》，原国民党将领的回忆：《解放战争中的西北战场》，北京：中国文史出版社，1992年1月，第91页。

③ 陈定行：《西华池战役》，原国民党将领的回忆：《解放战争中的西北战场》，北京：中国文史出版社，1992年1月，第97页。

A BIOGRAPHY OF HU ZONGNAN

经盛鸿◎著

胡 宗 南

全 传 下

团结出版社

胡宗南 全传

Biography of Hu Zongnan

第八章

从进攻延安到撤离延安

（一）蒋介石急令胡宗南攻取延安

1947年2月28日晨，在西安的胡宗南正在关注着所部进攻陇东的战事发展时，突然接到蒋介石从南京打来的急电，要他当天就乘飞机赶到南京。

胡宗南立即遵令动身。他携带第一战区参谋长盛文，于当日下午2时飞抵南京明故宫飞机场。

当日下午4时蒋介石就在官邸传见胡宗南。[①]

原来，蒋介石突然紧急召见胡宗南，是要胡宗南立即向陕北延安采取军事行动，限定在3月10日发起进攻。蒋介石对胡宗南说，已获确实情报，美、苏、英、法四国外长内定3月10日在莫斯科开会，在会上必然要讨论中国内战问题，美国国务卿马歇尔、苏联外长莫洛托夫都要重新提出这一问题。为了给四大国外长会议一个强烈印象，表明中共已被国民政府彻底击败，不再成为一个重要的政治力量，他当机立断，命胡立即进攻陕甘宁边区，直捣中共老巢延安。发起进攻的日期就选定在3月10日四国外长开会的这一天。至于由此引起的外交交涉，由外交部去办。

蒋介石还告诉胡宗南，国民党六届三中全会定在3月于南京召开。会上必然要对国共内战发生近一年来的形势进行总结与检讨。蒋介石、胡宗南都清楚，自1946年6月国共内战爆发以来，国民政府军开始仗着军事力量强大，向"中共"军队发动全面进攻，然而到1947年2月，在8个月中，虽占领中共解放区大小城镇105座，却损失兵力70多万人。国民政府军在各个战场都打得越来越不

---

① 胡宗南：《胡宗南先生日记·1947年2月28日》，台北："国史馆"，2015年7月，上册，第630页。

好。就在几天前，在1947年2月20日至23日，在山东莱芜战役中，由于蒋介石、陈诚的错误指挥，由于陈诚与王耀武的矛盾，以及潜伏在国军上层、担任第四十六军军长的韩练成与中国解放军的配合，导致国军自内战爆发以来最惨重的一次失败：徐州绥靖公署第二绥靖区前方指挥所，第四十六军军部及其所辖新十九师、一七五师、一八八师，第七十三军军部及其所辖新十五师、七十七师、一九三师，第十二军新编三十六师的2个团，共56000余人，被歼灭，其中毙伤1万人，被俘46800人；连同阻击部队和地方武装被歼的第九十六军暂十二师一部、第八军一〇三师一部、一六六师大部、交警十五总队全部等，总共被歼7万余人。徐州绥靖公署第二绥靖区中将副司令官李仙洲以下将级军官21名被俘，第七十三军七十七师少将师长田君健等将级军官2名阵亡，损失各种战炮457门，轻重机枪2056挺，长短枪16168支，各种炮弹26258发，各种枪弹291万余发，战马1027匹，汽车56辆，电台29部，电话机290部，铁甲车1列，火车1列。被击落飞机5架，击毁汽车15辆，被毁铁桥6座。莱芜、新泰、博山、淄川、长山、邹平、章丘、临淄、益都、掖县、昌邑、高密、胶县13座县城及张店、周村等重要市镇，以及胶济铁路500华里，都被中国解放军占领控制。而且，随着国民政府军占领区的扩大，战线拉长，其能够投入的机动军力大为减少。加上国统区经济恶化，人心浮动。因此，蒋介石决定，从1947年3月起，停止对解放区的全面进攻，转为重点进攻山东解放区与陕北解放区。照蒋介石看来，山东解放区是中共的军事中心，陕北解放区是中共的政治中心。蒋介石希望胡宗南部，这个在当时国军中唯一的战略机动兵团，在3月中旬攻占延安，打击中共的政治中枢，削弱其在中国与世界上的影响，扭转全国战局，提高国民政府军的士气，提高蒋介石与国民政府的威信，稳定人心，使蒋介石可以理直气壮地参加六届三中全会；然后，挥军东向，增援华北与东北战场。因此陕北战役意义重大。

蒋介石给胡宗南规定的战略任务是，迅速夺取延安，并于延安附近包围歼灭陕北共军主力。蒋介石问胡宗南："对陕北攻击有把握否？"

胡宗南虽对攻略延安早有准备与计划，但现在突然要立即组织实施，还有不少困难。

首先，当时胡宗南部两个机动兵团的大部分兵力均调派在外省作战：董钊的整一军在陕只留有1个整编旅，其余均在山西；刘戡的整二十九军主力部队正在陇东作战。蒋介石规定在3月10日发起进攻，那么从现在开始只有9天时间，让各参战部队开到指定地点集结并做好进攻的各项准备，其紧张与困难是可想而知的。

但上述困难经过努力尚可克服；以两个整编军用优势兵力钳形夹击陕北、迅速夺取延安的任务也不难完成；最难的是，"共"军惯于运动战、游击战，如陕北"共"军不以主力守延安，要完成围歼的任务就不是短期的事了，3个月能否办到，还很难说。

但胡宗南是个好大喜功的人，又是个善于体察蒋介石心意、绝对服从蒋介石命令的部属。他立即向蒋表示："（对陕北作战）有把握"。胡宗南向蒋介石报告了国、共双方在陕北的军事情况："（中共）在陕北正规军约六万，民兵约七万，可能援来兵力为王震、陈赓等约三万五千，总计十六万余。我第一线可集中兵力约八万四千人，连后方控制部队约十一万余，可以作战，极有把握。"①胡显然夸大了中共方面在陕北的军事力量。

蒋介石要胡宗南立即与国防部和参谋长陈诚商订出一份具体的《攻略延安方案》，交给他审核。蒋介石并对胡宗南训示，现在剿共，仍要"三分军事，七分政治"。

当日晚8时，蒋介石特地设宴招待胡宗南与盛文，蒋经国夫妇在座。席间，蒋介石不放心地再次问胡宗南："对陕北攻击有把握否？"胡仍答："有把握。"胡只是要求蒋介石多派空军支援，并盼王叔铭前往指挥。蒋允诺。谈话间，蒋问胡，中共"长处在什么？"胡答："下层组织健全，党的力量可以控制到各细胞，如某连有三十名基本党员，即控制一百六十名士兵。"②在这一点上，胡宗南的了解与分析是

① 胡宗南：《胡宗南先生日记·1947年2月28日》，台北："国史馆"，2015年7月，上册，第630页。
② 胡宗南：《胡宗南先生日记·1947年2月28日》，台北："国史馆"，2015年7月，上册，第631页。

深刻的。可是他，以及蒋介石，有没有想到，为何在他们的军队里，没有能健全国民党的下层组织？没有能发挥国民党的力量控制军队呢？

胡宗南接受了蒋介石亲自下达给他的攻略延安的紧急任务，哪敢有半点怠慢。他与盛文协商研究，拿出在1946年5月就已制订的那份《攻略陕北作战计划》，于3月1日上午9时，先到蒋介石官邸，参与研究"鲁中作战方案"，听"委座训话"；然后于上午10时，一起来到国防部，同参谋次长刘斐等作战部门官员商讨修改，重新制订出一份《攻略延安方案》。胡宗南于当日就将这份方案送呈蒋介石审核。蒋也以极快的速度审阅，于当日晚9时，召见胡宗南、刘斐，研究核准《攻略延安方案》，"定十五日开始行动"[①]。

《攻略延安方案》的主要内容是：胡宗南部军队分左、右两兵团向延安进攻。右兵团指挥官整一军军长董钊，率整一师三个整编旅，整二十七师两个整编旅，整九十师两个整编旅，工兵两个营，于宜川北面平路堡至龙泉镇之间就攻击准备位置；左兵团指挥官整二十九军军长刘戡，率整三十六师三个整编旅，整十七师两个整编旅，工兵一营，于洛川北面段仙子至旧县之间就攻击准备位置。总预备队整七十六师三个整编旅，配属战车一营，驻洛川待命。以上共十五个整编旅，总兵力14万余。另由整三十六师副师长指挥一个整编旅及陕、甘保安团约一个旅，组成陇东兵团。发起进攻时间为3月10日拂晓。发起进攻前一日起，调集上海、徐州飞机九十四架，分批轰炸延安地区，一部监视黄河各渡口。发起进攻时，陇东兵团向保安方向佯攻，迷惑敌人；右兵团占领临真、金盆湾等地后，沿金延大道两侧，向延安攻击前进；左兵团占领鄜县（今富县）、茶坊、甘泉等地后，向延安攻击前进；右兵团依左兵团协力，以闪击行动迅速夺取延安，并会同左兵团于延安附近包围歼灭"共"军主力。[②]

1947年3月1日晚，胡宗南在蒋介石核准《攻略延安方案》后，立即电令西安第一战区司令长官部副参谋长薛敏泉，让其先按方案从晋南与陇东等地，急

---

① 胡宗南：《胡宗南先生日记·1947年3月1日》，台北："国史馆"，2015年7月，上册，第632页。
② 转引自熊向晖：《地下十二年与周恩来》，北京：中共中央党校出版社，1991年2月，第65～66页。

调各部队到宜川、洛川一线指定位置集结，限在3月9日前集结完毕。至于作战命令，要等各部队集结完毕后再下达，以防失密。

胡宗南在2月28日晚与盛文协商研究进攻延安的军事计划时，就在思考着如何在对延安军事进攻的同时，配合进行一场政治宣传战。胡宗南认为第一战区政治部的王超凡等人，只会骂娘，不懂革命，干这种事只能适得其反。要起草对陕北共区军民的宣传材料等事，必须要有既懂军事，又懂政治，还要有文化修养的人来干才行。胡宗南想到了他的机要秘书熊汇荃，认为只有此人能承担此事。当然直到此时，胡仍丝毫没有觉察此人是中共秘密情报人员。

当时，熊汇荃在哪里呢？

原来，熊汇荃在1946年11月下旬，正式离开西安胡宗南的第一战区司令长官部，到南京后，于1947年1月，在南京中山东路的励志社，与谌筱华举行盛大婚礼，以胡宗南的关系，居然请到蒋经国做他的证婚人。婚后，熊汇荃本准备在1月底离华，但因1月、2月船票早已售完，只订到3月上旬的舱位。于是，熊汇荃与他的新婚妻子谌筱华于2月22日去杭州，计划游览两星期，再到上海乘船赴美。熊汇荃离南京前，特地去向胡宗南第一战区司令长官部驻南京办事处处长、胡宗南的代表徐先麟辞行，请徐代向胡宗南问候。

熊汇荃在1947年1月于南京励志社举行盛大婚礼。

胡宗南从徐先麟那里得知，熊汇荃正在杭州，就通过保密局毛人凤的关系，在3月1日晨密电保密局杭州站负责人，让他们设法迅速找到了熊汇荃，于当日晚将熊汇荃送上火车。3月2日晨，熊汇荃就来到胡宗南身边。

胡宗南当即在南京住地的临时办公室召见熊汇荃，要熊推迟3个月出国。胡宗南对熊汇荃说："要打延安了，打完这一仗，你再走。明天就回西安"。胡宗南要参谋长盛文将进攻延安的敌我形势与军事计划告诉熊汇荃。然后，胡宗南对熊汇荃说：对陕北军事进攻和政治进攻同时进行，先要准备好传单、布告、宣传品，着重准备一份《告陕北民众书》，提出国民党在陕北的施政纲领，要比共产党还要革命。胡还将两份绝密文件，一是蒋介石刚刚核准的《攻略延安方案》，一是《陕北共军兵力配置情况》，交给熊汇荃，要熊汇荃根据这两份文件，画一份草图，中午交给他，让他在下午蒋介石传见时，供蒋参阅。

这天上午9时，胡宗南应蒋介石传见，与蒋介石、王叔铭一道，"研究对陕北，空军使用兵力。王叔铭拟以L14十四架，以毁灭性方式攻击"。当日胡宗南先后访俞济时、张治中，晚8时，又与王叔铭"商陆空配合"[①]。

就在这天，当胡宗南、盛文离开住地后，熊汇荃则留在房间里画那张陕北军事草图。同时，熊汇荃将《攻略延安方案》等两份绝密文件悄悄抄存下来。当晚熊汇荃在自己房间内将这两份文件细阅后记在脑中，再将抄件焚毁，余烬投入抽水马桶冲掉。

胡宗南进攻延安的绝密计划，未及实施，就落到了中共情报人员手中。

胡宗南对熊汇荃画的陕北军事草图表示满意。接着，他要熊汇荃着手抓"七分政治"，首先起草陕北施政纲领。胡宗南指示施政纲领的名称为《国军解放延安及陕北地区后施政纲领》，其主旨是"彻底实行三民主义"，"要比共产党还革命"。熊汇荃根据胡宗南的指示，写成施政纲领草稿，其要点包括："实行政治民主，穷人当家做主"；"豁免田赋三年，实行耕者有其

---

① 胡宗南：《胡宗南先生日记·1947年3月2日》，台北："国史馆"，2015年7月，上册，第633页。

田"；"普及教育，村办小学，乡办中学，县办大学"，等等。熊汇荃又写成各种传单等宣传品，其内容除有"拥护中国国民党""拥护蒋主席"等口号外，还有"不吃民粮、不住民房、不拉民伕，不征民车"等收买人心的口号。熊汇荃将草稿送胡审查。胡简单看了看，就要熊汇荃据此定稿，不需再送他审阅，直接交刘大军秘密印就，待进攻延安开始时广为散发。

胡宗南又指示熊汇荃随他回西安后再办3件事：第一，为他配备一架最好的收音机，他每天要亲自收听延安中共电台的广播；第二，指定几个人随同行动，专事全文抄收中共新华社播发的关于陕北战况的消息和评论，全部送他阅；第三，由熊汇荃随带《水浒传》《三国演义》《西游记》《精忠说岳传》等小说，随侍在他身边。胡宗南得意地对熊汇荃说，他下达作战命令后，由军长、师长、旅长执行，由幕僚人员监核，他只需等着看捷报。在此期间，翻翻小说，闲情逸致，才显出大将风度。[1]

1947年3月3日上午8时，黄镇球、陈良来胡宗南住地，与胡"商补给问题"；9时，蒋介石再次传见胡宗南，"研究对陕北用兵，拟于八、九日即开始轰炸"，确定在3月10日即发起进攻。

1947年3月3日上午11时，胡宗南带着盛文与熊汇荃等人，乘专机飞离南京，蒋经国、俞济时、汤恩伯、郭忏、陈良、袁守谦、赵龙文等到机场送行。下午3时许，胡宗南一行回到西安。[2]

（二）胡宗南的"攻延方案"被秘密送往延安

1947年3月3日胡宗南回到西安，立即投入紧张的进攻延安的准备工作中。他令第一战区副司令长官裴昌会、副参谋长薛敏泉、政治部主任王超凡等人，先行前往洛川，筹组"前进指挥所"，作为他这次进攻延安的前线指挥机关。

胡宗南根本没有想到，就在他3月3日回到西安的当晚，他的机要秘书熊汇

---

[1] 熊向晖：《地下十二年与周恩来》，北京：中共中央党校出版社，1991年2月，第66～68页。
[2] 胡宗南：《胡宗南先生日记·1947年3月3日》，台北："国史馆"，2015年7月，上册，第633页。

荃就秘密前往新华巷1号中共"西安情报站"负责人王石坚家里，将胡宗南部的《攻略延安方案》等绝密军事文件以及胡宗南部近期各方面情况，包括胡宗南将密切注意新华社与延安广播电台播发的有关陕北战事的消息和评论，等等，统统作了详细报告。王石坚立即将这些极端重要的机密情报，通过秘密电台，火速报给延安中共中央。

熊汇荃与新婚妻子谌筱华还将他们的家，安排在王石坚住处的后院。

胡宗南进攻延安的军事计划还未下达到部队，他的军长、师长、旅长都尚毫不知情，进攻延安的军事行动更远没有开始实施，他的一切军事机密就都被延安中共中央掌握了。1947年3月6日，中共中央主席毛泽东就在为中共中央军委起草的致刘伯承、邓小平的电报中，明确地指出："胡宗南指挥第一师三个旅、九十师二个旅、二十七师一个旅及保安旅、一个骑兵旅，共十七个旅，除一部守备陇东、关中外，主力正向宜川、洛川、中部之线急进，寅灰（按：指3月10日）可集中完毕，寅删（按：指3月15日）可开始攻击（亦有可能延至寅删、寅寅号［按：指3月20日］之间）。"[1] 3月10日，毛泽东为中共中央军委起草致"陕甘宁野战集团军"领导人张宗逊、习仲勋、王世泰、廖汉生电，告诉他们："（一）西安确息，胡宗南准备伞兵千人，寅齐（指3月8日）在西安集中，待命集中袭击延安；（二）望着新四旅立即开延安，以两天行程赶到延安附近，保卫延安为要。"[2] 可见中共方面对胡宗南部进攻延安的兵力部署与军事动向，了解全面而及时。——胡宗南部未来在陕北的命运已是可想而知了。

胡宗南回到西安的第二天，即1947年3月4日，得到报告：参加陇东战役的整四十八旅何奇部在奉命开往洛川集结的途中，在西华池被"共"军包围。胡急令整二十四旅张新部就近增援。整四十八旅虽被救出，但损失惨重，少将旅长何奇在3月5日阵亡；接着，胡宗南又得到整一军的报告，该军在从山西开往

---

① 转引自陈标：《胡宗南进攻延安的兵力是多少？》，《党史研究资料》（北京）2000年第11期，第32页。

② 中共中央文献研究室编：《毛泽东年谱》（1893—1949）下卷，北京：人民出版社、中央文献出版社，1993年12月，第174页。

宜川集结的途中，整九十师中将师长严明，在山西河津过黄河禹门口吊桥时，从司机手里接过汽车方向盘，开车前进，结果车翻到沟里，被压断一条右腿。尚未出师先损两员将领。"何奇于西华池阵亡。严明于河津翻车"[1]，胡宗南的内心蒙上一层阴影。胡宗南令康庄接任整四十八旅旅长，令陈武代理整九十师师长。

1947年3月7日，胡宗南接到蒋介石打来的密电，要他将原定发起进攻延安的日期3月10日，往后推迟3天。原因是美军驻延安军事观察组尚待撤离。但蒋仍要胡在莫斯科四国外长会议期间迅速夺取延安与歼灭陕北"共"军主力。

熊汇荃以胡宗南机要秘书的身份，及时得悉蒋介石指示推迟3天发起进攻的密电，当日晚立即报告王石坚，转报延安中共中央。王石坚告诉熊汇荃，延安来电说，已将熊呈报的胡宗南进攻延安的作战方案呈送毛泽东、周恩来，他们认为情报很及时、很有用。熊汇荃报告王石坚，他明日将随胡宗南到洛川，无法继续提供情报了。王石坚说，主要的战略情况已搞清，细节会由别人去查。因为中共在西安的情报组织，除熊汇荃外，还有许多别的情报人员，分布在各条战线上。胡宗南部的动静多能及时为中共方面掌握。王石坚所说的所谓"细节"，应主要是指由胡宗南的机要室副主任戴仲容（戴中溶）提供。胡宗南占领延安后任命的延安市市长陈绥民（即曾负责组织湖南青年战地服务团的陈大勋）晚年在台湾回忆说："我军后来之节节失利，主要在收复延安之后之全军攻略，均为国防部共谍刘斐与一战区长官部机要室副主任戴仲容二人，将我军情况全部泄露，致我军全军覆灭之惨痛教训"[2]。

1947年3月9日，胡宗南指定参谋长盛文留在西安，主持第一战区司令长官部的日常工作，他自己携带随行人员，于晚8时，乘火车秘密离开西安，于3月10日5时，晨光熹微，到达铜官（今铜川）。在那里，胡宗南与熊汇荃及一名卫

---

[1] 胡宗南：《胡宗南先生日记·1947年3月4日》，台北："国史馆"，2015年7月，上册，第633页。

[2] 转引自罗青长：《对敌隐蔽斗争战线的知音》，中共黑龙江省委党史研究室、中共陕西省委党史研究室编《回忆欧阳钦》，北京：中共党史出版社，1992年，第35页。

士都换上普通士兵的灰布棉军服，于6时转乘吉普车，"经宜君中部，于十一时半到达洛川"[①]。

胡宗南到达洛川前线后，就急于了解延安中共方面的消息。他让熊汇荃按时打开收音机收听延安电台的新闻广播。这次胡宗南听到的广播内容是，3月8日下午延安中共召开的"各界保卫边区、保卫延安动员大会"的报道。工作人员又给胡宗南送来关于这次大会的五则"新华社延安9日电"电讯稿的抄录油印件，其中有朱德、彭德怀、周恩来在大会上的讲话全文。胡宗南认真地研读了这些讲话，开始兴致很高，对秘书发议论说：从周恩来、朱德的讲话看，共产党毫无准备，和平观念很深，事到临头，开个动员大会也扭转不过来，只剩下几天，来不及坚壁清野，更谈不上长期作战。这次他出敌不意，攻敌不备，正好乘虚闪击突袭，迅速拿下延安。

胡宗南想了想，突然发现了问题：这次延安动员大会，中共中央主席毛泽东怎么没有讲话？他又想到，中共方面称周恩来为将军，称朱德为总司令，是将军大还是总司令大？周恩来在共产党里资历比朱德深，周恩来是朱德的入党介绍人，南昌暴动是周恩来领的头……现在中共方面称周恩来为将军，其中大有文章，一定是让周恩来指挥作战。胡宗南熟悉周恩来的经历，了解周恩来的文才武略，不由对此有点担心。他说："周恩来这个人很难对付。"胡宗南兴头突减。[②]

胡宗南不了解，中共方面在陕北的作战，是由毛泽东亲自谋划与部署。

任弼时

---

① 胡宗南：《胡宗南先生日记·1947年3月10日》，台北："国史馆"，2015年7月，上册，第634页。

② 参阅熊向晖：《地下十二年与周恩来》，北京：中共中央党校出版社，1991年2月，第68~72页。

毛泽东决定与周恩来、任弼时坚持留在陕北，一方面指挥全国"中共"军队的作战；另一方面吸引与拖住胡宗南军事集团，直接指导彭德怀率领的西北"中共"军队与胡宗南部作战。胡宗南面对的对手将是中共的几位最高领导人。

到1947年3月10日，胡部进攻延安的军队如期到达宜川、洛川一线集结完毕。

集结在宜川一线的，为整一军董钊指挥的3个整编师7个整编旅，附重迫击炮营等。下辖：

整一师，师长罗列。辖整一旅，旅长吴俊；整七十八旅，旅长沈策；整一六七旅，旅长李昆岗。

整二十七师，师长王应尊。辖整三十一旅，旅长李纪云；整四十七旅，旅长李达。

整九十师，代师长陈武。辖整五十三旅，旅长邓宏仪；整六十一旅，旅长邓钟梅。

集结在洛川一线的，为整二十九军刘戡指挥的3个整编师7个整编旅，附战车、重炮部队。下辖：

整三十六师，师长钟松。辖整一二三旅，旅长刘子奇；整一六五旅，旅长李日基。（缺整二十八旅徐保部，该整编旅被胡宗南派往榆林任防守）

整七十六师，师长廖昂。辖整二十四旅，旅长张新；整一三五旅，代旅长麦宗禹。

整十七师，师长何文鼎。辖整十二旅，旅长陈子干；整四十八旅，旅长康庄；整八十四旅，旅长张淇。

另以整七十六师的整一四四旅，旅长赖汝雄，在后方铜官集结待命，兼负保卫西安至洛川通道。

以上共6个整编师15个整编旅，以每旅9000人计算，15个整编旅共约13.5万人。另每个军、师的直辖部队及临时配属的特种部队，共约2万人。这样，胡宗南用于进攻延安的正规部队共约15万人。胡部主力几乎全部集中投入此战役。

1947年3月10日晚10时，胡宗南在洛川中心小学礼堂召开军事会议。参加会议的有参战部队整编旅旅长以上的高级将领。

会议一开始，先举行"布达式"，由胡宗南宣布任命这次进攻延安的指挥机构——"前进指挥所"组成人员：裴昌会为前进指挥所主任；薛敏泉为参谋长，王超凡为政治部主任，汪承钊为参谋处处长，熊汇荃为机要秘书……

布达毕，胡宗南正式传达与指授《攻略延安方案》，下达作战命令。其要点是：

（一）攻击目标：以整一军组成右兵团，整二十九军组成左兵团，采取钳形攻势，包围歼灭陕北共军主力，占领延安。攻击重点置于右兵团。

（二）兵力部署与攻击路线：

1. 右兵团——整一军军长董钊指挥整一师、整二十七师、整九十师共七个整编旅，由宜川出发，占领临真镇、南泥湾、金盆湾等地，沿金延大道两侧，向延安攻击前进，最后占领延安及其东北地区，在拐峁停止待命。

2. 左兵团——整二十九军军长刘戡指挥整三十六师之整一二三旅、整一六五旅、整七十六师之整一三五旅、整十七师之整十二旅，共四个整编旅，由洛川一线出发，攻占鄜县、茶坊、牛武、甘泉，沿咸榆公路，向延安攻击前进，占领延安西南地区，在枣园停止待命。

3. 作战地境分界线：两个整编军作战地境分界线为洛川东四十里铺、南泥湾通延安之道路线。线上属左兵团。

4. 总预备队——整七十六师之整二十四旅、整一四四旅，共两个旅，集结于洛川至同官（今铜川）一线，于进攻开始后，随右兵团后尾前进，策应两兵团作战；整十七师之整四十八旅、整八十四旅共两个旅，担负保卫同官（今铜川）到洛川及洛川以北的公路交通线，并修筑洛川到甘泉间的公路，保证前方粮弹补给。

（三）进攻开始时间及完成期限：各部于3月13日晚6时前就攻击准备位置，布置妥当，14日拂晓发起攻击。要求在3月17日占领延安。战役完成时间约4天。

胡宗南告诉大家，在胡军各部发起进攻时。空军将先行对延安地区轰炸，

"西北行辕"的宁夏马鸿逵部与榆林的"晋陕绥边区总部"邓宝珊部，将从西面与北面向边区发起攻击，与南面的胡部大军响应配合。

接着，前进指挥所的参谋长薛敏泉、参谋处处长汪承钊就部队行军、作战注意事项作了具体布置，其中有些是国防部指导的新战术，有些是胡宗南的第一战区长官部新研究出来的战术，主要是"方阵式"与"蛇蜕皮"的进军方式及"钻隙战术"等。其主要内容是：因陕北地形复杂，多高山大川，为防"共"军伏击与夜袭，规定各部队这次向延安进军，全部轻装，携带七天干粮。每天拂晓出发，薄暮露营。每次进军时，先派前卫占领阵地，依次掩护本队前进，首尾相顾，左右相连，布成横直三四十里的方阵，走山不走川，只走山顶，不走大路。若遇小股敌人即行消灭，遇大股敌人可先绕道而行，以求迅速快捷，最后吸引敌军于延安附近围歼之。薛、汪还对通讯联络、后勤保障及便于空军识别的标志等，作了规定。

会议最后，胡宗南对众将领致训词，说：领袖授命我们进攻延安，彻底摧毁共产党的根据地，大家要不负领袖重托，奋勇作战，建立奇功。胡宗南信心十足地说：3日之内占延安。只要占了延安，"共"军就得过黄河。会议"于午夜后一时毕，一致通过攻略延安作战方案"①。

会后，胡宗南对军队的粮饷供应仍不放心。当时联勤总部只拨给胡部17万人份半个月的口粮。胡命薛敏泉分别向南京联勤总部与陕西省政府催索，务求解决攻击部队供粮难、运粮难的问题。

胡宗南对中共中央撤离延安后的去向也分外注意。当时，保密局研究室主任魏大铭从南京专程来到洛川。他带来美国最新侦测无线电台方向位置的设备及操作人员，编为一个分队，配属给胡宗南。连日侦测共区，发现山西兴县无线电台最多，由此判定中共首脑部转移到兴县。但对电波弱的电台不易侦测。胡宗南多次约见魏大铭，要求该分队积极工作，力求侦知判明陕北共军各级指挥部的位置。

---

① 胡宗南：《胡宗南先生日记·1947年3月10日》，台北："国史馆"，2015年7月，上册，第634页。

下达作战命令后，胡宗南果真如他所说，"闲情逸致"起来。

可是胡宗南又一次没有想到，他召开洛川会议的最新军事机密，又一次在他的眼皮底下，由他的机要秘书熊汇荃迅速而及时地报给了中共中央。

熊汇荃参加了洛川军事会议，听到了薛敏泉、汪承钊就行军、作战提出的新战术，这是他事先所不知的。后来，熊又了解到魏大铭带来了无线电侦测分队。这些都是极其重要的、关系到"中共中央"安危与中共军队作战的最新机密情报。他必须迅速报告中共西安情报组织。可是他身在洛川，无法去西安。于是他冒险违反中共的秘密工作常例，将这些情报白纸黑字写在纸上，封入信封，信封上写王石坚代名。他又写另一封信给西安西大街"研究书店"的经理潘裕然，将给王石坚的信附在给潘的信中，并请潘对附信勿拆，迅交。然后一并装入第一战区司令长官部长官专用信封，封好后，上写"西安西大街研究书店潘裕然经理亲收"。熊汇荃将这封信，交给胡宗南总部来往于西安、洛川间的机要交通员送交，并要机要交通员索取回条。

熊汇荃的装有情报材料的信件，顺利交到了潘裕然手里。潘裕然是北京大学名教授潘家洵的儿子，又与陕西省政府主席祝绍周有亲戚关系，是熊汇荃在"湖南青年战地服务团"的旧友，在抗战期间曾受过胡宗南的政治培训，在西安三青团等政治机关工作过，以文职人员获上校军衔。现在他应聘在王石坚开办的研究书店任经理，与王石坚有自然联系，因此很快将熊汇荃的信转交给王石坚。①

胡宗南在洛川军事会议上的一切最新机密，包括胡部进攻延安的日期、路线、军事计划、兵力部署以及最新战术等等，迅速被中共中央所掌握。

中共中央迅速采取了一系列相应措施，其中包括为防备胡部的无线电侦测电台，对中共各级各单位使用无线电台作出了新的严格规定。中共中央在撤离延安时，曾下令中央各电台停止工作3天，并以中央军委名义，致电各野战军负责人，指示说："蒋敌现有测量电台方向位置的设备，……但对小电台，因电

---

① 熊向晖：《地下十二年与周恩来》，北京：中共中央党校出版社，1991年2月，第72～73页。

波弱，不易辨别。因此，望你们在作战前部署期间及作战中，均不用无线电传达，或将司令部原属之大电台移开，改用小电台，转拍至大电台代转，以迷惑敌人。"① 这样，就避免了暴露各级指挥所位置与作战机密。这些措施以后给胡军的无线电侦测造成了很大的困难。

（三）攻占延安——"华而不实的胜利"

1947年3月13日，胡宗南以第一战区司令长官的名义，向参战各军正式下达了对延安的攻击令。这天清晨，按照胡宗南的攻略方案，从西安与太原起飞的国民政府空军的轰炸机群轮番对延安进行了空袭。"九十四架飞机轰炸延安，调集上海、徐州、西安等飞机，轮流分批轰炸"②。

3月14日凌晨4时，胡部大军开始发起全线攻击。"本日开始攻略延安，午前四时开始行动"③。

右兵团整一军是攻击延安的重点。所辖3个整编师：整二十七师在宜川以北地区，向临真镇进攻；整九十师在英旺以北地区，向金盆湾进攻；整一师从瓦子街以北地区，向南泥湾东侧攻击前进。

左兵团整二十九军则从洛川一线出发，向甘泉一线攻击前进，牵制解放军，掩护右兵团顺利攻占延安。

面对胡宗南部绝对优势兵力的大规模进攻，在延安的中共中央确定基本作战方针是：诱敌深入，必要时放弃延安，与敌在延安以北的广阔山区周旋，陷胡军于十分疲惫、十分缺粮之困境，然后抓住有利战机，集中优势兵力，在运动中逐批加以消灭，牵制胡宗南集团主力于陕北战场，以利"中共"军队在其他战场打击与消灭国民政府军，收复失地。④

① 转引自上海国家安全教育馆编印：《在隐蔽战线上作战》，2009年，内部发行，第61页。
② 胡宗南：《胡宗南先生日记·1947年3月13日》，台北："国史馆"，2015年7月，上册，第635页。
③ 胡宗南：《胡宗南先生日记·1947年3月14日》，台北："国史馆"，2015年7月，上册，第636页。
④ 参阅王焰等：《彭德怀传》，北京：当代中国出版社，1993年，第299页。

当胡宗南军向陕北发起进攻时，中共中央令教导旅罗元发部及警三旅第七团，共5 000余人，在延安以南临真镇、金盆湾、南泥湾一线，依托工事，进行机动防御；令刚参加陇东西华池战役的第一纵队张宗逊部隐蔽东进，在道佐镇、甘泉、大小崂山一线组织防御，为右防御兵团；新四旅张贤约部为预备队；同时令晋绥军区第二纵队王震部从山西火速经延水关西渡黄河增援，隐蔽集结于延长附近。

因此，综计当时陕北的中共部队，主要是张宗逊指挥的"陕甘宁野战集团军"，下辖教导旅、新四旅、三五八旅、独一旅，以及新从晋绥解放区调入的第二纵队，司令员兼政委王震，下辖三五九旅，旅长郭鹏，独四旅，旅长顿星云，共6个旅，约2.6万多人，为胡宗南进攻延安军队的约1／6。如果再加上中共陕甘宁边区地方部队警备第一旅与第三旅，也只有3万多人，与胡部军队之比约为1∶5。若再将北面的邓宝珊部与西面的马鸿逵部计算在内，则陕北的中共部队与国民政府军之比为1∶8。而且陕北的中共部队武器装备差，弹药奇缺。

当时担任中共中央军委参谋长的彭德怀后来回忆说：他在3月10日前后，赶到"防卫延安的主要阵地南泥湾检查教导旅设防情形。听了罗元发同志的介绍，就是子弹太少，平均每枪不到十发。同他们商量了部署，认真研究能防御几天，他们说五天。我说，尽可能阻击，给敌以杀伤，但不死守，争取防守一星期，使中央机关撤出延安有富裕时间。以后证明，也守了七天。如果有充分的弹药，当然还可能延长守备时间"[1]。

3月14日晨战斗打响后，胡宗南部右兵团整二十七师王应尊部在空军掩护下，轻装穿过梢林，涌向临真镇，首先与解放军教导旅侦察分队接火，接着与教导旅第二团和警卫营展开激战。在这同时，整一师罗列部与整九十师陈武部采取集团进攻与迂回包抄的方式，向南泥湾东侧与金盆湾的教导旅第一团扑去。

战斗最激烈的是金盆湾，就是陈武指挥的整九十师这一路。陈武以该师的整五十三旅与整六十一旅，分为左右两个纵队，齐头并进，师部随整六十一旅

---

① 彭德怀：《彭德怀自述》，北京：人民出版社，1981年12月，第244页。

跟进。开始仅遭到解放军轻微抵抗。但当进抵金盆湾阵地时，就遭到解放军的猛烈阻击，前进较缓。夜晚，陈武令所部停止进攻，在山头上露营。后来，陈武观察战场形势，改变战术，调集重兵，向教导旅第一团与第二团结合部这个薄弱环节进攻，突破解放军防线。解放军依预定计划，节节阻击，机动后撤到金盆湾北部山地上防守。整九十师占领了金盆湾一线阵地，又被解放军预埋的各种地雷炸死、炸伤不少。

在这同时，整一师推进占领了金盆湾以西高地；整二十七师占领临真镇。

这已经是3月16日。

就在这一天，仍在延安的毛泽东发布了关于中共陕甘宁边区各部队保卫延安的部署的命令："敌以五师十二旅约八万人进攻延安，经三天猛烈攻击，突破我第一线阵地。由于我军坚决英勇抵抗，敌伤亡甚大，困难增加，颇疲劳，今后将更甚。……我边区各兵团有坚决保卫延安任务，必须在三十里铺、松树岭以南甘泉、南泥湾、金盆湾地区，再抗击十天至两星期（十六日至二十九日），才能取得外线配合，粉碎胡军进攻延安企图。"① 显然，毛泽东在这时是准备守卫延安到3月29日的。

在当天，中共中央军委发布命令：所有陕甘宁边区的野战部队与地方武装，"自三月十七日起，统归彭德怀、习仲勋同志指挥"②。彭德怀出任中共陕甘宁野战军司令员兼政委，张宗逊任副司令员，中共西北局书记习仲勋任副政委。贺龙则为陕甘宁晋绥联防军（后改称西北军区）司令员，兼管后方。彭德怀原担任的中共中央军委参谋长，则由从南京撤回延安的周恩来继任。

胡宗南见3天以内未能占领延安，十分恼火与发急。他从洛川的前进指挥所里连连用电话催促前方的董钊与刘戡加强攻击，尽快前进。

左兵团整二十九军沿咸榆公路攻击前进，目标是占领甘泉以北的崂山制高

---

① 中共中央文献研究室编：《毛泽东年谱》（1893—1949）下卷，北京：人民出版社、中央文献出版社，1993年12月，第175页。

② 王焰等：《彭德怀传》，北京：当代中国出版社，1993年4月，第300页。

点，牵制中共陕甘宁野战军。老谋深算的刘戡不敢孤军深入，派出搜索部队侦察又处处受阻击。他不了解敌情，又不熟悉地形，就采用"蛇蜕皮"的办法，缓慢而又谨慎地前进。该部进至崂山地区，遇到中共陕甘宁野战军有力抵抗。刘戡一面指挥作战，一面等候右兵团的消息。

右兵团整一军董钊在所部于16日占领金盆湾一线阵地后，于17日断然调整部署：以整九十师改为右纵队，沿金盆湾至延安的公路以北地区攻击前进；以整一师改为左纵队，在公路以南攻击前进；以整二十七师为预备队，同军部一起沿公路前进，随时策应左、右两纵队作战。各部队加大了攻击的猛烈程度。

17日当日，右兵团各部与中共陕甘宁野战军逐山争夺，战斗甚为激烈。到3月18日，整九十师更竭尽全力攻击。整六十一旅旅长邓钟梅亲自上前线督战。这天该师进展较快，占狗梢岭，当晚在杨家畔宿营。这里离延安已近在咫尺了。这时，在整九十师左翼的整一师，才进到杨家畔左后方的某村，比整九十师落后了约15华里。

这时，整六十一旅参谋长向陈武报告：该旅窃听到延安"共"军总部给南线守备部队下达的命令，要他们迅速撤离战场，到延安待命。——这就是说，"共"军将主动后撤，不再作什么抵抗了。陈武听了兴高采烈，说："这下子我师可得占领延安首功！"因整九十师在进攻中一直冲杀在最前面。这时又传来胡宗南的命令："首先攻入延安的部队可得赏金法币1000万元。"[1]陈武与整九十师官兵以为定可名利双收。

原来，在3月18日，中共中央与毛泽东看到胡宗南各部队加大对延安的猛烈攻击，进展加速，延安将难以守卫到3月底，为避免无谓的牺牲，乃当机立断，下令前线各部队停止阻击，全线后撤，中共中央放弃延安，将胡军引向陕北的广袤地区，与其周旋，寻机歼之。3月18日当晚8时，毛泽东与周恩来率领中共中央与延安地方的党、政、军各机关，以及当地的居民，一律撤离延安。此前数日，

---

① 任子勋（时任整九十师少将副师长）：《国民党军进犯陕甘边区初期的失败》，原国民党将领的回忆：《解放战争中的西北战场》，北京：中国文史出版社，1992年1月，第114页。

中共中央的其他领导人朱德、刘少奇、任弼时等人，已撤到子长县的王家坪。

3月18日当天，毛泽东与中共中央军委发出关于陕甘宁边区战局形势的通报："胡宗南此次集中刘戡、董钊两个军，第一、第十七、第二十七、第三十六、第七十六、第九十等六个（整编）师，十四个（整编）旅（二十九个团），四个炮兵团，共三十三个团，连同军、师直属队，约十五万人之众，十三日起，从洛川、宜川之线打入边区，大部走无人荒山向延安前进，我以小部利用山险节节抵抗，疲惫消耗之。"通报概述了当时胡宗南部的兵力及其部署："胡宗南共有二十六个旅（其中四个旅在晋南），再加榆林、宁夏七个旅，总计三十三个旅。"[①]中共方面对胡宗南部兵力及其部署的了解与判断，是十分正确的。

3月18日晚，约9时许，彭德怀在送走毛泽东后，"回到了王家坪，同前方部队首长都通了电话，规定了撤退路线，告诉了意图和撤退时间，特别要三五八旅大摇大摆地向安塞以北撤退。我以小部兵力诱敌向安塞（延安西北）进攻，主力埋伏于延安东北之青化砭地区。我军撤出延安是最有秩序的"，彭德怀则率其小小的陕甘宁野战军指挥机关，"从王家坪东面一条小路爬上山，向青化砭前进，当天午后到达"[②]。

在3月18日当日夜半，陈武突接到董钊传来的一道命令，要求整九十师在3月19日午前9时由现在的位置开始攻击，攻击目标为宝塔山至清凉山之线及其以东地区。这道命令说明了两个问题：第一，是不让整九十师首先攻入延安，而让落在后边的整一师赶到整九十师前面；第二，是不让整九十师进入延安城内，而去占领延安郊区的宝塔山至清凉山一线，延安城区由整一师占领。

陈武听到这道命令，十分恼怒，气愤地说："为将帅者要取信于人，最宝贵的是待下公平，其次是赏罚严明。如果存私心，图私利，必然招致上下不和、士不用命的结果。我们整九十师从17日起连续两天担任强攻，牺牲很大，而第一师未遇激烈战斗，并且行动迟缓，落后15里。现在眼看延安唾手可得，

---

① 转引自陈标：《胡宗南进攻延安的兵力是多少？》，《党史研究资料》（北京）2000年第11期，第33页。
② 彭德怀：《彭德怀自述》，北京：人民出版社，1981年12月，第246页。

却来限制九十师的行动，偏袒第一师，要他去立功。真他妈岂有此理。"①

但陈武以"服从命令为天职"，令整九十师让开进入延安的大路。3月19日上午8时许，从后面赶上来的整一师一下子插到整九十师的前面，向延安城区前进。陈武则指挥整九十师于午后2时占领宝塔山。陈武登上宝塔山，用望远镜观察延安四周形势，看到在延安老城的西山顶上、城西南高地上及延水以北的清凉山上，只有中共陕甘宁野战军少数掩护部队，在宝塔山的西南角下，有断断续续的机枪声。陈武叹道："过去有人出胡宗南的洋相，说他只是个作连长的材料，今天我看董钊的才能，只配当一个排长，不配作军长，更不配作兵团司令。今天如果敌方有一支强大部队进行反击，我看在延安城下非闹出大笑话不可。"②陈武看出了胡宗南与董钊在指挥上的严重缺陷与攻击部队部署的混乱，幸中共陕甘宁野战军兵力少，才未酿成严重后果。陈武令所部徒涉过延水，占领清凉山。

在整九十师奉命被阻不得进延安城的同时，整二十九军刘戡各部也奉命被阻于延安南二十里铺东西之线，限制其先进延安。

所有这一切，都是胡宗南在洛川前进指挥所精心安排与下达命令的。胡宗南的目的只有一个：要让整一师首先进入延安城，获得攻延第一功。而在整一师的三个整编旅中，胡宗南又要让整一旅先于整七十八旅、整一六七旅进入延安。当时按照整一师的部署，沈策担任旅长的整七十八旅是主攻旅，担任正面进攻，应首先进入延安城。但在胡宗南的严令下，整七十八旅又让开道路，让整一旅赶到前面。

3月19日下午3时许，整一旅吴俊部才在飞机掩护下，突进延安城。但进延安一看，发现竟是一座空城，几乎空无一人。"中共"军队在撤离延安前，已对居民作了彻底的疏散。入城部队发现城西凤凰山顶有"中共"军队活动，遂

① 任子勋（时任整九十师少将副师长）：《国民党军进犯陕甘宁边区初期的失败》，原国民党将领的回忆：《解放战争中的西北战场》，北京：中国文史出版社，1992年1月，第114页。
② 任子勋（时任整九十师少将副师长）：《国民党军进犯陕甘宁边区初期的失败》，原国民党将领的回忆：《解放战争中的西北战场》，北京：中国文史出版社，1992年1月，第115页。

派两营部队追击。到傍晚，山上的"中共"军队扫了一阵轻机枪后，就沿着山头向延安西北方向的安塞撤退。这是"中共"军队向胡军故示撤退方向。

胡宗南军终于占领了延安。

胡宗南军队进入延安。

在3月19日这天，胡宗南在洛川一直密切地关注着前线的消息。这天中午前后，胡先后接到裴昌会的电话报告：整一师的一六七旅李昆岗部进至延安城郊，整九十师陈武部攻占宝塔山等。裴昌会请示胡宗南，是否即向南京报捷。胡宗南却回答："不！"胡的参谋、副官们都感到奇怪。直到午后3时，前线报告：整一旅吴俊部进入延安城。胡宗南闻讯大乐，亲自拟电，发给南京蒋介石报捷，其电文如下："我军经七昼夜的激战，第一旅终于19日占领延安。是役俘虏敌五万余，缴获武器弹药无数，正在清查中。"[①]

这里面有许多明显的捏造与不实之词。首先在进攻延安的7天中，只打了一两场硬仗，其余都因解放军有计划后撤，胡军进展顺利。胡军在7天中送回后方的伤兵都很少。其次，当时中共陕甘宁野战军在陕北的全部兵力只有约3万人，岂能被胡军俘虏5万余呢？中共陕甘宁野战军武器弹药奇缺，又岂能被缴获无数呢？

---

① 裴昌会：《蒋军胡宗南部进犯延安纪略》，全国政协文史资料编辑委员会编：《文史资料选辑》第36辑，第3页。

胡宗南的电报发出后，机要秘书熊汇荃问他，为何要等到整一旅占领延安的消息才向南京报捷？胡宗南哈哈大笑，说这是为整一旅恢复名誉。[1]原来胡宗南自去年9月整一旅在晋南被歼后，认为是奇耻大辱，一直耿耿于怀，现在他精心设计让重建的整一旅夺得攻占延安头一功，算是为他的起家部队洗刷耻辱，重树声威。但胡宗南如此矫揉造作，偏袒嫡系，有失大将风范，且引起军内矛盾与不满。

接着，胡宗南召集前进指挥所主管成员连续开会，研讨怎样向新闻界发布胡军攻占延安的消息。进攻延安战果平平，如照实讲，无法交代；但如谎报吹嘘，一旦陕北"共"军主力再度出现，胡也无法交代。胡宗南反复推敲，延至下午，才通知西安的盛文，告中央社发布下列两则电讯：

1. （中央社西安19日下午4时急电）陕北"共"军自企图南犯以来，国军即予猛烈反击，昨（18日）下午进抵距延安10公里处，经一度激烈战事后，今（19日）上午10时，已收复延安，同时占领该县东南郊之宝塔山，战果正调查中。

2. （中央社西安19日下午5时急电）"共"军为配合莫斯科会议向西安所发动之大规模攻势，今已为国军完全摧毁。"共"军之老巢延安，于本日上午10时为国家收复。……据初步统计，"共"军伤亡约一万余，投诚两千余。国军乃于本日上午10时，完全占领延安，刻正抚辑流亡中。

中央社迅速将这两则电讯发往海内外。在国民政府统治区的各报刊纷纷抢出号外，以报道这特大新闻。南京国民政府中央机关报《中央日报》在3月20日头版头条，刊载上述电讯时，却冠以"国军收复延安，生俘'共'军一万余人"的标题，还配发了《国军解放延安》的社论，内中充满了浮夸不实之词："国军本无意进攻延安，一直延到本月13日，'共'军贺龙、陈赓率部十二万

---

① 裴昌会：《蒋军胡宗南部进犯延安纪略》，全国政协文史资料编辑委员会编：《文史资料选辑》第36辑，第3页。

余人，由陕北出发对西安采取钳形攻击的后两天，才决定于迎头痛击之余，更进一步去解放延安"；"共党这一次发动全面攻势，实用以配合莫斯科会议中外人士酝酿国际干涉中国内政的外交攻势。……政府对于这种出卖国家的第五纵队，自有严厉教训的必要，而最能收教训的效果者，莫过于扫荡延安"①。

3月20日，胡宗南在日记中写道："克服延安后，西安及京沪各地纷出号外，各地慰劳及贺电纷至沓来。"②

胡宗南一时成了中外瞩目的风云人物。

更使胡宗南哈哈大笑的是，他在3月20日接到了蒋介石"手启寅马府机电"，内称：

延安如期收复，为党为国雪二十一年之耻辱，得以略慰矣。吾弟苦心努力，赤忱忠勇，天自有以报之也。时阅捷报，无任欣慰。各官兵之有功及死伤者应速详报。至对延安秩序，应速图恢复，特别注意其原有残余及来归民众与俘虏之组训慰藉，能使之对共匪压迫欺骗之禽兽行为，尽情暴露与彻底觉悟。十日后，中外记者必来延安参观，届时使之有所表现，总使共匪之虚伪宣传完全暴露也。最好对其所有制度、地方组织，暂维其旧，而使就地民众能自动革除，故于民众之救护与领导，必须尽其全力，俾其领略中央实为其解放之救星也。③

稍后，胡又接到了正在南京召开的国民党六届三中全会发来的祝贺长电。胡宗南拿着蒋介石的电报兴冲冲地送给裴昌会、薛敏泉等人看，说："你们看，我军攻占延安，蒋先生是多么高兴啊！"④

---

① 社论：《国军解放延安》，《中央日报》（南京）1947年3月20日，第1版。

② 胡宗南：《胡宗南先生日记·1947年3月20日》，台北："国史馆"，2015年7月，上册，第637页。

③ 胡宗南：《胡宗南先生日记·1947年3月22日》，台北："国史馆"，2015年7月，上册，第637页。

④ 裴昌会：《蒋军胡宗南部进犯延安纪略》，全国政协文史资料研究委员会编：《文史资料选辑》第36辑，第4页。

在胡宗南的指示下，西安城更因"收复延安"而热闹起来。陕西省政府主席祝绍周令全城商店与居民一律悬挂国民政府的国旗，燃放鞭炮，庆祝"陕北大捷"。陕西广播电台还特地请来一些名演员来电台播音献唱。

但就在轰轰烈烈欢庆"胜利"的热闹时刻，南京国民政府中一些有识之士就对胡宗南的"捷报"中一些浮夸捏造不实之词产生了疑问。甚至在西安专任蒋介石与胡宗南之间联络的陆军副总司令范汉杰也多次电询在洛川的胡宗南与裴昌会，要求核实战果实情，但都被胡、裴含糊敷衍过去。^①

对历史不诚实的人必将得到历史的惩罚与嘲弄，这在战争中尤其是如此。历史很快证明，胡宗南以数十万大军侵入陕北贫瘠之地，占领一座主要以窑洞构成的延安空城，在政治上与军事上都是得不偿失。后来国民政府宣传部门负责人董显光在《蒋"总统"传》中指出：胡宗南部占领延安，"在声威上一大胜利，使南京在这个逆运的时期顿感兴奋，可是所付的代价也特高。共党配合刘伯诚（承）所部在河南的行动，突然占据陇海路的西段。此举使蒋'总统'调往参加延安战役的最精锐部队四十万人……无异被冻结，于是政府不得不另准备一支军队以对抗刘伯诚（承）"^②。美国政府在1949年8月5日发表的白皮书《美国与中国的关系——关于1944～1949年时期》中则说得更为直白：胡宗南部占领延安，"曾经宣扬为一伟大的胜利，实则这是一个既浪费又空虚的华而不实的胜利"^③。

就在胡宗南部占领延安的当天，1947年3月19日，撤出延安的中共中央在延川县永坪镇西南面的刘家渠隐居地，向党内有关负责人发出《关于我军撤出延安的解释工作》的内部指示，首先通报延安即将失守，说："蒋胡以六师三十个旅共约八万人，于寅元（按：指3月13日）开始向延安进攻，经六日战斗，现敌军已占甘泉、南泥湾、金盆湾之线，迫近延安城，延安有于最近失守之可

① 范汉杰：《蒋介石改变战略，胡宗南部重点进攻延安》，原国民党将领的回忆：《解放战争中的西北战场》，北京：中国文史出版社，1992年1月，第84页。
② 董显光：《蒋"总统"传》，台北：中国文化学院出版部，1980年，第484页。
③ 世界知识出版社编：《中美关系资料汇编》第1辑，北京：世界知识出版社，1957年12月，第358页。

能"①；然后，重点指出："蒋胡急于进攻延安，正表示国民党当前处于极端困难情况之下（军事、经济、政治上极大困难），是为着振奋人心并借以团结内部所采取的一种行动。我们失去延安虽有某些损失，但中外人民和民主人士，特别在退出临沂、鲁中胜利之后，不会因为退出延安对我丧失信心。而我们若能将胡敌大部吸引在陕甘宁而加以打击消灭，这正便利于其他解放区打击和消灭敌人，恢复失地。"②这表明了中共中央领导人对胡宗南部攻占延安后国内形势的清醒认识与信心，以及他们在此后与胡宗南部作战的战略意图。

在胡宗南部占领延安的第二天，1947年3月20日，中共新华社发出电讯《我主动撤出延安空城，中共中央仍留陕北指挥全国爱国自卫战争》，主要内容如下：

[新华社延安二十日电]……十九日我人民解放军以任务已达，撤出延安。此次作战，……蒋介石胡宗南的竭尽全力的窜犯，除得到一个空城外毫无所获。……在地面上，蒋介石使用于第一线的部队达九个整编师，十三个整编旅，把胡宗南所有的主力都集中起来，企图以突然袭击占领延安，歼灭我人民解放军，打击伟大的中国共产党的首脑机关。……我人民解放军的战略向来不死守一城一地，而以消灭敌人有生力量为目的。此次延安保卫战则着重于破坏其突然袭击，保证首脑机关的安全转移，现在可以宣告于世人者，就是此项目的已经圆满完成，……中国共产党中央机关完好无损，并且仍留陕北指导全国的爱国自卫战争。③

（四）踏上延安土地遭到的当头一击

1947年3月20日，即胡军占领延安的第二天，胡宗南在洛川的前进指挥所

---

① 转引自陈标：《胡宗南进攻延安的兵力是多少？》，《党史研究资料》（北京）2000年第11期，第33页。

② 中共中央文献研究室编：《毛泽东年谱》（1893—1949）下卷，北京：人民出版社、中央文献出版社，1993年12月，第176页。

③ 新华社延安1947年3月20日电：《我主动撤出延安空城，中共中央仍留陕北指挥全国爱国自卫战争》，《人民日报》（华北版）1947年3月22日。

里，接到延安董钊等来电，报告部队经连日行军作战，十分疲劳，而解放军退出延安后，去向不明，请示今后行动机宜。胡宗南当即向前进指挥所裴昌会等人下令，对前线部队的部署与行动作指示。他说："去电告诉他们：由整编第一军之整二十七师担任延安城防，并以一部进驻拐峁镇构筑工事，同时远出进行威力搜索后，相机推进至青化砭固守，使主力尔后向北进出容易；整编第一军主力即在延安以北与西北地区集结待命；整编第二十九军在延安、鄜县（今富县）沿公路线构筑据点工事，确保补给线的安全。"①

胡宗南在洛川等了3天，到3月23日，前方仍侦察不到解放军主力的动向，而进驻陕北的两个整编军10多万军队的粮食、弹药补给，却越来越困难。胡宗南急于寻求解放军主力决战，"肃清延水以北共军"②，又错误判断解放军主力向安塞方向撤退，乃下达作战命令：

一、令董钊率整一军之整一师、整九十师，共5个整编旅，于24日晨向安塞方向搜索前进，如无敌情，就由安塞以北地区向东回旋，协同刘戡的整二十九军，捕捉解放军主力于蟠龙以西，延安以北地区而歼灭之；

二、令刘戡率整二十九军之整三十六师和整七十六师，共4个整编旅，向延安东北、蟠龙以西地区扫荡，协同董钊整一军在蟠龙以西地区歼灭解放军主力；

三、令整二十七师继续戍守延安地区，建立秩序，并以一部在拐峁镇远出，进行威力侦察，掩护董、刘两部主力的侧后安全。③

这是胡宗南命所部大军，在占领延安后，第一次大规模向延安以北的陕北地区追击扫荡。陕北地区面积辽阔，沟壑纵横，地形极其复杂，人口稀少，总共只有100多万人，地瘠民贫，且经中共多年经营与教育，民众对胡宗南军完全是敌

① 裴昌会：《蒋军胡宗南部进犯延安纪略》，全国政协文史资料编辑委员会编：《文史资料选辑》第36辑，第4页。
② 《西安绥署瓦窑堡会战经过概要》，南京国民政府国防部史政局史料（战）22：藏[南京]中国第二历史档案馆。
③ 任子勋：《国民党军进犯陕甘宁边区初期的失败》，陕西省政协文史资料委员会编：《陕西文史资料选辑》第4辑。

视态度，早就坚壁清野。"中共"军队在这里熟悉地形，与民众关系密切，易于隐蔽与活动。正处于胜利攻占延安的兴奋中的胡宗南，完全没有充分预计到，他的两个整编军，约10万兵马，进入这片地区，情况不明，情报不灵，地形不熟，爬山越岭，无法筹粮，后勤完全依赖西安供给，必将是艰难困苦，危机四伏。

这时延安地区的军事形势已趋稳定，胡宗南判断拐峁镇以北地区无敌情，遂决定亲率前进指挥所从洛川进驻延安。

1947年3月24日。这是胡军占领延安的第6天。这天凌晨5时半，胡宗南乘坐吉普车，"自洛川出发，经茶坊、甘泉、麻子街、四十里铺，一路皆有战迹，血痕犹新。十二时到达延安，住边区银行窑洞"[1]。

这是胡宗南生平第一次到延安。他自驻军西北后，还从未到陕北去过。抗战期间，延安成为中共中央驻地后，在1942年，中共方面曾邀胡宗南到延安访问，胡宗南很想去看看，但为蒋介石所阻未能成行。这次，胡宗南以一个战胜者与征服者的姿态与心情，威风凛凛、得意扬扬地于近午时踏上了延安的土地。

胡宗南（中）抵达延安

先期到达的前进指挥所为胡宗南安排的住处是延安最好的房子——原中共的边区交际处。胡宗南去看了看，认为此处虽住房条件好，但目标大，不隐蔽。胡宗南自己选定原中共的边区银行窑洞居住与办公。胡宗南在这里一直住

① 胡宗南：《胡宗南先生日记·1947年3月24日》，台北："国史馆"，2015年7月，上册，第638页。

到1947年12月中旬，历时近8个月。

胡宗南到达延安的当天，前进指挥所参谋长薛敏泉向他报告，自3月19日国军占领延安以来，最大的问题是敌情不明和补给困难。胡宗南命他转令各部队加强搜索，节约粮食，抓紧向陕西省政府催粮。

为了查明中共首脑机关与军队主力撤离延安后所去的方向与地点，胡宗南又向随军行动负责侦测无线电台的保密局小分队了解侦测情况。那位分队长报告他，自攻占延安后，未再发现陕北有固定大型电台信号，有时捕捉到小电台的征象，但迅即消失，飘忽不定，难以判定"共"军指挥部所在。胡宗南命他继续努力，尽快找到目标，找到后重赏。

接着，政治部主任王超凡向胡宗南报告接待中外记者的准备工作情况。胡宗南听了王超凡报告后，指示说：不要忘了国民革命和北伐经验，一定要唤起民众，化敌对为亲善，不只是为了接待记者，丢掉民众就打不了胜仗，连向导也找不到。要千方百计争取中共的几个"劳动英雄""参议员""妇女代表"合作。由他们作榜样，一般民众会跟着来。

胡宗南得知已以他的名义向延安等地发表《告陕北民众书》，颁布"施政纲领"，就命王超凡转令各部队政工人员维护革命军队声誉，严格检查军风纪，对违纪的要处罚，严重的要枪毙。

胡宗南任命搞政训工作的顾希平为陕北专员公署的专员，如前所述，顾希平是顾祝同的堂弟，江苏涟水人，1899年生，黄埔军校第一期第二队毕业，别号西平、西萍，参加过东征、北伐、龙潭诸战役；1929年初，赴法国都鲁斯陆军学院战术科学习军事；1932年春回国，加入复兴社特务处；1933年11月，福建事变发生后，任"剿匪军"第三路军总指挥部党政处处长；后调任中央军校星子特别训练班高级教官、副主任；1935年，转任《中国日报》副社长、代理社长；抗战爆发后，任军事委员会西安行营第二厅副厅长、厅长，被授予陆军少将。胡宗南驻军西安后，先后任其为王曲军官训练团副主任、西北游击干部训练班副教育长、七分校副主任等职；1944年春，任其为第一战区政治部主任兼战区党政军联合特别党部书记长。1945年5月，他当选为国民党第六届中央执行委员。

同时，胡宗南任命陈绥民担任延安市市长。陈绥民即陈大勋，如前所述，陈大勋是胡宗南在1936年夏驻军长沙期间，通过湖南省教育厅厅长朱经农，结识的长沙一位有才干与活动能力的青年学生骨干人物。胡宗南率部离开湖南后，一直与他保持书信往来。1937年8月，胡宗南邀请已在武汉大学读书的陈大勋去第一军，到上海参加抗战；1937年11月12日上海失守后，胡宗南又让他回到长沙，组织"湖南青年战地服务团"①。此后，陈大勋就一直在胡部从事政训与情报工作。

胡宗南这时主观上还要保持与恢复其部队的革命精神与北伐光荣传统，希望得到陕北民众的拥护。但时移世易，天时地利都不一样了，国民党的军队及其与民众的关系也大大变化了。尤其是在陕北这块经中共多年统治与宣传教育的地方，胡宗南的愿望只能落空。

胡宗南就接待中外记者一事向王超凡指示说，接待记者工作要做好。他不赞成弄虚作假，但为了革命，不得已而为之，凡事要有重点，作假也要有重点。他要王超凡选两个人装成被俘的共军团长，选一个人装成旅长，要装得像，这是重点，先做好准备。他将亲自查问。

在到达延安的第二天，1947年3月25日晨，胡宗南要机要秘书熊汇荃带一名先遣人员做引导，陪他去看毛泽东、周恩来、朱德等中共领导人在延安的原住处，先后看了王家坪、杨家岭、枣园。胡宗南看得很仔细。在枣园毛泽东住过的窑洞桌屉里，发现一张纸条，写着："胡宗南到延安，势成骑虎，进又不能进，退又退不得。奈何！奈何！"胡宗南看后哈哈大笑。这是胡宗南的习惯：合乎他心意的，他哈哈大笑；道出他的心病，他也哈哈大笑。②这张纸条显然点到了胡的要害，道出了他当时的心病。

---

① 陈大勋（绥名）：《沉默的巨人：胡宗南先生》（1962年撰），胡故上将宗南先生纪念集编辑委员会编纂，胡为真增修：《令人怀念的胡宗南将军》，台北：商务印书馆，2014年12月，第189页。
② 熊向晖：《地下十二年与周恩来》，北京：中共中央党校出版社，1991年2月，第80页。

胡宗南部占领杨家岭原中共中央住地全景图

果然，就在当日，1947年3月25日，胡宗南笑声刚断，就接到了紧急报告：整二十七军的整三十一旅旅长李纪云率旅部及所辖第九十二团在延安东北的青化砭，被中共陕甘宁野战军重兵包围，处境危急。

原来，当胡宗南在3月23日命令董钊、刘戡两主力兵团，从延安地区分路出发，北向安塞、蟠龙等地追击扫荡时，胡宗南为保障这两兵团的侧翼安全，于3月21日直接电令驻守在临真镇的整二十七师所辖整三十一旅旅长李纪云，令李率该旅旅部及所辖第九十二团谢养民部，共约3000人（欠第九十一团），由临真镇经川口，渡延水，进至延安东北约50里的交通要道青化砭地区，筑工事据守，建立据点，并限整三十一旅于24日到达目的地。[①] 胡宗南既不明敌情，又十分轻敌，仅派1个旅部率1个团，孤军突出，防守这样一个要地。这正好给中共陕甘宁野战军提供了围歼之机。

中共中央在撤离延安前，预计胡宗南部占领延安后必然非常骄横，指示彭德怀率领的中共陕甘宁野战军要集中兵力打运动战，以一部兵力同胡军保持接触，诱敌深入，主力隐蔽在延安东北方向的青化砭地区待机。早在胡宗南部向南泥湾进攻的第三四天时，彭德怀就"告新四旅即刻派人到青化砭预伏地区详

细侦察了地形。撤出延安的前一天，教导旅也作了同样的侦察"①。

3月21日晚，彭德怀部电台截获并破译了胡宗南当日发给整三十一旅的电报，得知该旅将在3月24日孤军进至青化砭地区。彭德怀、习仲勋于22日报请中共中央，提出围歼整三十一旅的部署。3月23日，毛泽东回电批准。②彭德怀调派所部全部主力共5个旅，在3月22日晚与23日拂晓前，隐蔽集结于青化砭附近蟠龙川东西两侧及以北地区，看好地形，并封锁消息，静候整三十一旅进入伏击圈。③

青化砭位于一条40多里长南北走向的蟠龙川中，咸榆公路沿大川而上，穿过青化砭，公路两侧为连绵起伏的山地，其地形似口袋，极便于设伏。

果然，整三十一旅在旅长李纪云率领下，根据胡宗南命令，由临真镇沿咸榆公路北上，于3月23日进至延安以东的李家渠地区。3月24日，该旅所辖的第九十一团进驻拐峁镇以东的安塞，而旅部率第九十二团则进驻拐峁、川口一带，因需补给粮食，暂住一宿，未能于当日按规定进至青化砭。

李纪云在率部进驻拐峁、川口的当日，得到侦察报告，说在青化砭地区，发现有不少"共"军。李纪云当即将侦察报告与自己的敌情顾虑直接报告给胡宗南。胡宗南这时刚刚到达延安，几天来一直被占领延安的兴奋与"共"军佯作向安塞以北撤退所迷惑。他判断拐峁以北无敌情，因此整三十一旅必须迅速进占青化砭以掩护北进主力侧背。胡宗南当即回电李纪云，斥责李"贪生怕死，畏缩不前，非军人气魄，绝对要按规定北进，迅速占领青化砭，否则以畏缩不前论罪"④。

骄傲轻敌而又不明敌情的胡宗南轻率地作出了决定，也轻率地将整三十一旅送进了中共陕甘宁野战军的伏击圈。

---

① 彭德怀：《彭德怀自述》，北京：人民出版社，1981年12月，第245页。

② 中共中央文献研究室编：《毛泽东年谱（1893—1949）》下卷，北京：人民出版社、中央文献出版社，1993年12月，第176页。

③ 王焰等：《彭德怀传》，北京：当代中国出版社，1993年，第306~307页。

④ 周贵昌（时任整三十一旅少将副旅长）：《青化砭整编三十一旅被歼经过》，陕西省政协文史资料委员会编：《陕西文史资料选辑》第5辑，第55页。

1947年3月25日早晨6时左右,李纪云率部约3千人,胆怯而又谨慎地从拐峁镇向青化砭前进。这时,从西安飞来的两架野马式侦察机先行对青化砭地区侦察扫射一阵。接着,李纪云又派出一个连和另一个排,分别沿延榆公路左右两侧山地,搜索前进。设伏的中共西北野战军已在这里等了两天两夜,由于隐蔽得好,未曾暴露。国民党军的空中与地上侦察,都未发现目标。

李纪云放心了,他亲自带着所部大队人马,沿着延榆公路前进,在这天中午11时左右,进入青化砭地区,并有一部占领东南高地上的大寨子,本队进入石绵羊沟,后卫亦通过房家桥与惠家砭,完全进入中共陕甘宁野战军的伏击圈。只听一声枪响,中共陕甘宁野战军以超过李部多倍的兵力,从前后左右四面八方紧紧包围了李部,并立即向李部发动猛烈的攻击,冲杀切割。整三十一旅自踏上陕北土地后,还没有遇到过如此突如其来又异常猛烈的打击,指挥官全懵了,士兵也一下子乱了阵脚,全部被压迫在沟内,由于队形无法展开,因而不能形成有力的抵抗。中共西北野战军占领惠家砭,堵住整三十一旅退路;接着石绵羊沟东西山梁全部被中共西北野战军占领。李纪云在这进退不得的危急时刻,指挥部队抢占石绵羊沟西侧山梁,但仅上得半山,就被中共陕甘宁野战军打了下来。中共陕甘宁野战军沿石绵羊沟和石家圪崂一线山梁,向整三十一旅猛烈冲杀,双方短兵相接,激烈肉搏。很快,中共陕甘宁野战军就夺占了整三十一旅的最后抵抗阵地。整三十一旅迅速崩溃,全线瓦解。

只经过约1个半小时,青化砭战斗结束。整三十一旅旅部及所辖第九十二团全部共约3千人被全歼。旅长李纪云、副旅长周贵昌、参谋长熊宗继及第九十二团团长谢养民等被俘。该部的全部枪支、弹药、装备、给养物资等,都为中共西北野战军缴获。这对当时枪弹奇缺的中共陕甘宁野战军极为宝贵。彭德怀说:"缴获了近三十万发子弹,抓了两三千俘虏,活捉了其旅长。这是胡宗南进攻延安的第一批礼物,虽然不多,但当时我军弹药奇缺,人员补充也甚困难,实在是太需要了。此役虽小,对我军帮助不少,补充了新四旅和教导旅在陇东和南泥湾战斗的消耗[①]。"而中共参战各部队，据中共方面的资料称，共伤亡仅256人。

胡宗南的对手彭德怀

裴昌会

当整三十一旅在青化砭被围歼时，在延安的胡宗南得报焦急异常。他急令刚回到延安的整一军军长董钊，迅速从安塞调回整一师、整九十师，前往增援解围。但当董钊亲率援军赶去时，"共"军早就带着缴获、押着俘虏，离开了青化砭。董钊的援军在战场上只收容了几十名伤兵。董钊报告，"共"军在战后迅速撤退，现在又不知去向。董钊向胡请示，军队以后如何行动，盼复。

这是胡宗南进犯陕北后遭到的第一次沉重打击，是他踏上延安土地后遭到的当头一棒。胡宗南闻报后恼乱而又懊丧，一度不知所措，显示出他指挥大兵团作战时的无能与慌乱。胡宗南在3月25日的日记中，写道："三十一旅九十二团在青化砭附近全部覆没，旅长李纪云、团长谢养民被俘。……一夜未睡，感慨无限。"[②]

当时在胡宗南身边的前进指挥所主任裴昌会后来回忆道："狂妄而又愚蠢的胡宗南一向的做法是，顺利的时候就随兴之所至，无所谓计划，轻举妄动，部队东调西调，乱指挥一气；遭遇到大的失败，就一筹莫展，把军队猬缩在一起不敢动了"[③]。这确实指出了胡宗南在军事指挥上的根本要害。

① 彭德怀：《彭德怀自述》，北京：人民出版社，1981年12月，第246～247页。
② 胡宗南：《胡宗南先生日记·1947年3月25日》，台北："国史馆"，2015年7月，上册，第638页。
③ 裴昌会：《蒋军胡宗南部进犯延安纪略》，全国政协文史资料研究委员会编：《文史资料选辑》第36辑，第5页。

好大喜功的胡宗南下令所部知情者对整三十一旅的被歼要严格保密，不外传，不上报。

但中共的陕北广播电台（由原"延安广播电台"改名）很快在新闻广播中报道了青化砭战斗的消息。其文如下：

> 人民解放军总部发言人公布陕甘宁兵团首次捷报。我陕甘宁兵团一部于本月25日在延安东北七十里之青化砭附近歼灭胡宗南军整二十七师三十一旅旅部及其一个整团，共四千余人。总部发言人指出，这一歼灭战有三个特点：第一是快，从战斗开始到结束，只用了两个钟头；第二是干净彻底，该部敌人自旅长到士兵，没有一个逃脱；第三，敌我伤亡是二十比一。综合以上三点，堪称模范战例。此次歼灭战距我军撤出延安仅六天。[①]

胡宗南听到中共陕北广播电台播发的青化砭全歼整三十一旅的新闻广播，地点、番号、人数基本正确。事已至此，胡宗南知无法再将这次失败隐瞒了，就授权延安前进指挥所主任裴昌会与参谋长薛敏泉，对青化砭之败报不报，怎么报，报给谁，由他们酌定，他不过问。

好大喜功而又文过饰非、推过于人，这是胡宗南性格的两个方面。

（五）导演接待中外记者的闹剧

胡宗南到延安后，虽为整三十一旅的被歼伤神难过了一阵，但他很快就镇定下来。他认为青化砭之战胡军实际只损失了1个团与1个旅部，总共不及3千人，只能算是因疏忽而招致的小挫。他强大的两个整编军仍在，他攻占延安的"光辉战绩"更是可以掩盖一切。因此他一面令迅速整补恢复整三十一旅建制与部队，一面依所得情报，令董钊、刘戡率两个整编军主力，向延安东北的延

川、青涧一线扫荡，寻找解放军主力决战。

在这时，胡宗南接到南京来电，中外记者团55人，代表国内外报馆通讯社39家，由沈昌焕带队，定于4月初到延安参观访问，报道胡宗南部攻占延安的"陕北大捷"。

接到南京来电后，胡宗南对接待中外记者工作更加注重。他专门召集了前进指挥所有关处长以上人员举行会议研究，并指定由王超凡与情报处长刘庆曾具体负责。

根据胡宗南的指示精神，王超凡与刘庆曾紧张、忙碌地布置起"战绩陈列室"。他们二人与部下们绞尽脑汁，想出如下一些办法：①

为了展示攻延激战与"共"军被歼之众，他们抽调一部分人星夜在延安东北延水两岸建造起许多假坟，并用木牌分别标明蒋军的阵亡烈士或"共"军人员的坟墓；

为了展示"共"军被俘人员之众，他们在延安20华里内设立了十处"战俘管理处"，把主要在陕北各地乡村抓来的青壮年所编成的青训队500多人，和在延安城防部队整二十七师中挑选来的比较伶俐的士兵1500人，混合编成几个"俘虏队"，一律穿杂色服装，作为"共军俘虏"，加以训练，教给他们一套事先编造好的"对答"，准备将来应付中外记者。还规定这些装扮假俘虏的人每天每人津贴一元，以示奖励。但到底由于假俘虏人数与战报所公布数目相差悬殊，就决定在中外记者参观时，由各"战俘管理处"互抽人员充数。

为了展示在"共军俘虏"中，有"共"军的高级指挥员，王超凡根据胡宗南"选两个人装成被俘的"共"军团长，选一个人装成旅长，要装得像，这是重点"的指示，费尽心机，特地挑选出一个在"战时干部训练第四团"受过训练、会演戏的湖南人扮演被俘的共军旅长，并教给他怎样回答中外记者的询问。

为了展示缴获大量的"共军武器"，刘庆曾与王超凡指示，步枪抽调驻甘

---

① 参阅（1）裴昌会：《蒋军胡宗南部进犯延安纪略》，全国政协文史资料研究委员会编：《文史资料选辑》第36辑；（2）熊向晖：《地下十二年与周恩来》，北京：中共中央党校出版社，1991年2月。

泉的整十七师的三八式和汉阳造两种来抵充，不足部分和一些轻重机枪就由延安城防部队整二十七师中分别抽调，采取白天将枪支送到"战绩陈列室"，黑夜送还部队的办法来顶充，所有武器都贴上标签，注明缴获的时间、地点。

此外，刘庆曾与王超凡还抽调部队的一些参谋人员与政工人员，加以训练，担任"战绩陈列室"的介绍与讲解工作。不消说，这些解说词，多是编造的不实之词。

胡宗南又指示由他刚刚任命的肤施县（延安原名）县长协助王超凡等，做好接待中外记者的工作，其中是迅速"布置"延安收复后的市面。胡宗南指示他们动用大型军用车队把西安的一些商家拉到延安来开业，甚至派人从西安招来一些说评书和唱大鼓的艺人。延安的南关很快就形成了一个新的市场，茶馆和饭馆开张的时候很是热闹。胡宗南指示他们在延安开设了一个"国军为人民服务处"，服务内容包括发放赈济、免费治病、代写书信，等等。服务处挂牌那天很是热闹，因为张贴的通告说，延安城内不管男女老幼，只要来就发给救济金法币二十元，或者布二尺，或者米二升。"为人民服务处"门口拥挤了几天。但是陆续回来的延安居民始终不过两千，有一条叫做铁匠街的街道始终没有一个人回家，"为人民服务处"门口拥挤了几天后也归于沉寂。[①]

胡宗南指示在延安开设的"国军为人民服务处"。

---

① 王树增：《解放战争》（上），北京：人民文学出版社，2009年8月，第260页。

胡宗南对亲信说，他本不愿这样做，但为了革命，他不得不为之。

到3月底4月初，从南京、上海等地来的中外记者团一行55人到了西安。西安绥署参谋长盛文按照胡宗南的指示热情接待，同时请示胡宗南何时送记者团到延安。胡宗南因延安的接待准备工作还未完成，指示盛文借口延安方面气候不宜飞行，以阻滞其行程；同时，胡加紧督促王超凡与刘庆曾做好"战绩陈列室"的伪装工作。胡并亲自偕同机要秘书熊汇荃对接待工作进行重点检查。

胡宗南跑去查问那位假装冒充的"被俘共军旅长"。尽管此人以前受过训，演过戏，又经王超凡连日指教，但仍未得要领。当胡宗南来到他面前时，他向胡立正、敬礼、弯腰。胡问其姓名职务，他按王超凡的编造一一回答。胡对其表演十分不满意，问了几句就不耐烦了。胡把王超凡带到自己的住地，批评王不懂革命，说王选的这人像绵羊，满口国民党腔调，一问就露出马脚，根本不像共产党，更不像共产党的旅长，共产党的旅长态度应该强硬，讲话要骂娘。王超凡很委屈，说胡先生早有指示，不要骂娘。胡宗南说：不是要他骂他们，是要他骂我们，骂得越凶才越像，越往上骂才越像。胡宗南说王超凡不在行，要机要秘书熊汇荃去导演。

熊汇荃明了胡宗南的意思。他将王超凡领到另一间窑洞，对他说，胡先生指示的关键是，越往上骂才越像，他不好说透，意思就是骂国民党，骂总裁。王超凡同意后，他们二人就一道找到那位扮"共军旅长"的人，告诉他，胡先生对你的表现很不满意，你在西安一定听过胡先生的精神讲话，"被俘不屈"，"宁死不投降"。你演过戏，要合乎"共军旅长"的身份，态度要强硬，姓名职务不要自己讲，不要有问必答，要用共产党的语气，把总裁叫做蒋介石，骂蒋介石是卖国贼，骂国民党是刮民党。那人说，他不敢。王超凡让他听话，现在就按旅长标准开伙食，做得好，升他的官，但若说出是谁布置的，就砍他的头。熊汇荃又交代让此人装上胡子，并要王超凡安排他在一间较暗的屋子里见记者。①

4月4日，中外记者团由盛文陪同，从西安乘飞机来到延安。"计五十五

---

① 参见熊向晖：《地下十二年与周恩来》，北京：中共中央党校出版社，1991年2月，第81～82页。

人，外籍七人，女记者二人，代表报馆与通讯社者三十九家"①。

胡宗南部高级军官与记者团主要成员在飞机前合影。

盛文带来了南京国民政府与蒋介石颁给攻占延安有功将领的勋章，其中胡宗南获二等大绶云麾勋章，裴昌会、盛文、薛敏泉、董钊、刘戡及有功师、旅、团长分获三、四等云麾勋章或一、二、三等干城勋章。

为了接待中外记者团，胡宗南命盛文主持，在延安机场举行了阅兵典礼，在原中共边区政府礼堂举行报告会，介绍攻占延安作战经过，并答记者问。

胡宗南本人一向不大接见记者，这次他只接见了中央社记者沈昌焕、皮宗敢与《大公报》记者周榆瑞、军新社记者姚秉凡、邓文仪等少数几人。

接着，就安排中外记者参观"战绩陈列室"，与被俘的中共官兵接触交谈。其中，一些记者见到了那位由王超凡等精心化装指导的"被俘共军副旅长"。《中央日报》记者龚选舞在报道中写道：

> 屋子里住的是中共一个旅的副司令员，胖胖的，腮下黑黑的。是二十天来没有"清算"过的胡子。他不愿讲话，讲起话来却是一大堆硬派的名词："斗争""消灭国民党军""你们阵地战，我们就运动战"，"你打进我们延安，我们也可以打下你们西安"。当记者向他透露瓦窑堡已被国军克服的

消息时，仍是摇头喷鼻，表示不相信这是事实。①

"被俘共军副旅长"面对中外记者。

看来，那位冒充"中共被俘旅长"的演员表演有所进步。他迷惑了一些人，但许多头脑稍清醒的中外记者却很快看到了胡宗南精心炮制的这"战绩陈列室"的许多破绽：

在参观"被缴获的共军武器"时，一些记者问，这些新式轻重机枪、中正式步枪，共产党军队由哪里得来？作解说的参谋、政工人员瞠目不知所答，只好支支吾吾。

记者团参观延安中共中央大礼堂。

---

① 龚选舞报道：《陕北行》，《中央日报》（南京）1947年4月13日。

在参观各战俘管理处时，一些记者发现有的假俘虏在几个战俘管理处重复出现，就问他们："我不是昨天在某一战俘管理处见过你吗？怎么你又到这里来了？"被问的人因事前没有教导他们答复这样的问题，故只好挺起胸脯，规规矩矩的立正，不作回答，以至当场出丑。

这样哭笑不得的窘境在中外记者参观中时时出现，这甚至在《中央日报》记者的报道中也透露出来：

当肤施县政府命令一大群孩子给记者们表演秧歌舞时，"反动派""卖国贼""封建"，依然在孩子们的口里震天地响着，"他们可知道他们在唱些什么"？记者不由得掉出了一颗同情的泪水。[①]

胡宗南部将一座中共机关的建筑改为"爱国青年招待所"，拘押"战俘"。

不久，西北地区党、政、军、团各系统分别组成的慰问团也纷纷来到延安，向胡宗南及其部队进行各种形式的慰问，以及对陕北民众进行"安抚"与"赈济"。其中有以陕西省政府民政厅厅长蒋坚忍率领的陕西省视察慰问团，有以中央社西安分社社长王文德率领的西安新闻记者慰问团，以甘肃三青团支团干事部干事长寇永吉率领的甘肃慰劳团，以陕西省参议员营尔斌率领的陕北

同乡慰劳团。四路人马齐至延安，煞是热闹。因为这都是陕甘地方著名人士，胡宗南亲自参加欢迎。各路慰问人员竞相向胡宗南及其攻占延安的"丰功伟绩"歌功颂德。陕北瓦窑堡籍的营尔斌竟提议："把延安改为宗南县，以表彰胡长官克复延安的伟勋。"于是有人将这份提议正式报送到南京国民政府。

胡宗南尽情地享受着这些虚幻的荣耀。他没有阻止人们要求将延安改为宗南县的报告。因为胡宗南熟知在10多年前，蒋介石为嘉奖刘峙，在河南搞了个经扶县；为嘉奖卫立煌，在安徽搞了个立煌县。现在胡宗南攻占延安，功绩超过任何其他将领，为何不能建立一个宗南县呢？

胡宗南着手进行延安的未来发展规划和建设。他准备将延安开辟成一个著名的旅游、避暑胜地，把中外游客都从庐山吸引到延安来。他指示有关部门赶快修建从西安通往延安的铁路。他还准备把西安的碑林搬到延安宝塔山来，然后请蒋介石题写"直捣黄龙"4个大字，刻在石碑上，立于宝塔山的山顶，千古流芳。[1]

好大喜功的胡宗南盼望着这一天的到来。

（六）陷入毛泽东的"蘑菇战"中

1947年4月14日，中外记者团在延安闹腾了10日，尚未离开，延安城"庆祝解放"的热闹气氛还未散去，胡宗南部进占延安后所遭到的第二次打击就到来了。——这天，胡部整七十六师的整一三五旅在羊马河被歼，代旅长麦宗禹被共军俘虏，兵力损失近5000人，是青化砭整三十一旅损失人数的近一倍。

原来，自3月25日整三十一旅李纪云部在青化砭被歼后，胡宗南总结其教训是：一因兵力单薄，二因疏于搜索警戒，三因未走山地而专用川道，遇伏击不能立即占领高地作坚强之抵抗而使全军覆没，是为前车之鉴。胡宗南再次通令全军，在行进中要采取国防部制定的新战术"方形战术"，实行宽正面集团式的"滚筒"前进。队伍开进时，集结几个旅为一路，数路并进，缩小间隔，

---

[1] 王树增：《解放战争》（上），北京：人民文学出版社，2009年8月，第260页。

互相策应。白天走山窜岭，轻易不下山沟，夜间露宿山头，构筑工事，稳扎稳进。^① 同时，他根据中共陕甘宁野战军为诱敌深入故示的情报，错误地判断中共陕甘宁野战军主力退向延安东北地区，准备渡黄河入晋，乃于3月25日下令，整一军与整二十九军共11个整编旅，由安塞、延安、临真镇一线出发，兵分3路，经延长，向延川、清涧地区前进，再来一次大扫荡。胡在命令中说："以主力由延川、清涧地区先切断黄河各渡口，尔后向左旋回包围匪军于瓦窑堡附近而歼灭之"^②。

3月27日，董钊、刘戡指挥两个整编军的11个整编旅，约10万人，以"方形战术"与"滚筒式"，浩浩荡荡而又谨慎缓慢地向延川、清涧扑去，走了三四天，占领延川、清涧，才发觉是扑空。这时，胡宗南根据无线电侦测小分队报告，判断中共西北野战军集结于瓦窑堡西南方向，于是又电令董、刘两军折向西，向瓦窑堡、永坪一带，再来一次大扫荡。然而，当两军经过几日跋涉，于4月3日到达目的地后，发现瓦窑堡又是一座空城。胡宗南又判断中共西北野战军主力北逃，令董、刘两军留下整七十六师廖昂部守备延川、清涧，以该师的整一三五旅麦宗禹部留守瓦窑堡，主力北上绥德；后因晋南告急，董、刘两军又严重缺粮，胡只得改令两军主力于4月5日先行南下蟠龙补给。

就这样，在这10多天的时间里，在胡宗南的遥控指挥下，董钊、刘戡两军约10万人，忽而由西向东，忽而由东向西，忽而由南而北，忽而由北向南，浩浩荡荡，缓慢而又艰难地举行"武装大游行"，在千山万壑间爬上爬下，几度回旋，却处处扑空，一直没有找到中共西北野战军主力所在。而且由于中共发动当地民众坚壁清野，开展游击战争，致使胡军只能睡草地，啃干粮，筋疲力尽，胆战心凉，士气沮丧，病员与逃兵日多，兵民关系更是紧张。当时胡部官兵悄悄流行一首顺口溜，以讽刺胡宗南在军事指挥上的盲目与无能：

① 王焰等：《彭德怀传》，北京：当代中国出版社，1993年4月，第309~310页。
② 《西安绥署牡丹川会战经过概要》，南京国民政府国防部史政局史料（战）22，藏[南京]中国第二历史档案馆；转引自王焰等：《彭德怀传》，北京：当代中国出版社，1993年4月，第310页。

胡长官一张嘴，

下面跑断腿；

胡长官放个屁，

下面跑断气。

中共陕甘宁野战军司令员彭德怀，从胡宗南部大军在青化砭战败后的北上南下行动中，"判明胡宗南的企图是要把我军赶到黄河以东，而没有歼灭我军的信心。以此定下了西北野战军的作战方针，其特点就是要求每战必胜，粮食、弹药、被服、人员的补充，主要取之于敌人"[1]。

这时，撤离延安的中共中央领导人毛泽东、周恩来、朱德、刘少奇、任弼时等人，在陕北转战途中，一直密切关注着占领延安后的胡宗南部的动向，不断给指挥陕甘宁野战军的彭德怀以指示。1947年3月26日，即青化砭歼灭整三十一旅主力的第二天，毛泽东即为中共中央军委起草给彭德怀、习仲勋电："（一）庆祝你们歼灭三十一旅主力之胜利，此战意义甚大，望对全体指战员传令嘉奖。（二）一三五旅可能向青化砭方向寻找三十一旅，望准备打第二仗。"[2]毛泽东已将胡宗南的整一三五旅麦宗禹部，作为彭德怀打第二仗的歼灭对象。

当日，彭德怀向中共中央军委报告了当前敌情和他们的部署："胡宗南目前寻我主力决战，……我们顺应敌人企图，诱敌向东。"[3]3月27日，毛泽东在复彭德怀等人的电报中，指出："积极歼敌方针极为正确，部署亦妥，已令陈（赓）、谢（富治）积极动作。现在不怕胡（宗南）军北进，只怕他不北进"；"中央率数百人在陕北不动，这里人民、地势均好，甚为安全。目前主要敌人是胡宗南，只要打破此敌，即可改变局面，而打破此敌是可

---

① 彭德怀：《彭德怀自述》，北京：人民出版社，1981年12月，第247页。

② 中共中央文献研究室编：《毛泽东年谱（1893—1949）》下卷，北京：人民出版社、中央文献出版社，1993年12月，第177页。

③ 王焰等：《彭德怀传》，北京：当代中国出版社，1993年4月，第310页。

能的"①。

3月29日到30日，中共中央在枣林沟召开会议，决定刘少奇、朱德、董必武去华北地区，组成中央工作委员会，以刘少奇为书记，进行中央委托的工作；以叶剑英、杨尚昆率中共中央机关和军委机关大部分人员，组成中央后委，在晋西北工作；而毛泽东、周恩来、任弼时率中共中央机关和军委总部的部分精干人员，留在陕北，组成中央前委，主持中央工作，并直接指导彭德怀部。

4月2日，毛泽东针对陕甘宁野战军在蟠龙、永坪设伏，未能打成，致电彭德怀、习仲勋："我军歼灭敌军，必须采取正面及两翼三面埋伏之部署，方能有效，青化砭打三十一旅即是三面埋伏之结果。此次我在蟠龙、永坪设伏，因敌未走此路，且只有正面（较弱）及右翼，缺少左翼埋伏，故未打成。但只要敌前进，总有机会歼敌。"②当日，彭德怀、习仲勋根据战场的新形势和胡宗南的新战法，认为胡宗南以重兵集团密集行动，以不足3万的中共陕甘宁野战军，对挤成一团的8万胡宗南大军，既难包围，也难分割，因而我方也必须改变战法，乃致电毛泽东，提出不同的意见，说："敌自青化砭以后，异常谨慎，不走大道平川，专走小道山梁；不就房屋设营，多在山头露宿；不单独一路前进，而是数路平列，间隔很小，纵横三四十里，以10个旅布成方阵，以致三面埋伏已不可能，任何单面击敌均变成正面攻击。敌人此种小米碾子式的战法，减少了我各个歼敌的机会，须耐心长期地疲困他，消耗他，迫其分散，寻找弱点歼灭之。"毛泽东深为赞许彭德怀的这个作战指导思想，于4月3日复电彭德怀、习仲勋："敌十个旅密集不好打，你们避免作战很对。……你们数日内仍以隐蔽待机为宜。"③果然，没有多久，歼敌的机会来了。

---

① 中共中央文献研究室编：《毛泽东年谱（1893—1949）》下卷，北京：人民出版社、中央文献出版社，1993年12月，第177页。

② 中共中央文献研究室编：《毛泽东年谱（1893—1949）》下卷，北京：人民出版社、中央文献出版社，1993年12月，第179页。

③ 中共中央文献研究室编：《毛泽东年谱（1893—1949）》下卷，北京：人民出版社、中央文献出版社，1993年12月，第180页。

由于在4月6日刘戡部南撤时，在永坪附近遭到"共"军伏击，损失600多人，胡宗南据此判断，中共陕甘宁野战军主力已转移到牡丹川（延安）与李家川（今子长县）之间地区，故令董钊、刘戡两军在补充后，集中8个整编旅，分别由蟠龙、青化砭，向西北进击扫荡；同时令驻瓦窑堡的整一三五旅麦宗禹部，将该城交给由清涧调来的整二十四旅第七十二团高宪岗部接防，然后南下，策应北上大军。胡宗南企图"逐次扫荡牡丹川以北各山沟并向右回旋，会同瓦窑堡南下之一部包围匪军而歼灭之"①。

胡宗南的如此部署，给中共陕甘宁野战军提供了全歼整一三五旅的战机。

1947年4月11日，胡宗南调清涧第七十二团去瓦窑堡接防的机密情报，就被中共西安秘密情报组织报告给中共中央军委。当日，毛泽东致电彭德怀、习仲勋："清涧之二十四旅一个团本日调赴瓦窑堡。该团到瓦后，一三五旅很可能调动，或往安塞，或往蟠龙，望注意侦察，并准备乘该旅移动途中歼灭之"②。彭德怀接到中共中央军委转来的这项情报后，根据战场形势，判断整一三五旅可能要离瓦窑堡南下，向整二十九军主力靠拢，必经瓦窑堡至蟠龙的

彭德怀在延安保卫战前作动员。

---

① 《西安绥署牡丹川会战经过概要》，南京国民政府国防部史政局史料（战）22，藏[南京]中国第二历史档案馆；转引自王焰等：《彭德怀传》，北京：当代中国出版社，1993年，第311~312页。

② 中共中央文献研究室编：《毛泽东年谱（1893—1949）》下卷，北京：人民出版社、中央文献出版社，1993年12月，第181页。

大道行军，乃紧急调动兵力，以一部将南面胡宗南主力吸引到蟠龙西北，而以主力埋伏于瓦窑堡以南之羊马河地区，张网以待，围歼整一三五旅。[①]

胡宗南果然很快钻进了彭德怀的圈套。

1947年4月13日到14日，胡军北上的董钊、刘戡两军主力8个旅，遭到佯装中共陕甘宁野战军主力的第一纵队两个旅的顽强抗击，被节节诱向蟠龙以西地区。胡宗南得报，断定与"共"军主力决战时机已到，乃一面令董、刘两军向西猛追，一面令整一三五旅火速从瓦窑堡南下，协同主力围歼"共"军。

4月14日上午8时，整一三五旅离瓦窑堡，沿瓦窑堡——蟠龙大道两侧高地，逐山跃进。这是胡部为防遭伏击而实施的新式行军法。上午10时许，该旅同中共陕甘宁野战军担任诱敌之小部队接上了火。代旅长麦宗禹指挥部队且战且走，全部进入羊马河以北高地，被预伏在这里的中共西北野战军主力第二纵队与教导旅、新四旅所包围。整一三五旅猝不及防，仓促应战，"发生空前激战，肉搏十余次"[②]。

但中共陕甘宁野战军形成了以4个旅围歼1个旅的绝对优势。整一三五旅前不能进，后不能退，急电胡宗南速派援兵解围。

胡宗南得报后，急令刘戡援救。刘戡命令右翼整三十六师钟松援救，钟松又命令与整一三五旅只隔两个山头的整一六五旅李日基部援救。李日基旅拼命夺下一个山头，却无论如何攻不下另一个山头，虽迭受申斥严令，却始终不能对麦宗禹相援，虽然，这时他们之间只相距10华里左右。

在羊马河的整一三五旅处境越来越危急。援兵无望。虽有几架飞机赶来助战，但因双方呈胶着状态，炸弹不敢投，机关枪不敢扫，仍无济于事。到这日黄昏时分，中共陕甘宁野战军发动一次冲锋，整一三五旅立即队伍大乱，狼奔豕突，全旅瓦解。结果全旅近5000人被歼，代旅长麦宗禹被俘。当刘戡部主力终于打到这里时，共军早已押着俘虏，不知去向。

---

① 参阅王焰等：《彭德怀传》，北京：当代中国出版社，1993年，第312~313页。

② 《西安绥署牡丹川会战经过概要》，南京国民政府国防部史政局史料（战）22，藏[南京]第二历史档案馆。

据中共方面资料称，麦宗禹被俘后，中共陕甘宁野战军主力第二纵队司令员王震与政委王恩茂招待他晚餐，亲自为他夹菜；夜间同睡一床。中共对胡宗南部官兵的思想瓦解工作，是无孔不入，无微不至。

这是胡宗南部在陕北被歼的第二个整编旅，被活捉的第二个整编旅旅长。胡宗南在4月14日的日记中记录："本日战争，自晨至下午九时半，尚在激烈进行中。一三五旅在冯家、石咀东西高地，匪以四个旅围攻，于下午六时突围，全部溃败，麦代旅长、陈团长等皆失踪。一军、二十九军当面战斗激烈。"第二天，4月15日，胡宗南在日记中记录："一三五旅溃兵一千余人，本晨到达青化砭。"①

经此战后，胡宗南部全军士气低落，官兵们对胡宗南的军事指挥越来越失去信心。

相反，中共方面在撤出延安后一个月内，以劣势兵力与胡军周旋，取得了两次歼灭性的重大胜利，更充满了取胜的信心。4月15日，毛泽东为中共中央起草关于全歼胡宗南部一三五旅的通报，称："这一胜利给胡宗南进犯军以重大打击，奠定了彻底粉碎胡军的基础。这一胜利证明仅用边区现有兵力（六个野战旅及地方部队），不借任何外援即可逐步解决胡军。这一胜利又证明忍耐等候、不骄不躁可以寻得歼敌机会。"毛泽东还根据这两次歼灭性的成功经验，总结、提出关于西北战场战胜胡宗南军的作战方针——"蘑菇战术"。4月15日，毛泽东致电彭德怀、习仲勋，指出："敌现在已相当疲劳。尚未十分疲劳；敌粮已相当困难，尚未极端困难。……目前敌之方针是不顾疲劳缺粮，将我军主力赶到黄河以东，然后封锁绥德、米脂，分兵'清剿'。……我之方针是继续过去办法，同敌在现地区再周旋一时期（一个月左右），目的在使敌达到十分疲劳和十分缺粮之程度，然后寻机歼击之。……这种办法叫'蘑菇'战术，将敌磨得精疲力竭，然后消灭之。"②

---

① 胡宗南：《胡宗南先生日记·1947年4月14日、15日》，台北："国史馆"，2015年7月，上册，第642页。
② 毛泽东：《关于西北战场的作战方针》，《毛泽东选集》第4卷，北京：人民出版社，1966年，第1166～1167页。

胡宗南下令向中外记者团封锁羊马河败讯。直到中外记者团兴冲冲离开延安后,在4月17日,胡宗南收到了中共新华社发出的报道羊马河之战的电讯。他对这则他已知道的消息没有多看,却十分重视同一天新华社播发的题为《战局的转折点——评蒋军一三五旅被歼》的社论。社论揭示了胡宗南进攻陕北各种新战术的破产和目前处境的困难,指出:"胡宗南是蒋介石的最后一张王牌","胡军以十六个旅(初为十四个旅,后增加两个旅)十余万人之大兵,从洛川、宜川之线窜犯延安及陕北,至此刚一个月",就连遭两次惨败,"可以预计,4月开始后的两三个月内,蒋军将由攻势转变为守势,人民解放军将由守势转为攻势。……历史事变的发展表现得如此出人意料,敌人占领延安将标志着蒋介石灭亡;人民解放军的放弃延安,将标志着人民的胜利"[1]。胡宗南不会知道,这后两段话,是毛泽东修改这篇社论稿时,加上去的。

经过两次失败后,胡宗南并未汲取"盲目乱动"的教训。他从空军的侦察报告得知,陕北"共"军主力在向北撤退,就错误判断"中共中央"机关与陕北"共"军主力拟东渡黄河。于是,他再次命令董钊、刘戡两个整编军,除留下整编第一师的整一六七旅李昆岗部(欠第五○○团)约1个步兵团、1个炮兵营,协同陕西自卫军第三总队,守卫陕北胡军的后勤补给基地蟠龙外,其余9个半整编旅,于4月26日自蟠龙、永坪分两路北上,携带7天干粮,向绥德急进;同时他令榆林的第二十二军等部南下,南北呼应,双方夹击,将陕北"共"军主力会歼于咸榆公路以东、黄河以西葭县(今佳县)、吴堡间狭小地区,或将其赶过黄河。

胡宗南没有想到,他又一次中了中共陕甘宁野战军诱敌深入之计。中共陕甘宁野战军针对胡宗南好大喜功、急于决战、情况不明、盲目指挥的弱点,又一次布下疑阵,将主力隐蔽集结于永坪东北地区,而以一部兵力伪装成主力,对北进之董钊、刘戡两个军主力节节抵抗,逐步后撤,沿途有意丢弃臂章、符号、军装、担架等,作出仓皇败退一样,诱敌北上。胡宗南不知是计,驱赶

---

① 新华社评论:《战局的转折点——评蒋军一三五旅被歼》,《晋察冀日报》1947年4月17日。

董、刘9个半旅的大军，匆匆向北直追，到5月1日终于到达绥德，进城一看，竟又是一座空城，几乎连百姓也难以找到。但"董钊却要大做文章，夸耀自己的战功，向胡宗南报告称：'第一军5月2日占领绥德，毙敌甚多，残敌向东北方向狼狈逃窜……'这种浮报夸功的手法，在当时的胡宗南各军中是公开的，谁也不以为怪"①。胡宗南部吹嘘为"绥德大捷"。

董钊、刘戡两个军主力近10万人马挤集在绥德一狭小地区，很快就感到补给困难，严重缺粮，敌情不明，对下一步行动产生分歧。他们请示胡宗南。

在延安的胡宗南也是情况不明，决心难下。他与盛文及前进指挥所的主管人员商讨下一部作战方针。盛文鉴于两次部队遭伏损失惨重，陕北又地瘠民贫，军事价值不大，建议放弃延安。平心而论，盛文的这一建议不失为明智之见。但胡宗南却认为这一步走得太远，对国内外观瞻影响太大，而且蒋介石也不会同意。经反复商讨，胡宗南策划了一个新方案：借口陕北地形复杂，部队不易展开，又不能就地取粮，后方补给艰难，而"共"军时聚时散，不知其主力所在，难以导其围歼，为此，胡宗南军准备仿效李鸿章"剿捻"办法，以主力守延安，不再分兵出击；同时要蒋介石令宁夏马鸿逵、青海马步芳的兵力推进至陇东，北面则依靠邓宝珊在榆林的据点，东面则以黄河为障，迫"共"军就范。胡宗南准备在5月亲飞南京，当面向蒋介石提出这一方案。

胡宗南准备向蒋介石提出的这一陕北作战新方案，很快就被其机要秘书熊汇荃密报给中共方面。②

同时，中共方面抓紧对胡宗南部电台密码的破译工作。早在中共中央和军委总部撤离延安之时，周恩来将随行的中共中央和中央军委直属机关工作人员，按部队建制，编成4个大队，其中第二大队，由军委二局人员组成，专职负责情报与电讯工作，大队长为胡备文。在1947年4月底，周恩来找来胡备文，要

---

① 任子勋（时任整九十师少将副师长）：《国民党军进犯陕甘宁边区初期的失败》，原国民党将领的回忆：《解放战争中的西北战场》，北京：中国文史出版社，1992年1月，第122页。

② 熊向晖：《历史的注脚》，北京：中共中央党校出版社，1995年，第115页。

求他在3天之内，破译胡宗南部的全部密码，为发起向蟠龙胡部守军整一六七旅李昆岗部进攻，提供准确情报。胡备文的第二大队如期完成了任务。①

中共方面及时掌握了胡宗南的陕北作战新方案，根据陕北战场形势，彭德怀、习仲勋于4月27日向毛泽东报告：因董钊、刘戡两军于4月27日15时进抵瓦窑堡，有犯绥德模样，我野战军本日隐蔽于瓦市东南及西南，准备围歼蟠龙之敌。4月28日，毛泽东复电彭德怀、习仲勋，赞同他们的"围歼蟠龙之敌"计划，说："甚好，让敌北进绥德或东进清涧时，然后再打蟠龙等地之敌"。5月2日，毛泽东再电告彭德怀、习仲勋："攻击蟠龙，决心很对。如胜利，影响必大。即使不胜，也取得经验。"②

1947年5月2日晚，就在胡宗南尚未去南京，胡宗南部主力董钊、刘戡两个军在绥德徘徊观望时，他突然得到报告：陕北"共"军主力出现在蟠龙一带，于该日向蟠龙守军整一六七旅李昆岗部发起猛烈强攻。李昆岗连连求救。

胡宗南得报大吃一惊。蟠龙，位于延安正北约近百里处，北距绥德则有250里之遥。胡宗南因这里地处交通要道，便将它作为在陕北各军的后勤补给基地，从西安等地运来的军粮、武器、弹药、军服等，都存放在这里。这次胡宗南令董钊、刘戡两军主力北上绥德后，仅留下整一六七旅旅长李昆岗率1个步兵团、1个炮兵营及陕西自卫军第三总队，共约6700多人，在这里守卫。胡宗南当时判断："共"军主力在北部，正准备渡黄河东去，蟠龙一带没有大股"共"军。而且以前在青化砭、羊马河，"共"军都是以伏击战取胜，要打蟠龙，是一场攻坚战，谅陕北"共"军没有这种胆量与力量。

然而，就在胡宗南想不到的地方——蟠龙，"共"军主力出现了；就是胡宗南认为不可能的事——"共"军对蟠龙的攻坚战开始了。

蟠龙太重要了。李昆岗守得住吗？

① 上海国家安全教育馆编印：《在隐蔽战线上作战》，2009年，内部发行，第61页。

② 中共中央文献研究室编：《毛泽东年谱（1893—1949）》下卷，北京：人民出版社、中央文献出版社，1993年12月，第184～185页。

　　李昆岗是胡宗南手下著名的战将,胡部"四大金刚"之一,被胡视为精明强干,腹有雄才大略,曾任过蒋介石的侍从参谋、胡宗南长官部的副参谋长,一向为胡宗南所赏识与宠爱。李率领的整一六七旅,是胡部王牌三大主力之一整编第一师的精锐部队。但是该旅实际留驻蟠龙的部队只有1个团多一点,兵力太少了。

　　为了紧急援救蟠龙,胡宗南下达了一系列紧急命令:电令在绥德的董钊、刘戡大军火速回师南下,援救蟠龙;电令西安空军立即起飞,到蟠龙轰击"共"军,阻止"共"军攻势;电令驻守青化砭的二五一团北上,以坦克开路,赴蟠龙救援;同时电令李昆岗死守蟠龙待援。

　　但是,胡宗南发出的命令很快都一一失败了。

　　从青化砭北上的整八十四旅第二五一团遭到中共陕甘宁野战军教导旅的强有力阻击,坦克几乎被俘,狼狈逃回。

　　从绥德南下的董钊、刘戡大军,因路途遥远,又害怕中伏,绕道小理河西行,然后折经老君殿、南沟岔、瓦窑堡,于5月8日才赶到蟠龙。

　　而蟠龙守军,自5月2日晚开始遭到中共陕甘宁野战军主力4个旅优势兵力的猛烈攻击。中共领袖毛泽东、周恩来等在距蟠龙10多华里的一个小村庄,亲自

蟠龙战役中解放军突破敌集玉峁阵地

协助彭德怀指挥这场战斗。李昆岗部1个团步兵及1个营炮兵的兵力，显得十分单薄，顽强坚持到5月4日，终于全军覆没，蟠龙失守。旅长李昆岗、副旅长涂健及四九九团团长萧伯廉以下官兵6700多人，除伤亡300多人外，全部被俘。蟠龙基地的全部军用物资与粮食，其中"夏季军服四万套，面粉一万余袋，子弹百余万发（这是最宝贵的），医药品无数"①，成了正感物资奇缺的中共陕甘宁野战军的战利品。

当董钊、刘戡两军在蟠龙失守后四天赶到这里时，共军又早已撤之一空，不知去向。

胡宗南又一次遭到了失败。这是他进占延安后遭到的第三次打击，而且是最严重的一次打击。因为整一六七旅是胡部王牌三大主力之一整编第一师的精锐部队。旅长李昆岗是胡部著名的战将"四大金刚"之一。这次战役，不仅蟠龙基地丢失，而且王牌部队竟几乎被全歼，旅长被俘。而这些都是胡宗南本人的指挥不当造成的。胡宗南在延安住所，坐卧不宁。他在5月4日的日记中写道："夜十时蟠龙失陷，李昆岗及四九九团萧伯洌不知下落。……一夜未睡②"。他在此后几天，不见客，也不理公事。后来，他经痛苦思索，专门写了一篇《论蟠龙之失》的总结检讨文章，认为失败原因主要归结于情况不明，失于主动，将不用命，士气不振。③ 胡宗南总结出来的这些教训，知其然却不知其所以然，是胡军乃至整个国民政府军始终存在而又无法克服的弊病。

1947年5月8日，胡宗南在延安前进指挥所中听到了中共广播电台播发的新华社评论：《评蟠龙胡军被歼》。评论很长，历数胡宗南部进攻陕北以来的败绩，揭示胡军屡败的原因。文中还引用了一段顺口溜：

胡蛮胡蛮不中用，延榆公路打不通。

① 彭德怀：《彭德怀自述》，北京：人民出版社，1981年12月，第248页。
② 胡宗南：《胡宗南先生日记·1947年5月4日》，台北："国史馆"，2015年7月，上册，第646～647页。
③ 涂健（时任整一六七旅少将副旅长）：《整编一六七旅蟠龙战役被歼纪实》，原国民党将领的回忆：《解放战争中的西北战场》，北京：中国文史出版社，1992年1月，第161页。

丢下蟠龙去绥德，一趟游行两头空。

官兵六千当俘虏，九个半旅当狗熊。

害得榆林邓宝珊，不上不下半空中。①

惟妙惟肖，生动形象，尖锐而深刻地揭露与嘲笑了胡宗南在军事指挥上的无能与作战中的惨败，而且句句都符合事实。

5月12日，胡宗南又听到了新华社一篇专门评论他的评论，题为《志大才疏阴险虚伪的胡宗南》。这篇评论写道：

蒋介石最后的一张王牌，现在在陕北卡着了，进又进不得，退又退不得，胡宗南现在是骑上老虎背。……事实证明，蒋介石所依靠的胡宗南实际上是一个"志大才疏"的饭桶。……胡宗南"西北王"的幻梦必将破灭在西北，命运注定这位野心十足、志大才疏、阴险虚伪的常败将军，其一生劣迹必在这次的军事冒险中得到清算，而且这也正是蒋介石法西斯统治将要死亡的象征。②

胡宗南当时并不知道这篇新华社评论是经周恩来亲笔修改的。胡宗南只是觉得这篇社论尖锐而深刻，处处刺中了他的要害，使他丢脸，使他恼火而又无可奈何。

1947年5月14日晚，胡宗南的情报处处长刘庆曾派人给他送来一份特急件。这是一份最新情报，说是当日下午，周恩来、彭德怀等在延安以北数十公里的安塞县真武洞公开露面，出席了有近万人参加的"陕甘宁边区军民庆祝青化砭、羊马河、蟠龙镇三战三捷大会"。会上，周恩来在讲话中宣布，毛泽东与中共中央自撤出延安后，一直留在陕北，与边区全体军民共同奋斗。周说，蒋介石、胡宗南梦想将中共中央赶出陕北、消灭西北解放军、征服边区人民，但是一件也没有做到。随后不久，中共的"陕北新华广播电台"也播发了这一消

---

① 新华社评论：《评蟠龙胡军被歼》，《晋察冀日报》1947年5月8日。

② 新华社评论：《志大才疏阴险虚伪的胡宗南》，《晋察冀日报》1947年5月12日。

息，将胡宗南的三战三败公之于世。

胡宗南不再神气活现了。他好几天不大说话，老是一个人把手揣在裤袋里，在窑洞住地前的小院子里踱来踱去，不再向人提问题，也不愿谈自己的看法，甚至也不再听陕北中共电台的广播，不再看新华社电讯稿。

就在这种苦恼的心境下，胡宗南于5月20日，令机要秘书熊汇荃照原计划赴美留学。在这时，胡宗南仍然不知熊汇荃的真实身份。

5月21日，熊汇荃从延安回到西安。他当时在西安的住处，是在王石坚住宅的后院。他在这里停留了个把月，常借机邀请西安绥署与西安党政机关的一些熟人到家聚会，介绍他们同王石坚相识。其中一些人，包括胡宗南住处的行政副官张德广，后来都为王石坚办了不少事。6月，熊汇荃去南京。熊的妻子谌筱华，如前所述，早在抗战胜利后不久，就由王石坚介绍，参加中共情报工作。1947年7月，熊汇荃从上海乘轮船去美，行前，与王石坚商定，谌筱华在南京母亲家分娩后，即去西安掩护王石坚的工作。熊汇荃到美国后，先入密西根大学，不久转入俄亥俄州威斯特恩·里塞夫大学，攻读硕士学位。他还顺便为王石坚主办的《新秦日报》写"旅美通讯"。[①]

（七）五十二岁的新郎

自1947年5月初蟠龙战役后，胡宗南发现"中共中央"机关与陕北"共"军主力并未东渡黄河，而是坚持在陕北，与胡军周旋。胡宗南军队在陕北陷入中共的人民战争与巧妙的"蘑菇"战术中，进退不成，左右两难，疲累，闭塞，危险。正如后来国民党的战史所承认的那样："战斗遂行中，我军因情报搜集无法深入'匪'区……影响于指挥及部队间之行动不小。"而"共"军呢？"始终凭借其严密之情报封锁，灵活之小后方补给，以避实击虚，钻隙流窜……不行主力决战，尤以陕北原已人烟寥落，匪复利用其地方组织，将仅有之人与物等可资利用之力量，全部撤离，使我军行动之区，渺无人迹；行军作战，均发生极大之困难"①。

在这种情况下，胡宗南为防止其部再遭陕北"共"军的突然打击与歼灭，令董钊、刘戡两个兵团主力，集结于延安以北的蟠龙、青化砭一线地区休整补充，主力缩成一团，使陕北"共"军无机可乘。同时利用飞机，地面与无线电的侦察，寻求中共中央机关潜伏的地点，准备重点打击。

1947年5月22日，胡宗南突然接到蒋介石的电召，乃于24日乘飞机，从西安直飞南京，因气候不佳，晚宿郑州。第二天，5月25日上午11时飞抵南京。下午3时，蒋介石就急不可耐地在官邸召见了胡宗南。

蒋介石急于了解胡宗南部攻占延安后的陕北形势，企图在所谓"陕北大捷"后，将胡宗南集团这支战略总预备队，调往其他战场。因为这时国民政府军在各战场连遭失败，形势吃紧，特别是在5月16日张灵甫的整编七十四师在山东沂蒙山区孟良崮战役中全军覆没；4月、5月间晋南地区几乎全部被解放军陈赓部队攻占，所剩临汾、运城危急，阎锡山连连呼救……

蒋介石一见胡宗南，开门见山就问："陕北军事何时可以结束？"

胡宗南在刚占领延安时的得意心情这时已没有了。他向蒋介石报告了陕北的国、共两方面的军事情况，说："毛泽东现在绥德以西周家釜附近，朱德、周恩来、彭德怀、王震、贺龙亦皆在陕，企图再与我决战。故今日对陕北作战，必须更积极行动。"胡宗南说对了大部分：毛泽东、周恩来、彭德怀、王震留在陕北指挥作战。但他不知道，朱德这时已与刘少奇东去河北平山县，而贺龙一直在黄河以东的晋绥地区。

蒋介石接受了胡宗南的意见，胡部兵力暂时不能他调。他对胡宗南指示：毛泽东尚在陕北，陕北兵力暂不南调。对胡部下一步的军事行动，蒋要胡去与参谋次长刘斐协商研究。但蒋要求胡在一个半月到两个月内肃清陕北。② 胡宗

① （台湾）"国防部"史政局编印：《戡乱简史》，台北："国防部史政局"，1962年，第132页。
② 胡宗南：《胡宗南先生日记·1947年5月25日》，台北："国史馆"，2015年7月，上册，第652页。

南以在陕北近3个月的作战经验认识到，蒋介石的要求是不切实际无法实现的。但是，他们一致认为胡部主力需留在陕北不能他调。这正是中共与毛泽东所追求的战略目的。蒋介石与胡宗南首先在战略上失败了。

第二天，5月26日，参谋总长陈诚约胡宗南晚餐，席间商谈陕北战事，进一步确立了胡宗南军在陕北地区的作战方针与计划，决定胡部主力继续留在陕北，要千方百计侦察寻找中共中央与毛泽东隐蔽的地点，加以全歼。而胡宗南内心里越来越沉重地认识到，与中共的军事斗争将是艰难的、长期的，甚至是危险的与前途难卜的。

在这种心境下，胡宗南决定立即结婚。

5月27日，胡宗南准备从南京飞回西安。就在他向蒋介石辞行时，突然向蒋报告，他将在回西安后立即举行婚礼，请求蒋介石批准。蒋介石听了颇为吃惊，因为胡宗南提出这事实属突然。当然，他立即欣然照准，因为胡宗南的婚事已拖延多年，在国民党军政上层成为一个难解之谜。而这年，胡宗南已是虚龄52岁了。

如前所述，在抗战前不久，1937年春，胡宗南就结识了光华大学三年级的女学生叶霞翟。到1937年6月，双方即有嫁娶之约。但不久，因抗战爆发，胡、叶婚事因而耽搁下来。1939年6月，叶霞翟从西迁的光华大学毕业；7月，赴美留学；1944年6月，学成回到中国，应邀到成都的光华大学、金陵大学任政治学教授。她一直遵照胡宗南的要求，一再将婚事推迟。抗战胜利后，叶霞翟随金陵大学复员，回到南京。岁月匆匆，到1947年，她已虚龄35岁了。

胡宗南在个人婚姻上严肃自律，以国事为重，乃是不争的事实，较之民国官场上许多达官贵人，如杨森、钱大钧、孙科、张学良辈，娶大、小老婆，甚至三妻四妾，外遇、绯闻不可胜数，就显得难能可贵了。

胡宗南得到蒋介石的同意后，当日，他先行乘专机飞回西安，同时指派程开椿陪同叶霞翟，于第二天，5月28日，乘民航班机，从南京飞到西安。当时西安方面谁也不知道胡宗南婚事在即。胡也加意对外保密，不事张扬。胡宗南知道这时结婚只能如此，才能给上下左右留下他"尽忠国事，严于律己"的良将形象，而且有利于稳定军心。

胡宗南在叶霞翟到达西安的当日，即1947年5月28日，就与她在西安南郊王曲兴隆岭别墅举行了婚礼。这里原是张学良的住地，古柏参天，牡丹满园，大厅与客房陈设华丽舒适。叶霞翟回忆说："我们于上午九时起飞，下午二时多抵达西安，先在程先生家休息一会儿，略为梳洗，就由程先生夫妇陪同去兴隆岭，当车子驶入那古柏参天，牡丹满园的兴隆岭大厅前时，我那位将军（胡宗南）已经军装笔挺佩戴齐全地站在那里等候了。车子一停下，他就笑嘻嘻地前来迎接。他对我说的第一句话就是：'婚礼马上可以举行了。'于是搀着我走进礼堂。"①

但胡宗南将婚礼布置得极为简单。他只邀请了陕西省政府主席祝绍周、陕西省参议会议长王宗山、第一战区副司令长官石敬亭、高桂滋、参谋长盛文、政治部主任顾希平以及陕西地方著名人士张钫与刘楚材，共8人。其中王宗山、石敬亭、张钫、高桂滋、刘楚材、祝绍周为证婚人，顾希平与盛文为介绍人。叶霞翟回忆说："礼堂里的客人只有八位，六位是证婚人，两位是介绍人。当

胡宗南与叶霞翟

① 叶霞翟：《天地悠悠：胡宗南夫人回忆录》（1965年撰），桂林：广西师范大学出版社，2016年5月，第75～76页。

我和他并肩站在那铺着大红桌布的桌前，在烛影摇红下静听着证婚人宣读结婚证书时，我的心充满着爱与喜乐。当那位慈祥的老人，宣布我们两人结为夫妇时，我轻轻地透出一口气，呵，这漫长的一段岁月总算挨下来了。"① 胡宗南再三要求参与婚礼的人对其婚事保密。

胡宗南虽是新婚宴尔，但他一直挂念着陕北前线的军事；同时，他不愿给蒋介石与同僚、部下留下沉湎女色、因私忘公的印象，因此，他在婚后3天，就要叶霞翟离开西安回南京。1947年5月31日一早，胡宗南送叶霞翟到机场。"飞机于七点钟起飞，下午一点钟到达南京。"叶霞翟回南京后，仍住在吉兆营的娘家，"直到一个月后，租到上海路的房子后才搬过去住"②。

胡宗南于1947年6月初回到延安。这时，中共陕甘宁野战军彭德怀部自5月底，从安塞地区西进陇东，与进犯陕甘宁边区西部的宁夏马鸿逵部、青海马步芳部激战，先后进行了陇东战役与环县战役，后又挥师恢复三边。胡宗南合围中共陕甘宁野战军的计划破产了。战况报到蒋介石那里。蒋介石见中共陕甘宁野战军主力在陇东，立即指示宁夏马鸿逵部加强警备，防止中共陕甘宁野战军北上；指示兰州的西北行辕加强固原地区防务，防止中共陕甘宁野战军袭击陇南；同时指示胡宗南将整二十九军南调至宜君以西地区，防止中共陕甘宁野战军南下关中。这说明，国民政府军自3月以来对陕北的重点进攻，仅仅过了3个月，已经迅速改呈守势。

胡宗南根据蒋介石的指示，调二十九军的整三十六师钟松部，自延安地区南下旬邑、彬县、长武布防，保卫关中后方基地；同时，通过天上、地下，还有无线电的侦察，终于捕捉到毛泽东、周恩来所率领的中共中央机关的信息，摸清了毛泽东所隐匿的地点——在陕北安塞县王家湾村一带。胡宗南在请示蒋介石后，立即命令董钊部由安塞北上，刘戡部沿咸榆公路前进，向王家湾合围

---

① 叶霞翟：《天地悠悠：胡宗南夫人回忆录》（1965年撰），桂林：广西师范大学出版社，2016年5月，第76页。

② 叶霞翟：《天地悠悠：胡宗南夫人回忆录》（1965年撰），桂林：广西师范大学出版社，2016年5月，第77～79页。

中共中央。同时,胡向西安空军发出命令,让其紧密配合地面作战。

但是,董钊、刘勘部共7个整编师的人马,在陕北地区来回奔波扫荡经月,却总是未见中共中央机关与毛泽东的踪影,处处扑空。胡军各部连日爬山越岭,被搞得筋疲力尽,却一无所获。整二十九军参谋长文于一说:在陕北作战,补给困难,情报不灵,地形不利,"我们得不到老百姓的帮助,总是摸不到敌情。老打青光瞎子仗,致常坐失战机,并且为'共'军所乘"。整一师师长罗列在致胡宗南电中,报告所部损兵折将、人困马乏、士气低落的情景,说:"竟日行军,每于拂晓出发,黄昏入暮始克到达。夜则露宿,构工戒备,毫无休息。是以人则疲劳,马则困顿,伤落倒毙者日渐增多,战力消耗极剧","人马时致枵腹,故不特军纪日坏,且士气亦远非昔比"[①]。

胡宗南见所部情形,十分担忧。

1947年6月5日,胡宗南的第一战区司令长官部根据南京国防部的命令,改称"西安绥靖公署"。自胡宗南以下,主官多未变动,绥署主任胡宗南,副主任为裴昌会、高桂滋等,总参议龚浩,参谋长盛文,副参谋长薛敏泉,秘书长赵龙文,政治部主任顾希平。各处处长也多未更动。

但胡宗南感到战争旷日持久,战争规模日益扩大,而他这时能用于机动作战的只有整一军与整二十九军的8个多整编旅,越来越不能应付陕北、晋南与豫西的战局,乃于6月14日致电蒋介石,要求准他另编新军,扩充兵力。胡的电文如下:

> 窃思两年来国内形势日益恶劣,国军于整编之余,力量锐减,而"匪"军则到处裹胁丁壮,又受俄方支援,兵力日增,致当前我军几均处于劣势,危机之深,甚于抗战。裁军固在休养国力,但"匪"患不除,无以建设,民生疾苦,终无已时,且将陷于绝境。为安定国本,清除"匪"患,拟请于万分困难中,另编新军以应此艰巨任务,而免"匪"势再予蔓延。[②]

---

① 转引自王焰等:《彭德怀传》,北京:当代中国出版社,1993年,第320页。

② 胡上将宗南年谱编纂委员会编:《胡上将宗南年谱》,沈云龙主编:《近代中国史料丛刊续编》第49辑488册,台北:文海出版社有限公司,1978年,第198~199页。

这是在国共内战全面爆发后一年，在1947年6月，胡宗南已敏感地看到并现实地承认国民党的军队与政权遇到了前所未有的严重危机。

但他提出的扩编新军的方法能改变国民政府的不利处境吗？

（八）接待蒋介石到延安"视察"

1947年6月、7月间，正当胡宗南指挥董钊、刘戡两个整编军的主力，在陕北来回奔波，搜寻中共中央机关与毛泽东的隐蔽地点而无所得时，全国战场的形势发生了重大变化，陕北战场的形势随之也发生了重大变化。

中共中央为了打破国民政府军对陕北与山东解放区的重点进攻——所谓"哑铃战术"，在1947年6月、7月间，针锋相对地部署实施"中央突破，三军配合，两翼牵制"的战略方针：首先，在1947年6月30日，中共刘伯承、邓小平部晋冀鲁豫野战军7个纵队（相当于军），从鲁西南突破国民政府军黄河防线，挺进中原，8月上旬，越过陇海线，深入大别山，将战争引向国统区，揭开了反攻的序幕；接着，在1947年7月21日，正转战陕北的毛泽东、周恩来等，在陕北靖边县小河村召开中共中央前委扩大会议，确定了"转入战略反攻，将战争引向国民党统治区"的战略方针，战略进攻的主要突击方向是中原，会议决定，晋冀鲁豫野战军的陈赓、谢富治兵团，将在晋南平陆茅津渡，乘虚强渡黄河，挺进豫西地区；陈毅、粟裕率领华东野战军主力，则挺进鲁西南地区；以上两部，分别在刘伯承、邓小平部的两翼，迅速展开，与刘、邓部配合，在江、淮、河、汉之间的中原地区，布成"品"守阵势，互为犄角，协同作战，驰骋中原，威逼长江，威胁武汉与南京；在这同时，在中原战场的两翼，为了牵制国军，以华东野战军的山东兵团，在胶东发起攻势作战，把重点进攻山东的蒋军引向海边；以西北野战军主力，出击榆林，吸引胡宗南军北上。

1947年7月31日，中共中央军委发布命令，"陕甘宁野战集团军"被正式命名为"西北人民解放军野战军"，简称"西北野战军"，彭德怀任司令员兼政委，张宗逊任副司令员，习仲勋为副政委。以彭德怀、习仲勋、张宗逊、王震、刘景范组成西北野战军前委，彭德怀为书记。

1947年8月6日，彭德怀根据中共中央的战略决策，调集了西北野战军全部主力8个旅，共计4.5万人马，三倍于守城的国军，发动了第一次围攻榆林战役。其中，第三纵队原是中共晋绥军区第三纵队，于1947年7月底刚奉命从晋西北西渡黄河，归建西北野战军，司令员许光达，下辖独二旅，旅长唐金龙，独三旅，旅长杨驾瑞，独五旅，旅长李克夫。

胡宗南于8月5日，就在延安得到彭德怀部主力围攻榆林的消息："匪攻榆林外围响水堡"①。胡事后得知，彭德怀部"自四日主力集中以后，以为……（榆林城内防守空虚），故于五日从间道，直趋榆林"②。胡宗南十分吃惊。因为榆林是包围中共陕甘宁边区北面的重镇，为国民政府"晋陕绥边区总部"邓宝珊部防地，控制着北方交通要冲，与宁夏马鸿逵部、南面胡宗南部互成犄角，共同包围着陕甘宁边区。如果榆林不保，则宁夏孤立，胡宗南部也将失去北面的作战配合，必将影响整个西北战局。而当时榆林城里的守军仅有邓宝珊的第二十二军八十六师的两个团，战斗力很弱，"要弹，要粮，要援军，守备毫无准备，工事亦未构筑，民众亦无组织，而内奸重重潜伏城内"；协助防守榆林的胡部整三十六师整二十八旅徐保部，约6000人，是在1946年10月底、11月初，从西安空运榆林，增强北方战力，这时"远在鱼河、波罗、响水各地"③，形势危急。

胡宗南立即电令徐保部主力紧急驰援榆林城。"我第二十八旅主力回榆林，一部尚在三岔附近。机场等陷落，在高家堡一带作战"④。

蒋介石同意胡宗南的判断与部署。他于8月7日，亲自带着国防部负责作战的罗泽闿司长（胡宗南过去的参谋长）与空军副总司令王叔铭，以及西安绥署

① 胡宗南：《胡宗南先生日记·1947年8月5日》，台北："国史馆"，2015年7月，上册，第667页。
② 胡宗南：《胡宗南先生日记·1947年8月12日》，台北："国史馆"，2015年7月，上册，第670页。
③ 胡宗南：《胡宗南先生日记·1947年8月12日》，台北："国史馆"，2015年7月，上册，第670页。
④ 胡宗南：《胡宗南先生日记·1947年8月5日》，台北："国史馆"，2015年7月，上册，第667页。

参谋长盛文等人，于下午飞到延安，与胡宗南协商援救榆林与西北作战问题。

胡宗南将蒋介石安排住在延安南关西坡原中共的边区交际处宾馆里。这里是当时延安最好的住处。胡宗南为接待蒋介石，早就令从西安空运来各种生活用品与食品。

蒋介石由胡宗南陪同，视察了延安市容，登清凉山，视察了胡部军队，接见各部高级军官。

胡宗南在当日的日记中记载："委座于下午到达延安，即坐吉普车，过延水桥，到清凉花园休息，一路问延安城、嘉陵山，笑容满面，喜形于色。到清凉花园后，见裴主任、薛副参谋长、刘国运等，后即出外访问民众、问市情，进专员公署、县长公署，与参议会议长及议员谈话，并摄影而回。五时半，开作战会议，决定第八期行动"[①]。

作战会议由蒋介石亲自主持。胡宗南、裴昌会、薛敏泉以及董钊、刘戡两军长和他们的参谋长，还有随蒋来延的罗泽闿与王叔铭，约10人参加了会议。会上先由罗泽闿介绍了全国各战场形势及对胡部的作战要求。胡宗南报告了陕北战况。蒋介石指示说：今后在陕北作战，不要稳扎稳打，要用急进猛打的战法，补救过去的缺陷。现在"共"军围攻榆林，想诱我们去解榆林之围，在米脂以北地区设伏歼灭我军。现在我们再不上他们的当了。此次解榆林之围，以

蒋介石由胡宗南陪同视察延安市容

---

① 胡宗南：《胡宗南先生日记·1947年8月7日》，台北："国史馆"，2015年7月，上册，第667页。

胡部主力缓缓地沿咸榆公路北上，趁机占领陕北各县；而另以钟松的整三十六师由左翼疾进，出击横山，沿长城北边东进，侧击榆林"共"军。解榆林之围以后，乘"共"军撤退之时，以北上主力，配合从榆林南下的整三十六师，南北夹击，在榆林、米脂间同陕北"共"军决战，歼灭"共"军或将共军赶到黄河以东。蒋介石指出，这是陕北的一次关键战役。[1]

胡宗南提出，其部主力全部北上决战，后方交通线缺乏掩护部队，时当雨季，运输困难，部队的补给成了大问题。蒋介石指示以空军空投补给。

晚饭后，蒋介石又召胡宗南，"研究榆林军事，并商讨内部奸宄问题，委座决亲致函邓副主任宝珊，而令徐（保）旅长转达"[2]。

第二天，8月8日，一早，胡宗南就将所拟北上作战计划送呈蒋介石审核，获得同意。"午前九时，委座传见，将致邓宝珊函交阅，而令派机投送。……十时集营长以上训话，……十二时同午餐，二时许在延市民众欢送中，飞向西安"[3]。

胡宗南立即根据蒋介石的指示，一方面电告榆林守军邓宝珊、徐保等坚守

蒋介石由胡宗南陪同登延安清凉山。

---

[1] 何文鼎（时任整十七师中将师长）：《整编十七师从担任护路到守备延安的经过》，陕西省政协文史资料委员会编：《陕西文史资料选辑》第4辑。

[2] 胡宗南：《胡宗南先生日记·1947年8月7日》，台北："国史馆"，2015年7月，上册，第667页。

[3] 胡宗南：《胡宗南先生日记·1947年8月8日》，台北："国史馆"，2015年7月，上册，第668页。

待援；另一方面令在安塞、保安地区的整一军、整二十九军的主力，共8个整编旅，分两路向绥德、葭县方向进击；另令钟松的整三十六师组成援榆"快速兵团"，轻装日夜兼程，经横山以南，限于8月11日进抵榆林，路上靠空投补给；仍以整二十七师担任延安城防；另以空军"按时投送弹药于榆林，使守军得以固守"①。

这是胡宗南部在占领延安后，主力第二次大规模北上。

钟松部整三十六师经5天急行军，"由两道湾、龙州堡、吴家沟、马家湾、保宁堡之线，直趋榆林，……行百余公里"②，于8月11日顺利抵达横山以北地区，靠拢榆林守军。这时榆林守军整二十八旅徐保部等，自8月5日至12日，"苦战八昼夜，两次歼灭突入城类之'匪'，两次恢复城东无量殿"③。中共西北野战军见状，知围城打援的计划难以实现，乃于8月12日主动撤榆林之围而去。钟松部主力于8月12日"亥时到达保宁堡，先遣一部于后半夜到达榆林附近，榆林围解"④。13日，钟松部进入榆林城。

蒋介石专门来电慰勉胡宗南，鼓励钟松，"悉心讨彭，并嘉奖将士"。

由于援榆成功，胡宗南也振奋起来。他在8月12日的日记中，兴奋地总结了所部援榆的"三大奇迹"，得意地预测："榆林巩固，而三十六师转移于匪之侧背，则绥德、米脂、榆林区域，匪将受腹背之攻击，而难以立足，陕北军事，急转直下，日趋有利。"⑤

（九）沙家店之败——陕北战场形势的逆转

胡宗南在成功援榆后，根据无线电台侦测与部队侦察报告，说中共西北野战军正"仓皇逃窜"，到达葭县（今佳县）已是弹尽粮绝，把大炮都埋了，

① 胡宗南：《胡宗南先生日记·1947年8月12日》，台北："国史馆"，2015年7月，上册，第671页。
② 胡宗南：《胡宗南先生日记·1947年8月12日》，台北："国史馆"，2015年7月，上册，第670页。
③ 胡宗南：《胡宗南先生日记·1947年8月12日》，台北："国史馆"，2015年7月，上册，第670页。
④ 胡宗南：《胡宗南先生日记·1947年8月12日》，台北："国史馆"，2015年7月，上册，第670页。
⑤ 胡宗南：《胡宗南先生日记·1947年8月12日》，台北："国史馆"，2015年7月，上册，第671页。

因而错误断定中共西北野战军主力将渡过黄河，逃往晋西北。胡宗南立即严令各部"迅速追击，勿失此千载良机"。他令沿咸榆公路北上的整二十九军军长刘戡率5个整编旅，向葭县方向急速前进，于8月16日进至绥德义和镇地区；又令钟松部立即由榆林南下，与北进主力南北夹击，"迫敌于两河（黄河与无定河）之间决战"，在榆林、米脂、葭县之间三角地区歼灭陕北"共"军。①

刚刚率部到达榆林的钟松，因援榆有功受到蒋介石嘉奖，更加得意，自吹"'共'军可以吃掉别的军队，就是吃不掉整三十六师"。他接到胡宗南的命令后，声言要"一战结束陕北问题"，除留下徐保的整二十八旅继续守卫榆林外，不顾部队疲劳，于8月14日率师主力离榆林南下。

仅仅数天后，胡宗南与钟松的得意梦想就遭到了沉重的一击。

整三十六师这时只有整一二三旅与整一六五旅两个不足额的旅，共1万多人。8月17日，该师沿无定河西岸进占镇川堡，接到胡宗南与刘戡来电通知，刘戡率北进主力已到达葭县东南吉镇以南地区，要钟松师迅速占领镇川堡至乌龙铺一线，在乌龙铺与北进主力会师，再行围歼"共"军。当日，钟松将该师分为两个梯队，令整一二三旅旅长刘子奇率该旅及整一六五旅的孙铁英团为前梯队，由镇川堡向葭县西的乌龙铺突进，与刘戡主力取得联系；钟松率整三十六师师部与整一六五旅李日基部主力为后梯队，由镇川堡经沙家店地区东进。

8月18日上午，整三十六师的前后两梯队均与解放军遭遇，发生小规模的交锋。因天降大雨，整一二三旅刘子奇部当晚在乌龙铺北山露营；钟松率师部与整一六五旅在沙家店附近高地赶筑野战工事，准备防守。这时，钟松发现陕北解放军主力并未渡黄河东逃，而在其师附近集结，有围歼该师企图，遂连夜急电前梯队整一二三旅刘子奇部从乌龙铺回援，向沙家店师部靠拢。

但直到这时，胡宗南与刘戡仍未摸清中共西北野战军主力所在，更未摸清中共西北野战军作战意图。他们根本不知道中共西北野战军伪装东渡黄河，麻痹胡军，实际上主力隐蔽集结在榆林、葭县地区，正准备集中全力歼灭孤军突

① 转引自王焰等：《彭德怀传》，北京：当代中国出版社，1993年，第329页。

出的整三十六师。因此，在18日整三十六师发生战斗后，刘戡仍以为是"共"军残部扰乱，并未派部队增援钟松，仍按胡宗南的计划，率5个整编旅，继续北进，于8月19日占领神泉堡与葭县县城。

就在8月19日这一天，中共西北野战军集中优势兵力，以第三纵队许光达部阻击刘戡援军，以大部兵力包围了在沙家店地区的钟松整三十六师师部与整一六五旅，在常家高山包围了回援的整一二三旅刘子奇部。整三十六师的前后两梯队被分隔两地，无法相顾。

8月20日拂晓开始，中共西北野战军分头向两地发动猛攻，战况激烈。整三十六师两个旅虽是半美机械化的武器装备，但孤军力单，官兵疲惫，战斗力削弱，越来越难以抗拒中共西北野战军优势兵力的猛烈攻势。钟松连连向在延安的胡宗南与在葭县县城的刘戡发出呼救电报。

胡宗南接到钟松的呼救电报，大吃一惊，急令刘戡增援；又急电钟松与刘子奇，"固守待援，将派飞机参加战斗"。刘戡也致电钟松说："已令整五十五旅就近来援，主力继后赶到。"

但是刘戡援军被西北野战军第三纵队许光达部不顾侧水侧敌的奋力阻击，难以前进。在激战中，连刘戡的警卫部队也一度被冲散。直至该日黄昏前，刘戡援军距离钟松的阵地还有30多里。

孤军突进的整三十六师只能孤军作战，垂死挣扎。

被中共西北野战军教导旅与新四旅包围于常家高山的整一二三旅经一天激战后，形势急转直下。据整一二三旅旅长刘子奇回忆说：

> 各个阵地俱遭到解放军猛烈炮击，工事多被摧毁，守兵不断伤亡。先遣队队长被击毙，残余官兵被俘。解放军由正面和右侧同时发动反攻，以泰山压顶之势从两面高山杀下，向整第一二三旅全线阵地猛冲，有的阵地被轮番连续冲击发生白刃肉搏，死伤枕藉。干部伤亡很多，炮兵营长亦遭炮火击毙，山炮一门被击毁，两门因无炮弹已成瘫痪，骡马被打得四散乱奔。派往后面任掩护

并与援军联络的一个加强排也无影无踪。在战斗紧张时候，虽由西安派来3架次飞机参战，投下几枚小炸弹，对英勇善战的解放军丝毫没起作用。①

沙家店主战场

整一二三旅辖两个团。首先第三六八团被消灭；接着第三八七团的大部分官兵伤亡，阵地失守，电台被炮弹打得粉碎，同各方联络断绝。混战至该日黄昏时，终于全旅覆灭，旅长刘子奇与残余官兵全部被俘。

在这同时，被包围在沙家店的整三十六师师部与整一六五旅也遭到中共西北野战军一纵与二纵的猛烈进攻。骄横一时的钟松苦战经日，盼援无望，暴跳如雷，眼看形势直下，部下伤亡惨重，阵地相继丢失，电台亦被击毁，各方联络断绝，便和一六五旅旅长李日基等换衣化装，带着残部，乘黑夜逃回镇川堡。

只经过8月20日一天的激战，沙家店战役就结束了。

胡宗南在8月20日的日记中记载："在镇川堡、沙店、柳坡、沙坪、乌龙铺及乌龙铺东十里高地，我三十六师部、一六五旅部、五十五旅、一二三旅、二十九军部，皆为匪各个截断牵制，战况剧烈，现全望九十师能到达景湖寺，向南积极攻击，方能转危为安也。情况恶劣，夜十一时光景，三十六师部

---

① 刘子奇（时任整一二三旅中将旅长）：《整编第三十六师主力在沙家店被围歼经过》，原国民党将领的回忆：《解放战争中的西北战场》，北京：中国文史出版社，1992年1月，第184页。

一二三旅、一六五旅电讯不通，知已遭遇意外，嗣得五十五旅电告，一二三旅已溃散，一部向东，一部向南，匪军已转向本旅压迫云云，则五十五旅亦甚可虑，乃电令固守，庶不至全军溃败。"这天夜里，胡宗南借酒浇愁，"中夜不能睡，喝白兰地一杯，恍惚睡去，天未明又醒，思虑重重"①。胡宗南的精神受到沉重打击。

直到8月21日、22日，胡宗南先后得到李日基、钟松的来电，得知他们均脱险，"欣喜无限，披衣起床，不知精神百倍也"。胡承认，"此次三十六师部安全脱离，而钟松未遭俘获，实为侥幸"②。胡特地在8月22日的日记中记录了中共广播电台的广播稿：

> 二十日在米脂以北七十华里，沙家店打了一个大胜仗，歼灭蒋军将近两个旅，三十六师一二三旅全部，一六五旅大部。此次胡宗南使用七个旅，三路向北进犯，由三十六师钟松指挥，二十日早晨被解放军包围在金沙店，经一天激战，除一六五旅残部于黄昏逃窜外，一二三旅全部被歼，一六五旅大部被歼，三十六师师部人员被俘不少，详细战果正清查中。

沙家店战役是胡宗南部大军进攻陕北以来，最为重要最为关键性的一仗。经过这次战役，不仅胡宗南部最精锐的三大主力之一的整三十六师，约6 000人，被中共西北野战军全歼，而且它根本扭转了陕北战局，基本上改变了国共两军的境况：自1947年3月胡宗南部进攻陕北以来一直作战略撤退的中共西北野战军，自此以后，由被动转入主动，开始转入内线反攻；而胡宗南部对陕北的进攻自此逆转，开始走下坡路，被迫收缩兵力，放弃陕北广大占领区，向南撤退，集结于从绥德、清涧到延安一线，取战略守势。

---

① 胡宗南：《胡宗南先生日记·1947年8月20日》，台北："国史馆"，2015年7月，上册，第673～674页。
② 胡宗南：《胡宗南先生日记·1947年8月21日、22日》，台北："国史馆"，2015年7月，上册，第674～675页。

（十）清涧被克——延安以北全部丢失

就在胡宗南部大军北上榆林、于1947年8月20日在沙家店遭到重创后两天，中共陈赓兵团于1947年8月22日，从晋南平陆茅津渡，乘虚强渡黄河，挺进豫西，占领了许多中小城镇与大片土地，威逼洛阳与潼关，关中震动；9月初，陈毅、粟裕率领华东野战军主力，挺进鲁西南地区。在中原战场的东翼，华东野战军的山东兵团，从9月起，在胶东发起攻势作战，把重点进攻山东的蒋军引向海边。

胡宗南这才发现，他在8月初派遣大军北上，是中了"共"军"打北图南"之计。

胡宗南北上援榆的战略失败，甚至连当时上海一家民营的《观察》杂志也看出来了。该杂志在9月初发表《战局鸟瞰》一文中指出：

> 中共选择了一个想吃掉榆林的机会，同时可以吸引胡宗南部的北来。……刘戡所属是被吸引到北面来了，陕北延安、关中及潼关外陇海线的防御力量自然要薄弱一点，于是晋南的"共"军陈赓部得以渡过了黄河天险，而出现于豫西，和刘伯承遥相呼应。……看来"共"军的桴鼓陕北，似乎是晋南强渡的准备。战局是整个的，声东击西，打北图南，每一根毫发，也会牵动整个的头部。[①]

关中空虚，西安危急。胡宗南只得令董钊、刘戡大军，在8月26日集结于从米脂北70里地区到绥德一线，除留下经补充后的整三十六师之整一六五旅李日基部守绥德，整七十六师廖昂师部率整二十四旅张新部主力守清涧，整二十四旅的第七十二团高宪岗部守瓦窑堡，整二十四旅的两个营分别守延川、延长，主力部队6个半整编旅，都由董钊统一指挥，于27日，从绥德，经清涧，沿咸榆公路，南撤回延安。

中共方面及时掌握了胡部大军南撤的动向。8月28日，毛泽东在陕北葭县（今佳县）朱官寨，为中共中央军委起草致彭德怀电，指示他"率全军立即转

---

① 《战局鸟瞰》，《观察》周刊（上海）第3卷第2期，1947年9月6日出版。

至敌之先头（米脂、绥德之间或直出清涧），阻敌南进"。第二天，8月29日，毛泽东又为中共中央军委起草致彭德怀电："请率全军以三天至四天急行军赶到石咀驿、九里山之线，夺取先机，制敌死命"。8月30日，毛泽东再为中共中央军委起草致彭德怀电："敌已确定全军南撤，九十师可能以一部向东佯动吸引我军，以利其主力迅速向南。我军务宜摆脱当面之敌，以三天急行军先敌抢占绥（德）清（涧）间一段，阻敌南进。然后以一部节节阻敌，主力大举沿公路南下（不要脱离公路），直指咸阳，制敌死命，有力地配合刘（伯承）邓（小平）、陈（赓）谢（富治）。"①

中共中央和毛泽东对当时胡宗南部的军事实力和战斗力，有透彻的了解。1947年9月1日，毛泽东写的对党内的指示《解放战争第二年的战略方针》中，指出："敌军分布，到今年八月底止，连被歼灭和受歼灭性打击者都算在内，南线一百五十七个旅，北线七十个旅，国民党后方二十一个旅，全国总数仍是二百四十八个旅，实际人数约一百五十万人；……胡宗南系（包括兰州以东，宁夏榆林以南，临汾洛阳以西）之三十三个旅中，被歼灭和受歼灭性打击者有十二个旅，能用于战略性机动者只有七个旅，其余均任守备。"②

董钊在指挥各部南撤时，安排的计划是，以陈武的整九十师为先头部队，沿咸榆公路南下，抢占隘口九里山、石嘴驿（亦称石咀驿），然后回过头来，掩护两个整编军的主力，以整一师和整四十七旅、刘戡的整二十九军、钟松的整三十六师残部和姚国俊的整五十五旅为次序，向南撤退。

南撤途中，胡军不断遭到中共西北野战军根据毛泽东的指示，以"击其惰归"发动的长途追击，损失严重。

9月初，在由绥德到清涧这一段行程当中，先头部队在九里山、石嘴驿等处，与中共西北野战军王震第二纵队一部发生战斗。因阴雨连绵，解放军兵力不

---

① 中共中央文献研究室编：《毛泽东年谱（1893—1949）》下卷，北京：人民出版社、中央文献出版社，1993年12月，第225～226页。

② 毛泽东：《解放战争第二年的战略方针》（1947年9月1日），《毛泽东选集》第四卷，北京：人民出版社，1966年，第1173～1178页。

大，一度阻截后即行退去。南撤部队到达清涧后，董钊以为这里驻防着整七十六师廖昂部，以后南下途中，将不会再遭遇中共西北野战军有力阻截发生大的战斗。但在9月9日，整一六七旅第五〇〇团在清涧、永平间的曲思教地区掩护汽车运输时，又遭到中共西北野战军第二纵队的伏击，损失了21辆汽车、5辆坦克，伤亡100多人，被俘80多人。9月14日，南撤部队进抵清涧以南的关庄、岔口时，再次遭到中共西北野战军强大主力的伏击，发生激烈战斗，造成更大的伤亡。

关庄、岔口是关庄河的两个沟口，关庄在东边，岔口在西边。关庄河东西走向，南北是陕北特有的那种塬，很高，并且分别绵延到远处，关庄河川就像一条袋子，是一个理想的伏击地。9月14日上午9点，董钊率领南撤部队越过关庄，进入河川凹道东口时，先头部队整一师罗列部发现凹道两侧高地，已被中共西北野战军占领，当即发起进攻。后来董钊与刘戡研究，令整一师师长罗列指挥所部整一旅、整七十八旅，攻占凹道北侧高地，整三十六师师长钟松指挥整十二、整五十五两旅，攻占凹道南侧高地。经1天战斗，攻击部队才相继占领两侧高地。在高地得手后，董钊急忙调整部署，令各部采取"蛇蜕皮"的方法，交替掩护，向西边的岔口突围。第二天，中共西北野战军继续攻击。董钊与刘戡两军的辎重勤杂人员争相逃命，秩序混乱。战斗到第三天，两军的主力突出河川凹道，但担任后卫的整七十八旅沈策部与整五十五旅姚国俊部未得脱身，陷入中共西北野战军的三面包围之中，只得一面抵抗，一面转进，战斗异常激烈，几次发生白刃战，部队伤亡惨重。胡宗南几次派出飞机助战，董钊与刘戡搜集警卫部队与工兵部队的弹药给以支援，并派出军、师的警卫营与直属部队投入战斗。就在战斗正酣之际，突然天降倾盆大雨与冰雹，中共西北野战军又感兵力不足，才停止攻击，自行撤退。董钊与刘戡各部终于得以脱离包围圈。

整五十五旅旅长姚国俊后来回忆这次战斗时说：

董钊、刘戡的情报说，关庄、岔口没有"共"军，其实到处都埋伏着"共"军的部队。我们早晨从关庄川道东口出发没好久就打起来，边走边打。起初感到"共"军兵力不大，后来觉着不是那么回事。空军掩护不起作用……如果那天再打下去，后果是不堪设想的。①

姚国俊对这次战斗总结说：

> 这次战役，胡军主力在解放军包围下，激战三日，伤亡惨重，为胡军从3月到9月进犯陕甘宁边区所遇到的规模较大的一次战役。其所以未遭歼灭，主要是当时解放军兵力还不够，不能在短时间内吞灭这样一个较大的兵团。其次是在决战关头，天降冰雹大雨，才使胡军主力幸免被歼。②

这次关庄、岔口的3天追击战斗，不仅给胡宗南部主力很大的杀伤，而且使中共方面更加了解胡宗南部的士气低落。9月19日，毛泽东致电彭德怀，说："三天战斗给了敌人以相当削弱，迟滞了敌人南进，特别是认识了敌人士气衰落，我军士气大增，不怕这个敌人，对于我军向渭北出击争取胜利，大有利益"③。

董钊、刘戡两军从岔口突围后，于9月20日前后，回驻延安一线。

当董钊与刘戡到达延安时，胡宗南已于9月20日秘密离开延安，"坐便机回西安，于先五六分钟着陆，得迎候委座"。他是赶回去接待再次来到西安的蒋介石的。"委座到达西安后，同车到六谷庄，研究巩固关中，及进攻卢氏计划，并书勉鲁崇义，即空运西安，及覃春芳固守运城，等等"④。

这是因为当时豫西与陕东的形势更加危急。

自中共陈赓、谢富治兵团10余万兵力，于1947年8月22日，从晋南平陆茅津

---

① 李彦清：《黄土地，红土地》，北京：解放军出版社，1992年，第269页。

② 姚国俊（时任整五十五旅少将旅长）：《董、刘两军岔口遭截记》，原国民党将领的回忆：《解放战争中的西北战场》，北京：中国文史出版社，1992年1月，第189页。

③ 中共中央文献研究室编：《毛泽东年谱（1893—1949）》下卷，北京：人民出版社、中央文献出版社，1993年12月，第231页。

④ 胡宗南：《胡宗南先生日记·1947年9月20日》，台北："国史馆"，2015年7月，上册，第680页。

渡乘虚强渡黄河，挺进豫西以后，洛阳与潼关遭受威逼。蒋介石急令从中原赶来的西援部队与洛阳地区的部队共8个旅，组成第五兵团，由李铁军指挥；令陕县到潼关以西一带的部队共4个半旅，组成陕东兵团，由西安绥署陕州指挥官谢甫三指挥；以上两兵团从东、西两面，夹击陈赓、谢富治部队，重新打通陇海线。但陈赓、谢富治部队动作神速，在9月初，乘陕东兵团还在组建之际，挥戈西指，迅速展开，发动豫西战役，以强大兵力，横扫陕县以西的地区，占领大小城镇。这里位居秦岭余脉崤山以北，地当河南与山西、陕西之交，是中原通往陕西关中的咽喉与大门，古时通称函谷，山势雄险，陡如壁立，道路多在谷中，深险逼窄，形似信封而得名，自古以来一直是著名的军事要地与古战场。陈赓、谢富治部主力于9月12日攻占灵宝、阌乡，全歼守敌，生俘新一旅旅长黄永赞、副旅长胡秉锐以下5600余人；9月17日攻占陕县，全歼守敌，生俘第二〇六师第二旅旅长蒋公敏以下4700多人；陈赓另一部在9月10日攻占卢氏及附近广大城镇。陇海铁路豫西段被陈赓部大肆破坏，西安到洛阳的交通联系被完全切断。在这半个月的时间，仓促组建的陕东兵团被陈赓部歼灭达3万多人，总指挥谢甫三落荒而逃。陈赓部前锋进抵离潼关30里的阌底镇。在这同时，从9月下旬开始，关中地区的北大门黄龙山一带的防地，也遭到中共西北野战军四纵、二纵的袭击。关中震荡，西安危急。

就在陕县被陈赓、谢富治兵团攻陷后3日，1947年9月20日，蒋介石再次飞到西安，与胡宗南密谋应对豫西逆变与稳定关中之策。尽管蒋介石宣称"三个月内彻底肃清'共匪'，半个月内彻底打通陇海线"[①]，但实际上是在与胡宗南密谋部署关中地区的防御。蒋介石指示胡宗南：以整二十九军刘戡部留守控制延安一线，阻止陕北解放军南下；调整一军董钊部立即从延安一线，南下黄龙山地区增援，捍卫关中地区的北大门。同时，蒋介石又从进攻大别山的部队中，抽调广东部队整六十五师李振部，将其所辖整一六〇旅、整一八七旅，由武汉空运西安，改隶西安绥靖公署。胡宗南也下令将驻榆林的整二十八旅徐保

---

① 《中国现代史资料选编》（五），哈尔滨：黑龙江人民出版社，1981年，第597页。

部与驻临汾的整三十师鲁崇义部主力，空运西安。

当日"下午四时许，委座离陕回京"[①]。

此后数日之间，关中地区兵力增至10个半旅。

胡宗南增强了关中地区兵力后，陈赓部主力却迅速调头隐蔽东进，向郑州、洛阳间的第五兵团李铁军部发动猛烈攻击，并以一部出陕南，在商洛山区开辟陕南根据地。在这同时，胡宗南在陕北的防守却出现了巨大的空隙：刘戡的整二十九军集结于延安、甘泉、鄜县（今富县）一线；而在延安以北，从延川、延长、清涧、瓦窑堡到绥德的100多公里的交通线上，只有不足两个整编旅的兵力担任防守，其中整三十六师钟松部的整一六五旅李日基部守绥德，整七十六师廖昂的师部率整二十四旅张新旅部及第七十团守清涧，整二十四旅的两个营分守延川、延长等据点，整二十四旅的第七十二团（欠一个营）高宪岗部守瓦窑堡。在延安以南的胡军后方宜川附近的黄龙山区，也只有6个团的兵力分散防守。这就为中共西北野战军的歼灭战提供了机会。

这时，中共中央不断加强西北野战军的力量，继1947年7月底将晋绥第三纵队许光达部归建西北野战军以后，1947年9月17日，毛泽东为中共中央军委起草致彭德怀、贺龙、习仲勋电，"提议王世泰部编为第四纵队，辖两个旅，参加野战军作战，使该部正规化"，随后，西北野战军第四纵队组成，王世泰为司令员；1947年9月20日，毛泽东为中共中央军委起草复彭德怀、贺龙、习仲勋电，同意以教导旅、新四旅编为西北野战军第六纵队。[②]这样，彭德怀的西北野战军辖下，就有5个纵队（相当于军）：第一纵队，司令员张宗逊，政委廖汉生，下辖三五八旅，旅长黄新庭，政委余秋里，独一旅，旅长王尚荣，独七旅，旅长傅传作；第二纵队，司令员兼政委王震，下辖三五九旅，旅长郭鹏，独四旅，旅长顿星云，独六旅，旅长张仲翰；第三纵队，司令员许光达，

---

① 胡宗南：《胡宗南先生日记·1947年9月20日》，台北："国史馆"，2015年7月，上册，第680页。

② 中共中央文献研究室编：《毛泽东年谱（1893—1949）》下卷，北京：人民出版社、中央文献出版社，1993年12月，第234、235页。

下辖独二旅，旅长唐金龙，独三旅，旅长杨驾瑞，独五旅，旅长李克夫；第四纵队，司令员王世泰，政委张仲良，下辖警备第一旅，旅长高锦纯，警备第三旅，旅长黄罗斌，警备第四旅，旅长郭宝珊，骑兵第六师，师长胡景铎；第六纵队，司令员罗元发，政委徐立清，下辖教导旅，旅长陈海涵，新四旅，旅长先后为张贤约、程悦长。

1947年9月23日，毛泽东为中共中央军委起草致彭德怀并贺龙、习仲勋电，向西北野战军下达任务："决定你军主力（六个旅）在内线一个月至一个半月，完成歼敌、休整、补充三项任务，然后打出去。望按此部署一切，主要是筹粮一万五千大担。"①

9月24日，西北野战军决定，先在陕北执行内线作战任务，攻占延川、延长与清涧、瓦窑堡等地。

1947年10月1日，延川、延长首先遭到中共西北野战军第三纵队许光达部和第六纵队教导旅罗元发部的攻击，当天迅速失守。守军是整二十四旅张新部的两个营，被全歼。胡宗南在10月2日的日记中记载："延川、延长失守，我守军各一营牺牲甚重。"②10月3日，他致电裴昌会，指责说："延长、延川虽战略要点，亦无可守兵力，知匪军将攻两延情报时，为何不撤退？而将两营兵力增加清涧之防，如此指挥甚为不妥，应令廖师长查复。"③廖师长是指防守清涧的整七十六师师长廖昂。

10月2日，毛泽东为中共中央军委起草致彭德怀电："两延得手后，我军似宜迅即以主力打清涧，以一部打瓦市，以期同时歼灭两地之敌，使绥德之敌无法逃跑。然后两路北进，歼灭绥德之敌"。但很快，毛泽东改变想法，再次为中共中央军委起草致彭德怀电："清、瓦两处可先打一处，再打一处，不必同

---

① 中共中央文献研究室编：《毛泽东年谱（1893—1949）》下卷，北京：人民出版社、中央文献出版社，1993年12月，第236页。

② 胡宗南：《胡宗南先生日记·1947年10月2日》，台北："国史馆"，2015年7月，上册，第680页。

③ 胡宗南：《胡宗南先生日记·1947年10月3日》，台北："国史馆"，2015年7月，上册，第681页。

时打。"①西北野战军决定先打清涧。

首先，清涧城南的三十里铺被西北解放军第一纵队张宗逊部攻占。

10月4日，清涧城守军遭到中共西北野战军主力的围攻。

清涧是陕北的一座重镇，它北接绥德，南连延安，战略地位十分重要。自1947年3月胡宗南部进占陕北以来，一直由胡部精锐的整七十六师担任防守。中将师长廖昂率师部及该师主力整二十四旅张新部驻守清涧城内，依靠险要地形筑有强固的工事。

廖昂是四川资中人，1902年生，黄埔二期生，陆军大学特别班四期毕业，生性儒雅，好读书，但军事指挥能力弱。在1936年11月山城堡战役中，他担任胡宗南部第一军第七十八师第二三二旅旅长，全旅被歼，他只身逃出，仅以身免，受到胡宗南撤职的处分。但他凭着黄埔二期生的资格与20年从军经历，凭着与胡宗南的多年袍泽关系，在1943年初，当第七十六军军长李铁军调升为第二十九集团军总司令时，他被胡宗南任命为第七十六军军长，1946年整编后，任整七十六师的中将师长。

胡宗南要廖昂守清涧与瓦窑堡。在陕北形势逆转后，廖昂几次提出清涧孤军突出，兵力薄弱，要求撤离，都被胡宗南驳回。当10月4日，清涧遭解放军围攻后，廖昂再次致电胡宗南，要求放弃清涧，或派重兵来清涧增援。但胡宗南仍认为清涧位置重要，地形险要，工事坚固，解放军无攻坚能力，因此电令廖昂："加强工事，准备歼灭来犯之敌，并继续查明情况具报。"②廖昂在清涧城内一座窑洞内，用牌九卜卦，问吉凶祸福。③

胡宗南当时主观地想以清涧等据点为钓饵，引诱中共西北野战军来攻，以

---

① 中共中央文献研究室编：《毛泽东年谱（1893—1949）》下卷，北京：人民出版社、中央文献出版社，1993年12月，第239页。

② 刘学超（时任整七十六师参谋长）：《清涧战役蒋军整编七十六师被歼经过》，陕西省政协文史资料委员会：《陕西文史资料选辑》第4辑。

③ 张新：《胡宗南其人》，浙江省政协文史资料委员会编：《浙江文史资料选辑》第23辑，杭州：浙江人民出版社，1982年，第178页。

清涧的坚固工事消耗中共西北野战军的战斗力，再出援军，内外夹击，歼灭中共西北野战军主力。这就是他的"钓鱼战术"。但他不了解当时全国的战争形势已发生了根本变化：国民政府军士气低落，战斗力越来越差；而中共西北野战军的战斗力不断提高，不仅善于打运动战与伏击战，攻坚战的能力也已大大增强。胡宗南的"钓鱼战术"，其结果只能是"偷鸡不成蚀把米"。

1947年10月7日，中共西北野战军对清涧的攻击加剧。廖昂一日数电向胡宗南求救。胡这才发觉清涧确实危急，但他把希望寄托在空军的出动与天气的晴朗上。胡在这天的日记中写道："廖昂求援，下午空军出动，西山两个碉堡陷落，然八里内无匪。傍晚晴，夕阳一现心境豁然，知胡宗南有前途了，空军在晴，军事在晴，运输交通在晴，晴代替了光明，光明在望了。"①胡宗南作为一个方面的军事统帅，在指挥作战中，竟有这样的认识与心境，真是匪夷所思。

就在胡宗南因天气晴朗而"心境豁然"时，清涧的形势却越危急。直到10月8日，胡才下令刘戡率5个半旅，从延安出动，增援清涧。但援军在半路遭到中共西北野战军强有力的阻击，难以前进。

10月9日，"清涧危急，廖昂求援之电，多如雪片"，但胡宗南却指责廖昂，"于此知此种干部，在危急存亡之秋，并无担当，所练之兵，亦不堪一战，可耻也"②。这天晚9时，胡得到"铜川转来电话，清涧、笔架山、钟楼山尚在我手。封神庙离城五里，恐已放弃。如此只要今晚能支撑过去，明日得空军掩护，问题自少也"③。他心存幻想，再次寄希望于空军的支援。然而中共西北野战军攻城部队于10月10日上午攻占了清涧城西险要高地笔架山，全部肃清清涧外围据点，并于当日晚向清涧城发动总攻，连续炸开城东门与北门，冲入城中，与守军进行激烈巷战。到10月11日晨，清涧被中共西北野战军攻占，守军整七十六师师部与整二十四旅主力被全歼，整七十六师师长廖昂、参谋长

---

① 胡宗南：《胡宗南先生日记·1947年10月7日》，台北："国史馆"，2015年7月，上册，第681页。
② 胡宗南：《胡宗南先生日记·1947年10月9日》，台北："国史馆"，2015年7月，上册，第681页。
③ 胡宗南：《胡宗南先生日记·1947年10月9日》，台北："国史馆"，2015年7月，上册，第681页。

刘学超、整二十四旅旅长张新以下官兵数千人被俘。

这时，赶来增援的刘戡率5个半旅，在中共西北野战军的顽强抗击下，还在离清涧城约20公里处，眼看着整七十六师被歼而束手无策。直到清涧战役结束，中共西北野战军撤走，刘戡才率部于当日下午4时到达清涧城下。

胡宗南在10月11日的日记中写道："午前八时，清涧陷落，廖昂、张新等被俘。我援军刘戡所率整一师、整九十师、整二十七师，于下午四时到达清涧。"[1]

这时胡宗南军在延安以北只剩下绥德、瓦窑堡两个孤立的据点。胡宗南于当日下午"作战汇报，决放弃绥德、清涧、瓦堡、延川等据点。而守北羔坪、延安、干谷驿、延长之线，以易于集结兵力及运输"[2]。刘戡接到胡宗南的命令后，害怕遭到解放军围歼，连清涧城也未敢进，就匆匆将驻绥德的整一六五旅李日基部与驻瓦窑堡的整二十四旅第七十二团高宪岗部接应出来，一同撤回延安。

经过这次延清战役，胡宗南部损失兵力8000余人。胡军在延安以北的占领区全部丢失。从此，胡宗南军再也不能进入延安以北地区。

在延、清战役前后，从1947年9月下旬到10月下旬，约1个月的时间中，胡宗南在陕北地区南线的黄龙山一带的防地，遭到中共西北野战军四纵、二纵的袭击，黄龙（今石堡）、白水、韩城、宜川等县城先后失守，守军共3000余人被歼，宜川城中将指挥官许用修被俘。黄龙山地区是联结关中地区与陕北的枢纽，是关中地区的北大门，战略地位重要。胡宗南遵照蒋介石之意，急令整一军董钊率整一师、整九十师、整二十七师的整四十七旅，从延安南下黄龙山地区增援，捍卫关中地区的屏障。当董钊率部赶到此地时，战事业已结束，参战的"共"军带着缴获物资与战俘，早已撤出战场：中共西北野战军四纵撤向固临地区，二纵则由宜川东的圪针滩东渡黄河，进入山西解放区休整。

在1947年8月至10月，胡宗南指挥所部南北奔波，顾此失彼，处处被动挨

① 胡宗南：《胡宗南先生日记·1947年10月11日》，台北："国史馆"，2015年7月，上册，第682页
② 胡宗南：《胡宗南先生日记·1947年10月11日》，台北："国史馆"，2015年7月，上册，第682页

打。胡宗南的军事指挥显得那么无能，出现了许多重大而明显的失误。但他将罪责归于部下。他指责防守清涧的廖昂"可耻"，又指责整二十九军军长刘戡与整九十师代师长陈武指挥援救清涧不力，给予刘戡以警告处分，给予陈武以撤职留任处分。

（十一）保密局行动处处长来西安破案

1947年9月底，正当胡宗南被各地不断传来的败讯搞得焦头烂额之际，他又得到了一个令他吃惊与丧气的报告：国防部保密局的行动处处长叶翔之亲自带一批人，来到西安，破获与逮捕了中共在西安长期潜伏的一批情报人员，其中牵连到胡宗南的一些重要部下，特别是跟随他近10年之久、为他所最信任、参与他的各项重要军政机密的机要秘书兼侍从副官熊汇荃，以及他的机要室副主任戴仲容等人。

原来，自1946年3月26日军统局局长、胡宗南的密友戴笠乘飞机在南京近郊失事死亡后，根据蒋介石的命令，军统局于1946年7月1日改组为国防部保密局，由戴笠的亲信毛人凤主持局务。由于戴笠的关系，毛人凤主持的保密局仍与胡宗南保持着特殊而密切的关系。

国共内战全面爆发以后，保密局及其在全国各地分站人员，加强了对中共在各地情报组织与地下电台的侦破工作，其中特别注意对中共打入国民政府党、政、军各机关与要害部门的情报人员进行侦查。

但是，由于中共社会部地下情报组织工作极其严密而隐蔽，保密局的侦察工作成果平平。

1947年9月，国民政府主席北平行辕电检科科长赵容德（又名赵醒吾）发现，在北平鼓楼东部有一个可疑的电台呼号。保密局北平站就用吉普车，载着从美国进口的无线电测向台，进行侦测，最后锁定在东四牌楼附近的交道口京兆东公街（今称东公街）周围地区。

明、清两代北京地区称为"顺天府"，1914年改"顺天府"为"京兆地方"，设京兆尹。所以，"京兆地方"办公院子东边的这条胡同遂称"京兆东公街"。保密局北平站侦防组组长谷正文，派遣新吸收入保密局的北平著名"飞贼"段云鹏，对京兆东公街翻墙上房，进行多日侦听。

段云鹏又名段万里，1904年生于河北省冀县徐家庄，曾在北洋军阀曹锟部下吃粮当兵；后来拜"燕子李三"为师，学了不少偷盗作案的本事。他身手轻快，擅长爬高越沟、蹿房越脊，号称能"飞檐走壁"，人送外号"赛狸猫""草上飞"。加入保密局后，他化名宋再起。接受谷正文布置的任务后，他多天没有发现线索。一天，他在看京兆东公街东边一家学校的学生打篮球时，无意中抬头时发现，在京兆东公街24号有户人家的收音机天线与众不同：别的天线比较低，随便竖根木棍或竹竿，上头绑几把破铁丝或绑个十字形的金属架，唯独这家的天线杆又粗又高，由东南到西北，竖着两根杆子，距离很宽。于是，他开始监视京兆东公街24号。当时京兆东公街24号有3个院子，东边是所学校的操场，西边是东公街，南面是条小死胡同，北面东公街由此东拐后北拐。段云鹏发现京兆东公街24号有一户人家，常在凌晨定时开灯。他贴近侦听，发现有一人每天从早上6点钟起发报1个小时，无疑，这是中共的一家地下秘密电台。

1947年9月24日清晨，在谷正文的指挥下，段云鹏先悄悄潜入京兆东公街24号院内，蹲在窗户下面，按照预先部署，等到那个中共密台报务员发完电报后，才发出信号，谷正文等人突然冲入室内，抓捕了那个报务员孟良玉；接着，又冲入北屋，逮捕了正在熟睡的这家密台的台长李政宣与其妻子张厚佩，缴获了发报机、密码本，并在李政宣的床底下的一只箱子里，搜出了大量中共情报文件，其中最重要的一份，是由潜伏在保定绥靖公署（原十一战区司令长官部）孙连仲部任外事处少将副处长的陈融生送来的，余心清写给陕北中共中央前委的紧急呼叫电文。余心清是保定绥靖公署政治设计委员会副主任委员、中将参议，曾任过冯玉祥的秘书，经他斡旋，孙连仲授意他与中共方面秘密接洽和谈。余心清所写给陕北中共中央前委的电文，简要报告孙连仲"拟和谈"，吁请周恩来和叶剑英"速派员来平"，与孙连仲晤面。在被搜出的中共情报文件中，还有潜伏在保定绥靖公署、分别担任各种重要军职的中共情报人员亲笔书写的情报底稿，这些人中，有军法处少将副处长丁行、作战处少将处长谢士炎、参谋处少校参谋、代理作战科科长朱建国、二处少校情报参谋石淳以及北平空军第二军区司令部作战情报科中校参谋赵良璋等人。李政宣违反中共情报工作的规定，未及时销毁这些电报底稿与情报文件。

更令保密局特工们惊讶的是，这个院子的房主，竟然是北平市民政局的科长袁永熙，而袁永熙是陈布雷女儿陈琏的新婚丈夫。

案情重大，保密局北平站站长黄天迈火速向南京保密局本部汇报。保密局局长毛人凤极其重视这一案件，因为它牵连到国民政府在全国多地党军政部门的许多高层人事与机密，范围广大，危害深远，也许是保密局建立以来最严重的案件。他立即向蒋介石报告，并紧急动用最强的力量，投入破案。

谷正文是个经验丰富、善于攻心的特工人员。他将李政宣及其妻子张厚佩等人分开单独关押；先派遣女佣梁金花骗取张厚佩的信任，获得了张厚佩委托梁金花代发的电报："哥哥与我住院"，收件人是住在西安市某处的赵耀斌，即王石坚。接着，他又亲自与李政宣"把盏闲聊"。李政宣夫妇很快叛变，供出了中共地下党的许多机密情况。

李政宣在抗战期间，曾在国民政府军队电台任职多年，后被中共情报部门策反吸收，经由中共社会部副部长李克农，安插在北平，掌管秘密电台业务，直属中共西安王石坚系统领导，电台通讯范围遍及沈阳、察哈尔、张家口、西安乃至上海。

保密局北平站根据缴获的大量中共情报文件以及李政宣夫妇的口供，迅速出击，在北平、保定抓获了余心清、丁行、谢士炎、朱建国、石淳、赵良璋、田仲严和李恭贻，以及担任北平市地政局代局长的董剑平、担任保定绥靖公署总参议的梁蔼然、担任某大学教授的董某某，还有陈布雷的女儿陈琏、女婿袁永熙等中共情报人员①。只有潜伏在第十一战区司令长官部，有少将军衔的王冶秋，在早上上班时，发现情况不对，及时逃走，出西直门，进清华园，找到左派教授吴晗，设法租了一辆自行车，经香山，进入中共平北根据地。②

丁行、谢士炎、朱建国、石淳、赵良璋于1947年11月29日被保密局用美国军机从北平押送南京。1948年9月19日，他们被国防部军法局以"泄露军机"的罪名，在中央陆军监狱刑场处决。

保密局北平站在破获李政宣夫妻的电台时，特地选择在李政宣的报务员发完电报后，才实施破门抓捕，这样就不致引起中共情报机关上线或下线密台的警觉与怀疑。保密局的特工们利用被破获的李政宣的中共地下密台，狡猾地与其上线或下线电台继续保持联系，扩大"战果"，掌握了中共在北方地区情报工作的许多重要线索。保密局局长毛人凤特派保密局本部的行动处处长叶翔之带领人员，根据获得的线索，紧急行动，顺藤摸瓜，牵连扩大，在南京、热河承德、沈阳、西安与兰州等地，连续破获了中共的一些情报组织，抓获了中共的一些重要情报人员，竟达100多人，其中包括22名国民政府军的将领。在沈阳，以从保定绥署牵连的线索，逮捕了东北行辕新闻处处长王书蕃等，只有在东北保安司令部参谋处任少校作战参谋、情报代号"902"的赵炜逃脱。③

直到1947年9月28日、29日间，中共中央情报部门才获知北平地下情报系统出事，但还未来得及通知西安的王石坚，保密局行动处处长叶翔之就亲自带人来到了西安，会同西安警察局局长马志超，于1947年9月29日深夜首先抓获了王石坚夫妇。王石坚于第二天，即9月30日叛变。他在所写的洋洋万言的自白书中，承认自己是"背叛国家、危害民族的罪人。愿以万死难赎之身为国家再做贡献"，交代了他为中共做情报工作的详细经过，以及他所领导的中共在

---

① 参阅余心清著：《在蒋牢中》，北京：文史资料出版社，1981年。

② 在1949年后，王冶秋长期担任国家文物局局长；吴晗则任北京市副市长，并秘密成为中共党员，"文革"中，因写作《海瑞罢官》与"三家村"等事，受尽迫害，死于狱中。

③ 参阅上海国家安全教育馆编印：《在隐蔽战线上作战》，2009年，内部发行，第64～67页；王业鸿（保密局少将专员）在1963年春所写材料，原件藏北京公安部档案馆。

华北、东北、西北（西安、兰州等地）的全部情报组织、地下工作人员及领导人、5部地下电台、报务员、译电员、交通员的情况与所知地址，其中，5处提到熊汇荃，17处提到陈忠经，详述了与他们的来往及掩护关系的情况。① 他开始没有提及熊汇荃、陈忠经等人的情报关系，但很快在叶翔之的突击审讯下，便供出了熊汇荃、陈忠经等人的真实身份。② 保密局行动处在西安抓获了44名中共情报人员，包括胡宗南的机要室副主任戴仲容（又名戴中溶），牵连123人；在盐店街破坏中共1部地下电台，还破获了中共西安情报系统在西安的联络点奇园茶社，又飞赴兰州，抓捕了几名中共情报人员。只有熊汇荃、陈忠经、申振民3人，远在美国，得以逃脱。保密局的特务们查抄了熊汇荃借住在王石坚后院里的住所，将熊存放的全部衣物，包括熊的许多照片、1件皮大衣、留存的西安绥靖公署信封、信笺等，全部搜走。

如前所述，王石坚是在1941年夏天，由延安中共情报组织派到西安长住，领导西安地区的情报工作。熊汇荃、陈忠经、申健与戴仲容（又名戴中溶）等几个打入西安国民党军政上层核心的重要情报人员，都由他直接领导。王石坚在陈忠经等人的帮助与安排下，在"社会化与职业化"方面不断进展：他在西安开设"研究书店"，接办《新秦日报》，建立"西北通讯社"，借这些名义，以掩蔽自己的身份，开展情报工作。他在西安活动长达7年之久。他的情报网络也不断扩大，触角不仅伸进胡宗南的西安绥靖公署（原第一战区司令长官部），而且伸向西北、华北、东北，在北平、保定、承德、沈阳、兰州、南京等地，发展情报人员，秘密建立情报机关与地下电台，系统庞大，仅各地通报的地下电台就有六七部，而其各方面的情报人员则渗透进国民政府的北平行辕、东北行辕、孙连仲的保定绥靖公署（原十一战区司令长官部）以及傅作义的部队等重要军政机关。其获得的情报价值高，时效性强，源源不断地报送中

---

① 王石坚的《自白书》原件等材料，是中共有关部门于1950年下半年以后，在南京原国民政府的有关档案中查获，现存北京国家安全部档案馆。

② 王琭（原国家安全部副部长）：《复熊向晖质疑》，《炎黄春秋》（北京）2000年第4期，第78页。

共最高层，一再得到毛泽东的嘉奖。

如前所述，1947年7月，熊汇荃从上海乘轮船去美，行前与王石坚商定，熊妻谌筱华在南京母亲家分娩后，即去西安掩护王石坚的工作。但就在熊汇荃赴美两个月后，谌筱华还滞留南京，王石坚即被保密局行动处逮捕，并迅速叛变交待。

保密局侦破此案，使蒋介石大为振奋，称，此举搞垮了中共半壁江山。

保密局的叶翔之等人从王石坚的供词以及搜查到的材料中，认定熊汇荃与陈忠经、申振民均系中共派遣打入胡宗南部的重要情报人员。这可是极其重大的"共谍案"。

但是，因为熊汇荃与陈忠经、申振民等人是胡宗南的亲信部下，追随胡宗南多年，为胡所信任，在胡部担任要职，特别是熊汇荃担任胡的机要秘书，参与军政机密，事关胡宗南，叶翔之不敢贸然行动。他与当时正到西安来处理面粉事务的保密局总务处长沈醉协商。据沈醉回忆：

　　1947年秋冬间，我曾去西安见过胡，那是为了处理军统在西安几万包面粉的事。我在西安处理面粉时，保密局行动处处长叶翔之正在西安搜捕西北中共地下党组织。在清理出来的线索里，发现胡宗南的秘书和他的西北通讯社的负责人当中有中共党员，已经活动了多年。这是一件非同小可的大事。胡在西北执掌军政大权，连对日抗战都不发一兵，而是全力对付共产党。现在发现在他身边居然有共产党暗中活动，这使胡最为丢脸，是非给蒋介石痛骂一顿不可的。叶翔之说，这件事关系胡宗南的声誉很大，问我应如何处理。我建议他立刻向毛人凤请示。①

由于毛人凤继承戴笠，同胡宗南保持特殊的密切关系，在得到叶翔之报告后，第二天即"复电指示，说涉及胡部下的问题，应先向胡详细报告，有关案

① 沈醉：《胡宗南和戴笠、毛人凤的关系》，沈醉：《军统内幕》，北京：中国文史出版社，2001年。

卷都可送他去看"①。这是打破保密局的常规的。

于是，叶翔之将破案详情与牵连胡部下事，向胡宗南作了详细报告，有关案卷也送给胡看。

果然，胡宗南大吃一惊。这个死要面子的人，听说自己的亲信中，居然隐藏着这么多的共产党间谍，尤其是跟随自己多年、为自己特别信任的机要秘书兼侍从副官熊汇荃，机要室副主任戴仲容（又名戴中溶），以及备受他信任的三青团陕西省支团部的陈忠经、申振民等人，竟都是中共高级情报人员，脸都气得发青。因为这不仅说明自己无知人、识人之明，是个政治上的糊涂虫与低能儿，竟让共产党间谍在自己身边活动多年却毫无察觉；而且这么多年来放心让他参与各种军政核心机密，被他窃去多少重要情报送给中共中央啊！特别是这次进攻延安的重大军事行动，自己又特地调他来前进指挥所任机要秘书，日夕生活在自己身边，这无异于是为中共中央在自己的司令部里安放了一台瞭望镜。自己的一切军政机密一定被他及时而详尽地报给中共方面了。这一定是胡军在陕北一败再败的重要原因之一。胡宗南如梦初醒。他知道此事若被外界知道了，定要遭到蒋介石的痛骂甚至严惩，也要被同僚与部下耻笑，特别是要被与自己不和的陈诚等人落井下石。

因此，胡宗南既气恼愤恨，又不愿声张。一方面他积极支持保密局抓人办案。"当他听到叶翔之说兰州方面还有线索的时候，他马上叫叶翔之乘他的小飞机赶去。结果飞机在平凉上空发生故障，几乎把叶摔死。胡又请空军另派一架专机从平凉把叶送到兰州，又逮捕了几个中共人员，一同由叶翔之带回南京"②。另一方面，他又通知保密局，在这个案件中所有涉及他部下的几个人，都由他自行处理，要叶翔之不必过问；连保密局向蒋介石报告此案时，也应把胡部下的这几个人员另外列出来，千万不能让蒋介石知道。③ 但熊汇荃、

---

① 沈醉：《胡宗南和戴笠、毛人凤的关系》，沈醉：《军统内幕》，北京：中国文史出版社，2001年。
② 沈醉：《国防部保密局内幕》，全国政协文史资料研究委员会编：《文史资料选辑》第24辑，第230页。
③ 沈醉：《胡宗南和戴笠、毛人凤的关系》，沈醉：《军统内幕》，北京：中国文史出版社，2001年。

陈忠经、申振民3人远在美国，胡宗南无可奈何。

胡宗南对熊汇荃等人在其军中的活动及其巨大危害，内心里是完全清楚的。但他要保自己，保自己的名誉、威望与地位，保持蒋介石对自己的宠信，因此他绝不授人以柄，他一定要将这事压着顶着，不准声张，还作否认。

保密局与毛人凤、叶翔之都照胡宗南的要求做了。保密局保了胡宗南的驾。[①]

胡宗南对其部发生的这件重大"共谍案"及其本人的严重失职错误，就这样以一手遮天与不了了之地处理了。

事前糊涂昏聩，任人愚弄，造成极严重的后果；事后又弄虚作假，掩盖真相，文过饰非，欺上瞒下，逃脱罪责——这是胡宗南从国民党官场中沾染到的无法摆脱、日益加浓的腐败习性，也是导致胡宗南与国民党政权在大陆最终走向失败的重要原因之一。

对王石坚在西安的被捕与迅速叛变，中共方面没有及时得到有关信息。但中共最高当局对此案非常重视。1947年10月初，正和毛泽东转战陕北的周恩来，看到美国合众社的一则有关电讯，得知陈布雷之女陈琏与其丈夫袁永熙在北平被捕，王冶秋在警察到达前逃脱，在显然得到毛泽东同意后，连续向有关负责人发出一系列应变的指示。10月3日，他致电罗迈（李维汉）、李克农："此案为军统局发动，似牵涉范围甚广，有扩大可能。望克农告王石坚等，不管有无牵连，均速谋善后，严防波及其他两处。陈琏系秘密党员，与学运有关，望罗迈告钱瑛严防牵连上海学运。"并请另电冯文彬，注意到解放区受训的学生回去后有无牵连危险，望其慎重处理。10月6日，他致电杨尚昆、李克农、罗迈并告中共中央工委及康生："平沪大捕人，牵连我情报机关"，应"杜绝一切可能牵连的漏洞，立即割断各种横的关系，并研究教训，给其他情报系统与地下党的组织以更严格的指示"；请中共中央工委告诉杜理卿（许建国）、冯文彬，"利用他们关系追究此案破坏真相，并研究有无营救可能和办

---

① 参阅熊向晖：《地下十二年与周恩来》，北京：中共中央党校出版社，1991年2月，第89～98页。

法"；对西安第二台请考虑有无办法撤退。同日，他又致电康生、李克农：王石坚遇险，凶多吉少，有无其他营救的办法，望告。①

当时担任中共情报部（社会部）副部长并实际上主持部务的李克农，因此案，痛苦焦虑多日，并迅速采取了一系列补救与应变措施。②他为此向中共中央写了检查报告，并且请求处分。周恩来看了李克农的检查报告之后，说有这样的检查报告和善后措施，很好，就照这样办，我们进行武装斗争还有打败仗的时候，何况是秘密战线呢。

直到1950年，周恩来还曾通过有关渠道联系，企图用在1949年12月在昆明被俘的保密局云南站站长沈醉③等人，与台湾当局交换王石坚，但"并未换成。原因是在联系中，从对方得到准确的反馈信息，王已经彻底叛变，忠心耿耿，将我方最重要的机密都告诉了敌人"④。王石坚被保密局逮捕，并供出中共有关的情报组织与活动情况后，就恢复原名赵耀斌，在保密局工作。1949年他前往台湾，任国防部情报局的少将专门委员，并结婚成家，直到60年代病故。⑤中共情报部门则称，王石坚"因有功被送到保密局特种问题研究组工作，后随国民党撤到台湾，担任了敌人特务机关'匪情研究所'少将所长（一说组长）和国防部情报局专门委员"⑥。

那位被胡宗南信任、在胡身边担任机要秘书长达近10年的熊汇荃，以及陈忠经、申振民等人，这时正在美国的几家大学攻读，并由胡宗南按月发放给他们经费。他们很快就从美国《纽约时报》等的报道中以及国内亲人的来信中，得知西安中共地下情报组织被破获、王石坚被捕，并牵连到他们的情况。

① 中共中央文献研究室编：《周恩来年谱（1898—1949）》，北京：中央文献出版社，1990年，第751～752页。

② 王琳：《中共特别工作开创者李克农》，《炎黄春秋》（北京）1999年第8期。

③ 沈醉在1949年12月以后，被长期关押；"文革"后，被改正为国民政府起义人员。

④ 王琳：《复熊向晖质疑》，《炎黄春秋》（北京）2000年第4期，第78页。

⑤ 参阅《熊向晖文有关人物简介》，《传记文学》（台北）1991年3月号，第58卷第3期。

⑥ 王琳（原国家安全部副部长）：《复熊向晖质疑》，《炎黄春秋》（北京）2000年第4期，第78页。

从此，熊汇荃等人就与胡宗南割断了关系。只有陈忠经，还想与胡宗南继续保持联系，主动给胡宗南写了一封短信，自承对王石坚"用人失察"，请求处分。但胡宗南没有理睬他，并迅速切断了按月发放给他们的经费。1947年11月24日，陈忠经用英文写了一份关于他们潜伏身份已经暴露的报告，请苏联驻美的一家总领事馆，经苏联方面，辗转发给中共中央东北局，转报中共中央。中共中央于1948年2月收到陈忠经的报告，就如何营救熊汇荃、陈忠经、申振民3人，与东北局和苏联方面反复磋商。1948年7月5日，李克农向任弼时、周恩来报告，帮助陈忠经等人的事，和苏联派驻中共中央的联络人阿洛夫当面谈了，彼允为代转报苏方。于是，李克农立即拟写了电报，经毛泽东亲自修改并签署，于7月12日，通过阿洛夫，直接转发给苏联最高层，请他们帮助熊汇荃、陈忠经、申振民3人，离开美国，转往苏联或经东欧，转香港，回到中共解放区。此后，苏联驻美总领事馆派人，与陈忠经等人保持定期联系。1948年12月25日午夜，苏联总领事馆转给陈忠经一封英文电报，这是中共中央对他们的指示，除了表示对他们3人的慰问与惦念外，因国内战局发生重大变化，明确嘱咐他们根据战局的发展，已经可以直接从美国回到香港，找章汉夫接头，然后北返。后因情况变化，又指示他们到香港后，改为与乔冠华接头。1949年4月，熊汇荃先行回国，于5月到达已被中共占领的北平。1949年6月、7月间，陈忠经、申振民夫妇也回到北平。①

此后，熊汇荃改名为熊向晖，申振民改名申健，与陈忠经均在中共外交、情报等部门担任重要工作。他们早已在胡宗南身边完成了他们的历史使命。②

① 严可复：《中共情报之杰陈忠经美国脱险记》，《党史纵横》（沈阳）2017年第2期。
② 参阅熊向晖：《地下十二年与周恩来》，北京：中共中央党校出版社，1991年2月，第89～100页。
　　按：在1949年新中国成立后，熊向晖历任外交部新闻司副司长、办公厅副主任、驻英国常任代办、总参谋部第二副部长、驻墨西哥大使、中共中央调查部副部长、中共中央统战部副部长、中国国际信托投资公司副董事长等职，于2005年9月9日在北京去世；陈忠经曾任对外文化联络局代局长、对外文委副主任、现代国际关系研究所副所长、中共中央调查部副部长等职，2014年7月13日在北京去世；申健曾任驻印度大使馆参赞、驻古巴大使、中共中央对外联络部副部长等职，1992年3月在北京去世。

这无疑是胡宗南抱恨终身而又无法弥补之事。

但是，保密局虽破获了王石坚领导的中共情报系统，却没有彻底根除在西安的中共其他情报组织。如前所述，在胡宗南一手控制下的西安，中共地下情报组织绝不仅是王石坚及其领导下的熊汇荃、陈忠经、申振民等人，还有其他多个情报组织，它们之间没有横向的关系，因此，王石坚情报系统的被破坏，并不影响其他的情报组织的继续存在与活动。其中，最重要的，就是直属中共中央情报部、由王超北领导的"西安情报处"，简称"西情处"。

如前所述，"西情处"于1939年建立，多是由陕西本地人组成，势力盘根错节，伸向陕西国民党党、政、军、特的四面八方。从抗战期间，到国共内战期间，王超北及时向中共中央情报部提供了大量关于胡宗南部队的政治军事重要情报，对中共取得战争胜利，起了很大的作用。在王石坚情报系统被破坏后，在1947年10月，中共中央表扬"西情处"说："最近你处所来军事情报颇有价值。"1948年年初，宜瓦战役前，"西情处"打进胡宗南部"西北补给区"司令部的蔡茂林，不仅提供了胡宗南所属部队的番号、人数、驻地和指挥官姓名等情报，还运用各种关系，竟然打开西安绥署参谋处的保险柜，从中搜集情报。1948年7月，中共中央再次表扬"西情处"："一年来，你处军事情报很好，对西北我军帮助很大，望继续努力"。1948年8月，蒋介石在南京召开军事会议，中共中央与毛泽东几次指示王超北，要他了解南京军事会议内容。王超北经过多方努力，终于把这个军事战略情报及时准确地报告中共中央。毛泽东曾对他身边工作的叶子龙说："庞智（王超北的化名）是无名英雄。"贺龙在一次会议上，称赞王超北是"情报专家"，并说，"他的一个情报，抵得上战场上一个师"。据统计，到1949年5月解放军占领西安前，王超北先后在西安等地，共建立了8座秘密电台，收发电报2000多份，24万多字。1949年5月，为了迎接解放军占领西安，王超北与"西情处"在西安秘密组建了地下武装"民众自卫队"，同时，策动国民党军人起义，配合解放军占领西安，做了大量工作。①

在"西情处"担任副处长的李茂堂，是个早在大革命时期就加入中共的老共产党员，但在1935年被国民政府特务机关逮捕后，叛投"中统"，并历经"考察"，获得蒋介石、陈立夫的信任，不断得到升迁，官至"中统"陕西调查室主任。但他在抗战期间，主动与"西情处"取得联系，并在抗战胜利后不久，秘密访问延安，重新履行入党手续，被毛泽东亲自批准为中共第二号特别党员，还被任命为"西情处"副处长。李茂堂经常以"中统"陕西调查室主任的身份，参加胡宗南主持的各种高级军政会议，不断获取胡宗南的各种机密情报，源源不断地送往延安。②

更让胡宗南没有想到的是，就在保密局破获王石坚、熊汇荃、戴仲容（又名戴中溶）的情报组织前后，中共情报部门又在西安胡宗南军队的电讯机要单位，部署了新的情报人员，成立新的情报组织，给胡宗南部的作战蒙上新的浓重阴影。

其一，是"吕出情报组"。吕出原是西安七分校于1941年年底举办的"通讯军官训练班"的学员。该"通讯军官训练班"，由胡宗南委托其机要室主任王微负责，为胡部培养一批可靠的无线电通讯人员。1942年年底，吕出毕业后，被分配到第三十四集团军的电台工作。1945年年初，他因对所部不满，秘密开了小差。1945年8月，他经朋友介绍，到第十一战区孙连仲部工作；此年11月，他随十一战区副司令长官高树勋起义，进入中共晋冀鲁豫军队，被任命为电台台长，还被送到晋冀鲁豫军政大学学习。中共有关方面见其不到20岁，就

---

① 参见（1）王超北：《古城斗"胡骑"》，《红旗飘飘》第22辑，北京：中国青年出版社，1981年；（2）王超北：《秘密战线》，《纵横》（北京）1987年第5、第6期；（3）王超北：《怀念西安情报处梅永和、胡家兆烈士》，《革命史资料》（北京）1987年总第17期。按：王超北在1949年中共建国后，历任中国人民解放军西安警备区副司令员、西安市公安局副局长、局长、中国国际旅行社副经理等职；1962年，因撰写回忆西安情报处历史的文章《古城斗"胡骑"》，被康生诬陷为进行反革命翻案活动，遭秘密逮捕入狱；"文化大革命"中，进一步被诬陷为"叛徒""特务""现行反革命分子"；1975年，被流放到江西珠湖农场劳动改造；1979年，被平反，任"中国五金矿产进出口公司"顾问（副部长级待遇）；1985年10月7日病逝。

② 李茂堂在新中国成立后，任国内贸易部副部长；1950年，被捕；1953年5月在北京病逝。1982年3月，经中共有关部门复查，为其平反昭雪，恢复名誉。

有5年在国民政府军工作的经验，是棵情报苗子，就于1947年6月，派遣其再回到西安，设法打入胡宗南的军队，要求他尽量往上爬，尽量接近机密。吕出回到西安后，利用原"通讯军官训练班"的同学关系，顺利进入胡宗南部的通讯总团一营，这正是过去的胡宗南总部通讯营。在这里，吕出秘密说动原"通讯军官训练班"的4位老同学薛浩然、徐学章、李福泳、高健以及新结识的王冠洲、赵继勋，共同组成一个秘密情报小组——"吕出情报组"，开始有计划地搜集与传递军事情报。不久，这个小组人员利用到前线的机会，与中共情报部门"陕甘宁边区保安处"（简称"边保"，即中共西北局社会部）取得联系，后就由"陕甘宁边区保安处"直接领导该小组。

"吕出情报组"的成员分别在胡宗南部的3处电台工作，其中，李福泳在胡宗南的总部电台工作，薛浩然在胡宗南的特工电台工作，吕出、徐学章、王冠洲在裴昌会的第五兵团电台工作。他们实际上同时掌握了这3处电台。他们利用工作之便，向中共方面送出各种重要情报。1949年2月、3月间，他们与中共"陕甘宁边区保安处"专门设立的一座情报电台开始直接联系，每晚以密码发出两三份电报。"吕出情报组"先后将胡宗南部的各项军政机密情报，如西安绥靖公署二处（情报处）的密码本，绥靖公署二处的机构设置、各级负责人简历，绥靖公署二处在陕甘宁边区四周秘密设立的10个情报组和秘密电台负责人名单与住址，胡宗南总部通讯机要室的人员情况和工作制度，西北地区国民政府军各部通讯用暗语和密码，胡宗南部各师的代号，西安国民政府的党、政、军、特首脑的姓名、住址、内部电话号码，西安市区地图、城防工事图，胡宗南新组建的战略机动兵团——裴昌会第五兵团的情况，胡宗南部6个军的驻地、装备、士气情况，国防部西安电讯监测总台的内部组织及对西北解放军电台侦察情况，胡宗南与陕西省政府的关系，等等，源源不断地送往中共方面。而且，由于"吕出情报组"的这3处秘密电台的特殊身份，始终未引起胡宗南部60多部监测电台的怀疑。

后来"吕出情报组"特意将胡宗南各部电台的联络时间推迟6小时，同时提前2～4小时将胡宗南总部的作战电报发给中共方面。这样，胡宗南总部下达给各军、师的作战电报，总是先送达中共西北解放军司令员彭德怀与西北局书记习仲勋手中，而胡部的军、师长要在几个小时后才能看到。据后来统计，在9个多月中，"吕出情报组"的3处秘密电台共发出情报600多份。一向严厉的中共西北解放军司令员彭德怀兴奋地指示所部说：这个情报组有很大功绩，有什么要求尽管提，要什么给什么，要钱给钱，要多少给多少。[①]——可见"吕出情报组"在当时所发挥的作用。

其二，在宜瓦战役后，解放军占领韩城。中共韩城保安科（简称"韩保"）科长高步林，在1948年4月，利用同乡、同学关系，成功地策反了胡宗南总部的电台台长高孟吉，将其发展为地下情报人员。高孟吉不仅以同事的便利，将"吕出情报组"的薛浩然、徐学章、李福泳、赵继勋等人与"陕甘宁边区保安处"（"边保"）取得联系，送出大量情报，而且设法取得了胡宗南的西安绥靖公署第二处（情报处）的信任，利用其向解放区派遣潜伏电台的机会，于1949年1月25日，成功携带一部电台及大量情报，到韩城"潜伏"，实际上由中共"边保"控制利用，与"吕出情报组"进行空中电讯联系。[②]

除了在胡宗南部的电讯机要单位，在胡宗南部其他的重要单位，还潜伏着中共的其他一些情报组织。

例如，在胡宗南部的后勤给养部门"西北联勤总部"，就潜伏着一个"郑琏情报组"，成员有郑琏、孙元昌、郑鸿飞、卢文德、陈立民、陈玉琴、郭淑熏，共7人，也给胡宗南部的作战以严重的影响：一次胡宗南企图利用其骑兵师的速度优势，袭击中共陕甘宁边区的淳化、耀县，"郑琏情报组"通过胡部筹集给养的计划，判断出该骑兵师的作战动向，及时报告中共情报部门"陕甘宁边区保安处"（即"边保"），中共方面提前转移机关，设下埋伏，一举歼灭该骑兵师，击毙师长马德胜；1948年年底，胡宗南因局势紧张，准备撤离西

---

① 郝在今：《中国秘密战》，北京：作家出版社，2005年，第392～394页。
② 缪平均：《胡宗南总部中的中共情报小组》，《党史文汇》（太原）2017年第3期。

安，就没有按惯例由"西北联勤总部"向西安面粉厂下达下年度面粉计划，"郑琏情报组"由此判断胡部打算撤离西安，立即报告中共方面；1949年年初，当胡宗南的绥靖公署第二处（情报处）要"西北联勤总部"去人布置撤退计划时，郑琏主动应承，搞到了胡部大军的行动计划。

1949年5月20日胡宗南部撤离西安时，"吕出情报组""郑琏情报组"等的成员，都随胡宗南部，从西安撤离，经汉中，到四川。直到1949年年底胡部在川西全军覆没后，他们才于1950年2月离开成都，进入中共西北局社会部工作。这是后话，暂且不表。①

在国共两党的激烈战争中，中共虽然开始在武器装备上处于劣势，但情报工作却远远胜出对手。一方明白，一方糊涂，明白人打糊涂人！胜败已有定数。

胡宗南在情报战中一直是个糊涂人，是一个大失败者！

（十二）整二十九军宜瓦丧师

1947年年秋冬到1948年年初，全国战场的形势对蒋介石的南京国民政府愈加不利，胡宗南的西安绥署也越来越处境严峻。

如前所述，自1947年6月30日，中共刘伯承、邓小平部，从鲁西南突破国民政府军黄河防线，挺进中原，深入大别山；接着，陈毅、粟裕部与陈赓、谢富治部，迅速在刘、邓部的两翼展开，与刘伯承、邓小平部大军形成"品"字形，驰骋中原，威逼长江，震动武汉与南京；在华北与东北战场，"中共"军队已占优势，连连发起进攻，国民政府军连连丧师失地，损失惨重。

1947年10月10日，中共方面公布了由毛泽东在陕北葭县（今佳县）神泉堡起草的《中国人民解放军宣言》，第一次提出"中国人民解放军"的全称，宣告："中国人民解放军，在粉碎蒋介石的进攻之后，现已大举反攻。南线我军已向长江流域进击，北线我军已向中长、北宁两路进击。……整个敌我形势，

---

① 郝在今：《中国秘密战》，北京：作家出版社，2005年，第395页。

和一年前比较，已经起了基本上的变化"，第一次以宣言的形式，郑重提出了"打倒蒋介石，解放全中国，建立民主联合政府"的口号，宣布了解放军也就是中共的八项基本政策，被称为《双十宣言》。①

中共中央对陕北战场彭德怀的西北野战军与胡宗南大军的7个月作战所取得的战果，十分满意。1947年10月11日，毛泽东为中共中央起草致各首长电，通报了西北战场的情况与经验："西北我军在彭副司令指挥之下，包括三个地方旅在内，总共只有十个旅，每旅大者五千余人，小者三千余人，全军共计四万余人。边区人口一百五十万，三分之一左右沦于敌占，一切县城及大部乡村均曾被敌侵占，现仍有十一城在敌手。本年荒旱，近数月粮食极端困难。七个月作战未补解放区新兵，补的都是俘虏，即俘即补。七个月中没有作过一次超过两星期的正式整训，绝大部分时间都在行军作战中。然而我军战斗意志极其坚强，士气极其高涨，装备火力大大增强，人员因有俘虏补充，也比三月开始作战时略有增加。利用边区地方广大，人民拥护，七个月内击破了胡宗南中央系步骑二十四个旅及杂牌十个旅的攻势，被我歼灭及受歼灭性打击者达十一个旅，加上敌人拖疲饿瘦，使我转入了反攻。人民虽受敌人摧残搜刮的灾难，却极大地提高了觉悟。我军虽在数量上少于敌人几倍，但在战斗力上优于敌人，尤其是在精神上压倒敌人。敌人极怕我们，我们不怕敌人。目前，我军主力准备再在内线一个短时期，即打到敌后去。估计再有一年左右的时间，即可歼灭胡军大部，并夺取西北许多地方。这一经验，望各首长转知所属，加以研究"②。

10月13日，就在清涧被西北野战军攻占后两天，彭德怀利用胡宗南部大军仓皇南撤之机，向中共中央军委提出新的作战计划，集中6个旅北上，第二次攻打榆林及神木。当日，毛泽东为中共中央军委起草复彭德怀并告贺龙、习仲勋电，指示："行动时间，须待刘戡南下到达延安附近时，我军开始北进为有利。如刘

---

① 毛泽东：《中国人民解放军宣言》，《毛泽东选集》第四卷，北京：人民出版社，1966年，第1179～1184页。

② 中共中央文献研究室编：《毛泽东年谱（1893—1949）》下卷，北京：人民出版社、中央文献出版社，1993年12月，第243页。

戡在现地徘徊，则似宜先打宜川引其南退，然后打榆（林）神（木）"①。

1947年10月下旬，西北野战军发动了第二次攻打榆林战役。

胡宗南自1947年3月指挥所部进攻延安，7个月来，连连战败丧师，到1947年10月，已经丢失了延安以北的全部地区。当1947年10月下旬，中共西北野战军发动第二次围攻榆林时，胡宗南部已根本无力支援，蒋介石只得调动宁夏马鸿逵部与绥远傅作义部去增援，到1947年11月底，中共西北野战军撤离，才又一次解榆林之围。

1947年10月底，蒋介石要胡宗南在稳定关中后，抽调主力部队，前往豫西增援。

这是由于自中共军队3路大军挺进中原后，河南形势日趋严重，蒋介石决定，以西安的胡宗南集团与徐州的顾祝同集团、九江的白崇禧集团，3路互相配合，共同进击中原战场，先打通陇海路潼（关）洛（阳）段与平汉路北段，使西北与中原、华北连成一气，确保郑州、洛阳与西安3大城市据点，以稳定中原形势。为此，蒋介石重新划定防区，将洛阳守军青年军整编第二〇六师改归西安绥署指挥，并要胡宗南出兵豫西。

胡宗南在陕北早已感兵力不足，捉襟见肘。但他为贯彻蒋介石指示，不得不调整部署，收缩兵力，将刚匆匆赶到黄龙山地区增援的整一军所辖的3个整编师，即整一师罗列部、整三十师鲁崇义部、整三十六师钟松部，再加上广东部队整六十五师李振部，由整一军军长董钊指挥，东出潼关，开往豫西新安、陕州一线，配合原在豫西的李铁军第五兵团，围歼中共陈赓、谢富治兵团，打通陇海线。胡部留在陕北战场的，只有刘戡的整二十九军，下辖整十七师，整二十七师与整九十师等部队。

胡宗南在忙于调兵前往豫西期间，从华北战场传来消息：他在抗战胜利后，奉命派往华北战场的旧部、驻防石家庄的国军第三军兵败被歼，军长罗历戎被俘。

---

① 中共中央文献研究室编：《毛泽东年谱（1893—1949）》下卷，北京：人民出版社、中央文献出版社，1993年12月，第245页。

　　1947年10月17日，罗历戎按照保定绥靖公署主任孙连仲的命令，率所部第三军主力第七师和配属之第二十二师第六十六团，从驻地石家庄北上保定，企图会同由平、津出援之国军，夹击"中共"军队于保北地区，结果，在保定南部之清风店地区，被"中共"军队包围，在1947年10月22日全军覆没，军长罗历戎、第三军中将副军长杨光钰、第七师少将师长李用章以下官兵1万1千余人被俘。这些部队与将领，是胡宗南在抗战胜利后派往华北接收，而划归第十一战区孙连仲指挥的。

　　罗历戎是曾跟随胡宗南多年的将领。他是四川渠县人，1901年生，原名立荣，黄埔军校第二期毕业。1928年7月，他在胡宗南的第一师第二旅任参谋主任；1930年11月，任第一师第二旅第五团团长；1931年，一度调任第一师参谋处长；1935年年初，任第一师第二旅副旅长；1936年10月，任第一军第七十八师少将副师长。抗战爆发后，他参加了淞沪会战；1938年5月，任第八军第

被俘的罗历戎

四十师师长，参加兰封战役；1939年4月，任第一军副军长兼第七军分校第十五期学生第二总队的总队长；1940年，任第七军分校办公厅主任；1941年，任陇南师管区司令；1942年10月，任第三十六军军长；1945年1月，任第三军中将军长。抗战胜利后，如前所述，他奉派率部到华北地区，长期驻防军事重镇与交通枢纽石家庄，将中共的晋察冀与晋冀鲁豫两块根据地隔开。①

　　第三军主力被歼、军长罗历戎被俘后，1947年11月12日，石家庄被"中共"军队攻占，守军被全歼，警备司令刘英被俘。这是国民政府失陷的第一个较大的城市。

　　而胡宗南调4个整编师进攻豫西、企图打通陇海线的消息，很快为中共方面掌握。1947年11月4日，毛泽东为中共中央军委起草致陈赓、谢富治、韩钧电，

---

① 罗历戎于1947年10月21日在河北清风店战役中被俘后，于1960年11月28日获特赦；后任全国政协文史资料委员会委员，全国政协委员。1991年7月6日在北京病逝。

指示对策："胡宗南利用我陕北主力攻榆临时性间，将第一师两个旅、三十六师一个半旅调至潼关，协同三十师、六十五师进攻豫西，目的在恢复陇海交通。在此情况下，我十二旅及十七师应停止西进，位于卢氏地区监视六十五师，掩护四、九两纵现在向东尔后向南之作战；五十五师及查（玉升）旅一个团位于现地，监视西面诸敌。……待你们在东面及南面打开局面，并寻机歼灭李铁军兵团一部或数部之后，在胡军已分散在陇海线之后，即可找到歼灭胡军重占陇海之机会"①。

陈赓、谢富治兵团遵照毛泽东的指示，从11月8日起，以"牵牛战术"，调动、分散并疲惫敌人，将李铁军第五兵团牵进豫西伏牛山区，于1947年12月23日，在西平、遂平间的祝王砦（祝王寨）、金刚寺一带，将李铁军的第五兵团部和整三师包围；25日，陈、谢兵团主力和华东野战军一部发起总攻，于26日20时，将其全歼，击毙整三旅少将旅长雷子修、整二十旅少将旅长谭嘉范，俘第五兵团少将参谋长李英才、少将副参谋长邹炎、整三师少将副师长路可祯、整三旅参谋长饶亚伯、整二十旅参谋长沈炳宏，共计歼敌9300余人。只有李铁军率少数残部逃脱。李铁军与陈赓是黄埔军校一期同学，他在自己司令部里提到陈赓时，一直尊称为"陈大哥"；当然，李铁军也是胡宗南的黄埔一期同学，与胡宗南的关系更为密切，是多年追随胡宗南的部属与最重要的高级将领。他因此次战败去职，回南京闲居。

李铁军的战败与全军覆没，打乱了蒋介石在中原的军事部署与中原作战计划，使平汉线西侧的豫西、陕南、鄂北中共解放区连成一片，国民政府在中原战场的形势更加严重。

胡宗南只得以整一师罗列部、整三十师鲁崇义部、整三十六师钟松部、整六十五师李振部，重新编组成第五兵团，袭用李铁军第五兵团的番号，由裴昌会任第五兵团司令官，钟松兼任第五兵团副司令官，于1948年2月在洛阳筹设

① 中共中央文献研究室编：《毛泽东年谱（1893—1949）》下卷，北京：人民出版社、中央文献出版社，1993年12月，第251页。

"西安绥署洛阳指挥所"。

原整一军军长董钊被胡宗南调回西安，准备让他接替祝绍周，出任陕西省政府主席。

就在这战场艰难时刻，在1947年11月中旬的一天，胡宗南在西安小雁塔，独自骑着一匹小红马奔跑时，"因为想到前方的军情，苦思对策，一不注意竟从马上跌下来了。这一跌可跌得不轻，当时就失去了知觉，直到二十四小时之后才醒回来。醒来之后就发高烧，情况颇为危急，两个星期之后才慢慢稳定下来"。1947年12月上旬，胡宗南的夫人叶霞翟在南京鼓楼医院早产，生下了他们的第一个孩子，也是胡宗南的长子，胡为真。胡为真出生当天晚上，胡部驻南京办事处处长徐先麟以长途电话，向在西安的胡宗南报告喜讯。胡宗南第一句话是："夫人安否？"[①]但胡宗南没有更多时间关心家事，伤情略好，立即筹划战事，应对危局。

1947年12月底，由于陕北兵力收缩，胡宗南下令撤销"延安前进指挥所"，指挥所人员都回驻西安绥署。

1948年（民国三十七年）1月1日，元旦，胡宗南在西安绥署中郑重其事地在日记里写下了《三十七年工作计划》，包括"自身部分""部队部分""作战部分""党团部分"，作了种种设想与规划，很是认真与细致，既有对自己学习、修养、家庭的要求，也有对部队的整顿、培训和对党、团组织的如何使用等。其中，在"作战部分"中，他写了五条：

一、为洗雪三十六年耻辱，今年必须俘虏匪军高级首长十余人，歼灭匪军十余个旅。

二、对匪军战术、战斗，必须重新研究检讨。

三、今年先以巩固关中为着眼，徐图进取陕北，规划晋南，东通平汉，南清陕南。

四、训练地方部队二万人并装备之。

五、奖励地方官能配合军事者十五人。①

为实现上述的种种设想与规划，胡宗南立即行动。1948年1月2日下午4时，胡在西安绥署召开"作战会报，决定：十七师守延安，二十七师控制金盆湾，作机动，二十九军部移洛川"②。

胡宗南因陕北地区广阔，刘戡部整二十九军兵力不足，决定令刘戡将所部收缩到延安一线以南，采取"重点机动防御"，其中以何文鼎的整十七师的两个整编旅及保安十一团守备延安；以新组建的整七十六师的整二十四旅等部防守宜川、韩城及禹门口等地，防堵晋南解放军西渡黄河；由刘戡率整二十九军军部及王应尊的整二十七师、严明的整九十师，共4个整编旅，集结于洛川、中部（今黄陵）、宜君、临真镇、金盆湾地区，机动策应，"监视三面"，随时准备北援延安，东援宜川，南屏关中。胡宗南企图以这样的"重点机动防御"的兵力部署，构成从延安到黄龙山的北方防线，阻止陕北解放军南下，确保西安安全。

1948年1月6日，胡宗南为落实绥署的上述决定，率盛文、薛敏泉、汪承钊等，从西安飞到延安，与整二十九军军长刘戡、整二十九军参谋长刘振世、整十七师师长何文鼎、整二十七师师长王应尊及陕北专员公署的专员顾希平等，召开作战会报与行政会报，"令二十七师即开金盆湾及其以南地区，集结整训，刘戡移洛川"。胡宗南并对全体将领、军官作政治讲话，提出"三个第一"作为全军在新的一年里的奋斗口号，以鼓舞低落的士气，"下午二时，向各官长讲话，阐明三十七年奋斗口号，为胜利第一，光荣、名誉属于胜利者；荣誉第一，军人有思想、有头脑、有气节、能打仗等；士兵第一，等"。他还对团长以上讲了"战场上士兵必守的纪律，如何剿匪及守点、增援各战

---

① 胡宗南：《胡宗南先生日记·1948年1月1日》，台北："国史馆"，2015年，下册，第3～4页。

② 胡宗南：《胡宗南先生日记·1948年1月2日》，台北："国史馆"，2015年，下册，第5页。

法"①。可谓煞费苦心。

然而,胡宗南的上述种种设想与规划、种种部署与努力,在1个多月后,就被解放军的强大攻势打得粉碎。

在胡宗南的这个北方防线上,宜川是极其重要的战略要地。此地位于西安东北,延安东南,洛川正东,深居于黄龙山的万山丛中,县虽小但位置重要。从交通上讲,它是门户;从战略上讲,它是屏障。宜川与洛川、延安,几乎形成一个等边三角形,既可与洛川形成一道防线,又可支援延安。若宜川一失,解放军就可直捣黄龙山区,洛川孤立,延安难保,西安也门户大开,则岌岌可危矣。因此,胡宗南对宜川的防守分外重视。宜川城背靠黄河,三面环水,一面靠山,悬崖峭壁,形势险峻,城周围一道三、四丈高的城墙,如同铁箍,合抱着城池,并筑有多年形成的强固工事。1947年10月19日,胡宗南由于重兵陷于延安以北,宜川城疏于防范,竟一度被西北解放军二纵、四纵袭占,胡宗南急忙调董钊率3个整编师收复该城。此后,胡就令整二十七师副师长张汉初兼任新组建的整二十四旅旅长,防守该城,并交代张说:"如遭到'共匪'攻击,你必须坚守一星期,以待援军。"②胡宗南的打算是,宜川一旦受到解放军围攻,就让张汉初率部据险防守一段时间,同时立即调遣刘戡的整二十九军主力来解围。因为以前在陕北与解放军交锋中,胡部每次损失都是不足一个整编师。胡宗南认为,解放军不敢也没有力量来攻击与歼灭自己的一个整编军,一旦整二十九军出动解围,"共"军定将不支,会知难而退。这就是胡的"重点机动防御"。

胡宗南就像国民政府军的许多高级将领一样,总是对"中共"军队的兵力与战斗力估计不足。到这时,胡宗南还没有深刻地认识到陕北战场上国、共双方军事力量发生的根本变化。

1948年年初,在陕北的中共西北野战军,已不是近一年前弃守延安时的力量与装备了。在兵力上,已从原来两个纵队又两个旅,共6个旅,约2.6万人,

① 胡宗南:《胡宗南先生日记·1948年1月6日》,台北:"国史馆",2015年,下册,第6页。
② 张汉初(时任整二十四旅少将旅长):《整编二十四旅宜川被歼经过》,原国民党将领的回忆:《解放战争中的西北战场》,北京:中国文史出版社,1992年1月,第238~239页。

连同地方部队，共约3万人，猛增至5个纵队，11个旅，约7.5万人，连同地方部队，共近10万人；在装备上，已经大大改善；士气更是高涨。彭德怀在第二次攻打榆林撤围以后，从1947年12月中旬开始，利用冬季两个多月休战的时间，在西北野战军各部中，大力开展以"诉苦"和"三查（查阶级，查工作，查斗志）""三整（整顿组织、整顿思想、整顿作风）"为中心的"新式整军运动"①，大力增强官兵对国民政府与胡宗南军的仇恨和斗志，增强部队的凝聚力，抓紧练兵，战斗力大大提高，不仅能打运动战，而且能打攻坚战。冬季休整后，彭德怀就谋划率部转入外线作战——把战争，从陕北解放区，引向胡宗南部控制的黄龙山地区。

而这时胡宗南的部队不仅兵力削弱，士气更是低落。胡宗南在陕北如此"重点机动防御"的兵力部署，以及他在军事战略上的傲慢与形而上学，正好给西北野战军造成了"围城打援"与"钓鱼式"战役方针的极好战机。

张汉初率新组建的整二十四旅到达宜川后，为加强防守，依托宜川城的险峻地形，在原有的防御工事基础上，又大量增设附属防御工事。他征用民工，在城外修筑外壕，将城东门的河水引入城内，既作为饮水，也当作防御设施。他根据宜川地形，确定以城西的外七郎山、城内的内七郎山与城东北的凤翅山为防守工事核心，派遣该旅主力赵仁团与蔡仲芳团，以及旅部直属部队和一些地方部队，分别驻守，在两山的山麓山腰，除峭壁外，都筑有外壕，置鹿砦、铁丝网和大量地雷，并筑成梅花形的地堡群，配备各种威力很强的火力。他另派该旅的高宪岗团驻守宜川南部黄河岸边的韩城。

1948年2月9日是农历除夕。胡宗南的夫人叶霞翟从南京乘飞机到西安，与胡共度春节。胡宗南"生活在甜蜜中"②。就在叶霞翟夫人于2月13日飞离西安回南京后数日，胡宗南得到报告：在陕北的解放军主力已由清涧、延川南

---

① （1）彭德怀：《彭德怀自述》，北京：人民出版社，1981年12月，第250～252页；（2）毛泽东：《军队内部的民主运动》（1948年1月30日）、《评西北大捷兼论解放初期军的新式整军运动》（1948年3月7日），《毛泽东选集》第四卷，北京：人民出版社，1966年，第1218～1219页、第1234～1239页。

② 胡宗南：《胡宗南先生日记·1948年2月11日》，台北："国史馆"，2015年，下册，第23页。

下，经延长，集结临真镇一带，意图不明；在晋南的王震部也在准备渡黄河入陕。胡宗南紧张起来。这时，整二十九军军长刘戡、整二十七师师长王应尊、整九十师师长严明等将领，都在西安过春节，滞留未归部队。胡宗南督促他们速回部队，同时下发通报，报告"共"军有进攻宜川的可能，通令在洛川的刘戡、在延安的何文鼎与在宜川的张汉初做好战备。[①]

1948年2月23日，胡宗南在西安绥署中得到报告："匪攻宜川，禹门口王庸之匪过河，保安离团逃散。"[②] 2月24日是农历正月十五元宵节，胡宗南接到张汉初从宜川打来的求救急电。

就在这天，中共西北野战军第三纵队许光达部与第六纵队罗元发部各以1个旅，以迅雷不及掩耳之势，包围了宜川城，并向城内外阵地发动猛攻。这是彭德怀率部转入外线作战——把战争从陕北引向胡宗南部占领的黄龙山地区，精心策划部署的"围点打援，诱歼整二十九军主力"计划的开始，被彭德怀称之为"打狼崽，钓老狼"，因宜川的重要战略价值，料定胡宗南势必派重兵来解围，而以第一纵队、第二纵队、第四纵队全部及第三纵队、第六纵队各一部，共8个旅的优势兵力，进至宜川西南瓦子街地区，在胡部援兵的必经之路设伏，准备在运动中先歼援敌整二十九军主力，尔后攻占宜川城。

胡宗南与参谋长盛文商量。盛文说："我们必须增援宜川，非解宜川之围不可，因为宜川和洛川之间是黄龙山，这是关中平原的屏障。宜川一旦失守，黄龙山势必失陷，黄龙山一失，关中几百里大平原将失去门户，所以宜川非尽一切力量救援不可。"胡宗南又急电南京，向蒋介石请示，蒋介石指示"拿刘戡的部队去"。[③]

但胡宗南却错误地判断：彭德怀部共5个纵队，经连续作战，伤亡很大，又

① 曾文思（时任整九十师少将参谋长）：《瓦子街战役》，原国民党将领的回忆：《解放战争中的西北战场》，北京：中国文史出版社，1992年1月，第250页。

② 胡宗南：《胡宗南先生日记·1948年2月23日》，台北："国史馆"，2015年，下册，第26页。

③ 张朋园、林泉、张俊宏访问，张俊宏记录：《盛文先生访问记录》，"中央研究院"近代史研究所口述历史丛书（18），台北："中央研究院"近代史研究所，1989年6月，第96页。

无重炮，不能攻坚；其中第二纵队王震部从晋南渡黄河入陕，必先去攻取韩城与郃阳，不可能用在宜川方面；其余4个纵队，可能以3个纵队攻宜川城，只能以1个纵队用于阻击援军。因此胡宗南并不十分紧张，一方面电令张汉初坚守宜川待援；另一方面电令刘戡率部从洛川前往宜川增援。[①]

刘戡在洛川先接到张汉初的求援电报，在2月25日又接到胡宗南火速增援宜川的电令，连军事会议都没有来得及开，就匆匆向驻洛川的整二十七师王应尊部与驻中部（今黄陵县）的整九十师严明部及军直属部队，下达紧急出发命令。严明在约一年前，1947年3月初，奉命率部从晋南紧急开往陕北准备进攻延安时，在山西河津过黄河禹门口吊桥时，从司机手里接过汽车方向盘，开车前进，结果车翻到沟里，被压断一条腿，养了约一年时间的伤，最近才归队，重任整九十师师长。原代师长陈武因在清涧战役中，援救廖昂不力，受撤职留任处分，不久他调。严明这时腿伤尚未痊愈，坐着滑竿随军行动。

刘戡只留下整九十师整六十一旅的约两个团兵力守洛川，由第一四三团团长杨荫寰指挥。

当时从洛川、中部（今黄陵县）增援宜川，可能走3条路线：一是经瓦子街到宜川，这是条公路，便于大部队机动，距离近，增援快，可迅速解宜川之围，但有遭解放军伏击的顾虑；二是经黄龙（今石堡）到宜川，虽也是一条公路，但路况差，距离远，不利速援；三是经过士庙梁到宜川，这条街在瓦子街以北，是条山间小路，地形复杂，翻山越岭，行动缓慢，重武器不易通过。刘戡请示胡宗南，为速解宜川之围，同时对西北野战军阻援部队力量估计不足，选择了经瓦子街到宜川的路线。

刘戡，字麟书，号三寿，湖南桃源县桃花源镇膏田村人，1906年生，黄埔一期生，是胡宗南的同期同学，比胡年轻10岁。自黄埔毕业后，他在国民政府军中征战多年。在1933年在江西围剿红军时，他右眼被流弹射中，遂摘除，配装假眼，致有"独眼龙将军"之称。抗战发生后，他率部参加忻口会战，毙敌数万，

---

① 据被解放军缴获的整二十九军军部命令与通报等。原件藏北京军事档案馆与陕西档案馆。

被誉为"杰出的抗日将领",晋升为第九十三军军长。后划归胡宗南部,官至第三十七集团军总司令、整二十九军军长,在1945年5月国民党第六次全国代表大会上,当选为中央候补委员。他因在1947年10月奉命援救清涧廖昂不力,受到胡宗南的警告处分;就在此前几日,1948年2月16日,刘戡回西安,胡宗南还对他旧事重提,"对刘戡沙家店之战,予以批评"[1]。这次援救宜川,他再不敢怠慢。

刘戡

1948年2月26日,农历正月十七,刘戡率整二十九军出发,按整编第二十七师、军部和整编第九十师的次序,沿洛宜公路,向宜川前进。整二十七师辖整三十一旅旅部带1个团和整四十七旅旅部带两个团缺1个营;整九十师辖整五十三旅和整六十一旅共5个团另1个营;再加上军部直辖部队,共约2万3千多人。2月27日,整二十九军前锋部队进抵瓦子街地区。

整二十九军行军不久,担任前卫的整二十七师就发现在瓦子街西北方向的观亭,集结"共"军强大的主力部队——第一纵队贺炳炎、廖汉生部。整编二十七师师长王应尊审时度势,建议先集中力量打观亭,然后由观亭前往解宜川之围。理由很简单,"共"军既包围宜川,又集中较大兵力于观亭,显然是围点打援的战法。援军如不先去掉这一侧翼威胁,仍沿洛宜公路前进,将不但不能完成解围的任务,而且解围部队本身也有中伏遭围歼的可能;如果先打下观亭,不仅可以解除翼侧威胁,免除危险,而且可以由观亭沿一条山梁直抵宜川城下,较容易完成解围任务。[2]

这显然是有识之见。刘戡同意了这一意见,但对这一重大行动他不敢自作主张,立即飞电请示西安胡宗南的绥靖公署。

① 胡宗南:《胡宗南先生日记·1948年2月16日》,台北:"国史馆",2015年,下册,第24页。
② 王应尊(时任整二十七师中将师长):《整编第二十九军瓦子街战役就歼记》,原国民党将领的回忆:《解放战争中的西北战场》,北京:中国文史出版社,1992年1月,第244~245页。

西安绥署的腐败与无能在宜瓦战役中充分地表现出来。当刘戡几次飞电绥署请示变更行军路线时，负责绥署日常工作的参谋长盛文竟在自己的公馆里请客吃酒打牌，迟迟不予回答，延误了军机。[1] 刘戡只得令部队在2月27日滞留于瓦子街及其以西地区待命。

在这时，彭德怀为引诱刘戡部迅速越过瓦子街进入伏击区，命令围攻宜川的三纵许光达部故意对宜川城发动猛烈进攻，在2月27日占领宜川城外围主要据点太子山、外七郎山、老虎山，一部分军队一度突入西门，在城内展开巷战。但彭德怀又令许光达部不要立即完全占领宜川，而是采取进攻和撤退相结合的方法，打进去，又撤出来，三进山城。被围困在宜川城中的张汉初，一方面拼命指挥守军顽抗，一方面更紧张地连电西安绥署，向胡宗南催讨救兵。2月27日晚，胡宗南与盛文协商后，给刘戡回电，否定王应尊等人的建议，内容大意是：宜川情况紧急，时间不允许先打观亭，你军仍需按照原定计划，不顾一切，沿洛宜公路兼程向东驰援，速解宜川之急。胡宗南还说：过去找"共"军大部队找不到，现在到了你们面前了，不打还行？[2]

胡宗南又一次中彭德怀之计，他的一纸催促电报，将整二十九军2.3万多人赶向了覆灭。

1948年2月28日，刘戡率援军继续东进，先头部队进入瓦子街以东地区，后续部队也向瓦子街开来。

瓦子街是从洛川到宜川公路中间的咽喉。由此到宜川西南的铁笼湾，长约15公里，公路狭窄，两侧山高坡陡，沟深谷狭，遍布梢林，便于大部队隐蔽集结。彭德怀将西北野战军主力都预伏在这条公路线两侧。当刘戡先头部队进抵任家湾、丁家湾地区时，遭到西北野战军三纵与六纵部分兵力——各1个旅的阻击。刘戡判断阻援部队只有1个纵队，几千兵员，不能阻其驰援，命令部队继

---

[1] 王应尊（时任整二十七师中将师长）：《整编第二十九军瓦子街战役就歼记》，原国民党将领的回忆：《解放战争中的西北战场》，北京：中国文史出版社，1992年1月，第248页。

[2] 王应尊（时任整二十七师中将师长）：《整编第二十九军瓦子街战役就歼记》，原国民党将领的回忆：《解放战争中的西北战场》，北京：中国文史出版社，1992年1月，第245页。

续攻击前进，并限于当天到达宜川。这样，连其后续部队均于当日进入瓦子街以东的隘路，完全进入西北野战军的包围圈。胡宗南在2月28日的日记中记载："匪攻宜川稍缓，以主力转移西向，对付我援军。……刘军离宜川三十里之丁家湾附近与匪接触"①。

整二十九军的先头部队多次冲击，都没有突破西北野战军的封锁线，显然，前面是西北野战军布下的口袋阵的口袋底。而整二十九军退回洛川的道路，也于2月29日晨，被从观亭赶来的西北野战军一纵占领瓦子街而切断。公路北侧，又有西北野战军四纵（陕北部队）压下来。这时，只有公路南侧，因王震二纵还未赶到，而有一缺口。

在这越来越危急的形势下，2月28日下午，天空阴云密布，开始下毛毛雨，后变成小雪，入夜，又变成漫天飞扬的鹅毛大雪，使整二十九军的处境更加困难。刘戡给两个整编师划分了作战地域：整二十七师负责公路以北，整九十师负责公路以南。整二十七师师长王应尊见形势危急，全军即将陷入解放军全面包围中，就再次向刘戡提出建议："趁公路南侧未发现'共'军，主力应立即向黄龙山撤退，变内线为外线，然后再图解宜川之围。"无疑这又是一个明智的建议。如二十九军主力在这时迅速从南侧突围，进入黄龙山区，彭德怀无可奈何，二十九军主力将得到保全。但是，王应尊的这个建议违背了胡宗南迅速援救宜川的命令，年前因"援救清涧不力"而受到处分的刘戡犹豫不决，整九十师师长严明则骄横地反对。王的建议再一次被否决了。②整二十九军得以逃脱的机会永远地丧失了。

西北野战军一纵先令所部第三五八旅黄新庭、余秋里部，派遣第三八五团去堵公路南侧的缺口。不久，王震的二纵赶到。到2月29日中午，西北野战军各纵队完全、严密地包围了整二十九军。刘戡指挥各部企图夺路突围，均被击退。到黄昏，西北野战军紧缩包围圈。整二十九军被压缩在乔儿沟、任家湾、丁家湾及其附近高地这样一块东西不到10公里长、南北宽约5公里的狭小地区

---

① 胡宗南：《胡宗南先生日记·1948年2月28日》，台北："国史馆"，2015年，下册，第27页。

② 王应尊（时任整二十七师中将师长）：《整编第二十九军瓦子街战役就歼记》，原国民党将领的回忆：《解放战争中的西北战场》，北京：中国文史出版社，1992年1月，第246页。

内。当天夜里，刘戡命令所部各旅连夜构筑工事，同时连连向胡宗南呼救。

3月1日晨，西北野战军发动总攻："第一纵队沿公路及其两侧由西向东，第二纵队沿枣下台由南向北，第六纵队（欠新四旅第十六团及教导旅第一团）由东南向西北，第三纵队独五旅由东北向西南，第四纵队（欠骑兵第六师）沿海洲源由北向南，四面围攻敌人。"①整二十九军作垂死地挣扎。战斗十分激烈，枪声、炮声、军号声、冲杀声震天动地，双方拼杀争夺。整三十一旅旅长周由之、整四十七旅旅长李达等先后阵亡，官兵死伤不计其数，各部联络先后中断。刘戡等已无法有效地指挥部队，就把唯一的希望寄托在援军和飞机上。但因天降大雪，飞机不能起飞。援军呢？胡宗南来电告诉刘戡："已令裴昌会兵团星夜驰援，望兄等激励将士，苦力撑持，以建不世鸿猷。"刘戡等明白这是空话，因裴昌会的第五兵团远在豫西，赶到黄龙山绝非三五日的易事。而留守洛川的1个团，曾从洛川前来驰援，现已奉胡宗南命中途止步，撤返洛川。援军的希望已绝。

整二十九军陷入绝境。在经过一天的激战后，到3月1日下午5时，全军全部被歼，除伤亡3000多人，其余近两万人作了俘虏。军长刘戡以手榴弹自毙。整九十师师长严明在混乱中被击毙。整五十三旅副旅长韩指针、一五八团团长何怡新等，继周由之、李达后阵亡。整二十九军参谋长刘振世、参谋处长吴正德、整二十七师副师长李奇亨、团长邢志东、整九十师参谋长曾文思、整六十一旅副旅长李秀岭、参谋长张辑熙等团以上将领与军官16人被俘。刘戡的笔记本等物均被独一旅缴获。②

只有整二十七师师长王应尊、参谋长敖明权、整五十三旅旅长邓宏仪、参谋长宫润章、整六十一旅旅长杨德修等人，在被俘后，乘着黑夜混乱，钻入山中，后逃回西安。

3月1日，胡宗南在日记中记载："十五时二十分，九十师严明电主任胡，

① 王尚荣（时任西北野战军第一纵队独一旅旅长）：《断敌退路，勇猛进击——回忆宜川、瓦子街战役》，《军史资料》（北京）1987年第6期。
② 王尚荣（时任西北野战军第一纵队独一旅旅长）：《断敌退路，勇猛进击——回忆宜川、瓦子街战役》，《军史资料》（北京）1987年第6期。

局势甚急，召团长以上，决心成仁，以报钧座，报总裁，……此报电台未抄完，电台即失联络。四时及八时作战会报。九十师、二十七师、二十九军部电台，皆联络不到，情况极不利。"①

3月2日，解放军包围宜川城的部队发起总攻。张汉初指挥守军整二十四旅残部顽抗一天一夜，至3月3日（农历正月二十三）上午8时，被解放军全歼。旅长张汉初跳山逃跑时腿摔坏被俘。宜川、黄龙等大片地区被解放军占领。

3月2日、3日、4日，胡宗南在接连3天的日记中，只写了4个字："痛心何极"②。

（十三）胡宗南受到"撤职留任"的处分

宜川、瓦子街之役无疑是胡宗南进攻延安以来最惨重的一次失败。在这次战役中，胡宗南部最精锐的1个整编军部、2个整编师部、5个整编旅，共2万8千多人，被解放军全歼。西安与关中的北部屏障黄龙山区为解放军控制，西安与关中地区暴露在解放军的枪口之下。正如毛泽东当时所说："宜川战役我以十一个旅七万人包围歼灭胡军精锐部队五个旅（缺一个团，洛川），两个师部，一个军部，共两万八千人，无一漏网，为西北战场第一大捷"，经此战役，"我向渭北、陇南进军之门户，业已洞开"③；这次战役，"在西北战场上，这是第一个大胜仗"，"改变了西北形势，并将影响中原的形势"④。

这次惨败进一步暴露了西安绥署的腐败与胡宗南指挥大兵团作战的无能。国民政府西安空军第三军区司令部在其《宜川会战史》检讨部分中就指出：胡宗南军在此次战役中，"战略上处于被动"，"对共军企图、兵力无正确判断"，行动过于迟缓，"致使'共'军王震部亦能参加宜川附近作战"，加以

---

① 胡宗南：《胡宗南先生日记·1948年3月1日》，台北："国史馆"，2015年，下册，第27页。

② 胡宗南：《胡宗南先生日记·1948年3月2日、3日、4日》，台北："国史馆"，2015年，下册，第27页。

③ 毛泽东：《为中共中央军委起草批转彭德怀、张宗逊、赵寿山关于宜川战役战果报告的按语》（1948年3月4日），中共中央文献研究室编：《毛泽东年谱（1893—1949）》下卷，北京：人民出版社、中央文献出版社，1993年12月，第290页。

④ 毛泽东：《评述西北战场形势及解放军新式整军的意义》（1948年3月7日），后改题为《评西北大捷兼论解放军的新式整军运动》，编入《毛泽东选集》第4卷，北京：人民出版社，1966年，第1235、1234页。

指挥上错误，导致全军覆灭。[①]

胡宗南与西安绥署企图再次掩饰失败与推卸罪责，但比以前困难得多了。

胡宗南与西安绥署参谋长盛文接见了从瓦子街逃回西安的整二十七师师长王应尊与师参谋长敖明权等人，加以抚慰。胡还召集西安绥署中有关作战的高级人员开会，要王应尊、敖明权等汇报宜瓦作战与失败经过。胡宗南问大家的看法。盛文说："第二十七师当时提的意见都很对，为什么刘戡不这样做？"轻轻一语竟将失败罪责推到已死的刘戡身上。这使王应尊等人愤愤不平。王应尊想："其实，哪里是刘戡不这样做，刘戡三番五次地打电话给他，他还在公馆里请客、吃酒、打牌，置若罔闻呢！刘戡死了，就把责任完全推在刘戡身上，真是岂有此理！"[②]

1948年3月4日，即宜川被解放军攻占后两天，中共新华社奉解放军总部命发表一条公告，报道宜瓦之战与胡宗南军惨败全军覆没的消息，使胡宗南在全国大丢其脸：

解放军2日在宜川西南歼灭蒋胡匪嫡系精锐一个军部两个师部和四个整旅的大捷中，已查出匪整二十九军长刘戡及整一军九十师长严明，均在战斗中被击毙。刘戡系湖南桃源人，四十九岁，黄埔军校一期生，蒋匪陆军大学六期生，蒋党中央候补委员，属复兴系，历任九十三军军长，十四集团军副总司令，三十二集团军总司令，重庆卫戍总司令等职。去年3月，蒋胡匪进犯延安时，任左翼兵团司令官，亲率四个师七个旅，由洛川犯我邻县。严明系湖南祁阳人，四十六岁，黄埔四期生，历任胡匪第一师旅、团长等职，为胡犯亲信……

除说刘戡的死因、年龄有误外，其余都是真实的。

3月7日，新华社在发表毛泽东起草的中国人民解放军总部发言人评论《评述

---

① 国民党空军第三军区司令部（西安）：《宜川会战史》，藏[南京]中国第二历史档案馆。

② 王应尊（时任整二十七师中将师长）：《整编第二十九军瓦子街战役就歼记》，原国民党将领的回忆：《解放战争中的西北战场》，北京：中国文史出版社，1992年1月，第248页。

西北战场形势及解放军新式整军的意义》的同时，又受西北野战军前线司令部委托，由陕北新华广播电台播了一则通知，告知刘戡、严明的家属和亲友说：

> 刘戡、严明已在3月1日宜川西南地区战斗中，为蒋、胡卖国内战作无谓牺牲，遗体已由本军埋葬于宜川城西羊道村三里之山地中，你们如果来运尸体，解放区军民必予方便。

听到这则通告，胡宗南十分难堪。他认为这是中共的一颗"政治炸弹"，目的在瓦解其军心，但不去接运，又无法向全体将士及死者家属交代。经过反复商讨，最后决定由寓居西安的刘戡之妻张玉洁、严明之妻孙淑贞、周由之之妻孙致元、李达之妻周贞出面，委托亲属于3月14日前往宜川指定地点，将刘戡等人的尸体运回西安。

胡宗南与盛文不得不致电南京中央军委会与蒋介石，请求撤职查办，赴南京请罪。1948年3月14日，胡宗南接到蒋介石拍给他的"手启电"，电文是：

> 宜川丧师，不仅为国军剿"匪"最大之挫折，而且为无意义牺牲，良将阵亡，全军覆没，悼恸悲哀，情何以堪！该主任不知负责自效，力挽颓势，而唯以撤职查办，并来京请罪是请。当此一方重任，正在危急之际，而竟有此种不知职守，与不负责任之表示，殊非中正所期于该主任者也，殊非革命军人负责尽职、雪耻自强之精神。兹特予该主任以撤职留任之处分，以观后效。中正手令。[1]

这是胡宗南第一次受到蒋介石如此严厉的训斥与处分。

胡宗南想起，就在一年前的3月14日，正是他发起攻击延安的时候。那时他是多么趾高气扬、不可一世啊！光阴似箭，只经过短短的一年时间，昔日的威风已是一去不复返了。

---

[1] 《蒋介石致胡宗南手启电（1948年3月13日）》，转引自胡宗南：《胡宗南先生日记·1948年4月5日》，台北："国史馆"，2015年，下册，第36页。

宜瓦惨败无法掩饰。在1948年3月29日，在南京召开的"行宪国大"上，代表们对胡宗南提出一片责难。正在准备担任国民政府第一任总统的蒋介石为敷衍国大代表与一些军政人士的责难，公开宣布给予胡宗南"撤职留任"的处分，给予盛文"撤职查办，来京候审"的处分。

蒋介石看到胡宗南的"威望"受到了沉重的打击。他对胡宗南指挥大兵团作战的能力更是越来越失去信心。他想在西安换将。过去一年多时间中，他已在徐州、郑州、华北、华中与东北等多处撤换最高军事指挥官了。这次，他想调资历较胡宗南要深的、在兰州任西北行辕主任的张治中来西安，接管胡宗南的军事指挥大权。据张治中回忆说：宜瓦战役后，"胡的弱点完全暴露，南京方面大为震动，蒋（介石）接连几个手启电报要我到西安去统一指挥西北五省军事。这一着，我当然不能接受，但也使我有点困窘，曾列举理由（偏重胡宗南的个性和部队历史），说明我去西安有害而无利。发电后，我仍然悠闲地住在（兰州）兴隆山上。后来由于马军（本书著者按：指马步芳、马鸿逵部军队）在陇东和中共部队打了一仗（本书著者按：指1948年4月中旬至5月中旬的西府、陇东战役，详下），中共部队撤退，蒋才不再勉强我，而兰州的紧张空气也为之缓和下来"①。

这就是说，由于张治中拒绝到西安接任，胡宗南的军事指挥大权才没有立即丢失。直到1948年5月胡宗南指挥所部拼命扑向西府——泾渭河谷之间，击退与阻止了西北解放军企图挺进关中地区西部与甘肃省东部的战略行动，蒋介石才最终打消了要张治中来西安取代胡宗南的念头。胡宗南才得以继续坐在西安绥署主任的宝座上。

除了蒋介石，国防部部长白崇禧也想将胡宗南调离西安，摘去他的兵权，而以时任中央陆军军官学校校长的关麟征代之，但也遭到关麟征的拒绝。关麟征，字雨东，1905年4月18日生，是胡宗南的黄埔一期同学，也是多年的统兵大员；1946年7月，他被调任为在成都的中央陆军军官学校教育长；1947年10月，蒋介石辞去各军校校长兼职后，他升任为中央陆军军官学校第二任校长，对军校

① 张治中：《张治中回忆录》下册，北京：文史资料出版社，1987年，第768页。

进行了一系列的改革措施。他还是陕西户县人，到西安任职，有地利人和之利。据胡宗南日记记载，1948年4月16日，关麟征匆匆来到西安，向胡宗南密告了上述南京官场内幕："关雨东来陕，迎于机场，渠须飞北平，在场密谈二小时。渠谓当刘戡之先，白部长召关至京，谓已呈委座，以关接胡，关拒绝云云。关并云白上台，对你极不利，现时看你等于眼中之钉"①。

张治中

而1948年4月16日这一天，正是胡宗南得报，中共西北解放军彭德怀部发起西府之战，打到泾河之南、威逼关中的那一天。战况如此紧张，而胡竟去机场迎来送往数小时，密谈与当前战事无关的官场内幕，似乎他个人的升降荣辱高于战场的胜败得失。这就是这一时期，国、共双方将领在思想作风上的极大不同与高下之分。同样是一个方面军的统帅，出身于黄埔四期的中共东北野战军总司令林彪，在这几年带兵与指挥作战中，成日成夜阅读战报、观察地形、调查总结战场实践经验、研究战略战术，先后创造性地提出"一点两面""三三制""四组一队""四快一慢""三猛""三种情况三种打法"等多项新奇、有效的战术原则和作战指挥原则，在部队中推广应用，迅速提高了部队的战斗力；他提出的战役主动权争夺的手段、战役指挥中兵力的集中与分散、战斗决心与目标时机的辩证关系，等等，在作战中发挥了重大作用；他常常站在各种地图前，一看就是几个小时，忘记吃喝，更无一点个人爱好与酒席征逐、交际往来，最大的享受就是吃几粒炒熟的黄豆，整个身心都投入到怎样打败敌人、赢得战争中去。中共西北野战军统帅彭德怀，更是带兵几十年，几乎无日不在战场，一直以粗茶淡饭、雷厉风行、性格豪放出名。自1947年3月胡宗南指挥所部进攻延安以来，彭德怀以极为劣势的兵力与武器装备，先后在青化砭、羊马河、蟠龙、沙家店、清

---

① 胡宗南：《胡宗南先生日记·1948年4月16日》，台北："国史馆"，2015年，下册，第41页。

洄、宜川、瓦子街等战役中，连连取得胜利，扭转了陕北战局；他于1947年12月中旬开始在西北野战军中开展的"新式整军运动"，更是军中一大发明，大大增强了部队的凝聚力与战斗力。而比较起来，国民政府军中许多方面军统帅、将领，虽也出身于黄埔，却在多年的官场角斗与腐蚀中，逐步失去了当年的革命朝气与黄埔精神，抗战胜利后更是如此，变成了追求地位、名利与贪图安逸、享乐生活的庸官俗吏和无能之辈，墨守成规，毫无创新，被动消极，甚至贪生怕死。中国古语说："三军易得，一将难求"，意在说明，在战争中，双方带兵将领，特别是方面军统帅作风与水平的极端重要性！国、共战场恶斗数年，成败之因，于此可见一斑。

宜瓦之败，使胡宗南经历了一次不大不小的政治风浪。

由于没有更适合的替换人选，也由于蒋介石对胡宗南的忠心及其对所部影响重大有所了解，因而蒋介石决定让胡宗南继续指挥陕西军事。不久，他就下令撤销了对胡宗南与盛文的处分。蒋介石还准备留盛文在南京任国防部三厅厅长。盛文不愿就此职，仍要求回到西安。后来，胡宗南派他到汉中任指挥所主任，后又任第三军军长。①这时胡宗南已在准备退路，加强汉中后方基地的准备。

宜瓦战役的惨败与整二十九军的覆灭，最使胡宗南惊慌与恐惧的是，他指挥的军队进一步严重削弱了。自前年内战爆发以来，胡部精锐的三大主力——整一师、整三十六师、整九十师都先后遭到了解放军歼灭性的打击。其他各部也多已残缺不全。对此，中共中央主席毛泽东在1948年3月7日为解放军总部发言人起草的评论《评述西北战场形势及解放军新式整军的意义》中指出：

胡宗南直接指挥的所谓"中央军"二十八个旅中，有八个旅属于三个主力师，即整编第一师、整编三十六师和整编九十师，其中整编第一师之第一旅，前年9月在晋南浮山被我歼灭一次，其一六七旅主力，去年5月在陕北蟠龙镇被歼灭一次，整编三十六师之一二三旅、一六五旅，于去年8月在陕

---

① 胡上将宗南年谱编纂委员会编：《胡上将宗南年谱》，沈云龙主编：《近代中国史料丛刊续编》第49辑488册，台北：文海出版社有限公司，1978年，第216页。

北米脂沙家店被我歼灭一次，这次整编九十师又被全歼，剩下的胡军主力，就只有整编第一师的七十八旅和整编三十六师的二十八旅，还没有受到过歼灭。因此，整个胡宗南军队，可以说已经没有什么精锐骨干了。经过此次宜川歼灭战，胡宗南过去直接指挥的正规兵力二十八个旅，现在只剩下二十三个旅，这二十三个旅分布在下列地区：晋南临汾一个旅，已成死棋；陕豫边境和洛阳、潼关线有九个旅，对付我陈、谢野战军；陕南有一个旅，任汉中一带守备。此外，分布在潼关到宝鸡、咸阳到延安"丁"字形交通线上的有十二个旅。其中三个是"后调旅"，全系新兵；被我军全歼新近补充起来的有两个旅；曾被我军给以歼灭性打击的有两个旅；受我军打击较少的五个旅。可以想见，这些部队不但很弱，而且极大部分任守备。①

中共方面对胡宗南部兵力的强弱变化与部署是掌握得极其准确的。胡宗南的参谋长盛文后来回忆说："刘戡的失败是我们和共党由均势到劣势的转折点。三十六年（1947年）以前我们是优势，共党势力，无论在兵员、武器、装备，尤其是武器，我们都优势。到三十六年尚能和共党维持平衡。三十七年宜川之战失败后，刘戡覆没，我方军力开始处于劣势，此后便处处居于被动。"②这种变化，胡宗南是不会看不到的。

胡宗南还惊慌地发现，自宜瓦战役丧师失地以后，在洛川以北的广大地区，除延安由何文鼎整十七师的两个旅困守，洛川由新拼凑的整六十一旅杨荫寰部困守外，已全部被解放军控制；而在洛川以南、黄河以西、西兰公路以东、渭河以北这片地区与20多座城镇，只有整一三五旅和几个杂牌旅布防。渭河两岸的800里关中地区与西安城已暴露在解放军的兵力威逼之下。西安成了危城，西安城内人心惶惶。

① 毛泽东：《评西北大捷兼论解放军的新式整军运动》（1948年3月7日），《毛泽东选集》第4卷，北京：人民出版社，1966年，第1235～1236页。
② 张朋园、林泉、张俊宏访问，张俊宏记录：《盛文先生访问记录》，"中央研究院"近代史研究所口述历史丛书（18），台北："中央研究院"近代史研究所，1989年6月，第116～117页。

为了应付这危急而尴尬的局面，胡宗南又一次像中共方面预料的那样，火速从豫西调回裴昌会的第五兵团所辖整一师、整三十六师与整三十师，从郑州、开封一带调回整三十八师，还从陕南调回青年军第二〇三师，并报经蒋介石批准，从徐州空运来整编六十五师的整一八七旅，归建整六十五师李振部。以上各部到达关中布防，才暂时稳定了西安与关中形势。

然而，就在裴昌会的第五兵团调回关中不久，豫西空虚。解放军于1948年3月9日向豫西重镇洛阳发动猛烈的围攻。洛阳守军青年军第二〇六师负隅顽抗，激战6日夜，于3月14日深夜洛阳失守。守军全部被歼，洛阳警备司令、第二〇六师师长邱行湘被俘。为重新夺回洛阳重镇，胡宗南奉命派出整三十八师张耀明部，会同胡琏兵团，从东、西夹击，反攻洛阳。由于解放军先行主动撤退，东、西两路国民政府军于3月18日进入洛阳空城。张耀明的整三十八师担任洛阳守备。因害怕解放军重新包围洛阳，3月28日胡宗南又奉蒋介石令，将整三十八师全部撤回西安。胡琏兵团也奉令东撤。4月5日，洛阳城再次被解放军攻占。从此，豫西地区就一直被解放军控制。胡宗南的西安与郑州间的陆路交通联系就被彻底卡断了。

在胡宗南丢掉洛阳与豫西的同时，1948年3月初，留驻山西临汾的整三十师鲁崇义所辖的整三十旅也奉胡宗南令，撤回关中归建，将临汾防务移交太原绥署阎锡山派来的第三十四军六十六师。但当该旅刚空运出旅部与一个营，临汾飞机场就被解放军炮火袭击，其余部队只得留守临汾。解放军华北一兵团徐向前部当即对临汾发动围攻。激战1个多月后，临汾于1948年5月17日失守。至此，晋南广大地区完全被解放军控制。

胡宗南在裴昌会的第五兵团回师关中后，令各整编师向潼关、西安、三原之线实行战略集结，防止解放军南下。同时，他抓紧时间，重新组建被歼的各师、旅部队。内战以来，胡宗南一直依靠四川、陕南的雄厚兵员，不断补充他部队的损失，而蒋介石也不在他兵败后撤销与减少他的部队编制，因此胡部军队的总数量未见减少，只是军队的素质与战斗力不断降低。3月6日，胡宗南任命整三十师师长、出身于原西北军孙连仲部的鲁崇义接任刘戡遗职，代整二十九军军长，仍兼整三十师师长，同时指挥重新组建的整九十师；整九十师师长则重新任命陈武担任，接替阵亡的严明；派刘超寰代整二十七师师长，接替王应尊；派乐典为整四十六旅旅长，接替阵亡的李达；派刘孟濂为整三十一旅旅长，接替已死的周由之。[①] 3月22日，胡宗南又派周寰为整一旅旅长，陈坚为整七十八旅旅长，沈策代整七十六师副师长等。[②] 整七十六师师长则早已经调升徐保接任。

胡宗南在从豫西等地调回大量部队到关中不久，就得到洛川守军的告急电报。西北解放军彭德怀部从3月6日开始对洛川发动围攻。洛川只有新组建的整六十一旅杨荫寰部约4个团防守。胡宗南立即令裴昌会率第五兵团从铜官前往增援。

（十四）逃离延安—"重点进攻"的彻底失败

洛川，是胡宗南留在陕北的最后两个孤立据点之一，是联结西安与延安的中介站。

洛川，地处陕北和关中接合部海拔1000多米高的塬上。塬顶坦荡无垠，布满了纵横交错的裂纹般的沟壑，又深又陡。胡宗南部守军杨荫寰的整六十一旅利用这些宽阔、深邃的沟壑，修筑了大量的野战工事。洛川成为易守难攻的堡垒。

整六十一旅旅长杨荫寰少将，字琢之，安徽桐城人，中央军校第十一期炮科、陆军大学第十八期毕业，长期在胡宗南部任职。

西北解放军第三纵队许光达部与第六纵队罗元发部，从1948年3月6日开始，进攻洛川20余日，都未奏效。

来援的第五兵团在裴昌会指挥下，进军非常谨慎小心，并且走得很巧妙，从铜官开出来后，每天白天走30里，夜里又向后退15里，真真假假，虚虚实实，每天实际只走15里左右。这使得彭德怀设下的围城打援、引诱裴昌会兵团进黄龙山加以围歼的计划难以实现。

---

① 胡宗南：《胡宗南先生日记·1948年3月6日》，台北："国史馆"，2015年，下册，第28页。

② 胡宗南：《胡宗南先生日记·1948年3月22日》，台北："国史馆"，2015年，下册，第32页。

1948年3月23日，毛泽东、周恩来等率中共中央机关与解放军总部，离开陕北，从吴堡县川口渡口东渡黄河，进入山西临县晋绥解放区，准备前往河北省平山县晋察冀解放区。彭德怀完成了保卫中共中央与毛泽东的任务。

在这种情况下，彭德怀改变进攻方向，除留下第三纵队许光达部继续围困洛川、监视延安外，以其余4个纵队，于1948年4月16日，分三路，向关中西部泾、渭河谷地区，即古称西府的地区进击。一时间，陕北到黄龙山区解放军的力量只剩下1个纵队。

胡宗南在西安，于4月16日就得到中共西北解放军主力"窜泾河南岸"[①]、西进泾渭河谷地区的报告。他一方面紧急调青年军二〇三师前往泾河防堵，一方面下令困守延安与洛川两据点的守军迅速乘虚撤回关中。因为这两个据点守军被解放军围困多日，已多次向胡宗南要求撤退；而胡宗南也感到，在当时的形势下，再徒有其名地占据这两个据点已没有任何政治意义与军事意义，且配置1个整编师与1个整编旅，实属浪费。两部乘虚突围，可增强关中防卫力量。

胡宗南在请示蒋介石得到同意后，于4月20日9时，约来驻西安的空军第三军区司令刘国运以及陶峙岳、薛敏泉、裴世禺、汪承钊等人，召开作战会议，"研究延安撤退方向及时机、陆空联络，等等，决于21日清晨向南撤走。洛川与延安南下军之联络，由刘（国运）司令指挥"[②]。4月20日当日，胡宗南派绥署参谋处长裴世禺与空军第三军区副司令易国瑞乘飞机到延安，将撤退命令送交何文鼎。命令迅速下达到延安各部与洛川守军：延安守军何文鼎的整十七师沿咸榆公路南撤，并限于21日前撤毕，会同洛川守军杨荫寰的整六十一旅，一同撤回关中耀县待命。

防守延安的整十七师师长何文鼎中将是陕西人，1924年经于右任函荐，与关麟征、杜聿明、董钊、张坤生等一起，赴广州，入黄埔军校学习，被编入第一期学员一队，同年加入中国国民党。他是胡宗南的黄埔一期同学，多年追随

---

① 胡宗南：《胡宗南先生日记·1948年4月16日》，台北："国史馆"，2015年，下册，第41页

② 胡宗南：《胡宗南先生日记·1948年4月20日》，台北："国史馆"，2015年，下册，第42页。

胡宗南。在1923年3月进攻延安时，他率整十七师奉命守备后方同官（今铜川）经洛川至延安的交通线。10月初，他又奉命率所部的整十二旅与整四十八旅移住延安，接替整二十七师，任延安守备。何指挥两个整编旅及一些地方部队，利用延安险要的地形，构筑了大量坚固的工事，企图固守延安。

1948年3月初宜瓦战役后，陕北形势大变。何文鼎看到在偌大的陕北，国民政府军只剩下一座延安，一个整十七师，犹如大海中的孤岛。延安通往西安的咸榆公路上，连一支警戒部队也没有，供给毫无保障。若有解放军大部队来攻，延安定将不保，这里不是他的坟墓，也是他被俘的地点。1948年4月7日，中共延安游击队佯攻延安清凉山。驻守宝塔山的整十七师部队吓得急忙紧缩阵地，放火烧毁碉堡，结果引起弹药爆炸，一时火光冲天，响声震耳。

何文鼎与整十七师在延安一日数惊，卧食不宁，多次向胡宗南请求放弃延安撤回西安。何文鼎还提出了从延安撤回西安的路线。他说："从延安沿公路南下，必受道路限制，部队不能机动，而且要遭'共'军袭击；最好的办法是将重武器空运西安，其余销毁，部队轻装由延安向北，经安塞、靖边、定边，取道宁夏、甘肃回关中，这样虽然绕路，却可以万无一失。"[1] 这个建议表露了何文鼎害怕与解放军作战的胆怯心情。

胡宗南却很长时间没有答应何文鼎撤离延安的要求。这首先是因为要满足国民党与蒋介石的政治需要。1948年3月29日，南京的"行宪国大"正式开幕，会上吵吵嚷嚷，蒋介石正准备登上总统宝座，国民党与蒋介石都要赢得威望，就要显示国民党的军事力量与"剿共"的成绩。蒋介石在"国大"上作的施政报告中吹嘘说："国军仍然是有力量的，要占领共产党的政治中心延安，就能够占领延安；要占领共产党的经济中心烟台，就能够占领烟台。"[2]

因此，在这种情况下，胡宗南不能立即放弃延安。

直到1948年4月20日，胡宗南才下令放弃延安。但胡宗南不同意何文鼎绕道

① 何文鼎：《胡宗南部进犯延安及其由延安逃跑溃败经过》，陕西省政协文史资料委员会编：《陕西文史资料选辑》第4辑。
② 台湾"国防研究院"编：《蒋"总统"集》第2册（演讲），台北："国防研究院"，1950年。

宁夏的撤军路线建议，令何文鼎指挥延安所有军队及国民党党政机关，于4月21

南京国民政府总统府

日撤离延安，沿咸榆公路南下。

何文鼎立即召开会议部署撤退。

4月21日天犹未明，延安守军整十七师，携带眷属与党政机关官员，匆忙向南撤退，未及带走的粮食物资均被放火烧毁。整十七师经甘泉、茶坊，于23日到达洛川，与整六十一旅杨荫寰部会合。本来，他们仍将沿咸榆公路，经中部（今黄陵）、宜君，到达耀县，后得到报告说，解放军可能在这条路上设伏，乃于4月25日，沿洛川到白水的公路南下；4月27日，遇到解放军有力阻击，发生激烈战斗。当日，胡宗南闻报，"十七师南下被阻，情况甚忧"[1]。4月28日，何文鼎率部到达洛河北岸。因后边解放军猛烈追击压迫，何文鼎率官兵匆忙徒涉过水位高涨的洛河，将坦克、汽车、重炮及其他笨重物资都扔在北岸，被解放军缴获。第二天，4月29日，何文鼎与南逃官兵遇到胡宗南派来接应他们的部队，一道撤往蒲城。何文鼎清查部队伤亡损失，计阵亡官兵370余人，受伤500余人，逃亡与被俘近3000人，损失重炮两门，山炮13门，野炮8门，战车8

---

① 胡宗南：《胡宗南先生日记·1948年4月27日》，台北："国史馆"，2015年，下册，第43页。

辆，载重汽车48辆，小吉普车7辆，弹药、被服数字更大。①

何文鼎率部逃过洛河后，对丢失在北岸的重武器，曾电告胡宗南，要求派飞机去炸毁。胡宗南复电何文鼎，要他次日带上部队回到洛河北岸，重新夺回这些东西。心有余悸的何文鼎没有勇气去北岸，他指挥的军队更是军心涣散，无法再打。对何文鼎南撤途中的重大损失与惊慌恐惧，胡宗南气愤地指责他说："山西运城丢失的重武器由我负责，延安南撤所丢的重武器由你负责。"后来蒋介石到西安，也怒气冲冲地责骂何文鼎："怕死，无耻！"

胡宗南给何文鼎以撤职查办的处分，任命原整十七师四十八旅旅长康庄接任整十七师师长。

中共延属分区游击队于4月21日上午，在何文鼎的整十七师刚刚撤离，就进入延安。4月23日，中共新华社发表题为《一年一月又三天》的社论，庆祝收复延安。4月25日，新华社又发出由毛泽东拟稿的中共中央给"彭德怀、贺龙、林伯渠、习仲勋诸同志及西北人民解放军全体同志"的贺电。

胡宗南部自1947年3月13日发动对延安的进攻，到1948年4月21日狼狈撤离延安，丢盔卸甲回到关中，在这一年零一个多月的时间内，共被解放军全歼11个整编旅，约10万人以上，其他部队也都受到轻重不同的打击。占领的陕北地区全部丢失。从此，他就只能在关中地区"苦撑待变"了。

在胡宗南部进攻陕北经年，一无所得，损兵折将，又狼狈逃离之际，上海著名的民间刊物《观察》周刊在1948年3月27日发表评论《现阶段的战局总检讨》，指出：

> 就是去年这个时候——3月19日，国军胡宗南的刘戡、董钊两兵团打下延安，但是扑了空，并没有击溃"共"军的主力。……胡宗南这个神秘的不娶将军，居然因为延安攻下，素志得偿而结婚了（抗战胜利时他并没有结婚）。他该是如何兴奋高兴，以为从此西北可以稍安了，十年戍守自此可以

---

① 何文鼎：《胡宗南部进犯延安及其由延安逃跑溃败经过》，陕西省政协文史资料委员会编：《陕西文史资料选辑》第4辑。

稍松一口气。哪晓得当时就有晋南富饶之区的易手……中共中央始终没有离开陕北，新华广播电台还在那里呼喊。……胡宗南是政府多年在西北培育的"防共长城"，打下延安泄了气，丢了晋南，丢了豫西，清涧、宜川两战失败得更惨，在河北，石家庄、望都全军覆没的也是他的部队。

《观察》的这篇评论全面揭示了胡宗南部气势凌人地进攻陕北以来，一年中所遭受的历次惨痛失败与重大损失。在这篇评论中还提到了石家庄、望都等战役，如前所述，1947年10月22日，第三军在河北保定南的清风店被全歼，军长罗历戎、副军长杨光钰、第七师师长李用章被俘……这些部队与将领，是胡宗南在抗战胜利后派往华北接收，而划归第十一战区孙连仲指挥的。

胡宗南的部队在西北、在中原、在华北都遭到了失败。其中最惨的当然是在陕北战场的失败。

《观察》杂志评论《现阶段的战局总检讨》在最后对胡宗南总结道：

胡宗南可以宗南，而不能安北，他失去了威望，就等于西北"防共长城"的溃决，所以局面的危险，并不减于东北。①

国民政府军事当局后来悔叹："我主力始终被'匪'牵制于陕北，一无作为，殊为惋惜。"② 国民党的一位军史评论家王禹廷在《戡乱军事的形势大略》一文中评价说：胡宗南部"劳师动众，仅仅进占了延安一座空城，始终没有捕捉打击到'共'军的主力。而深入陕北的国军则踏进'匪方'预布的陷阱之中，丧师失利，蒙受了很大创伤，战力大为削弱。……凡此，似非政府当局及战地主帅始料之所及。胡宗南……这番攻略陕北，竟未能克奏肤功，实在令人叹息"③。

---

① 评论：《现阶段的战局总检讨》，《观察》周刊（上海）1948年3月27日。
② 台湾"国防部史政局"编印：《戡乱简史》，台北："国防部史政局"，1962年，第132页。
③ 王禹廷：《国共分合，胜败殊途（三十二）》，《传记文学》（台北）1991年第10期，第59卷第4期。

第九章

兵 败 关 中

（一）西府之战围歼彭德怀功败垂成

1948年4月，当胡宗南匆忙地从豫西、晋南调回部队保卫西安、并令裴昌会率第五兵团北上援救洛川后不久，突然得到了使他大为震惊的消息：中共西北野战军在彭德怀的亲自指挥下，采取果敢行动，改变战略进攻方向，在4月7日，以主力4个纵队，由陕北澄城、中部（今黄陵）地区西进，4月12日，集结马栏；从4月16日起，在北起职田、南至高王庄30余公里宽的战线上，向胡宗南的战略后方——关中西部泾、渭河谷之间的广大地区，发起强大的攻势，开始了震动西北的"西府行动"。

西府，系指西安以西泾河和渭河之间的地区，亦称"泾渭河谷"，包括宝鸡、武功、扶风、岐山、邠县（今彬县）、磷游、咸阳等十数县市，首府凤翔，地处关中平原西部，为邻接关中、汉中、甘肃和四川的咽喉要冲，是大西北的战略要地。胡宗南长期以来将此地区视作他向陕北、晋南与豫西进攻的战略后方，并将宝鸡作为他最重要的军事补给基地。当胡忙于在陕北与豫西等地作战时，以为西府在后方，仅布置了极少的兵力防守：在宝鸡有在清涧被歼后重新组建的整七十六师师部率约2000人防守；在乾县、永寿、邠县（今彬县）一带沿泾河有青年军第二〇三师设点防守；其余广大地区都由地方团队守备。以上各部既兵力少，又战斗力不强。西府地区，既是胡宗南重要的战略后方，又是他统治地区的薄弱环节。

西北野战军发起"西府行动"，其战略目标与计划是："第一步向泾渭之间，第二步向甘肃。"①1948年4月中旬，西北野战军主力4个纵队，兵分左、中、右三路：以二纵王震部与四纵王世泰部为左路军，由西北野战军副司令员张宗逊指挥，南渡泾河，进攻永丰、乾县、武功、扶风、岐山，向宝鸡逼近；以一纵贺炳炎、廖汉生部为中路军，任后卫，首攻旬邑，强渡泾河，进攻邠县（今彬县）、麟游、凤翔，然后协助左路军进攻宝鸡；以六纵罗元发、徐立清部为右路军，在消灭职田、大峪、世店3镇的国民党地方武装后，强渡泾河，占领邠县（今彬县）、长武、灵台一线，切断西兰公路，抗击可能来援的青、甘、宁"三马"——马步芳、马鸿宾、马鸿逵，保证主力侧后安全。

4月16日，三路解放军在彭德怀亲自率领与指挥下，迅速击破胡部青年军第二〇三师的防线，强渡泾河，依计划向西府地区各地迅猛推进，前锋直接指向胡部军事重地宝鸡。

胡宗南在西安得知彭德怀部主力强渡泾河、迅猛西进的消息后，大为震惊。因为彭部行动出其意料，西府战略地位重要而又兵力空虚，若彭部攻占此地区并站稳脚，不仅获得大量军事补给，而且将截断西安到甘肃、四川的联系，进而与豫西的陈赓兵团配合，东西夹击西安，胡部将面临前后受敌被围歼的险境。他在4月17日的日记中记载："匪窜泾河以南，离监军镇甚近，青年师迎战于监军镇以北地区。"②第二天，4月18日，他就得到青年军第二〇三师兵败的报告："青年师雷团失事，甚忧烦。"③

胡宗南立即采取应急措施。他一面令新任整七十六师师长徐保立即从西安回防，率部死

陈赓

---

① 李振口述：《我率国民党第十八兵团起义前后》，成都市政协文史资料研究委员会编：《成都文史资料选辑》第23、第24辑。

② 胡宗南：《胡宗南先生日记·1948年4月17日》，台北："国史馆"，2015年，下册，第42页。

③ 胡宗南：《胡宗南先生日记·1948年4月18日》，台北："国史馆"，2015年，下册，第42页。

守宝鸡，一面急调裴昌会第五兵团西进增援。同时，他报经蒋介石同意，急电延安与洛川守军，立即弃城乘虚南撤，以缩短防线，增强关中力量。

在这时，胡宗南得到蒋介石指示作战的电令。蒋介石判断，西北解放军进军西府，远离解放区，孤军深入，处境定为不利，因而命令胡宗南："彻底以大军轻装尾匪穷追，不使稍有喘息之能力，尤应不分界域越境追击，马继援部应协力向西南堵截，务将匪军完全消灭"，各部"勿因补给与疲劳迟滞行动"[①]。

胡宗南立即于4月21日召开军事会议，"研究甘陕作战"[②]，策定作战计划，决定利用所有交通工具，发挥高度机动，急调裴昌会第五兵团主力加速西进泾渭河谷间；同时电请兰州西北军政长官公署张治中，饬调马步芳、马鸿逵部队，从陇东，向南攻击，堵住解放军北上之路，共同形成对西进解放军的钳形包围，聚歼彭德怀部主力于西府、陇东地区。胡宗南另调在陕南汉中整训的整七十六师新一旅开往陇南一线；又令西安空军连日出动，侦察轰炸西进解放军，掩护胡部各军迅速前进。国民政府方面称这次战役为"泾渭河谷之战"。

应该说，蒋介石与胡宗南对此次战役，判断较准确，部署也是较严密而得当。

按照胡宗南的命令，裴昌会指挥第五兵团的整一师、整三十六师、整三十八师、整六十五师等精锐主力，急速向西府地区扑来，以一部增援宝鸡，以一部围攻解放军各纵队。

与此同时，马步芳、马鸿逵得到胡宗南的急电后，也十分清楚西府地区极重要的战略位置与对他们的利害关系：一旦西府失守，则甘、青、宁地区他们的"老窝"也将受到解放军极大的威胁，因而，他们立即出动了3个骑兵师、2个步兵师赶来增援。其中马步芳之子马继援率领的整八十二师，最为凶悍。

在这次战役的初期，由于胡宗南部在西府地区防守兵力过于薄弱，中共西北野战军西渡泾河后，进展十分迅速，日进百里，先后攻克了泾河以南、渭河

① 《蒋介石给胡宗南的电令》（1948年4月），转引自王焰等：《彭德怀传》，北京：当代中国出版社，1993年，第357页。

② 胡宗南：《胡宗南先生日记·1948年4月21日》，台北："国史馆"，2015年，下册，第42页。

以北的麟游、扶风、岐山等9座县城，切断了西兰公路，包围了军事重地宝鸡。4月25日夜，西北野战军第一、二纵队向宝鸡发起攻击。

当时，宝鸡的警备司令为刘进。胡宗南令他指挥驻宝鸡部队整七十六师徐保部及地方团队固守待援。刘进十分惊慌，决定由徐保部担任宝鸡市区守备，他自己率地方保安团队，守备宝鸡城外渭河以南的阵地。宝鸡城内各机关则撤往渭河以南、以西30里外地区。

徐保是察哈尔怀安人，黄埔四期生，胡宗南部下著名的猛将，号称胡部"四大金刚"之一，跟随胡宗南多年，为胡宗南的心腹将领。他原任整三十六师所辖的整二十八旅旅长，在1946年11月增防榆林有功。1947年10月清涧战役整七十六师廖昂部被歼后，胡宗南重新组建整七十六师，调升徐保为该师师长，在宝鸡整补训练部队。1948年3月，该师所辖整二十四旅张汉初部在宜川被歼；新一旅在汉中整训；在宝鸡随师部整训的，只有直属工兵营3个连、特务营2个连、辎重兵3个连和通讯兵营两个连，共约2 000多人。

当解放军对宝鸡发起总攻后，徐保指挥所部顽抗，但因兵力单薄，很快就失掉各重要据点。解放军攻进市区，逼近徐保师部所在地金台观。徐保见情况危急，就率师部及1个连的部队，登上一列钢甲列车，顺铁道向西移动。这是徐保的失策。因为钢甲列车只能在铁道上作平行移动，自由度被大大限制，徐保登上钢甲列车后西行不到几里，前后铁轨被拆毁，列车只得停在一地，被动地遭解放军围攻。结果，徐保中炮击，头部负重伤，被解放军俘虏后不久即死去。宝鸡守军也迅速瓦解。只经过1天的战斗，4月26日宝鸡即被解放军占领，大量军需物资均为解放军所得。

但就在4月26日宝鸡失守的同时，胡宗南西进部队第五兵团，以强大的兵力与迅猛的攻势，突破了解放军左路军阻援的第四纵队在扶风与青花镇的防线，直逼虢镇与凤翔；4月27日，裴兵团经岐山西进，直逼宝鸡，使解放军左侧受到严重威胁。从陇东出发的青海马继援的整八十二师，与胡宗南部紧密配合，也于4月25日，突破了解放军右路军阻援的第六纵队教导旅在长武、亭口的阵地，占领长武、彬县，从西北方向急进而来，向崔木镇逼近。两军东西对进，迅速形成了夹击解放军的态势。

胡宗南大兵团的迅速西进与马继援部的全力支援，出乎彭德怀的意料之外。刚刚占领宝鸡的解放军未料到东、西两路国民政府军骤至，正分散做群众工作与接收军需物资，就陷入背水侧敌的危险境地：东面、东北面是裴昌会的第五兵团，西北面是马继援的整八十二师，南面是渭水与秦岭。在这种情况下，彭德怀只得急令西北野战军破坏无法转运的物资，于4月28日晨撤离宝鸡，准备提前实施第二步行动，摆脱裴昌会兵团，转向陇东，直插平凉，消灭力量较小的马继援部，求得在甘肃广大地区站稳脚跟，解决给养。第六纵队教导旅担任西北野战军向陇东转进的先头部队。

但是，马继援的整八十二师与其他"马家军"，不仅兵力雄厚，而且骑兵多，战斗力强，使北攻的解放军遭到很大伤亡，被迫东撤。马继援等部乘胜尾追不放。

而在解放军的东部，则面临更大的压力。胡宗南令裴昌会第五兵团一改过去密集方阵推进，而实行数路并进、长追不舍的战术，在其途经地区不留部队，一直保持优势兵力，围歼解放军主力。其中整三十六师钟松部由火星庙向荔镇推进；整六十五师李振部附整二十七旅，由凤翔经高崖镇、灵台，向泾川、党原镇推进；整一师由宝鸡、凤翔地区向长武集结；整三十八师张耀明部由乾县向亭口镇集结。第五兵团各部向西北方向迅猛前进，配合由北面南下的马继援部，夹击围歼解放军主力于宝鸡以北的狭小地区。

战斗异常激烈，连日不断。两路国民政府军以强大兵力与迅猛攻击，给西北野战军以很大杀伤。彭德怀率部于5月3日通过西兰公路，涉过泾河北进。南面的胡部第五兵团尾追不放。北面的马继援整八十二师则从5月4日起，包围、猛攻西北野战军先头部队第六纵队教导旅据守的屯子镇，因教导旅轻敌，重创该旅，于6日占领了这个重要据点，然后迅速南下。西北野战军第一纵队奉命为第六纵队教导旅解围，却因走错路和道路难行，没有按时到达指定位置。两路国民政府军形成的钳形迅速收紧，追势更猛，直扑彭德怀总部而来。在这种情况下，彭德怀被迫放弃原定的西进甘肃计划，令所部经陇东，撤回陕北解放区。但由于阻援的西北野战军第四纵队警三旅，擅自放弃西锋镇，放弃沿扶风、岐山、凤翔公路阻击迟滞敌人西进的任务，使马继援部毫无顾忌地长驱直进，迅速赶来占领西峰镇等重要地区，卡住了西北野战军由荔镇经肖金镇的东撤通道。胡宗南部第五兵团急速逼近。胡、马两军将彭德怀部包围压缩在屯子镇、肖金镇与荔镇间的狭小地区，前后猛攻，眼看即将实现全歼彭德怀部主力的计划。

但是，处在危境中的"中共"军队集中力量，白刃拼杀，在付出很大伤亡后，终于杀开一条血路，冲出包围圈，于5月12日回到陕北解放区的马栏、转角一带，摆脱了国民政府军的追击。胡、马两军功败垂成。西府战役历时近1个月，宣告结束。

西府战役是一场较大规模的战役。胡宗南根据蒋介石指示的新战法，指挥第五兵团，利用兵力优势与交通便捷，迅猛进军，集结优势兵力作战，配合从甘肃南下的马家军，给西进的中共西北野战军很大的杀伤，不仅迅速恢复了西府地区，阻止了彭德怀部主力企图打入麟游与陇山山脉建立根据地再进入甘肃的战略计划，而且一度形成了围歼中共西北野战军主力的军事态势。据统计，中共西北野战军各部在此战役中，损失兵力达1万4千9百多人，其中伤亡6566人，被俘、失散、逃亡8407人[1]，在宝鸡战役中缴获的大量武器、弹药，几乎全部丢失，教导旅的手写本《陕北作战日志（1947年3月22日—1948年3月13日）》也被胡宗南军缴获。[2] 彭德怀后来在总结这次战役失败时，说："进占陇东、邠州，截断了西兰公路之后，应当集中兵力，进行休整，争取教育瓦子街战斗中的大批俘虏。但当时想乘胜进攻宝鸡，破坏胡宗南后方，缩短西北战争时间。这就是思想上的急躁病，产生了轻敌思想。结果胡宗南采取了异常迅速的手段，从延安、主要是从河南调集最大的兵力，和青海马继援部一起向我

---

① 李敏杰、朱光亚：《西府战役失利时的彭德怀》，《炎黄春秋》（北京）1995年第7期，第27页。
② 《中共教导旅陕北作战日誌（1947年3月22日—1948年3月13日）》，台北："国史馆"，2001年9月印行。

夹击。我撤出宝鸡后，搞得很疲劳；因为过度疲劳，使本来可以歼灭之敌而未能歼灭。这样的教训在我的战斗生活中，过去就有几次，但都没有这次深刻。过急求成，在思想上是主观主义，在行动上是冒险主义，而且往往发生于连续大胜之后。这就是骄傲，但当时还会得到一定的群众支持。"①

在被胡宗南部俘虏的中共方面人员中，有一个中共陕甘宁边区著名的"劳动英雄"、曾多次受到毛泽东表彰的吴满有。此人是陕北横山人，1928年大灾荒，他和妻子带着子女，逃荒到延安柳林区落户。在1942年中共开展的大生产运动中，由于他能开荒种地，粮打得多，交公粮多，被《解放日报》记者莫艾发现，写成报道，刊登在1942年4月30日的《解放日报》上。此事引起毛泽东的关注与重视，特地找莫艾去长谈了4个小时，了解吴满有的情况，指出宣传吴满有的战略意义。朱德在延安文艺座谈会最后一天的发言中，说，吴满有这篇报道的社会价值，不下于20万担公粮，这相当于1941年陕甘宁边区一年征粮的总数。陕甘宁边区政府正式宣布吴满有是全边区的劳动英雄，发展其为中共党员。延安各报刊大肆宣传赞扬吴满有的事迹，称他是"革命的富农"。1943年1月11日，《解放日报》发表了由李锐执笔的社论《开展吴满有运动》。毛泽东称赞吴满有"已把自己的命运与共产党、八路军、边区政府的命运联系在一起了"，并将自己从苏联回来的长子毛岸英，送到其家中劳动、学习与锻炼。在1947年3月胡宗南部向延安进攻时，吴满有奉命参加支前，任第二纵队王震部的民运部副部长，组织担架队，参加了打榆林、打瓦子街。1948年4月，他在宝鸡被俘，被关在西安附近的"爱国青年训导总队"，简称"青训总队"，即胡宗南部的俘虏集中营。由于被人指认，他暴露了身份。胡宗南部的有关部门当然了解吴满有的宣传价值，想方设法让其穿上国民政府的官佐衣服，照相，接见记者，在1948年7月7日、15日、16日，三次到西安的广播电台上发表反共讲话等。1948年7月，"青训总队"主办的《爱国青年》第17期，特地出了"吴满有专号"，刊登了吴满有的照片、他被俘的经过和受优待情况，以及吴满有在

① 彭德怀：《彭德怀自述》，北京：人民出版社，1981年12月，第256页。

西安电台的3篇"广播词"和《吴满有等脱党宣言》。胡宗南部将这期"吴满有专号",不仅在西安广为散发,还用飞机到解放区散发,造成很大的影响。1948年冬,吴满有被从西安送到南京国防部政工局,后又被转送四川合川县,关了8个多月,直到1949年年底国民政府军在四川溃败时,他才得以逃出,回到家乡。①

经过西府战役,胡宗南暂时稳定了宜瓦失败后关中与整个西北地区的不安形势。胡宗南本人也度过了因宜瓦惨败而引起的政治风浪。

在全国战场上,西府战役是国民政府军在一片败退声中取得的一场不大不小的胜利,仿佛给国民政府打了一剂强心针。1948年3月至5月,国民政府召开"行宪国大";5月20日,蒋介石、李宗仁就任总统、副总统。蒋介石在就职演说中称,要"在短期内戡平叛乱"。

西府战役后,南京国民政府与西安的胡宗南都大肆宣传了一阵所谓"泾渭河谷大捷",声称此役"共"伤毙与俘获共军3万人,夺回在宜瓦战役中丢失的重武器,几乎生擒彭德怀等西北"共"军首要。陕西省政府主席祝绍周在西安

1948年5月20日,蒋介石、李宗仁就任总统、副总统。

---

① 李锐:《劳动英雄吴满有真的叛变投敌了吗?》,《炎黄春秋》(北京)1995年第4期。按:李锐认为,吴满有并没有叛变投敌,他在西安电台上的"广播词"等,都是胡宗南部编造的。

城内张灯结彩，庆祝胜利。1948年5月下旬，南京国民政府派出以总统府参军陈明仁为首的西北慰劳团，到西安与兰州慰问胡宗南部与马家军，于5月24日到达西安。"陈为守四平街名将，人尚精干如昔也"①。胡宗南让钟松、李廉等参战将领在西安举行记者招待会，介绍战况。5月25日，"李廉同记者团自善峰镇回西安。李报告屯子镇作战，匪之实力未可估计太过也"②。

但是，胡宗南在西府战役中的失算与失败也是显然的。战役初期，由于胡宗南对战略后方西府地区与军需重地宝鸡防守疏忽，使得突然西进之解放军如入无人之境，西府各县城与军事重地宝鸡迅速失守，师长徐保阵亡，大量军需物资丧失；在战役后期，胡宗南急调第五兵团迅速西进，与来援的马家军配合，夹击深入敌后的解放军，血战17天，却未能实现蒋介石与胡宗南预定在泾川以北塬上一带全歼彭德怀部主力的计划。

西府战略后方的被袭击还暴露了胡宗南关中防线的脆弱与兵力的严重不足，并向全国表明，西北地区的战争已明显地从解放区伸向国统区。解放军已由战略防御转为战略进攻。胡宗南部今后将被迫退保关中，军心更加动摇。西安城内人心惶惶。

胡宗南对自己部队的连遭损失与刘戡、严明、徐保等心腹将领的先后阵亡，痛心不已。他"悲愤万分，眠食难安，曾在他办公桌上大书'痛心何极'"③。他一再找来他所委任为延安市长、最近刚刚随军撤回西安的陈大勋，问他与刘戡"在洛川及延安晤谈时之情景，以及有关战死时之遗言与交代，曾谓：'麟书最能知我，亦能谅我'，'麟书以兵败无以见我而自戕，我更因失大将而无以对领袖'"④。

胡宗南派人将徐保的尸体，从宝鸡运回西安，于1948年6月8日上午，在西安师

① 胡宗南：《胡宗南先生日记·1948年5月24日》，台北："国史馆"，2015年，下册，第49页。
② 胡宗南：《胡宗南先生日记·1948年5月25日》，台北："国史馆"，2015年，下册，第49页。
③ 费云文：《横范军人胡宗南》，《中外杂志》（台北）1982年6月号，第31卷第6期，第94页。
④ 陈大勋（绥名）：《沉默的巨人：胡宗南先生》（1962年撰），胡故上将宗南先生纪念集编辑委员会编纂，胡为真增修：《令人怀念的胡宗南将军》，台北：商务印书馆，2014年12月，第194页。

范学校，为刘戡、严明、徐保3人举行公祭；下午，亲自前往翠华山，查勘墓地；第二天，6月9日，又在西安师范学校为刘戡、严明、徐保3人开了一个追悼会。

当时西安有人为这追悼会撰写了一副挽联：

> 刘戡戡内乱，内乱未平身先死；
>
> 徐保保宝鸡，宝鸡未保一命亡。

横批是：

> 纪律严明

这副挽联与横批巧妙地将刘戡、严明、徐保3个人的姓名与他们对解放军作战的失败死亡，都写了进去，而且对仗工稳，含意深远。它嘲笑了胡宗南部的连连丧师失地，也表露了国统区民众对时局的不安与愤懑的心情。因而流传很广。

追悼会结束后，胡宗南特破例为刘戡、严明、徐保3人"举行了盛大的游行送殡典礼"，并"亲自参加行列送到翠华山麓，亲扶灵柩"[1]。"午后六时许在翠华山行告别式"，胡宗南亲自担任主席，为3人的灵柩盖上青天白日旗，进行安葬，"永别了，我最敬爱之刘戡、严明及徐保将军"[2]。当所有来人散去后，胡宗南"犹在墓地徘徊良久，伫立于凄风苦雨中，看散鸟归林，恋恋不忍离去"。当晚，他嘱咐陈大勋写了一篇《风雨怀旧吊忠魂》的哀悼文字，送交西安各报发表。[3]当晚，他"夜宿兴隆山，感想万千，一夜不寐"[4]。

---

① 陈大勋（绥名）：《沉默的巨人：胡宗南先生》（1962年撰），胡故上将宗南先生纪念集编辑委员会编纂，胡为真增修：《令人怀念的胡宗南将军》，台北：商务印书馆，2014年12月，第194页。

② 胡宗南：《胡宗南先生日记·1948年6月9日》，台北："国史馆"，2015年，下册，第53页。

③ 陈大勋（绥名）：《沉默的巨人：胡宗南先生》（1962年撰），胡故上将宗南先生纪念集编辑委员会编纂，胡为真增修：《令人怀念的胡宗南将军》，台北：商务印书馆，2014年12月，第194页。

④ 胡宗南：《胡宗南先生日记·1948年6月9日》，台北："国史馆"，2015年，下册，第53页。

1948年6月21日到28日，刚当选为南京国民政府第一任总统不久的蒋介石来到西安，住了7天。① 在这期间，他召集兰州西北行辕以张治中为首的高级官员与西安绥署以胡宗南为首的高级将领，举行军事会议，检讨宜瓦战役与西府陇东战役，表彰有功人员，惩处失职将领。6月26日，蒋介石还特地携带与会人员，到西安南郊翠华山刘戡、严明、徐保的墓地，进行祭奠。蒋介石对大家说："我们今天还能在这里祭奠他们。如果你们不努力作战，恐怕我们死后就没有人来掩埋，更谈不到祭奠了。"②

胡宗南及其部下的心上都蒙上了一层沉重的阴影。

就在这时，中共方面开展了对胡宗南的策反工作。担任这项工作的前台人物，是胡公冕。

如前所述，胡公冕原是黄埔军校的卫兵司令，与胡宗南是浙江同乡，在黄埔军校与东征期间，与胡宗南私交很好。1927年四一二事变、国共分裂后，胡公冕因是中共党员，遭到国民政府通缉。他奉中共命，回到浙东家乡，策动当地农民起义，成立红十三军，任军长，后失败，1932年4月在上海被捕，坐了5年牢。1936年他出狱后，到西安投奔胡宗南，被胡宗南任用为总部幕僚，后又荐赴甘肃岷县，任行政督察专员等职。抗战结束、国共内战爆发后，胡公冕到上海居住，在1947年冬与中共情报人员吴克坚、祁式潜取得联系，参加中共的地下工作，利用旧关系，对国民政府军的将领及温州专员叶芳（黄埔七期生）策反，胡宗南自是他最重要的策反对象。

胡公冕奉中共地下组织指示，从1948年3月到1949年5月初，曾三次到西安见胡宗南，策动他起义，前两次在1948年3月和7月。③ 据胡宗南日记，1948年3月20日，"胡公冕先生自沪来见"，当时正是在宜瓦惨败、胡宗南备受指责

① 胡宗南：《胡宗南先生日记·1948年6月21～28日》，台北："国史馆"，2015年，下册，第55～57页。

② 武乃栋：《西府战役蒋军整七十六师被歼见闻》，陕西省政协文史资料委员会编：《陕西文史资料选辑》第13辑，第168页。

③ 贾晓明：《先夫胡公冕二三事》，《纵横》（北京）2008年第10期。

之时；3月21日，"胡公冕先生来谈"；3月23日，"胡公冕先生畅谈时事"；3月26日，"与胡公冕先生谈话，并告别"[①]。在1948年7月，胡公冕再次来西安，住了多天：7月19日，胡宗南"上午9时与胡公冕先生谈话，十一时回兴隆山"；7月26日，"胡公冕君在兴隆山谈西北局势"；7月30日，"胡公冕来谈话"[②]。胡宗南在日记中虽未记下胡公冕这几次对他谈话的具体、详细的内容，但明眼人可想而知。

（二）渭北三败

当1948年7月到来的时候，国共大规模的内战进入了第三个年头。国民政府军在各个战场上"处处受制，着着失败"[③]，被迫从重点进攻转为重点防守。

1948年8月，国民政府国防部在南京召开军事会议，检讨全国战局，于1948年8月7日发表《半年来战局总检讨》，提出新的军事战略决策："军事上于东北在求稳定，在华北力求巩固，在西北阻匪扩张，在华东、华中则加强进剿，一面阻匪南进，一面攻打匪的主力"[④]，决定在全国维持五百万军队，并筹建一支预备队。

胡宗南部为了实施蒋介石"在西北阻匪扩张"的决策，在西府战役后，根据撤守延安、洛川、丢失宜川与黄龙山后的形势与兵力不足的情况，调整兵力部署，在西起邠县（今彬县），东至郃阳（今合阳）之线，以渭河北岸的三原、蒲城、大荔这3个重镇为中心，建立起以整编师为单位、重点设防、以攻为守的机动防御体系，统归驻大荔的第五兵团司令官裴昌会指挥，企图封锁黄龙山区，阻止陕北解放军南下，确保关中平原与西安的安全。依当时情况看，胡

---

① 胡宗南：《胡宗南先生日记·1948年3月20日、21日、23日、26日》，台北："国史馆"，2015年，下册，第31～33页。

② 胡宗南：《胡宗南先生日记·1949年7月19日、26日、30日》，台北："国史馆"，2015年，下册，第61～63页。

③ 台湾"国防研究院"编：《蒋"总统"集》第2册（演讲），台北："国防研究院"，1950年，第163页。

④ 南京国民政府国防部：《半年来战局总检讨》（1948年8月7日），南京国民政府国防部档案，藏[南京]中国第二历史档案馆。

宗南这样的"机动防御"方针是比较可行和有利的办法。胡企图以此方针苦撑待变，以待局势变化。

1948年7月，行政院正式免去祝绍周的陕西省政府主席职，任命董钊接任。7月14日，董钊谒见胡宗南，"决定以蒋坚忍任（省政府）秘书长，刘亦常任民政厅长"①。

祝绍周自1944年1月29日接替熊斌，继任陕西省政府主席，至今已经历时约5年，胡宗南对其日益不满，暗里称"此人对革命、对剿匪军事为最大的妨碍者"②。祝绍周虽不愿离开多年经营的西北，"渠甚愿留西北服务，或为陕署副主任，或在兰州工作"③，但最后还是于7月17日离开西安。董钊是胡宗南的老部下，胡使用起来更可颐指气使。

在这同时，胡宗南抓紧时间对各部队整补培训。1948年6月2日，他任命陈鞠旅为整一师师长，原整一师师长罗列调西安绥署，任代参谋长，接替去职的盛文；任命李日基任新组建的整七十六师师长，接替阵亡的徐保；任命徐汝诚为青年军整二〇三师师长。④另以暂编第二旅与整三十八师的整十七旅合编为整三师，承袭在石家庄被歼的罗历戎部番号，任命许良玉为该师师长；对从临汾战役后逃出的整三十旅残部进行整补，重建整三十旅，任命王敬鑫为旅长，仍归整二十九军军长兼整三十师师长鲁崇义所辖。

胡宗南还将西安绥署所辖地区划为两个绥靖区，以利动员地方力量，分区防守：以秦岭以北关中各县、市为第十八绥靖区，区司令部设在咸阳，以陕西省政府主席董钊兼任该绥靖区司令；以秦岭以南汉中商、雒各县为第十九绥靖区，区司令部设在汉中（南郑），以原第一战区副司令长官高桂滋为该绥靖区司令。

由于西北野战军彭德怀部在1948年5月西府战役后撤进黄龙山区休整，陕西战场上出现了约两个月的双方相持与相对稳定的时期。到1948年7月，战场形势

---

① 胡宗南：《胡宗南先生日记·1948年7月14日》，台北："国史馆"，2015年，下册，第60页。
② 胡宗南：《胡宗南先生日记·1948年7月17日》，台北："国史馆"，2015年，下册，第61页。
③ 胡宗南：《胡宗南先生日记·1948年7月14日》，台北："国史馆"，2015年，下册，第60页。
④ 胡宗南：《胡宗南先生日记·1948年6月2日》，台北："国史馆"，2015年，下册，第52页。

再度紧张起来。

先是在1948年7月，因山西解放军徐向前部发动晋中战役，太原危急，阎锡山呼救，胡宗南遵蒋介石令，令整三十师副师长黄樵松率该师主力整二十七旅戴柄南部，空运太原增援。

接着，在1948年7月中旬，胡宗南得到报告说，西北野战军彭德怀部从黄龙山南下，占领澄城、郃阳以北的黄龙山南麓一线，有南进关中之企图。在这个月，西北野战军军力增加，

彭德怀

除原辖一、二、三、四、六纵队，又以晋绥军区第十、十二旅合组建成第七纵队，司令员彭绍辉，政委孙志远，以晋绥军区第十一、十四旅合组建成第八纵队，司令员姚喆，政委高克林。

胡宗南即令整三十六师钟松部进驻澄城西北的王庄镇与冯原镇一线，占领介牌山、壶梯山诸要点，伺机进攻黄龙山，这是西线；令整三十八师姚国俊部、整九十师陈武部及整十七师的整十二旅陈子干部在郃阳、澄城一线设防，向北警戒，这是东线。胡宗南企图在渭北前线以左、右两翼配合，抗击与歼灭南下解放军。

未久，因西北野战军以少数兵力在郃阳以北至韩城一线大肆活动，胡宗南中计，错误判断"共"军主力在东部地区，即令整三十八师与整九十师跟踪向东追击。当这两部东进后，孤军据守在西线冯原镇、壶梯山地区的整三十六师钟松部突然遭到西北野战军十一个旅的绝对优势兵力的猛烈围攻。

整三十六师开赴冯原镇一线后，师长钟松等人依照西安绥署的情况通报，认为解放军主力在东面韩城一线，冯原不会立即有大的战事发生，麻痹松懈。钟松令所辖3个整编旅在冯原镇附近分别占领阵地，构筑工事。其中以整二十八旅李规部在冯原镇北壶梯山高地构筑重点工事，这里是冯原镇的锁钥与屏障，若此地一失，则冯原镇以南无险可守，解放军可以长驱南下，直扑关中平原；

523

另以整一六五旅孙铁英部守卫沟东刘家凹阵地；师部与整一二三旅方晓松部位于壶梯山以南约3里之东柳村一带。

1948年8月8日拂晓，西北野战军突然以强大兵力对整三十六师发起猛攻。"共"军巧妙地采取中央突破、两翼迂回包围的战法与重点突破、割裂围歼的战术手段，先于冯原之线东西两端攻占魏桥、刘庄，使主阵地壶梯山左右均失依托；接着集中兵力攻取壶梯山中央核心阵地。整二十八旅激战半日，于当日午后就溃退下来，壶梯山阵地尽失。解放军占领此制高点后，居高临下，控制了整三十六师的其他阵地，迫其后退。

钟松在壶梯山失守后，才惊慌起来。他一面下令全师后撤，预作梯次配置，采取逐次抵抗；同时连电西安绥署胡宗南与驻大荔的第五兵团司令裴昌会求救。

胡宗南在8月8日得到报告："黄龙山匪向冯原镇之钟师有动作。夜八时作战会报"[1]。

到这时，胡宗南方发觉中了彭德怀之计，只得一面令钟松部死守阵地待援；一面令进占韩城的整三十八师与在澄城的整十二旅急速前往增援。

但是援兵未及赶到，整三十六师在解放军优势兵力的猛烈围攻下迅速瓦解。先是整二十八旅李规不遵钟松命令，于8月8日当晚擅自率部逃离阵地，跑回澄城；接着，在第二天，8月9日上午，撤守王村镇的整一六五旅孙铁英部被解放军包围监视；在王村镇后方的整三十六师师部与作为预备队的整一二三旅方晓松部，被绕过王村镇南下的解放军击溃，消灭大半；然后，在王村镇的一六五旅被全歼。总计此战役，整三十六师伤亡与被俘达5000多人，除师长钟松、旅长孙铁英等人率残部逃脱外，副师长朱侠阵亡，师参谋长张先觉、团长陈定及国防部视察官马静波、高参李秀等人被俘。

8月9日，胡宗南得到整三十六师惨败的报告："三十六师于冯原镇，嗣于王庄镇又失利，损失甚重"，他连续召开"作战会报，研究战事，决三十八

---

[1] 胡宗南：《胡宗南先生日记·1948年8月8日》，台北："国史馆"，2015年，下册，第65页。

师、十七师退守澄城东南之线"①。

冯原、壶梯山之役（又称澄城、郃阳之役）是胡宗南部退守关中、防卫渭北的第一次失败。胡宗南的重点设防、封锁黄龙山区的计划失败了。胡宗南对这次失败十分恼火。8月27日，他亲自赶到大荔第五兵团司令部，与裴昌会一道，主持召开冯原战役检讨会。"九时开始，检讨三十六师冯原战役失败的责任"②；第二天，8月28日，"继续开会检讨，总讲评并宣布惩罚"③。在会上，胡宗南气势汹汹地拍桌训斥："第二十八旅旅长李规图谋不轨，既不固守壶梯山的主阵地，又不听从命令解刘家凹之围，擅自将部队撤离主阵地达20余里，在该师前线战斗紧急的情况下，不派部队增援出击，以致该师遭受重大损失，影响整个战局。这些事实，绝对不能令人容忍！着即将李规逮捕，交军法会审"。在会上就将李规与第八十二团团长董文轩扣押。④接着绥署副参谋长沈策报告冯原战役经过，指责整三十六师在防守上的种种错误。钟松不服，当场站起来顶撞辩解，说："冯原战役失败的主要原因，是由于绥署对情况判断错误，中了'共'军声东击西之计，以主力向郃阳以东进击，使整三十六师被数倍于我的'共'军攻击。……现绥署把失败的责任推到第一线指挥官身上，如何令人心服……"胡宗南几次阻止钟松发言，钟松就是不理，气得胡宗南脸色发青，拍桌大叫："你钟松能干，我胡宗南不好，但是我就不要你干！"钟松还要说，经裴昌会拉他坐下，才忍住了。胡宗南的脸气青了，回到休息室，激动得把桌子推翻，茶具摔坏。会议不欢而散。⑤

胡宗南既乏自律之严，又缺驭将之道。胡宗南的庸才干部政策是应付不了复杂的局面与桀骜不驯的部属的。会后胡宗南免去了钟松的整三十六师师长

① 胡宗南：《胡宗南先生日记·1948年8月9日》，台北："国史馆"，2015年，下册，第65页。
② 胡宗南：《胡宗南先生日记·1948年8月27日》，台北："国史馆"，2015年，下册，第67页。
③ 胡宗南：《胡宗南先生日记·1948年8月28日》，台北："国史馆"，2015年，下册，第67页。
④ 李规（时任整二十八旅少将旅长）：《整编第三十六师在冯原战役惨败纪实》，原国民党将领的回忆：《解放战争中的西北战场》，北京：中国文史出版社，1992年1月，第351页。
⑤ 李振西（时任整三十八师少将副师长兼第一七七旅旅长）：《壶梯山战役与两次荔北战役纪略》，原国民党将领的回忆：《解放战争中的西北战场》，北京：中国文史出版社，1992年1月，第334页。

职，调钟为西安警备司令，以刘超寰接任整三十六师师长，以敖明权接任整二十八旅旅长。

冯原战役后，澄城、郃阳均被"共"军占领，胡宗南被迫改以整十七师康庄部退守澄城以南、大荔以北高原地区，在韦庄一线占领阵地；整三十八师姚国俊部在胭脂山东汉村、西汉村占领阵地。整三十六师则在大荔城郊驻防整补。以上3个整编师由驻大荔的第五兵团裴昌会指挥。胡宗南企图在大荔以北到郃阳、澄城之间的三角平原地带，布成一袋形阵地，若解放军来攻，则诱敌深入，再从后方迅速投入优势兵力，在空军配合下，一举而歼之。

当时胡宗南的其他部队驻防如下：徐汝诚的整二〇三师一直担任左翼泾河沿岸守备；许良玉的整三师守备同官（今铜川）、耀县；李日基的整七十六师驻防蒲城；整二十七师李正先部驻防三原；整三十师鲁崇义部（部分）驻渭南；整一师陈鞠旅部驻咸阳；整六十五师李振部驻兴平。

1948年9月，胡宗南遵照国防部命令，将所部各整编师恢复改称为军，各整编旅恢复改称为师。胡宗南希望这样可以提高部队官兵的士气。他亲自带着绥署副参谋长沈策与第五兵团司令官裴昌会到荔北各军检阅部队，视察阵地，召集官兵讲话，激励士气。

1948年10月初，胡宗南在荔北的部队第二次遭到解放军大规模的攻击。

早在1948年8月11日，在冯原、壶梯山之役（又称澄城、郃阳之役）结束的第三天，毛泽东致电彭德怀，指示："目前如我军尚有余力，敌三十八师等部又有歼击机会，则可于休息数日后再打一仗，否则应即收兵休整若干天，然后再在渭北寻机歼敌"[①]。8月15日，毛泽东为中共中央军委起草致彭德怀、张宗逊、赵寿山电，告诉他们："九月起，全国各区均将有大战，希望你们能配合"[②]。这就是中共东北野战军林彪部于9月12日发起的辽沈战役，与中共华东

---

① 中共中央文献研究室编：《毛泽东年谱（1893—1949）》下卷，北京：人民出版社、中央文献出版社，1993年12月，第332页。

② 中共中央文献研究室编：《毛泽东年谱（1893—1949）》下卷，北京：人民出版社、中央文献出版社，1993年12月，第332页。

野战军陈毅、粟裕部于9月16日发起的济南战役，以及紧接着的淮海战役，是国共即将开始的大决战。

彭德怀部遵照毛泽东的指示，为配合东北解放军发起的辽沈战役与华东、中原解放军发起的济南、淮海战役，拖住胡宗南集团，不使其东调，于1948年10月初，发动了荔北战役，企图歼灭胡部部署在洛河以东、大荔以北的第十七军与第三十八军。

10月3日，由郃阳南下的西北野战军从侧翼攻击第十七军康庄部的韦庄一线阵地，很快突破。裴昌会派第三十八军姚国俊部的两个团前往增援，也被击溃。两个军被迫退守第二线东汉村、西汉村阵地顽抗。双方激战3日，到10月8日，东、西汉村终被解放军攻占，第十七军第四十八师与第三十八军第二十七师等部被歼，第四十八师师长万又麟等被俘。两个军的主力被迫向洛河以西溃退。

胡宗南闻报大惊，因为此仗若失败，不仅第十七军、第三十八军被歼，而且"共"军将打过洛河，逼近渭河，兵临西安城郊。10月6日，他在日记中写道："匪向我攻击，态势不利。"10月8日，他在日记中写道："三十八军撤退，全局瓦解。"10月9日，他"令第五兵团准备反攻"[①]，急调第六十五军与第一军赶往增援。这两个军于10月10日开到大荔城与洛河沿岸，由裴昌会指挥，"六十五军展开于东汉村以东，一军展开于宜井、胭脂山、乌泥庄之线，一二三师、六十一师、一三五师战车六辆，重炮二连配属六十五军"[②]。10月11日，"开始反攻，当即占东汉村、东西窑头、大壕营、胭脂山、乌泥庄之线，匪集结一、二、三、四、六纵队向我攻击"[③]。第六十五军经力战，于10月11日夺回东、西汉村阵地。但在10月12日，东、西汉村又被解放军反攻包围，李振部死守阵地不退。双方展开激烈的攻防战。"战况激烈，大壕营、东汉村被围"。胡宗南又调来李日基的第七十六军等部，"于夜间到达"，

① 胡宗南：《胡宗南先生日记·1948年10月6、8、9日》，台北："国史馆"，2015年，下册，第74~75页。
② 胡宗南：《胡宗南先生日记·1948年10月10日》，台北："国史馆"，2015年，下册，第75页。
③ 胡宗南：《胡宗南先生日记·1948年10月11日》，台北："国史馆"，2015年，下册，第75页。

投入战斗，归李振指挥，"深夜战况挽回"①。胡宗南同时令第三十六军、第十七军、第三十八军的部队迅速向前推进，配合第六十五军作战。10月13日，"我向敌猛攻"②。在激战3天3夜后，10月14日，解放军见不能歼灭第六十五军，遂主动撤围北去，"匪退却，我追击前进"③，李振的第六十五军等部恢复了原第十七军失守的阵地。10月15日，胡部各军向前推进，"占领郃阳、澄城"④。历时13天的荔北战役宣告结束。

荔北战役是胡宗南部在渭北进行的一次规模最大的战役。胡宗南部遭"共"军攻击后，开始损兵折将；后来胡宗南迅速调来了全战区几乎所有能机动的部队，先后动用了第十七军、第三十八军、第六十五军、第一军、第七十六军、第三十六军，共计6个军13个师的部队，约9万多人，集中起来进行反扑，还有空军和重炮、战车等特种部队的配合，因而兵力优势，战斗顽强，出乎解放军的预料，不仅击退了"共"军的进攻，收复了全部失地，还进占澄城。胡军虽损失惨重，伤亡2万多人，但胡宗南为着鼓舞士气，告慰蒋介石，下令大肆宣扬了一阵所谓"荔北大捷"，照例令西安市民召开祝捷大会。胡宗南尤为在这次战役中出力最多的第六十五军军长李振庆功嘉奖，并报请蒋介石同意，提升李振为新成立的第十八兵团司令官仍兼第六十五军军长，同时指挥第九十军。第九十军军长由陈子干升任。

同时，胡宗南因第十七军与第三十八军在这次战役中表现不好，撤销了康庄、姚国俊的军长职，分别以杨德亮、李振西继任。

1948年11月20日，胡宗南正式任命罗列为西安绥署参谋长，作为自己的主要助手。11月22日，"罗参谋长到职布达式"⑤。

在荔北战役后，胡宗南为防止"共"军再次南下向大荔地区进击，令第

---

① 胡宗南：《胡宗南先生日记·1948年10月12日》，台北："国史馆"，2015年，下册，第75页。
② 胡宗南：《胡宗南先生日记·1948年10月13日》，台北："国史馆"，2015年，下册，第65页。
③ 胡宗南：《胡宗南先生日记·1948年10月14日》，台北："国史馆"，2015年，下册，第65页。
④ 胡宗南：《胡宗南先生日记·1948年8月9日》，台北："国史馆"，2015年，下册，第65页。
⑤ 胡宗南：《胡宗南先生日记·1948年11月22日》，台北："国史馆"，2015年，下册，第83页。

七十六军、第九十军配附第十七军的第十二师，在澄城县城以东大峪河两岸构筑阵地，向北警戒；第一军在洛河西岸向北警戒；其他各军在第二线机动，以备重点增援。

这时，国民政府军在全国各战场上，与中共军队的大规模决战，连战失利，兵败如山倒：在东北战场上，1948年9月12日，中共东北野战军发动辽沈战役，10月15日，锦州失守，曾长期与胡宗南共事、担任过第一战区副司令长官兼参谋长的范汉杰在锦州被俘；11月2日，沈阳失陷，东北全境丢失，国民政府军47万人被歼灭。在华东、中原战场上，9月16日，中共华东野战军发动济南战役，于9月24日攻克济南，活捉第二绥靖区司令官兼山东省政府主席、黄埔三期毕业生王耀武；10月22日，国民政府军丢失郑州，一万多官兵被歼；10月24日，又再次丢失开封；接着，在11月6日，中共华东野战军与中原野战军相配合，在以徐州为中心，东起海州（连云港），西至商丘，北起临城（今枣庄市薛城），南达淮河的广大地区，发动了规模巨大的淮海战役，国民政府方面称徐蚌会战……

1948年11月1日，中共中央和中共中央军委发出《关于统一全军组织及部队番号的规定》，指出：人民解放军分为野战部队、地方部队和游击部队三类。"野战军现时分为四个，以地名区分，即中国人民解放军西北野战军（第一野战军）、中原野战军（第二野战军）、华东野战军（第三野战军）、东北野战军（第四野战军）"；各步兵兵团、军、师、团，各骑兵师、团，各炮兵师、团等，一律冠以中国人民解放军的称谓。作为地方部队建制的军区，其"第一级军区（即大军区），现有五个，以地名区分，即中国人民解放军西北军区，中原军区，华东军区，东北军区，华北军区"；"第二级军区，现有三个，也以地名区分，即中国人民解放军晋绥军区，豫皖苏军区，冀热辽军区"。游击部队，则依情况需要和可能由各地军事机关自行组织。随后，全军进行了统一整编。从此，中共军队统称"中国人民解放军"。

1948年11月15日开始，解放军西北野战军对胡宗南部发起冬季攻势，以牵制胡军不使东调。彭德怀针对胡宗南的"机动防御，重点增援"方针，将所部各军分成东、西两个集团，在渭北地区，不断制造与捕获战机。胡宗南在西安绥署中不断得到报告各地危急的消息，极为被动地指挥几个军东奔西走，兵力分散，疲于奔命。正如彭德怀当时所说："自我荔北战役胜利以后，胡宗南集中九个军番号的兵力以对付我们，自以为得意。其结果在东至洛河以东，西至咸（咸阳）同（同官）铁道，十二天中往返奔驰三次，平均每日走80里至100里。像乒乓球一样，被打得东奔西逃，其疲惫之状可想见。"[①]

在被动地被解放军牵着东奔西跑的过程中，胡宗南部终于暴露出弱点：第七十六军李日基部在澄城永丰镇陷入解放军的重围。

第七十六军就是过去的整七十六师，在过去一年中曾两度被歼：一次是在1947年10月在陕北清涧覆没，师长廖昂被俘；一次是在1948年4月在宝鸡被歼，师长徐保阵亡。1948年6月，胡宗南在户县第三次将该师整补成立，任命李日基为师长；1948年9月，整七十六师改为第七十六军，李日基为军长。该军是刚刚重新编组，多是新兵与被俘释放回来的，战斗力很弱。该军在11月中旬被胡宗南东调西遣，筋疲力尽，后来奉命防守澄城永丰镇。全军辖两个师：第二十四师在洛河西岸桥头堡占领阵地，军部与新一师驻永丰镇内。第二十四师就是原整二十四旅，旅长先后由张新、张汉初担任，先后在清涧、宜川被俘。现在的第二十四师由于厚之任师长。

1948年11月25日，胡宗南"决以避战之目的，令九十、七十六两军，自永丰、韦庄附近撤退，不得已时在大荔附近固守"[②]。

但是，在11月26日，"九十军于二十六日午前三时撤退，七十六军并未同行"，因为在这天"晨六时永丰七十六军被围"，解放军强大兵力迅速包围了永丰镇，并先向第二十四师阵地发起攻击。胡宗南得报，一方面"令九十军向

---

① 王焰等：《彭德怀传》，北京：当代中国出版社，1993年，第336页。
② 胡宗南：《胡宗南先生日记·1948年11月25日》，台北："国史馆"，2015年，下册，第83页。

永丰前进援助七十六军突围"[1]；同时，他因考虑到七十六军多是新兵，无作战经验，遂令李日基将第二十四师从洛河西桥头堡，撤到永丰镇内，与新一师共同防守。但永丰镇地面小，寨墙薄，全军猬集寨内，饮水都成问题，而且受到镇外东面高地解放军的瞰制，因此永丰镇很难防守。当日深夜，胡宗南又电令李日基率该军在友邻第九十军掩护下，撤退到大荔，但李日基认为永丰镇被解放军四面包围，该军又多是新兵，若突围硬冲，可能损失更大，不如死守，等待援兵，可能求得生机，还可给解放军很大杀伤。因而他几次拒绝胡宗南的撤退命令，指挥部队死守。但援兵在哪里呢？奉胡宗南命令来援的第九十军"迟迟不进，永丰激战中"[2]。战斗了3天，到11月28日，"上午九时，永丰陷落，七十六军全军覆没"[3]，军长李日基、参谋长高宪岗以及第二十四师师长于厚之、新一师师长吴永烈以下官兵2万多人被俘。

当胡宗南派来的援军第六十五军与第九十军在29日打到这里时，"共"军已撤之一空。

这是胡宗南部在渭北的第三次失败。胡宗南对李日基不遵令撤退十分气恼，说："他若不被俘，也得枪毙他。"胡总是将失败的责任推给部下。第二十四师的前身是原整七十六师整二十四旅，第一任旅长是张新，在清涧战役中被俘，第二任旅长是张汉初，在宜瓦战役中被俘；整二十四旅后改为第二十四师，师长于厚之也被俘了。张新后来回忆说："我是清涧战役中被解放的，这算是第一代；继我而来的是旅长张汉初，算是第二代；不久，于厚之也来了，算是第三代。我们都在解放区一起学习，可谓'三代同堂'了。"[4]他还愤愤不平地说："国民党的军队难道都不能打仗吗？张新不行，难道张汉初不行？张汉初不行，难道于厚之还不行吗？为什么三任主官先后都被解放军俘虏呢？"显然，张新这时的认识比胡宗南深刻得多了。

① 胡宗南：《胡宗南先生日记·1948年11月26日》，台北："国史馆"，2015年，下册，第83页。
② 胡宗南：《胡宗南先生日记·1948年11月27日》，台北："国史馆"，2015年，下册，第83页。
③ 胡宗南：《胡宗南先生日记·1948年11月28日》，台北："国史馆"，2015年，下册，第84页。
④ 张新：《胡宗南其人》，浙江省政协文史资料委员会编：《浙江文史资料选辑》第23辑，第180页。

永丰战败后，胡宗南被迫放弃大荔与白水，退守洛河以西。胡并令再重组建一个新的第七十六军，于1948年12月10日任命原西安绥署副参谋长薛敏泉为该军军长，同时"派沈策为一一四师长，派张汝弼为二十四师长"①。

数年来，随着胡军各部不断有成师、成军的部队被歼，不断有师长、军长阵亡、被俘或战败被撤职，胡宗南就不断重组部队，不断任命新的师长、军长，表面看，各军师的编制和架子还在，但官兵的素质与战斗力越来越江河日下了。

永丰战败，不仅使胡宗南部损失1个军2万多人，而且使胡部不能东调增援危急的徐蚌战场。1948年12月1日，毛泽东为中共中央军委起草致彭德怀、张宗逊并告西北局电，说："我们现在所要争取的：……二是希望你们抓住胡宗南，使他的兵力不能调至沪、宁一带。"②

（三）被中共宣布为第三十名"头等战争罪犯"

1948年下半年，胡宗南在渭北三战三败，中共西北野战军越过洛河，进逼泾河与渭河流域；胡宗南的后方基地陕南安康地区也开始遭到鄂西与豫西解放军的不断攻击。关中地区与西安城处在解放军南北夹击的危难境地。

这时，国民政府在全国的形势，更处于风雨飘摇之中，不仅在统治区物价飞涨，民怨沸腾，在各战场上更是连战失利，兵败如山倒：继东北战场失败，11月2日东北全境丢失后，东北解放军林彪部迅速入关；华东战场的淮海战役，国民政府方面称徐蚌会战，到12月，国民政府军也败局已定；在华北战场上，中共华北解放军和入关的东北解放军配合，于12月5日发动平津战役，12月22日，攻克新保安；12月24日，占领张家口；重兵包围了北平、天津；而阎锡山长期经营的太原，早于1948年10月就被解放军华北一兵团徐向前部包围，眼看

---

① 胡宗南：《胡宗南先生日记·1948年12月10日》，台北："国史馆"，2015年，下册，第85页。
② 中共中央文献研究室编：《毛泽东年谱（1893—1949）》下卷，北京：人民出版社、中央文献出版社，1993年12月，第408页。

各城市危在旦夕……

　　1948年12月24日上午11时，已率领百万东北大军入关、包围平津的中共第四野战军司令员林彪，就是胡宗南曾于1943年在西安接待过的那位黄埔四期同学，与他的政委罗荣桓一道，致电中共中央军委，提出防止西安胡宗南部逃走、迅速派兵插到西安以南、断其退路的建议，内称：平津和太原敌人全部歼灭，已经肯定，目前最主要的问题是防止西安敌人逃走，建议：西北野战军立即迅速全力插到西安以南，断敌退路；徐向前部全力向西安前进，与彭德怀会合；杨得志部立即出发，向太原前进，接替徐向前的围城任务。……为了使西安敌人不过早逃跑，建议对杜聿明集团的攻击，等待我北面大军转到西安以南后，再开始打。但毛泽东拒绝了他们的建议，于当日为中共中央军委起草复林彪、罗荣桓、高岗电，说：“胡宗南尚有二十八个师十五万八千人，又有青海回军（战斗力较强）在陇东配合，胡军退川退鄂也尚未定。西北我军弱于胡军，更弱于胡马联军。因此目前不能切断其退路，即增加徐向前部也无此可能。只有杨得志、杨成武、徐向前三部齐去才有可能。蒋介石整个部署也尚未定，如以胡军调京、沪，则四川门户洞开；如以胡军守川，则他将以西安为第一线，不会轻易放弃西安，故目前不要忙于去包围胡军。”[1]

　　这时，胡宗南留在南京的妻子叶霞翟，在金陵大学任教，带着刚一岁的长子广儿（胡为真），因物价飞涨，生活也越来越艰难。1948年10月，叶霞翟到西安胡宗南处住了几天。她后来回忆说：“她曾经把物价波动太猛，家用困难的情形告诉南兄（胡宗南），希望他以后能为家里准备点实物，他皱着眉头回答说：‘怎么你们老是觉得家用不够，你知道我们家的费用已比普通的薪饷高好几倍了！’可笑他并不知道那时的生活标准和待遇是多么脱节，一个士兵的薪饷，到后来连几个烧饼油条都买不到了呢！不过那时他已经发现生活所给我的磨难，在十月的一页日记上曾有一段记载：‘叶夫人午后到达，初下车觉其

---

[1] 中共中央文献研究室编：《毛泽东年谱（1893—1949）》下卷，北京：人民出版社、中央文献出版社，1993年12月，第424页。

颓唐苍苦状甚清寒，似已禁不起南京之物价及生活之压迫矣！'"①

全国形势危急，南京、上海也必将难保，国民政府的党政军要人，纷纷将家人悄悄撤往台湾。1948年12月初，胡宗南派人到南京，让叶霞翟辞去金陵大学的教职，携刚一岁的长子胡为真，从南京飞至上海，在赵主教路的娘家住了近3个星期，在1948年12月24日圣诞节那天晚上，与京沪警备总司令汤恩伯的夫人一道，乘中兴轮前往台北。②

1948年12月25日，胡宗南听到了新华社播发的中共权威人士宣布的惩治"头等战争罪犯名单"。在这43名"头等战争罪犯"中，胡宗南被列名于第30位，在蒋介石、李宗仁、陈诚、白崇禧、何应钦、顾祝同等人之后，而在傅作义、阎锡山、周至柔、王叔铭、桂永清等人之前。它既说明了胡宗南在南京国民政府中重要的军政地位，也说明了他在中共眼中应对这场国共大规模的内战所负的重大战争罪责。中共的这一举措，无疑是企图对国民政府与胡宗南等人在政治上与心理上进行严重的打击。

但胡宗南仍要负隅顽抗。他与南京政府的许多军政要人一样，仍要将这场即将全盘失败、完全没有希望的战争继续打下去！胡宗南已将他的命运与蒋介石捆得太紧了。

1948年12月20日，胡宗南在西安得到蒋介石的电令："望即飞京一叙，最好不必公开。"③

原来这时由于军事上的惨重失败与经济上的全面崩溃，不仅使美国政府对蒋介石失去希望，连连"劝告"其退休与让位，更加剧了国民党与国民政府内部各派系争权夺利的斗争。在美国政府的"劝告"与李宗仁、白崇禧桂系势力的强大压力下，蒋介石，这个胡宗南的靠山，才"当选"国民政府首任总统

---

① 叶霞翟：《天地悠悠：胡宗南夫人回忆录》（1965年撰），桂林：广西师范大学出版社，2016年5月，第84页。

② 叶霞翟：《天地悠悠：胡宗南夫人回忆录》（1965年撰），桂林：广西师范大学出版社，2016年5月，第85~87页。

③ 胡宗南：《胡宗南先生日记·1948年12月20日》，台北："国史馆"，2015年，下册，第87页。

不满一年，在1949年新年到来之时，将被迫准备下台。但蒋介石决不甘心。他在下台之时就在准备重新登台之日。为此，他在下台之前，对国民党与国民政府的党务、政治、军事及人事、财经、外交，等等，都作了多方面的部署。12月底，他电召各地区军政长官到南京，说明他即将下野之意，商谈当前国内形势。阎锡山、宋子文、朱绍良等陆续到京面见。

胡宗南因"气候恶劣"，直到1948年12月28日才飞离西安，于下午3时到达南京，周至柔、王叔铭、俞济时、刘国运等到机场迎接。因这时叶霞翟已经去台北，当天胡住宁海路62号汤恩伯宅。

第二天，1948年12月29日，蒋介石召见胡宗南，"问关中兵力及配备，示以入川，川人必反对，留关中一地必至消灭，不如以关麟征继任，他是本地人，容易周旋。言毕，眼角之间隐隐有泪痕"[1]。

此后，蒋介石多次召见了胡宗南，秘密研究讨论了全国的军政形势与陕西地区的攻防战略。蒋对胡作了多项指示。

当时，因宜川瓦子街丧师被撤职查办的盛文也在南京，被召去参与了蒋介石与胡宗南的密谈。据盛文回忆，蒋介石问他们，有人主张放弃西北，集中力量守川、康、滇，"你们两位的意见怎样？"胡宗南"是从陕西起来，而且颇得西北父老的民心，他也较留恋西北，因此他表示不愿放弃"，盛文则"极力主张放弃，因为这时我军力量已经不够了，刘戡的失败是我们和共党由均势到劣势的转折点。……事到如今，只有承认劣势，不能再讲面子，这里不肯退，那里不肯放弃，那么最后全盘必将土崩瓦解"。胡宗南"最后也同意了，西北撤退之议至此成了定局"。放弃西安，胡宗南部将入驻陕南的汉中地区。蒋介石对盛文指示："现在成立汉中指挥所，你去当主任，指挥陕南川北党政军"[2]。

蒋介石与胡宗南讨论，在胡率部离开西安后，西安绥署主任的继任人选，他们先后提出关麟征、马步芳、裴昌会、邓宝珊、董钊等人，未作结论。

① 胡宗南：《胡宗南先生日记·1948年12月29日》，台北："国史馆"，2015年，下册，第88页。

② 张朋园、林泉、张俊宏访问，张俊宏记录：《盛文先生访问记录》，"中央研究院"近代史研究所口述历史丛书（18），台北："中央研究院"近代史研究所，1989年6月，第116～117页。

　　蒋介石还问及任命陈诚为台湾省政府主席事，胡宗南乘机对陈诚大加攻击，说："以辞公近年来所作为对国家影响太大，太对不起校座。"蒋介石为陈诚辩护："此与陈无关，皆我的命令。"胡宗南进一步说："我很想写一信给辞公，请其不必到差，因今日到差，妨碍委座甚大。"蒋介石对胡宗南责备，说："不应写此信，并谓什么失败，皆不怕，就是怕你们同志之间闹意见不和谐，陈辞修是好同志，你不应如此。"①

　　1949年1月1日，蒋介石发表元旦文告，表示了国民政府与中共方面和谈、自己引退的意愿。

　　在元旦这一天，蒋介石照例率文武百官，去中山陵谒陵，胡宗南随同前往。

　　也在这一天，蒋介石正式任命陈诚取代魏道明，为台湾省政府主席；不久，又任命他兼任台湾省警备总司令，总揽台湾党、政、军大权。在此前几天，1948年12月29日，蒋介石任命其子蒋经国为国民党台湾省党部主任委员。1949年1月10日，蒋介石命蒋经国赴上海，会见中央银行总裁俞鸿钧，着俞将库存黄金、白银与外汇秘密运往台湾，共值3亿7千多万美元。②接着又将从北平、南京运出的文物5000多箱，分3批运往台湾。显然，这是蒋介石为他与国民政府在不得已放弃大陆、撤往台湾时，预做准备。

　　直到1949年1月5日，胡宗南才与盛文、裴世禹等人，从南京飞回西安，蒋经国、俞济时、王叔铭、贺衷寒、余汉谋、王俊等人，到南京明故宫机场送行。③

　　胡宗南回到西安后，立即根据蒋介石的指示，调整陕西军事部署，重点是加强陕南的兵力与防务，准备作为胡部未来退守的基地与西南的屏障；同时部署西安城防。1月6日，胡宗南正式任命盛文为西安绥署汉中指挥所主任，兼任第三军军长，令其守卫陕南东部门户安康地区。1月10日，胡令陕西省政府抢购渭河北岸的粮食。1月13日，胡又指示陕西省政府主席董钊、西安市市长王友

---

① 胡宗南：《胡宗南先生日记·1948年12月30日》，台北："国史馆"，2015年，下册，第89页。
② 程思远：《李宗仁先生晚年》，北京：中国文史资料出版社，1985年，第32页。
③ 胡宗南：《胡宗南先生日记·1949年1月5日》，台北："国史馆"，2015年，下册，第94页。

直、西安警备司令钟松，迅速加强西安城防，应以非常时期手段，达成非常目的，限于2月15日完成之。

同时，胡宗南又指示西安绥署参谋长罗列，研究制订在西安附近与来犯解放军决战之计划。

这时，全国各战场的形势更快速发展：1949年1月10日，规模巨大的淮海战役（"徐蚌会战"），历时66天结束，国民政府"徐州剿匪总司令部"刘峙指挥的国军5个兵团部、22个军部、56个师及1个绥靖区，共55.5万余人，被消灭或改编，约占国民政府参战兵力的69%，少将以上高级将领被俘124人，投诚22人，起义8人，第七兵团司令黄百韬、第二兵团司令邱清泉等阵亡，"徐州剿匪总司令部"副总司令杜聿明、第十二兵团司令黄维等被俘，刘峙与第十六兵团司令孙元良、第十三兵团司令李弥、第十二兵团副司令胡琏等逃回。上述许多将领，都是胡宗南的黄埔军校同期或后几期的同学。1949年1月中旬，中共解放军逼近长江北岸。1949年1月14日，中共解放军向天津发动总攻，仅经29小时激战，全歼守军第六十二军、第八十六军2个军10个师，共13万人，生俘天津警备司令陈长捷。据守塘沽的国军第十七兵团部及第八十七军等部5个师，共5万余人，于1月17日乘船南撤。北平傅作义守军陷于绝境。

就在1949年1月14日这一天，中共方面就蒋介石发表的元旦文告，提出八项答复，包括"惩办战争罪犯""废除伪宪法""废除伪法统""依据民主原则改编一切反动军队"等。

1949年1月21日，蒋介石终于发表文告，宣告引退，辞去中华民国总统职务，由副总统李宗仁代总统。当日，蒋介石由南京返回浙江奉化原籍。

1月21日，胡宗南在西安接到了蒋介石特地打给他的告别电文：

　　西安绥署胡主任：

　　中马日文告，想已达览，中即于本日离京回籍，冀促成和平，唯念与兄

患难之共，肝胆相照，兹当离别，易胜驰念，尚祈为国珍重，努力勿渝，以竟救国卫民之功！特致拳拳，不胜依依……①

1949年1月26日，胡宗南又收到了蒋介石1月20日写给他的亲笔信，内容如下：

宗南主任弟勋鉴：

近日政局，即有变动，但陕省重要，一切工作皆应照常进行，而且比以前更应积极准备，作死中求生之奋斗。关于增加弟之番号，已指定两个军及另配四个师；似已足用，武器亦已指配，望能于三个月内补充完毕也。今后主力应置于汉中附近，对四川关系，特别密切，将来应受重庆张主任之指挥，则公私皆宜，尤其在川中邻接各地人民，应多加功夫，切实抚慰，军风纪必须特别优良，以期军誉提高，人民仰赖他。中不论在何地何时，对弟部一切必如在京时无异，不必以此自绥，只要吾人能自立自助，不屈不挠，百折不回，则最后胜利未有不属于我也。馀不百一，顺颂戎安。

中正手启

三十八年一月二十日正午②

蒋介石的电文与信件无疑表达了他对胡宗南及其军事集团的高度重视。胡宗南接读蒋介石的这些文电，心情也无疑是沉重的。而他展望全国形势，则心情更加沉重。在华东战场上，国民政府军队被迫退至长江一线，国民政府首都南京已暴露在解放军炮口之下；在华北战场上，在天津被解放军攻占后，傅作义与中共方面于1月21日谈判，达成和平解决协议，国军2个兵团8个军25个师，共26万部队，开始陆续撤出城外，听候改编。1月31日中午12时，解放军由西直

---

① 胡宗南：《胡宗南先生日记·1949年1月21日》，台北："国史馆"，2015年，下册，第98页。
② 胡宗南：《胡宗南先生日记·1949年1月26日》，台北："国史馆"，2015年，下册，第102页。

门进入北平城，接管北平防务。历时64天的平津战役结束。胡宗南派遣到华北的第三十四集团军、后改为第四兵团的李文部，也被迫放下武器。第四兵团的高级将领、胡宗南的老部下，如兵团司令李文、第十六军军长袁朴、第二十二师师长冯龙、第九十四师师长陈鞠旅、第一○九师师长周士瀛等人，先后从北平逃出，回到西安。

在蒋介石引退、飞离南京的第二天，1949年1月22日，李宗仁发表声明，表示"愿即开始商谈"，并派邵力子、张治中、黄绍竑、彭昭贤、钟天心5人，为与中共和谈的代表。1949年1月24日，在国府举行总理纪念周上，李宗仁举行了一个简单的仪式，就任代总统。1月28日，李宗仁致电毛泽东，称："贵方所提八项条件，政府方面已承认可以此作为基础，进行和谈，各项问题自均可在谈判中商讨决定。"①

但李宗仁向中共方面的求和活动，遭到国民党上层许多人的反对。1949年1月24日，国民党中政会决定，政府迁往广州办公。1949年1月26日，行政院通过政府迁地办公案。1949年2月1日，国民党中央党部由南京迁往广州办公；2月5日，行政院在广州正式办公；2月7日，国民政府主要行政部门都迁到了广州。2月7日，行政院院长孙科在广州，再次宣布，反对李宗仁关于愿以中共所提八项条件为基础、与中共进行和平谈判。1949年3月12日，《中央日报》也从南京迁至台北出版。

1949年1月29日是农历春节大年初一。节前，胡宗南打电报到台北，托人替叶霞翟买了飞机票，接叶去西安过农历年。叶霞翟于"一九四九年一月二十六日去西安的，在那里住了五天，于三十一日飞返上海，从上海搭中兴论陪同母嫂重返台湾"。在一位朋友的帮助下，叶霞翟搬至台北仁爱路安家。②约在这前后，胡宗南派人到台北，在一江街附近购置了一批房屋，分配给其重要部属眷属居住，以免他们有后顾之忧，安定军心。③

---

① 李宗仁口述，唐德刚撰写：《李宗仁回忆录》下卷，南宁：广西人民出版社，1988年2月，第657页。
② 叶霞翟：《天地悠悠：胡宗南夫人回忆录》（1965年撰），桂林：广西师范大学出版社，2016年5月，第89页。
③ 芮正皋：《儒将胡宗南》，胡故上将宗南先生纪念集编辑委员会编纂、胡为真增修：《令人怀念的胡宗南将军》，台北：商务印书馆，2014年12月，第394页。

1949年2月20日，渭北战场在沉寂了两个多月后，因解放军发动春季攻势，而重新紧张起来。

1949年2月1日起，中共西北野战军改称中国人民解放军第一野战军，彭德怀任司令员兼政委，张宗逊、赵寿山任副司令员，甘泗淇任政治部主任，阎揆要任参谋长。同时，纵队改称军，旅改称师。2月17日，彭德怀离开西北前线，去河北平山县西柏坡村，参加中共七届二中全会。会后，彭德怀奉中共中央与毛泽东的指示，于3月28日到达太原前线，接替患病的徐向前，指挥攻打太原的作战。因此，这时的第一野战军，由张宗逊、甘泗淇、阎揆要指挥。2月23日，毛泽东为中共中央军委起草复张宗逊、甘泗淇、阎揆要电，同意第一野战军发起春季攻势的作战计划，以挽留胡宗南集团不使东调宁沪。①

2月20日，第一野战军向渭北重镇铜官进攻。3月1日，胡宗南部重点设防的龙首山失守，第七十六军第二十师师长褚静亚、师参谋长张凌汉与国防部视察官彭杰被俘。

胡宗南在泾河东岸的防线再次受到打击。为了防止解放军由北面或东北面向渭河北岸推进，胡宗南以第二十七军、第三十八军、第六十五军推进到蒲城东西之线防守，主力部署在三原、富平、耀县一带，同时加紧西安的城防建设。胡宗南调第十七军军长杨德亮接替钟松为西安城防司令，以第十七军主守西安。

1949年3月初的一天，胡宗南特地在西安六谷庄招待所，设宴款待杨德亮与西安市市长王友直，并请省政府主席董钊、省政府秘书长蒋坚忍、省党部副主任委员杨尔瑛、省参议会议长王宗山、西安绥署参谋长罗列与秘书长赵龙文等作陪。席间，胡硬要杨德亮与王友直坐上席。胡举起酒杯，严肃地说："现在局势紧张。西安是西北的重镇，西安得失，对战争全局关系很大。我们决心守西安，要与西安共存亡。这个光荣的任务就要请杨司令、王市长两位勇敢地担负起来。我给你们拨三个军。其他部队担任外围运动战。请诸位起立，为他们

---

① 中共中央文献研究室编：《毛泽东年谱（1893—1949）》下卷，北京：人民出版社、中央文献出版社，1993年12月，第461页。

两位完成这个光荣的任务干杯。"① 杨德亮与王友直十分感动,表示一定遵照胡主任指示,与西安共存亡。胡宗南企图以此法激励部下守卫西安的决心。

在杨德亮与王友直的组织指挥下,调动大量民工在西安城内外紧张开挖城防工事;出动部队在大街小巷加紧警戒盘查。

胡宗南又令陕西省政府主席董钊组织与充实各地地方保安团队,成立"陕西人民自卫指导委员会",以补正规军兵力之不足。为加强对关中各地的控制与卫护到陕南的通道。胡除加强早先成立的华(县)潼(关)警备区(驻渭南)外,另派何文鼎为秦岭中部守备区司令,驻周至;徐经济为太白守备区司令,驻宝鸡;李梦笔为千山守备区司令,驻凤翔。此三人都是黄埔一期生,又都是陕西人,胡宗南想利用他们,组织地方武装,建立活动基地。担任秦岭中部守备区少将副司令的张士智说:"胡宗南幻想把三个守备区紧密地联系起来,守住关中迤西地区,配合其正规部队,进行垂死挣扎。万一军事再行失利,亦可以掩护其部队由终南山各口南逃,而变各守备区为扰乱关中之根据地,徐图死灰复燃。"②

同时,胡宗南将整补的部队与军官家属陆续向宝鸡与汉中撤退。

由于胡部控制区缩小,再加上南京政府滥发纸币,金圆券大肆贬值,西安与关中物价飞涨,胡部军饷与粮食供应日益困难。胡宗南为此焦虑不堪。1949年2月10日他在日记中写道:"二十日即无存粮,甚为忧虑。乃于下午4时召集董主席规定如次:一、限二月二十日前缴足粮十七万包。二、三月十五日前缴足粮十七万包。三、五亿粮款限三月三十(二十)日前购足。四、渭河北各县各级公粮,迅即移西安以西,令裴司令官转饬驻军协助。五、西安工事仍需构筑。"③ 胡宗南除要董钊在农村大肆征粮外,又电请南京政府用飞机从上海空运

---

① 韩光琦、王友直;《胡宗南逃离西安前夕的罪行片断》,陕西省政协文史资料研究委员会编:《陕西文史资料选辑》第8辑,第183~189页。

② 张士智(时任秦岭中部守备区少将副司令):《设立秦岭守备区始末》,原国民党将领的回忆:《解放战争中的西北战场》,北京:中国文史出版社,1992年1月,第706页。

③ 胡宗南:《胡宗南先生日记·1949年2月10日》,台北:"国史馆",2015年,下册,第105页。

来大量现洋和黄金，交由陕西省政府田粮处向城市粮商征购，几乎将西安等地的存粮搜罗一空，胡令将征购到的粮食送西安各面粉厂磨制成军粉，紧急西运，同时令停止磨制商粉，派军警挨户搜查和催逼，若有违反，即以军法论处。

由于经费日加紧张，单靠上海空运非可靠之法，胡宗南与西安绥署秘书长赵龙文等协商，在西安绥署内秘密组织成立了一个"财务委员会"，聘陕西省财政厅厅长温良儒为主任委员，省党部委员李犹龙为副主任委员，赵龙文、杨尔瑛、王鸿俊等为委员，计划令西安工商业者与富户捐黄金一万两作为基金，然后在胡军管区发行一种地方性货币，搜刮地方财富，借以稳定金融，筹措军费。胡宗南在3月底亲自约请陕西省商联会理事长韩光琦到他在下马陵董子祠的官邸协商，又在绥署六谷庄招待所召集西安各界人士进行会议。但由于西安工商业者的抵制，再加上形势迅速逆转，胡宗南企图用地方财政挹注军费的计划未能实现。①

胡宗南为了固守西安与关中，深知单靠自己的力量是不够的，靠李宗仁控制的南京政府增援也不可能，因此他决定更积极地联络青、甘、宁的马家军。在1949年3月初，胡宗南就指使董钊，派遣陕西省政府委员兼社会处处长陈固亭去兰州，任陕西省政府常驻兰州代表。这陈固亭系陕西CC系的高级干部，是胡宗南的"西北特派员办公处"中心人物之一，在西北社会关系多，活动能力强。他到兰州后，一面为胡宗南与马步芳以及甘肃省政府主席郭寄峤等进行联系，为胡宗南吹嘘拉拢，极力敦促马步芳与胡宗南密切合作，给胡宗南支援；一面为胡宗南搜集与报告兰州的军政动态。后来，胡宗南又委托正在西安的军事参议院院长张钫去兰州两次，为胡宗南与马步芳商谈联合反共的具体办法。②

1949年3月19日，中共第一野战军对胡宗南部发动的春季攻势结束。在这1个月中，胡部先后失守大荔、蒲城、耀县、富平、淳化等县城，被歼7000人。

1949年3月31日，正当胡宗南在西安积极筹划固守西安与关中地区时，他突

---

① 韩光琦、王友直：《胡宗南逃离西安前夕的罪行片断》，陕西省政协文史资料研究委员会编：《陕西文史资料选辑》第5辑，第183～189页。

② 韩光琦、王友直：《胡宗南逃离西安前夕的罪行片断》，陕西省政协文史资料研究委员会编：《陕西文史资料选辑》第5辑，第183～189页。

然接到了去南京出席会议的陕西省政府主席董钊的来电。胡宗南在当日的日记中记载："白总司令拟以马军接（防）陕（西），而以本部各军移防武汉，嘱余在一、二日内，飞京一谈。"①

第二天，即4月1日，胡宗南接到李宗仁代总统的来电，催促胡宗南迅速赴南京面商西北军事。

原来，自李宗仁在1949年1月底取代蒋介石、担任南京国民政府的代总统后，一方面积极与中共方面谈和，因中共中央已经于3月25日进驻北平，乃于4月1日，派出以张治中、邵力子等人组成的国民政府和谈代表团，飞往北平，与以周恩来为首的中共代表团进行和平谈判；另一方面，调整中枢，3月8日，孙科内阁总辞职，3月12日，任命何应钦任行政院院长，3月21日，何应钦组阁完毕，徐永昌任国防部部长；同时力图调整全国的军队与防务，于4月5日，任命张群为西南军政长官，白崇禧为华中军政长官，其目的，一是为应付中共，二是要削弱蒋介石的控制。李宗仁与担任华中军政长官的白崇禧计议，准备调胡宗南部离开他多年经营的西安与陕西，移军武汉，既可加强长江防务，又可就近控制胡部各军，而西安则让西北马家军控制，从而形成国共"隔长江而分治"之局面。

1949年4月6日，胡宗南由空军西安军区司令徐焕升陪同，从西安飞抵南京，住宁海路62号汤恩伯公馆。第二天，他去晋见李宗仁。4月8日，他见了新任行政院院长何应钦。②他对李宗仁要他移军武汉的意见未敢置可否。因为兹事体大，胡必须一切听命于蒋介石。因此，4月10日，胡宗南由空军总司令周至柔陪同，从南京飞往浙江宁波，然后前往奉化溪口，晋见蒋介石，请示今后军政事宜。蒋介石反对胡宗南部移军武汉，要他坚守西安；蒋也反对李宗仁接受中共方面的八项要求去与中共和谈。胡宗南得到蒋介石的指示后，心里有了底，并立即加以贯彻执行。

胡宗南在离开奉化溪口前，密电西安绥署秘书长赵龙文，要他组织陕西

---

① 胡宗南：《胡宗南先生日记·1949年3月31日》，台北："国史馆"，2015年，下册，第114页。
② 胡宗南：《胡宗南先生日记·1949年4月6、7、8日》，台北："国史馆"，2015年，下册，第115页。

省、西安市党政和民政机关联合通电全国，反对和谈。胡对赵说，目前国共双方和谈问题，社会上闹得很厉害，这完全是共产党的阴谋，不要上当。赵龙文当即根据胡宗南的指示，急约董钊、王友直与陕西省参议会议长王宗山、西安特别市党部主任委员陈建中等，在西安小雁塔绥署晤谈，通过并发出了一份反对国共和谈、要求继续戡乱的通电。[①] 这实际是胡宗南的政治表态，成为国民党主战派的旗帜。

胡宗南离开奉化溪口后，又先后在南京、杭州、上海等地，拜亲访友多日。他在4月12日到14日，回到孝丰家乡祭拜祖墓，可能他已知江南即将不保了。在4月19日，他再到溪口，谒见蒋介石；在4月22日，他到上海；在4月23日，他才与董钊一同从上海飞回西安。[②]

就在这期间，全国形势发生了急剧的重大变化：4月13日到15日，国民政府和谈代表团与中共代表团在北平故宫进行3天的正式会谈；4月15日，中共代表周恩来向国民政府谈判代表团提出《国内和平协定》的最后修正案，共八条二十四款，并宣布，这是不可变动的最后文件，限国民政府于4月20日前答复；李宗仁、何应钦急派专机将此件送奉化蒋介石，遭到蒋介石的断然拒绝；4月19日，何应钦在南京国防部会议厅召开会议，最后宣布拒绝在《国内和平协定》上签字；4月20日，中国国民党中常会发表声明，拒绝《国内和平协定》。国民政府和谈代表团与中共代表团的和平谈判宣告破裂。4月20日到21日，根据毛泽东与朱德的命令，解放军在从安徽湖口县到江苏江阴县的500多公里的战线上，突破国民政府军的长江防线，强渡长江；4月23日清晨，代总统李宗仁从南京飞往桂林；当日，解放军占领南京。

胡宗南于4月23日回到西安后，根据蒋介石的指示，拒绝李宗仁移军武汉的要求，积极地部署西安城防与关中地区的防御。他企图固守西安，与阎锡山固

---

① 韩光琦、王友直：《胡宗南逃离西安前夕的罪行片断》，陕西省政协文史资料研究委员会编：《陕西文史资料选辑》第5辑，第183～189页。

② 胡宗南：《胡宗南先生日记·1949年4月12～23日》，台北：“国史馆”，2015年，下册，第115～116页。

守的太原遥为呼应，成为国民政府留在北方的两个最后堡垒，牵制解放军向江南进军，与中国共产党对抗到底。

（四）不战而弃西安

然而，就在胡宗南于4月23回到西安后的第二天，席不暇暖，4月24日，国民政府在华北的最后一个重要堡垒太原被解放军攻克，太原绥靖公署副主任孙楚、太原防守司令王靖国被俘，阎锡山之晋军与胡宗南援晋的第三十军全部官兵，约13万5千余人被歼。在此前的2月15日，阎锡山只身飞离太原，到达南京，得以幸免。与此同时，渡过长江的强大解放军在占领南京后，以秋风扫落叶之势，迅速横扫江南，进逼上海、杭州等地。

胡宗南得到情报，华北解放军在攻占太原后，迅速派遣强大兵团西渡黄河入陕，配合西北的解放军第一野战军，向关中进军，向西安逼近。

形势迅速逆转，关中更加危急。固守西安将是十分困难和没有希望的。胡宗南迅速改变原定作战计划，决定进一步收缩兵力，把防御重点后移。4月26日，他召开"作战会报，决定放弃蒲城、铜川，主力撤泾河、渭河南岸"[①]，急令布防在关中地区东北部和北部各据点的部队，全部后撤至泾河、渭河两河间的弧形地带，在高陵、三原、泾阳一线，部署新的防御。到5月4日，胡宗南又命令放弃三原、高陵、泾阳，主力撤过泾河，只以1个师以游击姿态控制于三原，为前进基地，而以主力第二十七军、第三十六军、第九十军在泾河西岸、渭河南岸占领阵地，以第一军、第六十五军控制在咸阳西南地区。以上各部队统归驻咸阳的前进指挥所主任裴昌会指挥，防堵解放军南下或西进，保卫西安城。

在这同时，胡宗南命令其他各部队，除第十七军担任西安城防外，均撤往宝鸡一线。

胡宗南打算以秦岭为依托，防守西安，但将防御重点放在陕甘南部与宝鸡一带，若形势不利，则放弃西安西撤，退有后路。这样可进可退，应付裕如。

---

① 胡宗南：《胡宗南先生日记·1949年4月26日》，台北："国史馆"，2015年，下册，第117页。

胡宗南令陕西省政府与西安市政府组织机关人员，携带档案物资，先行往汉中撤退，由各厅、处、局进行登记，去汉中者发放旅费，不愿去者，给资遣散；令省政府田粮处处长史直率员到汉中，督导陕南各县筹办军粮。同时，胡宗南还动员西安的工厂、企业迁往四川与兰州。胡宗南尤其重视学校人才，积极组织西安各学校师生与图书仪器迁往汉中与四川。以上各举措取得一些成效。但由于西安各界人士当时对国民政府普遍失去信心，大多数人都不愿撤离西安。还有许多社会著名人士与工商界人士，秘密与中共地下党取得联系，设法逃避胡宗南与西安绥署的纠缠。

胡宗南又令西安市组织一支"民众自卫基干总队"，划归西安警备司令杨德亮指挥，协助第十七军维持城市治安，加强城防。总队长由西安市市长王友直兼，负责实际工作的副总队长闫继骞，由胡宗南亲自指定。此人原任西安第七军分校的西安办事处主任，为胡宗南所信任。胡宗南没想到，此时闫继骞已秘密与中共地下党联系；胡宗南更没想到，西安市市长王友直为了个人的前途，也已秘密与中共地下党取得联系。①

就在这时，1949年5月2日，胡公冕奉中共方面指示，第三次来到西安，前后3天，策反胡宗南。胡宗南在日记中记载：1949年5月2日，"胡公冕来西安"；5月3日，"胡公冕君论大局"；5月4日，"胡公冕回沪"②。胡宗南在日记中仍未记下胡公冕这几天对他谈话的具体、详细的内容，但明眼人可想而知。据胡公冕的夫人贾晓明回忆说："从1948年年初到1949年（西安）解放前，公冕曾三次去西安策动他（胡宗南）起义，并为他提出了三个方案，并提出由公冕请我党（中共）派人到他（胡宗南）身边，帮助他指挥各军起义和办理善后等事宜。胡宗南也曾答应考虑，但碍于面子，怕'这样做，会给校长、同学骂死'，但对公冕依然抱着友善的态度。一次，在公冕回上海前，胡宗南

---

① 参见王超北（时任中共西安情报处处长）：《古城斗"胡骑"》，《红旗飘飘》第22辑，北京：中国青年出版社，1981年，第35～37页。

546　② 胡宗南：《胡宗南先生日记·1949年5月2、3、4日》，台北："国史馆"，2015年，下册，第118～119页。

给了公冕一封送给汤恩伯的催军饷公函，并说如果机场查得紧，可以拿出来给他们看。公冕一到上海机场，就被查问，公冕便将文件拿出，才得以安全离开机场。"胡公冕回上海后，通过上海中共地下党吴克坚，及时将其在西安策反胡宗南的情况，向中共中央与周恩来汇报。①

1949年5月初，解放军第一野战军部队各军向前推进，形成了对西安城的半月形包围，准备发动夺取潼关、西安、宝鸡等地的陕中战役。5月8日，在北平的毛泽东为中共中央军委起草致中原局并告彭德怀、张宗逊、赵寿山、西北局电，指示了陕中战役的部署与发动时间："我第一野战军（三十五万人）六月间开始举行夺取潼关、西安、宝鸡、汉中、天水及陇南地区之战役，希望我陕南刘金轩部沿汉水向汉中方面行动，最好能直取汉中区域，切断胡宗南向川北的逃路。"② 可见，中共方面在这时是准备在6月间才发动进攻西安等地的陕中战役，同时策划让西北军区所辖陕南军区司令员刘金轩的地方部队夺取汉中，不让胡宗南部逃往四川。

但后来的历史发展，未能如毛泽东所预先设想的那样。中共第一野战军于5月16日就发起陕中战役，胡宗南提前于5月20日放弃西安，而刘金轩部也未能夺取汉中，阻胡宗南部南撤四川。

这是因为在1949年5月中旬初，胡宗南得到空军侦察报告，解放军华北兵团已西渡黄河，从山西进入了陕西。胡宗南对空军的这个报告，大惊失色。实际上，这仅是解放军和平解放北平后改编的两个起义师首先入陕。华北解放军的第十八、第十九两个兵团还在山西。③ 到5月16日，胡宗南得到报告，中共第一野战军发起陕中战役，向以西安为中心的关中地区挺进并发起攻击，就觉得西安城的形势更加危急；在这同时，他又听到白崇禧部在解放军强大的军事压力下，

① 贾晓明：《先夫胡公冕二三事》，《纵横》（北京）2008年第10期。
② 中共中央文献研究室编：《毛泽东年谱（1893—1949）》下卷，北京：人民出版社、中央文献出版社，1993年12月，第498页。
③ 罗元发（时任解放军一野第六军军长）：《解放西安》，陕西省政协文史资料委员会编：《陕西文史资料选辑》第13辑，第59页。

于5月16日主动撤退，放弃武汉，华中解放军林彪部兵不血刃占领该城的消息。胡宗南终于决定：放弃在西安与解放军决战、固守西安的计划，全军主力往西，退往宝鸡一线，转入汉中；防卫西安的第十七军则就近经子午峪退入秦岭。

1949年5月16日夜，胡宗南与兰州的西北军政长官部郭寄峤等人商决：胡部以一部兵力控制于西安、秦岭间，主力撤至宝鸡一线，准备退入汉中，既卫护川甘，又可威胁关中。胡宗南将上述意见电告广州的国防部。国防部电复："与兰州方面所商定之尔后行动，准予实施。"①

5月17日，胡宗南得知解放军已进占三原，胡部军队已全部退至泾河西岸与渭河南岸防守，解放军对西安的总攻击即将开始，遂决定立即令所部从西安进行紧张疏散撤离。

当日，胡在对各军的撤退与十七军在西安的掩护工作进行部署后，于当晚7时，在西安六谷庄绥署招待所，约请陕西省和西安市的党政头面人物与地方人士张钫、张翔初、寇胜孚、马彦翀、李藩候、王宗山、杨尔瑛、王克平、张坤生、赵和亭、赵愚如、郑自毅、董钊、温良儒、陈建中、王友直、肖屏如以及西安绥署参谋长罗列、秘书长赵龙文等，召开紧急疏散会议。会议由胡宗南亲自主持。他说明西安形势危急，要求这些党政要人与社会名流立即离开西安，疏散到四川成都，并且把家眷都带上，生活方面由他完全负责。可是与会人士中，有一些人提出西安帝王之业，不可轻弃，应该浴血守土；还有些人提出种种困难，不愿离开西安。胡宗南不愿多纠缠，断然说："现在情况变化，我主力只有撤出西安才是上策。西北'共'军已到三原，华北'共'军已迫潼关。我们暂时转移阵地，这不是逃跑。我们要把'共'军吸引过来，再来个反包围。"胡宗南要省、市政府各包一架飞机，负责疏散省、市政府要员。每架飞机包价6000银圆。正当省、市财政当局诉说财政困难无钱包机时，胡宗南突然接到前线电话报告，解放军已于17日夜，派出一部军队，向泾河西岸与渭河南

---

① 胡上将宗南年谱编纂委员会编：《胡上将宗南年谱》，沈云龙主编：《近代中国史料丛刊续编》第49辑488册，台北：文海出版社有限公司，1978年，第235页。

岸进击，咸阳受到攻击。军事形势突变。胡宗南带着罗列，匆匆离开会场，赶回绥署，指挥前线部队抗击解放军进攻。[1]

当天深夜，胡宗南在西安小雁塔绥署中，又紧急召见董钊与王友直，告诉他们，由西安绥署拨给省、市政府飞机各一架，限省、市人员在凌晨3时齐集飞机场，准备起飞。[2]

1949年5月18日凌晨，陕西省与西安市的党政要人与地方著名人士董钊、王友直、蒋坚忍、温良儒、高文源、杨尔瑛、王宗山、陈建中等人，分乘3架飞机离开西安，前往汉中（南郑）。

胡宗南本人则于5月18日"上午十时许，与罗列各幕僚人员及士兵，坐机离西安"，飞往汉中（南郑），"陕绅张翔初、寇遐、马彦翀、李藩侯、高桂滋、张钫、缪澂流等同行"。胡在这天的日记中，伤感地写道："别了西安，西安别了。"[3]胡宗南从1938年率军入驻西安，至今已有11年多了。

胡宗南到汉中（南郑）后，因要指挥其部主力各军从咸阳一线，经渭河南北，向宝鸡一线西撤，又带着参谋长罗列及幕僚人员，从汉中坐车赶往宝鸡，"住联合分校旧址，部署军事"[4]。

胡宗南可能又没有想到，在他于17日晚在六谷庄召开会议的知名人士中，就有中共的地下工作者，还有一些已与中共方面取得联系的人士。当夜，胡宗南即将从西安撤离的消息，就由中共西安地下党迅速报告给围攻西安的解放军第一野战军部队。[5]

解放军第一野战军司令部当时进驻渭北的杨村。司令员彭德怀因指挥太原战役，尚在山西。副司令员张宗逊在接获西安送来的情报后，得知胡宗南部将

① 韩光琦、王友直：《胡宗南逃离西安前夕的罪恶片断》，陕西省政协文史资料委员会编：《陕西文史资料选辑》第5辑。

② 韩光琦、王友直：《胡宗南逃离西安前夕的罪恶片断》，陕西省政协文史资料委员会编：《陕西文史资料选辑》第5辑。

③ 胡宗南：《胡宗南先生日记·1949年5月18日》，台北："国史馆"，2015年，下册，第122页。

④ 胡宗南：《胡宗南先生日记·1949年5月19日》，台北："国史馆"，2015年，下册，第122页。

⑤ 罗元发：《解放西安》，陕西省政协文史资料委员会编：《陕西文史资料选辑》第13辑。

主动放弃西安，遂下达总攻命令：以第一军、第二军、第四军立即出发，向西截击胡宗南部西撤的6个军，以第六军向西安挺进，第三军为预备队。

5月18日晚，就在胡宗南飞离西安后不久，第一野战军主力就越过泾河，向咸阳发动攻击。驻咸阳的裴昌会当即依照胡宗南的部署，亲率胡部主力6个军，沿渭河以北公路，向关中西部宝鸡一线撤退，而以一部分军队从咸阳撤向渭河南岸，与西安守军第十七军会合，炸毁咸阳渭河大桥，拖走北岸所有船只，阻挠第一野战军渡渭河南下进攻西安。

裴昌会率胡军主力，从咸阳沿渭河以北公路，西撤宝鸡途中，不断遭到第一野战军追击部队的前堵后追。在战斗中，由青年军第二〇三师改编的第五十七军徐汝诚部损失惨重，第三十军之第三十师师长王敬鑫阵亡。5月21日午前，裴昌会率指挥所到达宝鸡，与胡宗南、罗列会合。胡部各军撤至关中西部地区宝鸡一线布防，第一军、第三十军与第二十七军等进入汉中地区。

杨德亮指挥的第十七军，在第一野战军于18日夜占领咸阳后，在19日凌晨派出部队沿渭河南岸布防，阻挠解放军南渡；同时在西安全城戒严，关闭城门，挨门逐户搜查，稍有可疑即行逮捕，对西安一些工厂的动力设备进行爆破破坏，还将临潼至咸阳的铁路桥梁彻底破坏，中断交通。[1]

1949年5月20日凌晨，第一野战军突破渭河防线，向西安猛进。这天上午8时，杨德亮与第十七军参谋长胡文思下达全军撤退命令，以急行军速度，向西安城南的子午口撤退，依预定计划，进入秦岭。该军进山口后即选择阵地，防守待命。

1949年5月20日中午，第一野战军部队"以无战斗，而入长安"，"西安陷落"[2]。胡宗南自1938年率部入驻该城，前后历时近11年，自此永远地结束了。

接着，第一野战军攻占凤翔等地。

这时，中共中央最高层，在中共解放军渡过长江并占领南京、杭州，即将

---

① 阎进杰（时任第十七军警卫营营长）口述，王锦山整理：《第十七军从西安撤离前后》，原国民党将领的回忆：《解放战争中的西北战场》，北京：中国文史出版社，1992年1月，第375页。

② 胡宗南：《胡宗南先生日记·1949年5月20日》，台北："国史馆"，2015年，下册，第122页。

攻占上海，向江南广大地区长驱直入之际，正在谋划向各未占领地区进军，以求迅速统一全国，建立中共的新中央政府与新社会秩序。在1949年5月23日，毛泽东在致各战略区军政负责人的电报中，对此后解放军各部向全国各地进军的路线、地区与任务，作了明确的筹划与部署：彭德怀的第一野战军进军大西北，解放军华北部队的2个兵团，即第十八、十九兵团，调往西北，加以支援，统归彭德怀指挥，消灭西北地区之敌，攻占并经营陕、甘、宁、青、新五省，同时以一部，"由贺（龙）率领，经营川北，以便与二野协作解决贵州、四川、西康三省"；林彪的第四野战军在占领武汉、打过长江后，从两湖地区，"尾白崇禧退路向两广前进"；陈毅、粟裕指挥的第三野战军"应当迅速准备提早入闽，争取于六月、七两月内占领福州、泉州、漳州及其他要点，并相机夺取厦门"；而由刘伯承、邓小平指挥的第二野战军，协同第三野战军渡过长江、攻略皖南、江西并对付可能发生的美国军事干涉，然后，"应准备于两个月后以主力或以全军向西进军，经营川、黔、康"，并明确要求"二野应争取于年底或年底以前，占领贵阳、重庆及长江上游一带，并打通长江水路"。毛泽东尤其强调指出，要消灭西南地区国民党各军，特别是胡宗南部，应采取大迂回、大包围、断其退路的军事战略："胡宗南全军正向四川撤退，并有向昆明撤退消息，蒋介石、何应钦及桂系正在做建都重庆、割据西南的梦，而欲消灭胡军及川、康诸敌，非从南面进军断其退路不可。"①

从此电文中可以看出，毛泽东这时对福建，主要考虑的是占领福州、泉州、漳州等要点及厦门，尚未提及金门，更未提及澎湖与台湾；而对西南，则十分重视与防范国民政府可能"建都重庆、割据西南"局面的出现，因而要求刘伯承、邓小平的"二野"在两个月后离开东南战场，"以主力或以全军向西进军"，与四野、一野部队协同，对西南的胡宗南等"川康诸敌"，实行大迂回、大包围，聚而歼之。在毛泽东当时的军事战略计划中，对包围与歼灭胡宗

---

① 毛泽东：《关于各野战军的进军部署》（1949年5月23日），《毛泽东文集》第5卷，北京：人民出版社，1996年，第299页。

南军事集团显得尤其重视。这是因为毛泽东的军事战略思想，一直不以一城一地得失为重，而以歼灭敌人的有生力量为第一要务，而当时，环视国中，在辽沈、淮海、平津三大决战后，国民政府的精锐主力丧失大半，以黄埔军人为骨干的中央军嫡系部队，只剩下一个胡宗南军事集团尚有战斗力了。

此后，中共的军事战略与各路解放军的进军，完全按照毛泽东上述电文的内容制订与实施。

在第一野战军攻占凤翔等地以后，第一野战军副司令员张宗逊、赵寿山致电中共中央军委，为使部队集结，准备西进攻打二马，拟进行部队休整。5月26日，毛泽东为中共中央军委起草致彭德怀、张宗逊、赵寿山电，指出："你们攻占凤翔等地，歼敌一部后，暂时停止前进的处置是对的。目前胡、马两军配合在长武、宝鸡之线企图阻我进攻，而我十八、十九两兵团，尚须三四星期以后，才能到达西府区域，依你们现有兵力，可以打胡不能同时对马，而欲同时对马，必须等候十八、十九两兵团开到或至少一个兵团开到，方有把握，否则无把握。因此你们应耐心等候三四个星期，不要性急，待十八、十九两兵团开到，打几个好仗，即可直取兰州，基本上解决西北问题，只要胡、马不走，仗是总有打的。仅在一种情况下，即胡军向汉中退却，胡、马两军又确实不能联合（即马部确实不威胁我侧翼），你们才可以不待十八、十九两兵团开到即向汉中方向追击胡军。"[①]

当时，陕西战场上解放军第一野战军的兵力，只有约15万人，而胡、马两部兵力之和约30万人。

1949年5月25日，彭德怀从山西太原回到陕西乾县的第一野战军司令部，指挥陕中战役。

至5月底，虢镇以东、渭河南北的关中广大地区，均被第一野战军占领。第一野战军休整，并于6月15日，将各军组建为两个兵团：第一兵团，司令员兼政

---

① 中共中央文献研究室编：《毛泽东年谱（1893—1949）》下卷，北京：人民出版社、中央文献出版社，1993年12月，第498页。

委王震，下辖第一军，军长贺炳炎，政委廖汉生，第二军，军长郭鹏，政委王恩茂，第七军，军长彭绍辉，政委罗贵波；第二兵团，司令员许光达，政委王世泰，下辖第三军，军长黄新廷，政委孙志远，第四军，军长张达志，政委张仲良，第六军，军长罗元发，政委徐立清，第八军，军长姚喆，政委高克林。第一野战军一边休整，等待华北十八、十九两兵团入陕。西北战场沉寂了约半个月。

（五）胡马"联合"反扑的失败

1949年5月20日胡宗南放弃西安，退居关中西部地区宝鸡与秦岭西段布防后，其所辖部队，计有裴昌会的第五兵团、李振的第十八兵团及西安绥署直辖的部队，共有13个正规军，即第一、第三、第十七、第二十七、第三十、第三十六、第三十八、第五十七、第六十五、第六十九、第七十六、第九十、第九十八军。另有骑兵第二师、直辖炮兵、工兵、通信、战车等特种部队，加上干部训练团、学生总队、后勤部队等，共约20余万人。但其中除第一、第三十八、第六十五等少数几个军尚有较强战斗力外，其他各军多已残缺不全，需加以整补。

胡宗南带着参谋长罗列，于5月21日下午，在宝鸡与刚从咸阳撤退来的裴昌会会见，匆匆商定了胡部近期作战指导要领与军队部署，决定：

一、作战方针是，第一线部队保持机动，避免与解放军作战，保存实力，以逐次抵抗手段，消耗敌军，争取时间，待机转入反攻。

二、以第十八兵团（司令李振）所辖较有战斗力的几个军，守备关中西部地区：第三十八军（军长李振西）守备渭河以北凤翔到宝鸡的外围阵地，第九十军（军长陈子干）守备渭河以南郿县（今眉县）附近的五丈原，第六十五军（军长李振兼）与第五十七军的第二一四师控制在宝鸡。以上部队凭借有利地形与强固的既设阵地，采取纵深配备，阻止解放军西进。

三、以裴昌会率西安绥署前进指挥所留在宝鸡，指挥前线各军，指挥所设在宝鸡以南的益门镇。

四、以第三十六军（军长刘超寰）守备秦岭西段各口；以第十七军（军长杨德亮）、第三军（军长盛文）守备秦岭东段各口；以何文鼎、徐经济指挥的地方保安部队协同各正规军，守备秦岭防线。

五、以第二十七军（军长李正先）、第九十八军（军长刘劲持）守备汉中以东的安康地区，任命李正先兼安石警备司令，在汉水北岸布防，向鄂西北与豫西警戒。

六、其他部队控制在汉中与川陕公路南北地区，巩固以汉中为中心的陕南基地；同时加速对各部队整训。以损失较重的第三十军等部直接开入四川整补。

七、西安绥靖公署设汉中（南郑）。①

1949年5月21日当晚，胡宗南偕同罗列等，乘车离宝鸡回汉中（南郑）。第一军（军长陈鞠旅）随之撤往汉中驻扎。

胡宗南率部撤退到宝鸡与汉中布防前后，先是在1949年5月中旬，西安绥署第十九绥靖区副司令官刘希程率豫西第三纵队在灵宝起义；接着，在1949年6月1日，榆林国民政府军第二十二军也宣布起义。胡宗南部在陕南更感孤立。

就在这时，在1949年5月底6月初，胡宗南突然接到在广州的国民政府与蒋介石的来电，要胡宗南部配合马步芳部与马鸿逵部，向西安一线反攻，重新夺回关中地区，并进而东出河南，钳制解放军第二、四野战军南下湖、广。

原来，自胡宗南放弃西安，退至凤翔、宝鸡一线后，陇东与西（安）兰（州）公路完全暴露，马步芳与马鸿逵的地盘直接受到解放军的威胁。马步芳与马鸿逵是多年盘踞青、甘、宁地区的回族地方军阀，分别掌握着几支很有战斗力的回族部队。他们在与"中共"军队的多次交锋中，尚未吃过大亏，因而显得胆壮气粗。1949年5月8日，代总统李宗仁从桂林到达广州，主持国民政府；5月18日正式任命马步芳为西北军政长官，接着任命马鸿逵为甘肃省政府

---

① 参阅（1）裴昌会、姚国俊、王应尊：《胡宗南集团的形成、发展到覆灭》，重庆市政协文史资料委员会编：《重庆文史资料》第33辑；（2）李振：《第十八兵团扶郿战役惨败纪略》，陕西省政协文史资料委员会编：《陕西文史资料选辑》第4辑。

主席；5月30日，何应钦内阁总辞职；6月12日，阎锡山组阁完成，阎任行政院院长兼国防部部长，朱家骅任行政院副院长。蒋介石于5月迁居台湾后，于6月在台北设立国民党总裁办公室，下设八组及一个设计委员会，成为实际上的国民党最高领导核心。"二马"气焰更高。他们主动向广州国民政府与蒋介石请缨：愿出动主力反攻咸阳，夺回西安，希望胡宗南部出兵协同作战。"二马"向广州国民政府与蒋介石保证：在夺回西安后仍交胡宗南，胡、马共守关中，确保西北。正处在全面溃退中的国民政府与蒋介石得到"二马"的报告，十分高兴，立即照准，并电示胡宗南指挥所部配合行动。

蒋介石的来电打乱了胡宗南避免与"共"军决战的计划。胡宗南对反扑关中并没有多大的兴趣与希望。因为他知道现在自己兵力严重不足，损失很大，即使跟随"二马"反攻西安成功，自己也无力再控制西安。如果自己付出代价恢复西安，然后让"二马"控制西安，则非其所愿。但胡宗南不敢违背蒋介石的命令，也要保全自己的面子，只得与兰州的西北军政长官部"二马"几经联系磋商，确定：

马步芳组织青海兵团，由马步芳之子、第八十二军军长马继援任兵团司令；

马鸿逵组织宁夏兵团，由马鸿逵次子马敦静任兵团司令，第一二八军军长卢忠良任赴陕军指挥官；

青、宁两兵团集结于陇东，总兵力约8万余人，由马继援统一指挥，沿西兰公路东进，直扑西安门户咸阳；

在这同时，胡宗南部则在南线，由裴昌会指挥第三十八、第六十五、第九十、第三十六等军与从甘肃来援的第一一九军，分别由武功、凤翔、宝鸡，沿渭河两岸，向东推进；第十七军杨德亮部则从秦岭子午口向北推进，一同配合北线的马家军共同收复西安，乘解放军华北兵团尚未渡黄河入陕之前，重新占领关中地区，并在三原一线围歼西北解放军主力。

1949年6月初，胡、马两部开始准备反攻。6月5日，裴昌会致电马继援说，等青、宁兵团从陇东推进至麟游东南地区时，胡部各军即开始行动，以求两部协同进攻。6月8日，兰州"西北军政长官公署"副参谋长彭铭鼎（字介夫）等3名代表来到胡宗南的住地，"兰州代表彭介夫等三人来见，在署欢宴。……马军决定十日攻击前进"[①]。

6月10日，宁夏兵团分两路，向兴平、咸阳推进。第一路由第十一军军长马光宗率领，取道长武、彬县、涌寿，沿西兰公路前进；第二路由赴陕军指挥官兼第一二八军军长卢忠良率领，取道灵台、崔木镇，沿西兰公路左侧前进。

青海兵团沿泾河左岸向咸阳前进，第八十二军马继援部为先头部队，第一二九军马步銮部为总预备队。

当青、宁兵团于6月10日进至乾县、永寿地区时，胡宗南部在宝鸡一线的4个军，在裴昌会指挥下，也于当日，兵分两路，沿渭河两岸，向东推进：第十八兵团司令李振，率第六十五军、第三十八军李振西部、第九十军陈子干部，在渭河北岸，向东推进；第三十六军刘超寰部，在渭河南岸，向东推进；在子午谷的第十七军杨德亮部，也出山进袭西安。

胡宗南没有想到，就在他向各兵团下达反攻作战计划与部署的当晚，一直潜伏在胡宗南总部电台的中共情报组织"吕出情报组"，就将此反攻作战计划与部署报告中共方面。[②]

在1949年6月初，中共方面收到了胡、马两部联合反扑咸阳、西安的情报。

彭德怀立即令各部做好迎战准备，同时上报中共中央军委与毛泽东。

6月9日，在北平的毛泽东得到彭德怀的报告后，回电指示："（一）就现有兵力与马、胡全力作战，似觉无全胜把握，不如诱敌深入，待兵力集中再打较为适宜。（二）如你们认为有各个歼灭敌人的良好机会，我们亦同意先打一仗。（三）请将诱敌深入、待本月底或下月初兵力集中时再打，有何困难及不利之点分析电告"。6月10日，彭德怀电告毛泽东，认为如放弃在泾渭间作战、待六月底或七月兵力集中时再打胡、马，对我有诸多不利。如在泾渭间作战，

---

① 胡宗南：《胡宗南先生日记·1949年6月8日》，台北："国史馆"，2015年，下册，第125页。
② 郝在今：《中国秘密战》，北京：作家出版社，2005年，第394页。

虽我现有兵力不占优势，但胡军士气很低，胡、马互信差，麟游山天然分割胡、马联系，有利我钳胡打马。我十八、十九兵团正向西安前进，数日后我即稍占优势。11日，毛泽东复电彭德怀："同意你的作战方针。作战时请注意先歼灭宁马一个军，然后再歼其一个军，各个击破，一次不要打多了。"[1]

彭德怀决定，鉴于解放军华北部队的第十八、第十九两兵团尚未入陕，陕西战场上第一野战军的兵力，只有约15万人，而胡、马两部兵力之和约有30多万人，遂改变原定"阻胡歼马"的作战计划，采取"诱敌深入"之计，令一野的一兵团王震部与二兵团许光达部，对来攻的胡、马部队逐次抵抗，有计划地撤至渭河北岸咸阳与渭河南岸户县一线，进行坚决抵御，争取时间；同时令从晋入陕的解放军华北部队第十八、第十九两兵团星夜西进支援，然后包围聚歼胡、马部队；令西安卫戍部队打击从子午口北进之胡宗南部第十七军。

6月11日，青海、宁夏两兵团，在大、小竹竿、监军镇、贯头镇，遭到解放军的阻击，经一阵激战，解放军于当日晚，逐步放弃泾渭间三角地区，向后收缩至三原一线，甚至准备放弃西安。

青海的统帅马继援，误以为解放军败退，下令青海兵团迅速向前猛扑推进，越过宁夏兵团的第十一军与一二八军的防线，于13日，推进至咸阳城郭，发动猛攻。但没想到，他们在这里遭到了飞驰入陕的解放军华北部队第十八兵团第六十一军韦杰部的坚强抵抗，战斗激烈。青海、宁夏两兵团再也不能向前推进。

在这同时，胡宗南部兵分两路：第十八兵团李振部的3个军，在渭河北岸向东推进，在12日，抵达蔡家坡、李家坡一线；第三十六军刘超寰部，沿渭河南岸向东推进，其所辖第一六五师一马当先。想不到在6月12日，第一六五师进入郿县（今眉县）东南之金渠镇时，突然被解放军第二军王震部包围攻击，被歼2000多人，师长孙铁英等被俘。胡宗南得报大惊，在当日日记中记载："李振攻向扶风。三十六军刘超寰在郿县东南金渠镇被围"[2]，乃急电在渭河北岸进

① 中共中央文献研究室编：《毛泽东年谱（1893—1949）》下卷，北京：人民出版社、中央文献出版社，1993年12月，第514～515页。

② 胡宗南：《胡宗南先生日记·1949年6月12日》，台北："国史馆"，2015年，下册，第127页。

抵蔡家坡、李家坡一线的第十八兵团司令官李振："第三十六军在郿县附近槐芽镇以南高地被解放军王震部围攻，战斗激烈，已进入村内逐屋争夺，该司令官即亲率第六十五军驰往解围。"①李振立即率第六十五军星夜渡过渭河，6月14日，解救出第三十六军的残部。解放军往东退往户县一线。李振让第三十六军留在郿县休整，指挥第六十五军、第三十八军与第九十军，沿渭河两岸，向东推进至武功、周至一线。胡宗南当日日记记载："李振解刘超寰之围，解决槐牙镇匪一部，我克武功。"②6月15日，李振部继续推进，"我克兴平、川口之线，南岸克周至"；就在这时，胡宗南决定："李振、裴昌会不能向户县前进。"③胡宗南通过裴昌会，电令李振："停止待命。"④

胡宗南本来就对与马步芳、马鸿逵的青、宁集团联合反攻西安心存疑忌。他在令裴昌会指挥几个军，沿渭河两岸向东进攻时，就要求裴昌会只能将部队推进到扶风以东，到渭河南岸郿县（今眉县）南北之线为止。胡宗南对裴昌会秘密指示说："马家素来狡猾，不要上他们的当，部队要慢慢地前进，或者不动，千万不要突出前进。"⑤因此，当李振指挥各军进至武功、周至一线时，裴昌会就转来胡宗南的命令，停止待命，静观青、宁集团向咸阳进攻的结果，同时以炮兵盲目射击，表示也在同解放军激战，借以应付在咸阳前线的马家军。⑥

青、宁兵团在6月13日向咸阳猛攻一日夜，遭解放军第六十一军猛烈炮火轰击，伤亡惨重，虽攻抵咸阳城郊，但锐气大伤。6月14日，双方继续激战。这

---

① 李振：《第十八兵团扶郿战役惨败纪略》，原国民党将领的回忆：《解放战争中的西北战场》，北京：中国文史出版社，1992年1月，第414页。

② 胡宗南：《胡宗南先生日记·1949年6月14日》，台北："国史馆"，2015年，下册，第127页。

③ 胡宗南：《胡宗南先生日记·1949年6月15日》，台北："国史馆"，2015年，下册，第128页。

④ 李振：《第十八兵团扶郿战役惨败纪略》，原国民党将领的回忆：《解放战争中的西北战场》，北京：中国文史出版社，1992年1月，第414页。

⑤ 王治岐（时任第一一九军中将军长）：《扶眉战役惨败记》，原国民党将领的回忆：《解放战争中的西北战场》，北京：中国文史出版社，1992年1月，第443页。

⑥ 裴昌会、姚国俊、王应尊：《胡宗南集团的形成、发展到覆灭》，重庆市政协文史资料委员会编：《重庆文史资料》第33辑。

时，解放军华北部队第十八兵团周士第部主力从风陵渡渡过黄河，第十九兵团杨得志部主力从禹门口渡过黄河，飞速赶来增援。青、宁两兵团见局势骤变，只得迅速从咸阳后撤至关中西部永寿、麟游地区。

6月15日，彭德怀、张宗逊、赵寿山致电中共中央军委，报告：我兵分两路，处泾北渭南，中间薄弱，马匪乘弱中间突破，在十四日前此顾虑甚大。现十八兵团已有五个师到西安，余在续运中，故不准备再放弃西安。[①]

胡宗南得知青、宁兵团在咸阳受挫后撤，急令前线部队各军迅速后撤至武功、扶风与郿县一线。在这同时，第十七军杨德亮部进袭西安失败，也慌忙退回子午口。

胡宗南在这次反攻西安的战役中，出于保存实力与对"二马"的不信任，未能积极配合青、宁兵团的作战，不仅使这场反攻遭致失败，也使青、宁兵团损失惨重。胡宗南的自私与短见引起青、宁"二马"的强烈不满，也引起其部下一些将领的指责。胡军前线指挥官、第十八兵团司令兼第六十五军军长李振就感叹说："按当时情况，马步芳军直扑咸阳时，如我兵团继续向咸阳、西安挺进，并以秦岭守备部队出子午谷，胡、马两军部队或有可能继续在关陇地区苟延一时。但胡宗南在与友军协同作战中，习惯于袖手旁观，以他人的失败来抬高自己，借此排斥异己，消灭杂牌部队。因此，马家军在进攻咸阳时伤亡惨重，对胡宗南的坐视不救，异常愤慨。胡却以自己部队幸免于难，沾沾自喜。"[②]

1949年6月17日，中共第一野战军发动的陕中战役，历时1个月，宣告结束。

（六）被赶出关中的扶郿之役

胡宗南在胡、马联合反扑咸阳与西安的战役中，对马步芳、马鸿逵的青、

---

① 中共中央文献研究室编：《毛泽东年谱（1893—1949）》下卷，北京：人民出版社、中央文献出版社，1993年12月，第515页。

② 李振：《第十八兵团扶郿战役惨败纪略》，原国民党将领的回忆：《解放战争中的西北战场》，北京：中国文史出版社，1992年1月，第414页。

宁兵团同床异梦，投机观望，引起"二马"的愤恨。他很快就在约1个月后的扶、郿战役，又称"第二次泾渭河谷之役"中，遭到了"二马"的报复。

自1949年6月中旬反攻咸阳与西安受挫后，又见解放军华北两个兵团陆续到达陕西，进抵西安、咸阳、三原地区，与西北第一野战军会师，陕西战场上解放军第一野战军的兵力，由15万人，增加至34万人，连同地方武装，总兵力达到约40万人，超过胡、马两部兵力之和约30多万人，因此，胡宗南与马步芳、马鸿逵决定改变方针，向后收缩兵力。

1949年6月下旬，青、宁"二马"退守邠县（今彬县）、长武、永寿一线，担任西兰公路两侧永寿、麟游地区的守备。胡宗南部主力几个军，即第十八兵团的第六十五军、第三十八军、第九十军与直属宝鸡指挥所的第一一九军，以及第三十六军，则由武功、周至向扶风、郿县（今眉县）收缩，担任关中西部渭水两岸袋形地带的守备。胡、马两集团上述部署的特点，是互相利用，互为犄角，都想借助对方力量，便于联合作战，避免被解放军各个击破；同时又各怀鬼胎，各为保存自己实力打算，防止被对方暗算与抛弃。

本来解放军大军云集关中，胡宗南理应撤出关中，退守秦岭，以避其锋，免遭聚歼；"二马"的青、宁兵团也应撤向陇东平凉一线。但他们却都没有撤。这首先是因为他们都知道若单独先撤，将失去并肩作战的有利条件，易遭解放军各个击破。现在胡部与马部邻近布防，若解放军主力向西兰公路进攻，青、宁兵团可退到旬邑、邠县（今彬县）、麟游地区固守，胡部则可从扶风方面出击，策应马军作战；若解放军主力指向武功、扶风方面，胡军则撤至千河西岸固守，青、宁兵团则可由麟游方面南下，攻击解放军侧背，胡、马配合，将解放军围歼于袋形阵地；若解放军同时发兵指向胡、马两军，则胡、马可联合抗击，节节撤至邠县（今彬县）、麟游、千阳、宝鸡之线既设阵地，进行决战防御，胜负未可定数，万一失败，再分别撤向陇东与陕南不迟。

同时，胡宗南让5个军暂时固守关中地区西部，还有一个重要原因，即抢收关中夏熟粮食，以解决军饷。1949年7月初，宝鸡指挥所主任裴昌会代表胡宗南到前线视察，对第九十军军长陈子干说：陕南的粮食很紧，四川的粮食一时调不过来，几十万人一下子集中到那里去，补给上有困难，想等征集一部分粮食后再行后撤。[1]

胡宗南还推测解放军华北两个兵团刚刚入陕，长途奔波必很疲劳，西北一野部队经咸阳阻击战也遭重创，因而解放军在一两个月内不可能发起大规模攻击。即使解放军攻击，胡宗南令前线5个军在渭河两岸集结，作战中可以南北呼应，无论是进攻、坚守或退却，兵力都相当集中，且北有青、宁兵团策应，南有秦岭守军掩护，解放军决难一役歼5个军之众，胡部各军可以一面抵抗一面向陕南撤退，凭借险要地形，阻挡解放军进攻。

但是，胡宗南完全没有意识到，他的这个战略思想与作战计划有着致命的弱点：

首先，胡宗南在扶郿地区集结第一线兵力5个军，但却没有战役预备队。在宝鸡只有第五十七军（由青年军一〇三师改编）的1个师，战斗力很弱；摆在秦岭的少数兵力只能起钳制作用。若解放军以强大兵力包围这5个军，胡宗南无兵可援，而没法解救。

其二，胡宗南部虽与"二马"可南北策应，但胡、马之间空隙很大，特别是在胡、马防线中间的麟游山区地形复杂，双方都未设防。这就使解放军可以派部队从中间穿插迂回到胡宗南部侧后，进行前后夹击，加以围歼。

其三，胡宗南部在扶郿地区的5个军，以第六十五军、第三十八军、第一一九军置于渭河之北扶风地区，以第九十军、第三十六军置于渭河之南郿县（今眉县）地区，作战中可以相互策应。然而，以上各军在渭河两岸未及配备大军渡河设备，若遭解放军攻击，南北各军无法迅速渡河相互支援；

其四，胡、马两军一直互相猜忌，反扑咸阳失败，"二马"对胡宗南更是怨恨。若胡宗南军遭攻击，青、宁兵团不会全力来援，甚至会弃之而去。

---

[1] 陈子干：《胡宗南部在关中地区全面溃败纪略》，陕西省政协文史资料委员会编：《陕西文史资料选辑》第13辑，第215页。

以上胡宗南部各军在关中防守的致命弱点，作为全军总司令的胡宗南没有看到，至少没有完全而深刻地认识到；而它却被中共第一野战军司令员彭德怀看到了。——国共双方最高指挥官军事指挥水平的高低差异，将决定胡部第一线5个军被围歼的厄运。

更要命的是，一直潜伏在胡宗南总部与裴昌会兵团各电台的中共情报组织"吕出情报组"，及时由电台，将胡部的作战计划与各军的动态，报告中共方面。吕出的电台还故意延误胡、马两军的通讯联络，使彭德怀决定以解放军一部主力从胡、马两部的结合部大胆插入其纵深，然后分割包围歼灭。①

6月26日，毛泽东根据最新获得的情报，为中共中央军委起草致彭德怀、张宗逊、赵寿山电，提出钳马打胡的作战方针，指出："根据近日情报，马匪各部业已准备向彬（彬县）、长（长武县）撤退，胡匪各部势必同时向宝（宝鸡）、凤（凤翔）撤退，决不会再前进了，也不会保守不退。在此种情况下，你们应当集中王（王震）、周（周士第）两兵团全力及许（许光达）兵团主力取迅速手段，包围胡匪四五个军，并以重兵绕至敌后，切断其退路，然后歼灭之。许兵团留下必要兵力监视两马，以待杨（杨得志）兵团赶到接替。杨兵团应立即向西开进，迫近两马筑工，担负钳制两马任务，并严防两马回击。此点应严格告诉杨得志千万不可轻视两马，否则必致吃亏。"第二天，6月27日，毛泽东在复彭德怀电中，就歼灭胡宗南、马步芳、马鸿逵、王治岐的作战计划问题，指出："如果青、宁、胡、王四敌的主力，特别是青、宁主力不能在泾、凉、宝、凤及其以东地区被我歼灭，则你们暂时不能作大的分兵。那时，为了免除西进路上的侧翼威胁，可以考虑以主力先给胡匪以打击，然后西打两马，待两马主力歼灭后再分兵。"②

根据毛泽东的上述指示及当面敌情，中共第一野战军于1949年7月6日，在咸阳召开前委扩大会议，由彭德怀主持，为迅速向大西北进军，歼灭国民政

---

① 郝在今：《中国秘密战》，北京：作家出版社，2005年，第394~395页。

② 中共中央文献研究室编：《毛泽东年谱（1893—1949）》下卷，北京：人民出版社、中央文献出版社，1993年12月，第522~523页。

府在这地区的军事力量，确定了"钳马打胡，先胡后马"的方针，决定：以第十九兵团杨得志部攻击"二马"，任右翼牵制；集结第一兵团王震部、第二兵团许光达部全部及第十八兵团周士第部主力，实行大迂回大包围，在漆河、千河之间的扶风、郿县地区，歼灭胡宗南、王治岐部在这一地区的5个军；另以卫戍西安的第十八兵团之第六十一军一部进袭子午口，以达左翼钳制。

对解放军即将发动的对扶郿地区的大规模围歼计划与行动，胡宗南部上下都很少知晓与警觉。7月初，他们虽接到解放军在前线大量集结兵力的情报，但多不予重视，认为胡部各军在扶、郿地区据险防守与纵深配备，万无一失。"上自兵团司令，下至团营长，成天不是吃酒，就是赌博"。因此，当解放军在7月10日正式发动扶郿战役时，"解放军的突然来临，完全出乎国民党军的意料之外"①。

1949年7月10日，扶郿战役打响。

解放军两翼钳制部队首先行动，以迷惑胡、马，掩护主力运动。

第十九兵团杨得志部任右翼钳制，于7月10日进入西安西北的乾县、礼泉以北高地修筑工事，以一部逼近"二马"所部，形成对"二马"青、宁兵团开展进攻之势。果然，马继援任总指挥的青、宁兵团不敢轻举妄动，并在与解放军稍作接触后，即迅速退回陇东平凉一线。"二马"在撤退时，竟未向胡宗南部通报。

7月10日，解放军担任左翼钳制的第十八兵团第六十一军也开始行动。该军担任西安卫戍，抽出第一八一师附第一八二师1个团，于7月10日夜，向西安南子午镇地区胡宗南部第十七军杨德亮部发起进攻。激战一昼夜，在小五台等地，第十七军第十二师被歼2000多人，余部南逃。胡宗南得到子午口被袭的报告，十分紧张，无法立即判明解放军的作战意图与进攻方向。

正当胡宗南与"二马"被解放军两翼牵制性的进攻而手忙脚乱时，7月11日，解放军主力3个兵团于拂晓时发动了进攻，像一把巨大的铁钳，夹渭河两

① 李振西：《扶郿战役经过及国民党军队的溃败》，原国民党将领的回忆：《解放战争中的西北战场》，北京：中国文史出版社，1992年1月，第424页。

岸，插向扶、郿地区。

解放军第二兵团许光达、王世泰部，于7月11日凌晨由集结地出发，越过漆水河，绕道西进，以秘密急行军，越过胡宗南部认为不能通过的深沟悬崖，一昼夜走了150多华里，穿过马继援第八十二军与胡宗南部第一一九军王治岐的接合部，插到胡宗南部第十八兵团李振部的后方。第二兵团前锋第四军于7月12日凌晨2时，占领罗局镇制高点及其附近阵地，7时占领郿县车站。这里是胡宗南在渭河北岸扶风地区的3个军退向宝鸡的咽喉之地。这样，胡部这3个军西退之路被解放军截断。

在渭河北岸扶风地区的胡宗南部3个军——第六十五军、第三十八军与王治岐的第一一九军，根本没有想到解放军来得如此之快，更没有想到解放军会大部队穿插到他们的纵深后方。当解放军第二兵团从胡部第一一九军侧翼通过插向后方并向胡部发起攻击时，第一一九军军长王治岐开始还认为是中共地方部队同他们的搜索部队遭遇；李振则认为是解放军武工队趁夜袭扰。这一情况报告给坐镇宝鸡负指挥总责的裴昌会时，他也不相信解放军大部队已穿插到其军队后方，令其部下各军不要为中共少数部队的扰乱而影响全盘计划。胡宗南也电令前方各军不准后撤。胡宗南在7月11日的日记中，写道："彭'匪'一部袭击陇南兵团（按：指第一一九军王治岐部），而王治岐报告，为赵伯经散匪。"[1]

在解放军第二兵团奋勇猛插胡部后方、断其后路后不久，解放军第十八兵团主力附第七军，分3路，从咸阳一线，由东向西，对胡部各军发动正面进攻。深入敌后的解放军第二兵团的各军随之也向胡军发动攻击。胡宗南部在渭河北的3个军这才发现已陷入解放军前后夹击的包围之中。胡宗南在7月11日夜11时得到参谋长罗列的紧急报告，要求将在渭河北岸的部队迅速连夜西撤，但胡宗南还在犹豫，要与裴昌会协商。"夜十一时罗列电话。拟将渭北部队，连夜西撤。答：与裴昌会商定"[2]。

① 胡宗南：《胡宗南先生日记·1949年7月11日》，台北："国史馆"，2015年，下册，第132页。
② 胡宗南：《胡宗南先生日记·1949年7月11日》，台北："国史馆"，2015年，下册，第132页。

军情战况瞬息万变，急如星火，时不我待。在胡宗南与裴昌会商定后，7月11日深夜。胡部第十八兵团司令官李振急令各军西撤。这时第一一九军早就先逃。第六十五军、第三十八军及第十八兵团部沿陇海铁路向宝鸡急退，于7月12日拂晓到达罗局镇。在这里，他们遭到比他们早到仅数小时、刚占领罗局镇制高点及其附近阵地的解放军第二兵团第四军的顽强阻击。李振指挥所部，先以第六十五军，后以第三十八军，轮番冲击10余次，终未突破。这时，第十八兵团的右侧后又遭到解放军第二兵团第三军与第六军的猛烈冲击。到7月12日中午，李振的第十八兵团部及第六十五军、第三十八军与第一一九军残部，全部被压缩在午井镇以西、高王寺以南、罗局镇以东之渭河河滩，伤亡惨重，指挥混乱，军队溃散。到这天下午3时，李振与第三十八军军长李振西见解放军发动总攻，所部无法阻挡，西撤、北退都已不可能，只得下令全军丢掉所有重武器，各自为战，渡过渭河，从郿县逃回宝鸡。但当各军溃退官兵逃至渭河边时，才发觉没有渡河工具，只得仓皇泅渡，在混乱中淹死与失踪者不计其数。

胡宗南在7月12日的日记中，写道："渭河北岸李振兵团被围，情况紧张。"[①]

就这样，胡宗南在扶、郿一带布防的致命弱点，一个接一个暴露出来：先是在防线北部侧翼，让解放军钻隙穿插包围；接着在李振等部被包围后，又不能及时派出预备队增援；再接着当李振残部不得不渡渭河逃跑时，却又未及早准备渡河工具；更为严重的是，当李振部残部九死一生仓皇泅渡过渭河后，等待他们的却是解放军的枪口。

原来，在7月11日，当渭河北的李振部遭到解放军第二兵团与第十八兵团前后夹击围歼时，在渭河南岸布防的胡宗南部两个军，也遭到解放军的攻击：在第一线的第九十军陈子干部在横渠镇一线遭到解放军第一兵团的袭击。第九十军之第六十一师陈华部被歼一个团后，仓皇逃入秦岭；归第九十军指挥的第七十六军二十四师也被歼过半；第九十军军长陈子干带着第五十三师，利用五

① 胡宗南：《胡宗南先生日记·1949年7月12日》，台北："国史馆"，2015年，下册，第132页。

丈原以西的复杂险峻的地形，逐步掩护撤退，得以逃回宝鸡。至于在渭河南岸郿县担任第二线防御与休整的第三十六军刘超寰部，在听到第一线的第九十军遭到解放军袭击、向后溃退的消息后，根本未参加战斗，就逃入秦岭山中。

因此，当7月12日下午渭河北岸的李振部等3个军残部约1万多人，渡过渭河，到达南岸时，胡宗南部在南岸的第九十军与第三十六军都已撤走，解放军第一兵团王震部于黄昏时占领郿县，控制河滩，当即被俘8000多人。李振、李振西等高级将领，有的负伤，钻入高粱地潜逃，有的在士兵的扶持下，潜游到渭河下游，由空隙中偷上岸，在稻田中爬行，经历种种磨难，才逃回宝鸡。[1]

胡宗南在7月13日的日记中，写道："李振于下午被迫南渡渭河，六十五军、三十八军，蒙受极大损失。黄昏李振到宝鸡通电话。"[2]

但宝鸡也处在危急中。解放军乘胜追击，第二兵团许光达部在占领凤翔后，于7月14日占领宝鸡；第一兵团王震部于7月14日攻占宝鸡南面的益门镇。裴昌会率领残兵败将，南逃过大散关，入秦岭山中的凤县双石铺，才得以安身。

1949年7月14日扶郿战役结束。

总计扶郿战役历时约5天，胡宗南部被歼4个主力军共44000余人[3]，丢失武功、扶风、周至、郿县、岐山、凤翔、宝鸡等8座县城，被完全赶出了关中地区。这是胡宗南又一次惨重的失败。这一战役使西北战局发生了根本变化：解放军由相对优势一变而为绝对优势，并完全掌握了战争的主动权；胡宗南部则在各方面都处于绝对的劣势，兵力严重削弱，军心更加涣散。胡部已丧失了战役进攻的能力，只能龟缩在陕南，依靠秦岭的险峻地形以苟延残喘了。

---

① （1）李振：《第十八兵团扶郿战役惨败记略》，原国民党将领的回忆：《解放战争中的西北战场》，北京：中国文史出版社，1992年1月，第417页。（2）李振西：《扶郿战役经过及国民党军队的溃败》，原国民党将领的回忆：《解放战争中的西北战场》，北京：中国文史出版社，1992年1月，第424页。

② 胡宗南：《胡宗南先生日记·1949年7月13日》，台北："国史馆"，2015年，下册，第132页。

③ （1）姚夫、李维民等编著：《解放战争纪事》，解放军出版社，1987年6月；（2）王清魁编：《中国人民解放军战役集成》，解放军出版社，1987年12月。

胡 宗 南 全传

· Biography of Hu Zongnan

第十章

汉 中 徘 徊

（一）退守秦岭 ——"中国的马其诺防线"

1949年7月10日至14日的扶郿战役后，胡宗南部被赶出关中，全军被迫退入秦岭以南的陕南地区与陇南地区。

面对新的形势，胡宗南只得调整与制订新的军事计划：依靠秦岭的险峻地形，建立强固的秦岭防线，置重点于川陕公路两侧与汉水河谷，防堵解放军从关中与豫西、鄂西等方向的进攻，经营陕南与陇南各县，建立起以汉中（南郑）为中心的军政基地，既屏蔽大西南，又待机向关中与中原反扑。

秦岭山脉自古即称天险。它位于渭水以南，汉水以北，西接甘肃的岷山与麦积山，东接河南的伏牛山，绵延1000余华里，纵深400余华里，群峰耸立，山高林密，人迹稀少，鸟兽出没，主脉有凤凰山、太白山、终南山，平均海拔2000多米，最高峰达3700多米。尤其是北坡多断层，悬崖绝壁，鸟兽难度。除一条蜿蜒于峡谷中的川陕公路外，从关中到陕南的千里大山中，只有几条古驿道可通单骑，真是"一夫当关，万夫莫开"。

胡宗南对秦岭的险峻及其军事意义一直十分重视。他早就以陕南汉中作为关中的后方基地，并对在秦岭布防做好种种准备。他率部退入陕南后，即令各军破坏与封锁所有道路，设置了纵深的路障，依山据险构筑防御工事，控制了各险要据点，从而建立起强固的秦岭防线。胡宗南与西安绥署是十分自负的。西安绥署副参谋长沈策得意地对各军、师长们说："我军主动由关陇地区撤守秦岭山岳地带，是西北战场在战略上的重大决策。秦岭山峦重叠，坡陡无路，到处可以据险扼守，居高临下，俯视秦岭以北广阔平原，使敌人一举一动都暴露在我守军眼前，寸步难行。我军则进可攻，退可守，利用这一天险，整训部队，养精蓄锐。如敌人胆敢继续西进，深入腹地，我们伺机而出，腰击敌军，一举可以收复关中地区。"他甚至说："以秦岭为屏障，可以誉之为中国的马其诺防线。入冬封冻后，敌人要妄想攀登，冒险偷袭，我军不用开枪射击，用木棒石头就可以击溃敌人。我军守住秦岭，则陕南、川北以至成都平原，大可高枕无忧"①。沈策的这套不无浮夸的讲话在很大程度上代表了胡宗南当时的想法。

扶郿战败后不久，胡宗南偕同西安绥署参谋长罗列等人，来到凤县双石铺第五兵团裴昌会的司令部，召开军事会议，检讨总结扶郿战役的教训，调动与撤换一些军、师的长官，调整与加强各地防务。

胡宗南对裴昌会的忠贞与指挥能力产生怀疑。他在这时当然不会知道裴昌会在驻防宝鸡时，已经通过他过去的老部下李希三，秘密地与中共方面接洽；② 但胡宗南以裴昌会不是黄埔嫡系，在这危急存亡之秋，让裴昌会在前线指挥胡部主力第五兵团各军，胡宗南越来越不放心。胡宗南从汉中动身来双石铺时，就决定调裴到后方去休息，撤掉他的第五兵团司令官职。但因还未准备好，胡到双石铺后，对此事提都没有提，也没有追究他指挥扶郿战役失败的责任，只是对裴说："好好养病……"，就回汉中去了。

胡宗南陆续下令撤换的军长有：第九十军军长陈子干去职，由周士瀛继任；第三十六军军长刘超寰去职，由朱仙墀继任；第五十七军军长徐汝诚去职，由冯龙继任；第十七军军长杨德亮因失守子午口被撤职，由周文韬继任；第二十七军军长李正先与第六十九军军长谢义锋因安康战败，被撤职，谢义锋还被短期关押，第二十七军军长由原三十八军副军长刘孟濂升任，第六十九军军长由胡长青担任，第三十八军副军长由施有仁继任。以上新任将领中，有些

---

① 李振口述：《我率国民党第十八兵团起义前后》，成都市政协文史资料研究委员会编：《成都文史资料选辑》第23、24辑。

② 裴昌会：《从撤出陕西到川北起义》，全国政协文史资料研究委员会编：《文史资料选辑》第23辑，第13～14页。

是从北平逃出的胡宗南旧部，有些是从台湾、广州新调派来胡宗南部的。

如新任第六十九军军长胡长青，原是胡宗南的老部下。他是湖南省临湘县人，1907年10月2日生，1925年考入黄埔四期工兵科，1926年10月毕业后，被分配到第二十四师（原第四军独立团扩编）叶挺部，任工兵连的排长；1927年8月随部参加南昌起义，但在起义部队南下时，他只身脱离部队，回老家；1928年投靠胡宗南。胡宗南见胡长青相貌堂堂，是黄埔军校的学弟，又与自己同姓，分外看重，先让他任通讯参谋，接着资助他考入陆军大学第九期，待其毕业后，委任其为第一师独立旅少校营长；过1年，升其为第二旅中校参谋主任；1935年，任第一师参谋处上校处长。胡长青对胡宗南感激不尽。1937年7月抗日战争爆发后，胡长青任第一旅副旅长，参加淞沪会战，身先士卒，受伤后仍奋战不退。胡宗南爱其才，调其离开火线，任补充旅第二团团长。1938年2月，胡长青升任补充旅少将旅长，继又调任第二十四师七十二旅旅长。1938年9月，他以第八师副师长的身份，调往第七军分校，先后做过第十六期入伍生团团长、第四总队总队长。1942年4月1日，胡长青调任第四十五师师长。在1943年太行山陵川与日军作战中，四十五师溃败，胡长青羞愤自戕，被救活。胡宗南为其整补部队。后胡长青部奉调归第五军邱清泉部。1948年，胡长青任第九十九军军长，参加徐蚌淮海战役，1949年4月，退守安徽宣城，担负湾址至青弋一线的江防。1949年4月20日夜，解放军发起渡江战役，第九十九军溃散，胡长青再次自杀未死，先后被送往上海、广州治疗。7月，他在广州接到胡宗南的邀请，于9月到达汉中就职。

胡宗南对刚打败仗的第十八兵团司令兼第六十五军军长李振与第三十八军军长李振西，不仅不责难，反而表示关心与慰问。他对李振说："没有关系，我们再来，不要气馁。部队的损失马上补充，你要人有人，要装备有装备，赶快把散失官兵收容起来，集中整补。"① 这是因为这两个军虽不是胡的嫡系，

---

① 李振口述：《我率国民党第十八兵团起义前后》，成都市政协文史资料委员会编：《成都文史资料选辑》第23、24辑。

但李振的第六十五军多是广东人，进入北方后抱成一团，较有战斗力；李振西的第三十八军原是杨虎城旧部，但经胡宗南多年整补渗透，也为胡牢牢控制，也很有战斗力。在胡宗南部其他各军，除第一军陈鞠旅部外，多残缺不全，第六十五军与第三十八军的战斗力就更为胡宗南所重视。

同时，胡宗南重新调整部署了各军、师的防地：调出第一军到川陕公路正面防守；以第十八兵团防守陇南，第十八兵团部与第六十五军驻徽县，第九十军驻成县，第三十八军驻两当；以第五兵团的第三十六军、第十七军、第二十七军及第四十八师等部担负秦岭中部防线；以盛文统一指挥第三军与第九十八军，共同防守安康、石泉汉水河谷地带；以王治岐的第一一九军防守甘肃武都；其他各军撤至汉中与川陕交界的大巴山一线整补。

胡宗南为安定军心，稳定地方，着意整顿军政与地方行政，采取了如下一系列措施：

在嫡系部队各军中开展"四公运动"，即"经济公开，人事公开，军事公开，意见公开"①，借以团结军心，振奋士气，严肃军纪风纪。

在南郑城北郊石堰寺重设"西安绥署干部训练团"，胡宗南自兼团长，以丁德隆为副团长，袁朴任教育长，周士冕任政治特派员兼党政训导处处长，李犹龙为副处长，轮流抽调各军中营、连长以上军官到干训团受训，进行精神灌输，坚定反共意志。胡宗南并规定干训团中主训与受训人员，一律同穿同吃，甘苦与共，"只有职位的区别，无等级的悬殊"，如上山砍柴，上从教育长，下至每一个学员，无不自砍自担，不得强使别人代劳。胡宗南企图以此举影响全军，鼓舞斗志。②

为储备干部，能不断充实军队战力，又以各战役后编余军官约1500多人，编为"干部储训团"，以原第九十军军长陈子干为团长。后来"干部储训团"

① 陈华（时任胡宗南部第九十军第六十一师少将师长）：《蒋军六十一师跟九十军在秦岭左侧的防守和撤退川西的回忆》，陕西省政协文史资料委员会编：《陕西文史资料选辑》第13辑。
② 曾扩情：《川陕甘边区绥靖主任公署的反共措施》，陕西省政协文史资料委员会编：《陕西文史资料选辑》第13辑，第306页。

改称"干部大队"。胡宗南又令各军选送军士，合计1000余人，编为"军士学员大队"；令将从西安各中学带出的3000多学生，以及在汉中召募的学生1000多人，连同原西安翠华山学校的学生大队1000多人，合编为"学生总队"，以王应尊为学生总队长。以上各单位后都编入"干训团"，统一实施军政训练。

为进一步加强对陕南地方行政的控制，令陕西省政府主席董钊将陕南的两个行政专区，重新划分为四个行政专区：汉中两个专区，一驻汉中（南郑），一驻城固；安康两个专区，一驻安康，一驻石泉。胡宗南指示强化各级行政组织，推行党政军民一元化领导，对所在地区调查编制户口，征收田赋捐税，征集兵役人员，改编与扩充地方保安团队；还令省政府有关厅局抓紧架设各地电话专线，整修公路，准备冬季军服。胡宗南甚至令省政府地政局举办为期一个月的地政人员训练班，企图在陕南地区迅速推行"土地改革"①，与中共针锋相对地争夺农民的拥护。

为进一步动员陕南与川北地区的财力、物力与人力支援战争，在南郑设立"动员指挥部"，以西安绥署副参谋长沈策为主任委员，陕西省政府秘书长蒋坚忍为副主任委员，各行政区专员均为委员，实施组织民众、空室清野、支援胡军、破坏资敌等一系列活动。

胡宗南还指示各地积极地扩军，将各地方政府的保安团队与各种地方武装不断改编上升为正规部队，调拨给各主力军；然后令各地方政府重新编组新的保安团队与地方武装。

胡宗南控制与经营的以汉中为中心的陕南、陇南地区，自古就是战略要地，它既是由关中通往巴蜀的咽喉要道，也是由四川北入关中的前进基地。三国时人杨洪说："汉中则益州之咽喉，存亡之机会，若无汉中，则无蜀矣"②。清代地理学家顾祖禹也指出，汉中乃系"关中川陕之安危，立国于南

---

① 白荫元：《国民党陕西省政府撤退汉中片断回忆》，陕西省政协文史资料委员会编：《陕西文史资料选辑》第13辑，第299页。

② 陈寿：《三国志·蜀书》卷11。

北者所必争也"①。胡宗南控制这一地区，对于正败退中的国民政府，意义则更为重大。

当时国民政府已失去了全国大部分地区，在大陆只剩下湖南、广东、广西与西南、西北诸省；军队精锐主力丧失，残存的全部兵力仅约150万人，分散在广大地区。国府当局企图以白崇禧、胡宗南两个军事集团为骨干，联络四川、云南、贵州的地方势力，利用两广和西南地区的地理和政治条件，阻止与反击解放军的进攻，建立稳定的基地：第一步，以白崇禧集团与粤军余汉谋部，组织湘粤联防，阻止解放军向两广进军，部署西南的掩护；同时以胡宗南、宋希濂等部扼守秦岭、大巴山、武陵山，阻止解放军入川。第二步，如湖南、广东不守，则白崇禧部退入广西，与四川的胡宗南互为呼应，联络云贵军阀，力保大西南。而胡宗南部据守的陕南汉中地区，既是卫护四川与西南的北部屏障，又是从四川向西北、华北与华中反攻的前进基地。因此，蒋介石以国民党总裁身份连电胡宗南，要其坚守秦巴防线；行政院院长阎锡山在广州于8月8日公开发表胡宗南兼任"川陕甘边区绥靖公署"主任，便于胡部对陕南、陇南、川北广大地区实行统治。

然而，使胡宗南不解的是，解放军在1949年7月中旬取得扶郿大捷、占领了整个关中地区后，却没有乘胜南下进攻汉中、夺取这个战略要地，只留下第十八兵团的第六十军与第六十一军两个军，对秦岭胡军监视，以主力西向，于8月初占领天水，继续向甘肃兰州与宁夏进军。胡宗南于是错误地判断，解放军因惧怕秦岭天险易守难攻因而暂缓南进。

胡宗南在这时完全不知道，雄才大略的中共中央主席毛泽东，早就策划，以大部队从贵州、云南，大迂回，大包抄，围歼整个西南地区的国民政府军。早在扶郿战役前的6月27日，他从全国大局着眼，对解放军第一野战军司令员彭德怀作了这样的指示："拟乘胜追击胡宗南至汉中、广元也不适宜"，因为这时，"国民党中央政府正准备从广州迁往重庆，为使伪府放心迁往重庆，而不

---

① 顾祖禹：《读史方与纪要》卷56。

迁往台湾，以及使胡匪不致早日入川起见，你们暂时似不宜去占汉中，让汉中留在胡匪手里几个月似较有利"①。1949年7月16日，毛泽东为中共中央军委起草致解放军四野林彪、邓子恢、肖克并告二野刘伯承、张际春、李达电中，重申其在5月23日关于解放军各部向全国各地进军的路线、地区与任务，指示"远距离包围迂回"的作战战略与方法，其中具体部署：刘伯承、邓小平的二野迅即从华东战场调往湘、鄂西，准备从东、南面攻入四川东、南部，贺龙率领第十八兵团等部则从陕南攻入四川西部，形成对四川、陕南国民党军的包围："刘、邓共五十万人，除陈赓现率之四个军外，其主力决于九月取道湘西、鄂西、黔北入川，十一月可到，十二月可占重庆一带。另由贺龙率十万人左右入成都。由刘、邓、贺等同志组成西南局，经营川、滇、黔、康四省。"②中共方面在部署这个大的战略行动期间，决定暂将胡宗南军事集团滞留在汉中地区。

因此，从1949年7月中旬扶郿战役后，直至8月中，秦岭沿线没有发生大的战事，相对平静了近两个月。

但是，胡宗南的内心却一直不平静。他对防守陕南汉中地区与陇南地区，虽然表面上气壮如牛，大言磐磐，整军经武，整顿地方，俨然要做个"汉中王"；但他从自己几十年的军旅生活以及与"中共"军队多年作战的经验中认识到，要想长期依靠秦岭与汉水防御解放军的攻击，那是不可能的；而陕南一隅之地，难以长期坚守，尤其是如果川、贵防线被解放军突破，后方动摇，则防守陕南不仅毫无意义，而且将陷入前后受敌的险境。以目前解放军正以破竹之势横扫江南，8月4日，长沙的湖南省政府主席程潜与第一兵团司令官、胡宗南的黄埔一期同学陈明仁，率部投共，湖南和平解放，解放军从鄂西、湘西，逼近四川与贵州的东部，川、黔危险局势的到来当为期不远。四川一失，陕南则危矣，到那时再谋求出路则为时已晚。因此，现在就必须要未雨绸缪，及早

---

① 转引自郑维山（时任解放军第十九兵团第六十三军军长）：《从华北到西北》，北京：解放军出版社，1985年，第338页。

② 毛泽东：《采取远距离包围迂回方法追歼白崇禧部》（1949年7月16日），《毛泽东文集》第5卷，北京：人民出版社，1996年，第309页。

寻找退路，为胡部20多万大军寻求一个万全之策。

这"万全之策"的退路到哪里去找呢？

（二）与宋希濂密谋移军滇缅边界

1949年8月6日晚，胡宗南在汉中突然接到宋希濂从重庆打来的长途电话。他告诉胡宗南，他刚刚在重庆西南军政长官部结束公务，要在第二天乘飞机来汉中，与他协商当前军政问题。

宋希濂当时担任川湘鄂边区的防卫指挥官。国府当局为了阻止解放军入川，以川陕甘边区绥靖公署主任胡宗南部3个兵团14个军，约16万人，布防于秦岭、汉中、川北与陇南一线，对北面做重点防备；以西南军政长官张群所辖23个军，约30万人，布防鄂川黔边一带，其中川湘鄂绥靖公署主任宋希濂部2个兵团8个军，约10万人，控制于巴东、恩施、咸丰之线，作为西南防守的前进阵地；川陕鄂边绥靖公署主任孙震

宋希濂

部3个军，约4万人，控制巫山、巫溪及万县、忠县一线，屏障川东北；其余兵力则散布于川、黔各地。

胡宗南十分欢迎宋希濂在这时来与他共商机密。这不仅是由于他们两人是黄埔一期的同学，又一同为国民党蒋介石带兵打仗多年，在抗战期间还一同在第三十四集团军共事过，胡为集团军总司令，宋为副总司令；而且更为重要的是，目前两人的地位与境况十分相似：胡宗南为川陕甘边区的最高军事长官，指挥所部，防守西南地区的北方门户；宋希濂则是川湘鄂边区的最高军事长官，指挥所部，防守西南地区的东方门户。这两个统兵大员共掌握着约30万军

队，几乎占有当时国民政府在西南地区总兵力约90万人的三分之一以上。目前两人又都面临着解放军即将发起的强大攻击，无法抵御，西南即将不保。两军今后何去何从，有何善策可以求得生机，是他们两人都在苦心思虑、无法摆脱的难题。

胡宗南对这位比自己年轻11岁的老同学十分赏识，希望从与他的商谈中得到满意的答案。

1949年8月7日下午1时半，宋希濂搭乘一架军用运输机到达汉中机场。胡宗南亲自率领一些部下到机场迎接，将宋希濂接到自己驻地。晚饭前，下午5时半到7时半，胡宗南及李文、李铁军、罗列等人与宋希濂先一般地作了交谈。晚10时以后，胡宗南就与宋希濂单独密谈，只在有需要时，将参谋长罗列叫进来谈一会儿。密谈一直继续到深夜12点多。胡称他们的密谈"水乳交融，情投意洽"①。

开始1个多小时，胡、宋回顾总结了国民政府北伐胜利建都南京以来20多年统治的失败：在政治上，没有做出一点成绩，贪污成风，腐败无能，弄得民怨沸腾，民变蜂起；经济上没有一点建设成就，而且弄得通货膨胀，物价飞涨；党务上更是一团糟，国民党员号称几百万，毫无组织力量；军队则是内部矛盾重重，中上级军官大多腐化堕落，士气消沉，指挥紊乱。胡、宋一致认为，正是上述种种，是3年来失败到目前这般地步的重要因素。

接着，胡、宋两人就目前有关的国际国内形势，特别是今后的出路，提出了几个重点问题，进行了长时间的讨论协商。

他们讨论的第一个问题是：第三次世界大战是否会于短期内爆发？胡、宋二人看法一致，认为短期内爆发第三次世界大战的可能性很小。因为在几年前刚刚结束的第二次世界大战中，英、法、苏等国损失惨重，绝非短期内所能恢复；美国损失较小，但美国政府也不会、同时也不可能发动一场大规模的对外战争。各国人民更是厌恶战争。在这样的情势下，世界大战打不起来。胡、宋

---

① 胡宗南：《胡宗南先生日记·1949年8月7日》，台北："国史馆"，2015年，下册，第137页。

都明白，国民政府若将扭转形势的希望寄托在第三次世界大战的爆发上，是不现实的，也是必然要失败的。

他们讨论的第二个问题是中国共产党内部是否有分裂的可能？因为扭转形势的希望既不能寄托在国民党自己身上，又不能寄托于第三次世界大战的爆发，借助国际盟邦力量，那就只能在敌人身上打主意了。但宋希濂从抗战时期到国共内战期间，先后在滇缅远征军与新疆工作多年，极少与中共方面打交道，因而对中共方面了解较少，谈不出多少。胡宗南则同中共在陕西打交道与交战多年，自认为对中共了解不少。他认为目下中共内部有分裂的可能，理由是：一、中共内部过去并不团结，如1938年中共领导人之一的张国焘就从延安偷跑出来，经西安到武汉投奔国民党，就是一个实例；二、抗战时期共产党内部整风，听说斗争很激烈，许多人受不了，常从陕北跑出来，胡宗南在西安接纳了不少这种人；三、"中共"利用抗战的机会，发展了许多游击根据地，各个地区都是各自为政，现在这些力量壮大了，必然想造成自己的独立王国，互相摩擦，互争雄长，将是不可避免的。宋希濂听了半信半疑。

他们讨论的第三个问题是，就目前形势，国民政府能否保有西南、华南与台湾等地？胡、宋估计当时"中共"军队正规部队约有400万人左右，再加上地方兵团及民兵等组织，可能达到1000万人。中共拥有这样强大的军事力量，必然很快就要向各地进军来统一全国。而当时国民政府军队仅存100多万人，散布在新疆、甘肃、陕南、四川、贵州、云南、湖南、鄂西、广东、广西直到台湾的广大区域内，无论就军队数量和战斗力来说，都无法在任何地区进行决战。因而，在大陆地区——无论是华南还是西南，都势将保守不住。但台湾、海南岛、舟山群岛等地，则可保持下去，或至少可以保存一个时期。因为"中共"军队要进攻这些地区，必须要有相当的海、空军力量。而中共方面当时还没有海、空军，若要建立有战斗力的海、空军，至快也要三五年。

在西南地区，"中共"军队必将很快向这里发动攻势。而在这一地区，在国民政府西南军政长官公署指挥下，从陕南、陇南、四川、西康直到贵州、云南的广大区域，国民政府军队总兵力只有90万人左右。这些部队，大部是从前线败退下来的残兵败将，再紧急补充或重新组建，装备不全，士气低落，尤其缺乏训练，战斗力脆弱。西南地区又交通艰难，除一些公路外，没有一条铁路。国民政府方面要想集结兵力在某个地区来进行决战，是完全不可能的。

这是胡宗南与宋希濂在当时对面临的形势比较冷静与客观的认识。他们的这种认识平时都埋在心里，决不会在部下面前流露，只有在这种特定情况下，才向少数亲密的挚友与同僚畅吐无遗。

胡宗南与宋希濂二人既然认识到"中共"军队不久就会向西南进军，而且首当其冲，是要向他们二部的防地发动攻势，而他们也认定自己没有力量进行决战与阻止解放军的进攻，当然，他们二人也不愿所部坐待消灭，更不肯向"共"军投诚。那么，他们二部面对如此形势与处境，该采取怎样的行动，寻找怎样的出路呢？

这是胡宗南与宋希濂二人商谈的最重要的问题，是会谈的焦点，讨论的时间最长，讨论得最细致。

二人最后商定：目前胡、宋二部最重要的关键之点是：要保存实力，静待时机。而这必须设法避免使部队被"共"军包围消灭，在"共"军尚未向西南采取大规模军事行动以前，就设法将二部主力后撤转移到一个较安全的地区去。

转移到什么地区？宋希濂在抗战期间曾率远征军驻滇西三年多，还入缅作战，对滇缅边区的情形较为熟悉。因而，他提出了将主力转移滇缅边区的方案：

第一步，应先控制西康和川南，作为逐步向滇缅边区转移的基地。

第二步，候"共"军开始向西南进军时，应立即以主力转移至滇西之保山、腾冲、龙陵、芒市一带，以一部转移至滇南的车里、佛海（现称西双版纳）一带。

如将来再受"共"军压迫时，则以主力退入缅甸，以一部退到滇、缅、泰边境。为顾虑到缅甸政府可能采取拒绝入境及敌对行为，必须具有击破缅军的决心和力量。因此在转移时，必须尽最大的努力保存现有的重武器如战车及重炮、山炮等。

根据这个方案，首先要求：由胡部设法抽调约1个军的兵力开驻川南的乐山、峨眉、新津等县，准备进入西康；由宋部抽调一部分兵力开驻泸州，为将来主力经由盐津、昭通、会泽等地开往滇西做好准备。为使这个计划得以顺利实施，应先解决刘文辉以控制西康，并以西昌作为第一个根据地。

宋希濂将此方案的概要向胡宗南说明后，胡宗南听了非常赞同。胡从座位上跳起来拍着宋的肩膀，兴奋地说："老宋，这个计划好极啦！"[1]

胡宗南认为，撤军滇缅边界方案，使穷途末路的他们终于找到了希望的出路。胡在当日的日记中，写道："宋意连孙（元良）黄（杰）西康及滇西（李弥、余程万），必不得已，亦可走缅甸，而不至穷无所归也。"[2]

胡宗南与宋希濂商定，等蒋介石由台湾飞来重庆时，他们就将这个方案当面向蒋陈述，求得蒋介石的同意后，就开始部署撤军行动。

第二天，1949年8月8日9时，宋希濂飞离汉中，胡宗南"欢送于机场"[3]。

不久，胡宗南与宋希濂都按照他们商定的撤军滇缅边界的方案，进行了一些准备工作：胡宗南以接受与训练新军为名，开了一些所辖部队到川西地区；宋希濂则指派所辖第七十九军的新兵总队，约4000多人，开赴川南泸州训练，并暗示所辖各军，将后方留守处设在泸州。[4]

1949年8月8日，胡宗南接到广州国民政府行政院院长阎锡山的电令，让他"兼川陕甘边区绥署主任，而将陇南王治歧、周嘉彬、黄祖壎三军，编组为第七兵团，归余指挥"。胡甚为满意，称："如此措置，尚有可为"[5]。

（三）反扑宝鸡再遭失败

1949年8月中旬，正当胡宗南筹划撤军滇缅边界时，他突然接到蒋介石与广

---

[1] 参见宋希濂：《鹰犬将军——宋希濂自述》，北京：中国文史出版社，1986年，第299～303页。按：宋希濂的回忆中，将他去汉中的日期误记，本书依《胡宗南先生日记》订正。

[2] 胡宗南：《胡宗南先生日记·1949年8月7日》，台北："国史馆"，2015年，下册，第137页。

[3] 胡宗南：《胡宗南先生日记·1949年8月8日》，台北："国史馆"，2015年，下册，第137页。

[4] 宋希濂：《鹰犬将军——宋希濂自述》，北京：中国文史出版社，1986年，第303页。

[5] 胡宗南：《胡宗南先生日记·1949年8月8日》，台北："国史馆"，2015年，下册，第137页。

州国民政府国防部的电令，要他趁西北解放军主力西进甘肃、围攻兰州之时，出兵进攻宝鸡，截断陇海线，威胁西兰公路与关中地区，扰乱解放军入甘部队的后路；然后再以三四个军的兵力，进出天水，向秦安、通渭前进，袭击解放军入甘部队，策应马家军作战。

1949年8月白崇禧（左）、李宗仁（右）在广州合影。

　　胡宗南接到上述电令时，知道当时蒋介石与广州国民政府国防部也在部署其他战场的反攻：华中的白崇禧部从衡阳、宝庆向湘潭、长沙反攻，东南的汤恩伯从厦门向福州反攻，川湘鄂的宋希濂部向宜昌反攻。广州国民政府命黄杰重组湖南省政府，担任湖南省政府主席兼第一兵团司令官和湖南绥靖总司令。

　　胡宗南一度又兴奋起来。他与西安绥署研究，认为解放军主力西进甘肃，在宝鸡一线兵力薄弱，正好乘此时机收复，遂下达作战命令：

　　以防守大散关一线的第三十八军军长李振西，指挥该军的第五十五师黄家瑞部、第一七七师张玉亭部以及第三十六军的第一二三师雷震部、骑兵第二旅吕纪化部和重炮营，向宝鸡进攻。

　　以第十八兵团司令官李振指挥驻防陇南的第六十五军与第九十军以及机动

使用的第一军与第二十七军，共四个军的兵力，在等李振西部攻占宝鸡后，即向天水进攻。

胡宗南规定以上各部，统归第五兵团司令官裴昌会指挥。

进攻宝鸡的行动还没有开始，胡宗南接到报告，胡部在陕南地区东部安康、石泉的防地，却先遭到了解放军第十九军刘金轩部的进攻。这是解放军为牵制胡部北犯宝鸡，保障进攻兰州大军的侧翼安全，而主动发起的佯攻。盛文指挥第三军与第九十八军都是新编部队，战斗力弱，抵挡不住，连电告急。在重庆的西南军政长官公署主任张群与副主钱大钧决定，调派任川东北防守的第七编练区司令官兼第一〇八军军长罗广文，率两个军到汉中增援安石防线。但罗广文对胡宗南吞并异己存有戒心，提出所部不脱离西南军政长官公署的建制，给养、弹药的补给也由重庆第四补给区直接负责，对胡宗南部只是支援，一旦解围，立即回川，不再请示。这对胡宗南无疑是很伤面子的事。胡宗南拒绝接受这两个条件，形成僵局。西南军政长官公署特派代参谋长刘宗宽，于8月24日乘专机飞到汉中，对胡宗南协商说服，方才使胡宗南勉强答应。①

在反攻宝鸡战役发起前夕，1949年8月24日，胡宗南接到重庆来电，蒋介石于当日从台湾经广州飞抵重庆，要胡宗南立即赴重庆参加军事会议。胡宗南于8月25日飞离汉中。

1949年8月26日拂晓，胡宗南部反扑宝鸡的战役行动开始了。首先，由李振西指挥各部，兵分三路，向宝鸡一线进攻，部署如下：

第三十八军第五十五师黄家瑄部为中路，担任正面进攻，沿川陕公路出大散关，攻占益门镇后，渡渭河，直犯宝鸡。

第一七七师张玉亭部为西路，由黄牛铺，经宽滩渡渭河，占领固川车站，截断宝鸡以西铁路，策应第五十五师占领宝鸡。

第三十六军的第一二三师雷震部为东路，由进口关，经宝鸡以东杨家岭地

① 刘宗宽：《我在国民党西南军政长官公署的工作和见闻》，全国政协文史资料研究委员会编：《文史集萃》第四辑，北京：文史资料出版社，1984年10月，第107～108页。

区渡渭河，占领虢镇与卧龙车站，截断宝鸡以东铁路，切断宝鸡与西安之间的联系。

骑兵第二旅吕纪化部集中黄牛铺、隘口及其以北地区，作为总预备队。①

三路进攻部队没有遇到解放军的有力抵抗，顺利向前进展。到1949年8月28日，东路第一二三师进抵杨家岭、高级河、小寨，迫近渭河；中路第五十五师进抵益门镇一线；西路第一七七师进抵东岔河，一部已渡过渭河。

正当李振西向裴昌会报告，前线进展顺利，证实了他们在战前的估计，解放军在宝鸡一线兵力薄弱，宝鸡收复在即时，裴昌会突然得到后方紧急报告：解放军强大兵力已迂回穿插到他们的后方，深入秦岭腹地深山，于8月29日围攻击溃了在隘口地区的骑兵第二旅吕纪化部，并进一步向南，进攻川陕公路上的东河桥、黄牛铺、红花瀑与草凉驿地区，南距裴昌会第五兵团司令部所在地的凤县双石铺，仅30多华里。而北攻的李振西各部则被他们切断了退路。

接到解放军深入秦岭腹地深山的报告，在前线的李振西与在双石铺的裴昌会开始都不相信这是真的，因为这太突然、太不可思议了。然而很快就证明，这是摆在他们面前的事实。

原来，就在胡宗南筹划部署所部进攻宝鸡、天水时，担负宝鸡一线防守的解放军第十八兵团周士第部，为配合解放军主力进攻兰州，防止胡宗南部北犯，在8月中旬决定主动发起秦岭战役，集中第六十军、第六十一军共5个师的兵力，首先歼灭胡宗南部在观音堂、东河桥、黄牛铺一线的守军，然后相机攻占川陕公路上的重镇凤县，为以后南进汉中地区打开秦岭的大门。1949年8月25日，解放军投入战前准备。8月26日晨1时，在北平的毛泽东得到报告后，为中共中央军委起草复彭德怀、张宗逊并告贺龙、习仲勋电，在指示进攻兰州战事的后勤供应时，要求："为了要筹一个月或两个月的粮食及由西安接济食油、弹药及棉衣，请令十八兵团用全力向胡宗南军所在的空隙地区举行袭击，确保

---

① 何文鼎（时任第七兵团中将副司令）：《胡宗南逃蹿汉中期间的活动》，原国民党将领的回忆：《解放战争中的西北战场》，北京：中国文史出版社，1992年，第671页。

天水及西兰公路，以利运输。"①

而就在这时，胡宗南部进攻宝鸡的行动开始了。国共两军的行动就这样不期而遇。解放军第十八兵团见胡宗南部来势汹汹，即采取诱敌深入之计：以第六十一军的两个师，附兵团部的炮兵团，位于宝鸡、益门镇，担任正面防守；以第六十军主力由宝鸡以西深入秦岭，击退来犯的胡宗南部第一七七师，然后向南猛插，于8月29日占领五林子、隘口，重创胡宗南部骑兵第二旅，继续向川陕公路急进，于30日占领黄牛铺、红花瀑与草凉驿一线。与此同时，担负宝鸡一线防守的第六十一军的两个师也于8月30日从正面沿川陕公路及其两侧向南发起反击。②

面对这意想不到的战况，裴昌会与李振西既吃惊又恐慌。当时胡宗南已去重庆。裴昌会一面令前线部队紧急后撤，一面为了防止解放军从草凉驿南袭凤县双石铺裴昌会的第五兵团司令部，急将正向陇南徽县集结、路过双石铺的第二十七军刘孟廉部的一个团扣下来，用汽车输送到草凉驿增援。但该团还未到达草凉驿，就被解放军击溃。从西路撤退下来的第一七七师张玉亭部所辖第五三一团被解放军包围在隘口，突围几次未成，伤亡殆尽；第五三〇团在逃经黄牛铺公路时，遭到解放军突然袭击而溃散。从中路大散关回撤的第三十八军第五十五师黄家瑄部被解放军追击，伤亡很大。该师以一部据险抵抗，掩护主力向东河桥及东南山区撤退，后来随东路的第一二三师一道，向进口关方向退却。③解放军追击部队乘势占领观音堂、天台山、秦岭垭口、东河桥、黄牛铺等据点。

解放军由宝鸡以西深入秦岭的第六十军部队，与从宝鸡反击的第六十一军部队，在东河桥、黄牛铺会师后，乘胜扩张战果：以一部继续向凤县外围进

---

① 中共中央文献研究室编：《毛泽东年谱（1893—1949）》下卷，北京：人民出版社、中央文献出版社，1993年12月，第556页。

② 王新亭（时任解放军第十八兵团副司令员）：《向西北西南进军》，成都：四川人民出版社，1985年，第8～9页。

③ 李振西（时任第三十八军军长）：《胡宗南部反扑宝鸡以溃败告终》，原国民党将领的回忆：《解放战争中的西北战场》，北京：中国文史出版社，1992年，第691～694页。

攻；以主力3个师，于8月30日深夜由黄牛铺出发，经河口洞、安河寺及杨家河等地，向东南深入攻击核桃坝、平木地区，9月1日攻占秦岭主峰凤凰山。

裴昌会与西安绥署见形势危急，急调第一军与第二十七军等部来援，配合李振西部，在河口洞、丁家坪一线布防抗击，终于遏制了解放军的攻势。这一方面是由于当时秋雨连绵，秦岭山区严寒，进入秦岭山区的解放军后勤供应困难；更由于中共中央指示该部解放军对胡部实施"拖而不打"的方针，因此，在战役目的达到后，解放军第十八兵团部于9月6日下达停止攻击的命令，回撤宝鸡一线。

胡宗南部反攻宝鸡的秦岭战役历时约10天，以全军溃败宣告结束。总计各部伤亡与逃散约万人，秦岭的第一道防线被解放军突破。进攻天水的计划只得放弃。胡宗南部各军被迫退守秦岭主脉凤岭以南，在徽县、两当、凤县、江口镇、旧佛坪以北一线山地，凭险构筑阵地设防。

这次战役也使胡宗南与国民政府军事当局更加确信解放军进攻四川的重点将在四川北线。而四川北线的秦岭屏障，胡宗南的所谓"中国马其诺防线"，已被证明并非固若金汤。

在这前后，蒋介石与广州国民政府国防部部署的其他战场的反攻也都遭到了失败。

（四）蒋介石拒绝了胡宗南的撤军方案

1949年8月24日，蒋介石以国民党总裁与非常委员会主席的身份，从台湾经广州飞抵重庆，部署川陕防务。他在重庆住了近1个月，直到9月22日才离开重庆，经昆明、广州，10月3日返抵台北。

胡宗南奉召，于8月25日从汉中飞重庆，参加军事会议。随胡宗南一道赴重庆的，有西安绥署副参谋长沈策、胡部补给区司令程开椿等。胡宗南对蒋介石亲临重庆十分高兴。他希望蒋介石长期坐镇重庆，指挥西南战事，并可有计划地组织各部军队向滇缅边界撤退。

8月28日下午，罗广文邀约胡宗南、宋希濂、何绍周、刘伯龙、郭汝瑰、陈春霖、沈策、赵秀昆等10余名带兵大员，到其重庆办事处座谈并聚餐。当时已得到消息，兰州已于8月27日失守。在大家交换了对时局的看法后，胡宗南提议，由在座人员联名请求蒋介石长期驻节重庆或成都，就近指导西南各项工作。大家一致赞同，当即推定第七十二军军长郭汝瑰与罗广文的参谋长赵秀昆两人起草信稿，再经大家讨论补充，最后正式通过。这封不足千字的呈蒋介石信，主要说明在当时形势下，西南地区的重要性及各种优越条件，应使之成为反共复兴的基地，最后一致请求蒋留驻重庆或成都指挥，"国家前途，实深利赖"等等。信缮正后，大家签了名，又推定胡宗南、宋希濂、罗广文、何绍周、刘伯龙5人前往山洞陵园见蒋当面呈交。[①]

胡宗南

但蒋介石没有接受他们的请求，"以情势有所不便，只好婉言劝慰，告以不能久居"[②]。

1949年8月29日上午10时，胡宗南携带沈策，参加了蒋介石亲自主持的西南军政长官公署军事会议。参加会议的有西南军政长官张群、副长官钱大钧及西南地区各省与各方面的党政军负责人，以及蒋介石的随员蒋经国、俞济时等。

胡宗南与蒋介石都没有想到，在这次商定西南地区防务的最高军事会议上，竟也有中共的秘密情报人员赫然在座，他就是西南军政长官公署负责作战的副参谋长兼代理参谋长刘宗宽。

---

① 宋希濂：《鹰犬将军——宋希濂自述》，北京：中国文史出版社，1986年，第307页。
② 蒋经国：《危急存亡之秋·1949年8月29日日记》，台北：黎明文化出版有限公司，1977年。

刘宗宽原是杨虎城的部下，在抗战时期曾任胡宗南第七军分校的学生总队长、暂编十五师师长等职。1941年10月，胡宗南称其"走私贩毒"，向重庆军委会密告，将其扣押，送重庆受审，被判13年徒刑。1943年12月，经郭寄峤、鹿钟麟等人担保，得以出狱就医。1945年3月，才恢复自由身份。在1943年12月，他秘密加入了"中华民族解放行动委员会"（也称第三党，1947年后改称"中国农工民主党"），这是由邓演达创立的组织，一直从事反蒋活动。抗战胜利后，1945年10月，国民政府准备还都南京，在重庆设立"重庆行营"，以行政院副院长张群兼任主任。张群委托陆军大学教育长徐培根物色一位主管军事的行营参谋处处长，徐培根遂介绍推荐了刘宗宽。1946年6月，刘宗宽入重庆行营，任少将参谋处处长。后来，重庆行营改称西南军政长官公署。1949年1月，刘宗宽升任西南军政长官公署副参谋长，代理参谋长。

如前所述，国民党与国民政府党、政、军各机关，一直没有建立起严格有效的组织人事制度与政治审查制度，用人靠引荐，靠请托，靠关系，由长官好恶，一人说了算。这就留下了很大的空隙与漏洞，使中共情报人员，以及像刘宗宽这样早就对当局不满的人，得以能够较轻易进入和长期潜伏，甚至位列机要，执掌重权，而不被觉察，从而造成极为严重的后果与影响。

刘宗宽在西南军政长官公署担任重要职责后，一直企图与中共方面取得联系。1949年5月，中共情报部门派遣刘宗宽的同乡好友房显志作为情报员，与政治交通员黄克孝一道，来到重庆刘宗宽家，对上接头暗号，接上关系。刘宗宽立即将国民政府在西南地区的军队情况，包括战斗序列、人员配备、军队素质、训练程度，以及各级重要指挥官的姓名、特征和军队部署等详细情报，还有他对"中共"军队进军西南的具体建议，由黄克孝做交通，源源不断地送往中共有关部门。①

刘宗宽还在为国民政府国防部与西南军政长官公署制定与调整西南地区的

---

① 刘同飞：《父亲刘宗宽："潜伏"背后的功勋》，《纵横》（北京）2009年第11期。

军事部署时，有意在四川省东南部留出一段空隙，为中共解放军进军西南留下一条通道。同时，他按中共的意图，诱使国民政府国防部与西南军政长官公署在情况判断与军事部署上发生错误。

这天，刘宗宽参加蒋介石亲自主持的最高军事会议，"为了借兰州解放，把国民党的防御重点由川东北移到川西北"，以利于解放军由湘西、鄂西入川，在会前就写成了一个足以迷惑蒋介石的"情况判断"文件与"情况判断"图，提出解放军在8月27日攻占兰州后，必将停止西进新疆，而利用陇海铁路之便利条件，将置重点于四川北线，从陕南与陇南两路进攻四川，"一路直接从兰州南下，经武都，出碧口；一路沿川陕公路南下，两路会成一把尖刀，直插川西平原，在四川的国民党部队，便成瓮中之鳖，四川即可垂手而得"。刘宗宽并且巧妙地说动胡宗南的副参谋长沈策，由他到会上出面作此"情况判断"报告。① 由于这个"情况判断"是把胡宗南部摆在主要防御方向上，又由沈策出面报告，因而取得了胡宗南的同意。

果然，在这次军事会议上，继西南军政长官公署情报处处长徐远举作敌情报告、作战处副处长孙伯先作国军布防与整补情况报告后，沈策接着就将刘宗宽炮制的这份"情况判断"和盘托出，而且讲得振振有词，更加浮夸。它也果然使得蒋介石和与会人员一致赞同这份"情况判断"的见解，相信解放军攻川的重点定在北线，决定由罗广文率其部第一〇八军、第一一〇军星夜从川东北开往川西北青川、平武一带布防，构筑工事，并相机向甘肃境内的白龙江方向派出前进部队，"加强胡宗南部实力，以巩固陕南防务"②。

会议最后由蒋介石作总结讲话。他说："目前形势已经稳定，形势即将好转"，再次强调坚守四川与西南的重要性。他鼓励与会人员说："有海陆空军的国家是不会灭亡的。我们现在还有100多万陆军，有相当强的海空军，绝没有

---

① 刘宗宽：《我在国民党西南军政长官公署的工作和见闻》，全国政协文史资料研究委员会编：《文史集萃》第四辑，北京：文史资料出版社，1984年10月，第109～112页。

② 蒋经国：《风雨中的宁静·1949年9月1日日记》，台北：黎明文化出版有限公司，1977年。

任何悲观失望的理由。望大家同心同德，坚定信心，坚持奋斗以争取胜利。"①

参加这次最高军事会议的蒋介石与胡宗南、宋希濂等人都没有想到，会刚开完，刘宗宽便将会议的全部情况与决策等，亲手交给房显志，由交通员黄克孝转递给中共四川省情报站站长李奋，迅速传递到中共中央军委，然后下传到各大野战军首长手中。②

这时的胡宗南却并不相信蒋介石关于"形势已经稳定"的话。胡宗南认为形势日趋危险。特别是到9月初，胡宗南得到了其部属在秦岭前线反扑宝鸡失败的报告，李振西等各部伤亡与逃散约万人，秦岭的第一道防线被解放军突破，胡军各部被迫退守秦岭主脉凤岭以南，在徽县、两当、凤县、江口镇、旧佛坪以北一线山地设防，他的上述想法更加强烈。胡宗南同意解放军攻川的重点在北线的情况判断，但他的结论却不是去加强川陕甘防线，而是加速撤军滇缅边界。

在重庆期间，胡宗南约同宋希濂，两次去山洞陵园见蒋介石，向蒋委婉陈述了他们在汉中商定的撤军滇缅边界的方案，请蒋采纳。但蒋介石听了坚决不同意。蒋介石向胡、宋二人谈了他对形势的看法与打算：

一、在当前形势下，两广恐难保持，在大陆上就必须坚守西南地区．绝不能放弃，则才能在将来与台湾及沿海岛屿相配合进行反攻；

二、如果放弃西南，则大陆完全丢失，国民政府在国际上将完全丧失其地位；

三、西南地区形势险要，物资丰富，尤以四川人力、物力均很充足，必须努力保持这一地区，成为复兴的根据地；

四、刘文辉等人虽不可靠，但由于利害关系，反共的态度是与我们一致的。现在只要他们不在后面捣乱，应设法团结他们以安其心。③

蒋介石要求胡宗南与宋希濂等部死守四川周边防线，保卫大西南，以待世界形势发生变化。胡宗南与宋希濂向蒋介石反复陈述自己的理由，认为根据当时的

---

① 宋希濂：《鹰犬将军——宋希濂自述》，北京：中国文史出版社，1986年，第306页。
② 刘同飞：《父亲刘宗宽："潜伏"背后的功勋》，《纵横》（北京）2009年第11期。
③ 宋希濂：《鹰犬将军——宋希濂自述》，北京：中国文史出版社，1986年，第303页。

形势，解放军将很快向西南进攻，国军如不避免决战，定有被全军包围以至歼灭的危险。只有先行将主力撤至康、滇、缅边界地区，保存实力，才是上策。但蒋介石不仅坚不同意，而且最后面有愠色。这样，胡、宋就不敢再说下去了。

在蒋介石领袖的权威与决断下，胡宗南与宋希濂秘密商定的撤军滇缅边界的方案，不得不被搁置了。

但胡宗南十分担心川东的防务。因为川东一旦被解放军突破，胡部在川北的防守就没有意义，而且将陷入解放军前后夹击的危险。胡宗南在重庆期间，特地抽空到川东宋希濂防区与川东北罗广文防区视察。胡宗南见到宋、罗两部防守薄弱，军心涣散，若遇解放军攻击，必将一触即溃。胡宗南更加感到自己所担心的事必将发生，心情沉重。

（五）经营大巴山防线

1949年9月中旬，胡宗南从重庆回到汉中，心情烦闷，态度失常，见部下常大发脾气。他追究反扑宝鸡失利的责任，下令正在留坝县禹王宫整补的第三十八军军长李振西，将该军第五十五师师长黄家瑄"着即军前正法，具报凭转"，后经李振西、罗列等人说情，改成撤职管押查办。① 另调安鹏秋接任第五十五师师长。胡宗南还准备撤掉第三十八军军长李振西的职务，以副军长施有仁接替，但未及实施。②

胡宗南被迫调整秦岭防线。因为解放军已突破秦岭第一道防线，深入到黄牛铺一线，胡宗南命令各部在秦岭第二线，沿凤岭一线布防，扼守各要点，苦撑3个月到冬季来临、秦岭雪封之时，掩护汉中以南大巴山防线的建立。胡宗南计划以后以大巴山为根据地，而以秦岭为游击区。

---

① 李振西：《胡宗南部反扑宝鸡以溃败告终》，原国民党将领的回忆：《解放战争中的西北战场》，北京：中国文史出版社，1992年，第694页。

② 施有仁（时任第三十八军少将副军长）：《第三十八军守备秦岭和撤退入川经过》，陕西省政协文史资料委员会编：《陕西文史资料》第13辑。

在秦岭防线上，胡宗南仍令第十八兵团司令李振指挥第六十五军、第九十军、第一一九军，共约4万4千余人，在左侧防守陇南一线；以第五兵团的第三十八军、第二十七军、第三十六军等部，共约4万余人，防守秦岭中部川陕公路两侧地区；以第三军、第九十八军防守东部安、石地区；以第一军为机动。

胡宗南以更大的精力，营建川、陕、甘交界的大巴山防线，作为川北的第二道防线。胡宗南先派遣绥署副主任于达率一个参谋团，到川北一路，沿通江东北之竹峪关，经巴峪关、牢固关，西至甘肃南部的碧口、武都一带，勘察地形，指令地方政府发动民工构筑工事，修建道路。接着，胡宗南先后令第三十军鲁崇义部、第七十六军薛敏泉部、第六十九军胡长青部、第五十七军冯龙部、第十七军周文韬部，以及新组建的第一一八军（军长由沈策兼）等，共6个军，陆续开往大巴山一线驻防与整补训练，并参与构筑工事。到1949年9月底10月初，胡宗南下令将所有在大巴山一线的各军统编为第七兵团，调裴昌会来任第七兵团司令官，以杨德亮、何文鼎、曹日晖任副司令官，兵团部设川北广元。裴昌会的原职第五兵团司令官由李文接任。

胡宗南又下令建立"大巴山防守工程委员会"，负责督导大巴山防守工程的建设。胡宗南以彭克定为该委员会主任委员兼工程总队长，王化兴为总队副，此两人均赴德国专门学过军事工程；胡部驻防大巴山一线各军，均派一名副参谋长带数名参谋到工程委员会协助工作；大巴山地区的各行政专员与县长均系工程委员会成员，负责督率民工构筑工事和征发材料。胡宗南又调派第三十军第二十七师工兵出身的师长欧乃农，率全师官兵，在大巴山要隘阳平关、五丁关、金锁关地区，协助建工事。国防部第二处也派高级参谋来督导检查工程建设。①

为了从地方行政上与经济上支持大巴山防线，胡宗南决定迅速建立"川

---

① 何文鼎（时任第七兵团中将副司令）：《胡宗南逃蹿汉中期间的活动》，原国民党将领的回忆：《解放战争中的西北战场》，北京：中国文史出版社，1992年，第676页。

陕甘边区绥靖公署"，以名正言顺地管辖川西北与陕南、陇南近30个县的广大地区，便于人力、物力的予取予求。早在1949年8月8日，广州国民政府行政院院长阎锡山就电令胡宗南"兼川陕甘边区绥署主任"[①]，胡为组建这个新"绥署"，进行了一系列准备工作。

首先，为防四川各界反对胡部势力入川，胡宗南派杨尔瑛、张研田分别在成都与重庆创办《建国日报》与《黎明日报》，为胡部吹嘘，为胡部入川制造舆论，并激发川人反共情绪与共同对敌的意愿；胡宗南又派汪震在成都、重庆设立办事处，派四川籍的黄埔四期生、曾任过陕西省政府秘书长的林树恩为其驻成都全权代表，持其亲笔函件，向四川各界著名人士熊克武、邓锡侯及四川省参议会议长向传义等人进行联络，从而在四川许多地方形成一股"欢迎胡宗南部入川"的声浪。9月底，四川省参议会特派青年党中央委员杨叔明、立法委员沈重宇、国大代表李蜀华三人为代表，去汉中向胡宗南献"保川卫国"的锦旗。胡宗南举行了隆重的受旗典礼以表欢迎，还特赠李蜀华枪支弹药。接着，绵阳市的国民党元老左舜钦也率团携慰劳品赴汉中慰劳胡军，胡宗南除设盛大宴会欢迎外，并向慰劳团成员各赠手枪一支，子弹100发，还特派飞机送他们回绵阳。

胡宗南随之正式宣布，"川陕甘边区绥署"将设于川北重镇绵阳，胡宗南自兼绥署主任，以於达、裴昌会与四川省党部书记长、四川籍的黄埔一期生曾扩情为绥署副主任，以四川省保安处副处长王元晖为秘书长，以林树恩为特别党部书记长。胡宗南让於达驻绵阳代行主任职务，以裴昌会驻广元负军事指挥之责，以曾扩情驻绵阳负党政活动之责。

1949年10月3日，胡宗南约请曾扩情从成都飞到汉中，正式商谈"川陕甘边区绥署"成立的具体事宜。胡宗南鼓励曾扩情具体抓好绥署工作，还让李犹龙草拟了一份《川陕甘绥署工作计划》，规定将川西北二十一个县的行政权从四川省政府的职权范围内分割出来，成为一个独立的行政区域，组织民众，实施

---

① 胡宗南：《胡宗南先生日记·1949年8月8日》，台北："国史馆"，2015年，下册，第137页。

训练，征用钱粮，搜罗壮丁，以达"支援前线巩固后防"之目的。[①]

经过一段时间的筹备，"川陕甘绥署"于1949年11月初在绵阳正式成立。

与此同时，胡宗南又调派西安绥署秘书长赵龙文在甘肃武都正式成立"川陕甘绥署陇南分署"，任命赵为分署主任兼国民党陇南党务特派员，掌管陇南地区各县的党政工作。

这样，胡宗南就一身而兼两绥署主任，一手控制了陕南、陇南与川西北广大地区的党务、军事与行政大权。

但是，胡宗南虽表面上在紧锣密鼓地在部署秦巴防线，内心里却充满了惶惑与疑惧。在1949年9月底10月初，各地形势进一步恶化：9月26日，胡宗南旧部、担任新疆警备总司令的陶峙岳宣布起义投向中共，整个西北地区全部失守；10月1日，中共在北京宣布成立新的中央政府——中华人民共和国⋯⋯

10月初的一天，胡的心事与苦闷实在憋不住了，乃在绥署召集罗列、袁朴、周士冕、李昆岗、王超凡、李犹龙等亲信幕僚，举行秘密会议，商讨胡部今后的行动计划。

会议由胡宗南主持，也先由他讲话。他徘徊瞻顾，心情沉重，再无昔日的傲慢神气。他先讲了他去重庆参加军政会议与会见蒋介石的情况，说："我到重庆见了总裁。他认为局势虽然急剧逆转，但目前已渐趋稳定；国际局势也正在急剧变化中，很可能爆发第三次世界大战。在这种情势下，只要我们能固守四川，就能固守西南半壁，有半壁河山，一切尚有可为。他又指示说，宋希濂守川东酉阳、秀山、黔江、彭水，罗广文守川东北城口、万源，是没有问题的，只要你们能守住川北，四川可保无虞。我听了总裁指示后，不放心曾亲到罗、宋两地区去看了一下，见到宋希濂部才由湘鄂败退到秀山，喘息未定，官兵都在想逃，既无阻敌的坚固设防，又无一定的部署，怎能挡住共产党的军

---

① 曾扩情：《川陕甘边区绥署的反共措施》，陕西省政协文史资料委员会编：《陕西文史资料选辑》第13辑。

队？罗广文在万源、大竹这一地区虽然驻守的时间相当长，也有些防守设备，但他的部队多是收编的四川土匪与一些新兵，乌合之众，怎能打仗？我虽然向总裁保证坚守川北防线，但宋、罗两地区一旦失守，我们远在汉中，不是成了瓮中鳖了吗？因此，找你们来研究我们应该怎么办？"

袁朴说："川东防线若被共产党突破，汉中确难固守，到那时，只有轻装脱围，从河南、江苏冲到海州上船撤退，除此别无二路。"

王超凡说："等到从河南撤退时，恐怕已逃不成了。"

李昆岗说："我们现在的后方是四川，将来的后方是西康、云南，不如现在就作退西康、云南的准备"李昆岗被解放军释放回来，被胡任为西安绥署办公厅主任。

李犹龙同意李昆岗的意见，并说："守秦岭、陇南、汉中，是为了固守川北。川东若危险，川北即无用。为了早作脱围准备，应先消灭刘文辉，以去腹心之患，拿下西康的雅安、泸定、西昌三个据点，驻下三个军，进一步开两个军守驻云南，就可以进可以攻，退可以守了。能做到这一步，四川还可以固守一个时期，必要时还可以退西藏或缅甸。"

罗列说："刘文辉的部队尽是鸦片烟枪，雅安、西昌是容易拿下的。目前走成都去攻打雅安是打草惊蛇；可以先抽一个军驻乐山、往洪雅、邛崃前进，另调两个军沿绵阳、绵竹、彭县、崇宁、温江，掌握住灌县口子，必要时出灌县，走草地攻雅安，再准备两个军调云南，守住云南，西南的局势是可以稳定下来的。"

胡宗南同意大家的意见。因为他以前和宋希濂秘密商定的意见也与此大同小异，但是这样的意见蒋介石会批准吗？

胡宗南与幕僚人员决定：先派李昆岗为西安绥署西昌办事处主任，然后再将第一师秘密开去西昌，预作准备；同时开两个军驻彭县、崇宁、灌县，驻防川西地区。

胡宗南将上述计划再次向蒋介石报告请示，很快就受到蒋介石的回电不予批准。胡宗南心情更加苦闷，躲在南郑汉台总部里，拒不见客，"一个人在房子里关着门唱京剧，点洋烛（这是胡在极苦闷时的老毛病），听说在害政治病，还曾有过闹自杀的事情"。胡宗南对亲信幕僚们说："老是被动，将来只有作瓮中鳖了。"①

胡宗南的孝丰同乡与孝丰小学同事、后来成为胡部机要室主任的王微，在1967年接受台湾学者访谈时，评价胡宗南，说："胡先生的好处是服从，在我看，他的最大的毛病也就是太服从。军人作战的最后目标是胜利，应该不仅仅是服从而已。本来训练军人服从的用意，也不过是为了求得战争的胜利。中央枝枝节节的琐碎规定，胡先生食古不化，连不合理的也一一服从，结果失尽了一切可以建功立业的良机，这是很令人扼腕痛惜的。"②

"将在外而君命有所不受"，这是中国古训。胡宗南戎马一生，却一直没有这种胆略与气魄。

（六）拒绝周恩来的说降

1949年10月6日，是农历中秋节。每逢佳节倍思亲！心情苦闷的胡宗南在南郑城绥署里，给在台北的妻子叶霞翟写了一首诗，其中有"月自团圆我不圆"③，倾诉他内心的凄苦。

就在这天，胡宗南突然接到侍勤队长唐西园的报告：在1947年10月陕北清涧战役中被俘的整二十四旅旅长张新，和在1948年11月28日澄城永丰镇战役中被俘的第七十六军第二十四师参谋主任孟丙南，最近从西安，经宝鸡，越过秦岭双方对峙的封锁线，进入胡部防地，到达褒城，被西安绥署第二处褒城检查站的军警羁禁，当晚押解到南郑城，关押在侍勤队内。从孟丙南身上查获了胡

① 李犹龙：《胡宗南部逃窜西昌和覆灭实录》，全国政协文史资料研究委员会编：《文史资料选辑》第50辑，第106～107页。
② 张朋园、林泉、张俊宏访问，张俊宏记录，郭廷以、张朋园校阅：《王微先生访问记录》，"中央研究院"近代史研究所口述历史丛书（60），台北："中央研究院"近代史研究所，1996，第54页。
③ 高龙：《胡宗南与奇女子叶霞翟爱情深厚　抗战胜利才结婚》，南都网［微博］2016-07-24　08:43。

公冕写给胡宗南的一封亲笔信和中共方面的一些出版物。显然，此两人是中共方面派来的。唐西园请示胡宗南，对他们怎样处置？

张新和孟丙南这两人都与胡宗南有非同寻常的亲密关系。胡宗南思考两日，在1949年10月8日夜，决定先见孟丙南。

孟丙南生于1922年1月，年纪较轻，资历较浅，是浙江余杭人，胡宗南的浙江同乡和晚辈。抗战期间，他在孝丰结识胡宗南的弟弟胡琴宾和胡宗南的少年好友章云（章旭初），经章云手书推荐，随南巡的戴笠去重庆，转赴西安，投奔胡宗南。胡对他分外照顾，将其安排到亲信将领、第十六军预三师师长陈鞠旅部下任少校营长，后又送其到战区将校班培训。在1944年农历正月十五日，由胡宗南主婚，孟丙南与胡的义女、章云（章旭初）的女儿章廉之结婚。后来，孟丙南升至第七十六军第二十四师参谋主任，在1948年11月28日澄城永丰镇战役中，被解放军俘虏。

孟丙南被押到绥署胡宗南的住地。他入室一见到胡宗南，照例立正行军礼，恭敬地叫了一声："胡伯伯！"

胡宗南示意孟坐在旁边的一张沙发上。

孟坐下后，不等胡宗南开口，就问："我带来的胡公冕老前辈给你的信，还有《群众日报》，都给他们拿去了。胡伯伯看到了没有？"

胡宗南没有开口，点点头。

如前所述，胡公冕奉中共地下组织指示，从1948年3月到1949年5月初，曾三次到西安见胡宗南，策动他起义。1949年5月底上海被解放军占领后，这时胡宗南也放弃西安退往汉中，中共中央决定在当时国民党大势已去的情况下，更努力争取胡宗南反戈，使其走傅作义的道路。此项工作由周恩来亲自掌握，因中共最高级领导人中，只有周恩来不仅在黄埔军校工作过，而且与胡宗南交往最多，了解胡宗南的历史、性格与社会关系。周恩来知道胡公冕与胡宗南有很深的历史渊源，特地把胡公冕从上海接到北京，请其去西安，出面做胡宗南的工作。1949年7月，胡公冕在北京写成一份材料，讲了他前几次去西安策反胡宗南的过程与细节，由叶剑英转呈毛泽东。[①] 中共中央主席毛泽东对胡公冕策反胡宗南的工作十分重视，于1949年8月6日给西北解放军负责人彭德怀、贺龙、习仲勋指示，特地指出：

> 胡公冕已来西安，请你们注意用他去收拾胡宗南部。现在程潜、陈明仁已在湖南起义加入我方，对蒋、桂、胡各部必有影响，给我们以分化各部的机会。[②]

胡公冕住在西安西京招待所，在中共西北军区的策划部署下，找来已在中共第一野战军联络部工作的张新和原在中共咸阳军分区干部教导大队任教员、后调西北军区的孟丙南，多次研究了如何策反胡宗南的问题，最后决定，由胡公冕写一封给胡宗南的亲笔信，讲明当时形势，交代中共政策，呼吁胡宗南迅速带兵起义，连同中共西北局的有关文件和报纸，一式两份，分别交给张新和孟丙南，让他们分头穿过战线，送交胡宗南。

张新与孟丙南两人分头行动。张新于1949年9月23日离开西安，化装成平民潜行，将胡公冕写给胡宗南的亲笔信密藏在特制的鞋底里。孟丙南则于1949年10月2日离开西安，身着解放军军服和胸章，将胡公冕写给胡宗南和胡部第一军军长陈鞠旅的亲笔信和中共方面的一些出版物带在身边。他们经宝鸡，走川陕公路，通过秦岭双方对峙的封锁线，进入胡宗南部防区。

孟丙南先到达凤县双石铺镇，见到第一军军长陈鞠旅，递交了胡公冕写给他的亲笔信；然后，乘一辆大道奇卡车前往汉中，在庙台子正遇上身着便服赶路的张新，遂邀其登车同行。他们于10月6日下午到达褒城，被西安绥署第二处褒城检查站的军警羁禁。

---

① 贾晓明：《先夫胡公冕二三事》，《纵横》（北京）2008年第10期。

② 毛泽东：《兼取政治方式解决西北地区》（1949年8月6日），《毛泽东文稿》第5卷，北京：人民出版社，1996年，第321页。本书著者按："蒋、桂、胡"指蒋介石、桂系李宗仁、白崇禧与胡宗南。

孟丙南第一次见到胡宗南，对胡宗南说："我在解放区虽然只有一年，但给我印象最深的便是，他们公布战果，件件是实；而国军每次通报战绩，不是夸大吹牛，就是凭空捏造！"

胡宗南以他最近得到的被中共占领的浙江孝丰家乡的消息，反驳孟丙南，说："孝丰来信告诉我，'共'军所到之处，田地房屋被没收，粮食浮财被分光，老乡被逼上吊。自己老家罹难，你也不在乎吗？"

孟丙南分辩说："各人立场不同就看法不同。"

胡宗南斥责说："你这小子吃了共产党的迷魂药，来做我的说客？"

孟丙南一阵脸红，无所措手足。正在此时，侍从参谋人员送电报进来，胡宗南让人带走孟丙南，说："下次再谈吧。"

"再谈"是在三天后的一个深夜。

孟丙南恳切地对胡宗南说："胡伯伯！你是我的长辈、老师，现在的大势是共产党领导的人民革命必胜。你听我一言，识时务者为俊杰……"

胡宗南回答："军人不问政治，以服从命令为天职。我的一切，均以校长的意志为准则！"

沉默片刻，胡宗南说："你回去吧。"

胡宗南第三次见孟丙南时，孟丙南开门见山："国民党拒绝在和平协议上签字，不仅把内战拖向深渊，而且也为自己挖坟墓。自古来就是得民心者昌，失民心者亡。国民党失民心已到了众叛亲离的地步了，胡伯伯，你何必为蒋介石殉葬呢？"

胡宗南不语，孟丙南站起来说："你若能反正起义，胡公冕老先生可以为你保证一切。何况周恩来副主席和廖夫人何香凝都是很看重你的。"

胡宗南木然无语，然后下令部下带走孟丙南。[①]

在三次会见孟丙南的同时或稍后，胡宗南也三次会见了张新。

---

① （1）文楚：《策反"西北王胡宗南"》，《上海摊》（上海）1998年第1期；（2）朱文楚：《1949：策反胡宗南》，《各界》（西安）2003年第3期。

10月10日的后半夜，胡宗南下令，让唐西园带两名武装士兵，乘吉普车去将张新押到绥署胡的住地来。

胡宗南与张新进行了第一次长谈。

胡宗南一见张新，开口便问："你回来了吗？"

张新开门见山回答说："不是我要回来，是中共西北局派我来的。"

胡问："派你来干什么？"

张新答："你大概会知道的，我只要见到你的面，就算完成了任务。"

胡问："为什么？"

张新将脚上穿的一只鞋脱下，递给胡宗南，说："是胡公冕先生要我专程送来的，鞋底里有文件，有信，内容我不知道，请你自己拆开来看。"

胡宗南听了一怔，追问道："胡公冕现在哪里？"

张新说："我动身时，在西安西京招待所。"

胡又问："胡公冕有什么话吗？"

张新回答："他只交代我，只要把信送到，见到你的面，就行了。"

胡宗南接过张新递来的鞋子，拿到里间卧室，拆开鞋缝，翻看了胡公冕的来信与中共西北局文件，然后走出来与张新继续谈话。

张新说："惭愧得很，清涧之役，我没有完成胡先生交给我的任务……"

胡宗南马上站起来摇摇头说："不谈那一些。"

张新转了话题说："我是你的老部下，此番来看看老长官近况如何。说实话，我希望今后能够经常在一起。"张新是话中有话，语带试探。

胡宗南强笑了一下，岔开话头说："你谈谈共产党的战略战术吧！"

于是，两人漫无边际的谈了两个小时，胡宗南才叫人将张新押回狱中休息。

隔了一天，到10月12日，还是后半夜，胡宗南在汉台住地第二次传见张新。

胡宗南态度很客气，对张新问寒、问暖、问吃、问睡。

张新反问道："胡先生决心下了没有？"

598　　胡宗南笑了一笑，又岔开话题问道："八路军还在秦岭以北吗？彭德怀去打兰州了吗？"张新作了肯定的回答："是的，彭德怀去打兰州了。如果解放军跟踪南下打汉中，我们就不能在这里见面了。"

胡宗南又问张新："你不怕共产党整你吗？"

张新答："共产党既往不咎。"

张新谈了一些对共产党政策的见闻与体会。

胡宗南故作镇静，似乎在听，似乎又不在听，忽而站起，忽而坐下，有时擦擦脸，有时哼哼哈哈，又漫谈了两个钟头，没有结论。照旧把张新押回原处。

显然，胡宗南心情很矛盾、彷徨，有些动摇。但他在尽量掩饰自己，因为他毕竟是位司令长官啊！

事隔两天，10月15日，还是在后半夜，胡宗南在汉台住地第三次传见张新。

显然，胡宗南又想出一些问题要问张新。胡宗南态度更加和蔼，问张新："彭德怀身体好吗？"

张新答："彭身体很好。抗战初期你们不是谈过话吗？也算老朋友了吧。"

胡宗南又问："赵寿山在那边可得意吗？"

张新告诉胡宗南，赵寿山在中共那边很受欢迎，现担任中共第一野战军副司令员。

胡宗南又问张新："那边怎样称呼我的？"

张答："称胡宗南。"

胡笑道："不是叫我胡匪吗？"

张说："你站到他们那边去，那就称你胡将军了。不过也有人评论，称你是半个军阀。"胡宗南听了显露怒色，问："我哪半个是军阀？"胡宗南一生一直以革命标榜，以革命军人自居，手握重兵几十万，但最怕人称他为军阀。

张新急忙作解释，说："不要说你是军阀，连我也是小军阀呢。"

胡宗南对张新介绍的中共方面的一些理论与提法，颇感新鲜。

胡宗南又含着深意地问张新："那边对文天祥这样的人，认为好不好？"

张新听出胡宗南话中有因，就用中共方面教给他的理论回答说："文天祥，从历史上看，不向异族屈服，为民族尽节，当然是好的，所以人民尊他为民族英雄。但你我所做的事……我们不可能变成文天祥。"

张新的话深深刺痛了胡宗南。胡浓眉竖立，狠狠地盯了张新两眼，用郑重的语调对张新说"士为知己者死！你也是黄埔生，你，想到校长没有？"

室内气氛一下子变得异常的沉重。

张新又说："胡公冕先生说了，你坚持与人民为敌，罪恶就大；你回到人民的怀抱，功劳也大！"

胡宗南听了冲动地大喊："士为知己者死！我不能不想想校长，不能对不起校长哇！"胡宗南一时感情不能自已，躺倒在沙发上掩面而泣。

唐西园急忙进来，将张新带回监狱，从此胡宗南再也未传见张新。[①]

据2007年披露的一则史料，胡宗南在秘密会见张新和孟丙南后不久的一个深夜，曾找亲信幕僚、少将高参朱亚英密商对策。如前所述，朱亚英出身西北军，留德归国。胡宗南对其分外重视，百般笼络，任命其为长官部的少将高参、副官处处长，拨给他专用小轿车，并将美国人送给胡的、当时极为紧缺、珍贵的一筒新药盘尼西林（青霉素）转送给他，为其妻治肾结核之用。朱亚英在抗战期间，曾代表胡宗南赴延安，与中共高层，包括毛泽东，都有过接触。胡宗南向朱亚英介绍了他秘密会见张新和孟丙南的情况，就自己今后的出路，向朱亚英求教。朱亚英当时已经秘密通过自己的同乡、小学同学、周恩来派赴四川国军部队做策反的老共产党员郭秉毅，与中共取得联系，准备投诚起义。他立即向胡宗南分析形势，力劝胡抓住张新和孟丙南带来的良机，率3个兵团起义。胡宗南犹豫良久，终于下决心委托朱亚英全权办理与中共方面的联系，并嘱咐朱此事极端机密，万不可泄漏半点口风。后因胡宗南突然被蒋介石召见，

---

① 张新：《胡宗南其人》，浙江省政协文史资料委员会编：《浙江文史资料选辑》第23辑，杭州：浙江人民出版社，1982年，第180～183页。

此事遂作罢。①

以上三则史料，都是当事人或其子女的事后回忆，并无文献档案作佐证。是否属实，尚须检验。胡宗南在其日记中，只是以寥寥数语，简略地记录了此事。他在10月9日的日记中写道："张新、孟炳南自匪区回，各带胡公冕君一函。"他在10月11日的日记中写道："孟炳南报告，胡（公冕）对弟，（中共解放军）似有十一月初旬，向汉中攻击之势，希望于十月二十（日）前在庙台子一会。"②

胡宗南在国民政府败退西南、朝不保夕，所部面临强敌、危机四伏，自己个人前途黯淡、生死难卜的艰难形势下，内心的痛苦是必然的。面对着中共方面派来"说降"的旧部，一度产生了矛盾与彷徨，也是可以理解的。

但是，胡宗南虽一度产生了矛盾与彷徨，然而他所接受的中国传统的"士为知己者死"的道德理念的深刻影响，他与蒋介石的长久而深厚的关系，他数十年的反共事业及在其中养成的自负、自傲、猜忌与敌视的思想、性格、感情，他的"军人以服从命令为天职"的信条，等等，使他最终还是拒绝了中共方面的规劝与说服，拒绝了走反戈起义的道路，拒绝与胡公冕见面。胡宗南明知前途艰险，奋斗无望，心情苦闷，但他决定，仍要一如既往地跟着他的校长与领袖蒋介石走下去。这时，他的妻子叶霞翟及他们才一岁多的儿子广儿（胡为真）都早已移居台北。他在住地，"整天踱来踱去，夜间睡不脱衣，不脱鞋，不盖被，日夜不安"③。胡宗南在关键时刻表现的失态、脆弱，与一位方面军统帅所应具有的刚强、从容、沉着、喜怒不形于色等性格修养要求，显然相去甚远。

---

① 朱汉生：《胡宗南的未遂起义》，《炎黄春秋》（北京）2007年第6期。本书著者按：朱亚英于1949年12月底随裴昌会部起义；在1952年大陆镇压反革命运动中，被判为历史反革命，判处死刑，缓刑两年；后因在劳改中翻译德国军事家克劳塞维茨的《战争论》等著作立功，减刑为有期徒刑20年，一直到1975年才被特赦释放，在邢台唐庄农场当了一名农业工人，1982年去世。

② 胡宗南：《胡宗南先生日记·1949年10月9、11日》，台北："国史馆"，2015年，下册，第153、154页。

③ 张新：《胡宗南其人》，《浙江文史资料选辑》第23辑，第183页。

张新和孟丙南此后一直被胡宗南关押，直到1949年12月底，在四川金堂县，乘战乱脱身，回到被"中共"军队占领的成都。[①] 朱亚英则于1949年12月底，随裴昌会部起义。

为了防止中共方面再派遣被俘人员回到胡部进行说降与泄露军政情报，胡宗南在10月中下旬命令秦岭前线部队：凡是胡部流落在共产党辖区内的零散官兵，要回来的，没有西安绥署的命令，一律不准进入防线。以后，前线部队就严禁失散或被俘释放的官兵越过凤岭防线。这些人都流散在黄牛铺至白石铺的川陕公路沿线。在青涧与张新一同被俘的整七十六师师长廖昂，于1949年4月5日，经毛泽东亲自批准获释，虽设法回到汉中，但胡宗南当即就把他软禁在干训团内，第二天就用飞机将他送往四川，再送往台湾。[②] 在1948年8月关中冯原、壶梯山之役中被俘的第三十六军的团长陈定等人，则被关押。[③]

但1949年10月以来，国民政府在大陆的形势更趋恶化。中共于10月1日在北京宣布建立中华人民共和国后，在10月上旬发起衡（阳）宝（庆）战役，10月8日，攻占衡阳，至10月16日结束，歼灭白崇禧集团主力4个师，白崇禧、黄杰率残部，从湘南退往广西；与此同时，在广东战役中，歼灭粤军余汉谋大部，进逼广州。10月12日，国民政府与国民党中央党部宣布从广州迁至重庆办公，代总统李宗仁等飞离广州，经桂林，于10月13日到达重庆；10月14日，广州失守。解放军乘胜向广西挺进，直捣桂系的巢穴。国民政府在大陆上只剩下西南一块地盘了。

当时中共中央与毛泽东积极筹划向大西南地区进攻，以求迅速统一全国。

1949年10月10日，中共中央在北京召开军事会议，讨论研究解放军继续向

---

① 胡公冕在1949年以后任"中共国务院"参事室的参事，于1979年6月30日在北京病逝，享年92岁；张新在1949年后，任中共西南军区高参，于1952年转业回到家乡，历任浦江县人民代表、浙江省政协委员，于1985年病逝，享年84岁；孟丙南从1956年起，任浙江省政府参事室研究员，后任参事室终身参事。

② 施有仁：《国民党第三十八军守备秦岭和撤退入川经过》，陕西省政协文史资料委员会编：《陕西文史资料》第13辑。

③ 李振口述：《我率国民党第十八兵团起义前后》，成都市政协文史资料委员会编：《成都文史资料》第23、24辑。

全国未占领地区进军等问题，其中，包括进军大西南、围歼胡宗南等部的军事计划，决定第二野战军刘伯承、邓小平部，从湘鄂西向黔东、川东进攻；由西北军区司令员贺龙统率第十八兵团等部，由陕入川。10月11日，毛泽东为中央军委起草的复第一野战军第一副司令员张宗逊并告彭德怀及中共中央西北局电中，阐明了对陕南、川北、陇南胡宗南部作战的军事部署：指出："（一）昨日中央会议已决定十八兵团由西南军区司令员贺龙同志统率入川。（二）向胡宗南作战的兵力，除十八兵团外，尚须令刘金轩部及七军予以配合。在占汉中一带后，刘金轩部除守卫汉中为中心一带地方外，是否以适当部分进入川边策应十八兵团，依那时情况再定。七军须准备进占陇南文、武、成、康一带。（三）向汉中一带进攻的时间，大约在十二月上旬或中旬，请令有关各部于十一月下旬准备完毕。"[1]

1949年10月13日，毛泽东在致彭德怀电中，更详尽地阐述了进军大西南的战略计划："关于由陕入川兵力，已与贺龙、伯承、小平一起确定为十八兵团，不牵动其他部队"；"歼胡作战时间，不应太早，应待二野进至叙（叙府，今宜宾）、泸（泸州）、重庆之线，然后发起攻击，时间大约在十二月上旬或中旬，由军委确定"；"二野主力两个兵团，现到常德、湘潭之线，大约十二月可到川南。二野陈赓兵团本月可协同邓华兵团占广州，下月入桂协同四野主力歼白（白崇禧），大约明年一二月可入云南"；"经营云、贵、川、康及西藏的总兵力为二野全军及十八兵团，共约六十万人。西南局的分工是邓（小平）刘（伯承）贺（龙）分任第一第二第三书记，贺（龙）为军区司令员，邓（小平）为政治委员，刘（伯承）为西南军政委员会主任"[2]。当日，中共中央正式任命贺龙为中共西南局第三书记、西南军区司令员。

1949年10月20日，毛泽东主持，在北京召开中央人民政府中央军委第一次

---

① 中共中央文献研究室编：《毛泽东年谱》1949—1976）第一卷，北京：中央文献出版社，2013年12月，第11页。

② 毛泽东：《致彭德怀电》（1949年10月13日），中共中央文献研究室编：《毛泽东年谱（1949—1976）》第一卷，北京：中央文献出版社，2013年12月，第15～16页。

会议，刘伯承、邓小平以及贺龙等人参加，讨论了解放军继续向全国未占领地区进军等问题。毛泽东在讲话中，说："进军西南，由刘、邓三个兵团及贺龙一个兵团共六十万人承担，任务是解放云、贵、川、康。贺龙直下川北、川康边，刘、邓则从大别山到峨眉山，估计今冬除昆明外，西南可全部解放。解放昆明因陈赓需大迂回，时间较长。"①

会后，10月21日，刘伯承、邓小平即从北京南下；22日到达徐州，与从南京北上的第二野战军指挥机关会合，登上二野司令部的指挥车厢，率部沿陇海路西赴郑州。

1949年10月中、下旬，胡宗南听到了解放军第二野战军刘伯承、邓小平部向西南进军的报告：刘伯承、邓小平率二野部队主力，经津浦线，从徐州转往陇海线，于10月23日到达郑州。刘伯承在郑州群众大会上发表公开讲话，新华社专门作了报道，影响很大，然后，刘伯承、邓小平的行踪就消失了。这使得胡宗南与在重庆的国民政府都判断，二野部队将从陇海线西进陕甘，会合彭德怀、贺龙部，一道进攻秦巴防线，从而南进入川。胡宗南与国民政府都将注意力集中到四川的北部防线。

然而，胡宗南与在重庆的国民政府又中了中共之计。他们不知道，就在这时，刘伯承、邓小平从郑州悄然南下，于1949年10月28日秘密进驻武汉指挥。解放军二野的主力第三兵团陈锡联部与第五兵团杨勇部以及四野一部，则乘第四野战军进行衡（阳）宝（庆）、广东战役的机会，就势隐蔽地向湘西与鄂西地区集结，准备乘国民政府军不备，向川东、黔东的国民政府军防线首先发起大规模的猛烈攻势；在这同时，二野第四兵团陈赓部及四野一部正从广东向广西、云南挺进，正在紧张、隐蔽地贯彻实施对西南整个国民政府军的大迂回、大包围、大歼灭战的作战方针，先向南面进军，断绝川、黔、滇之国民政府军退路，然后南北夹击，全面包围歼灭之。

---

① 中共中央文献研究室编：《毛泽东年谱》（1949—1976）第一卷，北京：中央文献出版社，2013年12月，第22页。

盘踞川、陕、甘边地区与秦、巴防线的胡宗南军事集团10多个军的兵力，面对的是由贺龙、周士第指挥的中国解放军第十八兵团等部。在他们紧张部署防守时，在不知不觉间，逐步陷入了解放军精心部署的包围圈内。胡宗南部是解放军在这次大规模战役中要打击的最重要的目标。

（七）"西北王"永别西北

1949年11月1日，国民政府军的川东防线与黔东防线上空响起了隆隆的炮声。解放军第二野战军刘伯承、邓小平部主力第三兵团陈锡联部、第五兵团杨勇部及第四野战军一部，按计划从鄂西、湘西出发，在北起湖北省巴东、南至贵州省天柱，宽约500公里的地段上，多路出击，向四川东部与贵州东部的国民政府军发动猛烈进攻。

在北路，以第三兵团陈锡联部主力和第四野战军第四十七军为左集团，直出彭水、黔江地区，协同第四野战军第五十军、四十二军及湖北军区部队所组成的右集团，会歼宋希濂集团于彭水以东地区。

在南路，以第五兵团杨勇部及第十军，直入贵州，夺取贵阳、遵义，进击川南的宜宾、纳溪、泸州，断敌逃往云南的退路。

蒋介石策划部署的坚守大西南的防线，在很短的时间内就被解放军从中间突破，拦腰斩断，形势一下子变得十分危急与紧张。

在这同时，解放军第四野战军林彪部主力与第二野战军第四兵团陈赓部，于11月上、中旬，联合发起广西战役，向退守广西的白崇禧桂系集团残部、华南军政长官余汉谋集团残部与黄杰部发起进攻，实施毛泽东的大迂回战略，在攻占广西后，再入云南，截断四川地区胡宗南等部的退路。

胡宗南在汉中得到川黔防线被解放军突破、川东危急的报告，大为震惊。他感到，一直担心与害怕的事情，终于来到了。虽然这时胡宗南的防区前线——秦岭一线仍平静无战事，解放军第十八兵团贺龙、周士第部，根据中共中央与毛泽东"歼胡作战时间，不应太早，应待二野进至叔（府）、泸

（州）、重庆之线，然后发起攻击，时间大约在十二月上旬或中旬，由军委确定"①的指示，实施缓进、牵制、抑留胡宗南部队于秦岭、巴山地区，待南线大军完成合围后，再压缩前进，会歼敌人于成都平原的方针，在1949年11月间一直未发动对胡部的进攻，但胡宗南深知，川黔溃败，整个大西南的防线就从根本上动摇，守备秦巴防线的胡宗南部的后方被截断，将迅速陷入前后受敌的险境。

四川危急！代总统李宗仁于11月3日飞离重庆，前往昆明，"小住数日，便飞返桂林"②。

胡宗南在汉中坐不住了。在这危急关头，他不相信也不会听从在重庆的国民政府与代总统李宗仁的意见。他于11月3日从汉中乘飞机飞往台北，面见蒋介石，请示今后西南防守机宜。

这时，蒋介石因在10月25日至27日的金门古宁头与11月3日至6日的舟山登步岛两场战役的胜利，阻遏了"中共"军队渡海攻击的势头，信心大增。国民政府驻美国大使顾维钧又向他报告了刚从外交渠道获得的消息，美国国会人士对金门古宁头与舟山登步岛两场战役的胜利十分重视，决定给予国民政府进一步的援助，并将派遣有力议员来华访问，了解情况。于是，蒋介石决定再次飞到重庆，指挥防卫西南。他要胡宗南迅速从秦岭一线收缩兵力，到川北大巴山设防，主力进入川西，准备与解放军决战，同时以一部兵力增援川东。蒋介石还同意胡宗南运1个师到西昌，以保护今后进出云南的通道，并在重庆危急时，护卫国民政府迁西昌。蒋介石答应拨胡部军费黄金1万5千两。③

1949年11月5日，胡宗南从台北飞回了汉中，立即部署全军南撤入川。

11月7日，胡宗南首先带着罗列、袁朴、李昆岗、沈策及徐经济等，由汉

① 毛泽东：《致彭德怀电》（1949年10月13日），中共中央文献研究室编：《毛泽东年谱（1949—1976）》第一卷，北京：中央文献出版社，2013年12月，第15页。
② 李宗仁口述，唐德刚撰写：《李宗仁回忆录》下册，南宁：广西人民出版社，1988年2月，第718页。
③ 胡上将宗南年谱编纂委员会编：《胡上将宗南年谱》，沈云龙主编：《近代中国史料丛刊续编》第49辑488册，台北：文海出版社有限公司，1978年，第244页。

中乘吉普车来到石泉茶亭镇，召集安康一带驻军将领，有第三军军长盛文、第九十八军军长刘劲持与第三军的陈岗陵、邓宏仪两师长，以及河南第一挺进军司令王陵云、安康专员李静谟等，举行会议，布置东路驻军撤退。胡宗南指示第三军先行开往成都；第九十八军作为后卫，掩护秦岭一线部队南撤后，随之撤往川北城口、万源。胡宗南任命王陵云为"豫陕边区挺进军"总指挥，辖新成立的新四军，由李学正任军长，新五军，由徐经济任军长；同时任王陵云为豫西行署主任，徐经济为陕南行署主任，分别率部留在各自地区打游击。

在这一天，胡宗南忙里抽暇，给在台北的妻子叶霞翟写去一信："亲爱的霞翟：人生人生，人生如飞，得一知己，共患难，共贫寒，共祸福者，千难万难，而况我和你柔情如海，恩爱如山，茫茫天地之间，可算是凤之毛麟之角，而不能多见者"[①]。

11月9日，胡宗南又带着随行幕僚来到凤县庙台子，召集西线与秦岭中部驻军将领举行会议，到会的有第十八兵团司令官李振，第五兵团司令官李文，及各军、师长。胡宗南介绍了当前形势，部署从11月13日开始，第一军等部先行南下入川，留第三十八军与第三十六军在秦岭，第九十军在陇南担任后卫掩护。南撤入川路线是，陕南部队沿川陕公路南下，陇南部队沿白水江、阴平小路南下。

胡宗南命令东、西各路军队，在南撤时，要有计划地大肆破坏桥梁、道路，埋设地雷，驱逐居民，并部署留下少数部队作游击活动，以迟滞解放军前进。

胡宗南又命令在大巴山一线的第七兵团裴昌会部，在第五兵团与第十八兵团南撤入川后，要凭借大巴山险要地形与已设工事，建立川北防线，防堵北线的解放军追踪入川。

在部署从陕南撤退时，李文与沈策向胡宗南建议，要效法三国时代刘备弃新野携百姓而走的故事，在陕南进行坚壁清野，把陕南地区的人力、物力，进行必要的组织与有计划的移运和储藏，保证陕南地区的人力、物力为胡宗南部

---

① 高龙：《胡宗南与奇女子叶霞翟爱情深厚 抗战胜利才结婚》，南都网［微博］2016-07-24 08：43。

掌握。胡宗南将这项计划称之为"总体战"。

11月12日，胡宗南让西安绥署参谋长罗列主持，沈策、李文参加，在汉中（南郑）城内中国银行南郑分行，召集陕西省政府的各厅、处长与陕西省党部的头目，以及各专区专员、各县县长等，召开"陕南地区实施总体战紧急动员会议"，部署五项总动员措施：一、人力动员；二、食粮征集；三、交通管制；四、棉花纱布管制；五、五金电料通信器材的管制等。同时规定了实施这个计划的组织形式与监督措施。后来由于形势恶化，这项计划未及实施而搁置。①

于是，根据胡宗南的命令，从11月13日已开始，从陇南、秦岭到安康各地的胡宗南部各军，分批南撤。第一军作为先行部队，沿川陕公路行军，于11月20日到达川北广元。

在撤军过程中，胡宗南于1949年11月10日令最精锐的第一军第一师袁书田部空运西昌，以作为大兵团进入康、滇的先遣部队。11月15日到16日，第一师袁书田部1700多人，先行空运到成都新津机场；19日，又从新津机场空运该师第三团朱光祖部700多人，到达西昌，控制了西昌飞机场。胡宗南任命西安绥署办公厅主任李昆岗为驻西昌办事处主任，随朱光祖团前往西昌。

但第一师其余部队尚来不及空运，因川东局势突然紧张，重庆危急，胡宗南接到紧急命令，调第一军紧急东开援助重庆，西撤到西昌的行动被迫停止。

原来这时，中共解放军二野各部攻击猛烈，迅速向前推进：第五兵团杨勇部及第十军挺进到贵州境内，连续占领了镇远、三稳地区，直插贵阳、遵义。第三兵团陈锡联部主力与第四野战军一部在宋希濂集团的两翼突破，跨越武陵山，深入到秀山、西阳一线。国军在慌乱中急忙调整部署：在贵州的国军部队准备西撤毕节、贞丰之线，阻挡解放军西进；东援的罗广文兵团和西撤的宋希濂集团拟会合在彭水、黔江地区，依托乌江，进行顽抗。但解放军各部士气高涨，兵锋正盛，加速进攻：南路第五兵团杨勇部和第十军于11月15日占领贵州

---

① 申道哲（时任胡部石泉县县长）：《胡宗南部在汉中召开的总体战紧急动员会议》，原国民党将领的回忆：《解放战争中的西北战场》，北京：中国文史出版社，1992年，第712～715页。

省会贵阳与思南等地，11月21日占领黔北重镇遵义，直逼川南；北路左集团第三兵团陈锡联部主力和第四野战军第四十七军于11月16日占领彭水，直逼乌江东岸；北路右集团于11月19日将西逃之宋希濂所部第十四兵团，一举围歼于咸丰东北地区，生俘第十四兵团司令钟彬；宋希濂率参部逃往西康。川东与重庆暴露在解放军的攻势前沿。

在11月14日，蒋介石从台湾飞至重庆。

这时，代总统李宗仁远在桂林，蒋介石只能以国民党总裁的身份，在重庆坐镇指挥。他见川东形势危急，重庆防务空虚，仅有该市卫戍司令部所属第二十军之第一三四师、内警第二总队及宪兵第十五团，就一方面令宋希濂、罗广文等部死守阵地，阻挡解放军攻势；一方面令胡宗南部全军加速南撤到成都平原，并派有力之1个军东援重庆。11月18日，蒋介石致电胡宗南："彭水昨已陷匪，形势较急，务望弟部主力于十日内转进于成都平原为要。如重庆危急，则掩护弟部之转进更难为虑耳"①。

胡宗南在汉中，接到蒋介石与重庆国防部要求胡部全军加速南撤到成都平原、并调有力1个军车运重庆增援的命令，立即下令各部，除以第三十八军与第一一九军在秦岭正面与陇南掩护外，其余各军均迅速后撤分路入川：在陕南东线的第三军由安康沿汉（中）白（沙）和川陕公路入川，第九十八军随之由安康经通江向巴中撤退；守备川陕公路正面的第二十七军、第十七军等部，由佛坪、东江口，分经洋县、宁陕、南江，向巴中撤退；在陇南的第六十五军、第九十军和第二一四师，由徽县、成县、两当地区，分经略阳、康县、宁强入川；川陕甘绥署陇南分署率第十二师、第三三八师，自武都经碧口入川。但因川、陕、甘地区地形复杂，道路崎岖狭小，各军人马拥挤在几条小道上，十分混乱，进军速度十分缓慢。

胡宗南令盛文的第三军紧急驰援重庆。

---

① 蒋介石：《致胡宗南电·1949年11月18日》，《京沪撤守前后之戡乱局势》下册，"总统府"编，《革命文献》戡乱时期第三十二册，《蒋中正总统档案》，藏台北"国史馆"。

1949年11月19日清晨，胡宗南又接到总统府军务局长俞济时从重庆打来的紧急电话，传达蒋介石的命令："奉谕，第一军车运重庆，第三军转开新津。"① 这是因为蒋介石认为，原第三军已经在1947年11月在河北省石家庄一线被"共"军歼灭，现在的第三军系于1948年年初，以整编第三十八师第十七旅，与新编第九师、暂编第三师等部，在陕西合编而成，现辖两个师，即第二五四师和第十七师，战斗力远不及王牌第一军。当日，重庆东边的涪陵失陷，重庆直接受到威胁。

蒋介石的命令打乱了胡宗南将第一军西撤西昌、第三军增援重庆的计划。因此，他当即回答俞济时："此不可能，万难办到"②；并电告蒋介石，说明他的苦衷与改调第一军的难处："本部在川北，无兵，无粮，无衣。川局之内部可知，故急需第一军赶到新津镇压，才有立脚点可言，才能保障川北部队转进安全之可言。此著如错，全局皆败，决无挽回之机会。除饬第三军遵令在二十七日前东运到渝外。谨复。"③

蒋介石却认为重庆防卫与作战关系重大。他决心坚守重庆一段时间，并在这里接待即将于11月25日来访的美国议员诺兰。因而他对胡宗南的回应大为不满，于19日晚致电胡宗南，称："闻弟对于第一军调渝，甚为不愿，是或爱惜兵力，以备决定成败最后之使用，余甚了解，惟中以为，此次渝东作战实为党国成败最后之一战，若惜此，而不愿听命调用，恐无再使用之时矣。实革命成败、党国存亡、历史荣辱，皆在此一举，望仍遵令调用，勿误为要。中正手启。"④ 俞济时亦致电胡宗南，写道："此次川东之战，总裁已有详密策划，宋（希濂）、罗（广文）等部士气亦盛，颇有胜利把握。兄部第一军东调，各方期望甚殷。唯闻有兄改调第三军之议，恐时间上形成不及主力决战，且主力

① 胡宗南：《胡宗南先生日记·1949年11月19日》，台北："国史馆"，2015年，下册，第166页。
② 胡宗南：《胡宗南先生日记·1949年11月19日》，台北："国史馆"，2015年，下册，第166页。
③ 胡宗南：《胡宗南先生日记·1949年11月19日》，台北："国史馆"，2015年，下册，第166页。
④ 蒋介石：《致胡宗南电·1949年11月19日》，《京沪撤守前后之戡乱局势》下册，"总统府"编，《革命文献》戡乱时期第三十二册，《蒋中正总统档案》，藏台北"国史馆"；又见《胡宗南先生日记·1949年11月19日》，台北："国史馆"，2015年，下册，第166页。

决战，应有强有力部队，否则如影响全局之成败，不但兄无以对校长，即舆论之责难亦不可免。想兄素忠实服从，此次关系重大，务盼以校长之意旨为重，勿再请求更换，即饬行动，为幸。"①

在这同时，俞济时直接致电在广元的第七兵团司令裴昌会，转达蒋介石的指示："第一军车运重庆。"②

在此情况下，胡宗南虽不乐意，但还是要服从蒋介石的命令，遂与参谋长罗列、副参谋长沈策等详加研究，决定在第二天，即11月20日，将第一军主力车运至重庆，而原定第三军车运重庆的任务不变，请加派卡车800辆，以运送第三军到重庆，协助第一军作战；同时暂停空运第一师至西昌，留成都以控制局面。胡宗南当即电告蒋介石："职以第一军为党国历史命运之所寄，全军数十万官兵精神维系之中心，其使用效果如何，当予审慎考虑。若以此等精锐有用部队毫无计划分散割裂，投置于无用毁灭之途，如此用兵，实为战略上之大忌。职以全军安危所系，故未敢缄默。钧座既固执己见，除饬第一军遵于明（二十）日自广元赶运来渝外，务请再加派汽车八百辆，赶运第三军，以便协力第一军作战，并请转饬新津，第一师缓运西昌，巩固成都。谨复。"③11月19日夜间，胡宗南电令第一军军长陈鞠旅，在第二天早晨，自广元，将全军逐次车运重庆。胡宗南在电报中对陈鞠旅说："勤王之师，义无反顾"④，表露了他对蒋介石的忠诚顺从与矛盾痛苦的心情。他在当日的日记中写下了"此情形实为本军全局失败的原因"等语⑤。

胡宗南的分析与判断是有道理的。蒋介石硬要胡宗南把精锐主力部队第一

---

① 俞济时：《致胡宗南电·1949年11月19日》，《京沪撤守前后之戡乱局势》下册，"总统府"编，《革命文献》戡乱时期第三十二册，《蒋中正总统档案》，藏台北"国史馆"；又见《胡宗南先生日记·1949年11月19日》，台北："国史馆"，2015年，下册，第167页。

② 胡宗南：《胡宗南先生日记·1949年11月19日》，台北："国史馆"，2015年，下册，第167页。

③ 胡宗南：《胡宗南先生日记·1949年11月19日》，台北："国史馆"，2015年，下册，第167页。

④ 胡上将宗南年谱编纂委员会编：《胡上将宗南年谱》，沈云龙主编：《近代中国史料丛刊续编》第49辑488册，台北：文海出版社有限公司，1978年，第245页。

⑤ 胡宗南：《胡宗南先生日记·1949年11月19日》，台北："国史馆"，2015年，下册，第167页。

军调至重庆，不仅不能阻挡兵锋正盛的中共解放军的进攻，而且将进一步丢掉战场的主动权，在重庆陷入解放军的包围中，难以脱身，甚至覆灭。这正中了中共的下怀。

蒋介石与胡宗南又一次没有想到，中共方面迅速获得了"蒋介石令胡宗南以汽车八百辆运其第三军到重庆"的情报。这又是担任"西南军政长官公署"代理参谋长的刘宗宽送出去的。刘宗宽在一个偶然的机会，从第四补给区司令邱渊那里得知，蒋介石命令他在10小时之内，紧急调集800辆汽车，把胡宗南的一个军调到重庆增援。刘宗宽认定这是一项特别重要的紧急军情情报，立即报告房显志，并建议解放军前线部队迅速向重庆挺进，以粉碎蒋介石拟在重庆进行决战的企图。当时交通员黄克孝已经派出去传送情报，还未归，房显志急中生智，破例违反中共不得横向联系的地下工作纪律，找到解放军第二野战军敌工部派到重庆国军警备司令部的情报人员王昆山，让他手持刘宗宽提供的"西南军政长官公署"的护照，穿上国军军官服装，顺利越过封锁线，送往解放军第十二军军部，交给军长兼政委王近山，再转送二野司令员刘伯承、政委邓小平，并迅速报告中共中央军委与毛泽东。①

毛泽东于11月27日致电刘伯承、邓小平并告贺龙、李井泉："根据蒋介石令胡宗南以汽车八百辆运其第三军到重庆。请注意：（一）是否能吸引更多的胡宗南部到重庆；（二）我向重庆方面攻击之各军是否有必要稍微迟缓其行为，以利吸引较多之敌军据守重庆而后聚歼之。因为蒋介石自己在重庆，可能打一个聚歼汤恩伯于上海那样的好仗。"②

刘伯承、邓小平立即令解放军第五兵团杨勇部主力和第十军，迅速经黔西北，向四川南部的泸州、宜宾前进；令第三兵团陈锡联部和第四十七军等部，立即强渡乌江，进至南川地区，围歼国军罗广文的第十五兵团和陈克非的第

---

① 刘同飞：《父亲刘宗宽："潜伏"背后的功勋》，《纵横》（北京）2009年第11期。

② 毛泽东：《致电刘伯承、邓小平并告贺龙、李井泉》（1949年11月27日），中共中央文献研究室编：《毛泽东年谱（1949—1976）》第一卷，北京：中央文献出版社，2013年12月，第50页。

二十兵团。解放军各部以迅猛动作，对国军实施迂回包围与连续的猛烈攻击。

1949年11月20日，"国民政府代总统"李宗仁，因其"老巢"广西即将失守，乃宣称："胃病宿疾突发，便血不止，来势极猛，大有不起之势"[1]，飞离桂林，前赴香港就医，入住养和医院。

这时，胡宗南部各军正在紧张的南撤入川途中。1949年11月26日，留下担任秦岭掩护的第三十八军、第三十六军，也由双石铺、凤县一线及其以东地区，进行破坏性的撤退，分别由川陕公路等线南下。

在北线的解放军第十八兵团司令员兼政委周士第等人，得知胡宗南大军各部于11月中旬开始南撤，致电中共中央军委，主张早日发动对胡宗南部的进攻。但毛泽东为继续滞留胡部各军于川北、陇南地区，加以聚歼，并不急于让北线解放军追击。1949年11月25日，毛泽东致电正在西北局参加会议的贺龙："据周士第等来电，主张早日发动向胡宗南进攻，我意待你在西北局会议完毕，回到十八兵团再行发动进攻为适宜"[2]。11月27日，毛泽东为加强对四川战事的统一指挥，决定让北线的解放军第十八兵团等部，都要接受二野刘伯承、邓小平的指挥，为中央军委起草致刘伯承、邓小平、贺龙、李井泉电："（一）为协同一致全歼川、康各敌之目的，军委决定贺、李所部（十八兵团及其他）应受刘、邓、张（际春）、李（达）指挥，我们不直接指挥贺、李，以免分歧。（二）贺、李发给刘、邓之电报，同时发一份给我们。（三）以上望遵照为要。"[3]直到12月5日，北线的解放军第十八兵团等部，才发起向正后撤的胡宗南各部的进攻与追击。

因此，胡宗南各部，在11月中旬到12月初，从秦、巴防线向南撤往成都平原时，并未遭到北线解放军的穷追猛打。蒋经国后来在他写的《危急存亡之

① 李宗仁口述，唐德刚撰写：《李宗仁回忆录》下册，南宁：广西人民出版社，1988年2月，第720页。

② 毛泽东：《致贺龙电》（1949年11月25日），中共中央文献研究室编：《毛泽东年谱（1949—1976）》第一卷，北京：中央文献出版社，2013年12月，第49页。

③ 毛泽东：《致刘伯承、邓小平、贺龙、李井泉电》（1949年11月27日），中共中央文献研究室编：《毛泽东年谱（1949—1976）》第一卷，北京：中央文献出版社，2013年12月，第50页。

秋》中，却对胡宗南的这次"敌前大兵团转进"大加赞扬，说："……从六百公里与敌对峙的正面，转进至一千公里长远距离的目的地——重庆与成都，而竟能在半个月内，迅速完成，且主力毫无损失，亦战败中之奇迹也。"①

胡宗南本人则于11月29日中午12时许，乘飞机离开汉中；"下午2时半，飞到广汉机场，坐车转广汉县城，东行五小时，六时一刻到达绵阳"，第二天，1949年11月30日，"十二时离绵阳，下午四时半到成都"②。

这位从1932年就进入西北地区、在西北活动近20年，并逐步爬上"西北王"宝座的胡宗南，就从此永远离开了西北。他在1949年11月29日的日记中伤感地哀叹："别了，秦岭，别了，关中的人民，陕南的人民，给你们一滴同情之泪"③。

---

① 转引自孔令晟：《胡宗南将军传略》（2001年撰），胡故上将宗南先生纪念集编辑委员会编纂、胡为真增修：《令人怀念的胡宗南将军》，台北：商务印书馆，2014年12月，第5页。

② 胡宗南：《胡宗南先生日记·1949年11月29、30日》，台北："国史馆"，2015年，下册，第171页。

③ 胡宗南：《胡宗南先生日记·1949年11月29日》，台北："国史馆"，2015年，下册，第171页。

第十一章

川康覆灭

（一）不同意蒋介石的"川西决战"计划

胡宗南于1949年11月30日下午4时半到达成都。

当时成都的城防由四川地方保安部队严啸虎部担任。城内住着四川地方军阀刘文辉、邓锡侯的一些部队。国民政府的中央军校等机关也设在这里。胡宗南到成都后，住在成都新南门外十二街一家公馆的花园内。他将他的办公处设在新南门外空军学校内。

在这同时，胡宗南派往川东的援军第一军，因运输车辆不足与半途损坏，只有一部分军队有车，其他部队只得徒步急行军，先头部队第一六七师于1949年11月26日到达重庆。胡宗南加派的第三军增援川东，则因始终未得车辆，而未成行，逃过了被"中共"军队包围、聚歼于重庆的厄运。

第一军到达重庆时，重庆的形势已是十分危急。11月27日，罗广文的第十五兵团丢失了重庆南部重镇南川与綦江，解放军逼近重庆郊区。蒋介石为稳定重庆人心，特令第一军武装整队通过重庆市区，然后派第一六七师开赴綦江前线。但当第一六七师进抵綦江附近三十华里处，得知綦江已丢失，遂奉命到长江一线防守，扼守海棠溪、北温泉、南温泉各点。接着，第一军的第七十八师的3个团也陆续到达重庆市郊，在江津以西长江与海棠溪北岸布防，阻击解放军的猛烈攻击，另以1个团加强白市驿机场的守备。

但在这时，罗广文部与宋希濂部都已从重庆外围向川西溃退。第一军到达重庆的部队成了孤军作战。而且这支部队多次整补，新兵大增，又长途跋涉，军心涣散，因而战斗力大大削弱，无法阻挡军威正盛的解放军的凌厉攻势。

1949年11月28日，蒋介石与张群部署各部人马从重庆往成都撤退。他们到这时仍不知道刘宗宽的真实身份，令他率"西南军政长官公署"官兵撤退。刘宗宽命总务处长率部先走，他自己则与家属迅速隐藏到可靠地方，等候解放军入城。①

1949年11月29日，阎锡山率行政院，从重庆迁往成都办公。11月30日清晨，蒋介石携随员从白市驿机场飞往成都。

胡宗南的第一军，也奉命自重庆向璧山撤退。在重庆4天的激战中，第一军损失重大，第一六七师师长赵仁阵亡，代师长曾祥廷负伤，团长阵亡一人，营、连、排长死伤十有六七。1949年12月初，该军撤到成都，驻防于成都西部之新津。

胡宗南对第一军增援重庆遭到惨败，一直愤恨不已。直到1949年12月18日，胡宗南大军在成都陷入解放军重围之时，他在日记中发泄道："吾人之一切计划，皆以第一军之调重庆，而贻误，而全局失败，可慨也。"②

国民党人士雷啸岑对胡宗南的第一军增援重庆失败有一段说明：

> 当一九四九年冬月，蒋"总统"驻节重庆督导战事时，笔者眷属尚住在渝市。据说：胡军的一师人奉调空运到达渝市之际，武器精良，士兵皆系青年子弟，精神奕奕，而服装整齐，军容甚盛，市民见而欢庆，认为救星到了。讵驰赴彭水之线与"共"军一接触，即败下阵来，原因是胡军素无实地作战经验，而现代化的重武器在崎岖之地殊不容易运用也。所以，胡军在巴蜀未能表示战阵之勇，非偶然也。③

---

① 刘同飞：《父亲刘宗宽："潜伏"背后的功勋》，《纵横》（北京）2009年第11期。按：刘宗宽在中共军队占领大西南后，西南军政委员会主席刘伯承誉刘为"解放西南第一功"。刘宗宽是农工民主党成员，于1950年到南京军事学院担任战役战术教授，1956年转到重庆市政协当闲差；1957年被打成"右派"，在"文革"后平反，1992年7月29日病逝，享年87岁；1993年2月23日，中共四川省委追认其为中共党员。

② 胡宗南：《胡宗南先生日记·1949年12月18日》，台北："国史馆"，2015年，下册，第177页。

③ 雷啸岑：《"马五先生"笔下的胡宗南》，《大成》杂志（香港）创刊号，1973年12月1日。

这段话表达了当时许多国民党人士对胡宗南部队怀有的希望与失望。他分析的胡军失败的原因是有见地的，但他没有认识到胡军失败的最根本原因，是国民政府在大陆的统治已全盘失败，民心已失，军心动摇，兵败如山倒，在军威正盛的解放军的优势兵力猛烈攻击下，任何国民政府军将领都无法创造扭转战局的奇迹。

1949年11月30日，解放军在江津以西渡过长江，攻入重庆市区，占领重庆。

1949年11月30日上午，蒋介石乘专机从重庆飞到成都，住中央军校，随同蒋来成都的，有其子蒋经国、参谋总长顾祝同、参谋次长萧毅肃、张世希、西南军政长官张群、副长官兼参谋长钱大钧、国防部保密局局长毛人凤等。

1949年12月毛人凤、胡宗南、蒋经国在成都合影。

蒋介石当日即在中央军校驻地，"约见邓锡侯、刘文辉、熊克武、向传义、王方舟等谈话"，商讨川西防守决战之事。[①] 这些人都是四川、西康本地的党政军界要人或名人。蒋首先谈了川东作战经过，说明重庆失守乃是有计划的战略转移；接着大谈在川西成都地区与"共"军决战的有利条件与重要意义，并把重大的希望寄托于胡宗南部。蒋说，胡宗南的3个兵团还是完整的，尚

---

① （1）蒋经国：《风雨中的宁静·1949年12月1日日记》，台北：黎明文化出版有限公司，1977年；
（2）刘文辉、邓锡侯回忆蒋介石召见日是在蒋飞到成都的当日，即11月30日下午，见刘文辉：《走到人民阵营的历史道路》。

可一战，希望川、康方面的朋友与之合作。

胡宗南于30日晚8时，赶来"晋谒总裁"[1]。他向蒋报告其部3个兵团自陕南、陇南向川西撤退的情况，"详商军事部署，以汽油缺乏，运兵滞缓为难"。蒋介石令胡部加速南撤，并"速派有力部队进驻遂宁并防守内江"[2]；同时令从四川东部西撤的罗广文第十五兵团、陈克非第二十兵团、孙元良第十六兵团等部，在沱江、岷江地区布防，阻解放军西进，掩护胡宗南部的3个兵团自陕南、陇南向川西集结。

蒋介石指示，由顾祝同、钱大钧、萧毅肃与胡宗南等人组成川西临时作战指挥部，指挥川西各军，与解放军在成都地区决战，以挽回颓势；若不胜，则西向山高谷深、云遮雾绕的西康地区有序撤退，给跟进的解放军以有效叠次打击，最后退到滇西与西藏高原地区死守，以空间换时间，等待国内外形势变化。

1949年12月上旬，胡宗南的第五兵团与第十八兵团各军，先后向川西地区疾进。胡指示第七兵团裴昌会部在掩护第五兵团与第十八兵团入川后，逐步放弃大巴山防线，向川西集结。

在这同时，从川东溃退下来的各兵团也不断涌向川西地区。但这些兵团都是屡经解放军打击，或是新近组编，编制残缺，装备不良，战斗力极差。原住川西的刘文辉部第二十四军与邓锡侯部第九十五军，不仅装备落后，而且官兵多吸鸦片，更是不堪一击。因此，胡宗南部就成为国民政府与蒋介石在川西最重要的军事力量，胡宗南也就成为这时期川西最重要的人物。

但胡宗南却不同意蒋介石在川西与解放军决战的计划。他是直接带兵的长官，直接与解放军作战多年，深知此时不能与解放军决战；而且成都与川西地区是块盆地平原，无险可依，非战守之地，因而主张不战而退康、滇地区。他也不同意张群极力拉拢刘文辉、邓锡侯的做法，认为这些地方军阀必有异志，不可信赖。

---

① 胡宗南：《胡宗南先生日记·1949年11月30日》，台北："国史馆"，2015年，下册，第171页。
② 蒋经国：《风雨中的宁静·1949年12月1日日记》，台北：黎明文化出版有限公司，1977年。

1949年12月3日，胡宗南"下午一时离成都，下午六时二十分到达绵阳，夜九时作战会报"①。胡宗南约请参谋长罗列与袁朴、周士冕、李犹龙等人到其住处晚餐，商讨局势与部队今后行动方针。罗列首先说："东路的共军在占领重庆后，正向川西挺进。宋希濂的情况不明，宜宾的郭汝瑰有不稳情况。北面的'共'军正向陕南、川北进攻。在这一情势下，军事部署应早作妥善处理，或退或守，要明确决定。"

李犹龙是成都人，熟悉当地历史地理，说："顾祖禹不是在《读史方舆纪要》上说过'成都非坐守之地'吗？要守成都，首先要守住合川、泸州、剑阁、江油等几个外线点；如外军攻到仁寿、龙泉驿、绵阳、新津等内线点，就不能守了。这在四川内战史上大家都是知道的。在目前的情况下，我认为还是早作放弃成都、退往西昌的准备，以保全实力，再作后图，比较适宜。"

众人都同意李犹龙的意见。胡宗南手持蜡烛，细看川西地图。他也知道成都不可守，但蒋介石要他在这里进行决战，他又不敢违抗。②

1949年12月5日，胡宗南于下午4时回到成都，即去"晋谒总裁"③。

但胡宗南的撤军康、滇计划，再次遭到蒋介石的拒绝。蒋介石顽固地要胡宗南联合刘文辉、邓锡侯等部，坚守成都，在川西与解放军决战。蒋介石并与胡宗南当即"研究作战方略，决集中二十六军于自流井与内江之线，以遏制'共'军向乐山方向进窜，并拟定川中此后全般部署与战斗部署"④。蒋介石告诉胡宗南，为准备川西决战，准备改组西南军政长官公署，以胡宗南统揽西南军政，统一指挥在川西的全部国民政府军队，与"共"军决战。

蒋介石还对胡宗南说，张群向他保证，刘文辉、邓锡侯以及云南的卢汉都忠实可靠，不会背叛党国。蒋介石要胡宗南在当日晚与张群、顾祝同等人一

---

① 胡宗南：《胡宗南先生日记·1949年12月3日》，台北："国史馆"，2015年，下册，第172页。

② 李犹龙：《胡宗南部逃窜西昌和覆灭实录》，全国政协文史资料研究委员会编：《文史资料选辑》第50辑，第107～108页；按：会议时间依胡宗南日记订正。

③ 胡宗南：《胡宗南先生日记·1949年12月5日》，台北："国史馆"，2015年，下册，第172页。

④ 蒋经国：《风雨中的宁静·1949年12月5日日记》，台北：黎明文化出版有限公司，1977年。

道，赴刘文辉公馆，与刘文辉、邓锡侯等人一道商讨川西作战计划。

1949年12月5日晚8时，胡宗南"应刘文辉晚宴"①，与张群、顾祝同、萧毅肃及邓锡侯、王方舟、王缵绪等人，来到成都玉纱街刘文辉公馆，参加宴会，并商讨川西决战计划。席面气氛十分紧张。

萧毅肃首先责问刘文辉与邓锡侯，说："据报邓晋公命所部集结广汉、新都一带，阻击胡宗南部西进；刘自公的部队已经破坏了邛崃大桥，不许胡宗南部通过，究竟是怎么一回事？"确实，当时刘文辉与邓锡侯已秘密指示所部进行起义准备，并采取了一些措施，只是邛崃大桥尚未炸毁。因此，刘文辉与邓锡侯坚决否认了上述事实，振振有词地叫顾祝同、胡宗南实地调查，他们甘愿具结，如果属实，甘受军法。

萧毅肃拿出一张敌我作战态势图，计算兵力配备，讨论攻守形势。

刘文辉故意说："可惜我同邓晋康的军队在过去大部分被整掉了。假使今天还像当年一样，这个重担子我们两个人都担得起。"

胡宗南马上对刘说："刘先生不要灰心，我的军队可以交给你指挥。"

刘文辉立即顶了回去，说："我们都是行家。你的部队我哪里指挥得动？我的部队你也不能指挥。"

最后，胡宗南等人追问刘文辉："刘自公究竟打算怎么办？"

刘文辉故作激昂地说："这还用得着我说吗？事实摆得最明白，你们自己按也按得到，我又是大军阀，又是大官僚，又是大地主，又是大资本家，样样占齐了。共产党搞的是无产阶级革命，哪里还会要我！"

张群听了十分高兴，对胡宗南说："这回你该放心了吧！"②

胡宗南哪里能放心得下！

当日晚12时，胡宗南又"接见於达、袁朴、周士冕、李犹龙"③，再次协

---

① 胡宗南：《胡宗南先生日记·1949年12月5日》，台北："国史馆"，2015年，下册，第172页。
② 刘文辉：《走到人民阵营的历史道路》，全国政协文史资料研究委员会编：《文史资料选辑》第32辑；
　　邓锡侯：《我在川西起义的经过》，全国政协文史资料研究委员会编：《文史资料选辑》第17辑。
③ 胡宗南：《胡宗南先生日记·1949年12月5日》，台北："国史馆"，2015年，下册，第172页。

商成都市防守之计。胡宗南说："守成都确有困难。我们来研究脱围的办法。"李犹龙答："办法我们在南郑就已研究过。现在脱围还是时候，迟了就不可能了。现在从邛崃攻雅安，占住泸定，从乐山过蓑衣岭到西昌，我们都是可以做到的。但首先要解决刘文辉。"胡宗南说："我们现在至少还有30万人，用两个军守乐山，用两个军攻雅安，进驻雅安、泸定，再用两个军进驻云南，其余部队都陆续掩护前进。你们看可以不可以？"大家都同意胡宗南的计划。①

胡宗南于12月6日，两次去见蒋介石，报告与请示上述的撤军计划。"上午九时晋谒总裁。一时在总裁官邸午餐"。谈的时间颇长。到晚上，胡宗南又带参谋长罗列去见蒋介石，"下午八时偕罗列，谒总裁，并晚餐"②。

这就是胡宗南率部进驻川西时的战略思想与军事计划。

无疑，胡宗南的撤军康、滇计划，是当时川西国民政府军逃脱被歼、保存实力的一项暂时可行之法，也是中共方面最为担心、力图加以阻止破坏的战略计划。因此，中共方面在当时一方面派部队日夜兼程直插成都西南，企图截断胡宗南军向康、滇的退路，完成对成都的包围；一方面加紧联络、策动、催促川康地方军阀刘文辉等部早日起义，在解放军到达前，先行占领邛崃、雅安、泸定与西昌等地，阻止与迟滞胡宗南部西撤，迎接解放军大部队的到达。就在12月5日这天，周恩来从北京致密电潜伏在雅安的中共代表王少春，让他催促刘文辉等部早日行动。周恩来在电文中说：

> 望即转告刘自乾先生，时机已至，不必再作等待。……行动关键在勿恋成都，而要守住西康、西昌，不让胡宗南匪军侵入。万一窜入，应步步阻挡，争取时日，以利刘、邓解放军赶到后协同歼敌。③

① 李犹龙：《胡宗南部逃窜西昌和覆灭实录》，全国政协文史资料研究委员会编：《文史资料选辑》第50辑，第108页。

② 胡宗南：《胡宗南先生日记·1949年12月6日》，台北："国史馆"，2015年，下册，第172页。

③ 周恩来：《关于策动刘文辉起义等问题的电报》（1949年12月5日），中共中央文献研究室、中央档案馆编：《"建国"以来周恩来文稿》第一册，北京：中央文献出版社，2008年，第627页。

然而，胡宗南一再提出的撤军康、滇计划，仍然遭到蒋介石的拒绝。胡宗南回到住处，向亲信部属讲述了蒋介石拒绝他撤军康、滇与刘文辉、邓锡侯的种种不稳迹象，说："刘文辉、邓锡侯这些四川的土皇帝，张岳军向总裁力保他们靠得住。我看这几十万人都会被张岳军埋葬在川西"。胡又无可奈何地叹道："总裁下手令要我们死守成都，要我们杀身成仁，我们就在成都同归于尽吧！"①

当时在成都、已升任陆军总司令的关麟征，冷眼旁观，深深了解退据川西的国民政府军各部，虽名义上由胡宗南指挥，但实际发令的是蒋介石。他听到胡宗南各军遵令向川西集中途中，因川西乡间泥土松软，一连多天大雨，所有的土路都不能走，只能走公路中央。而胡部重武器多，根本没法子展开。他凭多年实战经验，便知川西这一仗必然完全失败。关麟征说，蒋介石虽然领导过北伐和抗战，实在他不大会打仗。1949年11月底，关麟征偕夫人从成都乘飞机前往台湾，在经香港机场小憩时，他告诉同伴，"去探望病中的父亲，随后来台"。但此后，关未去台，而是一直居住在香港，直到1980年8月1日去世。

这时，在1949年11月20日赴香港就医的"国民政府代总统"李宗仁，因其"老巢"广西失守，知其在国民政府中，将更敌不过蒋介石的势力与影响，不愿赴台湾，乃于1949年12月5日从香港飞赴美国就医，离开了中国。这时，蒋介石还没有复"总统"职，只能以国民党总裁的身份在成都指挥。"国民政府"在法统上陷入混乱状态。

（二）"西北王"变成了"西南王"

就在蒋介石在成都筹划部署川西会战、胡宗南却心存疑虑、犹豫不决之时，解放军从东、南、北三面，同时发动了对川西国民政府军的大规模围歼之战：

解放军第二野战军司令员刘伯承、政委邓小平，决定乘胜迅速发起成都

---

① 李犹龙：《胡宗南部逃窜西昌和覆灭实录》，全国政协文史资料研究委员会编：《文史资料选辑》第50辑，第109～110页。

战役，采取先合围、断其退路、然后分割歼灭的方针，全歼在川西的胡宗南等全部国民党军。鉴于川西成都地区之国民党军南逃西康、云南的道路有两条，一条是由成都，经新津、乐山，南下西昌、再入云南；另一条是从成都，经邛崃、雅安到西昌，12月6日，刘伯承、邓小平令第五兵团杨勇部主力及第十军，从贵州迅速攻入川南，抢占宜宾、乐山、青神、浦江等地，从南面兜击成都敌人，强调指出："这个战役的关键在于占领乐山，完全截断敌人退往西昌、会理、云南的公路线"；令第三兵团陈锡联部从川东迅速西进，在攻占简阳等地后，以一部插到成都以西，攻占邛崃、大邑等地，从东、西两面夹击，向成都推进。① 当日，刘伯承、邓小平致电贺龙："敌人退路行将截断，南下时机已到"，要他们从北线兼程南下，配合第三兵团陈锡联部与第五兵团杨勇部，会攻成都。第三兵团与第五兵团等部接到命令后，分别从川东与贵州，向川西、川南疾进，在12月6、7日已逼近彭山、泸州、宜宾一线。

在北线的解放军第十八兵团的六十军、六十一军、六十二军与第七军等部，在贺龙、周士第指挥下，早已蓄势待发，在得知刘伯承、邓小平部向川南、川西发动进攻后，立即于12月5日开始，由中共川康特委负责人马识途指引，从陕南、陇南分三路南下，于12月6日占领汉中、褒城与陇南之武都、文县。12月9日，胡宗南部第一一九军副军长蒋汉城（即蒋云台），在陇南率部8000余人，宣布起义。贺龙部迅速向川北挺进，与刘伯承、邓小平部配合，形成对川西平原上国民政府军的合围之势。

成都与川西平原上以胡宗南集团为核心的国民政府军，即将陷入解放军的重围之中，形势越来越危急。国民政府的党、政、军高官，以及一些社会名人如张大千等，纷纷逃离成都，前往海外，社会一片混乱。

更为严重的是，在西南地区国民政府阵营内部，云南、四川与西康的地方军阀势力，在这时连续出现不稳与叛离的种种迹象。

胡宗南在12月7日、8日，连连"谒见总裁"。他得知，先是在12月7日晨，

---

① 李曼村等主编：《刘伯承传》，北京：当代中国出版社，1992年11月，第526页。

蒋介石派张群去昆明，根据蒋介石坚守川西与康、滇的计划，说服卢汉同意将国民政府国防部、陆军总部与联勤总部等机构迁往昆明，将云南省政机构迁往滇西，建立军事基地。但卢汉却以云南元气未复、民心浮动、财政困难等词推托，还要求蒋介石给他300万银圆与3个师的武器作为条件，他才同意开往滇西。蒋介石得知后，急电召张群与在云南的第八军军长李弥、第二十六军军长余程万、第九十二军军长龙泽汇等飞来成都，协商云南事宜。

胡宗南还得知，在12月7日这天，当蒋介石邀集刘文辉与邓锡侯于下午4时到成都北校场军校议事时，刘、邓二人却于这天中午秘密离开成都出走，逃往新繁龙桥。另一位四川军阀潘文华也赶去与他们会合。种种迹象表明，他们正在准备率所部脱离国民政府，投奔中共。

成都的形势一下子变得更为复杂与危急。

12月7日晚，胡宗南被召到蒋介石那儿，与阎锡山、顾祝同等人协商局势与应变之法，得知蒋介石派王缵序赶往龙桥，说服刘文辉、邓锡侯回成都主持四川军政，但无效。直到这时，蒋介石才认识到大势已去，所谓"川西决战"无法进行，只得作撤逃的部署与准备。蒋经国在这天的日记中写道："到此乃知大势已去，无法挽回矣。因于晚间作重要决定，中央政府迁台湾台北，大本营设置西昌，成都设防卫总司令部。此时胡宗南部队已翻越秦岭，跋涉长途，转到成都平原。"[1] 因为刘文辉、邓锡侯的叛变，成都危急，蒋介石与胡宗南乃紧急部署成都的防卫，以所部从川军手里接管成都的城防。胡宗南原准备以裴昌会为成都防卫总司令，以第三十军长鲁崇义与原成都警备司令严啸虎为副总司令，但因裴昌会滞留川北，不能即刻到达成都，"鲁崇义不愿守成都，决派盛文为成都保卫总司令，而以第三军之一个师担任守备"[2]。

1949年12月7日晚8时，"国民政府行政院"召开紧急会议，正式通过撤逃

① 蒋经国：《风雨中的宁静·1949年12月7日日记》，台北：黎明文化出版有限公司，1977年。
② 胡宗南：《胡宗南先生日记·1949年12月7日》，台北："国史馆"，2015年，下册，第172页。

部署的决议："政府迁设台北，并在西昌设大本营，统率陆海空军，在大陆指挥作战"[①]；同时正式宣布改组西南军政长官公署，由参谋总长顾祝同取代张群，兼任西南军政长官，胡宗南为西南长官公署副长官兼参谋长，代行长官职权，统揽西南军政；同时撤销了早已名存实亡的西安绥靖公署；胡宗南原来兼任的川陕甘边区绥靖公署主任则由原重庆市市长杨森代理；任命王缵序、唐式遵为西南第一路、第二路游击总司令。

1949年12月8日，"行政院"院长阎锡山，偕副院长朱家骅及政务委员、各部会首长、总统府秘书长、参军长，共14人，乘"美龄号"专机，飞离成都，于下午6时到达台北松山机场。12月9日，"行政院"举行迁台后首次院会，正式在台北办公。但蒋介石在12月8日这天仍留在成都。胡宗南在这天的日记记载："总裁本日未行。午前九时谒见。"当日晚7时，胡宗南"与盛文、董钊，谒总裁，并晚餐"[②]。在这一天，胡宗南会见了从云南应招来成都的李弥、柏天民、余程万、龙泽汇等人。

也在12月8日这一天，胡宗南在顾祝同主持的会议上，"奉命为西南长官公署副长官兼参谋长"[③]，代行长官职权。胡宗南从此成了国民政府在西南地区的最高军政负责人。这位"西北王"一下子又成了"西南王"，只不过是一位末代的"西南王"。

当时在成都与川西地区的国民政府军各部队，奉命统归胡宗南指挥，计有胡宗南直辖的3个兵团：第五兵团，兵团司令官李文；第七兵团，兵团司令官裴昌会；第十八兵团，兵团司令官李振；另有：第十五兵团，兵团司令官罗广文；第二十兵团，兵团司令官陈克非（原宋希濂部）；第十六兵团，兵团司令官孙元良（孙震部）；第三兵团，兵团司令官朱鼎卿（由原湖北省地方保安部队编组）；第二十军，军长杨汉烈（杨森部）；以及第二十二兵团，司令官郭汝瑰；刘文辉

① 程玉凤编：《中华民国史事纪要（初稿）》（1949年10～12月），台北："国史馆"，1997年10月，第532～533页。
② 胡宗南：《胡宗南先生日记·1949年12月8日》，台北："国史馆"，2015年，下册，第172页。
③ 胡宗南：《胡宗南先生日记·1949年12月8日》，台北："国史馆"，2015年，下册，第172页。

的第二十四军，代军长刘元瑄；邓锡侯的第九十五军，军长黄隐等。

胡宗南就任西南西南长官公署副长官后，首先部署防守成都，其中最重要的就是以所部从川军手里接管成都的城防，一方面监视川军各部，维持成都社会治安；一方面准备迎击解放军。胡宗南宣布成立成都防卫总司令部，令第三军军长盛文为成都防卫总司令，以余锦源、严啸虎为副总司令，以四川省党部主任委员曾扩情为政治部主任，以第三军副军长沈开樾兼防卫总司令部的参谋长，以第三军为成都的防卫部队。

盛文任成都防卫总司令后，即在成都西校场通惠门军校旧址设立防卫总司令部。第三军辖两师部队，其中第二五四师原系总统府警卫旅改编，美式装备，师长为陈岗陵，盛文令该师担任成都市区、郊区的城防任务，并派该师一个营守备凤凰山机场。盛文另以该军的第十七师控制于成都市东南郊区，作为预备队机动使用。

就在胡宗南就任西南军政副长官后不久，川西与西南地区形势发生了急剧而重大的变化：12月8日，逃到龙桥的刘文辉、邓锡侯拒绝了蒋介石派来的王缵绪的劝说，于当晚迁往彭县龙兴寺，会合潘文华等人，准备起义；12月9日晚，云南昆明的卢汉突然扣留了蒋介石于9日中午再次派往昆明的张群与第八军军长李弥、第二十六军军长余程万以及国民政府在昆明的军政人员，正式宣告脱离国民政府阵营，投向中共。

而这时，解放军各部队正迅速从东、南、北三面，迅速向成都与川西地区进逼。成都的四面都出现敌情，形势更加险恶，危机四伏，风声鹤唳。

1949年12月10日，成都寒气逼人，天空乌云密布，街上行人稀落，秩序很乱，时有枪声。

上午9时，胡宗南应召来到蒋介石住地中央军校。蒋介石告诉他，今晨截获到昆明卢汉打给刘文辉的一份电报，电报中说，卢汉在昨晚5时借张群的名义，召开军政紧急会议，诱捕了蒋介石派到昆明去的张群、李弥、余程万以及其他党国重要人员，在晚上10时宣布起义，卢汉在电报中要刘文辉会同川军将领，在成都举兵响应，发动起义，扣留蒋介石等人，可成为"人民政府第一大功臣"。因刘文辉与邓锡侯早在12月7日就秘密离开成都出走，因而卢汉的来电落到了蒋介石手中。这使蒋介石异常震惊。他在当日的日记中记述了他见卢汉通电后的慨叹与后悔："闻之并无所感，只觉自身之鲁饨愚拙，一再受欺，一再养乱，以致党国与军民遭受此空前侮辱与莫大之灾殃耳。小子粗疏，太不警觉，警醒矣！近月以来，逆卢言行早露叛迹，如及时防范，或趁早解决，犹易为力，奈何一误再误，冥顽不灵如此也。"①

成都中央军校大门（内侧）

　　胡宗南虽早对刘文辉等西南军阀的反叛有所警觉，但当他的预感成为事实后，他更为西南局势的危急与不可收拾而忧虑，"上午九时谒总裁，以昆明事变，刘（文辉）、邓（锡侯）必同谋为虑"②。

　　上午11时半，蒋介石再次召见胡宗南，商谈西南战事与成都防守。蒋介石故意问胡宗南，他是留在成都指挥还是回台湾？胡宗南心知其意，回答说，

---

① 《蒋介石日记》手稿本，1949年12月10日；藏美国斯坦福大学胡佛研究所档案馆，案卷号：Chiang Kai—shek Diaries，Box39。

② 胡宗南：《胡宗南先生日记·1949年12月8日》，台北："国史馆"，2015年，下册，第172页。

以早回台湾为是。胡宗南在这天的日记中记载："十一时半，再谒总裁，总裁问：是否留蓉，或即返台？答：以早返台北为是。"①

中午时分，侍卫人员向蒋介石报告，发现在蒋介石驻节的中央军校附近，有可疑人物。很可能是刘文辉的便衣队，建议蒋介石立即离开军校，为防万一，从军校后门悄悄撤走。蒋介石同意立即离开军校，但他故作镇静说："我是从大门进来的，还是从大门出去。"②蒋介石知道胡宗南的第三军已经控制了成都，他的安全暂时不会有问题。

蒋介石携带蒋经国、毛人凤等人，走出军校大门，乘车来到凤凰山机场，登上"中美号"专机。胡宗南与第三军军长、成都防卫总司令盛文等人，"下午一时，至凤凰山机场恭送总裁"③。蒋在专机上再次指示胡宗南，要死守成都，并说："你的任务，当前是迅速消灭刘文辉部队！"又加重语气说："炮轰刘文辉公馆！"胡答："是！"④四川省政府主席王陵基闻讯匆匆赶到机场，蒋介石对王陵基指示说："你以后与胡宗南多作联系。"⑤下午2时，蒋介石的"中美号"专机飞离成都，当晚6时30分到达台北松山机场。蒋经国称他们父子在成都，"此次深临虎穴，比西安事变尤为危险"⑥。担任成都中央陆军军官学校本校中将教育长的吴允周，随同撤往台北。⑦

蒋介石在这几天中，对胡宗南的表现是满意的，他在日记中写道："在如此危难时刻，宗南毫无颓唐之色，真将领中之麟角也。"⑧

---

① 胡宗南：《胡宗南先生日记·1949年12月10日》，台北："国史馆"，2015年，下册，第173页。

② [日本] 古屋奎二：《蒋介石秘录》，台北："中央日报"社，1977年。

③ 胡宗南：《胡宗南先生日记·1949年12月10日》，台北："国史馆"，2015年，下册，第173页。

④ 马宣伟：《蒋介石在大陆下的最后一道命令：炮轰刘文辉公馆》，《世纪》（上海）2002年第7期，第24～25页。

⑤ 王陵基：《四川解放前夕我的罪恶活动》，全国政协文史资料研究委员会编：《文史资料选辑》第55辑，第163页。

⑥ 蒋经国：《危急存亡之秋·1949年12月10日日记》，台北：黎明文化出版有限公司，1977年。

⑦ 吴允周在台湾，于1987年号召第七军分校在台师生，成立"王曲研究会"，至1996年，完成《王曲文献》八册。

⑧ 转引自芮正皋：《儒将胡宗南》，胡故上将宗南先生纪念集编辑委员会编纂、胡为真增修：《令人怀念的胡宗南将军》，台北：商务印书馆，2014年12月，第392页。

　　胡宗南送走蒋介石后，当即回到成都新南门外空军学校内，举行了一个简单的就职仪式，宣布就任西南军政长官公署副长官兼参谋长代行长官职。胡宣布以原西安绥署的人马按职到差，并未加委。

　　12月12日，胡宗南收到了蒋介石于12月11日11时在台北写的一函。这位国民党总裁在从成都飞回台北的第二天，就苦心孤诣地写成给胡宗南的一函，告诉胡："昨午作别，情绪悲戚，依依不尽欲言"，除对未能及早觉察与防范卢汉等人的叛变，作了点自责与"一般同志，太不警觉"外，更对成都战事，向胡宗南作了一系列指示："……只要我军尤其弟部，能在西南与西北之间，作长期奋斗之计，未有不能转败为胜也。"蒋介石主观地认为，中共进川军队主力因种种原因，不会进军川西，"观成渝路方面，匪之行动，其不愿派遣主力，与我军决战，重受牺牲，是在意中。吾人应在其此一弱点上，研究策划为要"；随之，向胡宗南提出了不切实际的川西防守战略："中（蒋介石自称）意，龙泉驿阵地最好，在简阳以东地区，增强若干兵力，予以作十日以上以周旋，以待我绵阳附近后续主力部队之转进，是为上策。故成都非万不得已不宜放弃。至于后续部队，经绵竹、灌县附近，再转进至岷江以西地区，是万不得已之举耳。"蒋介石对胡宗南部今后的行动与方针，提出了四项方案：一是"在成都平原决战，以期确保成都"。二是"转进岷江西岸，以雅安、康定为基地，并望能先控制西昌不失"。三是"第二方案实行完成后，仍需向云南发展，而以攻占昆明为今后作战唯一目标"。四是"如第三方案不成，即可占领滇、康、青藏之中间地区，而以昌都为临时基地，相机向康、向青、向川发展，亦无不可，但此为万不得已之举，然亦不可不作此著想"①。

　　胡宗南立即调兵遣将，加紧军事部署。他不敢违抗蒋介石的指示，仍公开扬言要死守成都，与"共"军进行川西决战；但实际上他对"决战川西，死守成都"毫无信心，也未作认真的部署，除了在成都设立防卫总司令部，接管成都城防外，在军事上未再作其他有力措施。对胡宗南当时的表现，先后担任成

① 胡宗南：《胡宗南先生日记·1949年12月12日》，台北："国史馆"，2015年，下册，第174～175页。

都警备司令与防卫副总司令的严啸虎（国民政府陆军大学毕业）说："我感到胡宗南作为蒋介石最后的一张王牌，其人之轻率，一至于此。"[1]

胡宗南实际上是在作撤军雅安、康定、西昌的准备。他在派第一军第一师朱光祖团去西昌后，又命第二十七军和第六十五军之第一六〇师沿岷江西岸布防，在郫山、乐山之线担任掩护西撤的通道；同时他令各部向川西集中：李文的第五兵团驻新津，李振的第十八兵团于12月15日到达双流一带，裴昌会的第七兵团加速南撤。胡宗南还令其他各部向川西集结。

胡宗南又令干部训练团教育长袁朴与政治特派员周士冕，率领干训团官兵员生近万人，先行徒步西撤西昌。

为了扫除西撤康、滇的障碍，"胡宗南部决定从速解决刘（文辉）部，克日进占雅安，作为西南基地"[2]。

（三）镇压刘文辉与邓锡侯的"反叛"

胡宗南在12月7日就得知刘文辉、邓锡侯秘密逃离成都、企图反叛投共的消息。但当时蒋介石正派王缵绪等人前往龙桥对刘、邓进行说服，企图将刘、邓等人拉回成都，而刘文辉、邓锡侯、潘文华的起义通电还未公开发表，因而胡宗南仅令第三军接管成都城防、有关各部进入备战状态，对刘文辉、邓锡侯的部队采取监视态势。

1949年12月12日，胡宗南得知刘文辉、邓锡侯与潘文华于前一日公开发出了起义通电。刘文辉等人的起义通电虽填的是12月9日的日期，实际上是12月11日才发出并倒填了日期。接着，胡宗南又得到报告，刘文辉的第二十四军代军长刘元瑄，遵照刘文辉与中共方面的指示，于12月12日在雅安城召开了起义誓师大会；同日，西康省民政厅长代行省主席职权的张为炯在康定城通电全省各县宣布起义。而邓锡侯的第九十五军驻成都的军部及各部队，在起义通电尚未

---

① 严啸虎：《川西起义经过》，全国政协文史资料研究委员会编：《文史资料选辑》第23辑，第39页。
② 蒋经国：《风雨中的宁静·1949年12月10日日记》，台北：黎明文化出版有限公司，1977年。

公布前，由副军长杨晒轩派参谋长游说顾祝同，骗得顾同意，于12月12日撤离成都，向郫县方向转移。在这同时，成都防卫副总司令严啸虎等四川籍将领也先后前往彭县，与刘文辉等人会合，发出起义通电。

胡宗南对刘文辉等的行动早在意料之中。他在12日得知上述消息后，立即下令所属有关各部，对刘文辉、邓锡侯部进行镇压，"令盛文于十四日拂晓行动"。胡宗南还决定，对邓锡侯与刘文辉加以区别，以利分化，"今日决缓和邓锡侯之行动，而积极对刘文辉"①。

当时，刘文辉与邓锡侯部驻军如下：

刘文辉为国民政府西康省政府主席兼第二十四军军长。他将西康省政府放在康定，以省民政厅长张为炯代行省主席职权；将第二十四军军部设在雅安，以刘元瑄代军长，下辖第一三六师，师长伍培英是刘文辉的女婿，师部驻西昌；第一三七师，师长刘元瑄，是刘文辉族人，师部驻雅安。两师部队及军部直辖特种部队分别驻防于康（康定）、宁（西昌）、雅（雅安）三属广大地区与成（都）雅（安）公路各要点，只有一个团驻扎在成都南郊武侯祠。刘文辉在成都玉纱街与大邑、康定等地都有住宅。

邓锡侯时任国民政府西南军政副长官。他的主要部队为第九十五军，以邓的亲信部将黄隐任军长。该军辖有三个师，其第一二六师大部在彭县、新繁一带布防，第二二五师在灌县一带布防，只有第二九五师拨归胡宗南部第十七军，正从川北撤退途中。第九十五军军部与军直属部队则驻成都。邓锡侯起义时，部署第九十五军军部与驻成都部队设法撤出成都，转移到郫县，向彭县靠拢。

胡宗南部首先对刘文辉等部采取行动的，是驻西昌的胡部第一师第三团朱光祖部与西昌警备司令贺国光的部队。这两部在接到胡宗南的电令后，于12月12日当晚就向第二十四军驻西昌之第一三六师伍培英部发动进攻。伍培英事先获知朱光祖团将来袭击的消息，知力不能敌，提前3个小时将部队撤出西昌城。正撤时，被贺国光、朱光祖部发现，即向伍师发动进攻。伍师边打边撤。刘文

① 胡宗南：《胡宗南先生日记·1949年12月12日》，台北："国史馆"，2015年，下册，第174页。

辉的部队都是"双枪兵"，抽鸦片，武器装备低劣，战斗力差。伍师在撤退中损失很大，其屯垦团长刘元虎、少将高参薛奉元在作战中阵亡。伍培英率残部退至冕宁，幸得中共地下党员伍精华派人把他们送出彝区，才免覆灭。伍培英部转移到富林、黄木厂、大相岭一线，切断从成都、乐山通往西昌的道路，与贺国光部的第三三五师王伯华部对峙，直到解放军到达。

胡宗南得到朱光祖团击败伍培英师控制西昌的消息，"西昌第一师第二团朱光祖（欠一营），夜袭二十四军二三七师伍培英部"①，十分高兴，因为西昌是他目前预定的唯一退路。胡立即致电朱光祖进行嘉奖：

光祖同志弟：这次第二团以不满七百人的兵力，居然击灭十倍于我的叛敌，重奠西昌，力挽狂局，其机警勇敢，忠愤强悍，深堪为革命军人之表率，如此领导，如此士兵，宗深感荣誉，除请将贵团扩编为两个团的一师外，并镐赏四千元，敬以欣幸愉快之忱，奉祝胜利。②

1949年12月13日午后，盛文在成都召集第三军的团以上军官会议，传达胡宗南关于解决刘文辉、邓锡侯留成都部队的命令。当时刘文辉部在武侯祠住董旭坤团，不足千人；刘的玉纱街住宅有便衣队，约300人；邓锡侯部只在城北华兴街留有第九十五军的秦述观营。两部战斗力都很弱。当晚，盛文以电话向胡宗南报告，提出解决刘、邓留城部队的两种方案：

第一个方案：以一个师的兵力彻底围歼武侯祠的刘文辉部董旭坤团；以一个团的兵力围歼华兴街邓锡侯部一个营，迫其缴械投降；对刘、邓部军、师以上人员住宅，一律打抄。

第二个方案：对刘文辉部采取坚决消灭的打法，对刘宅予以打抄，对刘部人员住宅不打不抄；对邓锡侯部采取包围缴械解除武装以后遣散的方式，若该

① 胡宗南：《胡宗南先生日记·1949年12月12日》，台北："国史馆"，2015年，下册，第174页。
② 胡宗南：《胡宗南先生日记·1949年12月15日》，台北："国史馆"，2015年，下册，第176页。

部敢于抵抗即行消灭，对其私人住宅不得侵犯。同时命令各攻击部队，对刘、邓两部人员家属与徒手人员禁止暴力伤害。

胡宗南根据国防部二厅的意见，很快批准以第二个方案实施。胡宗南认为，刘文辉及其家族在川、康几十年，搜刮乡里，种贩毒品，财富惊人，所以必打必抄；而刘文辉与邓锡侯向来不和，分别对待，可以使他们互相猜忌甚至内讧；对刘、邓部属不予打抄，将来共产党来了，也定会以"没收分田"政策对待他们，使之自食其果，怨恨共产党，这样就可以在共产党与起义部队之间埋下一颗定时炸弹。

根据胡宗南的命令，盛文第三军调动约6个团的兵力，于12月14日清晨1时左右，在坦克与大炮的掩护下，分头向驻武侯祠的刘文辉部董旭坤团与驻华兴街的邓锡侯部秦述观营发动进攻。在武侯祠，经两小时战斗，董旭坤团除少数人逃走，其余均被俘。在华兴街，未经战斗，经过传话，秦述观营主动缴械。

在这同时，盛文命第三军第二五四师师长陈岗陵派遣七六〇团约两营人，在团长缪银和的指挥下，包围了刘文辉在玉纱街的公馆。刘宅护卫人员紧闭大门。盛军用无后坐力炮与集束手榴弹向大门轰击两次，轰开大门。刘宅护卫死伤数人后，争相逃命。七六〇团官兵入内进行查抄，发现在公馆花园草坪侧边平房粉壁墙内，另有一层铜壁，认定这里是库房，但用斧头砍、石头砸，却怎么也打不开。后一个军官见铜门上有"成都协成银箱厂监制"的字样，就派士兵赶到华兴街找来该厂的技工，才把铜门打开。官兵们进去缴获许多金条（达二十余万两）、银圆、字画、古董、玉器、鹿茸、麝香、虫草、鸦片及其他贵重物品。[1] 盛文向胡宗南请示处理办法，胡宗南批示："刘文辉几十年来，在四川横行，搜刮民财，种植贩卖鸦片，危害川民。现经查明，财物全部没收，对有功官兵给予奖赏。"[2]

根据胡宗南的指示，盛文下令，对查抄的刘文辉财物，百分之八十作为军

---

[1] 马宣伟：《蒋介石在大陆下的最后一道命令：炮轰刘文辉公馆》，《世纪》（上海）2002年第7期，第25页。

[2] 黄烈君：《盛文的"成都防卫总司令部"从成立到溃败》，成都市政协文史资料委员会编：《成都文史资料》总第23、24辑，第210页。

费，百分之二十奖赏有功官兵，第三军全军上下均沾其利。

胡宗南命令盛文，将收缴的刘文辉的全部鸦片，于12月17日前后在总部大坝公开焚毁。

在盛文第三军人员对刘文辉公馆查抄的同时，对刘文辉部的两位师长与亲属刘元瑄、伍培英家的公馆，也进行了查抄。在盛文第三军于12月24日撤出成都前，还派人在刘文辉公馆的3幢砖房下，各埋了一大箱一触即发的烈性炸药。他们估计他们撤走后，刘文辉及其家属一定要回到公馆来，必遭毁灭。殊料在25日，刘公馆的卫士李成孝等人，想捡点便宜，偷偷潜入刘公馆，引发炸药爆炸，刘公馆被炸成一片废墟。①

对邓锡侯公馆及其部属在成都的住宅，盛文第三军遵照胡宗南的指示，毫无侵犯。

1949年12月16日，胡宗南又打电话给驻郫县的第十五兵团司令官罗广文，第二十兵团司令官陈克非，要他们率部向驻彭县、灌县的刘文辉、邓锡侯、潘文华部进攻。胡在命令中说：“请你们马上准备，负责在明天拂晓前解决刘、邓、潘各部队，扫清内忧，便于尔后作战，免除内应外合的隐患。”② 但此时罗广文、陈克非处在解放军南北重兵包围之中，早已失去斗志，正在暗中与解放军及刘、邓、潘“叛军”进行联络起义，因此，他们对胡宗南的命令，都以各种理由拖延着拒不执行，而且将胡的命令报告给刘文辉等人，要他们作好准备。

后来，随着解放军向成都迅速推进，胡宗南无心向彭县发动进攻。他派黄埔军校六期毕业生、曾任蒋介石侍从室组长、四川内江籍的沈仲文为代表，到彭县面见刘文辉、邓锡侯与潘文华等人，要求达成双方互不侵犯的协议。③ 而罗广文、陈克非等人为了寻找出路，均亲到彭县，与刘、邓、潘秘密协商，与

---

① 吴剑州（时任刘文辉部副团长）：《刘文辉公馆被袭劫记》，成都市政协文史资料委员会编：《成都文史资料》总第23、24辑。

② 转引自刘德等：《彭县起义》，长舜、荆尧、孙维吼、蔡惠霖编：《百万国民党军起义投诚纪实》下册，北京：中国文史出版社，1991年，第1205页。

③ 严啸虎：《川西起义经过》，全国政协文史资料研究委员会编：《文史资料选辑》第33辑，第41页。

中共方面联系，先后走上起义道路。

胡宗南在命令陈克非、罗广文两兵团向彭县、灌县的刘文辉、邓锡侯等部进攻时，又同时令所部，配合四川省政府王陵基的保安团，兵分两路，向雅安的刘文辉部第二十四军军部及第一三七师进攻。一路，由胡部警卫师的7个营与王陵基部的7个保安团，沿成雅公路，经双流、新津，向邛崃进击；同时，胡部第六十五军一部，也由崇庆向邛崃前进。防守在新津、邛崃的刘文辉部被迫撤至邛崃山区进行游击。12月17日夜，胡军进至百丈关附近，与刘文辉部战斗，刘部又向后退至太和场与新店子。12月19日，胡军继续向前推进；王陵基部抄了刘文辉在大邑的庄园。

就在这时，西进的解放军二野部队第十二军赶到成雅公路，协同刘文辉部防守，胡宗南部被迫后撤。

胡宗南进攻雅安的另一路部队，由夹江、丹陵，向刘文辉部防守的洪雅城进逼。双方于12月17日正在丹陵一线进行战斗时，解放军第十二军部队赶到，与刘文辉部协同作战。胡宗南部随之撤退。刘文辉部即回师雅安。

胡宗南收复雅安的计划未能实现。这不仅使刘文辉部得以保存，而且耽误了时日，丧失了战机，使西进解放军及时赶到，切断了胡军退往西康的通路。在成都的胡宗南军陷入重围。

（四）成都陷入重围

1949年12月中旬，当胡宗南指挥所部镇压刘文辉、邓锡侯部叛军时，在成都城外的整个川西平原上，形势急转直下。解放军按计划分数路向成都地区包抄疾进，其势如急风暴雨，迅猛异常，锐不可当。

从重庆西进的解放军二野第三兵团陈锡联部，其十一军于12月15日先后占领简阳、遂宁，向新津、双流推进；第十二军12月17、18两日，击溃了胡宗南派到岷江西岸的掩护部队，直插到成都以西，攻占邛崃、大邑，与刘文辉起义部队会师，截断了胡宗南部西退雅安的通道。

从贵州入川的解放军二野第五兵团杨勇部等，于12月11日占领宜宾，驻防这里的国民政府军第二十二兵团司令官兼第七十二军军长郭汝瑰率部起义，为解放军打开了四川的南大门。

郭汝瑰，四川省铜梁县（今属重庆市）人，1907年9月15日生，1925年入黄埔军校第五期，提前毕业，回四川，到第二十军第二路司令郭汝栋的司令部任职。1928年5月，秘密加入中国共产党。1930年，奉派去日本陆军士官学校留学，与中共党组织失去联系。1931年"九一八"事变后，郭汝瑰退学回国，于1931年底，入陆军大学第十期；后又入庐山军官训练团学习。1937年5月，任国民革命军第十八军第十四师参谋长。全面抗战爆发后，他率部先后参加了淞沪会战、长沙会战等。1945年3月，调任军政部军务署副署长、国家总动员会议秘书。1945年4月，通过黄埔军校的同学任廉儒（任逖猷），与中共恢复了联系。1945年5月和1946年3月，他两次秘密会见中共中央南方局负责人董必武，提供国民政府情报，要求恢复中共党籍。1946年2月，郭汝瑰任军事三人小组中的国民政府代表张治中的随员。因受到国防部部长白崇禧的赏识，1946年6月，出任国防部第五厅副厅长；10月，升任第五厅厅长。1947年3月，郭汝瑰调任陆军总司令部徐州司令部参谋长，协同顾祝同指挥中原和山东等地的作战。1948年7月，郭汝瑰复任国防部第三厅（作战厅）厅长。1948年9月22日，授少将军衔。在此期间，向中共方面提供国民政府的大量军事机密情报。1949年7月，郭汝瑰被任命为新组编的第七十二军中将军长；随后升任第二十二兵团司令，直接指挥第二十一军、第四十四军、第七十二军和3个独立师；负责守卫四川的南大门宜宾地区。①

① 郭汝瑰在率部起义后，被任命为川南行署交通厅厅长；不久，奉命调到新建的南京军事学院，先后任合同战术教授会教员、司令部工作教授会教学组长、军史史料教研处副处长；在1955年"肃反"运动中，被怀疑为国民党潜伏特务，遭关押审查；释放后仍任军事学院教员；1957年被定成右派，遭批判，被降职降薪，发配到农场监督劳动改造；在"文化大革命"中，他又被批斗与抄家游街；在1978年获平反。晚年，他联络当年各方战友，编写了《中国军事史》和《中国抗日战争正面作战战记》，1997年10月23日因车祸去世，终年90岁。

解放军二野第五兵团杨勇部等在占领宜宾后，乘胜前进，于12月16日占领乐山、峨眉，17日占领眉山，切断了胡宗南部从成都，经乐山，南退西昌的通道；12月19日，该部生俘宋希濂；19日当晚，该部进至成都新津河对岸，与胡宗南部隔河炮战。

在北线的解放军第十八兵团、第七军，在贺龙、周士第指挥下，在12月15日占领碧口、广元，17日攻克天险剑门关，20日占领梓潼，21日占领绵阳、巴中、江油一线，进抵成都之北外围。

至此，在成都地区的胡宗南指挥的国民政府军，全部陷入解放军重围之中，成为瓮中之鳖。

胡宗南切身地了解此时成都面临的极险恶的军事态势。12月13日，"汤恩伯、蒋经国、毛人凤由台北电话。总裁由台北来电话问情况"[1]。胡宗南在回复台北汤恩伯的一封电报中，说：

> 台电奉悉，承念至为感动！彭"匪"（指彭德怀部十八兵团）已过宁羌向广元进迫；林"匪"（指林彪部四野之四十七军、五十军）已向遂宁、三台前进；刘"匪"（指刘伯承部二野部队）由内江、资阳、荣县、乐山前进；刘（文辉）邓（锡侯）叛兵拥于成都、灌县附近，近伺我侧背。友军皆溃败，不能收拾。我兵力分散在六百里外，成一字长蛇阵。兄何以教我？[2]

从此信中，可以看到这时成都面临的险恶局势与胡宗南的忧急心情。面对如此局势，胡宗南已是黔驴技穷，无法应付了。此后数日，局势发展更快。

胡宗南在这时得到消息，12月14日，历时30余天的广西战役结束，白崇禧、余汉谋、黄杰部战败，17万余人被歼，黄杰率残兵3万3千余人，退入法

① 胡宗南：《胡宗南先生日记·1949年12月13日》，台北："国史馆"，2015年，下册，第176页。
② 胡上将宗南年谱编纂委员会编：《胡上将宗南年谱》，沈云龙主编：《近代中国史料丛刊续编》第49辑488册，台北：文海出版社有限公司，1978年，第251页。

国控制的越南，白崇禧前往海南（后于12月30日飞往台湾）。国民政府除了台湾、海南岛外，就剩下一个胡宗南军事集团了。

1949年12月15日，胡宗南在日记中记载："匪过简阳。乐山方面匪攻乐山，一部突破岷江。广元陷落，裴司令官移剑阁。"①

1949年12月16日，"乐山失守，岷江西岸全局改变"；"顾（祝同）、萧（毅肃）次长等自新津飞海口"。他们将成都这副烂摊子完全扔给了胡宗南。当日，"夜间作战会报，直至午夜以后，决守新津、彭山以西南高地，主力在成都幅附近决战，等候后续部队"②。胡宗南下令，各部向成都与广汉、郫县、彭县一线集结，重叠配备，一方面防止解放军分割歼灭；另一方面作守卫成都与向康、滇突围的准备。

12月17日，是乐山失守后一天，胡宗南再次约请曾扩情、王元晖、林树恩、任觉五与李犹龙等川籍人士商讨从成都脱围问题。王元晖是川西灌县人，并曾在松（潘）、理（县）、茂（县）任过行政督察专员，对川西情况十分熟悉。他向胡宗南献计说："只要胡先生想脱围，现在还有办法。'共'军现已占了乐山，正向雅安方向前进，因此由乐山过蓑衣岭逃西昌这条路，已走不通了；由邛崃攻雅安有困难，但必须以大部兵力走这条路；主要的逃路还是走灌县，过草地，经雅安到泸定，再看情况是不是要守西昌。今后必要时可以据守云南澜沧江以西地区，或者逃西藏、缅甸……"③

胡宗南很同意王元晖的脱围建议，在当日致电在台湾的蒋介石，报告"乐山已失，今后川、康战局将陷于更严重之地"④，要求蒋介石同意他放弃成都向西康突围。

1949年12月18日，胡宗南在日记中记载："陈鞠旅各师皆被截断，消息不

---

① 胡宗南：《胡宗南先生日记·1949年12月15日》，台北："国史馆"，2015年，下册，第176页。

② 胡宗南：《胡宗南先生日记·1949年12月16日》，台北："国史馆"，2015年，下册，第176页。

③ 李犹龙：《胡宗南部逃窜西昌和覆灭实录》，全国政协文史资料编辑委员会编：《文史资料选辑》第50辑，第109~110页。

④ 蒋经国：《风雨中的宁静·1949年12月17日日记》，台北：黎明文化出版有限公司，1977年。

通，李文接陈到新津附近。匪从毛家湾方向过河，汪承钊近战不利，损失甚重，预计明日匪将接近成都。"如前所述，在这成都危急之时，胡宗南把一切败因，归咎于上月底蒋介石强令他以第一军增援重庆，当然他只能在日记中发泄："吾人之一切计划，皆以第一军之调重庆，而贻误，而全局失败，可慨也。"[1] 显然，胡的这个论断是不全面的，国民政府军在川西的全盘失败，蒋介石有责任，胡宗南的责任也是明显的。

1949年12月19日，胡宗南部各军在成都外围对解放军的进攻，作最后的抵抗，战斗激烈。"第三军在普兴场附近获捷。第一军仅以两团之众守新津，匪以一军之众攻击一日，战斗惨烈，我获胜"。然而，这种战斗与胜利，都不可能是长久的，更可怕的是，它为解放军对成都的包围，赢得了时间。胡宗南军事集团在当时的川西平原已不可能战胜强大的解放军，因而不能恋战，必须当机立断，迅速突出重围，保存实力，撤向康、滇，否则就会有灭顶之灾，而这正是中共方面领导层所希望的。

但蒋介石仍不同意胡宗南的要求。12月20日，胡宗南又接到了蒋介石的来电。这位在数千公里以外台北的国民党总裁，对成都战事向胡宗南作了不切实际的指示："绵阳新到之'匪'兵力大小如何？预料长途急进之'匪'，其力必疲也。唯无论如何，我军应集中现有兵力，先将新津或成都附近之'匪'先予击灭，不可待绵阳之'匪'迫近成都，双方受敌夹击也。如新津、成都之'匪'，果能先行击灭时，我军尚有余力，则再回击北来之'匪'。否则，散循岷江东岸急进，绕攻乐山宜宾或泸州，是亦不失为中策也。以乐山以南地区，现在必无大匪也。唯成都必须留少数兵力固守，以牵制'匪'军，非万不得已，切勿撤空为要！何如？请即研究速决。中正手启。"[2]

胡宗南接到蒋介石的这份电报，真是哭笑不得。解放军四面压境，成都

① 胡宗南：《胡宗南先生日记·1949年12月18日》，台北："国史馆"，2015年，下册，第177页。
② 蒋介石：《致胡宗南电·1949年12月20日》，《京沪撤守前后之戡乱局势》下册，"总统府"编，《革命文献》戡乱时期第三十二册，《蒋中正总统档案》，藏台北"国史馆"；又见《胡宗南先生日记·1949年12月21日》，台北："国史馆"，2015年，下册，第178页。

危如累卵，胡军军心涣散，哪里还能主动击灭敌军。胡军目前的最实际问题就是迅速突围以求生路。他再不顾及什么，当即致电蒋介石报告，"决定放弃成都"①，主要内容是：

一、将西南军政长官公署的高级人员以及主要职员，带同重要文卷档案和电台，用飞机运送西昌。

二、集中兵力往雅安、蓑衣岭和雷、马、屏、峨地区三个方向脱围，目标是雅安、西昌、泸定、雷波。②

到12月21日晨，胡宗南终于接到了蒋介石同意他突围的复电，但蒋介石仍要他"在新津、成都坚持五日，将派飞机百架运送高级人员及必要官兵去西昌"③。在当时的情况下，再坚守成都五日，无疑是梦想；而率军突围到西昌，也已丧失战机，很难完成了。因为在这一天，成都终于被解放军四面包围，情况更加危急。"大邑、邛崃陷匪，王（陵基）主席以数十人到怀远镇。匪陆续由新津、邛崃之间窜崇庆，陆续占领川西要点，作包围（成都）形势"④。

21日夜，胡宗南接到空军副总司令王叔铭来电，通知他明天——12月22日，有20架运输机到达成都双流机场，接运重要人员逃离成都，撤往台湾。

胡宗南这时已与罗列秘密商定了登机撤离人员名单，都是胡宗南最信任、最亲密的重要军政人员，多是文职，其中有：西南军政长官公署秘书长蒋坚忍、政工处处长王超凡、机要室主任王微、高参室主任蔡棨、第七补给区司令程开椿、陇南分署主任赵龙文、副主任缪澂流以及王元晖、林树恩、王炳炎、杨尔瑛、任觉五、李廉、汪震、李犹龙等。当即，由罗列分别秘密通知这些人，在12月22日晨到新津开会。这些人员在第二天晨前往新津途中，被胡宗南派出的人拦住，转送双流机场，与胡宗南的卫士连及电台机要人员一道，携带

① 蒋经国：《风雨中的宁静·1949年12月20日日记》，台北：黎明文化出版有限公司，1977年。
② 李犹龙：《胡宗南部逃窜西昌和覆灭实录》，全国政协文史资料编辑委员会编：《文史资料选辑》第50辑，第111页。
③ 胡上将宗南年谱编纂委员会编：《胡上将宗南年谱》，沈云龙主编：《近代中国史料丛刊续编》第49辑488册，台北：文海出版社有限公司，1978年，第252页。
④ 胡宗南：《胡宗南先生日记·1949年12月21日》，台北："国史馆"，2015年，下册，第178页。

文卷、电台，于22日中午12时飞往西昌，后因气候原因，改飞海南岛，于22日晚9时抵达海口机场。[①]

1949年12月22日，胡宗南本人"清晨六时前起身"。上午9时半，胡宗南偕同罗列、沈策等人，来到新津，召集各部队军长以上长官，举行最后一次军事会议，部署部队突围。到会的有：第五兵团司令官李文、第十八兵团司令官李振、第十五兵团司令官罗广文、第二十兵团司令官陈克非，以及第一军军长陈鞠旅、第三军军长盛文、第三十军军长鲁崇义、第三十六军军长朱仙墀、第九十军军长周士瀛、第六十九军军长胡长青，以及何沧浪、吴永烈、吴俊、赵宁国、裴世禺等。与会将领都愁眉苦脸，异常沮丧。

会议开始，胡宗南先宣读蒋介石20日的来电，然后讲明会议的宗旨，"研究当前局势及对策，直至下午二时方才结束"。胡宗南决定的突围作战方针，"其结论，局部攻击，主力避战，脱离战略包围。

一、军队区分：五兵团第一军、第三军、第三十六军、第六十九军、第二一四师，十八兵团第九十军、第六十五军、第三十六军，七兵团，薛敏泉副司令官，第十七军、第七十六军、第九十八军；

二、行动：十二月二十三日夜开始；

三、目标：五兵团西昌、十八兵团昭通、七兵团威宁"[②]。

另据参会的十八兵团司令李振回忆，罗列参谋长在会上宣布的全军的突围部署是：

以罗广文第十五兵团与陈克非第二十兵团，向东突围，吸引共军主力回头；这两个兵团突出重围后，经简阳以北，向壁山、江津折向贵州毕节，最后向云南边境转进；

以孙元良第十六兵团，在成都以北，协助裴昌会第七兵团，拦阻北路解放

① 李犹龙：《胡宗南部逃窜西昌和覆灭实录》，全国政协文史资料编辑委员会编：《文史资料选辑》第50辑，第111页。

② 胡宗南：《胡宗南先生日记·1949年12月22日》，台北："国史馆"，2015年，下册，第178～179页。

军南下，两部然后向贵州咸宁转进；

以胡宗南部主力李文第五兵团、李振第十八兵团，先向东打，第五兵团在简阳以西攻击前进，第十八兵团在简阳以东攻击前进。两个兵团应互相联系，在适当时机转向西攻，沿岷江两岸经叙、泸间地区南下，第五兵团先进入大凉山地区，再向西昌突进，第十八兵团向云南昭通转进。

胡宗南限令各部在23日18时作好突围各项准备，在24日拂晓开始突围行动。各部队长官立即回部组织实施。[1]

会议最后，由胡宗南"致辞，勉以迎接光明荣誉，而完成历史的任务"[2]。他说："我们已经到了生死存亡的关头！'共匪'很猖狂得意，其实没有什么了不起，完全是我们自己不争气。我们同'共匪'是有不共戴天之仇的，有我无敌，有敌无我，我们要为党国争光。我们是三民主义的卫士，是校长的学生，是总统的部下，不要辜负领袖平日对我们的教育和期望。我们要激发天良，到这个时候，每个人都要把'死'字顶在头上，幸生不生，必死不死……现在只有一条生路，就是打出去，打到西昌去，只要到了西昌，就有办法。……我们还有几个兵团，打条出路是没有问题的，希望大家好自为之[3]。"

胡宗南回到住地时，已是黄昏。未与会的第二十兵团司令陈克非与第十五兵团司令罗广文在其寓所等候他。此二人向胡表示，"皆愿随行，规定二十四日拂晓行动"[4]。但胡哪里知道，此二人早已与中共方面接洽，正准备起义。他们此行来见胡宗南，只是来探听消息而已。

胡宗南又招"三十六军长朱先墀及一二三师长雷振来受令，详细规定，领雷振附战车重炮守成都"[5]。以牵制"共"军。

① 李振口述：《我率国民党第十八兵团起义前后》，成都市政协文史资料委员会编：《成都文史资料》第23、24辑。

② 胡宗南：《胡宗南先生日记·1949年12月22日》，台北："国史馆"，2015年，下册，第179页。

③ 李振口述：《我率国民党第十八兵团起义前后》，成都市政协文史资料委员会编：《成都文史资料》第23、24辑。

④ 胡宗南：《胡宗南先生日记·1949年12月22日》，台北："国史馆"，2015年，下册，第178～179页。

⑤ 胡宗南：《胡宗南先生日记·1949年12月22日》，台北："国史馆"，2015年，下册，第178～179页。

因胡部的电台人员都已于22日上午飞离成都，前往海南，胡宗南未能将他的突围计划与行动及时报告台北方面。这天，蒋介石又手书致胡宗南的长函，"指示方针及今后空军与其进行途中联络办法甚详"①。但因成都地区气候不良，带信飞机中途折返，未能送达胡宗南手中。12月22日夜，胡宗南得到台北蒋介石的电话，"谓气候限制，飞机不能达，用电报通知"。胡宗南去查问电台译电员，方知"皆于今日飞行，无一留者，至为愤恨"。胡宗南打电话给海口的顾祝同，给台北的俞济时，询问蒋介石指示信的内容，"委座电谕何事"②，都没有得到确切的回答。

12月23日上午，胡宗南仍留在成都，与参谋长罗列一道，督促、检查各部队的突围准备工作。

当日，第十八兵团司令官李振来见胡宗南。

胡宗南问李振："载宏兄，你看现在的局势怎样？"李振字载宏。

李振这时因通过第三十军军长鲁崇义与中共方面联络起义，未得到中共方面的答复，因而又想逃往台湾。他回答胡宗南说："形势已十分严重，突围出去的把握不大。千兵易得，一将难求。为了保持我们军人的气节，我的意见，把团长以上或师长以上的军官用飞机送走，团以下单位分散突围，指定地点集中。这样以小部队从解放军间隙通过，容易成功。"

胡宗南拒绝了李振的建议，坚持原定计划，要各兵团司令官与军、师长们带领部队突围，说："要你们带着部队冲到西昌去，就是保存你们军人气节的最好办法！还是照计划行动吧！"③

胡宗南在这天的日记中记载了此事："李振来告，谓鲁军长（崇义）、陈军长（鞠旅）、李文等，皆拟坐飞机行，并谓渠本人六十五军已不成军，可否飞机随行。答：以救部队为主，不可飞行。李即回双流。冯龙来见，请随同飞

---

① 蒋经国：《风雨中的宁静·1949年12月22日日记》，台北：黎明文化出版有限公司，1977年。
② 胡宗南：《胡宗南先生日记·1949年12月22日》，台北："国史馆"，2015年，下册，第179页。
③ 李振口述：《我率国民党第十八兵团起义前后》，成都市政协文史资料委员会编：《成都文史资料》
　　第23、24辑。

行。答：尚有一二五师及直属部队，应随李文行动，不可离队。"①

胡宗南不清楚，他部下各将领处围城之中，除少数人以外，多已动摇，无斗志，或准备起义，或准备投降，或准备逃跑。李振就是一位正处在激烈动摇中的将领。胡宗南拒绝了他乘飞机逃跑的建议，就更加坚定了他率部起义的决心。

1949年12月23日上午，由于解放军向成都迅速推进与猛烈进攻，成都地区形势更加危急。胡宗南接到成都空军司令徐焕升的报告，机场已经受到解放军的攻击，"徐司令催促甚急，机场治安为言"，时间紧迫，望他迅速登机起飞。胡宗南来不及请示蒋介石，决定立即飞离成都。上午9时30分，胡宗南偕同参谋长罗列、副参谋长沈策、参谋处处长裴世禹、副处长杨荫寰、秘书陈硕、第四处科长蔡剑秋等人，乘车前往成都近郊凤凰山机场。干训团副团长丁德隆、政治特派员周士冕也匆匆地赶来。11时，胡宗南一行分乘两架飞机起飞，离开了战火纷飞的成都，抛下了约20多万的将士官兵。胡宗南在这天的日记中再次哀叹："别矣，我亲爱的成都人民，为洒一滴同情之泪。"②

胡宗南指挥所部进驻成都地区前后约20余日，将国民政府在大陆最后剩下的20多万大军集结于川西平原这块无险可守的狭小地区，既未及时西撤康、滇，又未认真部署成都防守，北未能扼守剑门天险，南未能控制乐山通道，东不能阻止解放军攻势，西又不能迅速击破叛军刘文辉残部，犹豫彷徨，丧失战机，在12月中旬短短数天内，就让解放军南北夹击，东西合围，胡宗南军事集团陷入了被围歼的绝境，既不能守，又不能战，突围无望，坐以待毙。究其原因，蒋介石的主观错误的战略指挥固然要承担第一位的责任；而作为这个军事集团最高指挥官的胡宗南，他在军事指挥上的软弱无力，缺乏远见与决断，缺乏胆略、气魄与才智，也是重要原因之一。而整个国民政府军从上到下的腐败，缺乏强有力的政治工作与组织工作，丧失理想、斗志与纪律，战斗力急剧下降，既不能阻挡解放军的军事进攻，又不能挫败中共的政治瓦解，则是国民

① 胡宗南：《胡宗南先生日记·1949年12月23日》，台北："国史馆"，2015年，下册，第179页。
② 胡宗南：《胡宗南先生日记·1949年12月23日》，台北："国史馆"，2015年，下册，第179页。

政府军在大陆彻底失败的普遍原因。

而胡宗南作为带兵统帅与战场最高指挥官，在成都陷入重围、部下20多万将士官兵处境危急、军心不稳之时，却抛弃官兵，放弃指挥，只身先逃，不管胡宗南说出各种理由，但事实是，他的逃走，不仅使各部队群龙无首，无法统一指挥，而且动摇军心，将士离心，很快陷于混乱瓦解，造成了严重后果。此事件显示了在最艰危的最后时刻，胡宗南军事道德的欠缺，成为后来台湾当局各方面对之严责的重要理由之一，也成为胡宗南后来余生中，始终挥之不去的心头阴影。

胡宗南一行的飞机原拟直飞西昌。胡要飞到那里等候他20多万大军突围到来。但因气候不好，飞机无法在西昌降落，转飞海南岛，在海口机场，也因有大雾，无法降落，再转飞海南岛最南部的三亚机场，"飞行五六时，未得下降，转降于中国极南端之海滨三亚"①，降落时，已是12月23日晚上7点了。

（五）胡宗南军事集团的覆灭

历史上的许多失败者，在历史的重大转折关头，往往都是以自己的主观愿望与主观想象观察形势，计划后事。结果总是与他们的愿望相反，失败也总是更惨。

胡宗南在成都最后决定与下达的全军突围的军事部署与计划，其结果也是这样。

首先，胡宗南想以牺牲非嫡系部队——孙元良的第十六兵团、罗广文的第十五兵团与陈克非的第二十兵团，来掩护胡部嫡系部队向西康突围的做法，引起了这3个兵团官兵的极大不满。这些部队早就军心不稳，又早有中共地下工作者的联络与活动，近日，刘文辉、邓锡侯等起义部队又不断派人来对他们规劝，因此，到了这最后关头，这3个兵团的官兵，除孙元良等少数人脱离部队出逃台湾外，都先后宣告起义，投向中共。

① 胡宗南：《胡宗南先生日记·1949年12月23日》，台北："国史馆"，2015年，下册，第179页。

首先是第十六兵团于1949年12月22日宣布起义。第十六兵团原是孙震统率的川军第二十二集团军，抗战胜利后被整编为第四十七军，后又扩编为第十六兵团，以孙震的侄儿、黄埔一期生孙元良为兵团司令官。1948年底徐蚌淮海战役中，该兵团在淮北全军覆没，只有孙元良等少数人逃出。1949年夏，孙震得到蒋介石的同意，重新恢复了第十六兵团，仍以孙元良为兵团司令官，辖第四十一军、第四十七军与第七十九军，归"川鄂绥靖公署"主任孙震指挥，担任四川东部的防务。1949年11月解放军从鄂西攻入川东，孙元良率第十六兵团退往川西，奉命在川陕公路上的绵阳、广汉一带布防。

当解放军向四川发动进攻时，中共在川西的地下党组织研究了第十六兵团的情况，决定利用"川鄂绥靖公署"主任孙震与副主任董宋珩、第十六兵团司令官孙元良与副司令官曾甦元争权夺利、长期不和的矛盾，策动该部起义。当时董宋珩、曾甦元因受孙震、孙元良的排挤，都离开部队，回成都闲居，但他们在第十六兵团内部仍有很大的势力与影响。中共地下党组织通过关系，

孙元良

派代表与他们见面谈话。到解放军入川、第十六兵团退往川北时，董、曾二人终于同意回部队策动起义。1949年12月9日，中共地下党组织派遣代表杨叔明随同他们离开成都，前往绵阳、广汉部队中。他们动员孙震、杨森一道起义，未成。孙震、杨森于1949年12月17日离开部队，18日从成都飞往台湾。孙震将"川鄂绥靖公署"主任的职权也交给孙元良代理。于是，董宋珩、曾甦元利用解放军大军压境的形势与第十六兵团部分将领对孙元良的不满情绪，策动该兵团的军、师、团长，拒绝胡宗南下达的命令，于12月19日向什邡、彭县移防，于12月21日深夜起草起义通电。第十六兵团的起义通电于12月22日下午送到彭 647

县，经由邓锡侯的电台发出。孙元良见部队无法指挥，遂拒绝了曾甦元的敦促劝降信，于12月24日凌晨率警卫团逃走，后前往台湾。①

第十六兵团的率先起义，是川西胡宗南指挥的国民政府部队瓦解的开始。

12月22日第十六兵团发出起义通电时，胡宗南尚在成都。接着，在胡宗南于12月23日飞离成都后的第二天，12月24日，第二十兵团陈克非部在郫县起义，第十五兵团罗广文部在安德起义。陈克非是浙江天台人，黄埔五期生，曾任第九师师长、第二军军长，在1949年9月被提升为第二十兵团司令官，归"川湘鄂绥靖公署"主任宋希濂指挥。罗广文是四川忠县人，毕业于日本士官学校第二十期炮科，1929年回国后一直在陈诚部任职，官至第十八军军长、第八十七军军长、第十四军军长，1947年任整编第十师师长，后升任第四兵团司令官，1948年任第七编练区司令，负责编练第二线部队，后任第十五兵团司令官。

在以上3个兵团起义前后，又有川陕甘边区绥署代主任喻孟群与第二十军军长杨汉烈（杨森侄儿）于12月22日在广汉起义；联勤第四补给区司令曾庆集率80多个单位，于12月23日在成都起义；第三兵团司令朱鼎卿于12月25日率部在金堂起义。

胡宗南直辖的3个嫡系兵团：裴昌会指挥的第七兵团，李振指挥的第十八兵团与李文指挥的第五兵团，则在胡宗南逃离成都后，分别走上了不同的道路。

裴昌会的第七兵团驻防大巴山一线，辖有第五十七军冯龙部、第七十六军薛敏泉部、第十七军周文韬部、第九十八军刘劲持部、第一一九军王治岐部、第六十九军胡长青部，以及由秦岭防线撤下担任后卫、到广元归建的第三十八军李振西部。第七兵团奉胡宗南命，在12月初掩护第五兵团与第十八兵团入川

---

① 孙元良于1949年底到台湾后，退役从商；20世纪70年代初，一度旅居日本，开了一家名为"天福园"的面馆。1975年，他返台湾，定居高雄，在当地一家针织品公司当董事长；退休后，到台北定居，写了回忆录《亿万光年中的一瞬》等。1985年，81岁高龄的孙元良作为历史的见证人，在高雄市发表一份抗议书，驳斥日本右翼否认南京大屠杀的谎言。2007年5月25日，孙元良在台湾逝世，享年103岁，他的后事，家属依照其遗嘱，从简，不发讣文，骨灰暂厝林口，等待适当时机再迁葬回大陆南京。

后，也逐步放弃大巴山防线，向川西集结。但在第七兵团南撤不久，北线的解放军第十八兵团贺龙、周士第部跟踪追击，进展神速；其中西路解放军迫使第一一九军在12月9日于陇南武都起义；中路解放军循川陕公路南下，于12月中旬攻占天险剑门关；东路解放军越过大巴山，追歼南逃的第十七军，俘军长周文韬。这使得第七兵团主力未能及时赶到成都地区，滞留川北。

第七兵团司令官裴昌会一直与胡宗南为首的黄埔系将领有矛盾。他早在1949年5月从西安撤退到宝鸡后，就对国民政府失望，秘密通过旧部李希三，与中共方面进行联络。当他率部从大巴山一线南撤途中，在广元，在剑阁，几次企图起义，但因他准备依靠的第三十八军军长李振西不与之合作，拒绝起义，并于12月20日突然脱离裴的指挥，擅自率部从剑阁西部柳树丫，折向中坝（今四川江油），准备西进安县、灌县，与胡宗南大部队会合，裴昌会只得率第七兵团兵团部从剑阁南撤到绵阳。12月23日拂晓，裴又率兵团部转移到德阳孝泉镇。当晚，他在解放军派来的代表与李希三的帮助下，正式起义，将起义通电稿交解放军代表转发。裴同时电令第七兵团所辖各军停止前进，就地起义。[①]

裴昌会第七兵团的起义通电于12月25日正式发出。

从大巴山东线撤退的第七兵团所辖各军，第七十六军、第十七军与第九十八军，在第七十六军军长兼代行第七兵团副司令官职务的薛敏泉指挥下，正向成都溃逃，行至三台，倾接裴昌会的起义通电。薛敏泉立即召集各军、师长在三台县公园会议厅开会，旋即派代表寻找解放军接洽，放下武器。

只有李振西的第三十八军，在脱离裴昌会指挥后，从剑阁走小道，经江油，到达茂县山区。这时，裴昌会与原第三十八军军长姚国俊、原西安市

[①] 裴昌会：《从撤出陕西到川北起义》，全国政协文史编辑委员会编：《文史资料选辑》第23辑，第21页。裴昌会于1950年4月担任中共西南军政委员会（后改为西南行政委员会）委员，直到1954年6月；1950年10月转业到川北行署，任副主任兼工业厅长，兼管农林、交通，并担任了川北土改工作委员会主任；川北行署结束后，调任西南纺织管理局，任局长；西南大区一级撤销后，调任重庆市，任副市长，主管轻工业局，直到1966年；从1954年起，长期担任全国人大代表和重庆市政协副主席；1952年1月任新成立的民革川北分部主任委员；后任职民革四川省委、民革重庆市委、民革中央副主席和名誉副主席；1989年8月，在93岁时，加入中国共产党；1992年3月23日在重庆逝世，终年96岁。

市长王友直等人，从德阳与成都不断打来电报，要李振西起义。但李振西宣称：我要以实际行动，"让蒋介石、胡宗南意料不到他还会作一个效忠他们的人"[1]。他在给裴昌会的回电中，尽是些讽刺起义与崇信国民党的话。李振西重新编组了残存的部队，打算到甘南招兵买马，再到大巴山打游击。[2] 但这支部队在茂县山区生存越来越困难，北上入甘或东去大巴山都不可能，解放军日益进逼。到1950年1月中旬，李振西在走投无路的情况下，终于接受解放军所派来代表的规劝，同意放下武器，但他仍声称："不起义，我愿意投降。"[3] 1950年1月11日，这支部队，约6000余人，在茂县向解放军缴械。李振西被解放军送入西南军政大学，短暂学习后，被任命为中共西南军区炮兵技术研究会办公室主任。[4]

第七兵团，除冯龙的第五十七军与胡长青的第六十九军等部较早到达成都地区外，其他各军就这样瓦解了。

李文的第五兵团与李振的第十八兵团共辖近10个军的部队，在12月上旬到中旬，陆续集结到成都及其附近地区。

李振及其率领的第六十五军官兵都是广东人。中共方面叶剑英与他同乡，早年与他私交甚笃，乃派遣自己的弟弟到香港，找到李振的妻子，要其妻将叶剑英意见传给李振："如要起义就要及时起义，过后就没有机会了。"1949年12月初，李振率部从陇南入川时，中共方面又派遣被俘的原第三十六军的一位团长、广东同乡陈定，来劝说李振起义。李振为形势所迫，先准备于12月13日在绵阳通电起义，因部下意见不一，未成。12月15日他率部移驻成都后，又主

---

[1] 裴昌会：《从撤出陕西到川北起义》，全国政协文史编辑委员会编：《文史资料选辑》第23辑，第21页。

[2] 施有仁：《国民党第三十八军守备秦岭和撤退入川经过》，陕西省政协文史资料委员会编：《陕西文史资料》第13辑，第282页。

[3] 施有仁：《国民党第三十八军守备秦岭和撤退入川经过》，陕西省政协文史资料委员会编：《陕西文史资料》第13辑，第282页。

[4] 李振西于1951年11月，在"镇压反革命"运动中，被逮捕关押，直至1975年3月被特赦出狱，被安排为陕西省政协秘书处专员，并当选为全国政协委员。1979年12月6日，李振西在西安病逝，参见冯杰：《陕军教导团虎将李振西的浴血抗战》，《团结报》（北京）2016年4月28日，第6版。

动找已与解放军一野有秘密联系的第三十军军长鲁崇义联络，因鲁对李振有疑忌，又未成。

第三十军鲁崇义部原是西北军孙连仲的部队。该军入川后，军长鲁崇义通过原西北军的高兴亚等人，与中共方面建立了秘密联系。

1949年12月21日，李振与鲁崇义都参加了胡宗南在双流召开的布置突围的军事会议。但他们对突围根本不抱希望，也不准备实施，而是更积极地准备起义。其中李振一度想乘飞机逃走，遭胡宗南拒绝，起义决心更加坚定。但五兵团李文等人系胡宗南心腹将领，正谋划率部按胡宗南计划突围，李振等部处在胡部各军包围之中，因此他们不敢贸然行动。

12月23日下午，李文正紧张指挥各部准备明晨实施突围。四川省政府主席王陵基向李文指出："向东突围很危险，突到哪里去？川东已全为'共'军占领。从什么地方向南转？不如直截了当向西打！"李文是个缺乏主见的人，遂根据王陵基的建议，约集李振、三十六军军长朱仙墀、九十军军长周士瀛与五兵团参谋长吴鸿烈等人，重新讨论突围方向。讨论结果，决定改变21日军事会议胡宗南决定的先向东突围的计划，改为立即向西突围。

会议刚结束，第三十军鲁崇义的参谋长萧建走进来，开口就说："在目前处境，我们是战呢？还是和呢？如果和，我有条路。"李振听了立即顺势提出："还是照北平办法，和的好。"要求各部留成都不要突围，派代表与刘伯承商谈。但因李文等人表示；"战到一兵一卒也要打！"李振只得表示"和大家一起行动"。

但李振根本无心突围。12月24日上午，他率第六十五军、第九十军、第三十六军及炮兵、工兵、坦克兵等特种部队进驻成都，从第三军手里接管过城防后，就通过萧建，与陆军大学时的同学郭勋祺见面，从而与中共二野接通联系。12月26日，李振亲自前往简阳解放军部队中，送交起义通电，并与在重庆的解放军二野参谋长李达直接通了电话。当晚，李振回到成都，代表第三十军军长鲁崇义、第三十军三十师师长谢锡昌、第六十五军一八七师师长钟天定、

第九十军六十一师师长陈华等人，共同起义。12月27日，李振部将成都城防交
由解放军接管。①

李文第五兵团的第一军、第三军、第二十七军，第十八兵团中不愿随李振
起义的第三十六军、第九十军以及第七兵团的第五十七军、第六十九军，共约7
个军的部队（其中大多数的军已残缺不全），以及胡宗南总部的直辖部队与干
训团等，在李文的指挥下，延至12月24日晚开始，从成都及新津一线，向西突
围，兵分两路，其具体部署是：

第二十七军、第三十六军、第九十军、第五十七军共4个军，由崇庆地区向
西南猛突，为北路，右翼；

第一军、第三军、第六十九军共三个军，同时由新津地区向西突围，为南
路，左翼。

其他如炮兵和战车以及笨重辎重不能随军行动者就地破坏。

李文率第五兵团部随北路部队前进。

但战机早已丧失。此时大兵团突围已成不可能之事。解放军从四面严密封
锁了成都与新津地区，先后逼近崇庆、新津、华阳、广汉、什邡、简阳等地，
迅速缩小包围圈。陈克非、罗广文、裴昌会、李振等部相继起义，使李文突围
部队成了一支孤军。而且李振将李文部突围的方向与计划交给解放军，使解放
军早作好准备，以重兵配合刘文辉起义部队截断了从成都到雅安与西昌的通
道，不仅新津当面之解放军不会让李文部西去，而且在浦江、邛崃、大邑一线
担任阻击的解放军更不会让李文部通过。因此，李文部在12月24日晚一开始行
动，即处处受到阻击，尤其在王泗营、三盆街、高桥一线，李文部冲锋多次，
也无法突破封锁线。

12月25日，李文怀着最后的希望，调集各部精锐，再次组织了对邛崃、大

---

① 李振口述：《我率国民党第十八兵团起义前后》，成都市政协文史资料委员会编：《成都文史资料》第
23、24辑。按：李振起义后，曾任川东军区第二副司令员、西南军区高参室副主任；1955年4月转业后，
先后任全国政协第二、三届委员，全国人大四、五、六届代表；1958年后任四川省人民政府参事室主
任；"文化大革命"后，任四川省政协第五、六届副主席。1988年1月10日在成都病逝，终年88岁。

邑一线的猛烈进攻。李文亲自上阵督战，向官兵叫喊："拼光亦光，不拼光亦光。战至一兵一卒，我们也要打到底！"但拼杀一天，亦未能突出重围。至黄昏，解放军从四面围攻上来。突围部队各军被压缩到西来场东北一块狭小地区内，官兵丧失斗志，秩序十分混乱。

12月26日拂晓，解放军发起全面攻击。突围部队各军死伤累累，又经一天的左冲右突与惊慌失措的挣扎后，至黄昏，残余部队到达邛崃东南约20华里的一处地方，终于被迫停止下来，再也无法前进，陷入了走投无路的绝境。

在这种情况下，一些高级将领背着李文，秘密协商率部起义。第五兵团参谋长吴永烈要学生总队长王应尊去说服李文同意起义，说："我们是李文的直接部属，不好说。你与李文的关系不同，现在又不是他的直接部下，所以只有你可以去向李文说。"第一军军长陈鞠旅悲叹："现大势已去，解放军岂肯接受我们起义？"第一军代参谋长乔治说："我过去在东北被解放军俘虏，学习一年，解放军的政策我是知道的。只要我们愿意起义投诚，解放军会接受，我们生命财产是有保障的。"

在这次国共内战中，中共方面有目的地释放了许多胡部被俘的军官甚至将领，让他们回到胡部。而胡宗南一般多是不加审查，不加甄别，不计影响，就将这些被释放回来的军官或将领，分配到各部队任职，有的还担任重要职务。就是这些人，到了关键时刻，对瓦解胡部军心，起到了很重要的作用。

王应尊向李文转达了大家的意见。李文也知除此法别无出路。但他作为这支部队的最高指挥官，受胡宗南重托，恐怕对不起蒋介石与胡宗南，也怕部下骂他没有气节，因此显得犹豫不决，说："这样恐怕不行吧！"

王应尊等人见李文一时不肯同意，就自作主张，一方面派第五兵团副参谋长袁致中和乔治为代表，立即前往邛崃解放军第十二军联系接洽起义；一方面分头向各部队进行联系说服工作。当陈鞠旅向第一军的团以上军官说服实行起义时，这支胡宗南赖以起家的王牌部队的军官们都流下了眼泪，有的甚至放声痛哭，最后才勉强接受了命令。其他部队也有类似情况。少数坚决不愿起义或投诚的人，有的持枪自杀，有的弃职潜逃，还有的率领部分官兵冒险突围，其中有第二十七军军长刘孟濂、第六十九军军长胡长青等人。但大多数人都知道形势所迫，舍此莫由，只好服从命令，接受起义投诚。其中乘乱逃出大陆的有盛文、吴俊等人。盛文于1950年2月1日到达香港，2月11日进入台湾。

1949年12月27日晨，袁致中和乔治从邛崃解放军那里接洽回来。他们带来了解放军二野司令员刘伯承、政委邓小平欢迎李文部起义的电报，他们还带来一位解放军副团长来接洽具体起义投诚事宜。李文在这时只得同意接受起义投诚，说："大厦其颓，独木难支。"他将刘伯承、邓小平的电报与解放军的指示转达到全部队。在这同时，解放军也停止了攻击。

根据解放军方面的命令，李文将各军分别拨归解放军各部改编。军长以上将领被转送至重庆的解放军二野教导总队与西南军政大学高研班学习。其中李文、冯龙与周士瀛等人后来借机逃出大陆，回到台湾。[①]

至此，胡宗南经营20余年形成的庞大的军事集团，彻底覆灭了。这也是国民政府在大陆最后一个军事集团的覆灭，是蒋介石坚守西南、反攻复国计划的覆灭。

1949年12月27日，解放军在基本没有遇到抵抗的情况下，顺利占领成都。12月30日，贺龙率第十八兵团举行了入城式。

从成都逃往台湾的国民政府立法院副院长陈立夫无限恼恨地说："大陆沦陷，胡之数十万大军，冰消雪融，一无作为，我为之浩汉不已。"[②]

指挥解放军二野部队消灭胡宗南集团的邓小平则轻松地说："进军西南，同胡宗南那一仗打得很容易。"[③]

四川省政府主席王陵基于1949年12月23日，带着他的几个亲信，保密局四川负责人先大启、四川省民政厅厅长宋祖成、田粮处处长王崇德，随胡宗南部队，从成都逃向新津，经双流、五面山、嘉定（今乐山），一度被解放军俘

---

① 李文于1950年4月逃至香港，滞留约一年后，赴台湾，先后任"国防部"中将高级参谋、"总统府"战略顾问、台湾糖业公司顾问等闲职，1977年病逝于台北。

② 陈立夫：《我的创造、倡建与服务》，台北：东大图书公司印行，1989年，第65页。

③ 邓小平：《邓小平文选》第3卷，北京：人民出版社，1993年，第342页。

获，后寻机逃出。他一路乞讨，东躲西藏多日，最后来到宜宾竹粮滩，在一个杨姓亲戚的帮助下，乘上合众轮船公司的永利轮，企图潜逃出川，但在1950年2月6日途经江安码头时，被解放军抓获。

（六）徒劳的西昌挣扎

胡宗南于1949年12月23日晚7时抵达海南岛最南端的三亚机场。他"一夜情绪恶劣，夜不成寐"①，连日痛苦与焦虑，既挂念着他的二三十万大军在川西的命运，又担心台湾蒋介石的震怒怪罪。

因为胡宗南未能将他的突围计划与行动，及时报告台北方面，因此，在12月23日，当蒋介石让空军飞机续送前一日因天气不良未能送达给胡宗南的手函时，得到报告，成都已经无人接听电话，大为惊骇，"殊非所料"②。后得知胡宗南未经报准，即脱离部队飞往海南三亚，更是震怒，痛责"将领直偷生怕匪，无耻无志，如此尚有何望？"哀叹"西南局势奋斗最后一线之希望，至此亦断绝矣"③。

就在胡宗南到三亚的第二天，1949年12月24日上午，蒋介石就派参谋总长顾祝同，偕同空军副总司令王叔铭、西南军政长官公署副长官钱大钧、参谋次长萧毅肃、联勤总司令部副总司令兼经理署署长陈良等，飞来三亚，查询川西战况，对胡宗南未经请示就脱离部队，飞到海南岛，进行责问与查办。胡宗南从他们口中得知，昆明已经落入中共解放军之手，胡部大军从成都突围的"行动恐无好结果，颇忧虑"。他埋怨台湾当局"此重要之事而早不通知，与本署决策关系太大，若果如此，何必向南流窜乎？"④言下之意，如果台湾当局早通知他关于云南失守的情报，他就不会作出全军从成都突围南下康、滇的决策了。

① 胡宗南：《胡宗南先生日记·1949年12月23日》，台北："国史馆"，2015年，下册，第179页。
② 《蒋介石日记》手稿本，1949年12月23日；藏美国斯坦福大学胡佛研究所档案馆，案卷号：Chiang Kai—shek Diaries，Box39。
③ 《蒋介石日记》手稿本，1949年12月24日；藏美国斯坦福大学胡佛研究所档案馆，案卷号：Chiang Kai—shek Diaries，Box39。
④ 胡宗南：《胡宗南先生日记·1949年12月24日》，台北："国史馆"，2015年，下册，第180页。

萧毅肃悄悄地对胡宗南说，此事对胡"个人损失太大，名誉威望，不可收拾，最低限度，人将讥兄为弃军"。陈良甚至劝说胡宗南，此后"可以不必管事，隐遁于海外，自己承认输可矣"。①顾祝同一行于下午飞回海口。

胡宗南于12月25日致信陈良，为自己辩护，为他指挥所部不在成都与"共"军决一死战、而分途突围之事，作说明：

　　昨承枉顾，并承以肺腑之谈，作南针之示。回忆成都两次深谈，相期深刻，非有心人，非道义交，不能道此。谢谢！

　　弟自成都转移指挥机构于西昌，因匪之十、十一、十二及刘文辉、邓锡侯等叛军已在洪雅、雅安、蒲江、邛崃、大邑、崇庆之线，匪之第十六、十七、十八各军已在韧寿、简阳之线，林彪所部两军亦已到达某某一带，而彭德怀所部已向广汉进迫。内线作战，乘敌分进合击之时，而先击灭其一股，事实上已不可能；集中所有力量，固守成都，作背城借一之举，而结果必至全军消灭，如项羽，如拿破仑，如洪秀全，如邱清泉，如黄维，皆欲在战场上成个人显赫之名，而使全军陷于消灭毁败之命运，所谓既不知己，又不知彼，妄言决战，此种旧战术、旧思想，在剿匪以来，不知陷灭了多少部队，牺牲了多少将士，而白流了多少英雄之血，可叹之事，无过于此。弟有鉴于此，反对在成都附近决战，反对在现态势下作背城借一之举，在利害转环线未定以前，在我军力量还没十分损失之前，脱离内线，转移外翼，有计划，有目标，分数纵队，放弃了成都，脱离了包围，变不利态势为有利态势，变被动而为主动，预期不久将来，此力量将全部到达于某一地区，而重整阵容，造成奇局，决非决战以后逃跑溃败者所可比拟者也。但谋事在人，成事在天，在此一切变动之时，是否另有问题，则又非今日所敢断定者也。故在今日，弟还不认输。此种决策，非有大胆大勇者不敢为，非有如失败宁受军法审判的胸襟者不肯为，非有受千万人的唾骂、历史上的斥

① 胡宗南：《胡宗南先生日记·1949年12月24日》，台北："国史馆"，2015年，下册，第180页。

责而未尝动心的气概不能为。成败利钝，是非罪恶，只好付诸未来的战局。因兄期许之厚，相爱之深，故敢以内心之言，作他山友声之报。夜深人静，细雨在飞，海风在啸，俯仰古今战场，眷眷江山时代，真不知感慨之何从也。敬以所见，专尘清听，并祝健康！①

从此信可看出，胡宗南对其在川西的军事指挥及其成败利钝，是作了深思，一吐为快的。但他说了这许多话，并不算数，他在川西的军事指挥及其成败利钝，是要以实践作为检验的标准的。他说他"反对在成都附近决战，反对在现态势下作背城借一之举"，指挥数十万大军"脱离内线，转移外翼，有计划，有目标，分数纵队，放弃了成都，脱离了包围"，但结果怎样呢？却并没有能"变不利态势为有利态势，变被动而为主动"，而是迅速崩溃，全军覆灭。历史已经作了很好的回答！

12月25日，胡部的电讯人员乘飞机，从海口来到三亚。於达、赵龙文、丁德隆、周士冕、彭克定等旧部幕僚也汇聚到胡的身边。但因三亚电讯联络不畅，胡令将电台重心与幕僚重心于26日重新移往海口，"希图与前方确取联络"②。

胡宗南"心情严重"。12月27日，"王叔铭自海口飞三亚，谓俞济时电，委座对余过早离成都，甚不满意，有面陈必要"。胡宗南不敢到台湾向蒋介石报告与请示，乃派其参谋长罗列，随王叔铭飞往台北，代表他向蒋介石报告川西会战与西撤情形，以及他乘飞机拟飞西昌指挥，因天气不良，不得已降落海南岛的苦衷。

1949年12月28日，罗列还未从台湾飞回海南，胡宗南却先接到了蒋介石给他的电文，要他迅速返回西昌坐镇指挥。蒋的电文如下：

王副总司令、罗参谋长来台面报军情，日来忧患为之尽息。此时大陆局

---

① 胡宗南：《胡宗南先生日记·1949年12月25日》，台北："国史馆"，2015年，下册，第180～181页。
② 胡宗南：《胡宗南先生日记·1949年12月26日》，台北："国史馆"，2015年，下册，第181页。

势系于西昌一点，而此仅存之点，其得失安危，全系吾弟一人之身，能否不顾一切，单刀前往，坐镇其间，挽回颓势，速行必成，徘徊则革命为之绝望矣。务望发扬革命精神，完成最大任务，不愧为吾党之信徒，是所切盼。

余嘱罗参谋长面达不赘。

中正手启

十二月二十八日正午[①]

胡宗南读了蒋介石的电文，还能说什么呢？在这种情形下，这位并未卸职的"西南军政长官公署代长官"，只能按照他的领袖的命令，飞回西昌去。他一方面他向部下宣布了将随他回西昌人员的名单，有沈策、周士冕、蒋竹三、戴涛、裴世予、蔡荣、王炳炎、李犹龙等，还说未奉令即逃往台湾的，如袁朴，已被扣押枪决[②]；一方面他令海口办事处长程开椿等人，为飞返西昌进行各种准备，令机要室主任王微用无线电与川西各部队进行联络。胡得知川西各部队或起义，或投降，或溃败，成都已于12月27日被解放军占领等消息，"顿时脸红筋胀，右手掩住前额靠在桌上，左手放在怀里，约有十多分钟没说一句话。后让王微想法联络那些部队逃出川西"[③]。

1949年12月28日，胡宗南接到王叔铭从台中来电，要胡"于明二十九日午前十时前，到海口和渠会见"[④]。

1949年12月29日上午9时半，胡宗南飞离三亚，于10时许抵海口。11时，王叔铭从台湾飞来海口，转达蒋介石的"意嘱，即飞西昌"。胡宗南立即率沈策、蔡荣、裴世禺、周士冕、李犹龙等人，于午后1时起飞，前往西昌，但因"在空中忽油箱漏油，仍折回机场。而时间不许，乃在海口停留一天。当晚与

① 胡宗南：《胡宗南先生日记·1949年12月29日》，台北："国史馆"，2015年，下册，第182页。

② 袁朴到台湾后，不久升任陆军副总司令，晋升上将军衔，1991年在台湾病逝。

③ 李犹龙：《胡宗南逃窜西昌和覆灭实录》，全国政协文史资料编辑委员会编：《文史资料选辑》第50辑，第115页。

④ 胡宗南：《胡宗南先生日记·1949年12月28日》，台北："国史馆"，2015年，下册，第181页。

沈策、龙文、李廉、王超凡等，商讨西昌之行，他们皆反对"①。因为大家都清楚，川西部队已经全军覆没，胡宗南这时再去西昌，绝难挽回败局，西昌贫寒之地，无兵无粮，前途定是凶多吉少。

但胡宗南在第二天，1949年12月30日，仍带领指定的总部人员及卫士连，携带简单文卷与电台，分乘10架运输机，从海口起飞，于下午2时到达西昌。第一师第二团团长朱光祖来接。②

西昌为西康省东南的一个边陲小城，清代称宁远府，辖西昌、越巂、冕宁、德昌、会理、宁南、昭觉、盐边、盐源等县，南以金沙江与云南省接壤，东北以大渡河与四川相邻，东有大小凉山、鲁连山，为彝族人民世代聚居之地；西有雅砻山曲折环绕，与西藏接壤，地处川、滇、藏要冲，战略地位十分重要。境内高山深谷，密布林木，只有中间是一个约10数平方公里的小盆地，安宁河从中流过。西昌城区就坐落在小盆地上。这地区，许多彝、汉首领都拥有大小不等的武装，民族矛盾尖锐。抗战期间，国民政府退到重庆，大西南成为大后方基地。蒋介石为了瞰制康、滇，震摄云南地方军阀龙云与西康地方军阀刘文辉，在1939年西康建省后，紧接着就在西昌设立了"军事委员会委员长西昌行辕"，以张笃伦为主任。抗战胜利后，蒋介石撤销西昌行辕，改称"西昌警备司令部"，以贺国光为警备司令，辖有两个警备团。1949年11月，胡宗南派第一师第二团朱光祖部空运西昌。1949年12月11日刘文辉在彭县通电起义后，胡宗南令朱光祖团配合贺国光的警备团，赶走了刘文辉配备在西昌的伍培英师，控制了西昌城及宁属各县。西昌警备司令贺国光兼任西康省政府主席。

胡宗南由朱光祖陪同，坐车行30余华里，到邛海新村居住。邛海新村建在邛海正北面，距西昌城约有30多华里，原是蒋介石在西昌的行辕。下午5时，贺

① 胡宗南：《胡宗南先生日记·1949年12月29日》，台北："国史馆"，2015年，下册，第181～182页。
② 胡宗南：《胡宗南先生日记·1949年12月30日》，台北："国史馆"，2015年，下册，第182页；李犹龙：《胡宗南逃窜西昌和覆灭实录》，全国政协文史资料编辑委员会编：《文史资料选辑》第50辑，第115页。

国光赶来相见，"谈论西南局势，颇以兵少为虑"①。

12月31日，罗列等人由海口飞来西昌。罗列率幕僚人员到西昌城内城隍庙办公。"西南军政长官公署"亦设在城隍庙内。

胡宗南飞返西昌，蒋介石给他两项任务，一是收拾川西脱围部队，加以整编；二是建立西昌基地，固守3个月，等待国际局势变化。当时败退到台湾的"国民政府"正在大肆宣传"政治台湾，军事西昌"的"新决策"。胡宗南坐镇的西昌，是国民政府在大陆的最后一块土地，也是他们的最后一点希望。

因此，胡宗南到西昌后的第一位工作，就是联络川西突围部队。但是结果令胡宗南非常失望，"各军皆不能联络，心情严重"②。因为胡部在川西的数十万大军在12月底已被解放军几乎全歼，残部或起义，或投降。1950年1月2日，胡宗南在日记中记载："夜间心情严重，情绪恶劣，预计李文、陈鞠旅等皆休矣，铸此大错，造成不能挽回之损失，悠悠苍天，何能已哉"③。直到1950年1月12日，胡宗南从中共的电台广播中，才获得确实消息："第五兵团向邛崃、蟠江，陷入匪包围圈内，全部解决，李文被俘，裴昌会、李振战场投降等，非常悲愤，几乎吐血了。"④胡宗南把1949年12月23日从成都撤军的那一天视为"真真凶日，毁灭历史、毁灭生命、毁灭一切的纪念日"，但他对"如何铸此大错，千思不解"⑤。

遭此惨败，却找不到败因，这是胡宗南的最大悲剧。倒是他的亲密朋友汤恩伯在1950年2月2日给他的来电中，讲了一些实话："整个党国四年来之惨败，在弟看来，可归结于时代落伍四字，以往一切的一切都值得检讨，如再无新做法，终将被时代淘汰。我兄在大陆能作最后之坚持，已比任何人胜一筹，

① 胡宗南：《胡宗南先生日记·1949年12月30日》，台北："国史馆"，2015年，下册，第182页。
② 胡宗南：《胡宗南先生日记·1949年12月31日》，台北："国史馆"，2015年，下册，第182页。
③ 胡宗南：《胡宗南先生日记·1950年1月2日》，台北："国史馆"，2015年，下册，第186页。
④ 胡宗南：《胡宗南先生日记·1950年1月12日》，台北："国史馆"，2015年，下册，第188页。
⑤ 胡宗南：《胡宗南先生日记·1950年1月23日》，台北："国史馆"，2015年，下册，第191页。

况目前国际局势变化甚速，兄之前途大有可为，希勿灰心为荷。"①

　　2月15日，胡宗南从在台北的盛文、程开椿的来信里，得知"自成都回台北将校多数，将失败之责归于余一人，非常难受"②。

　　1950年2月17日是农历春节初一，胡宗南在这一天，特地写了一篇《民国三十九年农历元旦告川西官兵书》，并迅速用各种可能的传递方式，如飞机空投等，在川康边境胡部大军突围溃散的地区散发。胡宗南在这篇《告川西官兵书》中，首先称赞各部官兵与"共"军"血战于成都平原的忠勇表现"，然后笔锋一转，把失败的责任推给几个叛变的将领，"不幸鲁崇义的全师在乐山叛变，刘文辉、邓锡侯、潘文华等逆贼，为保全其个人生命财产，又不惜背叛党国，变节降匪，使我大军陷入重围"；接着为自己辩护："我在这个时候，奉最高当局指示，先来西昌指挥大军分路突围，不料因西昌气候恶劣，改飞海口，联络中断，致我三军将士为匪所乘，诚使我绕室徘徊，椎心泣血，万死莫赎"；他称赞突围官兵"始终坚持忠党爱国，不投降，不变节的传统精神，在山岭，在水边，在平原，在城镇，不断地和匪苦斗，与匪死拼"；最后，胡宗南大讲了一通西昌"有丰富的资源，优越的地理环境，和强大英勇的国军，可以做反攻的基地"，"我们新生的力量，正在一日千里的成长，国际环境，也有积极的好转，我们已经看到了光明，我们快走到成功的大道"，他呼唤突围官兵，"我们在这里欢迎你们的来归，倘因一时环境困难，也要设法向我取得联系"；他保证给来归官兵提供种种"需要的一切"。③

　　然而，胡宗南在西昌联络多天，最后，只联络到几股侥幸脱围的残兵败将，计有：第二十七军军长刘孟濂及其残部，约1000多人；第六十九军军长胡长青及其残部，约1000多人。

　　令胡宗南高兴的是，原川湘鄂绥靖公署宋希濂部第一二四军军长顾葆裕，

---

①　胡宗南：《胡宗南先生日记·1950年2月2日》，台北："国史馆"，2015年，下册，第194页。
②　胡宗南：《胡宗南先生日记·1950年2月15日》，台北："国史馆"，2015年，下册，第197页。
③　胡宗南：《民国三十九年农历元旦告川西官兵书》（1950年2月17日），转引自赵宗藩：《胡宗南在西昌》，《中外杂志》（台北）1976年2月号，第19卷第2期，第63页。

在1949年12月19日宋希濂总部被解放军包围消灭在大渡河畔时，带领所部苏有章师等，约1800余人，提前行动，冲出了包围圈，一路收容溃兵，于1950年1月3日撤至距西昌30里的地方。那天，胡宗南接到报告，大喜过望，立刻派周士冕和李犹龙二人前去欢迎慰问。顾葆裕部兵力为4个步兵团，连同军、师直属部队，共计5000余人。周士冕说："顾葆裕到西昌，胡宗南的阵脚才算压住了。"

1950年1月上旬，从川西突围与从甘南南下的一些国民政府军残部，在田中田、张天翔、任先锋、陶庆林等率领下，到达松潘、懋功。胡宗南于1月13日与他们联络成功，"五十五师张天翔团，在松潘附近已联络到"[1]。这些部队在越过草地后，南下占领丹巴，进袭泸定与康定。刘文辉部驻防康定的师长唐英与傅德铨等人起而响应。3月5日，西康省城康定遂被他们控制。刘文辉部的西康省代主席张为炯率省府人员逃往营官寨。为此，胡宗南在西昌特地召开庆祝大会，并派飞机给田中田、张天翔、陶庆林等人分别投送给养和他的嘉奖函，称："当此大雪封山、道路险绝、敌寇纵横之际，而能突围南下，克服康定，可歌可泣之雄风，砥柱中流之伟绩，对革命之忠贞，行动之机警，余诸当世，至为钦佩，兹特派机，致送所需，并以欣慰忠奋之忱，敬祝全体官兵胜利。"[2]

1950年2月20日，原陈克非第二十兵团所属第二军第七十六师副师长张桐森，由鄂西败退后突围，率领两个团，约3000多人，到达大寨，致电胡宗南。"七十六师长张桐森自大寨来电"，胡宗南急忙"复电奖励"[3]。

1950年2月24日，原鲁崇义第三十军第三三五师师长王伯骅，率残部约1000多人，"自乐山转进"，"现在富林"，派副师长马宏英到西昌，向胡宗南报告。

胡宗南在西昌联络多天，最后拼凑、发展到1万多人。

1950年1月10日，胡宗南收到蒋经国的电报，告诉他蒋介石对他的关心与希望："此时此地务望兄能以忍耐之苦心，而克服目前之困难，小弟拟于最近远

---

① 胡宗南：《胡宗南先生日记·1950年1月13日》，台北："国史馆"，2015年，下册，第189页。
② 胡宗南：《胡宗南先生日记·1950年3月8、9日》，台北："国史馆"，2015年，下册，第202页。
③ 胡宗南：《胡宗南先生日记·1950年2月20日》，台北："国史馆"，2015年，下册，第198页。

访老兄于西昌，并面商一切。家父日前曾亲至府上贺年，见令郎活泼可爱，无任快乐。"[1]

1950年1月15日，蒋介石派遣参谋总长顾祝同、第八军军长兼"云南省政府主席"李弥等人秘密飞到西昌，与胡宗南等人研究固守西昌与今后的军事计划。当时胡宗南总共只收容到川西突围部队约万人，聚集于西昌这一贫瘠闭塞之区，在军事、政治上都是绝地。西昌城四周都是彝人世代盘踞的大山区。胡部万人孤悬这里，前后无援，一旦兵败，西昌不守，立即就会被彝人吞灭。前清时太平天国石达开部在这里全军覆灭就是史例。胡宗南和与会诸人都清楚当时西昌的这个艰难危急局面。但为了执行蒋介石固守西昌3个月的命令，顾祝同一方面仍要胡宗南在西昌整军备战，另一方面又与胡宗南商订一个"建立滇西根据地计划"，准备在今后危急时，由胡宗南与贺国光率西昌各部撤到滇西，会合李弥的第八军及余程万的第二十六军，建立滇西根据地。

但就在第二天，1950年1月16日，顾祝同等离西昌南飞，"忽空军电台谓蒙自突变，机场不能下。此事对西昌打击太大，一切计划不能实施了"[2]。很快，滇南的第八军与第二十六军就被解放军歼灭，两军残部逃往国外。胡宗南部南撤建立滇西根据地的计划完全破灭。四望茫茫中国大陆，只有胡宗南残部在西昌挣扎，更感孤立。

1950年1月26日，蒋介石派蒋经国、王叔铭飞到西昌。蒋经国带来了蒋介石给胡宗南的"一月二十五日手谕"，转述了蒋介石的指示，云："云南情况变化之后，西昌当更艰难，然最近匪似不至大部入康，故最近如将台北军火配运西昌，为可能之事。如将西昌军队空运入台，为不经济，亦不可能之事。故总裁希望以西昌为延安。又总裁最后说，如'匪'攻台湾，余必与台湾共存亡，而决不出国。"胡宗南明白蒋介石的言下之意，"即希望匪攻西昌，胡与西昌共存亡，而不来台湾之昭示"。胡宗南立即回答："如最近运输二个师武器到

① 胡宗南：《胡宗南先生日记·1950年1月10日》，台北："国史馆"，2015年，下册，第188页。
② 胡宗南：《胡宗南先生日记·1950年1月16日》，台北："国史馆"，2015年，下册，第189页。

西昌，假如两个月内无事，则第三个月可南向云南，打昆明。如不空运武器，则一切无希望。至与西昌共存亡，须待武器到后，庶有共存亡之可信也。"①

胡宗南于1月29日写了一封回函，托蒋经国转呈蒋介石，云："经国同志来西昌，并奉一月二十五日手谕敬悉。此间情况至为艰危，但如能在二月十五日以前空运一个师武器弹药到达西昌，则大陆据点西南局势仍可有为，然必须钧座亲自督促，则空运才有希望为荷，即请钧核，余托经国同志面呈。"② 当日，蒋经国、王叔铭飞回台湾。

蒋介石迅速答应了胡宗南的请求。2月1日，胡宗南就收到了蒋介石的回函："经国回台并阅手书，无任欣慰，所需武器，准如数限期运济，勿念。" 果然如蒋介石所言，台湾当局多次向胡宗南的"军事西昌"空运武器弹药，从1950年2月8日到3月23日这1个多月时间中，由台北空运武器弹药7次、共40架次到西昌，直到3月下旬解放军逼近西昌，空运才停止。

1950年农历春节期间，胡宗南接到了叶霞翟从台北寄给他的一封信，告诉他，在春节初二（2月18日）的下午，蒋介石、蒋经国父子来到她住家的隔壁居正老先生家。居正是国民党的元老，曾长期担任国民政府司法院院长。蒋介石派蒋经国到叶霞翟住处，请她与两岁的广儿（胡为真）过去见面。在见到蒋介石时，两岁的广儿居然能按照叶霞翟的要求，向蒋介石鞠躬问好，引得蒋介石十分兴奋。胡宗南阅信后大为高兴，回信赞扬，说："广儿态度大方，应对得体，殊为欣慰。"③ 胡宗南心里不会不明白，蒋介石在春节期间特地看望他的家人，是要他在西昌尽职卖力！

胡宗南在西昌，前后约两个多月，共80多天，硬着头皮，为固守西昌进行了各项策划与活动：

第一，是整编扩充部队。胡宗南以朱光祖团为基础，扩编为第一师，任朱

① 胡宗南：《胡宗南先生日记·1950年1月27日》，台北："国史馆"，2015年，下册，第192页。
② 胡宗南：《胡宗南先生日记·1950年1月29日》，台北："国史馆"，2015年，下册，第193页。
③ 叶霞翟：《天地悠悠：胡宗南夫人回忆录》（1965年撰），桂林：广西师范大学出版社，2016年5月，第94页。

光祖为少将师长，作为他在西昌的基本军事力量。该部官兵较年轻，有文化，较有战斗力。胡另将刘孟濂带来的第二十七军残部特务团并入该师，作为该师的步兵第一团。胡计划将第一师扩编到4个团编制。

胡宗南任命原第六十九军军长胡长青为第七兵团司令官兼第六十九军军长，率所部驻汉源，任北线大渡河的防务。胡长青收编四川洪雅县地方武装李玉光部1000多人，报请胡宗南委任李玉光为新十二师师长，驻防大渡河口富林镇和大树堡，归胡长青指挥。

任命王伯骅为第三军第三三五师师长。任命樊廷璜为第二十七军第一三五师师长。

胡宗南任命第一二四军顾葆裕为第五兵团司令官兼第一二四军军长，率部驻会理休整，先后补给他1个团的械弹，担任防守西昌南线金沙江一带的任务。而后，顾不断收容部队，逐渐成军。3月10日前后，原陈克非第二十兵团所属第二军第七十六师副师长张桐森，由鄂西败退后突围，率领两个团，约3000多人，经昭通以西，抵达会理，与顾葆裕会合。胡宗南以蒋介石的名义"慰勉张桐森，并派为第二军军长"①，将这支部队交给顾葆裕指挥。另外，第一二二军第三四五师师长高超率千余人，逃到西昌，胡将此部补入第一二四军，高超改任第一二四军副军长。

第五兵团的序列是：

司令官顾葆裕

第一二四军，军长顾葆裕兼，副军长高超，陈振仙，参谋长陈文光；

第二二三师，师长高志民；

第×××师，师长苏有章兼"金沙江上游守备司令"；

第二军军长张桐森兼第七十六师师长；

西南反共救国军第四纵队司令诸葛世槐。

为培养干部人才与军事人才，胡宗南于1950年1月19日"决成立中央陆

---

① 胡宗南：《胡宗南先生日记·1950年3月15日》，台北："国史馆"，2015年，下册，第204页。

军军官学校西南分校"①，派沈策为教育长②；成立干训团，"罗列、贺国光为干训团副团长，沈策为教育长，杨荫寰为军事干部训练副主任兼学生大队长"③。

胡宗南苦心经营，不断增加编制与番号，最后，在其西南军政长官公署之下，除贺国光的西昌警备司令部以外，建立起第五、第七两个兵团部，第二、第三、第二十七、第六十九、第一二四共5个军部，部队官兵达15000多人，但大多是徒有虚名，残缺不全，战斗力更弱。

第二，组织联络西康与川西的地方武装与彝族武装。

胡宗南看到西康人口稀少，地方武装众多，乃派人通过各种关系，联络各地方武装首领，组织起"西南人民反共自卫军"7个纵队，以及西南游击第二路总司令部，宁雅联防司令部等。如在1950年1月31日，胡宗南"派邓德亮为西南反共自卫军第一纵队司令"④，邓德亮是彝族首领，胡宗南对其十分重视，在2月中旬春节期间，不仅宴请邓德亮，还把邓德亮的母亲请到长官公署，"欢宴邓老太太"⑤；2月22日，胡宗南"晚欢宴诸葛世槐等，宣布诸葛为西南人民反共自卫军第四纵队司令，及准成立两个团"⑥；2月23日，"派岭光电为西南（人民）反共自卫军第二纵队第十团长"⑦；2月26日，"派（第二十七军军长）刘孟廉兼为西南人民反共自卫军第二纵队司令"⑧，企图让刘率部"入昭觉，打通雷波"⑨，向川南发展，于活动在那里的陈超部联络；3月4日，"派岭光电为（西南人民反共自卫军）第二纵队新编第四师长，派苏国宪为第三纵

① 胡宗南：《胡宗南先生日记·1950年1月19日》，台北："国史馆"，2015年，下册，第190页。
② 胡宗南：《胡宗南先生日记·1950年1月22日》，台北："国史馆"，2015年，下册，第191页。
③ 胡宗南：《胡宗南先生日记·1950年1月31日》，台北："国史馆"，2015年，下册，第193页。
④ 胡宗南：《胡宗南先生日记·1950年1月31日》，台北："国史馆"，2015年，下册，第193页。
⑤ 胡宗南：《胡宗南先生日记·1950年2月22日》，台北："国史馆"，2015年，下册，第199页。
⑥ 胡宗南：《胡宗南先生日记·1950年2月22日》，台北："国史馆"，2015年，下册，第199页。
⑦ 胡宗南：《胡宗南先生日记·1950年2月23日》，台北："国史馆"，2015年，下册，第199页。
⑧ 胡宗南：《胡宗南先生日记·1950年2月26日》，台北："国史馆"，2015年，下册，第200页。
⑨ 胡宗南：《胡宗南先生日记·1950年3月3日》，台北："国史馆"，2015年，下册，第201页。

队司令"[①]；3月6日，"刘孟廉今日赴昭觉"[②]等。

第三，加强控制地方政权，发展国民党的党务。胡宗南与西康省政府主席贺国光协同，拉拢与提拔一些地方实力派人士与国民党骨干分子，充实西康省政府，委派各县县长，还计划建立雅属、泸属、宁属三个专区。胡宗南通过这些地方政权，控制各地区人民，搜集军粮，掌握情报。胡宗南还打算在解放军已占领的雅安属各县，成立秘密县政府。胡在军队和政府、地方上，秘密发展一些人加入"国民革命同志会"，作为其在西昌的核心组织。在财政上，胡宗南在1950年1月18日的日记中记载：当时"西昌黄金合计两万零四百四十六两，支出一千八百七十五两"[③]。

第四，胡宗南还想向四川扩展军政影响。当时四川省政府主席王陵基，已于1950年2月6日，在从宜宾乘上合众轮船公司的永利轮潜逃，途经江安码头时，被解放军抓获俘房；四川籍的地方将领中，只剩下一位唐式遵，留在西康汉源县哥老会首领羊仁安处。1950年2月20日春节期间，胡宗南特地将唐式遵、羊仁安等人请到西昌住地吃春酒，进行密商。胡当场表示："疾风知劲草，板荡识忠臣。像唐先生这样公忠党国，我想总裁一定要倚重的"，立即拟电稿致台湾蒋介石，保派唐式遵继任四川省政府主席。没有几天，蒋介石就复电照准。唐式遵后来就带着少数亲信，携带胡宗南提供的一些武器和电台，从西昌，经越雟县的泸沽镇、甘相营，准备由大树堡偷渡大渡河，到川南地区活动。

胡宗南又与川南宜宾地区的陈超部联系上。宜宾地区，是四川南部边陲和重要门户。自原驻防这里的国民政府军第二十二兵团司令官兼第七十二军军长郭汝瑰于1949年12月11日率部起义后，第七十二军的部分军官，"策动部队成连、成营、成团叛变，与当地土匪联合，各霸一方，占山为王，在各占领区建立县、区、乡伪政权"[④]，造成该地区动荡。其中最大的一股，是第七十二

① 胡宗南：《胡宗南先生日记·1950年3月4日》，台北："国史馆"，2015年，下册，第201页。
② 胡宗南：《胡宗南先生日记·1950年3月6日》，台北："国史馆"，2015年，下册，第201页。
③ 胡宗南：《胡宗南先生日记·1950年1月18日》，台北："国史馆"，2015年，下册，第190页。
④ 向守志：《向守志回忆录》，北京：解放军出版社，2006年6月，第209页。

军郭汝瑰部的第二三三师六九八团三营营长陈超、二营副营长徐云等人，拖出700余人，溯金沙江而上，网罗了雷波、马边、屏山、沐川、宜宾及绥江等地的一些人马，建立"川滇康游击纵队总司令部"，陈超自任总司令军兼第七十二军军长。陈超通过电台与胡宗南联络。胡宗南对他大加赞赏，复电称："陈司令超鉴：渝蓉失利，川军部队陆续归来的同志率领部队孤军鏖战，殊堪嘉慰。希转知所属努力前进，挽救国家当前危机，做历史大丈夫。现本署移驻西昌，特派贵官为川康滇边区第一游击纵队司令，仰即遵照，并希继续扩大实力为盼。"1950年2月16日，农历除夕那天，胡宗南从西昌派飞机在雷波县的黄琅地区，向陈超空投22个降落伞，包括步枪子弹3万发，卡宾枪子弹3000发，大洋1万元，医药、电讯器材一部，还有加盖"西南长官公署"主任胡宗南大印的委任状一张。胡宗南部署第二十七军军长刘孟廉率部向川南发展，与陈超部联络。陈超招兵买马，号称有3个军、6个前进指挥所、22个支队，3万人，影响到雷波、马边、屏山、峨边、沐川诸县和宜宾、高县、庆符、珙县、筠连以及江安、兴文、长宁等大片地区，先后攻占屏山、马边和沐川3座县城。[①]

1950年3月1日，蒋介石在台北宣布复"总统"职。胡宗南在西昌闻之，组织"西昌城市军民庆祝"[②]。

胡宗南及其部属约15000多人，在西昌固守与经营了约近3个月。1950年3月7日，"机场忽奉令，停止空运"[③]。胡宗南得到报告，解放军在3月初，已在积极准备进攻西昌，形势紧张起来。

1950年3月12日开始，解放军发动西昌战役，从南、北两路，向胡宗南部最后盘踞的西昌地区和康定地区发动围攻。

首先给西昌胡宗南造成威胁的，是南路解放军。1950年3月12日，解放军第十五军四十四师向守志部，按照作战计划，兵分两路，从曲靖地区出发，右路

---

① 蒋益文：《我军"二野"围剿"三省纵队"始末》，中国共产党新闻网2013年6月21日。
② 胡宗南：《胡宗南先生日记·1950年3月1日》，台北："国史馆"，2015年，下册，第201页。
③ 胡宗南：《胡宗南先生日记·1950年3月7日》，台北："国史馆"，2015年，下册，第202页。

由师参谋长葛明率一三一团，于19日抵达巧家地区，21日夜，西渡金沙江，歼灭胡宗南部守军第二十七军残部1个营后，向宁南挺进，于23日占领宁南，然后经大青山、大兴场、川心堡，由东向西昌攻击；左路由师长兼政委向守志率领师主力，于19日抵达隆街，从21日夜开始，经两昼夜，全部北渡金沙江，歼灭守敌，于23日晚攻占会理。[1]

胡宗南先是得到解放军右路1个团于3月20日进入巧家地区的报告，急派第一师师长朱光祖率两个营前往阻击，被解放军歼灭1个营，被迫后退至白水河。正当胡宗南商请调邓德亮的彝兵1个团前往宁南增援时，解放军南线左路主力于3月21、22两日，全部自隆街、白马口两渡口，北渡金沙江，于3月23日攻克会理。胡宗南部的"金沙江上游守备司令"苏少章的师部及2个团被歼；第一二四军顾葆裕部与第二军七十六师张桐森部退往盐源、盐边。会理是胡宗南在西昌南部的最重要防守堡垒。会理丢失，这里离西昌只有100华里，可朝发而夕至，西昌立即陷入险境。

在这同时，胡宗南在北线大渡河的防线，也遭到解放军第六十二军一八四师的猛烈进攻，于3月23日占领富林（汉源），胡长青、王伯骅部退守大树堡。

1950年3月24日，胡宗南得到的报告是："朱光祖退白水河，胡长青、王伯骅退大树堡，顾葆裕退出会理，情形突变"[2]。胡宗南脸色惨白，十分紧张。他一方面令顾葆裕在会理再抗击一天一夜，同时又急调朱光祖部撤出宁南战场，立即到会理与德昌间，筑工事坚守。

这天离蒋介石规定的固守西昌3个月还差4天。胡宗南与部属们商议，要朱光祖想尽一切办法，在德昌一线，阻挡解放军前进3天，然后他们放出逃往川南的空气，实际秘密准备经德昌、盐源，或逃西藏，或走滇西。

到3月25日，形势更加危急。胡宗南得到在北线大渡河担任防守的胡长青的报告：解放军在3月23日占领富林（汉源）后，24日抢渡大渡河，抢占大树堡。

---

① 向守志：《向守志回忆录》，北京：解放军出版社，2006年6月，第204～206页。

② 胡宗南：《胡宗南先生日记·1950年3月24日》，台北："国史馆"，2015年，下册，第207页。

第三三五师王伯骅部被迫南撤，胡长青部也退到平坝镇。接着，朱光祖也来电报告，南线解放军从德昌南面迂回，进攻德昌，并向西昌急进，25日占领德昌，守军退向西昌。胡宗南当日在日记中记载："'匪'窜到德昌附近，海棠亦到'匪'，朱光祖退扯扯街，西昌危在旦夕矣。"[①]

西昌到了最后关头。

这时，胡宗南接到蒋介石的电报，要他将部队交给可靠的高级将领，然后与贺国光等人飞往海口。蒋介石并派来两架飞机到西昌，接胡宗南与贺国光及其他重要人员。

但胡宗南将部队交给哪个高级将领呢？最适当的是交给胡长青。但胡长青正在北线指挥作战，两三天内不能到达西昌。而西昌的许多幕僚人员与数千官兵都在看着胡宗南，使胡不能断然抛弃他们逃走。3月26日，胡宗南召集罗列、赵龙文等极少数亲信，密商撤逃计划。胡宗南拿出他10年来的日记，交给赵龙文，说："龙文兄，你是不应该留在此地的，得乘飞机走。这是我十年来的日记，请你带到台湾，有空整理一下。"胡表示自己要留在西昌，然后与官兵一道，撤向西藏或滇西。赵龙文等人忙劝胡宗南乘飞机走，说，第一，这是蒋介石总裁的命令；第二，"共"军8路进兵西昌，声称要活捉胡宗南，我们不能上当；第三，反共不是一天完成，真正的斗争要从今天开始，等等。最后，参谋长罗列站起来说："当年汉高祖荥阳被围，假若没有纪信代死，以后的历史，可能全变了。我们牺牲了多少人，对于历史，没有丝毫影响；胡先生牺牲了，将来7万多的学生，3万多的干部，谁能号召起来，领导起来，再与'共'军作殊死战呢？所以我筹思至再，决定我来作一个纪信。"[②]

罗列自1937年抗战军兴，被胡宗南聘请到胡部，备受信任，屡任要职。罗列一直深感胡宗南的知遇之恩，觉得现在是报答胡宗南的时候；同时他身为参谋长，替主官留守危城，也是不容推辞的责任。与罗列一同留守的，有副参谋

---

① 胡宗南：《胡宗南先生日记·1950年3月25日》，台北："国史馆"，2015年，下册，第207页。
② 赵龙文：《怀胡宗南先生》，《中外杂志》（台北）1967年1月号，第1卷第1期，第32页。

670

长沈策及杨荫寰、周士冕等人。

1950年3月26日夜11时10分，胡宗南与贺国光，偕西南长官公署秘书长赵龙文、总务处处长蒋祝三、西昌警备司令部副司令王梦熊、参谋长程冠珊等人，在西昌小庙机场，分乘两架飞机，离开西昌，飞往海口。从此，这位横行大陆西北、西南数十年的国民政府的"西北王"与"西南王"，就永远地离开了中国的大陆。

据向守志回忆说："当我师进抵距西昌约15公里时，胡宗南、贺国光等连夜仓皇乘两架伊尔—24飞机向海南逃窜。据后来被我师抓获的俘虏供认，胡宗南等出逃的飞机每架只能运送20多人，数百名敌军官和家属蜂拥而上，连机舱的门都关不住，最后只得对空鸣枪，才把抢乘的人员驱散，可见敌人逃命时是何等狼狈不堪。"①

胡宗南逃离西昌后，夜11时40分，参谋长罗列、副参谋长沈策，及杨荫寰、周士冕等人，率领卫士连和第一师的1个营，护卫长官公署机关官员、电台、文件、金银和眷属等，弃城向北，向泸沽方向逃窜。3月27日，罗列率部到达泸沽后，与宁属靖边司令、反共救国军第一纵队司令邓德亮汇合，继续向邓德亮的老巢甘相营逃窜。

3月27日拂晓5时许，南路解放军四十四师一三二团，到达西昌近郊，从西面迂回，先占领小庙机场，然后，在没有抵抗的情况下，进入西昌城；接着，向泸沽、冕宁追击，于27日午夜，与北路解放军第一八四师五五二团在冕宁县城会师②。第二天，他们继续追击罗列所部，至甘相营鸡窑沟。经过一夜激战，罗列所率领的西南军政长官公署机关、卫士连以及第一师的1个营被全歼，邓德亮被击毙，沈策、杨荫寰、周士冕等人先后被俘③。只有罗列化装潜逃。

驻守北线富林、大渡河一线的第六十九军胡长青部，败退越后，又向南败

---

① 向守志：《向守志回忆录》，北京：解放军出版社，2006年6月，第206～207页。

② 向守志：《向守志回忆录》，北京：解放军出版社，2006年6月，第207页。

③ 沈策被俘后，在辽宁抚顺看守所度过20多年，1975年获释，于次年赴美定居，先后担任黄埔军校同学会理事、副会长，是纽约中国和平统一促进会的创始人之一，于2002年10月回国，2005年病逝。杨荫寰被俘后，获释时间不详，曾写过他在胡宗南部任职时的回忆录。周士冕被俘后不久，被处决。

退至小山。尾追其后的是解放军五五二团、五五团。胡长青部逃至小山后，被解放军第五五团歼灭。3月28日，胡长青抵达喜德时，遭到彝族武装的袭击，负重伤，3月31日，在孟获岭，他举起手枪，对准自己的太阳穴扣动扳机，自杀。随逃的羊仁安、王炳炎被俘；刚由胡宗南电请蒋介石任命为四川省主席、正携带机枪、电台准备回川南组织反共救国军的唐式遵，被击毙。

驻防西昌、宁南一线的第一师残部，在师长朱光祖率领下，东逃大兴场，再向昭觉逃窜，于3月29日被彝族头人马革尔武装消灭于解放沟。朱光祖被解放军俘虏，于4月2日在成都被处决。

驻守南线会理的第一二四军和第二军第七十六师，其残部2000余人，西逃渡过雅砻江后，一路由第一二四军军长顾葆裕率领1000余人，于4月1日由丙南渡、排家渡，过金沙江；另一路由第二军军长兼七十六师师长张桐森率领500余人，于4月3日由腊乌渡，过金沙江，然后，分两路，向滇西逃窜，被解放军南线左翼部队第十四军部队8天猛追，于4月7日晨，在云南的姜营街、盐丰平川街地区，被歼1620人，第一二四军参谋长陈文光、师长高惠民、师参谋长张藻章等被俘，第一二四军军长顾葆裕被俘后逃跑，后回到台湾；第二军军长兼七十六师师长张桐森逃至景东被俘。第七十六师三二八团残部500余人西逃，被解放军四十四师一部和一八四师五五团一部追至普威附近，被全歼。

驻守昭觉的第二十七军，副军长岭光电率部406人向解放军投诚，军长刘孟濂、参谋长刘德荣率残部700余人，于4月初逃至川南雷波，与陈超部会合。

原贺国光所辖的西昌警备司令部警备一团及驻守大渡河边的三五五师的溃逃部队100余人，被解放军北线右翼部队一八四师五五一团歼灭。西南反共救国军第一纵队、第四纵队的8个大队及1个区队，约2400余人投诚。西昌警备司令部警备二团团长邱纯川，率部由西昌向东逃窜，被与中共地下党有联系的原彝族上层人士罗大英诱进红莫彝区歼灭，邱纯川被击毙。

至此，西昌战役宣告结束。这次战役，自1950年3月12日至4月7日，历时25天，经大小战斗14次，胡宗南指挥的西南军政长官公署、西昌警备司令部，西南游击第二路总司令部，宁雅联防司令部和第五、第七两个兵团部，第二、第三、第二十七、第六十九、第一二四共5个军部及胡宗南费尽心机搜罗来的部队，共有官兵15592名，被歼灭；少将以上军官30多名被毙、俘或投诚，荣经、汉源、越、冕宁、西昌、德昌、会理、盐边、盐源、宁南、昭觉、峨边、雷波、屏山、华坪、永仁、会泽、巧家等18座县城被解放军占领。胡宗南苦心经营3个月的西昌反攻基地顷刻间灰飞烟灭了。

第二十七军军长刘孟濂、参谋长刘德荣率残部700余人，于1950年4月初，逃至川南宜宾地区的雷波，与陈超部会合。1950年6月初，中共西南地区当局调来第四十四师向守志部，配合原驻军第二十八师及宜宾军分区部队，对该地区国民党军各残部发动围剿，迅速取得成功。[1]1950年6月24日，刘孟濂、刘德荣在盐津县冷水溪战败被俘，押送泸州，7月，在泸州市小校场（今泸州市体育场）被公审处决。这两人在刑场上还互相"谦让"，刘德荣说"军座请前"，刘孟濂说"参谋长请前"。陈超部也被歼灭，陈超于1950年8月20日被俘，于11月4日在泸州被处决。[2]

罗列于1950年3月29日被围在冕宁县彝区甘相营祭妖沟顶，后被当地彝人俘获；4月1日被彝人抛下山沟，才得以逃走。他化装成难民，与伍道远一同抵达已被中共占领的成都。不久，伍道远被中共抓捕，罗列则从成都逃出，经宜昌、长沙、广州，历时约一年，于1951年3月27日到达香港，4月15日回到台湾。这时距胡宗南西昌兵败已一年多时间了。胡宗南与台湾当局早就以为他或死或俘。罗列可以说是国民政府军最后一位逃离大陆、到台湾的将领。他的抵台，无疑使胡宗南百感交织。[3]

① 向守志：《向守志回忆录》，北京：解放军出版社，2006年6月，第209页。
② 蒋益文：《我军"二野"围剿"三省纵队"始末》，中国共产党新闻网2013年6月21日。
③ 罗列回台湾后，任"国防部"中将参谋，1955年提任副参谋总长，其间曾赴美国陆军指挥参谋大学特别班学习，1956年调任第一军团司令官，1959年调升陆军总司令，晋陆军二级上将，1961年任台湾"国防部联合作战研究督察委员会"主任委员，1962年任"三军联合大学"校长，1970年为"总统府"战略顾问，不久转任"总统府"国策顾问、台湾机械公司董事长等职，1976年9月8日于台北去世，终年69岁。

胡 宗 南 全传

Biography of Hu Zongnan

第十二章

海 岛 暮 年

（一）败退台湾后的弹劾风波

1950年3月27日晨，胡宗南一行乘飞机从西昌逃抵海口，留住约一周。

这时，海南岛的形势也很危急。中共解放军正在积极部署，即将发起进攻海南的战役，在1950年3月5日至4月1日，先后派遣近7000人，作为先头部队，偷渡海峡，登上海南岛，与原在岛上的中共琼崖纵队会合，大大加强了岛上的中共兵力，准备迎接解放军大部队对海南的进攻。台湾当局的"海南防卫军"总司令，是胡宗南在北伐时期的顶头上司薛岳；而担任"海南防卫军"副总司令兼第二路司令、第六十二军军长的，是胡宗南的黄埔一期同学、多年的老部下李铁军。原来李铁军在1947年12月，担任第五兵团司令，在豫西南被陈赓战败后去职，回到家中闲居多时。1949年11月，因"中共"军队占领广东雷州半岛后，台湾当局紧张部署海南岛的防御。当时驻防海南的第六十二军，因为湛江事变，导致内部混乱不堪，台湾当局"国防部"考虑从广东籍的中央军嫡系将领中，挑选一人继任该军军长，最后选中了李铁军，因为他是广东梅县人，黄埔一期生，且又当过兵团司令官，就任命他为海南防卫军副总司令兼第二路司令，兼任第六十二军军长，此外，还把陆军步兵学校教导师交给他指挥。薛岳、李铁军等，指挥所部，对中共琼崖纵队与偷渡登陆部队发起多次围剿，均未能奏效。

据李铁军回忆：胡宗南"自西昌飞返海南，心情至为沉痛，意志很为坚定。斯时，余正于役海南，于戎马倥偬之间，常伴公于海口之滨，散步谈心，谈失败，也曾谈到过去成功，种种缘由，感慨万千。海口吃紧，余在前线指挥作战，宗公自海口飞返台湾，曾亲笔留书道别勖勉"①。

1950年4月4日，胡宗南从海口飞到台南，次日飞抵台北。

胡宗南被失败的阴云笼罩着，感到筋疲力尽。他从3月26日开始，中断已经写了9年3个多月的日记，这一停就是1年9个多月，可见其心情之坏。他回到家中，妻子叶霞翟见他"憔悴苍白"。胡宗南对妻子说："你看我回来抱儿子了，你开心吗？"但他立即又说："你以为这是应该的吗？"②表现了万般无奈与沮丧。

胡宗南在台北办完公事后，即与叶霞翟一道，到汤恩伯为他安排的台湾东部的花莲海滨休养。这里背山临海，远离市廛，环境清幽。胡宗南在这时十分需要这样一个地方休整自己的身体与头脑。叶霞翟回忆说："我陪着南兄到那里去暂住，从此清晨、黄昏，夫妻俩携手徘徊于堤上海边，对海潮而长啸，望明月而涕泣，泪眼相对，默默相依，此中滋味实非外人所能想象者也！"③他们在花莲住了一个多月。

早在1950年3月27日，即胡宗南从西昌逃到海口的那一天，台北"国民政府"明令裁撤"西南军政长官公署"，调任胡宗南为"总统府战略顾问"。胡宗南在台南设立的"西南军政长官公署办事处"，至是亦奉令办理结束，电台通讯人员改拨"联勤总部通讯署"接收，其他官兵他调或遣散。

胡宗南真正成了一个"光杆司令"，不，应该说是"光杆顾问"，没有兵马，没有地盘，也没有权力了。这是他自黄埔军校毕业带兵打仗以来，第一次如此的寂寞、空虚与狼狈。

就在胡宗南于4月4日飞离海南后12天，1950年4月16日，中共解放军发起渡海解放海南岛战役，仅约半个月时间，到1950年5月1日，就占领海南全境，国

① 李铁军：《往事如新》（1962年撰），胡故上将宗南先生纪念集编辑委员会编纂，胡为真增修：《令人怀念的胡宗南将军》，台北：商务印书馆，2014年12月，第111页。
② 叶霞翟：《天地悠悠：胡宗南夫人回忆录》（1965年撰），桂林：广西师范大学出版社，2016年5月，第97页。
③ 叶霞翟：《天地悠悠：胡宗南夫人回忆录》（1965年撰），桂林：广西师范大学出版社，2016年5月，第98页。

军被歼灭3万3千多人，海南防卫总司令薛岳率残部逃回台湾。在这过程中，李铁军指挥第六十二军与陆军步兵学校教导师，在澄迈地区顽强抗击解放军的进攻，连军长、师长、团长，全都带头冲锋，各级参谋长也都带着勤杂部队，投入作战。但李铁军的一切努力都如杯水车薪，他的两个师很快就被消耗殆尽，步校教导师宣布战场起义，六十二军副军长韩潮被俘，参谋长温嵘阵亡，李铁军带着残部500多人，向解放军的侧翼突围，在海口附近，登船撤退，回到台湾。①

但是，台北"政府"中却有许多人不愿放过胡宗南。他们认为胡宗南是丢失西北、又丢失西南的罪魁祸首。他们要追究胡宗南的责任。

就在胡宗南在花莲休养地住了约一个月，在1950年5月11日，他从报上读到了一则令他大为吃惊的消息：台北"政府""监察院"中72岁的陕西籍委员李梦彪领衔，共联合了46名监察委员，联名向"监察院"提出了对胡宗南的弹劾；在这同时，李梦彪等将弹劾文油印了数十份，分别投寄到台湾与香港的一些报刊公开发表，一时间舆论沸沸扬扬，一股压人的气势向胡宗南袭来。

李梦彪是陕西洵阳人，字啸风，1879年生，满清末年的贡生，后毕业于陕西高等学堂，辛亥革命前参加同盟会，远赴新疆从军，发动伊犁起义；后回陕西，1917年任陕西省政务厅厅长，一度代理过陕西省省长；抗战期间，膺选为陕西省参议会的参议员、副议长；1948年当选为监察院的监察委员，"以宿儒耆老，庄正自持，颇负清望"。胡宗南对他也很尊重。早在1949年秋冬，李梦彪随国民政府从广州迁至重庆，接触到一些从陕西逃出来的士绅与官员，听到不少对胡宗南部不战而弃西安的怨言，就漏夜草拟成一份对胡宗南的弹劾文，但因有人劝他，当时胡宗南正指挥西南战事，恐影响军心，因而隐忍未发。后来胡宗南部在川康一败涂地，叛的叛，溃的溃，终于全军覆没，"播迁来台的西北、西南各省籍监察委员，都对胡宗南的表现太差，深至不满与痛愤，酝酿弹劾之议即起"，李梦彪乃重拟对胡宗南的弹劾文，一时闻风签署响应者竟达

---

① 按：李铁军回到台湾后，任国防部部员；4年后退役；此后，他移居美国加州，于2002年6月9日病逝，享年99岁。

50多人。那时逃至台湾的"监察委员"总共只有60多人,如果不加限制,则将来"监察院"审查此案的人都难找到。于是经过协调,把已经签署者劝退10几位。弹劾文的签署人共留46人,由李梦彪领衔。[①]

李梦彪等人对胡宗南提出弹劾时,台湾当局正在开展一场"整肃失职军政官员"的运动。胡宗南的黄埔一期同学、在胡部任过第三十四集团军总司令的李延年,在任福州绥署副主任时,因失守平潭岛,与第七十三军军长李天霞一道,被蒋介石以"擅自撤退,有亏职守",下令扣押,交付军法审判[②]……一时间,台湾岛上,杀气腾腾,风声鹤唳。因此,胡宗南在5月11日于花莲休养地读到李梦彪等的弹劾文后,立即带着妻子叶霞翟,匆匆赶回台北,借住在锦州街汤恩伯的家中。

李梦彪等提出的弹劾文,案由为《胡宗南丧师失地,贻误军国,依法提出弹劾,以肃纪纲,而振军威》。全文洋洋数千言,引证详尽,议论精辟,文字铿锵有力,据识者说,这是历年来"监察院"弹劾案中难得一见的好文章,也是1948年国民政府"行宪"以来,弹劾案中,签署委员人数最多的两案之一。另一签署委员人数最多的弹劾案,是稍后提出的弹劾李宗仁案。

李梦彪等提出的弹劾文,首先指责台湾当局空言"振纪纲而挽颓风","乃观其措施,除将李延年交付军法外,而对于受任最重、统军最多、莅事最久、措置乖方、贻误军国最钜之胡宗南,一无处分,殊深诧异"。

接着,弹劾文列举了胡宗南在西北近二十年中所享受的种种隆重崇高的待遇与巨大的军政权力:

> 查胡宗南以师长进驻陕甘,浸至专阃,地位不为不高;畀以防共戡乱保卫西北之事权,责任不为不重;军政大权,一手操持,大小军官,由其委

---

① 王禹廷:《关于蔡孟坚先生所写胡宗南将军文》,《传记文学》(台北)1985年8月号,第47卷2期,第115页。

② 李延年在军法审判中,以无令撤退问罪,被判处有期徒刑10年。经国民党元老蒋鼎文、刘峙及山东老乡刘安琪等作保,念其有病,服刑1年出狱。后郁郁成疾,于1974年11月17日病逝,终年70岁。

任，倚畀不为不专；关中控制延绥，绾毂陇蜀，俯视中原，有若建瓴，形势不为不要；平时养兵45万，部队不为不多；新式武器当全国1/3，配备不为不精；国家所给饷项，未欠丝毫……

然后笔锋一转，弹劾文列举了胡宗南逃离西安后的种种败绩罪责：第一，是不战而弃西安；第二，未能尽心尽力联合青宁马家军反扑西安收复关中；第三，不能积极援救兰州；第四，仓皇逃离陕南；第五，在川西全军覆灭，到西昌挣扎又遭失败，最后丧师失地，只身逃回台湾。弹劾文总结道：

凡此种种，胡宗南犹可借口，无可查考，以自规免，而不知其不能逃责者，国家岁靡钜饷，为胡宗南所养之数10万大军，今皆何在？所畀予之重地，节节放弃，以至于寸土无存，丧师失地，事实昭然，全国之人，共见共闻，何庸更问其他……

李梦彪等人的弹劾文最后指出：

窃以为胡宗南者，自上尉连长，不三数年浒升少将师长，又不数年位至兼圻，军政大权，操于其手者十余年之久，受国家特殊之待遇，居军事特殊之地位，自当不同于凡众。失败之后，无待人言，应向政府自请议处，非唯有以谢国家，且使废弛之纪纲，由我而立；政府之威信，由我而尊。天下之人孰不以胡宗南为知耻明义。乃意不闻其有此也。……为国家前途计，理合依法提出弹劾，以肃纪纲，而振军威。①

平心而论，弹劾文所说的胡宗南升迁之迅速、军政权力之重大与失败之惨痛，都属事实。追究国民党与国民政府在西北、西南军事上的失败，作为战区

① 转引自雷啸岑：《"马五先生"笔下的胡宗南》，《大成》杂志（香港）创刊号，1973年12月1日。

最高指挥官的胡宗南自有不可推卸的责任，对其弹劾与惩处也是理所当然。

但是，胡宗南的失败，首先的和主要的，不是他个人的责任，不是他个人的失败，而是国民党与国民政府整个党、政、军的责任与失败。在抗战胜利后国民党与国民政府从上到下全面与迅速腐败的形势下，面对着生机勃勃、日益成熟老练、善于宣传、组织严密、情报策反工作无孔不入的中国共产党与解放军的高超而又强劲的打击，国民党与国民政府对中国20年的统治如冰山崩塌，作为一个方面、一个地区指挥官的胡宗南，他的最终失败，自然是无可避免的。换一个将领做西北或西南的最高军政长官，同样要失败。君不见，国民政府在其他地区的军事长官也统统都失败了，甚至失败得比胡宗南更快、更惨。如同胡宗南的当年部属罗泽闿在为胡宗南辩护时所言：胡宗南部"与各方面剿共情形相比较，真可谓疾风劲草，一枝独秀，……综观整个大陆剿匪失败经过，胡先生实因各方面败退于先，孤军奋战于后，战略上已至无可挽回地步"[①]。因此，要追究国民党与国民政府在大陆全面失败的责任，仅仅追究胡宗南或其他将领，那是不公平的。要追究责任，惩处祸首，首先要追究与惩处中华民国的总统与军事统帅蒋介石。

但，这在1950年的台湾，可能吗？在专制政治的条件下，从来是只有"臣"错而无"君"错的。胡宗南会不会成为李延年第二？会不会成为蒋介石的替罪羊？

李梦彪等人的弹劾文于1950年5月26日正式提交"监察院"院会。该院推派委员刘永济等11人进行审查，宣告此案成立。旋即由"监察院"将此案转送"行政院"，再由"行政院"发交"国防部"审办。同时，"监察院"将此案移付"司法院公务员惩戒委员会"审办。当时陈诚任"行政院"院长并主持"国防部"。胡宗南过去为派系与权利之争，长期与陈诚分庭抗礼。现在陈诚大权在握，深得蒋介石信任，胡以待审之身，前景难以逆料。

---

① 罗泽闿：《胡宗南先生盖棺论定》（1963年撰），胡故上将宗南先生纪念集编辑委员会编纂、胡为真增修：《令人怀念的胡宗南将军》，台北：商务印书馆，2014年12月，第138～139页。

胡宗南在5月11日于花莲休养地读到李梦彪等的弹劾文，匆匆赶回台北时，并没有将此事告诉妻子叶霞翟。叶霞翟是到台北后，才从报纸上刊登的大量报道，得知此事。叶霞翟问胡有什么打算？胡回答："听其自然好了。"叶又问他："如果他们有什么对你不利的决定怎么办？"胡回答："真要这样也没有办法。"[1] 这倒是胡宗南的真话，当时他的命运操在台湾当局的手里，无职无权的他又能有啥办法？胡宗南的亲友、同事、僚属们纷纷来胡宗南的家里看他，但胡宗南拒绝了这些人向他提出的招待记者、制造反击舆论或上书蒋介石的建议，强作镇静地说："我们是一个法治国家。我愿意接受国法的任何裁决。对于社会的责难，愿作自我反省的依据。事实真相总有大白的一天，不用我去答辩。目下，我们不必和人家争论长短，打笔墨官司。我只求仰不愧于天，俯不怍于人。对任何毁谤或责难，我既不生气，也不介怀。"[2] 胡宗南"究不失其大将风度，深居简出，未尝出面"[3]。

但胡宗南的一些好友与僚属，却积极地为胡分头奔走。

他们首先想釜底抽薪，劝促李梦彪等提案人撤销原案。李梦彪当时与其子住在台北博爱路，是"监察院"向某机关暂借的一幢平房里。一向门庭冷落，可弹胡的案子一出来，这里顿时热闹起来，凡与胡宗南有交而又与李梦彪有点认识的大小人物，都纷纷跑来说项。可是李梦彪不为所动，且不胜烦，写一纸条贴于住室门墙上，曰"贵客光临，如有为胡宗南作说客者，请缄尊口，以免鄙人开罪"[4]。这样，此路就不能走通。

于是，他们就走第二条路子，想以民意代表对民意代表，说动了一些"立法委员"，由一位颇有声誉、且是律师出身的江一平领衔，声称有张鸿烈、刘

---

① 叶霞翟：《天地悠悠：胡宗南夫人回忆录》（1965年），桂林：广西师范大学出版社，2016年5月，第101~102页。
② 费云文：《模范军人胡宗南》，《中外杂志》（台北）1982年7月号，第32卷第1期，第143页。
③ 王禹廷：《关于蔡孟坚先生所写胡宗南将军文》，《传记文学》（台北）1985年8月号，第47卷2期，第115页。
④ 王禹廷：《关于蔡孟坚先生所写胡宗南将军文》，《传记文学》（台北）1985年8月号，第47卷2期，第115~116页。

暨、许绍棣、旺楚克、白如初等108人署名，联合上书蒋介石与陈诚，为胡宗南"辩诬"。他们针对李梦彪等弹劾文中所指责各项，备言胡宗南一生革命、苦心孤诣、"忠国忠党""拥护领袖"等种种功劳，尤其重点列数了胡宗南在1949年5月弃守西安后，转战陕南、陇南与川康的种种艰难与战斗业绩，最后总结道：

> 溯自东北沉沦，平津告急，公卿将相，相率言和，贪懦之徒，更多变节，以致人民惶惑，战士踟躇，傅作义之卸甲，即其时也。迨华中不守，湘赣随之，政府再迁，川滇迭变，其间失地丧师、叛国降匪者，何可胜数？在全国鼎沸之日，大陆糜烂之中，独以数千里赴援之胡宗南部，则责以制胜出奇、全师保地，揆之情势，宁有可能？

江一平等人在上书中最后要求蒋介石、陈诚，"为国家爱惜人才，为将士树立风气，如胡宗南者，实宜仰荷体察，力予培成，免其议处，并畀以新命，责效将来"①。

这是一篇妙文。它妙就妙在将胡宗南这个丧师失地的败军之将，美化成一员忠勇奋发、功勋卓著的有功之臣。它对胡宗南在近年间，从西安败退汉中、从汉中败退四川、再从四川败退西康、最后全军覆没、几乎是只身而逃的历史，作了概括的叙述，其中，战功有许多是假的，但所说胡对"领袖"蒋介石的忠心，在失败形势下的拼命挣扎与不可避免的最终失败，倒是真实的。据说，此文出自胡宗南的密友与部属赵龙文的手笔。撇开内容不议，仅从文字角度看，却也写得生动有力，因而在台湾，与李梦彪的弹劾文一样，传诵一时。但不久，人们就发现，这篇江一平领衔的陈情书，声称有108位"立法委员"联署，在声势上超过李梦彪弹劾文署名的46人，但在报上公开刊登的名字却只有37位；接着，就有列

① 胡上将宗南年谱编纂委员会编：《胡上将宗南年谱》，沈云龙主编：《近代中国史料丛刊续编》第49辑488册，台北：文海出版社有限公司，1978年，第272～273页。

名其中的彭善承、莫萱元、赵公鲁、白如初等8位"立法委员"投书报刊,公开声明,否认列名。据说尚有碍于情面、不便公开否认者。[1]

江一平等人的陈情书在报上公开发表后,随即引起李梦彪与江一平的一番论战,舌枪笔剑,各擅胜场。最后李梦彪撰文讥讽江一平说:"我根据法律立言。江先生不依法律答复……为爱护江先生起见,不愿闻人呼江先生为海派律师也"。寥寥数语,击中江一平的要害。江一平无言以对。双方论战戛然而止。[2]

胡宗南本人也在1950年8月16日向"国防部"提出详细的自辩书。胡宗南旧日僚属盛文等人助他一同草拟。

"国防部"军法处就胡案例行公事地进行了调查,传讯了在台的胡宗南旧部有关人员与陕西、甘肃、四川等地逃来台湾的官吏士绅。这些人出于种种原因,多提供了有利于胡宗南的证词。调查侦讯历时约6个月,才告结束。

但最后决定胡宗南命运的,是蒋介石的态度。

蒋介石一直是特别宠信胡宗南的,这有以前胡宗南的历史可以证明。但蒋介石对胡宗南在川康战事中全军覆没、胡宗南未经请示逃往海南十分恼恨;尤其是蒋介石从保密局得知胡宗南身边竟隐藏中共间谍十数年而不知后,对胡宗南更加痛愤。据说当1950年3月西昌即将失守时,蒋介石曾气愤地坚决不许胡宗南来台,时任副参谋总长的郭寄峤向蒋一再坚请,甚至直言:"送一名大将给敌人做俘虏,既违反战争利益,也违反指挥道德。"由于郭寄峤的坚持,蒋介石才默许派飞机去西昌接胡来台。[3] 因此,当时蒋介石欲借"监察院"弹劾胡宗南之机对胡进行惩处,也不是不可能的。

但蒋介石权衡利弊,最终还是决定放胡宗南过这一难关。也许他想到,胡宗南跟随自己20余年,鞍前马后,一向忠心耿耿,在大陆全面溃败、兵败如山

① 王禹廷:《关于蔡盂坚先生所写胡宗南将军文》,《传记文学》(台北)1985年8月号,第47卷2期,第115～116页。

② 王禹廷:《关于蔡盂坚先生所写胡宗南将军文》,《传记文学》(台北)1985年8月号,第47卷2期,第115～116页。

③ 张佛千:《〈地下十二年与周恩来〉读后》,《传记文学》(台北)1991年3月号,第58卷第3期,第54页。

倒的形势下，想要胡宗南以独力支撑与挽回大局，确实是不可能的！在众叛亲离的情况下，胡宗南孤军在大陆的最终失败，乃是不可避免！换了谁，也难逃此厄运。而比较各战区的最高军事长官，东北的卫立煌逃往海外，华北的傅作义投降中共，驻湖南的长沙绥靖公署主任程潜、第一兵团司令官、胡宗南的黄埔军校一期同学陈明仁以及其他一些黄埔学生，纷纷背叛自己，率部投共，就是"代总统"李宗仁，也远赴美国，不理睬白崇禧与李品仙等联名于1950年1月16日给他的电报建议，既不返台，也不辞职，并且不理睬"监察院"对他的弹劾，而胡宗南，甚至还有白崇禧，虽在对中共解放军作战中，有许多重大失误，或与自己有许多过节，导致战败地失，甚至全军覆灭，但他们毕竟挣扎到最后，没有背叛，没有投降，并最终回到台湾，回到他的"中华民国"，回到他的麾下，已属难能可贵，不宜责之过甚！

而且，胡宗南在台湾军政界、文教界的许多旧部、僚属、友好中，仍有很大的影响。当时的台湾，还未度过最危急的时期！当时美国国务院与中央情报局在研究台湾的现状与前途时，断言，在美国不出兵援助的情况下，台湾将在1950年年底陷落。1950年5月1日，海南失守。但是，1950年6月25日，朝鲜战争突然爆发，以美国为首的联合国军迅速进入朝鲜参战；1950年10月中，中共出兵朝鲜，战争日趋激烈。远东形势一下变得紧张起来，这激起了蒋介石反攻大陆的更大希望。1950年七八月间，蒋介石在台湾发起"国民党改造运动"，企图以此来缓解台湾的危机，清除党内的反对势力，强化蒋介石父子对国民党、对台湾的控制。因此，目前正当用人之际，为收拢人心，安抚士气，稳定台湾官场与军队，蒋介石必须放过胡宗南。

据说，蒋介石当时出面表达看法，说："当时如果没有胡某人，我们怎么从大陆出来？如果没有胡某人，我怎么出来？政府怎么出来？你们又怎么出来？"①

1950年年底，"国防部军法处"宣布：李梦彪等监察委员弹劾胡宗南各

---

① 芮正皋：《儒将胡宗南》，胡故上将宗南先生纪念集编辑委员会编纂、胡为真增修：《令人怀念的胡宗南将军》，台北：商务印书馆，2014年12月，第395页。

项，均与事实相反，认定胡宗南"……自无若何刑责，足资论究，……应予不付军法会审"。

"司法院公务员惩戒委员会"也申复，认为胡宗南率部从陕西撤至川康，"历经战斗，并未处置乖方，应免议处"。

轰动台湾一时的弹劾胡宗南案乃告落幕。胡宗南以败军之将，终于逃过了这一场政治风波。

而李梦彪则于1952年6月26日病故于台北，终年74岁。

但是，蒋介石往日对胡宗南的那种特殊的宠爱与充满希望的破格重用，却是永远一去不复返了。

在这场弹劾风波过去以后，胡宗南的一些友人与部属，仍然继续喋喋不休地为他辩护。例如，蔡孟坚在其发表于台北《传记文学》1985年2月号，第46卷第2期上的《追念胡宗南将军》一文，攻击李梦彪等人是因未得到胡宗南的金钱资助，才夹私报复，对胡宗南发起弹劾。这当即遭到台湾军史学家王禹廷的有力反驳。还有人攻击李梦彪是因为没有得到胡宗南在台北为部属购置的房屋，才发起弹劾①；更多的人，则为胡宗南在西南川康地区的指挥失误与惨败辩护，甚至把胡宗南率部在西南川康地区的数月顽抗与挣扎，说成是为"台澎基地"的巩固稳定，为金门"古宁头的胜利"，争取了时间，创造了条件。

例如，胡宗南在"江浙游击总指挥部"的旧属姜汉卿说："胡将军身经百战，冲锋陷阵无坚不摧，奈何最后转战川康，千里奔驰，无从发挥战力的运用，当时各地战场失利，士缺斗志，兵败如山倒，但胡将军最后仍能步步诱共军西进而楔入西康，不然又将如何争取时间，以巩固台澎基地，进而博得后来古宁头之胜利？""当时如果没有胡将军步步诱'共'军的主力西进，如将部队主力集中直攻台、澎，我们又将如何防守？而使中兴基地能屹立而安全无恙？"②

---

① 芮正皋：《儒将胡宗南》，胡故上将宗南先生纪念集编辑委员会编纂、胡为真增修：《令人怀念的胡宗南将军》，台北：商务印书馆，2014年12月，第395页。

② 芮正皋：《儒将胡宗南》，胡故上将宗南先生纪念集编辑委员会编纂、胡为真增修：《令人怀念的胡宗南将军》，台北：商务印书馆，2014年12月，第396页。

胡宗南的旧日部将刘安祺则直接称，胡宗南部在西南川、康地区，"失败得轰轰烈烈，即是奠定另一局势更成功的最大助力"①。

台湾外交界人士、1959年曾与胡宗南同在"国防研究院"受训的芮正皋说："综观全局，可以说，由于胡宗南兵团在川、康地带的徘徊活动，使得'共'军误以为国军已无余兵可驰援金门，以及国民党中枢有意经营西陲根据地，从而牵制了林彪主力部队，使之追蹑而进。这也证明蒋'总统'对南公（胡宗南）的倚重程度是多么的大，几乎使得整个党国的生命存亡都取决于南公（胡宗南）。"②

如此说来，胡宗南在西南川康地区的战败，不但无过无错，而且是大大有功于党国、有功于台湾了！

他们说的有道理吗？

事隔多年以后，1995年，北京的《传记文学》月刊发表了中共著名理论家王力的回忆录《漫谈舒同》。王力在1949年在中共华东局工作，了解当时中共对台湾的工作情况；后来他奉调中共中央，从事理论宣传工作，在"文化大革命"中，更成为红极一时的"中央文革小组"重要成员，长期在毛泽东身边工作。他回忆了毛泽东曾对他讲过的一段关于1949年中共的军事战略决策及其成败得失的话：

台湾为什么没能解放？毛泽东同我讲过，这是我党"七大"后所犯的第一个大的历史错误。当时，蒋介石在台湾立足未隐，美国人也从台湾撤走了第七舰队，本来是"解放台湾"的最好时机，但是我们丧失了时机。我们只看到胡宗南在西南还有大军，于是二野分兵去了西南，三野又要守备大城市和扫清残敌，所以没有把二野、三野集中起来"解放台湾"，而是以劣势兵力在金门打了败仗。这样蒋介石在台湾的棋下活了。在大陆，蒋介石输了，

① 芮正皋：《儒将胡宗南》，胡故上将宗南先生纪念集编辑委员会编纂、胡为真增修：《令人怀念的胡宗南将军》，台北：商务印书馆，2014年12月，第396页。
② 芮正皋：《儒将胡宗南》，胡故上将宗南先生纪念集编辑委员会编纂、胡为真增修：《令人怀念的胡宗南将军》，台北：商务印书馆，2014年12月，第397页。

我们赢了；在台湾，我们输了，蒋介石赢了。这是一个大的历史错误，是不能挽回的错误。①

根据毛泽东的这段话，历史学者经盛鸿回顾1949年的国共内战的战场形势，在香港中文大学中国文化研究所《二十一世纪》双月刊2000年10月号上，发表论文《1949年国共军事战略及其得失》，指出，当1949年4月下旬，中共解放军突破长江江防、向江南的广大地区长驱直入、穷追猛打、胡宗南率部撤离西安、在陕南、川、康地区进行数月顽抗与挣扎之时，国共两党上层核心领导人采取了不同的战略方针：

国民党最高层眼看大陆东南即将不保、两广也难以坚守，曾对国民党与国民政府的党、政、军、财、文中心撤往何方，进行过一场讨论与争论。一些人凭抗战时西撤的经验，主张撤往大西南，利用中国西高东低的地理特点，取居高临下防守之势，负隅顽抗。但反对西撤的人认为，今日的形势与抗战初绝不相同，解放军兵力充足，攻势正盛，地形熟悉，且与民众联系较紧密，远非当年兵力不足、地形民情不熟的日本侵略军相比，因而国民党军若再故技重演，撤往大西南，则将无论怎样都不能阻挡"中共"军队的凌厉攻势。这时的国民党军兵败如山倒，首要之举是先躲避解放军的进攻，保存实力，以待时机，以图再举；若退往西南，不仅不能躲避解放军的进攻，而且将陷于全军覆没的绝境。历史地理学家、胡宗南的多年好友张其昀等东撤论者，向蒋介石指出西撤川康的不妥，说明东撤台湾的种种优势。历史证明，张其昀的建议是颇有见地的。1949年将台湾作为避难所与"复兴基地"，对兵败垂危的国民党来说，确为上策。蒋介石毕竟有多年的军政经验，因此很快就否决了西撤论，他虽表示要坚守西南，甚至同意在1949年10月广州失守后，将国民党中央党部与国民政府行政院迁往重庆与成都，还令胡宗南大军在川西平原与解放军决战，但

---

① 王力：《漫谈舒同》，《传记文学》（北京）1995年第12期，第61页。按：毛泽东所讲的"七大"，系指在1945年在延安召开的中共第七次党代表大会。

实际上，在蒋介石1949年的军事战略中，充其量只是将西南战线作为一个"偏师"，而以全力把国民党的党、政、军、财、文中心，撤往台湾，建立"复兴基地"。正因为如此，他多次以"有所不便"为借口，拒绝了胡宗南等人向他提出的长住西南的建议。

但当时的台湾，风雨飘摇，内外交困，形势极其严峻与不稳定：经济方面，破败衰退，设备破损，资金不足，技术人员缺乏，物资匮乏，人口激增，日用消费品奇缺，物价飞涨；政治方面，党政派系林立，矛盾尖锐，"事权难以统一"，"谣诼纷传，人心惶惑"；军事方面，从大陆败退到台湾地区的国民党军队有60万，但"虚张声势有余，英勇拒敌不足"，多为败兵残卒，编制混乱，士气低落；空军8.5万人，各型飞机400架，但缺乏维修零件，真正能作战的仅有半数，汽油储存量约两个月；海军官兵3.5万人，舰艇约为59艘，和空军面临相同的困难，设备零件不继，如当时《新闻周刊》的军事评论指出，"实际发挥战力的海军攻击舰艇，不及半数。如果双方胶着，长期消耗，连这最后的本线，也将输光"①。1950年1月5日，美国总统杜鲁门发表关于台湾的声明，再次确认《开罗宣言》与《波茨坦公告》关于台湾归还中国的条款，并宣布"美国无意在台湾获取特别权利或特权或建立军事基地。美国也不拟使用武装部队干预其现在的局势。美国政府不拟遵循任何足以把美卷入中国内争中的途径。……美国政府也不拟对在台湾的中国军队供给军事援助或提供意见"②。在这期间，美国中止了对台湾当局的军事援助，美国政府很长时间没有向台湾派驻正式外交机构与代表。更要命的是，在台湾军政界，不仅许多人失去信心与斗志，还有一些人已经与中共方面暗通款曲，以参谋次长吴石、联勤总部第四兵站总监陈宝仓为首的一些军事长官，已加入中共秘密情报组织。用旅美作家江南的话来说，在这时期的台湾，"用'山雨欲来风满楼'来形容……其真实性无可非议。很多过来人，甚至30年以后，回首前尘，生不寒

① 江南：《蒋经国传》，美国：论坛报社，1984年11月，第178页。
② 《总统文件，哈里·杜鲁门》，1954年版，第11页。

而栗的感觉。台湾前途，一片漆黑，除了向神祈祷，或许会出现扭转命运的奇迹"①。——显然，这是台湾最困难、最危险的时期。

而在这时，中共最高层为迅速统一全国，本着"消灭敌人有生力量"这一战略原则，更重视歼灭国民政府在大陆仅剩下的尚有战斗力的胡宗南与白崇禧两个军事集团，尤其是以黄埔军人为骨干的中央军嫡系的胡宗南军事集团，因而将1949年战略重点，放在西南，将第二野战军全部从东南战场调往川、贵地区，用大迂回、大包围的军事战略，取得了成都战役全歼胡宗南军事集团的重大胜利，这在本书的前面已有详尽的论述。而对筹划渡海攻占台湾，毛泽东与中共最高层也采取了一系列的措施，包括军事、政治、经济、情报、策反等工作，只不过，在1949年，毛泽东与中共最高层，并未把攻略台湾作为当年的战略重点与主要军事进攻方向，而是把它作为在攻占西南地区以后，才准备实施的战略任务，到后来，则更明确地把它放在1950年夏季或1950年下半年。

1949年3月15日，新华社发表题为《中国人民一定要"解放台湾"》的社论，首次提出"解放台湾"的口号。3月，中共中央召开会议，讨论即将成立的华东局管辖范围。毛泽东特别提出还要加上台湾。应中共中央的要求，华东局提出了"解放台湾"后的台湾省领导班子的组成人员：舒同为中共台湾省委书记，刘格平为省委副书记。据当时在中共华东局任要职的王力回忆说："许多人还不知道，1948年准备"解放台湾"时，舒同是中央和华东局内定的"台湾省"委第一任书记。舒同为书记，刘格平为副书记，省委、省政府各部、厅、各地委、各县委的班子都已经组建和培训得很好。"②当时，对这些台湾领导班子成员，集中进行了有关台湾知识、政策的培训。在情报和策反上，中共中央与华东局也早就作了布置：在抗战胜利后，中共情报部门就派遣曾参加过红军长征的台湾籍高级干部蔡孝乾及张志忠（化名杨存霖）等人，先后潜入

① 江南：《蒋经国传》，美国：论坛报社，1984年11月，第196页。
② 王力：《漫谈舒同》，《传记文学》（北京）1995年第12期，第61页。按：王力所说中共内部筹组台湾省委的时间可能有误，根据其他史料，当是在1949年。

台湾，组织"中共台湾省工作委员会"，开展发展组织与情报活动；1949年年初，中共情报机关与"中国国民党革命委员会"又先后派遣在国民党军中任要职的吴石、陈宝仓等人，随国民党军撤往台湾，吴石官至中将参谋次长，陈宝仓任联勤总部第四兵站中将总监，开展情报与策反工作；1949年10月27日金门战役后，中共华东局派女情报人员朱谌之（朱枫）利用关系进入台湾，与蔡孝乾及吴石联系。① 蔡孝乾报告了台湾工委准备接应解放军入台的情况，呈交了一些绝密情报。吴石则提供了他精心制作的微缩胶卷，上面记录了完整的《台湾战区战略防御图》，包括最新绘制的舟山群岛及大、小金门的《海防前线阵地兵力、火器配置图》，各防区的《敌我态势图》，台湾海峡、台湾海区的海流资料，台湾岛各战略登陆点的地理资料分析，现有海军基地并舰只部署、分布情况，空军机场并机群种类、飞机架数，台湾现有部队的番号、代号，各部队的官兵人数，火炮、坦克、装甲车等重型火器并各类枪械、弹药的配备、库存数量，战斗部队团以上军官、主要军事机关科长以上人员的名册；另外，还有《关于组织全国性游击武装的应变计划》；5个戡乱区的负责人及15个重点游击根据地的负责人、兵力配备等。朱谌之很快按预先约定，通过特别交通员，将这批绝密情报传送到中共华东局情报部和总参作战部。1950年1月上旬，毛泽东看后，十分高兴，说："这位秘密特派员，还有那位'密使一号'，都很能干！我建议，一定要给他们记上一功哟！"并即席写诗一首："惊涛拍孤岛，碧波映天晓。虎穴藏忠魂，曙光迎来早。"②

在军事上，毛泽东与中共最高层在1949年4月解放军渡过长江前后，开始部署攻略台湾的准备工作。1949年6月14日，毛泽东在为中共中央军委起草复华东野战军领导人粟裕、张震、周骏鸣并告华东局电中，在同意叶飞率领的十兵团延迟入闽日期时，第一次提出攻取台湾的问题："请开始注意夺取台湾的问

---

① 参阅《陈修良回忆录》，上海：上海社会科学院出版社，1999年，第381～392页。

② 转引自范进忠：《1950年对武装"解放台湾"的精心筹备》，《文史精华》（石家庄）2017年第4期，《南京晨报》2017年4月17日A16版。

题，台湾是否有可能在较快的时间内夺取，用什么方法夺取，请着手研究，并以初步意见电告。如果我们长期不能解决台湾问题，则上海及沿海各港是要受很大危害的。"① 1949年6月21日，毛泽东为中共中央军委起草的致华东局，粟裕、张震、周骏鸣的电报中，明确指出华东野战军（即"三野"）在"目前几个月内有四件大工作"，其中，第四件大工作就是"准备占领台湾"②。1949年7月10日，毛泽东致信周恩来，说："我们必须准备攻台湾的条件，除陆军外，主要靠内应及空军。二者有一，即可成功，二者俱全，把握更大"③。但到1949年7月25日，毛泽东致电在莫斯科秘密访苏的刘少奇，指示他与斯大林协商，请求苏方"在莫斯科于半年或一年内训练一千名空军人员，三百名地上机械人员，并卖给我们一百至二百架战斗机、四十架轰炸机作为明年（按：指1950年）下半年我军进攻台湾之用"④。斯大林爽快地答应了中共的请求，只是对中共提请苏联在中共进攻台湾时，提供空、海军支援的要求，未肯答应，因为苏联担心引起美国干涉。

由此可见，在1949年，毛泽东与中共最高层的战略决策中，主要是解决西南，将原在东南地区的第二野战军全部调往川、贵地区，配合一野、四野，围歼胡宗南军事集团；对攻略台湾，只是在进行准备，在7月25日，则明确决定，要等到1950年下半年实施，并不打算在1949年提上议事日程。二野大军被调走后，留驻华东战场广大地区的只有陈毅、粟裕指挥的三野部队，其中第八兵团4个军镇守南京、镇江和苏南、皖南一线；第七兵团4个军守备浙江，备攻舟山；第九兵团4个军守备上海一线；只有第十兵团的3个军：第二十八军、第二十九军、第三十一军，由十兵团司令员叶飞率领进入福建，在攻略与驻守福建城乡

---

① 《从延安到北京——解放战争重大战役和研究文章专题选集》，北京：中央文献出版社，1993年，第520页。

② 毛泽东：《为中共中央起草致华东局与粟裕等电》（1949年6月21日），中共中央文献研究室编：《毛泽东年谱》（1893—1949）下卷，北京：人民出版社、中央文献出版社，1993年，第519页。

③ 毛泽东致周恩来信（1949年7月10日），转引自《人物》（北京）2000年第6期，第26页。

④ 毛泽东致刘少奇电（1949年7月25日），转引自《刘少奇传》下卷，北京：中央文献出版社，1998年，第651页。

各地后，能承担攻略沿海岛屿的部队已为数很少。就在这样的情况下，入闽中共部队在1949年10月25日仅派4个团，约1万人的兵力，就发起进攻金门之役，迅速遭致失败。数日后，1949年11月6日，中共驻浙江部队又轻率发起对登步岛的进攻，也遭至失败。1949年11月上旬，华东局专门下设成立了一个"华东局"解放台湾"工作委员会"，粟裕任主任。此后，中共对军事进攻台湾更加谨慎地进行准备，但到1950年2、3月间，中共在台湾潜伏的情报人员以及中共台湾工委，被台湾当局侦破，全军覆没；1950年6月25日，朝鲜战争爆发，美国舰队进驻台湾海峡，中共从而失去了攻占台湾的战机。毛泽东注重西南地区与围歼胡宗南军事集团的价值，却没有想到，即使西南地区让胡宗南军再固守一段时间，一年、两年甚至三年，也不会持久，"中共"军队随时都会攻克这一地区，而台湾如不及时攻取，则将"后患"无穷。

1949年国共两党上层核心领导人采取的不同的战略方针的结果，国民党失去了西南，却换得了台湾的稳定。胡宗南在西南川康地区数月的顽抗与挣扎，在客观上，吸引了中共大量军事力量的西向，减少了台湾、澎湖地区所遭受的军事压力，为当时混乱、消沉、内外交困的台湾、澎湖地区，渡过难关，走向稳定与重建，赢得了宝贵的时间，从而形成了国、共隔台湾海峡对峙数十年的历史。1949年这一历史关键年代的影响延续至今。在这点上，胡宗南确是有功于他的"党国"与台湾的，可能当时的胡宗南自己也没有想到！①

（二）改名换姓赴大陈

胡宗南回台湾后，闲居了一年时间。

他心情忧郁阴暗，从1950年3月26日飞离西昌的那天开始，有近两年，中断了延续多年的写日记的习惯，直到1952年1月1日才恢复。他在这天的日记中写道："从（民国）三十九年西昌撤退，飞海南岛，飞台南，飞台北，驱车至花莲，小住一月，重返台北，在台北度（民国）四十年之元旦，九月九日自基

① 经盛鸿：《1949年国共军事战略及其得失》，香港中文大学《二十一世纪》双月刊2000年10月号。

隆乘中练舰离开台湾，九月十日到达大陈岛……岁月匆匆，忧心悄悄，往时劳劳，梦魂忧忧，从未记日记，从不敢记日记。"①

在这段时间中，他一直不停思考自己的一生，思考他所参与和指挥的各次军旅事件的成败得失，特别是兵败大西南的教训。他与青年时代结识、交往一生的历史学家、在台北担任"中央研究院"近代史研究所所长的郭廷以，每周最少都要见上一面，常常交谈。郭廷以在1964年至1969年接受台湾学者访谈时，回忆说："回到台湾后，胡宗南与我每礼拜至少见一次面，有时谈论往事，他说：'要是早一点调我入川，后来就不会遭遇那么多困难。四川不安定，用我的部队防守北边，后来还要调我的部队到泸州，没法支持。你从前的看法颇有道理。'"这是指郭廷以早年劝说胡宗南找机会到西方国家学习，以增加知识，胡因故未能成行，很是后悔。

有一次，胡宗南问郭廷以："你觉得我当团长、师长如何？"郭说："很好么！你当军长也很好。"胡说："官做得越大，越觉得自己不行。"郭问他："当时你有如此感觉？"胡说："当时没感觉，现在我承认你的话，承认知识的重要性。"

郭廷以很感慨地评论说："从前我鼓励他出国，要他注重文教经建，都强调知识的重要。失败后他观念改变很多。有些人不反省大陆的失败，到此还耀武扬威。军人常无法抗拒财色的诱惑，胡都没有这些缺点，检讨过去十分虚心，对朋友很关怀很照顾，对蒋先生最忠实、最热爱，后来他自愿到外岛去，干下级军官。"②

在这期间，蒋介石重整军备，亲自主持，"特聘日本的优秀军官富田直亮（化名白鸿亮），来台成立军官训练团"，胡宗南亦奉召"入班旁听受训"。当时还只是上校的青年军官、后来官至台湾"国防部部长""行政院院长"的郝伯村，与胡宗南同班学习。郝伯村回忆说："他是上将，我只是小上校而

---

① 胡宗南：《胡宗南先生日记·1952年1月1日》，台北："国史馆"，2015年，下册，第211页。

② 张朋园、陈三井、陈存恭、林泉访问，陈三井、陈存恭记录：《郭廷以先生访问记录》，"中央研究院"近代史研究所口述历史丛书（15），台北："中央研究院"近代史研究所，1987年6月，第228页。

已。自有机会相处，始知这位身经百战的西北王，至为低调谦和。他比我长23岁，在课业讨论时专注倾听，很少发言，但可看出他对大军的指挥，有很多的感触。既为同班同学，偶尔也有余兴，便是到他台北的小办公室打桥牌。我的记忆里，只有一杯淡茶，别无招待。他从未请我们用餐，这并非吝啬，乃是多年俭朴的美德。"①

胡宗南到台湾后，由于心情忧郁阴暗，也可能受到蒋介石夫妇的思想影响，开始信仰基督教，而且很虔诚。胡宗南的夫人叶霞翟回忆说："他到台湾后的一个大的转变是他的宗教思想，自从他最后由西昌回到海口时接到两本圣经后，他就很用功的研读圣经。他的第一位圣经老师是原籍美国的戴籍三夫人，每星期二、五，两次给他讲解英文圣经，他不但上课时很用心听，很认真的研讨，课后也很用功，几乎把每段主要的经节都背得很熟。当第二次老师去时，不等她问起，他就会先对她背上一段。戴师母对于这位虔诚的学生很是满意。"②

胡宗南与夫人叶霞翟

① 郝伯村：《黄埔精神的典范——胡宗南上将》，胡故上将宗南先生纪念集编辑委员会编纂、胡为真增修：《令人怀念的胡宗南将军》，台北：商务印书馆，2014年12月。
② 叶霞翟：《大将军的小故事》（1972年撰），胡故上将宗南先生纪念集编辑委员会编纂，胡为真增修：《令人怀念的胡宗南将军》，台北：商务印书馆，2014年12月，第433～434页。

1951年4月4日，台湾的儿童节那天，叶霞翟生下了他们的第二个孩子、胡宗南的次子胡为善。

胡宗南回台湾闲居约一年以后，在1951年3月17日，突然接到"总统"蒋介石的命令，要他去浙江省东南海中的大陈岛地区，整理指挥沿海游击部队，组建"江浙反共救国军"，以胡任总指挥。

原来自1949年下半年国民政府军相继从苏南与浙江、福建等地败逃后，有为数不少的残兵败将与地方团队，逃到了东南沿海的各岛屿上。其中浙江省大陈海域，北起南田、渔山，南至沙埕附近南、北麂、洞头各岛，约长174海里，其间大小岛屿90余座，共约14.6平方千米。最北面的渔山岛、田岙岛属浙江三门县；上、下大陈、竹屿、积谷山等岛属浙江温岭县；披山岛属浙江乐清县；南麂岛属浙江平阳县；洞头岛属浙江玉环县，以南麂岛面积最大，洞头岛离大陆最近，下大陈岛则是商业中心，居民较多，其他各岛多很荒凉，巨石黄沙，居民很少，甚至没有。"国民政府"从大陆撤退的各路残兵败将，逃到这群岛上以后，各自占岛为王，共有6支，14个纵队番号，约23000余人。"在岛之军民，无衣无食，饥寒交迫，其状甚惨。且群龙无首，有彼此自相攻击者"[1]。各支部队不论人数多少与战力强弱，带队官皆称司令。各部之间不相统属，"甚至有恃力兼并、拦劫别队财物者"[2]。

台湾当局开始对这些海岛上的残兵败将没有重视。1950年6月朝鲜战争爆发，特别是1950年10月北京中国政府派遣志愿军入朝参战后，美国情报机关得知，台湾"国民政府"在中国东南沿海岛屿上，尚留有一些游击部队，以为可以利用来牵制中共力量，使其不能抽调在东南沿海地带的军队去朝鲜战场，遂派遣皮尔司准将为代表，到台湾调查。皮尔司此人在"二战"时期，曾在缅甸敌后主持情报工作，是美国战略情报局一〇一支队支队长，后到重庆"中美合

---

[1] 钟松：《在大陈》（1963年撰），胡故上将宗南先生纪念集编辑委员会编纂、胡为真增修：《令人怀念的胡宗南将军》，台北：商务印书馆，2014年12月，第235页。

[2] 胡上将宗南年谱编纂委员会编：《胡上将宗南年谱》，沈云龙主编：《近代中国史料丛刊续编》第49辑488册，台北：文海出版社有限公司，1978年，第277页。

作所"任职，与台湾情报当局十分熟悉。台湾当局立即积极响应与配合。皮尔司与台湾当局代表郑介民商定，由美、台双方共同整理东南沿海游击部队，由美方提供装备，进袭大陆，搜集情报。美国政府不便公开出面，便由美国中央情报局局长艾伦·杜勒斯与陈纳德、宋美龄共同倡议，于1951年2月在美国匹茨堡成立"西方企业公司"，简称"西方公司"，作为美方主持这项工作的机构，主持人是皮尔司、克莱恩。台湾方面则成立"大陆工作处"以总其成，主持人是蒋经国。派谁去大陈地区整理指挥那些游击部队呢？蒋介石想到了胡宗南。这一是因为胡宗南是军事将领，有整军经武的经验；二是因为胡宗南是浙江人，熟悉东南沿海的风土人情；还有，胡宗南自回台湾后，受挫折，遭弹劾，赋闲已一年，一直没有安排任何实际职务。

台湾当局对胡宗南的任命下达后，台湾官场有许多人认为，胡宗南以曾任战区军政司令长官的身份去几个荒凉岛屿，屈就区区一个总指挥，恐怕胡宗南未必肯去。但胡宗南竟欣然接受任命，并向蒋介石荐请以罗列与钟松为自己的助手，又于1951年5月30日向"行政院院长"陈诚呈送一份报告，要求组建一支3万人、以东南各省"义民"为基础的"野战挺进纵队"，由胡宗南施以军政训练，然后深入大陆东南各省开展游击战争，建立基地，等等。但胡宗南的报告没有得到回音。胡宗南要求台湾当局提供粮服装备，也未得要领。因此，胡宗南受命后，延宕了4个多月，未能成行。

1951年8月的一天晚上，陈诚奉蒋介石之命，亲到胡宗南宅访问，意在催胡宗南速行。陈诚一来，就和胡宗南关起门来，在客厅里细谈。叶霞翟亲自送茶进去时，听陈诚说："那边一切都很落后，不过那些部队如果能加以整编，好好运用，还是可以发挥很大的力量的。"胡宗南回答说："环境困难没有关系，只要那些人能够发挥力量，有所作为，是可以试试看的。"[1]

1951年9月9日，胡宗南乃率钟松、沈之岳、冯龙等少数随行人员，从基隆港

---

[1] 叶霞翟：《天地悠悠：胡宗南夫人回忆录》（1965年撰），桂林：广西师范大学出版社，2016年5月，第104～105页。

登上海军二〇三号中字登陆艇北驶，于9月10日上午10时半到达下大陈。为了保密，胡宗南一行前往大陈用的名义是"国防部视察组"。胡宗南则化名为"秦东昌"，隐含当年兵败三秦，今日东山再起之意。钟松则化名"钟常青"。

胡宗南到下大陈后，住在盘踞该岛的第三十六纵队司令、温岭县长王相义家中楼上。其他随行人员住财神庙，厢房两间，草草布置，就成了胡宗南的"总指挥部"。

钟松说：他们到大陈后，根据当时当地情况，"召集诸游击部队首长，相聚一堂，作三日之会议，策定在上、下大陈建立军政基地，并划分为三个时期来进行。第一时期自民国四十年九月至十二月是纷乱时期，以建立军政秩序为急务。第二时期是巩固基地时期，以建立大陈地区防务、部队训练、部队装备、地方保甲等为主要事务。第三时期是发展时期，以充实反共救国军兵力，加强大陆情报网，扩大大陆边沿突击与海上游击，组训岛民充实后备力量，发展浙闽赣边区游击基地等"①。

胡宗南按照计划，首先对驻守各岛的游击部队进行调查整顿，传见各游击司令，又乘舰到披山、一江、渔山各岛巡视部队，申明纪律。接着，他一方面向各部队供应从台湾运来的粮食、武器、装备，一方面派遣人员到各游击部队中，"担任教官，协助训练，兼负思想考核之责，授以副署命令之权"②，逐步控制了各部队的指挥权。

1951年12月24日，胡宗南将他的总指挥部迁到上大陈岛上的大峃里③。这里离下大陈不足1海里，舢板40分钟可达。只是上大陈比较荒凉，房屋也很少，部队都住在帐篷里。

胡宗南在上大陈定居后，一本正经地报请"国防部"核定，正式建立起他

---

① 钟松：《在大陈》（1963年撰），胡故上将宗南先生纪念集编辑委员会编纂、胡为真增修：《令人怀念的胡宗南将军》，台北：商务印书馆，2014年12月，第235页。

② 胡上将宗南年谱编纂委员会编：《胡上将宗南年谱》，沈云龙主编：《近代中国史料丛刊续编》第49辑488册，台北：文海出版社有限公司，1978年，第279页。

③ 胡宗南：《胡宗南先生日记·1952年1月1日》，台北："国史馆"，2015年，下册，第211页。

的"江浙反共救国军总指挥部"，在总指挥胡宗南、副总指挥钟松之下，设总参议兼代总参谋长冯龙，秘书长赵才标，政治部主任沈之岳以及各处负责人，并"制订江浙反共救国军总指挥工作总计划方案"[①]。胡宗南对外仍用化名秦东昌。他从台湾先后调来4个"战斗团"的编余军官，约数千人，充实各游击部队，在1952年2月上旬，将大陈海域各游击部队整编成6个突击大队，1个海上突击总队。总指挥部则直辖有特务队、炮兵队、工兵队、侦察队等。胡宗南的"江浙反共救国军"可以说是基本上军制划一、初具规模了。

在这同时，美国驻台情报机构"西方公司"也派遣蓝浦森等美方人员，到上大陈建立机构，架设电台。胡宗南派遣钟松与蓝浦森组建联合办公室，共同对大陆进行军事侦察与特务活动；并共同创建"东南干部学校"，以胡宗南任校长，美方代表范尔逊为副校长，李惟锦为教育长，对各部队官兵进行轮训。

政治部主任沈之岳

胡宗南又鼓起了信心。他在1952年1月1日重新写起中段了近两年的日记。他在这天的日记中写道："今日一九五二年开始，大陈前线亦已站住，一切一切皆须从头做起，重新创造，故必有记录，然后在生活、工作上才有检讨的资料。"[②] 在这一天，他给在台北的妻子叶霞翟写信说："此间工作顺利，在这新年开始，但愿一切的一切都能从头做起，重新创造！"[③]

① 钟松：《在大陈》（1963年撰），胡故上将宗南先生纪念集编辑委员会编纂、胡为真增修：《令人怀念的胡宗南将军》，台北：商务印书馆，2014年12月，第235页。

② 胡宗南：《胡宗南先生日记·1952年1月1日》，台北："国史馆"，2015年，下册，第211页。

③ 叶霞翟：《天地悠悠：胡宗南夫人回忆录》（1965年撰），桂林：广西师范大学出版社，2016年5月，第106页。

叶霞翟则不无夸张地说：胡宗南去大陈后，"不到半年，那里的情形就大为改观了。各地的力量经过整编后实力大增，机帆船加添了好多，外围小岛的防务加强了，像披山、竹屿那些小岛，当他刚去时是一片荒岛，到了第二年春天已经大为进步。居民的茅屋完全修葺一新，刚开辟的田园已是绿油油的一片，山顶上建了瞭望台，台上旗帜招展，显出一番新兴气象。他对于这进步感到颇为满意"[①]。

胡宗南整编完部队、整顿好地方后，就想一试战力，即进入所谓"第三时期"。美方代表蓝浦森亦支持胡宗南出战。

1952年6月10日夜，胡宗南亲自率部，向浙江省温岭县与黄岩县交界、金清港口外的黄礁岛发动攻击。台湾方面称之为"黄礁战役"。

这天晚8时，胡宗南身着中山装，率随从数人乘一艘机动艇，由上大陈驶出，出海登上海军的永寿舰。胡宗南以此舰作为他的指挥舰。另有一艘巡逻炮舰。两舰的后方，由机动艇或机帆船成串拖带着数只小渔舟或舢板，上面装载着胡宗南的"江浙反共救国军"部属。这些军舰、炮艇、机动船、舢板与小渔船共同组成了胡宗南的攻击船队。船队在海上行驶约3个小时，夜11时到达黄礁岛。此岛距大陈约15海里。胡宗南下令"永寿"舰先发炮向黄礁岛轰击，掩护其部队在该岛登陆。据永寿舰的一位航海官回忆，胡宗南在永寿舰的炮响后，就步出舰长室，登上驾驶台的露天平台观察指挥，话务员紧随其后。战斗激烈时，黄礁岛上解放军炮击永寿舰，炮弹在舰四周不断爆炸。胡宗南毕竟是久经战阵，显得沉着坚定。"这短短的几分钟内，胡宗南像是没有听到身旁炮弹爆裂声，也没看见左右前后弹着激起的水柱，他长长的眉毛低垂，凝视着前方，一片空白，周遭没有事物进入他的眼帘，仍是原先那副石膏神态，无从描述那种老僧入定的境界，有出世的感觉"[②]。战斗持续到6月11日下午4时，胡宗南

---

① 叶霞翟：《天地悠悠：胡宗南夫人回忆录》（1965年撰），桂林：广西师范大学出版社，2016年5月，第106～107页。

② 赵琬：《胡宗南化名秦东昌指挥海军登陆》，《传记文学》（台北）1993年7月号，第63卷1期，第45～47页。

称接到"台北台风警报"，下令停止进攻，登陆的300多部属安全回到船队，撤离黄礁岛。胡宗南本人则从攻击行动开始，"僵立驾驶台直到下午4时收兵，未曾移动，亦未出声，只有他随身对话，噪音依旧"。胡宗南在这次攻击黄礁岛之战中，"完全采取游击队打仗模式，不按作战常规，既不需作战计划，也不见书面指令"[1]。胡宗南对各部只有片断口头指示。胡宗南部这次攻击行动，是匆匆地来，又匆匆地去。但他宣称"撤退完全为台风警报，非为战败，而且白昼撤退，敌不敢追击，更非战败，而且伤兵完全撤退，此战实为全胜"。美国"西方公司"驻大陈的代表亦"盛赞此战之胜利"[2]。

黄礁战役后，胡宗南接着又派所部夜袭温岭县的北江、突击跪人山、松门角、白带门等地；到1952年8月14日，更派大量部队袭占了南、北麂，"（凌晨）二时许，先以第二大队一、四两队，分三处登陆，……北麂登陆后，经三小时之零星战斗，五时许完全控制该岛。……十九时仍以第一、四两队向小南笼（冬瓜屿）、龟头山扫荡，同时我主力向南麂进发。二十四时先后我主力第二、三队完全控制南麂"。3天后，8月17日，"风浪稍息"，胡宗南"召集有关干部，下达突击金镇卫附近汛地命令"。金镇卫属浙江省平阳县。当日，"野战第二大队大队长徐镶率第一、四两队驻守竹屿外，其第二、三队于十七时登船完毕，十八时由永定、潮安两舰掩护，向金镇卫前进。……（8月17日）零时，我第二队一个区队，占领棕树坑滩头阵地；零时三十分我第三队继续登陆后，即迅沿官台山、马岩山，南折经朱家垟，向汛地'匪'智信乡乡公所攻击，沿途捕获民兵五名。……四时许，第二三两队会合，向下马海攻击，与该处'匪'警备旅一个分队发生接触，经约一小时激烈战斗，'匪'伤亡约三十余人，缴获'匪'衣、帽、文件。……十二时我全部安全到达南麂"[3]。很显然，胡宗南部偷袭遇到的对手，是中共的地方部队和民兵，战斗力弱，因而竟然得手。

① 赵璵：《胡宗南化名秦东昌指挥海军登陆》，《传记文学》（台北）1993年7月号，第63卷1期，第253页。
② 胡宗南：《胡宗南先生日记·1952年6月12日》，台北："国史馆"，2015年，下册，第211页。
③ 胡宗南：《胡宗南先生日记·1952年8月14、17、18日》，台北："国史馆"，2015年，下册，第263～265页。

胡宗南在重新占领南、北麂以后，信心倍增。他将所控制之大陈海域各岛，划分为4个地区基地，设置4个地区司令：渔山地区，以顾锡九为司令；披山地区，以冯龙兼任司令，后为李奇英；南麂地区，以徐骧为司令；一江山地区，以程慕颐任司令。

1952年9月下旬，胡宗南获得各种情报，判断中共解放军将于10月10日前，"有攻扰披山之行动，同时如攻披山，必先占领鸡冠山、洋屿，以为集中兵力以掩护"，遂决定先下手为强，在10月8日，对披山岛之南的寨头、鸡冠山、羊屿等岛发动攻击。8日夜，"以一部在温岭县寨头附近登陆，以为牵制；另以第一大队两个中队，约四百余人，机帆船六艘，归披山地区司令李奇英率领，向鸡冠山、洋屿前进，于九日四时分别在鸡冠山、洋屿登陆完成。……我军于五时开始攻击，以装备优良火力旺盛，故兵力岁较劣势，而胜利早有信心。自五时开始接触，激战至十六时，……战斗于焉结束"①。胡部与中共守岛解放军作战一天，至晚才退去。战后，胡宗南向台湾当局报告此战获得大捷，送了些缴获的解放军枪炮到台北，由"国防部"陈列在台北新公园博物馆，作为"第三届国军克难成果"展出。此次战役的前线指挥官李奇英等人被授予"五等宝鼎奖章"，还有45个官兵获选台湾这年的"战斗英雄"。

胡宗南不久也加官晋爵。先是在1952年10月，在国民党的"七大"上，他被任为中央评议委员。在1952年年底，他被"总统"蒋介石任命为"浙江省政府主席"。但他的"省政府"只辖几个渔岛。于是胡宗南以这些渔岛分别成立两个县政府：温岭县政府设下大陈，玉环县政府设披山。胡宗南在这些岛上，先后"设立国民学校三十二所，浙江省立中学一所，造林，建水池，办通货等"②。1953年1月，胡宗南又被国民党的中央常务委员会通过，派兼浙江省党务特派员。

---

① 胡宗南：《胡宗南先生日记·1952年10月8、9日》，台北："国史馆"，2015年，下册，第276～277页。

② 钟松：《在大陈》（1963年撰），胡故上将宗南先生纪念集编辑委员会编纂、胡为真增修：《令人怀念的胡宗南将军》，台北：商务印书馆，2014年12月，第236页。

1953年2月11日，胡宗南的妻子叶霞翟在台北，又为他生下一个女孩，为胡宗南的长女，取名胡为美。这样，胡宗南有了二子一女。

随着朝鲜战争的逐步沉寂，中共加强了在东南沿海的军事力量。1953年年初，解放军发兵重新占领鸡冠山，并在大、小鹿山设置炮兵阵地，每日轰击胡宗南部控制的披山岛。胡宗南部在披山岛没有炮兵，只得听任解放军轰击。

为了解除大、小鹿山对披山岛的威胁，胡宗南亲自率部于1953年6月19日至21日，对大、小鹿山及其北面的羊屿岛的驻防解放军发动攻击。台湾方面称此役为"鹿羊之战"。

在攻击发起前，胡宗南令各参战部队与舟艇先行集结于披山地区。与此同时，台湾海军为此战役，在大陈岛专设一"任务舰队"，有4艘军舰，司令齐鸿章，由胡宗南指挥。

1953年6月19日晚，胡宗南乘上"任务舰队"的旗舰，由上大陈出发，指挥各部对大鹿山岛登陆攻击。胡部这次攻击，是黄礁之战的翻版。但解放军守卫大鹿山的部队却是正规部队，不像当年守卫黄礁岛的是地方部队，因而战斗力强，工事坚固，火力猛烈。大鹿山岛又地势峭拔。胡部登陆部队从6月20日凌晨登陆后，"推进则寸步难移"，"既不携重武器，攻坚无望"。双方激战竟日。解放军发射的炮弹击中了驶近大鹿山岛的永寿舰舰尾士兵住舱，迫使各舰后移。到这天傍晚，胡宗南下令各部后撤回航，攻击大鹿山岛的行动未能奏效，更未能涉足羊屿岛。参加这次战役的台湾海军永寿舰一位军官称："这次登陆作战，虎头蛇尾，草草收场，形同夭折"[1]。

胡宗南发动的鹿、羊之战失败后，形势更加严峻。1953年6月24日下午2时，在距大陈南约14000米的积谷山岛先遭到解放军猛烈炮击，山上工事与有线电话皆被摧毁。胡宗南急忙派去海军十五号舰巡游还击，也被打得逃回。这天晚6时，解放军在该岛强行登陆。胡宗南派出一队海军陆战队支援该岛守军，

---

[1] 赵璵；《胡宗南化名秦东昌指挥海军登陆》，《传记文学》（台北）1993年7月号，第63卷1期，第45～47页。

因海风大作，无法登陆。这天夜里，积谷山岛被解放军占领。这天，胡宗南与"大陈指挥部的幕僚全部集中总部，……并架设话报机两部在园内，直到第二天上午九时"①。

积谷山岛距大陈很近，对大陈防守有重要的作用。在积谷山岛失守后不久，美国"西方公司"在大陈的机构人员就因为战争迫近大陈，陆续撤离，7月12日，"全部撤走"②，逃回台湾。

积谷山岛失守后，台湾岛上议论纷纷，传言大陈也即将"陷共"。台湾"国防部"先于6月29日，派"李副厅长学炎"来大陈调查；后又商同美军顾问团，派遣作战、情报、通讯诸项业务人员，以及译员，由陆军总司令孙立人率领，于7月8日来上大陈，与胡宗南详细研究积谷山岛等战役情况及今后大陈等岛的防守事宜。孙立人谓："匪情严重，希望增加正规师及大炮，否则可以撤退。"胡宗南当然不同意撤退，说："此为一般人的意见，但此地重要，不可撤退，但必须增加部队，及炮兵。"③最后，"国防部"提出，在中共解放军积极进攻的形势下，大陈方面之防卫作战，需完全仰赖海、空军与守军间之密切协调配合，而目前大陈地区胡宗南所指挥之"江浙反共救国军"各部队，无论指挥组织、部队素质、后勤补给以及海、空支援方面，都有很多缺点，必须改进，才能符合海、陆、空三军联合作战要求，保住大陈。这实际是说胡宗南及其所部不能再承担大陈地区防务了。

1953年7月下旬，台湾"国防部"正式撤销"江浙反共救国军总指挥部"，改设"大陈防卫司令部"，以刚从美国陆军参谋大学学成归台的少壮派刘廉一中将出任大陈防卫司令，率正规军第四十六师进驻大陈地区各岛，调胡宗南回台，仍任"总统府战略顾问委员会上将衔顾问"。胡宗南对此是极不愿意。他致信蒋经国，说明自己的心意："弟之所以来大陈，为欲求一可死之地，免在

---

① 胡宗南：《胡宗南先生日记·1953年6月24日》，台北："国史馆"，2015年，下册，第319页。
② 胡宗南：《胡宗南先生日记·1953年7月12日》，台北："国史馆"，2015年，下册，第321页。
③ 胡宗南：《胡宗南先生日记·1953年7月10日》，台北："国史馆"，2015年，下册，第321页。

台湾而陷于自杀的悲惨之局，……第自知罪孽深重，但在大陆边缘策动作战，可死之机会正多，而赎罪之愿望可达，故两年以来，私心甚幸。今忽闻有调动之信，两年经营，将予幻灭，大陆线索，亦将中断，实为可惜之至。"胡宗南仍希望台湾当局改变决定，说："大陈之决策，是否尚在睿虑之中，是否尚有挽回之余地，盼即请示总统，迅即指示为感。"[1]胡宗南的努力没有成功。

1953年7月31日，蒋经国亲自来大陈，接胡宗南回台，陈大庆同行。胡宗南陪同蒋经国"巡视下大陈，六时上太和船开台湾"[2]，留下钟松在大陈办理移交。[3]胡宗南就此结束了在大陈将近两年的活动。

在此期间，1953年7月16、17日，由"金门防卫部司令官"胡琏指挥1万2千人，实施与"西方公司"一同制订的"粉碎计划"，两栖登陆突袭福建省东山岛，也遭失败。

1953年7月27日，《关于朝鲜军事停战的协定》在板门店签订，朝鲜战争结束。随之，美国的"西方公司"停止在台湾的活动。

胡宗南在此期间也有一件令他高兴的事：在1949年年底大陆全面溃败中，胡宗南的黄埔一期同学与好友黄杰，率所部残兵3万3千余人，于1949年12月13日到1950年元月底，退入法国控制的越南，被法方圈禁于富国岛、金兰湾两处，经数年交涉，终于在1953年5月，黄杰率部回到台湾。黄杰被台湾当局誉为"海上苏武"，于1953年8月，被任命为台北卫戍司令部司令，并被授予陆军二级上将；1954年7

黄杰在台湾

---

① 胡宗南：《胡宗南先生日记·1953年7月28日》，台北："国史馆"，2015年，下册，第324页。

② 胡宗南：《胡宗南先生日记·1953年7月31日》，台北："国史馆"，2015年，下册，第325页。

③ 胡上将宗南年谱纂委员会编：《胡上将宗南年谱》，沈云龙主编：《近代中国史料丛刊续编》第49辑488册，台北：文海出版社有限公司，1978年，第293页。按：钟松于20世纪60年代移居荷兰。

月，调任"陆军总司令兼台湾防卫总司令"。

在胡宗南离开大陈回台约一年半后，台湾"国民政府"军在大陈遭到了重大的失败：1955年1月19日，大陈岛的外围重要据点一江山岛被解放军强攻占领，

大陈岛岌岌可危。1955年2月中旬，台湾当局依"金刚计划"，命大陈守军裹带居民，全部撤离大陈岛。至此，浙江沿海由台湾"国民政府"军占据的岛屿全部丢失。胡宗南费尽心机组建的"江浙反共救国军"撤到台湾，被整编为"反共救国军第一总队"，隶于"陆军总司令部"。胡宗南的"浙江省政府机构"被撤销，所属各级员工，由"行政院"命令，分发于台湾省政府各机构服务。①

大陈防卫司令胡宗南向守军讲话

（三）看海听涛守澎湖

胡宗南自1953年7月31日离开大陈岛回到台北，8月就奉命入设在台北的"国防大学"学习。这年胡已虚龄59岁，但体力犹健。他一边在国防大学里读点书，一边就近照料家庭。

胡宗南在国防大学学习到1954年2月，历时约半年。

胡宗南自黄埔军校毕业后，一直带兵征战，20多年来几乎没有静下心来，集中时间系统学习近代军事理论与知识。军事理论与知识素养不足，军事素质不高，特别是缺乏战略眼光与对"中共"军队作战的策略战术，是国民政府黄埔系高级将领的普遍缺陷。胡宗南也不能避免。这次到国防大学学习，是胡宗南二十多年来第一次解甲入学，没有任何实质性的军政职务，以一个学员的身

---

① 钟松：《在大陈》（1963年撰），胡故上将宗南先生纪念集编辑委员会编纂、胡为真增修：《令人怀念的胡宗南将军》，台北：商务印书馆，2014年12月，第235页。

份读书。一则胡宗南是书生从军，书生本色未改，二是戎马多年，阅历不少，教训更多，需要思考与总结，因此胡宗南在国防大学里学习倒很是抓紧，读了不少书，还与同时入校的其他将领军官一道研究探讨。他们多是黄埔出身，又都是从大陆逃出的败军之将，经历与见闻颇为相同或近似，因而胡宗南与他们相处颇为融洽。只是胡宗南是黄埔一期老大哥，曾任过战区司令长官，资历最深，官阶最高，年龄也较长，与他一道的同学有许多是他昔日的部属。胡宗南

晚年胡宗南

这时是无官无职也无权，虽昔日部属对他仍敬礼不衰，但大家都是同学，胡宗南再不能像昔日开府西安的司令长官那样威风张扬了。

1954年2月，胡宗南自国防大学毕业，名列"高等"，可能成绩不错。这时他仍没有实际军政职务，只是以"总统府战略顾问"的名义，在台北寓所闲居。他继续在国防大学的学业，每日读书，有时邀约一些专家学者与旧日僚属来寓共餐，研讨问题。

1954年10月8日，胡宗南的妻子叶霞翟又生下次女，取名胡为明。这时胡宗南虚年已59岁，陪妻教子，享受了一段时间的天伦之乐。胡宗南喜欢郊外生活，周末假日，全家常常去郊外旅行。新店的碧潭是他们常去的地方之一，"有时爬山，有时划船，有时就在碧潭上面的碧亭喝茶聊天。"胡宗南尤其喜爱他的几个孩子，"在家的时候真不知要吻小女儿多少遍，抱着小儿子不放下。有时甚至让孩子骑在背上学骑马！当广儿（指长子胡为真）还没有进小学时，他就开始教他下象棋。常常父子两人聚精会神地在客厅下一两个小时的象棋。他喜欢买东西给孩子们吃，自己却永远不去尝的。"叶霞翟说胡宗南"对

于孩子简直是近于溺爱。"①

胡宗南全家在台北

　　1955年8月，胡宗南忽然被"总统"蒋介石数次传见。蒋问了他一些对军事方面的意见与近来情况，然后告诉他，准备派他到澎湖去任防守司令官，问胡是否愿承担。台湾官场中有些人以为胡宗南曾任战区长官，统兵数十万，到台后数年，竟在台湾"中央政府"与台湾本岛上难争一席之地，以六十高龄，远赴澎湖小岛任一区区"防守司令官"，恐怕胡未必肯去。但胡宗南令下就离台岛西渡。

---

① 叶霞翟：《天地悠悠：胡宗南夫人回忆录》（1965年撰），桂林：广西师范大学出版社，2016年5月，第107～108页。

担任"澎湖防卫司令官"的胡宗南。

当时，台湾刚发生了所谓"孙立人事件"。1955年6月24日，蒋介石免去了"陆军总司令"孙立人的职务，将其改任"总统府参军长"；随之又将孙秘密拘捕。8月20日，蒋以"纵容"部属武装叛乱、"窝藏共谍""密谋犯上"的罪名，革除了孙立人的"总统府参军长"的职务，指定陈诚、吴忠信、许世英、俞鸿钧、何应钦、黄少谷、俞大维、王云五、王宠惠等9人，组成孙立人案"调查委员会"，对孙进行"审查"。10月31日，"调查委员会"公布上了长达1万6千余字的"调查报告"，罗列了孙立人的一系列罪过。蒋随即下令将孙立人软禁于台中。

在这种形势下，以忠于领袖蒋介石著称的胡宗南，自然会得到蒋介石的信任。

1955年9月29日上午8时，胡宗南来到台北松山机场，台湾"国民政府"交通部部长袁守谦、陆军总司令黄杰、陆军副总司令罗奇、空军副总司令徐康良、海军政治部主任赵龙文、国防部总政战部副主任易国瑞等到机场送行，空军总司令王叔铭与原澎湖防守司令官刘安祺陪同胡宗南飞往澎湖。胡宗南登上澎湖岛，"澎湖防卫司令部"副司令郑挺锋、吉星文、武泉远、海军军区司令郭发鳌、空军中队长谷焕明、陆军十七师师长陈德垩、澎湖县县长李玉林等到机场迎接。下午3时，胡宗南在中正堂就职，从刘安祺手里，接任"澎湖防卫司令官"之职。①从这天开始，胡宗南又恢复了中断很久的每日日记。

就在胡宗南赴澎湖岛就任"防卫司令官"之时，"台北总统府"宣布晋升胡宗南为陆军二级上将。

澎湖列岛位于台湾岛西部，在台湾与大陆之间的茫茫台湾海峡中，东距台湾近50公里，西离大陆约200公里。全列岛由大小97个岛屿和一些礁滩组成，总面积127平方公里，其中有居民的岛屿共21个，以澎湖本岛最大，面积64平方公里，其他较大的岛有白沙岛、渔翁岛等。澎湖列岛地处太平洋季风的风口，全年暴风日数约有140天，特别是在每年10月到第二年的3月之间，是太平洋季风旺季，台湾海峡风浪滔天。但在澎湖本岛的马公港却是个避风挡浪的天然良港，可泊万吨级海轮，港湾海滩蜿蜒曲折，刮风时节，港外波涛汹涌，港内却波平如镜，澎湖古称"平湖"，即因此而得名。澎湖列岛对台湾的防守有非常重要的意义。在明末、清初，郑成功、施琅从大陆进攻台湾时，均以先攻占澎湖，作为跳板，然后再进军台湾。在晚清，法国远征军司令孤拔率领法国军队，也是先攻占澎湖列岛，再进围台湾。如李鸿章哀叹："澎湖既失，台湾必不可保！"蒋介石退踞台湾后，一直十分重视澎湖列岛的防卫。当时澎湖列岛共有居民近10万人，半数以上居民是渔民。台湾当局在这里驻防一个师的陆军部队——陆军第十七师，另有海军部队协同驻守。澎湖岛上还有一个马公机场。

胡宗南到澎湖就任时，台湾海峡地区形势仍十分紧张。在1955年1月18日，中共解放军以陆、海、空三军配合，一举攻占一江山岛；2月，台湾"国民政府"的军队撤出大陈岛与浙江沿海岛屿；此后，台湾当局宣布，集中力量防守台（湾）、澎（湖）、金（门）、马（祖）。澎湖孤悬台湾海峡中心，地扼南北交通的海道，是台湾连接其前哨阵地金门、马祖的中转站，又是防守台湾的最后一道海上门户，因此战略地位更加重要。

胡宗南自1955年9月29日到澎湖就任防卫司令官之职，到1959年3月解职回台。当时台湾当局规定：澎湖防守司令官以两年为一任期。胡宗南到澎湖后两

① 胡宗南：《胡宗南先生日记·1955年9月29日》，台北："国史馆"，2015年，下册，第329页。

年，第一任期满，又奉命延任一期，共两任，但因提前解职，共历时近4年。

胡宗南在澎湖的近4年中，主要做了这样几件事：

第一，加强澎湖的战备。

胡宗南身任澎湖防守司令官，也是他一生中最后一次任带兵的军事长官，因此自然将战备防守澎湖放在第一位。他在澎湖的外围万安、七美、虎井等岛，增强了兵力火力；在澎湖本岛马公拱北山，策划构筑坚固的核心阵地。他加紧督促训练澎湖防守部队第九十三师，在1956年度台湾军方年终校阅，该师成绩名列前茅，夺得第一。他根据澎湖战区特点，下令改造驻军营房，既要使平时驻兵与战时部署成为一体，又能在战时避免轰炸与炮火轰击，因而分散建造营房，采用班排掩蔽部式之营房，构筑于阵地要点附近，并加强其射击与守御等设施，屯储充分之粮、弹、燃煤、饮水。胡宗南企图使这些营房，平时为官兵住所，战时则成为守御阵地，而且让驻军乐于在这里长久驻守。据说，胡宗南这样改造澎湖驻军营房，是采用了蒋百里的所谓"生活条件与战斗条件一致者强"的军事学原理。

第二，筹建军眷村与军人公墓，改善军人生活，以安驻军官兵之心。

胡宗南长期带兵，深知澎湖孤悬海峡，条件艰苦，军心难稳，势必影响防守战力，乃想方设法改善驻军生活条件：他下令用当地岩石为主要材料，建成数十幢军眷宿舍，并装设自来水，增建防风墙等，供驻军官兵使用；他规划建立军人公墓一区；他为年轻的军官争取受训机会，替年资已到的军官保举晋升，奖励能文的军官从事研究创作；提倡各种体育运动、射击竞赛；实施休假制度；改善医疗设备；举办文娱康乐活动；推进军中教育；改善军营伙食，等等。通过这些措施，使驻军官兵军心稳定，而且对胡宗南颇为感佩。

如前所述，有国民党学者总结胡宗南治军带兵的特点是"讲道义，以仁义处人，而且缺少江湖经验"[1]。胡宗南在澎湖带兵，仍然是这样，以笼络为

---

[1] 戈士德：《胡宗南与戴笠》（下），《中外杂志》（台北）1982年2月号，第31卷第2期（总第182期），第35页。

主，以宽为其特色。澎湖县县长李玉林回忆说：胡宗南"体貌威重，望之岸然，近之则温慈恺恻，至诚溢于言表，御下尤见德意。一日，防卫部员以违纪宜惩，主办者签请记过二次。先生手批：'记过一次可乎？'平时教督部属，考核綦严，然有优绩卓著，才堪擢用者，暗加保举褒奖，而自隐其事，绝不向其人作市恩之计。由是上下归心，莫不用命"①。

第三，加强对官兵的思想教育与灌输。

胡宗南在国民党军高级将领中，一直以重视对官兵思想教育与训练闻名，被人称之为"训练万能"。他初到澎湖任职，就发现当地驻军不仅战斗力弱，而且思想消沉混乱。由于国民党军连连战败，再加上澎湖交通闭塞、生活艰苦，驻军官兵笼罩着颓废、消沉、失败的情绪。胡宗南在当时给友人的一封信中说："如果我们要训练一批铁的队伍，就必须从心理上把他们训练成铁的意志。而这种意志的培养，是要把那些妨碍心理、生理的健全发展的因素根除，才能办得到。"②

胡宗南有鉴于此，除注意改善驻军生活条件外，更时时注意对官兵的思想教育与灌输。他经常到各军营巡视，多与官兵接触讲话。他力图鼓动起官兵思想上的热情，以与他的"国家"与"领袖"共患难。他大力提倡对蒋介石的愚忠。在一次对官兵的讲话中，他这样说："在今天这样一个时代，大家局促在台澎，风云变幻，波涛险恶。凡我同志必先与领袖共患难，然后才能讲到效忠领袖"。胡宗南向官兵提出了所谓"共患难"的四个具体条件："1．不发牢骚；2．不计较待遇职位；3．不悲观，不消极，不泄气；4．在学术上、工作上、思想上，对自己有成就，对团体有贡献。"③

---

① 李玉林：《胡故上将宗南先生追思录》（1962年撰），胡故上将宗南先生纪念集编辑委员会编纂，胡为真增修：《令人怀念的胡宗南将军》，台北：商务印书馆，2014年12月，第409页。

② 费云文：《模范军人胡宗南》，《中外杂志》（台北）1982年7月号，第32卷1期，第145页。

③ （1）胡上将宗南年谱编纂委员会编：《胡上将宗南年谱》，沈云龙主编：《近代中国史料丛刊续编》第49辑488册，台北：文海出版社有限公司，1978年，第300页；（2）胡宗南：《宗南文存·共患难》，台北：中国文化研究所，1963年。

　　胡宗南的这四个具体条件对驻军官兵能有多大的思想影响，很难说，但从中可以窥见当时胡宗南的某些心态。胡宗南败逃回台湾后，无职无权，没有自己的基本部队，也没有自己的地盘，还遭受到弹劾，虽被蒋介石保护过关，但名誉地位一落千丈，从当日统兵数十万、权势熏天的"西北王"，变成了如今这小小的澎湖岛的防守司令官，他的失落感是沉重的。上述的四个条件可能就是胡宗南在当时条件下寻求心理平衡的夫子之道吧。

国民党政工人员在向大陆飘送政治宣传气球。

　　为了教育训练驻军官兵，胡宗南又故技重演，在澎湖岛上举办起各种训练班。胡宗南从他的校长蒋介石那儿学来的这种集训部下的方法，可说是几十年兴趣不减，到老不变，从他当第一师师长开始，先后开办了开封、天水、徐州等军官训练班与长沙暑期学校，抗战时更长期兴办规模巨大的第七军分校与战干四团等；他到大陈两年，也不忘举办"东南干部学校"；现在他到了澎湖，条件比大陈好，于是，他先后举办了六期"三民主义训练班"以及其他形式的训练班。胡宗南老于此道，乐此不疲，每逢这些训练班开学或者结业，他都要亲自到场，并发表精神训话。1958年8月25日，正是金门炮战紧张之时，胡宗南仍然在这天"八时三民主义讲习班第五期开学，余讲如何效忠领袖……"[1]。胡宗南在澎湖各期"三民主义训练班"上的训话，有《立定脚跟》《共患难》《澎湖学习战斗最理想的地方》《一切光荣属于战斗的部队》等篇。后来这些训话都收入胡死后出版的《宗南文存》。这些训话的内容不外是反共、与蒋介石共患难、效忠领袖、坚守澎湖，等等。

---

① 胡宗南：《胡宗南先生日记·1958年8月25日》，台北："国史馆"，2015年，下册，第516页。

1959年1月1日，这是胡宗南在澎湖度过的最后一个新年元旦。他向集合在大操场的5000多名官兵说了简短的一段话："在这新年的开始，我要向各位说的，只是很简单的几句话。第一要面带微笑，朝气奋发。第二要愉快乐观。第三要约束自己，不要过分。第四要先求对自己有成就，对社会才有贡献。因此我们要提出三个口号，学习第一，工作第一，战斗第一。在做人方面，我们应该厚以待人，严于律己，以贡献代替占有，以力行代替空言，以冷静抑制虚妄，以理智克服冲动"。叶霞翟称赞胡宗南的这段讲话，说："这些都是他的肺腑之言，是他自己身体力行了三四十年的，这些话无论是在十年以后，二十年以后，都不会减低它的力量的"。叶霞翟惋惜说："年轻一代的官兵，都再也没有机会听到他亲口的教训了"，因为在这以后不久，胡宗南便被调离了澎湖。[1]

第四，协助澎湖地方当局，加强交通设施与市政建设，发展澎湖地方经济。

澎湖孤悬海洋，风急浪大，交通不便，地瘠民贫，地方经济很不发达，居民多以捕鱼为生。胡宗南到澎湖后，与澎湖县县长李玉林关系融洽，密切合作。李玉林，河北省滦县人，抗战期间，担任敌后地下工作；抗战胜利后，任驻防蒋介石家乡溪口的绥靖总队第一大队的上校副大队长；1949年，撤至澎湖，担任马公要塞守备团团长；1950年官派为澎湖县县长；1951年，当选澎湖首任民选县长，之后两度连任。[2] 李玉林回忆说：胡宗南对他"推心置腹，情逾近亲，凡前所不轻告人之事，于玉林则言无不尽"[3]。胡宗南与李玉林首先从军、民两方面考虑，扩建了澎湖马公机场，便利台澎间空运与澎湖向外发展。为了发展澎湖的农副业生产，胡宗南和台湾的"农复会"联络，邀请农业专家，携带农产粮种来澎，传授农业技术，改良土壤，使澎湖能自行出产蔬菜

---

① 叶霞翟：《天地悠悠：胡宗南夫人回忆录》（1965年撰），桂林：广西师范大学出版社，2016年5月，第113页。

② 李如明：《沧海茫茫：记两位伟大的父亲胡宗南与李玉林》，《传记文学》（台北）2016年1月号，第98卷第4期。

③ 李玉林：《胡故上将宗南先生追思录》（1962年撰），胡故上将宗南先生纪念集编辑委员会编纂，胡为真增修：《令人怀念的胡宗南将军》，台北：商务印书馆，2014年12月，第409页。

瓜果，不仅供应全澎湖地区军民自给，还有部分剩余外销。胡宗南又与李玉林一道，倡导澎湖渔民"渔有其船"，并亲自为渔民代为接洽银行贷款，用于造船，使澎湖渔业大为发展，渔民生活也大有改善。胡宗南还调动部队，协助澎湖地方造马路，植树木，讲究卫生，改良风俗，改善市容。胡宗南为便利澎湖列岛间的交通，倡议在白沙岛至渔翁岛之间建跨海大桥。此桥在胡宗南离开澎湖后建成，据说为当时亚洲最长之跨海大桥。胡宗南协助澎湖地方当局的4年经营与努力，为澎湖岛后来的经济发展奠定了基础。

第五，赴美参观国防军事。

1956年4月初，胡宗南到澎湖未及经年，奉台湾当局"国防部"令，率团赴美，参观学习国防军事。胡宗南于1956年4月7日飞离澎湖，回到台北。胡宗南一行中有罗列等6人，于4月12日由台北起飞，经旧金山、西雅图而至华盛顿。这是胡宗南一生中唯一的一次出国访问活动。胡宗南等在美国期间，由美国国防部安排参观日程与招待食宿交通。胡宗南等人对美国的国防组织、军事教育、部队训练、军需生产、后勤设施，以及原子能研究机构等，均进行了参观考察。5月中旬，胡宗南一行才离美回台。

从1956年4月8日起，胡宗南第三次中断写日记，原因不详，停了约8个月，1957年1月1日，他才恢复每天写日记。

第六，支援金门、马祖前线。

澎湖是台湾到金门、马祖前线的中转站，台湾供应的后勤军用物资都需从澎湖转运金、马。1958年8月23日，大陆解放军万炮猛轰金门，炸死金门防卫副司令赵家骧、吉星文、章傑等人。以后炮击连续多日，国共双方的海空战也接连不断，台湾海峡形势异常紧张。

金门炮战发生后，胡宗南指挥澎湖驻军，日夜紧张转运从台湾发往金门、马祖前线的武器弹药与补充兵员，接运从金门、马祖前线撤下来的国民党军伤病员与阵亡官兵尸体，接待来往的军政官员。1958年8月24日，"上午七时俞（大维）部长自金门乘104沱江号到商轮码头，招待于第一宾馆。俞谈昨日匪炮急袭金门，自六时三十到八时三十分，约两万发，通信断绝，情形杂乱，而且听到机枪声音甚多云。九时后俞飞台北。中午十二时欢宴总部胡参谋长"。8月25日，"金门副司令赵家骧、吉星文、章傑灵柩于昨晚运到澎湖，暂借南院中山室作拜奠之所。本晨七时五十五分，余与李参谋长、马副司令同往拜谒。……（下午）三时前赵家骧、吉星文、章傑家属皆到，三时二十分公祭，余主祭，公祭毕，慰问各夫人，劝即日回台北，下午六时前陆续起飞"。8月26日，"吉星文中将、赵家骧中将、章傑少将上午安葬完毕。中宾号、美永号今日到达，充员兵及伤亡兵亦到"①。胡宗南日夜操劳，事必躬亲，据说有整整一个月的时间寝食失常。

在这期间，蒋介石亲自乘船、乘飞机，巡视台湾沿海补给线，于1958年9月12日至13日，9月17日、18日、19日、20日，多次到达澎湖，胡宗南陪同蒋介石巡视、开会等。②这时胡宗南已是63岁，身体疲惫，力不从心了。

胡宗南在澎湖约4年期间，一直保持他一贯的职业军人的简朴生活习惯。吃："每餐一荤一素一汤：一荤鱼或虾，一素即青菜，一汤鱼骨汤或青菜汤"；穿："均穿公发军衣"；住："将大床改为小床，将软垫改为硬木板。床上仅棉被、棉垫、枕头、军用大风衣一件"③。澎湖县县长李玉林回忆说：胡宗南"持躬谨严，尤为恒人所不能及。清正朴素，安检守约，廉俸以外，百无一取，妻儿家人，无勿同化。尝忆先生居澎湖时，厅事中陈设简洁，足敷座谈而已。玉林偶至其浴室，惟置木质圆桶一具，恐先生盥洗不便，欲嘱人更易之，先生坚不许可，曰：'在莒之辱，报犹不遑，未死之身，留待疆场，岂可变我素志，以适四体哉？'"④胡宗南在台北的家里，也是旧竹椅、电风扇。

① 胡宗南：《胡宗南先生日记·1958年8月24日、25日、26日》，台北："国史馆"，2015年，下册，第515～516页。
② 胡宗南：《胡宗南先生日记·1958年9月12～20日》，台北："国史馆"，2015年，下册，第520～522页。
③ 梁廷琛：《胡（宗南）先生在澎湖时期之行谊》，胡故上将宗南先生纪念集编辑委员会编纂，胡为真增修：《令人怀念的胡宗南将军》，台北：商务印书馆，2014年12月，第182～186页。
④ 李玉林：《胡故上将宗南先生追思录》（1962年撰），胡故上将宗南先生纪念集编辑委员会编纂，胡为真增修：《令人怀念的胡宗南将军》，台北：商务印书馆，2014年12月，第410页。

罗列送他一台冰箱，胡却令人送还罗列，"迭经部属苦劝，才没有退回"①。胡宗南的长子胡为真、次子胡为善回忆，在他们小时候，父亲胡宗南担任澎湖防卫司令，家里的开销始终不够。父亲不希望身为博士的妻子出去上班，母亲叶霞翟只好靠写文章投稿赚稿费。他们一直记得稿子被退时，母亲失望落泪；一旦稿子刊出，"接下来几天，我们的便当菜色就变好了"。胡为真说，他后来见到父亲在澎湖的旧部，才知道当时胡宗南的薪水都分为三份，一份作为公务开销使用，一份拿来济助两个家庭负担沉重的部属，只有三分之一拿回家。②

在精神生活上，胡宗南继续虔诚地信仰、研究基督教。胡宗南的夫人叶霞翟回忆说："在澎湖，他也继续查经，有时还邀请一位在当地传道的白小姐（美籍），谈经论道。"③其实，胡宗南的精神一直是压抑的，大陆惨败的块垒一直郁积于心。1958年11月2日，叶霞翟请胡宗南的两个部属，到澎湖接胡宗南回台北，给他庆贺身份证上的60寿辰，但胡宗南拒绝了，说："海峡偷生，匆匆六十，惭恧悲苦，何能作寿？且待二十年后再作考虑。"④胡宗南当年报考黄埔军校超龄，所以他一直不愿意把真实年龄讲出来。他的妻子叶霞翟也一直搞不清他的真实出生年月日，常常催问他："你到底哪天生的？帮你庆祝生日啊！"有一天，正好其次子胡为善在他们前面跑来跑去，胡宗南被催急了，就说，"他的生日就是我的生日"。于是，胡为善4月4日的生日，就变成了胡宗南的生日。⑤

---

① 胡为真：《"要作大丈夫"》（1992年撰），胡故上将宗南先生纪念集编辑委员会编纂、胡为真增修：《令人怀念的胡宗南将军》，台北：商务印书馆，2014年12月，第449页。

② （1）李如明：《沧海茫茫：记两位伟大的父亲胡宗南与李玉林》，《传记文学》（台北）2016年1月号，第98卷第4期；（2）胡为真：《父亲胡宗南在大陆的最后岁月》，网文；（3）胡为善：《忠党爱国，无私无我的大丈夫》，胡故上将宗南先生纪念集编辑委员会编纂、胡为真增修：《令人怀念的胡宗南将军》，台北：商务印书馆，2014年12月，第455页。

③ 叶霞翟：《大将军的小故事》（1972年撰），胡故上将宗南先生纪念集编辑委员会编纂、胡为真增修：《令人怀念的胡宗南将军》，台北：商务印书馆，2014年12月，第433～434页。

④ 叶霞翟：《天地悠悠：胡宗南夫人回忆录》（1965年撰），桂林：广西师范大学出版社，2016年5月，第112页。

⑤ 高龙：《胡宗南与奇女子叶霞翟爱情深厚　抗战胜利才结婚》，南都网[微博]2016-07-24 08:43。

在胡宗南到澎湖上任不久，还发生过一件在台湾军界传为"美谈"的事情：一天，"国防部"参谋总长彭孟辑到澎湖巡视，正欲下飞机，得到报告说，胡宗南一身戎装，亲临机场迎接。彭孟辑虽然官至参谋总长，是胡宗南的上司，但在胡宗南面前，却是后辈，抗战时期，还做过胡宗南的部属。彭孟辑的脚已经跨出机舱门，听了报告，忙缩了回去，叫随从人员先下机劝请胡宗南回去，并称只有胡上将回去了，他才敢下飞机。但胡宗南对彭孟辑的随从人员说："我是以'澎湖防守司令长官'的身份，来迎接'国防部'的参谋总长的，不必客气和谦让，这是应该的！"但彭孟辑说什么也不肯下飞机，两人僵持了很久。最后彭孟辑没有办法，只得下了飞机。在飞机场，彭孟辑流着眼泪，拥抱了胡宗南，十分感激他的豁达超然。"等到了大礼堂对官兵讲话，彭一再邀请胡将军上台同坐，胡将军坚持在台下恭聆训话，你来我往客气半天，胡将军真诚谦虚作风传遍军中"①。从这件"小事"，可见胡宗南之为人处世的一个侧面。这与此前曾任台湾陆军总司令的孙立人的桀骜不驯形成鲜明的对比，而两人的结局也大相径庭。

1959年3月，胡宗南在澎湖防守司令官的第二任任期还未满，就奉令离职，于3月26日，"下午二时四十分离部赴马公机场，随即与顾问及各副司令、各官长等握别，起飞，四时半到台北"②。

（四）油尽灯枯病逝台岛

胡宗南于1959年3月26从澎湖离职回到台北。他先参加了"国防会议"；1959年4月14日，奉命到"国防研究院"，充任第一期研究员。

在4月14日这一天，胡宗南"上午九时半到国防研究院报到，十时半见张主任其昀于其办公室，谈三四语而别"③。

---

① 李如明：《沧海茫茫：记两位伟大的父亲胡宗南与李玉林》，《传记文学》（台北）2016年1月号。
② 胡宗南：《胡宗南先生日记·1959年3月26日》，台北："国史馆"，2015年，下册，第569页。
③ 胡宗南：《胡宗南先生日记·1959年4月14日》，台北："国史馆"，2015年，下册，第572页。

"国防研究院"是台湾当局新成立的一个中央最高级的军事科学研究机构。它同1950年建立的"革命实践研究院"一样，为台湾当局培训党、政、军高级干部的最高学府。"总统"蒋介石亲自兼任该院院长。担任"国防研究院"主任、实际主持院务工作的，是与胡宗南结交近40年的好友与同乡、曾担任台湾国民党中央党部秘书长的张其昀。教育长为徐培根将军，副教育长为"立法委员"李曜林。"国防研究院"的院址位于台北阳明山，原"革命实践研究院"所在地。"环境幽雅有庭园之胜。院区宿舍三栋，行政单位办公室及课室多间，大礼堂一所，为举行典礼及纪念周或集体教室场所；另有院长蒋介石的专用办公室。研究院四周环山，园内有花丛、假山点缀其间"①。

"国防研究院"第一期的受训学员有56人。所有学员的名单，都由院长蒋介石亲自挑选或核定。按规定，"国防研究院"每年开办一期，每期历时8到10个月。第一期历时8个月结束。以后又办了十一期，共受训700多人。

与胡宗南同在"国防研究院"第一期学习的学员，有当时担任"台湾电力公司总经理"，后来先后担任台湾"交通部部长""经济部部长""行政院院长"的孙运璿等人。

4月15日，"上午十时，国防研究院开学典礼，总裁致辞，强调国防研究院重要，嗣史慕德讲话。下午二时半，陶希圣讲'共产集团之策略路线'"②。在这天，胡宗南得知了蒋介石对他入国防研究院学习享受优待的指示："在开学之先，逢孙义宣先生，渠谓总裁命余转致张（其昀）主任，胡宗南不必做队长，并谓夜间不必睡在山上，云云。余闻甚为喜悦。"③

胡宗南以64岁之龄，入国防研究院学习与研究，历时约8个月。他依然保持书生习气与军人习惯，在院中遵守规章制度，进退以礼，而且学习认真，

---

① 芮正皋：《儒将胡宗南》，胡故上将宗南先生纪念集编辑委员会编纂、胡为真增修：《令人怀念的胡宗南将军》，台北：商务印书馆，2014年12月，第386～387页。

② 胡宗南：《胡宗南先生日记·1959年4月15日》，台北："国史馆"，2015年，下册，第572页。

③ 胡宗南：《胡宗南先生日记·1959年4月15日》，台北："国史馆"，2015年，下册，第572页。

十分勤奋，被第一期学员推为学员长。有人见到这时的胡宗南是"一身布质中山装，军用布鞋，但看来总比其他学员整洁得体。听讲时常作笔记，非常用功"①。

担任院长的蒋介石，"很重视国防研究院，每星期一举行国父纪念周，院长必亲自参加主持，由教务处选派一位学员到台上读训，就是读蒋'总统'发表过的谈话或训词。他则坐在旁边，拿着自己的训词，随着读训学员宣读的快慢，一字一页的聆听翻阅"②。胡宗南作为学员长，必然也上台宣读过。

叶霞翟回忆说：在"国防研究院"的那段岁月，胡宗南非常快乐。他对张其昀的学问品格，"素来极为钦佩的，这次能在他那里求学问道"，"自然深以为幸"。有一次，张其昀对胡宗南等学员们"讲仰天自乐、畏天自修、事天自强、知天自足之道，他很有所感。回家后把他所记下来的，交给我整理，留作以后参考"③。

张其昀自1927年起，在南京国立中央大学地理学系任教，成为中国人文地理学研究的开山大师；1935年，当选为第一届"中央研究院"中央评议会聘任评议员，是从未出国留学的当选评议员中最年轻的一位。1936年，他受聘为浙江大学史地系教授，兼任系主任、史地研究所所长，后又兼任文学院院长；1941年，当选为首批教育部部聘教授；任中国地理学会总干事。1943年，他受美国国务院之邀聘，赴哈佛大学研究、讲学。1949年初，他向蒋介石建言，力主东撤台湾，有理有据地驳斥了西撤川滇的错误，陈述了东撤台湾的有利与可靠之处，最终为蒋介石采纳。蒋介石后来说："张其昀是个不可多得的人才，我没有看错他。只要是他的提议，我不会表示反对。"张其昀随蒋介石撤退到台湾，成为继陈布雷之后，蒋介石的文胆和心腹。蒋介石复任"总统"后，于

① 黎芹：《叶霞翟博士与胡宗南将军》，《自由谈》（台北）第32卷第10期，第33页。
② 芮正皋：《儒将胡宗南》，胡故上将宗南先生纪念集编辑委员会编纂、胡为真增修：《令人怀念的胡宗南将军》，台北：商务印书馆，2014年12月，第387页。
③ 叶霞翟：《天地悠悠：胡宗南夫人回忆录》（1965年撰），桂林：广西师范大学出版社，2016年5月，第115页。

1950年8月5日，在台北成立"国民党中央改造委员会"，通过《中央改造委员会组织大纲》，蒋介石任该委员会主席，张其昀为委员，并被蒋介石指定为兼秘书长，周宏涛为副秘书长。此后，张其昀先后任国民党总裁办公室秘书组主任、国民党中央党部宣传部部长、"国民政府"教育部部长、国民党中央评议员兼主席团主席、"总统府"资政等职。1962年，他离开官场，在阳明山附近创办"中国文化学院"，后改名为"中国文化大学"，还创办了"中国新闻出版公司"、"中华文化出版事业委员会"，发起创办《学术季刊》等多种学术期刊以及"中国历史学会"等组织，对台湾地区的文化教育事业贡献甚巨，被称之为台湾"文化之父"。1985年8月26日在台北逝世。

在"国防研究院"担任讲座的，还有一位胡宗南的多年老友何浩若。他在1959年刚从香港回到台湾。他回忆说：他"第一次与研究员见面的时候，首先走出行列来欢迎我的，便是胡宗南将军"。何浩若在香港时长期研究大陆情况，发表文章，他说："当时全力支持我的看法的也是胡宗南将军"。胡宗南在这时虽仍对"反攻大陆"抱有希望，但已不那么信心十足了。他慎重地对何浩若说："我辈对反攻大陆责无旁贷，义不反顾，如其不能，则我辈宁可与草木同腐，亦不愿再与人争一日之短长。"①

1959年10月31日，胡宗南接到"调战略顾问命令"②，重任"总统府战略顾问"。

胡宗南在国防研究院期间，由自己选定了一项研究课题，即人才培养问题。他曾对张其昀讲述他为什么选择这项研究课题的原因，说："大陆沦陷，真如土崩瓦解。据我个人看法，基本原因，还在于一般青年和专家学者，往往对共'匪'真相，茫然不知，于是随波逐流者有之，哗众取宠者有之；而大乱随之。故今后再造中华之唯一要务，乃在实践'知难行易'的革命哲学。因为

① 何浩若：《忆亡友胡宗南将军》（1962年撰），胡故上将宗南先生纪念集编辑委员会编纂、胡为真增修：《令人怀念的胡宗南将军》，台北：商务印书馆，2014年12月，第384页。
② 胡宗南：《胡宗南先生日记·1959年10月31日》，台北："国史馆"，2015年，下册，第605页。

实践笃行，本于真知灼见；不肯有真，何能实践？这是我所以选定人才问题为毕业论文的用意。"①

胡宗南以所研究人才问题作为自己的毕业论文，题为《论人才与建国建军之关系》。胡在这篇毕业论文中宣称："建国建军最重要的因素是人才，尤其是经纬万端之今日，不但对领导群众、担当方面之人才，需要培养和选用；就是对于一般工作的干部，也需要普遍的精练和造就。""造就人才的根本，主要在于培育。……这是建国建军之第一件大事。"胡认为："中国复国之人才，需要具有哲学、科学、兵学与品德的修养"，等等。②

胡宗南的这篇毕业论文在国防研究院第一期毕业学员中，被列为第一。

1959年12月19日，胡宗南在国防研究院第一期学习研究历时约8个月后，期满毕业。"上午九时读《大学之道》，总裁主持。十时行毕业典礼，总裁讲苏格拉底，讲将才，要慷慨又要吝啬，要忠诚又要诡诈，要做警察又要做强盗。继美顾问杜恩讲话。毕，散会。十二时会餐，总裁讲话。一时半，全体学生与张（其昀）主任辞别。张主任又召余等十许人开会，余以联谊会召集人资格参加，毕即离去"③。

胡宗南从国防研究院毕业后，曾向蒋介石要求担任一个实质性的工作，"求得一个死所"，但未能如愿。蒋介石只是指令他担任国防研究院毕业同学会会长；同时，仍担任总统府战略顾问、国防研究院院务委员等职，都是挂名闲职。

这时，张其昀正积极筹划以国防研究院毕业同学为基干，创办一所私立大学和研究所，这就是后来在台湾颇有名气的中国文化学院，后改称中国文化大学。张其昀要求胡宗南实践在其毕业论文中重视人才培养的思想，邀胡来领导这所新创办的私立大学。但胡宗南婉言谢绝了。他自知自己学力不够，对张

① 张其购：《追念胡宗南先生》（1962年撰），杜元载主编：《革命人物志》第11集，台北：中央文物供应社，1973年，第53页。
② 胡宗南：《论人才与建国建军之关系》，《宗南文存》，台北：中国文化研究所，1963年。
③ 胡宗南：《胡宗南先生日记·1959年12月19日》，台北："国史馆"，2015年，下册，第614页。

其昀说："我半生戎马，实在太荒疏。但好学终不会太迟，我竭诚拥护你的主张。"①

在这以后的约两年时间里，胡宗南多是在家闲居，读书交游，"不必按时上班，生活既清闲，行动也少拘束，可说这是他生平最悠闲、最自由的一段时期"。这时，他与叶霞翟的4个孩子，"最大的只有十一二岁，最小的四五岁，正是天真无邪，活泼可爱，最能慰亲、娱亲的时候。每当周末假日，夫妻俩携儿带女，游山玩水，确是享尽人间清福"②。

胡宗南在生活上仍简单朴素。他一生不置房产，没有存款。他的大儿子胡为真回忆，在他13岁时，就是1961年吧，"有一天汗衫破了，被他（指胡宗南）看到，不但未责备，反而哈哈大笑，作一首打油诗给我：'行年一十三，常穿布衣衫；缝补又缝补，难看真难看'。回想起来，他对这事的反应就是对我价值观的教育。"③胡宗南的次子胡为善回忆说："读小学时，我考三个一百分，父亲才给我一张邮票作奖品。我后来集邮的爱好就是这样产生的。"胡为善从小帮妈妈管家里开支账，家里颇拮据。"问妈妈，'今天花的钱，比收到的钱多，怎么办？'她说拿红笔，在那边勾起来。我从小知道赤字要用红笔勾"④。

胡宗南一直看重与抓紧对子女的教育。叶霞翟说：在这几年中，"由于读书生活的清闲，他在家的时间比较多，和孩子们接触的时间也就多了。倒是在这段时间，他对孩子们真尽了些教养之责。除了经常带他们出去玩，和他们一同下棋、打球或听他们唱歌、讲故事之外，他还常常利用机会给他们教训。尤其是对于两个男孩子，他常常单独带他们出去散步，同时利用时机和他们讲些

① 张其昀：《追念胡宗南先生》（1962年撰），杜元载主编：《革命人物志》第11集，台北：中央文物供应社，1973年，第55页。

② 叶霞翟：《天地悠悠：胡宗南夫人回忆录》(1965年撰)，桂林：广西师范大学出版社，2016年5月，第115页。

③ 胡为真：《"要做大丈夫"》（1992年撰），胡故上将宗南先生纪念集编辑委员会编纂、胡为真增修：《令人怀念的胡宗南将军》，台北：商务印书馆，2014年12月，第449页。

④ 高龙：《胡宗南与奇女子叶霞翟爱情深厚　抗战胜利才结婚》，南都网［微博］2016-07-24 08:43。

做人做事的道理"①。一天晚上，胡宗南叫住长子胡为真，询问他以后要做什么事业？刚刚10岁出头的胡为真回答："我要像您一样，做一个军人"。胡宗南却告诉儿子："我要你将来做一个大丈夫！"胡为真不懂何谓大丈夫，胡宗南说："真正对人们有贡献的人，就是大丈夫，譬如大科学家、大工程师、大医生"②。

胡宗南自己也抓紧学习，在这几年中，他重点学习了英语。叶霞翟回忆说：胡宗南在"国防研究院"期间，"所最感遗憾的，就是自己的英文程度还不够轻易地阅读那些有关政治及国际问题的高深著作，同时对于'国外'学者的专题演讲也没有能完全听懂。毕业以后他就决心要重新研读英文，希望在一年之内阅读和听讲都不致再成问题。他把这个计划分三方面来进行"：第一，他订了两份英文报，每天下午用两小时的时间看报，朗读英文单词等；第二，他请了一位英文老师，每星期二、五上4小时的课；第三，看英语的电影片子。"由于他这种全力以赴的做法，他的英文进步得很快，不到一年，他确已能读书、看报和普通地会话"③。

胡宗南在这期间，在精神生活上，更加虔诚地信仰、研究、依赖基督教。叶霞翟回忆说："他最后的圣经老师是陈竹君教授，在（民国）五十年（1961年）的暑假，有一天他忽然问我，是不是可以请我的好友陈竹君女士来研究圣经，我说：'如果你有此意，我相信她一定会来的。'竹君姊是我金大的同事，她一向对我很好，更关心胡先生的灵性生活，现在他既然自动的提议要研究道理，她当然答应了。从那时起，直到五十年（1961年）年底他咳嗽得很厉害，实在无法支持之时止，将近半年的时间，他都在研读圣经。通常竹君姊来时，先由她提出圣经章节，给他详细讲解，她回去后，他就把她所给的章节圈点起来，再细细的研究、思考。圣经上有一节说：'你就是赢得了全世界，

---

① 叶霞翟：《天地悠悠：胡宗南夫人回忆录》（1965年撰），桂林：广西师范大学出版社，2016年5月，第117页。

② 胡为真：《"要做大丈夫"》（1992年撰），胡故上将宗南先生纪念集编辑委员会编纂、胡为真增修：《令人怀念的胡宗南将军》，台北：商务印书馆，2014年12月，第448页。

③ 叶霞翟：《天地悠悠：胡宗南夫人回忆录》（1965年撰），桂林：广西师范大学出版社，2016年5月，第121～122页。

却丧失了自己的灵魂，又有什么益处呢？'这句话给了他很大的启示。他去世后，我翻阅他的圣经，发现他在那一节上，用红笔密密的圈了双圈。"① 这位陈竹君教授，是原南京金陵大学校长陈裕光的女儿。

其实，胡宗南在这时期，闲居在家，精神仍是很压抑的。他的妻子叶霞翟说："十多年来他内心充满悲苦。"② 他的次子、1951年出生的胡为善回忆说："我记得小时候，父亲带我爬山，他经常一个人在山里声嘶力竭地大叫，我只觉得跟他在一起很没面子。长大后我才理解，这是因为父亲压抑得太久太深了……"③

1961年，胡宗南66岁虚龄。他一向身体很好，多年军旅生活，奔波劳碌，却精力充沛，很少生病。然而到了这年7月，他渐渐感到身体不适，咳嗽不止，身体疲乏无力。开始他不以为意，像过去一样读书治事，后来病势加重，才延请台湾"陆军总医院"的丁农医生诊治。经过检查，发现胡血脂肪过多，兼有血糖溢量等不正常的情形。这是高血压、高血脂、糖尿病的症状。医生让胡宗南注意节食，尤要忌糖、忌肉类。

胡宗南戎马一生，在生活上一直有意刻苦自厉，在饮食上更从不讲究。这在国民政府与国民党的达官贵人与高级将领中是不多见的。到这时，他遵医嘱，更不沾肉食与糖类，每天仅以蔬菜水果果腹。几个月以后，胡宗南越来越消瘦，但精神仍健，往来行动不异畴昔。

到1961年冬，胡宗南的体力日益衰弱，渐不能支。

1961年11月12日上午10时，国民党在台北阳明山召开的八届四中全会开幕。胡宗南去参加了。他在当日的日记中，写道："开幕典礼。总裁分析国际形势及台湾之处境，非常精切，实为最有价值之演讲。"④

---

① 叶霞翟：《大将军的小故事》（1972年撰），胡故上将宗南先生纪念集编辑委员会编纂、胡为真增修：《令人怀念的胡宗南将军》，台北：商务印书馆，2014年12月，第433~434页。

② 叶霞翟：《天地悠悠：胡宗南夫人回忆录》（1965年撰），桂林：广西师范大学出版社，2016年5月，第113页。

③ 胡为善口述，李菁主笔：《我的父亲胡宗南》，《三联生活周刊》（北京），2010年10月9日出版。

④ 胡宗南：《胡宗南先生日记·1961年11月12日》，台北："国史馆"，2015年，下册，第744页。

1961年11月25日，台湾当局的"总统府战略顾问委员会"在台北介寿馆四楼开会。胡宗南以"总统府战略顾问"的身份，也去了。他到达介寿馆，陟阶而上，上得二楼，体疲力乏，再也上不去了，遂托人请假而归。胡宗南性格素来好强，到家中也不提起，家中无人知晓。当天，他在日记中只写了一句话："上午十时战委会小组会议。"①

此后，他仍每天坚持写日记，但都是一两句话。直到1962年1月1日，最终停记。他写的日记，从1941年1月1日开始，到1961年12月31日结束，前后历时21年，中间只有3次中断。1961年12月31日成为他日记的绝笔。

1962年2月6日，是中国农历正月初二。胡宗南去已经回住台北的原澎湖县县长李玉林家拜年。李玉林正巧外出。胡宗南与李玉林夫人握手十余分钟不释，徐徐说道："此来不获与玉林兄相晤，可转告之，今后舍间，希多照顾，谢谢！"临行依依，词气凄婉。李玉林回到家中，听说此事，"为之惶愕移时"。不几日，胡宗南竟病逝，李玉林觉得，胡宗南对他妻子说的话，莫不是他对自己的生命将走到尽头，"诚已有所预感乎？"②

1962年2月7日，是中国农历正月初三。67岁的胡宗南因节日期间拜客接客，往来酬酢，身体劳顿，在这天上午感到身体有些不适。家中人请来丁农医师到寓所为胡宗南诊治。丁检查后说胡宗南心脏略微有些不正常，须住进医院检查治疗。于是，胡宗南于这天下午住进了台北石牌荣民总医院。

胡宗南病重住院的消息立即惊动了台北党政要人与亲朋好友及旧日部属。来医院看望胡的人络绎不绝。胡住院的第二天，即2月8日，蒋介石长子、时任"国防会议副秘书长"与"行政院政务委员"的蒋经国先到医院来慰视胡。胡宗南对这位比自己年轻15岁的"台湾政府"未来领袖接班人与浙江同乡笑语说："我们浙东谚语称人死为翘辫子，我此次恐怕将翘辫子哉"。胡宗南自知

---

① 胡宗南：《胡宗南先生日记·1955年11月25日》，台北："国史馆"，2015年，下册，第346页。
② 李玉林：《胡故上将宗南先生追思录》（1962年撰），胡故上将宗南先生纪念集编辑委员会编纂，胡为真增修：《令人怀念的胡宗南将军》，台北：商务印书馆，2014年12月，第409页。

自己年近古稀，病体沉重，恐将不久于人世，故作此语，蒋经国赶忙对之竭力劝慰。不料胡宗南的这句话竟成中国古代所称的"谶语"。

一会儿，担任"总统"的76岁的蒋介石也到医院来看望胡宗南。胡宗南闻讯，"坚持要起来刮胡子"，胡夫人叶霞翟劝他说："你身体不舒服，我给你把脸洗洗，头发梳梳就可以了。"胡宗南不但不听，反而很不耐烦的对夫人说："这个样子怎么可以见总统！"叶霞翟"没有办法，只好扶他起来，帮忙他整理得干干净净的"。[①] 蒋介石见了胡宗南后，想不到胡的病情已经那样严重了，"嘱善调摄，抚慰备至"。这使病危的胡宗南十分激动，躺在病榻上连连低语："国家需要我们，领袖需要我们……"他是不想死的，他还要为他的"国家"与"领袖"奋斗。

但生与死的规律是任何人也无法抗拒的。胡宗南住院后数日，经医院大力抢救，病情似乎有起色，还照了多张X光片，医生查验报告说，胡宗南身体确在恢复之中，并告胡夫人叶霞翟，数日后胡就可以出院回家。其实，这是胡宗南病危前回光返照给人的一种错觉。胡宗南的生命之灯已是油尽灯枯，即将熄灭了。

1962年2月13日，胡宗南白昼在医院中进膳如常，晚9时还吃了小半只苹果，然后就入睡了。这天，陪伴胡多日的胡夫人叶霞翟因大儿子、年方15岁的胡为真生病发烧，回家照应，只有胡过去的部属袁学善留在病房中看护。夜11时许，胡醒来片刻，见袁学善侍侧，催速去休息，然后胡瞑目若睡。到2月14日凌晨3时许，胡突然惊叫数声，一手高举，昏迷过去。袁学善趋视，呼之不应，按其手不屈，见其已不省人事，急按铃召医生至，为胡注强心针并用氧气罩。胡夫人叶霞翟闻讯急忙率子女从家中赶来医院时，胡已进入弥留状态，终无一言。至3时50分，胡死于心脏病，终年67虚岁。

1962年2月14日当日，胡宗南去世的消息传到蒋介石那里时，这位虚龄已76岁

---

① 叶霞翟：《大将军的小故事》（1972年撰），胡故上将宗南先生纪念集编辑委员会编纂、胡为真增修：《令人怀念的胡宗南将军》，台北：商务印书馆，2014年12月，第434页。

的"总统"正要去给"国军干部会议"训话。他听到这位由他一手培养与提拔重用、为他打仗拼命出生入死20多年的黄埔系首席将领终于离他而去，倍感沉痛。于是，他在这天的"国军干部会议"上，亲自宣布了胡宗南病逝的"噩耗"，还在训话中，特地加上一段悼念胡宗南的沉痛语言，对胡作了极高的评价："胡宗南同志已经在今天去世了。他是本党一个忠贞自励、尚气节、负责任、能打仗、不避劳苦、不计毁誉的革命军人模范。在大陆沦陷前后与在大陈调职时候，均曾写信给我，说至今还没有求得一个死所，其意若不胜遗憾者，实在令人追思不止，但他的死已附于正气之列，自不失为正命，亦可瞑目于地下了。"①

胡宗南确实是蒋介石最好的学生、最希望的部属榜样。他一生都是为蒋介石的"事业"奋斗，其中既有为民族与国家的存亡与进步，也有为蒋介石独裁政权的建立与发展。胡宗南的一生"业绩"是与蒋介石的"事业"息息相关密不可分的。他为蒋介石的贡献与牺牲，确是黄埔系其他成员不能比的。

根据蒋介石的意旨，台湾国民党政府为胡宗南举行了隆重的追悼仪式。在胡去世后两天，2月16日下午，台湾当局组成了"胡宗南治丧委员会"，负责为胡治丧，以国民党的两位军事元老、担任"战略顾问委员会"正、副主任的何应钦、顾祝同，分别担任治丧委员会的正、副主任，台湾当局"军政大员"与胡的友好、同学、部属共40余人为治丧委员会委员，以长期追随胡宗南、时任"总统府战略顾问"的罗列任治丧委员会总干事。在这一天，将胡宗南的灵柩移台北市极乐殡仪馆。2月17日开吊。参加悼念的有台北各界人士3000多人。

蒋介石以国民党总裁与"国民政府总统"的身份，对胡宗南之死颁赐了"功著旂常"挽额，又与"行政院院长"陈诚一道颁发第1458号旌忠状，以"永垂式范"，并将胡宗南的军衔由陆军二级上将追赠为一级上将。在开吊仪式的第一天，即2月17日中午12时，蒋介石偕夫人宋美龄亲临祭奠，抚慰胡宗南的妻子儿女。

---

① 转引自芮正皋：《儒将胡宗南》，胡故上将宗南先生纪念集编辑委员会编纂、胡为真增修：《令人怀念的胡宗南将军》，台北：商务印书馆，2014年12月，第392页。

蒋介石参加胡宗南的追悼会。

国民党的党、政、军大员对胡宗南也是一片歌功颂德之声：

蒋经国说是："痛失知己。"

蒋纬国说是："追思往昔，涕泪凄怆。"

贺衷寒撰挽联："一旦废前功，大局沧桑，伤心事在存危越；群伦怀伟业，同舟风雨，刎颈交应殄暴秦。"

黄杰撰挽联："其志洁，其行廉。数同学少年，惟卫霍相望。遇上忠，遇下爱，萃平生风谊，在宗李之间。"

赵龙文撰挽联："破金家寨，越慢川关，追击松潘，扫穴延安，大将威如山镇重；睡硬板床，补腰皮带，浮云富贵，敝屣公卿，先生道与日光明。"

罗列说他是："迹公生平，几无日不在战阵之中。治军以严，而驭下以厚；律己以俭，而待人以丰；疾恶如仇，而好覆人过；爱才若渴，则善推其功；故袍泽咸心悦诚服，乐为效命，非偶然也。"

盛文说他是："功满天下，名满天下，谤亦满天下，……忠冠群伦，智冠群伦，廉更冠群伦。"

余纪忠称他是："打脱牙齿和血吞。"

孙运璇称他是："将军一生献身党国，公而忘私，自奉甚俭约，对于培养
人才，提掖后进，尤深切注意，念念不忘。"

……①

胡宗南的夫人叶霞翟则称颂她的丈夫是："梦里的王子，风流儒雅的
将军。"

胡夫人叶霞翟与罗列、赵龙文、盛文、刘安祺等人商议，决定在台北近
郊觅地为胡营葬，最后选定阳明山竹子湖下北投纱帽山，购山地数亩，由"国
防部兵工署"协助开筑墓道。建墓期间，蒋介石亲临视察。1962年6月9日上午
11时，胡宗南灵柩被安葬入墓。参加葬礼的有蒋介石与夫人宋美龄以及军政大
员、亲友部属等，共1100多人。

1962年胡宗南夫人及子女在胡墓前。

台湾当局与胡宗南的昔日部属、友好等，为了纪念胡宗南，在凤山"中央

① 杜元载主编：《革命人物志》第11集，台北：中央文物供应社，1973年。

陆军军官学校"（黄埔军校的延续）校史馆专门辟室，成立"宗南纪念堂"；在阳明山中国文化大学建"宗南堂"；在澎湖等地为胡铸塑铜像，建"宗南图书馆"，建"东昌亭""东昌阁"；还搜集胡的遗文，刊行《宗南文存》；出版《胡宗南纪念集》《胡上将宗南年谱》等。胡宗南在台湾的许多黄埔军校同学、多年的长官、同事、朋友、旧部、僚属、学生，如何应钦、贺衷寒、萧赞育、黄杰、李铁军、陈大庆、刘安祺、蒋伏生、唐纵、罗泽闿、於达、罗列、钟松、盛文、吴俊、吴允周、石敬亭、赵龙文、蒋坚忍、余纪中、薛光前、郑学稼、张其昀、何浩若、郭廷以、卜少夫、王微、戴涛、杨尔瑛、陈大勋、洪同、徐先麟、张佛千、蒋纬国、孔令晟、谢冰莹、孙运璇、李玉林等，都先后写了回忆与悼念、赞颂胡宗南的文章，有人甚至誉之为"黄埔之光，军人楷模，民国完人"①。

1965年2月14日，胡宗南逝世三周年，何应钦在《纪念致辞》中，说："对宗南的一生，尽瘁革命，不知有家室，甚至不知有自己，只知服从领袖，忠党爱国的热忱，以及他那种刚毅木讷、择善固执的个性，都留有极深刻的印象。"②

1972年，胡宗南去世十周年，他的部属特地编纂了一本《胡上将宗南年谱》，何应钦为之作序，写道："闻尝

台北的胡宗南铜像

以'生于忧患，长于艰苦，成于战斗，终于道义'四语以自约，而以未得死所为慊，其忠于党国与领袖，爱护胞泽，推功任过，从不猎取浮誉，乃真能发挥

---

① 孟兴华：《黄埔之光，军人楷模，民国完人》（2010年撰），胡故上将宗南先生纪念集编辑委员会编纂、胡为真增修：《令人怀念的胡宗南将军》，台北：商务印书馆，2014年12月，第126页。

② 何应钦：《胡故上将宗南逝世三周年纪念致辞》（1965年2月14日），胡故上将宗南先生纪念集编辑委员会编纂、胡为真增修：《令人怀念的胡宗南将军》，台北：商务印书馆，2014年12月，第434页。

黄埔革命精神，足为一世之楷模。故其卧病逝世之日，领袖濒临探视吊唁，慰恤有加；旧属则每年有祭奠之会；同学同胞则树碑立像，表德纪勋；凡此盖莫非宗南弟精诚感人，有以致之。"① 这可算是代表了国民党的党、政、军上层人士对胡宗南一生总的认识与评价。

"台湾政府"当局与胡宗南的亲属友好部下对胡宗南的这些评价，出于各种原因，或政治，或亲情，或友情，等等，都有一定的道理，但也不免带有偏见与溢美之词。

对胡宗南这样一位历史人物，历史自应排除任何偏见与感情，对他作出客观、公正、深刻的评价。

胡宗南的孝丰同乡与孝丰小学同事、后来一生成为胡的部属的王微，在1967年接受台湾"中央研究院"近代史研究所学者访谈时，评价胡宗南的一生是："忠于领袖，没有抱负。"② 这有一定的道理。

胡宗南青年时代结识、交往一生的友人、历史学家郭廷以，在1964年至1969年接受台湾"中央研究院"近代史研究所学者访谈时，评价胡宗南，说："他在革命军中是不可多得的人，至少有守有为，很机警。……我跟他是很谈得来的，但是有时也不大好接近，他不表示意见，不像具有一般人所说的英雄气魄，不会说大丈夫如何如何，而不轻于表示意见，对蒋委员长是忠贞无二，绝对地服从，很少进言，某些事被批评了，他也绝不解释，有些事原是中央的命令，他也不诿过于中央，相当自爱。我对他建议，他也听得进去，但事情不是你认为应该如何如何的，政治是现实的，人事摩擦……"③

比较起来，国民党的一位资深人士，笔名"马五先生"的雷啸岑，在1973

---

① 何应钦：《胡上将宗南年谱·序》，胡上将宗南年谱编纂委员会编：《胡上将宗南年谱》，沈云龙主编：《近代中国史料丛刊续编》第49辑488册，台北：文海出版社有限公司，1978年，第2页。

② 张朋园、林泉、张俊宏访问，张俊宏记录，郭廷以、张朋园校阅：《王微先生访问记录》，"中央研究院"近代史研究所口述历史丛书（60），台北："中央研究院"近代史研究所，1996，第209页。

③ 张朋园、陈三井、陈存恭、林泉访问，陈三井、陈存恭记录：《郭廷以先生访问记录》，"中央研究院"近代史研究所口述历史丛书（15），台北："中央研究院"近代史研究所，1987年6月，第225、227页。

年12月发表的一篇文章《"马五先生"笔下的胡宗南》中，对胡宗南的评价，则更要客观、公允一些，并更接近实际。雷啸岑说：

> 胡之为人，恂恂无华，忠于职守，对人亦无强悍骄倨之态。惟才识平凡，缺乏干略，以之为奉命行事的偏裨之将则可，赋以冲繁辟难、遣大投艰的方面大员之任，则绠短汲深，踬踣可俟，非不为也，是不能也。昔人谓"知人则哲"，每兴才难之叹，有以也夫。①

这段评论未谈及胡宗南一生的政治立场与思想观点，仅从胡宗南的为人处事与才识干略谈及胡一生的浮沉得失及其教训，还是比较深刻的。

确实，胡宗南作为一位职业军人与高级将领，有许多优点与长处，如生活俭朴，注意律己，廉洁奉公，能与士兵共甘苦，待人忠诚谦和宽厚有情等，但这些对于担当一个方面军的统帅来说，却并不是最重要的。最重要的，是他在政治上，愚忠于一个领袖，缺乏现代民主思想与国家理念；在军事上，缺乏一位军事统帅所应具有的如炬目光、雄才大略、过人胆识、刚强性格与始终从容不迫的风度，缺乏杰出的军政才干与识人、用人的精细缜密和聪明智慧。以其性格、才干与水平，如其自己曾明言，最好做一名团长，最多做一名师长。而历史的误会竟将他推上方面军统帅的崇高地位，如果在风平浪静之时，尚不显山露水，但一旦置于历史的大风浪中，置于高度紧张、激烈、尖锐、瞬息万变、你死我活的军事、政治斗争中，就不能不在处处、时时感到与表现出力不从心、捉襟见肘、志大才疏、计穷力竭、虚浮粗疏、破绽百出，甚至仓皇失态，面色苍白，掩面哭泣，最终走向失败，误"党"，误"国"，误人，误己。宋人苏洵说："为将之道，当先治心。泰山崩于前而色不变，麋鹿兴于左而目不瞬，然后可以制利害，可以待敌。"② 胡宗南这位上将军尚不具有这样

---

① 雷啸岑：《"马五先生"笔下的胡宗南》，《大成》杂志（香港）创刊号，1973年12月1日。
② （宋）苏洵：《心术》，吴楚材、吴调侯编：《古文观止》，南京：江苏古籍出版社，1995，第422页。

的"为将之道"。

中国共产党方面对胡宗南也有许多评论。其中谈得比较全面、深刻的，无疑是周恩来。在中国共产党的领导人中，周恩来是水平最高、威信最高的一位领导人，又是对胡宗南接触最多、相知最深的一位领导人。周恩来在1936年9月1日给胡宗南的亲笔信，及在这前后关于胡宗南的几次谈话，我们在本书的有关章节中已有介绍。到1965年7月16日，即胡宗南病逝3年多时间以后，周恩来在一次谈话中，又从政治方面谈及胡宗南。他是这样说的：

> 胡宗南，我和他打过交道。他一生反共或者主要方面是反共的。但听说他进黄埔前当小学教员，蛮有点正义感；进黄埔后，他和蒋介石搭上了"老乡"，跟着蒋介石跑，这当然不好；但在上海、在黄河流域，他也抗击过日本侵略军，兵败大西南，也对抗过蒋介石……要写好他们，还是鲁迅先生总结《红楼梦》的经验，"敢于如实描写，并无讳饰"……①

胡宗南的一生与千秋功罪，历史一定会作出正确的评判！

胡宗南去世后，其夫人叶霞翟于1962年，应张其昀之邀，协助筹办中国文化学院（中国文化大学的前身），历任教授、训导主任、教务主任、家政系主任、家政研究所主任、副院长等职；1967年，任台湾省立台北师范专科学校校长；1969年，赴夏威夷东西文化中心和夏威夷大学，研习特殊教育；在中国国民党第十次党员代表大会上，当选为中央委员；1970年，在台北师专开办"智能不足儿童教育师资训练班"，培养启智班师资；1974年，出席在葡萄牙召开的欧洲区伤残重建会议；1976年，连任国民党第十一届中央委员；1980年，从台北师专退休，专任中国文化大学家政研究所所长；1981年4月，当选为国民党第十二届中央评议委员，当年去世。她笔名叶苹，写的学术著作有《家政概

---

① 余方德：《周恩来总理1965年7月16日在上海谈歌颂与暴露问题》，《浙江作家报》（杭州）第47期，1990年出版。

论》《家政学》《新家政学》，论文集《婚姻与家庭》《主妇与青年》等。她还是位散文家，写了许多情文并茂的散文作品，散文集有《军人之子》《山上山下》等，尤其是她写的回忆胡宗南的文章，如1965年写的《天地悠悠：胡宗南夫人回忆录》、1972年写的《大将军的小故事》等，很有影响。1986年8月，"叶教授霞翟纪念集编辑委员会"在台北编印出版了《教泽流芳》。2016年5月，叶霞翟的著作《天地悠悠：胡宗南夫人回忆录》，在大陆桂林的广西师范大学出版社出版。

附录一

胡宗南生平简谱

1896年（清光绪二十二年）胡宗南1岁（虚龄，以下相同）

△ 5月12日（农历四月初四日）胡宗南诞生于浙江省镇海县陈华埔朱家塘楼。

1899年（清光绪二十五年）胡宗南4岁

△ 旧历六月二十九日　胡宗南生母王氏夫人病逝。

1902年（清光绪二十八年）胡宗南7岁

△ 胡宗南被其父带到浙西孝丰生活。

1903年（清光绪二十九年）胡宗南8岁

△ 胡宗南被其父送进本村的私塾。

1909年（清宣统元年）胡宗南14岁

△ 胡宗南入孝丰县高等小学堂学习。

1912年（民国元年）胡宗南17岁

△ 春天 胡宗南考入设在湖州的公立吴兴中学校。

1915年（民国四年）胡宗南20岁

△ 7月 胡宗南从吴兴中学校毕业，被聘任孝丰县立高等小学校国文与史地

教员，开始了为期约10年的小学教师生涯。

1916年（民国五年）胡宗南21岁

△ 2月 胡宗南受聘孝丰私立王氏小学校任教。

1923年（民国十二年）胡宗南28岁

△ 年底 胡宗南到上海法租界环龙路国民党办事处报考黄埔军校，参加入学初试。

1924年（民国十三年）胡宗南29岁

△ 5月5日　胡宗南入黄埔军校第一期。

△ 11月30日　胡宗南从黄埔军校毕业，被分发到军校教导一团第三营第八连任少尉见习。

1925年（民国十四年）胡宗南30岁

△ 2月　胡宗南参加东征陈炯明，担任教导一团机枪连排长。

△ 6月　胡宗南调升为第一军第一师第二团第二营少校副营长。

△ 11月　胡宗南以战功升任第一师第一团第二营营长。

△ 12月底　第二次东征胜利。驻军潮、梅，胡宗南加入孙文主义学会。

1926年（民国十五年）胡宗南31岁

△ 7月　胡宗南率第二营参加北伐。

△ 8月中旬　胡宗南升任第一师第二团团长。

1927年（民国十六年）胡宗南32岁

△ 3月21日　胡宗南率第二团攻占上海南郊重镇龙华，直逼上海市区。

△ 4月6日　胡宗南率第二团来南京，升任第一师少将副师长，仍兼第二团团长。

△ 8月中旬　胡宗南专任第一师师副师长，代师长职，驻杭州。

△ 8月下旬　胡宗南率第一师参加龙潭战役。

△ 11月　胡宗南率第一师参加"第二期北伐"，以战功调升第一军第二十二师师长。

1928年（民国十七年）胡宗南33岁

△ 8月　"第二次北伐"结束。第二十二师缩编为第一师第二旅，胡宗南任第二旅少将旅长。

1929年（民国十八年）胡宗南34岁

△ 9月　第二旅改番号为第一师第一旅，胡宗南任少将旅长。

1930年（民国十九年）胡宗南35岁

△ 5月　胡宗南率部参加中原大战。

△ 6月初　胡宗南被任命为第一师代师长。

△ 9月　胡宗南被实授为第一师中将师长。

1932年（民国二十一年）胡宗南37岁

△ 2月　胡宗南率第一师进驻沪宁线。

△ 3月1日　力行社在南京秘密建立，胡宗南为13名干事之一。

△ 5月　胡宗南率第一师入皖"围剿"红四方面军。

△ 11月　胡宗南率第一师跟踪追击红四方面军至汉中。

1933年（民国二十二年）胡宗南38岁

△ 3月　胡宗南率第一师进驻甘肃南部的天水。

1934年（民国二十三年）胡宗南39岁

△ 胡宗南率第一师驻防甘肃天水。

1935年（民国二十四年）胡宗南40岁

△ 1月　胡宗南调派独立旅丁德隆部驻防川北广元、昭化。

△ 4月9日　胡宗南被授予陆军中将的军衔。

△ 6月上旬　胡宗南督率第二纵队抢占松潘城，阻击长征红军。

△ 8月31日　胡宗南部第四十九师伍诚仁部被红军围歼，包座失守。

△ 11月　在国民党第五次全国代表大会上被选为中央监察委员会委员。

1936年（民国二十五年）胡宗南41岁

△ 6月　胡宗南率第一师进驻湖南。

△ 8月　第一师在长沙扩编为第一军，胡宗南升任第一军中将军长。

△ 9月19日　第一军回师陕西关中，胡宗南兼任第二纵队司令官，参加追剿红军。

△ 11月21日　胡宗南部第一军第七十八师在山城堡遭红军围歼。

△ 12月12日　西安事变爆发，胡宗南为主和派。

1937年（民国二十六年）胡宗南42岁

△ 3月　胡宗南率第一军驻防徐州，举办官兵短期训练班，演习对日军作战。

△ 春　胡宗南在杭州结识叶霞翟。6月，双方有结婚之约。

△ 6月底　胡宗南入"庐山军官训练团"受训。

△ 8月初　胡宗南赶回部队。

△ 9月3日　胡宗南率第一军开赴淞沪战场。

△ 9、10月　胡宗南率第一军血战淞沪。第一军扩编为第十七军团，胡升任第十七军团长。11月中旬，撤离上海边。

△ 11月底　胡宗南率第十七军团进驻南京长江北岸的浦口至滁州一线地区，参加南京保卫战。

1938年（民国二十七年）胡宗南43岁

△ 年初　胡宗南率领第十七军团回驻陕西关中。

△ 5月　胡宗南在西安创办第七军分校，首届（黄埔第十五期）学生入学。

△ 5月下旬　胡宗南率部开往豫东，参与围歼日军土肥原第十四师团。

△ 9、10月　胡宗南率部参加信阳、罗山之战。

△ 10月中旬　胡宗南率第十七军团回驻陕西关中。

△ 中共西安情报组织策反与发展胡宗南司令部的机要室副主任戴仲容等，为秘密情报人员。

1939年（民国二十八年）胡宗南44岁

△ 1月14日　第十七军团扩编为第三十四集团军，隶属第十战区，胡宗南任副总司令兼代行总司令。

△ 3月29日　七分校首届（黄埔第十五期）学生毕业。

△ 3月　胡宗南指定熊汇荃（中共秘密情报人员）为其侍从副官兼机要秘书。

△ 8月4日　胡宗南任第三十四集团军总司令。

△ 12月　熊汇荃与中共西安秘密情报组织取得联系。

1942年（民国三十一年）胡宗南47岁

△ 3月23日　胡宗南任军委会军令部西安办公厅代主任，负实际责任，成为西安地区最高军事长官。

△ 7月23日　胡宗南任第八战区副司令长官，在西安设立副司令长官部。

1943年（民国三十二年）胡宗南48岁

△ 7月初　胡宗南"闪击延安"的计划未能实施。

△ 7月10日　胡宗南接待周恩来——在酒会上的失败。

1944年（民国三十三年）胡宗南49岁

△ 6月　胡宗南指挥豫西灵宝战役，阻击日军，稳定关中。

△ 7月6日　胡宗南改任第一战区副司令长官。

1945年（民国三十四年）胡宗南50岁

△ 1月12日　胡宗南到汉中宣誓就任第一战区司令长官。

△ 9月22日　胡宗南在郑州受降，10月7日回西安。

△ 10月3日　国民政府授予胡宗南陆军中将晋加上将军衔。这在黄埔毕业生中，胡宗南是第一人，而且是国民政府在大陆时期黄埔生中晋升到此军衔的唯一一人。

1947年（民国三十六年）胡宗南52岁

△ 3月14日　指挥所部向延安发起全线攻击，3月19日占领延安。

△ 3月25日　整三十一旅九十二团在青化砭附近全部覆没，旅长李纪云、团长谢养民被俘。

△ 4月14日　整一三五旅近5000人在羊马河被歼，代旅长麦宗禹被俘。

△ 5月4日　整一六七旅旅长李昆岗率一个步兵团、一个炮兵营及陕西自卫军第三总队，共约6 700多人，在蟠龙被全歼，旅长李昆岗等被俘。

△ 5月28日　胡宗南与叶霞翟在西安南郊王曲兴隆岭别墅举行婚礼。

△ 6月5日　第一战区司令长官部奉命改称"西安绥靖公署"，胡宗南任绥署主任。

△ 8月20日　沙家店之败——陕北战场形势的逆转。

△ 9月　保密局行动处处长来西安破案，胡宗南方知身边潜伏的多名中共情报人员。

△ 10月11日　清涧被克——延安以北全部丢失。

△ 11月中旬　胡宗南在西安小雁塔骑马奔跑时跌下，重伤。

△ 12月上旬　胡宗南的夫人叶霞翟在南京鼓楼医院早产，生下了他们的第一个孩子，也是胡宗南的长子，胡为真。

1948年（民国三十七年）胡宗南53岁

△ 3月1日　胡宗南部整二十九军宜瓦丧师。

△ 4月16日起　解放军发起"西府行动"。

△ 4月21日　胡宗南部守军撤离延安。

△ 4月26日　宝鸡被解放军占领，徐保阵亡。

△ 4月26日　胡宗南部第五兵团与马家军配合，围追西北解放军，功败垂成。

△ 8月8、9日　冯原、壶梯山之役（又称澄城、郃阳之役）是胡宗南部退守关中的第一次失败。

△ 10月3～15日　胡宗南部在荔北与解放军激战13天。

△ 11月26～28日　永丰战败，第七十六军被歼。

△ 12月25日　胡宗南被中共宣布为"头等战争罪犯"第三十位。

△ 12月28日　胡宗南奉召，飞抵南京。蒋介石多次与他面谈，说明即将下野之意，商谈当前国内形势。

1949年（民国三十八年）胡宗南54岁

△ 1月5日　胡宗南从南京飞回西安。

△ 1月20日　蒋介石辞总统职，李宗仁代总统。

744　　△ 4月6日　胡宗南由空军西安军区司令徐焕升陪同，从西安飞抵南京。

△ 4月7日　胡宗南晋见代总统李宗仁。李宗仁要他移军武汉。

△ 4月8日　胡宗南晋见新任行政院院长何应钦。

△ 4月10日　胡宗南赴奉化溪口，晋见蒋介石。蒋介石反对胡宗南部移军武汉，要他坚守西安。胡宗南密电西安绥署秘书长赵龙文，反对与中共和谈。

△ 4月23日　代总统李宗仁从南京飞往桂林。解放军占领南京。胡宗南与董钊从上海飞回西安。

△ 5月18日　胡宗南飞离西安城，前往汉中。

△ 5月20日　胡宗南部主动放弃西安城，撤向宝鸡、汉中一线。

△ 6月中旬　胡、马"联合"反扑西安失败。

△ 7月中旬　扶郿之役战败，胡宗南部被赶出关中。

△ 11月初　胡宗南兼"川陕甘绥署"主任。

△ 11月13日　胡宗南部各军从陇南、秦岭到安康各地向四川南撤。

△ 11月30日　胡宗南从汉中飞到成都。

△ 12月7日　成都陷入解放军重围。

△ 12月8日　胡宗南任西南军政长官公署副长官代行长官职权。

△ 12月10日　蒋介石飞离成都。

△ 12月23日　胡宗南乘飞机离成都，晚上7点抵三亚机场。

△ 12月24日　胡军各部从成都突围，不久全军覆灭。

△ 12月29日　胡宗南由三亚飞抵海口。

△ 12月30日　胡宗南带领总部人员从海口飞往西昌，率残部坚守3个月。

1950年　胡宗南55岁

△ 3月1日，蒋介石在台北宣布复"总统"职。胡宗南组织"西昌城市军民庆祝"。

△ 3月26日　晚11时 胡宗南乘飞机飞离西昌。

△ 3月27日　晨，胡宗南乘飞机抵达海口。

△4月4日　胡宗南从海口飞回台南。

△4月5日　胡宗南飞抵台北。

△4月16日　解放军发起渡海解放海南岛战役。

△5月1日　解放军占领海南全境，海南防卫总司令薛岳率残部逃回台湾。

△5月26日　"监察院"委员李梦彪领衔，联合了46名监察委员，联名向"监察院"提出对胡宗南的弹劾。

△6月25日　朝鲜战争爆发。

△8月16日　胡宗南向"国防部"提出详细的自辩书。

△年底　国防部军法处宣布胡宗南"应予不付军法会审"。

1951年　胡宗南56岁

△3月17日　胡宗南奉命去浙江大陈岛组建"江浙反共救国军"。

△4月4日，胡宗南的夫人叶霞翟在台北生下次子胡为善。

△9月9日　胡宗南化名"秦东昌"，率随行人员从基隆北驶，于9月10日上午到达下大陈。

1952年　胡宗南57岁

△10月　胡宗南在国民党的"七大"上被选为中央评议委员。

△年底　胡宗南被任命为"浙江省政府主席"。

1953年　胡宗南58岁

△1月　胡宗南兼任浙江省党务特派员。

△2月11日　胡宗南妻子叶霞翟在台北生下长女胡为美。

△6月19日至21日　胡宗南发起"鹿羊之战"。

△7月31日　胡宗南被免职后，离开大陈岛回台北。

　△8月　胡宗南奉命入设在台北的"国防大学"学习。

1954年　胡宗南59岁

△ 2月　胡宗南自国防大学毕业，名列"高等"。

△ 10月8日　胡宗南妻子叶霞翟在台北生下次女胡为明。

1955年　胡宗南60岁

△ 9月29日　胡宗南飞抵澎湖，就任澎湖"防卫司令官"。

△ 9月　"总统府"晋升胡宗南为陆军二级上将。

1959年　胡宗南64岁

△ 3月26日　胡宗南在澎湖防守司令官的第二任任期将满，被调回台北，仍任"总统府战略顾问"。

△ 4月14日　胡宗南奉命到"国防研究院"，充任第一期研究员。

△ 12月19日　胡宗南在国防研究院第一期研究期满毕业。任国防研究院毕业同学会会长；同时，仍担任总统府战略顾问以及国防研究院院务委员等职。

1962年　胡宗南67岁

△ 2月14日　胡宗南去世。"总统府"追赠胡宗南为陆军一级上将。

胡 宗 南 全传

Biography of Hu Zongnan

附录二

主要参考资料

（一）中国大陆地区出版物

余方德：《周恩来总理1965年7月16日在上海谈歌颂与暴露问题》；《浙江作家报》（杭州）第47期，1990年。

毛泽东：《致朱德、张国焘、徐向前等电》（1936年10月18日），藏（北京）中央档案馆。

毛泽东：《为徐向前起草的致胡宗南信》，毛泽东：《毛泽东文集》第1卷，北京：人民出版社，1993年。

毛泽东：《关于各野战军的进军部署》（1949年5月23日），毛泽东：《毛泽东文集》第五卷，北京：人民出版社，1996年。

毛泽东：《采取远距离包围迂回方法追歼白崇禧部》（1949年7月16日），毛泽东：《毛泽东文集》第5卷，北京：人民出版社，1996年。

毛泽东：《毛泽东军事文集》，北京：中共中央文献出版社，1993年。

中共中央文献研究室编：《毛泽东年谱》（1893—1949），北京：人民出版社、中央文献出版社，1993年12月。

中共中央文献研究室编：《毛泽东年谱》1949—1976）第一卷，北京：中央文献出版社，2013年12月。

周恩来：《周恩来统一战线文选》，北京：人民出版社，1988年。

徐向前：《历史的回顾》，北京：解放军出版社，1984年。

中国工农红军第四方面军战史编辑委员会编：《中国工农红军第四方面军战史》，北京：解放军出版社，1989年。

王焰等：《彭德怀传》，北京：当代中国出版社，1993年。

李曼村等主编：《刘伯承传》，北京：当代中国出版社，1992年11月。

中国人民解放军军事科学院：《叶剑英年谱》（1897—1986），北京：中央文献出版社，2007年。

穆欣：《陈赓大将》，北京：新华出版社，1985年。

广东革命博物馆编：《黄埔军校史料（1924—1927）》，广州：广东人民出版社，1982年。

孙中山：《在陆军军官学校开学典礼的演说》，中国社会科学院近代史研究所、中华民国史研究室等合编：《孙中山全集》第10卷，北京：中华书局，1986年。

熊向晖：《地下十二年与周恩来》，北京：中共中央党校出版社，1991年。

王超北：《古城斗"胡骑"》，《红旗飘飘》第22辑，北京：中国青年出版社，1981年。

全国政协文史资料研究委员会编：《文史资料选辑》第1～100辑，北京：中华书局，1980年。

宋希濂：《鹰犬将军——宋希濂自述》，北京：中国文史出版社，1986年。

白崇禧：《白崇禧回忆录》北京：解放军出版社，1987年。

李宗仁口述，唐德刚撰写：《李宗仁回忆录》上、下册，南宁：广西人民出版社，1988年。

张治中：《张治中回忆录》上、下册，北京：文史资料出版社，1986年。

原国民党将领的回忆：《围剿堵截红军长征亲历记》上、下册，北京：中国文史出版社，1990年。

原国民党将领抗日战争亲历记：《八一三淞沪抗战》，北京：中国文史出版社，1987年。

原国民党将领抗日战争亲历记：《武汉会战》，北京：中国文史出版社，1989年2月。

原国民党将领的回忆：《解放战争中的西北战场》，北京：中国文史出版社，1992年。

长舜等编：《百万国民党军起义投诚纪实》，北京：中国文史出版社，1991年5月。

张友坤、钱进、李学群编著：《张学良年谱》（修订版），香港：香港同泽出版社，1996年。

余心清：《在蒋牢中》，北京：文史资料出版社，1981年。

覃异之：《黄埔建军》，全国政协文史资料研究委员会编：《文史资料选辑》第2辑，北京：中华书局，1960年2月。

孟丙南：《"西北王"胡宗南》，全国政协文史资料研究委员会编：《文史资料选辑》第18辑，北京：中华书局，1961年6月。

曾扩情：《黄埔同学会始末》，全国政协文史资料研究委员会编：《文史资料选辑》第19辑，北京：中华书局，1961年7月。

孟丙南：《虎口余生——策反胡宗南经过》，浙江省参事室编：《文史资料》，1985年。

张新：《胡宗南其人》，浙江省政协文史资料委员会编：《浙江文史资料选辑》第23辑，杭州：浙江人民出版社，1982年。

裴昌会、姚国俊、王应尊：《胡宗南集团的形成、发展到覆灭》，重庆市政协文史资料委员会编：《重庆文史资料》第33辑。

褚静亚：《蒋军第十六军对陕甘宁边区设置障碍封锁线的经过》，陕西省政协文史资料委员会编：《陕西文史资料选辑》第8辑。

杨健：《胡宗南与第七分校》，陕西省政协文史资料委员会编：《陕西文史资料》第8辑。

周贵昌：《青化砭整编三十一旅被歼经过》，陕西省政协文史资料委员会编：《陕西文史资料选辑》第5辑。

夏燕月：《中国青年军人联合会与孙文主义学会》，《党史研究资料》

（北京）1980年第14期。

王诚汉：《指挥"保卫西安"作战时的彭德怀》，《军事历史》（北京）1986年第3期。

李庆寿：《扶眉战役浅析》，《军事历史》（北京）1986年第3期。

李力：《扶眉战役简介》，《军事历史》（北京）1986年第3期。

林栋：《胡宗南军事集团的兴衰始末》，《纵横》（北京）1986年第5期。

舆波：《最迟获释的战犯》，《共鸣》（广州）1986年第6期。

李俊亭：《试论包座之战及对中央北上战略方针实现的意义》，《军事史林》（北京）1987年第1期。

龚自德：《关于包座战斗国民党参战部队及兵力》，《军事史林》（北京）1987年第1期。

唐义路：《毛泽东军事思想在解放战争战略追击阶段的新发展》，《军事历史》（北京）1987年第2期。

王尚荣：《断敌退路，勇猛进击——回忆宜川、瓦子街战役》，《军史资料》（北京）1987年第6期。

王超北：《秘密战线》，《纵横》（北京）1987年第5、6期。

王超北：《怀念西安情报处梅永和、胡家兆烈士》，《革命史资料》（北京）1987年总第17期。

喻杰：《在八路军西安办事处的日子》，《革命史资料》（北京）1987年总第17期。

《国民党上将知多少》，《军事史林》（北京）1988年第1期。

刘红：《国民党军事将领介绍——胡宗南》，《军事史林》（北京）1988年第2期。

邓建龙：《抗战时期战区划分情况简介》，《纵横》（北京）1988年第3期。

刘德：《川康风云》上、下，《纵横》（北京）1988年第4、5期。

范作民：《活跃在古城西安的传奇英雄——蒋自明》，《纵横》（北京）

1989年第2期。

张建基：《关于国民党军队上将的几个问题》，《军事史林》（北京）1989年第5期。

崔伦：《从撤出延安到进驻北平》，《纵横》（北京）1990年第2期。

李至善：《荔北战役的经验教训》，《军事史林》（北京）1990年第2期。

蔡惠霖：《战火硝烟的背后——记解放战争中争取国民党军起义》（上、下），《军事史林》（北京）1990年第3、4期。

郭开铎：《陕北三战三捷——"蘑菇"战术的杰作》，《军事史林》（北京）1990年第6期。

银笙：《硝烟在古城散去——1949年榆林守军的起义》，《传记文学》（北京）1991年第3期。

高伟凡：《有"追赠"，也有"追晋"——补正〈关于国民党军队上将的几个问题〉》《军事史林》（北京）1991年第5期。

郭若冰：《全歼国民党军"天下第一旅"——记临汾战役》，《军事史林》（北京）1991年第5期。

王彦：《炮击封锁金门实录纪要》，《军事史林》（北京）1991年第5期。

王天晞：《试论陕西在中国古代史上的战略地位》，《军事史林》（北京）1991年第6期。

刘建：《1946年、1949年国民党军高级将领的派系结构对其实施军事战略的影响》，《军事史林》（北京）1992年第2期。

王金祥：《胡宗男批办的一桩诉讼案》，《纵横》（北京）1992年第3期。

石至山：《八路军留守兵团》，《军事史林》（北京）1992年第5期。

陈挚：《国民党军豫湘桂战役败因探析》，《军事史林》（北京）1992年第6期。

杨德才、苏青：《中共策反胡宗南始末》，《南京党史》（南京）1993年第4期。

经盛鸿：《胡宗南用人四字诀——黄陆浙一》，《民国春秋》（南京）1994年第5期。

经盛鸿：《弹劾胡宗南风波》，《纵横》（北京）1994年第6期。

立之：《胡宗南包围延安受搓记》，《炎黄春秋》（北京）1994年第9期。

杨玉文：《日本的陆军》，《纵横》（北京）1995年第1期。

马肇钧：《西府战役得失之我见》，《军事历史》（北京）1995年第2期。

孙少衡：《中原突围战役简论》，《军事历史》（北京）1995年第3期。

黎宁：《胡宗南的"机要秘书"——中共党员熊向晖》，《军事史林》（北京）1995年第4期。

李锐：《劳动英雄吴满有真的叛变投敌了吗？》，《炎黄春秋》（北京）1995年第4期。

经盛鸿：《西安事变中黄埔系的内部分歧》，《史学月刊》（开封）1995年第6期。

李敏杰、朱光亚：《西府战役失利时的彭德怀》，《炎黄春秋》（北京）1995年第7期。

王力：《漫谈舒同》，《传记文学》（北京）1995年第12期。

经盛鸿：《胡宗南兵败大西南》，《民国春秋》（南京）1996年第1期。

经盛鸿：《西北王胡宗南》，郑州：河南人民出版社，1995年初版。

卢昌华、许永涛：《张佛千先生忆往纪实》，《纵横》（北京）1996年第9期。

杨玉文：《抗日战争时期中国陆军的四十个集团军》，《纵横》（北京）1996年第9、10、11、12期。

范汉杰：《美国特使魏德迈的西北之行》，《纵横》（北京）1996年第10期。

经盛鸿：《西北王胡宗南》，郑州：河南人民出版社，1996年第二版。

魏喜龙：《西安事变：红军主力秘密南下》，《纵横》（北京）1997年第1期。

青石：《1950年"解放台湾"计划搁浅的幕后》，《百年潮》（北京）1997年第1期，创刊号。

传瑛：《五十年代台湾的白色恐怖》，《纵横》（北京）1997年第2期。

徐毅：《1949：逃亡香港的国民党军政要员》，《纵横》（北京）1997年第3期。

包立民：《遥忆张佛千》，《团结报》（北京）1997年3月29日。

赵新：《戴笠摔死真相》，《纵横》（北京）1997年第4期。

包立民：《联中高手张佛千》，《团结报》（北京）1997年9月27日。

杨奎松：《山城堡战役胜利的幕后及影响——西安事变前红军与东北军在军事上的一次秘密合作》，《党史资料研究》（北京）1997年第4期。

文楚：《策反"西北王胡宗南"》，《上海滩》（上海）1998年第1期。

莫利亚：《拳拳之心 鞠躬尽瘁——访纽约中国和平统一促进会总顾问沈策》，《明报月刊》（香港）1998年2月号。

王琚：《中共特别工作开创者李克农》，《炎黄春秋》（北京）1999年第8期。

纪敏：《四十四名内战战犯名单形成的前后》，《纵横》（北京）1999年第11期。（香港）1998年2月号。

熊向晖：《对〈中共特别工作开创者李克农〉一文质疑》，《炎黄春秋》（北京）2000年第3期。

王琚：《复熊向晖质疑》，《炎黄春秋》（北京）2000年第4期。

经盛鸿：《1949年国共军事战略及其得失》，香港中文大学《二十一世纪》双月刊2000年10月号。

陈标：《胡宗南进攻延安的兵力是多少？》，《党史研究资料》（北京）2000年第11期。

曾彦修：《致〈世纪〉编辑部的信》，《世纪》（上海）2001年第4期。

马宣伟：《蒋介石在大陆下的最后一道命令：炮轰刘文辉公馆》，《世纪》（上海）2002年第7期。

朱文楚：《1949：策反胡宗南》，《各界》（西安）2003年第3期。

李春华：《抗战时期日军的"五号作战计划"》，《纵横》（北京）2006年第2期。

向守志：《向守志回忆录》，北京：解放军出版社，2006年6月。

尹家衡：《民主战士余心清》，《纵横》（北京）2007年第2期。

朱汉生：《胡宗南的未遂起义》，《炎黄春秋》（北京）2007年第6期。

陈履安：《陈诚在台湾的岁月》，《纵横》（北京）2007年第7期。

王鹏：《范长江的"旅行通讯"》，《纵横》（北京）2007年第11期。

杨者圣：《情报英雄熊向晖——在胡宗南身边的十二年》，上海人民出版社，2007年。

贾晓明：《先夫胡公冕二三事》，《纵横》（北京）2008年第10期。

刘同飞：《父亲刘宗宽："潜伏"背后的功勋》，《纵横》（北京）2009年第11期。

经盛鸿：《胡宗南大传》，北京：团结出版社，2009年初版。

散木：《国民党迁台首倡者张其昀》，《历史学家茶座》（济南）2010年第1辑。

吴持生口述、吴琪整理：《武汉首任市长吴德峰的谍报人生》，《三联生活周刊》2010年8月1日。

胡为善口述、李菁主笔：《我的父亲胡宗南》，《三联生活周刊》（北京）2010年10月9日。

贺永泰：《〈谢觉哉日记〉中的"农民英雄"吴满有》，《世纪》（上海）2011年第2期。

朱鸿召：《吴满有的两段人生》，《炎黄春秋》（北京）2011年第6期。

张友坤：《张学良在物资、财政上对陕北红军的援助》，《炎黄春秋》（北京）2011年第6期。

朱鸿召：《吴满有的天上人间》，《档案春秋》（上海）2011年第6期。

经盛鸿：《胡宗南大传》，北京：团结出版社，2011年第二版。

经盛鸿：《胡宗南大传》，北京：团结出版社，2012年第三版。

谢武申：《刘邓大军谍战往事》，《世纪》（上海）2014年第1期。

张林岚：《我所知道的"龙潭后三杰"及其他》，《世纪》（上海）2014年第5期。

谢武申：《二野情报处与解放大西南》，《世纪》（上海）2014年第6期。

刘志青：《一个真实的胡宗南》，《同舟共进》（广州）2014年第7期。

王建军、白金刚编著：《黄埔七分校记忆——中央陆军军官学校第七分校师生录》，西安：陕西出版传谋集团三秦出版社，2014年6月。

叶霞翟：《天地悠悠：胡宗南夫人回忆录》，桂林：广西师范大学出版社，2016年5月。

经盛鸿：《熊向晖的回忆录有误》，《文汇读书周报》（上海）2016年6月20日，第3版。

高龙：《胡宗南与奇女子叶霞翟爱情深厚 抗战胜利才结婚》，南都网［微博］2016-07-24　08:43。

严可复：《中共情报之杰陈忠经美国脱险记》，《党史纵横》（沈阳）2017年第2期。

缪平均：《胡宗南总部中的中共情报小组》，《党史文汇》（太原）2017年第3期。

日本防卫厅战史室编：《华北治安战》（上、下），天津市政协编译组译，天津：天津人民出版社，1982年。

［日］服部卓四郎：《大东亚战争全史》第2册，张玉祥等译，北京：商务印书馆，1984年。

（二）中国台湾地区出版物

胡上将宗南年谱编纂委员会编：《胡上将宗南年谱》，沈云龙主编：《近代中国史料丛刊续编》第49辑总488册，台北：文海出版社有限公司，1978年。

胡宗南上将年谱编纂委员会编印：《胡宗南上将年谱》，台北："国防部印制厂"，1971年2月。

胡宗南：《宗南文存》，台北：中国文化研究所，1963年7月。

胡故上将纪念集编纂委员会编印：《宗南先生纪念集》，台北：1963年2月。

《胡宗南先生逝世二十四周年纪念文集》，台北：王曲丛刊出版社，1985年2月。

《胡宗南先生逝世二十五周年纪念文集》，台北：王曲丛刊出版社，1987年2月。

段彩华：《转战十万里——胡宗南传》，台北：近代中国出版社，1985年3月。

叶教授霞翟纪念集编辑委员会编印：《教泽流芳》，台北：1986年8月。

祝修麟：《胡宗南将军印象记》，《中央日报》（南京）1947年12月30日。

侯约勖：《念西北，怀二南——胡宗南、祝绍南》，《现代政治》（台北）1957年第2卷第2期。

"军闻社"：《胡宗南上将传略》，《联合报》（台北）1962年2月15日。

顾树型：《胡宗南将军二三事》，《台湾新生报》（台北）1962年2月26日。

贺衷寒：《怀胡上将宗南》，《中国一周》（台北）1962年631期。

郑学稼：《忆胡宗南将军》，《政治评论》（台北）1962年8卷8期。

盛文：《我所认识的胡宗南将军》，《中央日报》（台北）1962年6月9日。

张其昀：《永怀胡将军宗南》，《中央日报》（台北）1965年2月14～24日连载。

薛光前：《追念胡宗南将军》，《故人与往事》，台北出版。

郑修文：《黄埔同学中最杰出的两位将领——胡宗南与戴笠》，《春秋》（台北）1966年第4卷第2期。

赵龙文：《怀胡宗南先生》，《中外杂志》（台北）1967年1月号，第1卷第1期。

刘醒吾：《别时容易见时难——追念胡宗南先生》，《中外杂志》（台北）1968年6月号，第3卷第6期。

叶青：《从澎湖立铜像回忆胡宗南将军》，《政治评论》（台北）1968年20卷6期。

孙光：《胡夫人谈胡宗南将军》，《新闻报》（台北），1968年4月30日。

李少陵：《模范军人胡宗南》，《艺文志》（台北）1965年第1、2期。

张其昀：《追念胡宗南先生》，杜元载主编：《革命人物志》第11集，台北：中央文物供应社，1973年。

罗泽闿：《胡宗南先生盖棺论定》，《革命人物志》（台北）第11集，台北：中央文物供应社，1973年。

戴涛：《胡上将宗南先生的孤军奋斗纪要》，《革命人物志》（台北）第11集，台北：中央文物供应社，1973年。

罗列：《胡宗南》，《革命人物志》（台北）第11集，台北：中央文物供应社，1973年。

於达：《陆军第一师师长任内之胡宗南将军》，《革命人物志》（台北）第11集，台北：中央文物供应社，1973年。

李润沂：《我所认识的胡宗南先生》，《革命人物志》（台北）第11集，台北：中央文物供应社，1973年。

黄杰：《我与胡宗南先生》，《革命人物志》（台北）第11集，台北：中央文物供应社，1973年。

裴轸：《忆说胡宗南》，《中外杂志》（台北）1975年12月号，第18卷第6期。

赵宗鼐：《胡宗南在西昌》，《中外杂志》（台北）1976年2月号，第19卷第2期。

于翔麟、王微：《胡宗南小传》，《传记文学》（台北）1978年6月号，第32卷6期。

戈士德：《胡宗南与戴笠》（上、中、下），《中外杂志》（台北）1982

年2月号，第31卷第2期（总第182期）、1982年3月号，第31卷第3期（总第183期）、1982年4月号，第31卷第4期（总第184期），连载。

费云文：《模范军人胡宗南》，《中外杂志》（台北）1982年2月号，第31卷第2期～1982年7月号，第32卷第1期，连载。

苏槛：《胡宗南在天水》，《中外杂志》（台北）1983年5月，第33卷第5期。

王洽南：《黄埔精神在王曲》，《王曲丛刊》（台北）第八集，1981年6月8日。

郭谷钰：《豫西会战之役》，《王曲丛刊》（台北）第八集，1981年6月8日。

蔡孟坚：《追念胡宗南将军》，《传记文学》（台北）1985年2月号，第46卷第2期。

王禹廷：《关于蔡孟坚先生所写胡宗南将军文》，《传记文学》（台北）1985年8月号，第47卷第2期。

蔡孟坚：《关于追悼胡宗南将军的资料来源》，《传记文学》（台北）1985年9月号，第47卷第3期。

李梦兰：《我所知道的CY与CP》，《传记文学》（台北）1986年1月号，第48卷第1期。

黄润生：《八年抗战最后大捷豫西、西峡口之役》，《王曲特刊》（台北）第二集，1987年2月14日。

涂心园：《七分校点滴——兼忆胡宗南主任》，《王曲特刊》（台北）第二集，1987年2月14日。

徐枕：《在鬼屋中镇日苦读的胡宗南童年》，《中央日报》（台北）1989年3月13日。

熊向晖：《地下十二年与周恩来（上）——中共地下党活动史料特辑之十九》，《传记文学》（台北）1991年2月号，第58卷第2期。

熊向晖：《地下十二年与周恩来（下）——中共地下党活动史料特辑之

十九》，《传记文学》（台北）1991年3月号，第58卷第3期。

编者：《熊向晖文有关人物简介（一）》，《传记文学》（台北）1991年
2月号，第58卷第2期。

编者：《熊向晖文有关人物简介（二）》，《传记文学》（台北）1991年
3月号，第58卷第3期。

张佛千：《〈地下十二年与周恩来〉读后》，《传记文学》（台北）1991
年3月号，第58卷第3期。

张新原作：《我劝降胡宗南》，《传记文学》（台北）1991年3月号，第
58卷第3期。

雷啸岑遗作：《"马五先生"笔下的胡宗南》，《传记文学》（台北）
1991年4月号，第58卷第4期。

赵千方：《中共地下"后三杰"与胡宗南》，《传记文学》（台北）1991
年5月号，第58卷第5期。

赵璵：《胡宗南化名秦东昌指挥海军登陆》，《传记文学》（台北）1993
年7月号，第63卷第1期。

熊斌：《六十年回忆》上、下，《传记文学》（台北）1994年1月号、2
月号，第64卷第1、2期。

蒋纬国：《回忆我和胡宗南将军的一些往事》，《传记文学》（台北）
1995年3月号，第66卷第3期。

赵抡元：《特立独行——胡宗南的感情故事》，《中外杂志》（台北）
1995年6月号，第57卷第6期。

张佛千：《我追随胡宗南》（一～十一），《传记文学》（台北）1996年
12月号，第69卷第6期～1997年10月号，第71卷第4期，连载。

孔令晟：《永恒的怀念与崇敬——领袖马前一卒，我们的主任胡先
生》，中央军校第七分校旅台校友"王曲联谊会"：《王曲通讯》第35期，
2001年。

经盛鸿：《胡宗南与长征红军血战草地》，《传记文学》（台北）2006年7月号，第89卷第1期。

经盛鸿：《八一三淞沪抗战中的胡宗南》，《传记文学》（台北）2007年7月号，第91卷第1期。

赵抡元：《抗战将军傅维藩死得冤——冤气冲折旗杆》，《中外杂志》（台北）2010年3月号，第87卷第3期。

经盛鸿：《胡宗南反败为胜的"泾渭河谷大捷"》，《传记文学》（台北）2011年4月号，第98卷第4期。

李如明：《沧海茫茫：记两位伟大的父亲胡宗南与李玉林》，《传记文学》（台北）2016年1月号，第108卷第1期。

刘绍唐主编：《民国大事日志》，台北：传记文学出版社，1973年7月。

蒋纬国总编著：《国民革命战史·第二部——北伐统一》，黎明文化事业有限公司，1979年。

蒋纬国总编著：《国民革命战史·第三部——抗日御侮》，黎明文化事业有限公司，1979年。

"国防部史政编译局"：《戡乱简史》，台北："国防部史政编译局"，1962年6月。

秦孝仪主编：《先"总统"蒋公思想言论总集》，台北：中国国民党中央党史委员会，1984年。

秦孝仪主编：《"总统"蒋公大事长编初稿》，台北：中国国民党中央党史委员会，1978年10月。

黄自进、潘光哲编：《蒋中正"总统"五记·困勉记》上、下，台北："国史馆"，2011年12月。

"总统府"编：《革命文献》戡乱时期第32册，《京沪撤守前后之戡乱局势》下册，《蒋中正"总统"档案》，藏台北"国史馆"

日本产经新闻连载，"中央日报"译印：《蒋"总统"秘录》，台北：

"中央日报"社，1977年9月。

蒋经国：《风雨中的宁静》，台北：黎明文化事业股份有限公司，1982年9月，13版。

陈立夫：《我的创造、倡建与服务——九十忆往》，台北：东大图书公司，1989年。

刘峙：《我的回忆》，台北：广隆印刷公司，1966年4月。

刘峙：《黄埔军校与国民革命军》，沈云龙主编：《近代中国史料丛刊正编》第817、818册，台北：文海出版社有限公司。

刘秉粹：《革命军第一次东征实战记·附棉湖大捷五十周年纪念》，沈云龙主编：《近代中国史料丛刊续编》834册，台北：文海出版社有限公司。

翁照恒：《淞沪血战追忆录》，沈云龙主编：《近代中国史料丛刊续编》797册，台北：文海出版社有限公司。

沈云龙：《近代史事与人物》，沈云龙主编：《近代中国史料丛刊正编》第630册，台北：文海出版社有限公司。

沈云龙等：《征战西北——陕西省主席熊斌访问记录》，《口述历史》（台北）总第2期。

张朋园、陈三井、陈存恭、林泉访问，陈三井、陈存恭记录：《郭廷以先生访问记录》，"中央研究院"近代史研究所口述历史丛书（15），台北："中央研究院"近代史研究所，1987年。

张朋园、林泉、张俊宏访问，张俊宏记录：《盛文先生访问记录》，"中央研究院"近代史研究所口述历史丛书（18），台北："中央研究院"近代史研究所，1989年。

张朋园、林泉、张俊宏访问，张俊宏记录，郭廷以、张朋园校阅：《王微先生访问记录》，"中央研究院"近代史研究所口述历史丛书（60），台北："中央研究院"近代史研究所，1996年。

764　《罗列上将纪念集》，台北：1977年。

张其昀：《党史概要》第1～5册，台北："中央"文物供应社，1979年3月29日。

秦孝仪主编：《革命文献》第94辑《西安事变史料》上册，台北："中央"文物供应社，1983年。

秦孝仪主编：《革命文献》第95辑《西安事变史料》下册，台北："中央"文物供应社，1983年。

刘维开：《蒋中正的一九四九》，台北：时英出版社，2009年8月。

《国共战争史料：中共教导旅陕北作战日志（1947年3月22日至1948年3月13日）》，台北："国史馆"，2001年9月。

徐枕：《胡宗南先生四书之一：一代名将胡宗南》，台北：商务印书馆，2014年8月。

于凭远、罗冷梅编纂，叶霞翟、胡为真校订：《胡宗南先生四书之二：胡宗南上将年谱》，台北：商务印书馆，2014。

《胡宗南先生四书之三：胡宗南先生文存》，台北：商务印书馆，2014年。

胡故上将宗南先生纪念集编辑委员会编纂，胡为真增修：《胡宗南先生四书之四：令人怀念的胡宗南将军》，台北：商务印书馆，2014年12月。

《胡长青将军日记、家书、追念》，台北：远景出版事业有限公司，2014年。

胡宗南著，蔡盛琦、陈世局编：《胡宗南先生日记》上、下册，台北："国史馆"，2015年7月。

（三）中国香港地区出版物

尤明远：《等候公正的裁判》，《新闻天地》第141期，1950年10月28日。

卜少夫：《在台北认识胡宗南》，《新闻天地》第733期，1962年3月3日。

东方赫：《胡宗南的英雄崇拜》，《新闻天地》第733期，1962年3月3日。

雷啸岑：《"马五先生"笔下的胡宗南》，《大成》杂志创刊号，1973年12月1日。